POMMERN

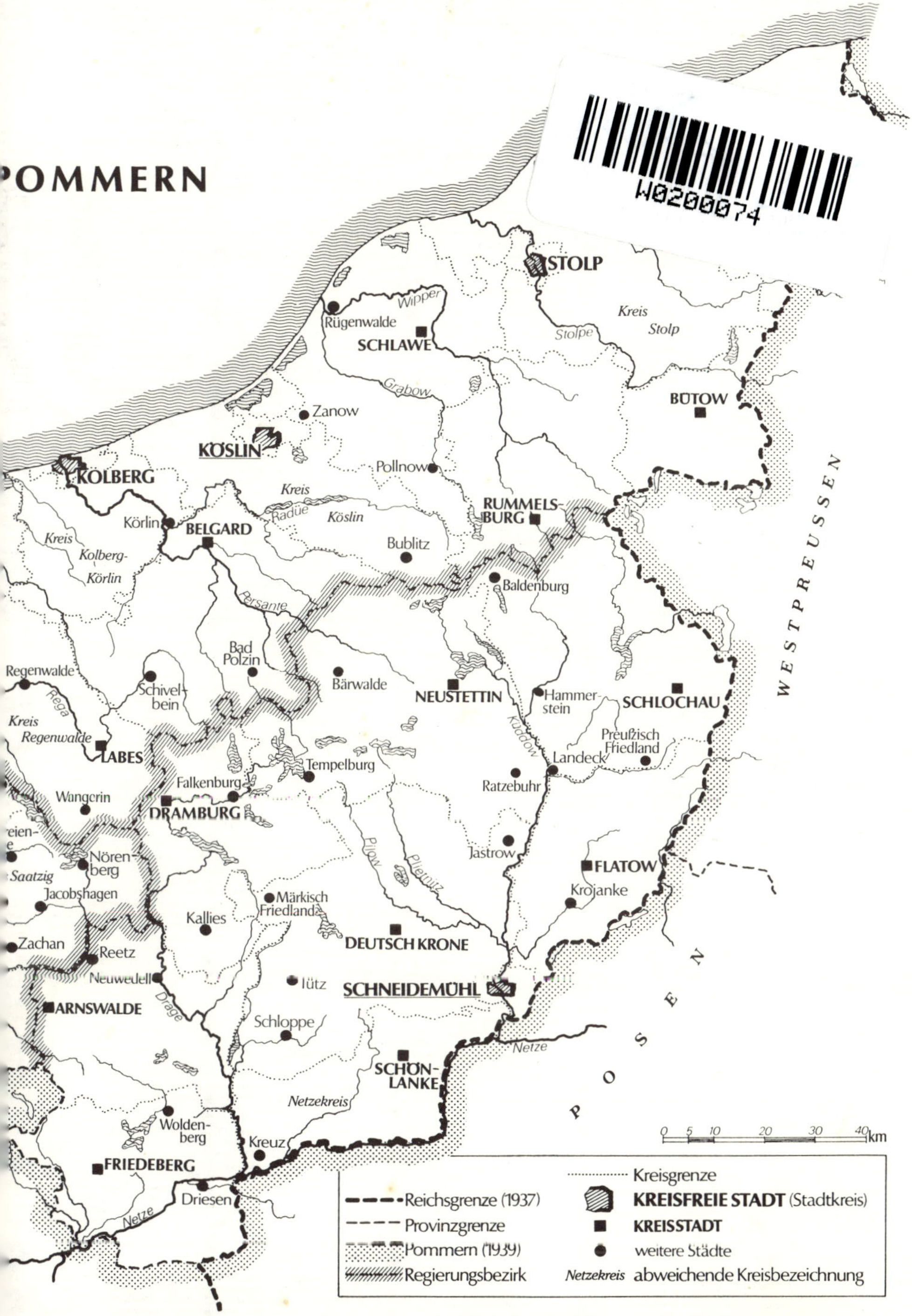

STOLP
Kreis Stolp
Stolpe
Wipper
Rügenwalde
SCHLAWE
Grabow
BÜTOW
Zanow
KÖSLIN
KOLBERG
Pollnow
RUMMELSBURG
Kreis Köslin
Radüe
Körlin
BELGARD
Bublitz
Kreis Kolberg-Körlin
Baldenburg
Persante
WESTPREUSSEN
Regenwalde
Bad Polzin
Schivelbein
Bärwalde
NEUSTETTIN
Hammerstein
SCHLOCHAU
Rega
Kreis Regenwalde
LABES
Tempelburg
Küddow
Preußisch Friedland
Landeck
Falkenburg
Ratzebuhr
Wangerin
DRAMBURG
Nörenberg
Saatzig
Jacobshagen
Pilow
Plietnitz
Jastrow
FLATOW
Krojanke
Märkisch Friedland
Kallies
Zachan
Reetz
DEUTSCH KRONE
Neuwedell
Drage
ARNSWALDE
Tütz
SCHNEIDEMÜHL
Schloppe
Netze
POSEN
SCHÖNLANKE
Netzekreis
Woldenberg
Kreuz
FRIEDEBERG
Driesen
0 5 10 20 30 40 km
Kreisgrenze
Reichsgrenze (1937)
KREISFREIE STADT (Stadtkreis)
Provinzgrenze
KREISSTADT
Pommern (1939)
weitere Städte
Regierungsbezirk
Netzekreis abweichende Kreisbezeichnung

JOHANNES HINZ

POMMERN-WEGWEISER

durch ein unvergessenes Land

JOHANNES HINZ

POMMERN-WEGWEISER

durch ein unvergessenes Land

771 Abbildungen

darunter 337 Zeichnungen von

Johannes Hinz

KRAFT

Titelbild: Anklamer Tor und Marienkirche in Usedom (Foto: Karl Hellmuth)
Karten im Vor- und Nachsatz: Ernst R. Döring

CIP-Titelaufnahme der Deutschen Bibliothek

Wegweiser durch unvergessenes Land:
(erdkundliche Lexika). – Würzburg: Kraft
Bd. 3. Hinz, Johannes: Pommern-Wegweiser.
– 3. Aufl. – 1992
Hinz, Johannes: Pommern-Wegweiser /
Johannes Hinz. – 3. Aufl. – Würzburg:
Kraft, 1992
(Wegweiser durch unvergessenes Land; Bd. 3)
ISBN 3-8083-1196-7 NE: HST

Satz und Druck: Georg Aug. Walter's Druckerei GmbH, Eltville im Rheingau
Verarbeitung: Schäffer, Grünstadt
ISBN 3-8083-1196-7

Meinem Vater

POMMERN LEBT

Als Wegweiser durch eine unvergessene Vergangenheit, in der unser gewohntes, tägliches Leben 1945 urplötzlich ein Ende fand, soll dieses Werk dienen. Heute können wir nur noch als Besucher nach Pommern reisen, durch die pommerschen Landschaften mit ihren Dörfern und Städten wandern oder aber im Geiste geographische Räume wie auch geschichtliche Zeitabläufe durchqueren.

So mancher Information bedarf es, um sich — nach fast einem halben Jahrhundert — bei der Vorbereitung einer geistigen oder tatsächlichen Reise vergangener Zeiten erinnern zu können, damit die Heimat nicht fernes, fremdes, vergessenes Land werde und eines Tages von der geistigen Landkarte ganz verschwinde.

Vollständigkeit kann es da nicht mehr geben, denn zu viele Orte, schon früher kaum aus der geschichtlichen Anonymität herausgetreten, sind nur noch für ihre einstigen Bewohner an Erinnerungen und Erlebnissen reich.

Viel kulturhistorisches Material ist seit 1945 kaum mehr verfügbar; manches ging in den Wirren des Zweiten Weltkrieges unwiederbringlich verloren, anderes wurde bewußt zerstört. Andererseits wird, was dankbar vermerkt werden soll, so manch ein Zeugnis der Vergangenheit — gleich welcher Herkunft — heute mit großer Sorgfalt restauriert.

Fast immer muß man ältere Literatur befragen. Informationen über den heutigen Zustand früherer Kulturgüter sind zuweilen schwer greifbar, sei es, daß sie uns — durch Grenzen getrennt — ferngerückt sind, sei es, daß heutige Darstellungen der erwünschten Zuverlässigkeit entbehren oder nur fremdsprachig vorliegen.

Es bedarf vieler Einzelquellen, um klares Wasser daraus zu schöpfen, um — vergleichend Mosaikstein an Mosaikstein fügend — einen zuverlässigen Wegweiser vorlegen zu können, der sowohl in die Vergangenheit wie auch, soweit möglich, ins Heute führen soll.

Pommernlied

Weise: Karl Groos, 1818 — Satz: Wilhelm Wapenhensch

LAND AM MEER

Von der Halbinsel → Darß bis zur Piasnitz zieht sich eine Küste von 519 km Länge. Ihr sind die Inseln → Rügen, in der Oder-Mündung → Usedom und → Wollin vorgelagert.
Im Westen, bis ins → Stettiner Haff, greifen weite offene Buchten ins Land hinein und zerlappen es. Höhere Uferzonen wechseln mit Sandstränden, Boddenküste genannt.
Schon auf Usedom beginnt die langgestreckte Ausgleichsküste, große Strandseen und Wanderdünenkomplexe begleiten sie, je weiter wir nach Hinterpommern kommen. Kilometerlange einsame, nur von Mündungen kleiner Küstenflüsse unterbrochene Sandstrände ziehen sich nach Osten — ein Sommerparadies.
Nordwest- und Nordoststürme in Herbst und Winter zerstören rasch diese Sommeridylle. Fluten tragen Sand- und Lehmkliffe unbarmherzig ab, die Meeresströmung treibt ihr Material die Küste entlang nach Osten, vermehrt die Dünen und schüttet die Flußmündungen zu. Mühsam errichtete Schutzbauten unterspült und zerstört sie.
Zu dieser Küstenlandschaft gehört ein Hinterland, dem weitgehend natürliche Grenzen fehlen; so läßt es sich schwer abgrenzen. Nur in Vorpommern treten das versumpfte Mecklenburgische Grenztal mit → Recknitz, Trebel und weiter östlich der große Landgraben und das Randowbruch als Trennlinien deutlich hervor. An wenigen Stellen lassen sich diese Niederungen überqueren. Weiter nach Osten hin, jenseits der Oder, fehlen diese natürlichen Grenzlinien — nur von 1938 bis 1945 bildete die Netze von Kreuz bis Usch eine solche Grenze. Alle anderen Grenzen sind weder landschaftlich noch ethnographisch begründet; sie sind im Laufe der Jahrhunderte aus der Territorialpolitik der pommerschen Herzöge, des Deutschen Ordens, Brandenburgs und Polens erwachsen.

Landschaften

Rechts und links der Odermündung erstreckt sich die 38409 qkm große Provinz (1939) westlich Vor- und östlich Hinterpommern. Der jüngere Landschaftsbegriff „Mittelpommern" umfaßt das → Odergebiet. In ihrer Oberflächengestalt sind diese Landschaftsräume verschieden.
Vorpommern ersteht im ständigen Wechsel flacher Hügelgebiete, von versumpften Flußtälern und Wiesen in verschieden große Einzellandschaften zerlegt.
Mit einer Steilstufe erhebt sich die flachwellige → Randow-Hochfläche vom → Odertal, im Westen begrenzt sie das Randowbruch. Nach Norden senkt sie sich, geht in das nahezu ebene Waldgebiet der → Ueckermünder Heide über; daran schließt sich nach Westen die hügelige Fläche zwischen → Peene, → Tollense und Landgraben an. Der südlich davon liegende → Tollense-Winkel fällt, ähnlich dem Randow-Hochland, durch seine größere Höhe, bis zu 72 m über NN, auf. Das versumpfte Tal der Peene und das Mecklenburgische Grenztal trennen deutlich Neuvorpommern vom übrigen Gebiet. Kleine vermoorte Fluß- und Bachläufe teilen diese Platte unregelmäßig auf. Nur das breitere Ziesetal schneidet das Land Wustrow vom Hinterland ab.

Königl. Preuß. Pommersches
Intelligenz-Blatt.
No. 77. Freytag, den 25. September 1812.
Literarische Anzeige.
Bei G. Hayn in Berlin, Zimmerstraße No. 29, ist erschienen und in allen guten Buchhandlungen zu haben:
Die neue Staatsweisheit,
oder Auszug aus Adam Smiths Untersuchung über die Natur und die Ursachen des Nationalreichthums. Mit practischen Bemerkungen von Friedrich v. Cölln. gr. 8., a Thlr.

Bildungsbeflissene Pommern

Das Gewässernetz in den nassen Wiesentälern weist ein unausgeglichenes Abflußsystem auf, obwohl zahlreiche tiefere Rinnen in südwestlich-nordöstlicher Richtung parallel verlaufen.
Im Gegensatz zu Hinterpommern besitzt Vorpommern nur in der Stralsunder Gegend verhältnismäßig wenige größere Seen.
Sehr frühzeitig wurde dieser Raum landwirtschaftlich genutzt; daher gibt es nur wenige zusammenhängende Waldgebiete. Dieses Landschaftsbild setzt sich bis nach Nieder-Rügen und Usedom fort. An der Ostseite der Insel Rügen ändert sich das Bild; die Inseloberfläche steigt stetig zur Küste hin an und erreicht im Piek-Berg mit 161 m über NN die größte Höhe. Die Kreideklippen am → Kap Arkona und auf → Jasmund sowie das → Mönchguter Lehmkliff bilden einen Abschluß von ungewöhnlicher Schönheit.
Größere Ortschaften wie Damgarten, Demmin, Anklam, Pasewalk, Ueckermünde konnten sich nur an den Talübergängen entwickeln, waren aber dadurch im Laufe ihrer Geschichte ständigen Angriffen ausgesetzt. Nur wenige, wie Barth, Stralsund, Greifswald, Wolgast liegen an der Küste und haben größere Bedeutung als Hafen- und Handelsorte erlangt.
Dörfliche Siedlungen bildeten sich vorwiegend um größere Gutsbetriebe; Bauerndörfer mit selbständigen, freien Bauern gab es in Vorpommern selten.
Östlich der Oder steigt *Ostpommern* zur → Buchheide (147 m über NN) und dem → Bahner Hochland steil an; beide senken sich rasch zum → Madüsee und dem östlichen Haffrand ab. Den südlichen Teil dieser Senke nehmen → Weizacker, den nördlichen die → Gollnower Heide und ihre Ausläufer ein. Dieses Gebiet mit dem Randow-Hochland, der Ueckermünder Heide und den Odermündungsinseln nennt man auch *Mittelpommern*. Es gehört zum

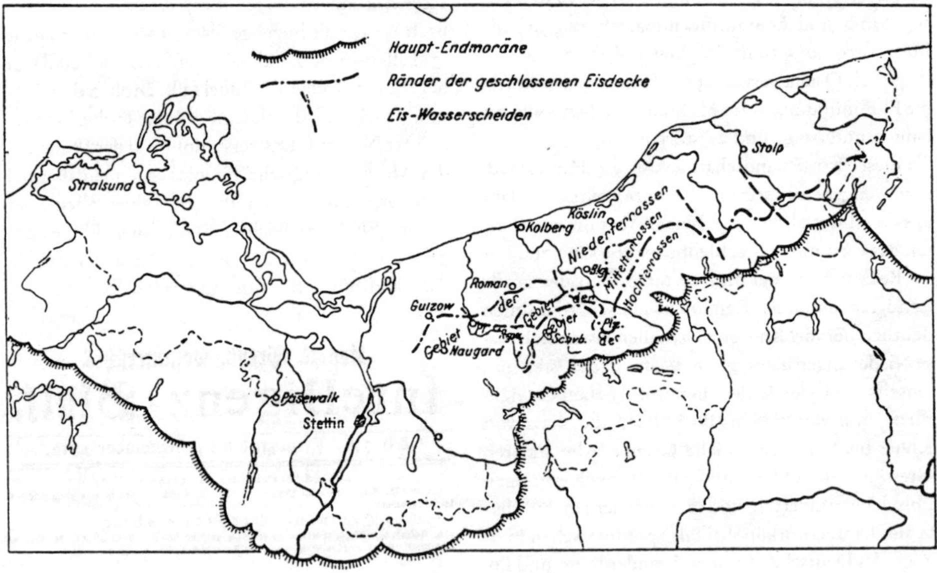

Die hinterpommerschen Eis-Randlagen

unmittelbaren wirtschaftlichen Einzugsgebiet Stettins (→ Odergebiet). Weiter nach Nordosten läßt sich Hinterpommern in vier schmale Längsstreifen einteilen. Die quer dazu fließenden Küstenflüsse → Rega, → Persante, → Wipper, → Stolpe und die Netzenebenflüsse → Drage und → Küddow sind keineswegs Trennlinien grundverschiedener Landschaften.

Die Küstenzone umfaßt den Strandbereich, die dahinter liegende versumpfte Niederung mit großen Strandseen und östlich Jershöft das Gebiet der Wanderdünen. An einigen Stellen unterbrechen Mergelkliffe die glatte Uferlinie. Zu Seezeichen wurden der 137 m hohe → Gollen und der 115 m hohe → Revekol.

Südlich schließt sich eine Übergangszone an mit niedrigen, nach Norden zu langgestreckten Hügeln. Dieses wellige Gebiet, auch bucklige Welt genannt, weitgehend waldfrei, wird landwirtschaftlich genutzt. Nach Süden grenzt ein fast durchgehendes Waldband auf langgestreckten Sandflächen dieses Hügelland ab. In den Senken ruhen viele kleinere Seen.

Über den Streifen von Kiefernwaldungen erhebt sich der → Pommersche Landrücken; im → Schimmritzberg mit 256 m über NN ragt er als höchster Berg Pommerns auf. Unzählige Seen, stellenweise zu Seenketten aneinandergereiht, die einem Teil des Höhenrückens den Namen → Pommersche Seenplatte, ja sogar Pommersche Schweiz gegeben haben, durchsetzen diese weitgehend von Wald bedeckte unruhige Hügellandschaft. Manche Höhen bestehen fast ganz aus Steinpackungen, die eine Nutzung unmöglich machen. So steht die Landwirtschaft in diesem steinigen Hügelland größeren Schwierigkeiten gegenüber.

Die einzige auffallende Querfurche im Höhenrücken ist die → Neustettiner Senke. Nach Süden geht der Landrücken in eine zur Netze geneigte Sandplatte über, in die hinein noch einige langgestreckte Seenketten ragen. Kiefernwald bedeckt diese vierte, auch Südostpommern genannte Zone, bis zum Talrand der Netze; deren Tal füllen Moorwiesen.

Städtische Siedlungen legte man an den Flüssen an, vorwiegend im Übergangsgebiet. Kolberg ist die einzige größere Stadt an der Küste. Auf dem Höhenrücken gibt es nur wenige Kleinstädte, so Bütow, Dramburg, Falkenburg und Tempelburg. Die Südabdachung des Höhenrückens ist ebenfalls städtearm. Erst im Einflußbereich der Netze liegen Schneidemühl, Schönlanke, Kreuz und Driesen.

Dörfliche Siedlungen überziehen ganz Hinterpommern, teils als Gutsdörfer, teils als Bauerndörfer. Hierbei fallen einige Gegenden wie → Weizacker und → Rügenwalder Amt als reine Bauernlandschaften auf, frei von Großgrundbesitz. Entlang der Küste schlossen sich zahllose Fischerdörfer zu einer Kette kleiner Badeorte aneinander.

Entstehung der Landschaft

Landschaft und Siedlungsbild haben ihre eigene Geschichte, die man üblicherweise mit der Weichseleiszeit vor 188 000—74 000 Jahren beginnen läßt; der letzte Vorstoß erfolgte vor 26 000—21 000 Jahren. Davor gab es aber drei weitere Eiszeiten, die Elbe-, Elster- und Saaleeiszeit; davon sind in diesem Raum keine Reste zurückgeblieben. Wie ist dies zu erklären? Der voreiszeitliche Gesteinsuntergrund, in einzelne Schollen zerbrochen, war bis zum Ende der Saaleeiszeit im ganzen norddeutschen Raum tief abgesenkt, so daß das Eis bis zu den Mittelgebirgen im Süden ungehindert vordringen konnte. Moränen konnten sich deshalb nicht bilden.

Erst in der letzten Zwischeneiszeit vor 193 000 bis 118 000 Jahren begann sich das Gebiet des Pommerschen Landrückens allmählich zu heben, so daß der heutige Felsuntergrund über dem derzeitigen Meeresspiegel liegt. Im Oderraum senkte sich das Land so weit, daß westlich Stettin voreiszeitliches Gestein in 136 m unter NN und bei Frankfurt an der Oder bei 140 m unter NN erbohrt werden konnte. Dage-

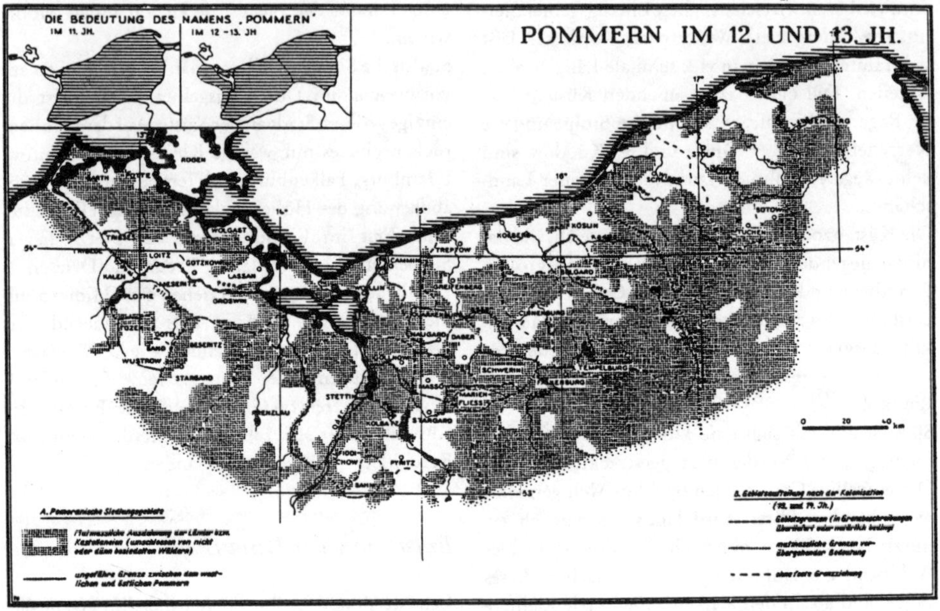

Pommern im 12. und 13. Jh.

gen stößt man im Tollense-Winkel schon in 16 m unter NN auf Felsen.

Die unerklärliche Klimaverschlechterung vor etwa 118 000 Jahren ließ das Inlandeis aus Skandinavien nach Süden fließen. Für Pommern wurden drei große Eisströme bedeutsam: der Belteisstrom im Westen, der sich bis auf Rügen vorschob, der Odergletscher, der an der Ostseite Rügens tief in die Odertalsenke vorstieß; ihn brachte im Osten der hochgehobene Landrücken zum Stillstand, und schließlich der Weichselgletscher, der beim Auftürmen der höchsten Höhen am Landrücken, dem Schimmritzberg (256 m über NN) und dem Turmberg (331 m über NN) in Westpreußen beteiligt war. Wie weit sein Einfluß reichte, zeigen die Rinnenseen im Kreise Bütow, die radial zu dieser Eismasse liegen, obwohl der Moränenschutt vom Odergletscher stammt.

Von den skandinavischen Gebirgen und aus der vermutlichen Senke der späteren Ostsee schoben die Eismassen in unzähligen Vorstößen innerhalb von 44 000 Jahren viele Millionen Tonnen Sand, Schotter und Gesteinsblöcke, Findlinge genannt, nach Pommern hinein. Als die Temperaturen anstiegen, wurde der Landrücken eisfrei. Ungeheure Wassermassen spülten seine Sande zum Thorn-Eberswalder Urstromtal, in dem auch die Wasser der Weichsel und Oder nach Nordwesten abflossen.

Gleichzeitig strömten Schmelzwasser in die Spalten des Inlandeiskuchens, spülten Rinnen in seinem Untergrund aus und schnitten Eisblöcke von ihm ab, die als Toteisblöcke zum Teil unter Moränenschutt liegen blieben. Vor dem Eisrand entstand eine Kette von Eisstauseen, in denen sich Wärme speicherte, dadurch beschleunigte sich das Rückschmelzen des Eises. Die Eisfront wich sprunghaft nach

Norden zurück, mit ihr wurden die Eisstauseen verlegt. Sie ließen weite Sandterrassen zurück. Die ausgeprägteste dieser Seenketten, fälschlich → Pommersches Urstromtal genannt, erstreckt sich von Lauenburg am Fuß des Landrückens entlang über den Haffstausee bis Anklam. Eine südliche Ausbuchtung des größten dieser Seen, des Haffstausees, ist der Weizacker. Eine letzte Seenkette bildete in Hinterpommern das sogenannte → Leba-Rheda-Urstromtal.
Um etwa 14 000 v. Chr. waren die letzten Eisreste aus Pommern verschwunden, die letzten Toteisblöcke zerfallen. Sie hinterließen kleine, wassergefüllte Sölle. Birken- und Kiefernwälder begannen sich auszudehnen. Weit vor der heutigen Küste lag der Baltische Eisstausee, Vorläufer der → Ostsee. Damals sackte die Neustettiner Senke ab, so daß diese Talzone im Höhenrücken in Erscheinung trat. Schwerwiegende Veränderungen gab es in Pommern nur noch an der Küste, als sich die heutige Ostsee entwickelte. Mit der nacheiszeitlichen Druckentlastung in Skandinavien begann sich das Gebirge stetig zu heben, was die Entstehung der Ostsee vom Baltischen Eisstausee über Yoldia-Meer, Ancylus-See, Litorina-Meer, Limnea-Meer bis zum Mya-Meer entscheidend beeinflußte. Das Litorina-Meer (5500—2000 v. Chr.), verbunden mit einer Küstenabsenkung, formte den gesamten pommerschen Küstensaum nachhaltig um. In Vorpommern wurde die Grundmoränenlandschaft überflutet; es entstand die Boddenküste. Alte hochgeschobene oder gehobene Schollen waren als Inseln einer gewaltigen Abtragung ausgesetzt. Zwischen diesen „Inselkernen" setzte sich Abtragungsmaterial in Haken und Nehrungen ab, wodurch Rügen, Usedom und Wollin zu neuen Inseln zusammenwuchsen. Die tiefen Buchten in Hinterpommern wurden allmählich zugeschüttet oder durch Nehrungen vom offenen Meer abgeschnitten; dadurch entstandene Strandseen begannen zu vermooren. Die tertiären Schollen Gollen und Revekol schloß ein Sandmantel ein. Hochmoore wuchsen, und Eichenmischwald mit Ulmen, Linden und Hasel breitete sich über Pommern aus.

Menschen der Frühgeschichte

Die nacheiszeitliche Bodenbildung führte zur Entstehung verschiedener Arten von Wald-, Steppen- und Naßböden, die der Mensch nutzen konnte. Schon zur Zeit des Yoldia-Meeres (8000—7000 v. Chr.) kam es zu Einwanderungen nach Pommern. Zur Litorinazeit muß der Küstensaum bereits recht dicht besiedelt gewesen sein. Bei → Kamp fand man Werkzeuge der Ellerbeker Stufe der Steinzeit. Mit steigendem Meeresspiegel wurden viele Siedlungen dieser Zeit überflutet.
Über die Menschen und ihre Gemeinschaften wissen wir sehr wenig. Einige Landschaften treten in der Frühgeschichte deutlicher hervor, so die Insel Rügen und Vorpommern mit zahlreichen Großsteingräbern; 1934 gab es davon noch 78. Menschen aus Skandinavien haben diese Megalithkultur nach Vorpommern gebracht. Der Feuersteinschlagplatz → Lietzow, ihr Industrieort, weist neben der hohen Bearbeitungsfertigkeit des Feuersteins auf den schon damals recht gut entwickelten Fernhandel hin. Diese Stämme besiedelten Mecklenburg, die nördliche Mark und das westliche Hinterpommern. In der Bronzezeit breitete sich das gleiche Volk, das wir heute als Germanen bezeichnen, über den ganzen Pommerschen Höhenrücken bis zum Netze-Warthe-Urstromtal aus. Eine Besonderheit stellt das Gebiet um Lauenburg mit seinen Gesichtsurnen (800—200 v. Chr.) dar. Vermutlich lag hier der Lebensraum eines Stammes eigener Prägung.
In der späten Bronzezeit drangen Illyrer mit der Lausitzer Kultur (750—500 v. Chr.) nach Norden entlang der Oder zur Ostsee vor. Ein militärisch straff organisiertes Volk baute zum Schutz dieses Korridors eine Kette von Burgen entlang des Odertales, deren bedeutendste bei → Schöningen lag. Ih-

nen kam dabei zugute, daß der Zentralraum germanischer Einwanderung bis in die vorrömische Eisenzeit im Weichseldelta lag. Unbekannte Gründe veranlaßten diese „Illyrer“, sich nach Südosten zurückzuziehen; die germanischen Stämme drangen nun langsam ins Odertal ein.

Mit der Eisenzeit (um 750 v. Chr.) kamen neue Siedler über die Ostsee. Durch ihre Handelsbeziehungen mit dem Römischen Reich — die Bernsteinstraße endete beispielsweise in Aquileia an der Adria — sind uns die Namen germanischer Stämme im ostdeutschen Raum bekannt. Goten, Rugen, Lemovier, Burgunden und Semnonen siedelten hier, aber ihre Siedlungsgebiete sind nur vage bestimmbar. So lebten die Rugen und Lemovier in Pommern, in der Warthe-Netze-Gegend saßen die Burgunden, im Weichselgebiet die Goten. Wirtschaftliche Nöte und vermutlich von Osten eindringende Völker veranlaßten um 600—700 n. Chr. die germanischen Stämme, ihr Siedlungsgebiet zu verlassen. Die große Völkerwanderung nach Süden begann. Verschiedene ostseeslawische Stämme drangen in den von Germanen aufgegebenen Raum ein. Ihre Stammesbezeichnungen sind seit dem 8. Jh. überliefert. So siedelten im Peenegebiet die Wilzen, im 10. Jh. Lutizen genannt. Vom Odertal bis zur unteren Weichsel lebten die Pomoranen, deren Gebiet im Süden an der Netze-Warthe-Senke endete.

Westlich der Oder gliederten sich die Lutizen in die Stämme der Redarier, Tolensanen (etwa südlich der Peene), Zirzipaner, Kessiner (nördlich der Peene), Ukranen, Willini (vielleicht bei Wollin). Von den Pomoranen sind drei Stämme bekannt, die Pyritzer und im Osten die Zerivani und Thafnezi. Sie lebten in einem lockeren Stammesverband mit einem an die Zustimmung des Volkes gebundenen Oberkö-

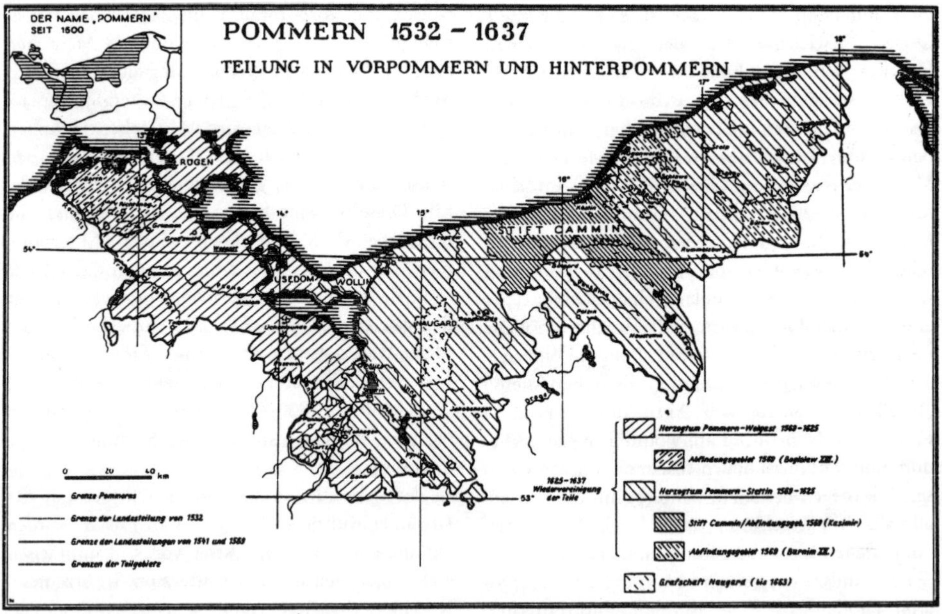

Teilung in Vor- und Hinterpommern

nig und einzelnen burgsässigen Stammesfürsten. Zahlreiche Burgwälle sind Zeugen dieser Zeit. Die meisten dürften eher Fluchtburgen gewesen sein, auf einigen befanden sich Sitze der Stammeshäuptlinge mit Tempeln. Die wichtigsten Tempelburgen befanden sich in → Arkona auf Rügen für Swantewitt, in Stettin angeblich für Triglaw, in Garz auf Rügen für die Kriegsgötter Rugevit und Porevit und den Friedensgott Porenut, in Wolgast für Gerovit; in Rhetra stand der Haupttempel des Radogast. Dieser Ort ist unauffindbar.

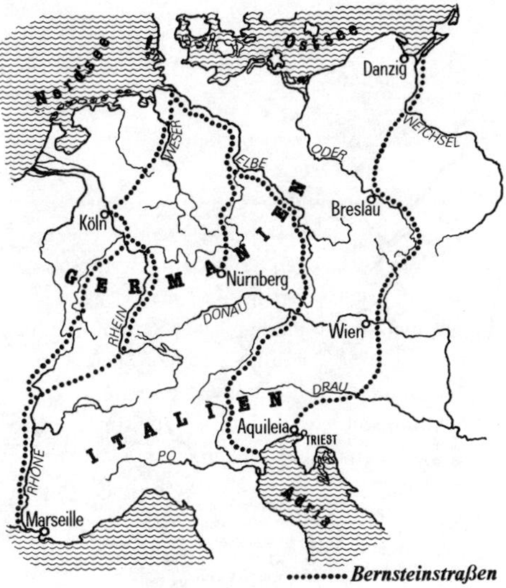

Bernsteinstraßen

In geschichtlicher Zeit

Von Norden drangen um 950 skandinavische Wikinger unter dem Dänen Harald Blauzahn nach Pommern ein und gründeten im späteren Wollin ihr Handelszentrum Jomsborg bzw. Julin. Um 990 versuchte Polen unter Mieszko I. die Lutizen zu unterwerfen. Boleslaw Chrobry drang bis Kolberg vor und gründete um 1000 ein Bistum mit Reinbern aus dem thüringischen Hassgau als erstem und einzigem Bischof. Bereits 1003 war die polnische Herrschaft beendet. Von Westen her drangen in verschiedenen Slawenfeldzügen deutsche Fürsten nach Vorpommern vor. Wiederholte Aufstände, so 983 der Lutizen und Pomoranen, vertrieben die Eindringlinge. Erst die Zerstörung ihres geistlichen Zentrums Rhetra ließ den Lutizenbund zerfallen.

Kurz nach 1100 kam es zu Ansätzen größerer Territorialherrschaften in Pommern. Herzog Wartislaw I. (um 1107—1135?) hatte sich in den vorpommerschen Gebieten bis Demmin und zur Ryckmündung, im Osten bis zum Gollen, im Süden bis zum Land Zantoch Anerkennung verschafft. Sein Herrschaftsgebiet wurde in der zweiten Hälfte des 13. Jh. noch Slavia, Cassubia oder ducatus Stettinensis et Diminensis genannt. Sein Bruder Ratibor I. (1124—1155) besaß das Land Schlawe zwischen Gollen und Leba. Das Herzogtum Pommern-Danzig, im 13. Jh. Pommern, später Pomerellen genannt, beherrschte Svantepolk I. (1109—1115). Im Westen entstand einige Jahre später unter Jaromar I. (1168—1218) das Fürstentum Rügen-Barth.

1124/25 unternahm Bischof Otto von Bamberg auf Bitten des Polenherzogs eine erste Missionsreise nach Pommern. Herzog Wartislaw I., wohl bereits Christ, sicherte Bischof Otto ungestörte Missionsarbeit zu. In Pyritz wurden die ersten Pommern getauft, danach in Cammin. Wollin und Stettin, damals bereits wichtige Wirtschaftsmittelpunkte, wehrten sich gegen die Überfremdung; doch ihre Furcht vor den Polen zwang sie zum Nachgeben. Auf seiner Reise durch Hinterpommern missionierte Otto in Kolberg und Belgard. Ein Aufstand der Heiden vernichtete seine Arbeit. 1128 sah er sich veranlaßt, eine erneute Reise zu unternehmen, diesmal unter dem Schutz des deutschen Kaisers Lothar. Über Demmin kam er in lutizisches Gebiet und wurde freundlich aufgenommen. Als es ihm gelang, die seitens Polen drohende Kriegsgefahr wegen überfälliger Tributzahlungen an den Polenherzog

Klöster bis zur Säkularisierung

abzuwenden, konnte er in Stettin, Wollin und Cammin den heidnischen Widerstand brechen und die Tempel zerstören.

Die heidnische Priesterschaft gab ihren Kampf noch nicht auf. 1135 (?) erschlug ein heidnischer Fanatiker bei Grüttow im Kreis Anklam Herzog Wartislaw I., später „der Bekenner“ genannt. Sein Bruder Ratibor I. übernahm die Herrschaft des pommerschen Herzogtums. 1135 eroberte Boleslaw III. von Polen Pommern, mußte es aber als Lehen vom deutschen Kaiser annehmen. Am 11. Oktober 1140, also erst nach Bischof Ottos Tod von 1139, bestimmte Papst Innozenz III. Wollin zum Sitz des Bistums Pommern, ohne es Gnesen oder Magdeburg zu unterstellen. 1147 beteiligte sich der Askanier Albrecht der Bär am sogenannten Wendenkreuzzug, um seine Gebietsansprüche durchzusetzen. Bis Stettin kamen die „Kreuzfahrer“, obwohl hier wie in Vorpommern bereits wachsende christliche Gemeinden bestanden. Herzog Ratibor wies diese Forderungen zurück. Mit seiner Gattin Pribislawa gründete er die Klöster → Stolpe an der Peene 1153 und → Grobe auf Usedom 1156. Sie riefen deutsche Siedler ins Land. Das einzige bedeutsame heidnische Heiligtum war der Swantewittempel in Arkona. Im Auftrag Kaiser Friedrichs I. Barbarossa eroberte 1168 König Waldemar I. von Dänemark die Tempelburg und zerstörte sie. Fürst Jaromar I. wurde von Dänemark lehnsabhängiger Fürst. Die Missionierung und Erschließung Pommerns machte weiter Fortschritte. Prämonstratenser und Zisterzienser gründeten neue Klöster, die einen 1176/1182 in → Belbuck bei Treptow, die anderen 1173 in → Kolbatz, 1175 in Oliva, 1193 in → Bergen und 1191 in → Eldena. 1173 entstanden östlich der Oder die „villa teutonicorum" (→ Hohenkrug) und 1180 „Sconefeld" als erste deutsche Siedlungen. Der Bischofssitz konnte nicht länger in dem ungeschützten Wollin bleiben; vorübergehend wurde er ins Kloster Grobe verlegt, 1176 endgültig nach → Cammin.

Herzog Wartislaws I. Sohn, Herzog Bogislaw I., der von 1155 bis 1187 regierte, gelang es 1181, von Kaiser Friedrich I. als Reichsfürst mit dem Herzogtum Pommern belehnt zu werden. Sein Bruder Kasimir II. wurde mit der Herrschaft Demmin abgefunden, die nach dem Tod seines Sohnes Wartislaw III. 1264 wieder ans Herzogtum zurückfiel.

Pomerellen, das Gebiet östlich der Küddow, stand im 11. und 12. Jh. häufig unter polnischem Einfluß. Polen förderte die Christianisierung; deutsche Geistliche führten sie durch. Wichtigstes Zentrum war das von Kolbatz angelegte Zisterzienserkloster Oliva. Planmäßige Besiedlung festigte diese Territorien. Aus den Umlanden Mecklenburgs und Brandenburgs kamen Ritter und Bauern ins Land. Ihr agrartechnischer Fortschritt — Scharpflug und Dreifelderwirtschaft — ließ Pommern rasch aufblühen. Unter Herzog Wartislaw III. von Demmin ließen sich Siedler entlang der Küste bis nach Hinterpommern nieder; Herzog Barnim I. von Pommern-Stettin holte Siedler aus Brandenburg und dem Harzvorland. Sie erschlossen den mittelpommerschen Keil zwischen Oder und Ihna, der sich bis hin zur Rega ausdehnte. Häufig legten die Neusiedler ihre Dörfer neben den pomoranischen an. Ortsnamen mit Groß und Klein, Deutsch und Wendisch weisen darauf. Oft zogen sich aber die Pomoranen in Gegenden mit leichten Böden zurück.

In die Herrschaftszeit Barnims I. fällt die Gründung

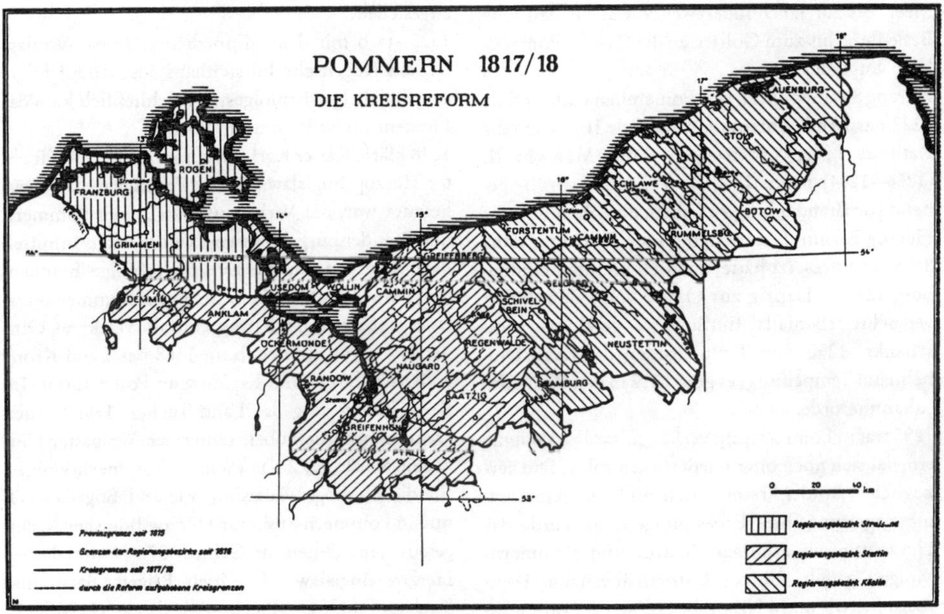

Die Kreisreform

von etwa 25 Städten. Diese rührige Gründertätigkeit hinderte Brandenburg an seinem Ausdehnungsdrang zur Ostsee hin. Im Westen gelang es ihm, 1236 das Land Stargard von Pommern zu erwerben. Als verhängnisvoll erwies sich die Abtretung der Uckermark 1250. Sie brachte im Vertrag von Hohenlandin die Lehnshoheit Brandenburgs über Pommern, bis 1637 Ursache vieler Feindseligkeiten.

1234 schenkte Herzog Barnim I. dem Templerorden das Land Bahn, um das brandenburgische Streben nach Norden aufzuhalten. Nach 1253 schob Brandenburg einen tiefen Keil zwischen Pommern und Großpolen nach Osten bis zur Küddow. Auf dem Vormarsch wurde 1296 die Stadt Schivelbein gegründet. Die Camminer Bischöfe Wilhelm und Hermann von Gleichen erwarben 1248 das Land Kolberg östlich und 1276/80 westlich der Persante und verlegten auch hier Brandenburg den Weg zum Meer. Bis zur Jahrhundertwende war die deutsche Besiedlung bis zum Gollen, an die Grenze Pomerellens, vorgerückt.

Herzog Swantepolk II. von Pomerellen hatte bereits 1227 das Land Schlawe von Ratibor II., Nachfahr Ratibors I., erworben. Sein Sohn Mestwin II. (1266—1294) nahm 1269 seine Länder vorübergehend von Brandenburg zu Lehen, obwohl sein Vater Herzog Barnim I. als Erben seines Teilherzogtums Schwetz eingesetzt hatte; dadurch konnte Brandenburg 1271 in Danzig zur Ostsee vorstoßen. Polen versuchte ebenfalls Einfluß zu gewinnen und schenkte 1290 dem Templerorden das Land Draheim um Tempelburg; es ging 1312 in den Besitz des Johanniterordens über.

1295 trat in Pommern ein verhängnisvolles Ereignis ein, das sich noch öfter wiederholen sollte. Die herzoglichen Brüder konnten sich auf keine gemeinsame Regierung ihres Erbes einigen; so wurde das Herzogtum in Pommern-Stettin und Pommern-Wolgast geteilt. Herzog Otto I. übernahm Pommern-Stettin und Herzog Bogislaw IV. Pommern-Wolgast. Nachdem mit Herzog Mestwin II. 1294 die Herzöge von Pomerellen ausgestorben waren, gab es heftige Erbstreitigkeiten zwischen Polen, Brandenburg und Pommern-Wolgast. Zunächst war Polen Sieger. Daraufhin besetzte Markgraf Waldemar von Brandenburg Pomerellen. Polen rief den Deutschen Ritterorden zu Hilfe, der die Brandenburger vertrieb. Dafür erhielt er 1309 ganz Pomerellen; nur die Lande Stolp, Schlawe und Rügenwalde blieben bis 1317 in brandenburgischem Besitz. Danach fielen sie bis 1372 an Pommern-Wolgast. 1312 kaufte der Orden das Land Schlochau als Grenzbastion gegen Pommern und Polen, 1329 das Land Bütow. Jetzt erst begann auch hier eine planmäßige deutsche Besiedlung mit Bauern aus Pommern und der Neumark.

Das Gebiet südlich der Dobrinka und östlich der Küddow war als Kraina — Grenzland — polnischer Besitz. Auch hier wurden deutsche Bauern zur Grenzsicherung und Hebung der Wirtschaftskraft angesiedelt.

1325 starb mit dem Minnedichter Fürst Witzlaw III. das Rügensche Fürstenhaus aus; darauf folgte ein dreijähriger Erbfolgestreit. Schließlich kam das Fürstentum zu Pommern-Wolgast.

1348 klärte Kaiser Karl IV., der mit Elisabeth, Tochter Herzog Bogislaws V. von Pommern-Stolp, verheiratet war, die Verhältnisse zwischen Pommern und Brandenburg: Pommern wurde reichsunmittelbares Herzogtum, die Eventualerbfolge Brandenburgs wurde aufgehoben. Im Süden Pommerns trat eine größere Veränderung ein, als Markgraf Otto der Faule von Brandenburg 1368 das Land Krone zwischen Drage und Küddow an Polen abtrat. Im Kreis Bütow ging das Land Tuchen 1385 an den Deutschen Orden über. Unter den Wolgaster Herzögen wurde 1372 das Land in Pommern-Wolgast für die Herzöge Wartislaw VI. und Bogislaw VI. und in Pommern-Stolp für Herzog Bogislaw V. aufgeteilt; jene teilten ihr Gebiet 1376 nochmals auf. Herzog Bogislaw VI. erhielt Rügen, Barth und Stralsund, während Herzog Wartislaw VI. Wolgast, Usedom und Greifswald nahm.

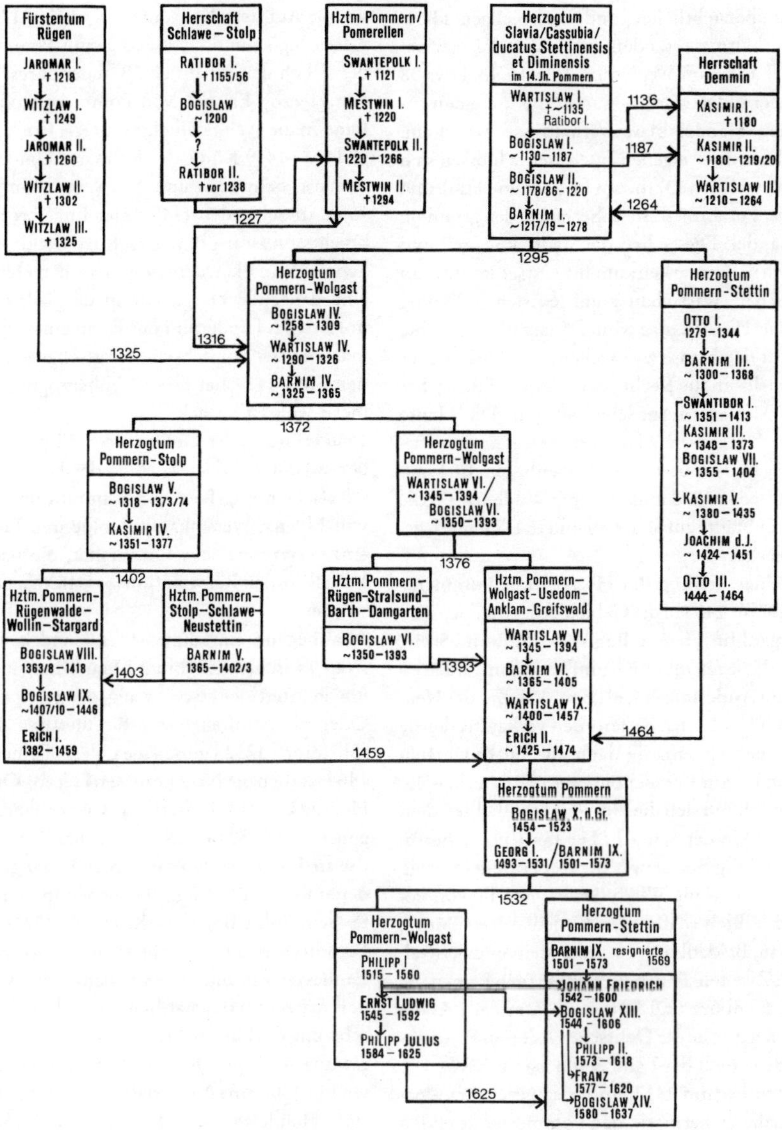

Pommerns Herzogshaus

Diese unübersichtlichen und kostspieligen Herrschaftsverhältnisse standen einer ruhigen Entwicklung des Landes im Wege, zumal im 14. Jh. etwa 38 Städte gegründet worden waren, die für einen gedeihlichen Handel klare Verhältnisse brauchten. Zum Schutz ihrer eigenen Interessen schlossen sich die Städte seit dem 13. Jh. um Lübeck und Stralsund zur Hanse zusammen; sie beherrschte den gesamten Ostseehandel. Dieser ließ die Städte kulturell und wirtschaftlich erstarken; um die Ostsee konnte ein einheitlicher Wirtschaftsraum entstehen. König Waldemar IV. Atterdag von Dänemark versuchte die Macht der Hanse zu brechen; seit 1360 griff er rücksichtslos in die Rechte der Städte auf den schonischen Messen in Südschweden ein. Die Hanse wehrte sich gegen diese Übergriffe, begann den offenen Krieg und eroberte 1368 Kopenhagen. Im Stralsunder Frieden 1370 mußte König Waldemar IV. die Rechte der Städte auf Schonen und in Dänemark garantieren.

Neben einer Teilung des Herzogtums Pommern-Stolp 1402 bis 1403 in die Gebiete Rügenwalde, Wollin, Stargard für Herzog Bogislaw VIII., und Stolp, Schlawe, Neustettin für Barnim V., trat im Süden eine weitere Änderung ein, als Brandenburg die Neumark dem Deutschen Ritterorden verkaufte, der sie bis 1455 behielt, um sie dann an den Kurfürsten Friedrich II. von Brandenburg zurückzuverkaufen. Dadurch fühlten sich die Herzöge verpflichtet, dem Orden 1410 in der Schlacht bei Tannenberg beizustehen. Herzog Bogislaw VIII. von Pommern-Stolp huldigte aber König Wladyslaw II. Jagiello von Polen und erhielt dafür die Ordensstädte Bütow, Schlochau, Baldenburg, Hammerstein und Schivelbein. Im Zweiten Thorner Frieden 1466 kamen die Lande Lauenburg und Bütow an Pommern. Ganz Pomerellen mußte der Deutsche Orden an Polen abtreten, dem auch das Land Schlochau gehörte.

Im Westen begann 1412 ein Krieg gegen Brandenburg um die Uckermark, den Pommern mit seinen Verbündeten Dänemark, Mecklenburg, Magdeburg und Polen in der Schlacht bei Angermünde 1420 verlor. Auf dem Konstanzer Konzil 1417 belehnte Kaiser Sigismund die Herzöge mit Pommern, vorbehaltlich der Ansprüche Brandenburgs.

Mit Herzog Erich I. von Pommern-Stolp trat das Land in die Weltgeschichte ein. Als Erich X. wurde er 1412—1439 König der Kalmarer Union von Dänemark, Schweden und Norwegen. Ein Volksaufstand in Schweden 1449 unter Engelbrecht Engelbrechtsson zwang ihn, nach Rügenwalde zurückzukehren. Sein Plan, dem pommerschen Herzogshaus eine dauernde Herrschaft in den baltischen und nordischen Ländern in der Form eines „dominium maris Baltici“ zu sichern, war gescheitert. Nach seinem Tod 1459 fiel dieses Teilherzogtum an Pommern-Wolgast zurück.

1456 gründete der Greifswalder Bürgermeister Rubenow unter tätiger Mithilfe der Herzöge, des Bischofs Henning Iven von Cammin und der Äbte von Eldena, Neuenkamp, Stolpe und Pudagla die einzige pommersche Universität, die nach ihrem Verfall in der Reformationszeit 1539 neu eröffnet wurde.

1467 begann ein langwieriger Handels- und Zollstreit zwischen Stettin und Frankfurt an der Oder um den Stettiner Stapelzwang, der zur Sperrung der Oder als Schiffahrtsweg für Stettiner Kaufleute führte; erst 1752 wurden die Oderzölle aufgehoben. 1464 starben die Nachkommen Herzog Ottos I. mit Herzog Otto III. in Stettin aus. Nach einem Erbfolgestreit bis 1472 fiel das Herzogtum Pommern-Stettin an Pommern-Wolgast unter Herzog Erich II., der es als brandenburgisches Lehen annehmen mußte. Sein Sohn Bogislaw X. (1478—1523) gestaltete Pommern zu einem einheitlichen Staat mit straffer Landesverwaltung; er legte damit den Grund für den späteren wirtschaftlichen und kulturellen Aufschwung des Landes. Steuer-, Zoll- und Gerichtsverfassung wurden reformiert. Die Fugger unterhielten seit 1502 eine Niederlassung in Stettin. Das Stettiner Handelshaus der Loitz erwarb das Salzmonopol für Nordosteuropa und begann mit dem Getreidehandel bis nach Marseille hin. 1572 mußte

es Konkurs anmelden. Die Reformen Herzog Bogislaws X. führten zwangsläufig zur Auseinandersetzung mit den Hansestädten, deren Privilegien er kräftig beschnitt. 1529 verzichtete Brandenburg auf die Lehnshoheit, behielt aber die Eventualerbfolge. Als in Pommern reformatorische Gedanken Fuß zu fassen begannen — Johann Knipstro predigte in Pyritz 1521, erste lutherische Predigten in Stralsund 1522 —, verhielt sich Bogislaw X. neutral; er säkularisierte lediglich 1522 das von den Mönchen verlassene Kloster Belbuck. Sein Sohn Barnim IX. und sein Enkel Philipp I., Herzog Georgs I. Sohn, teilten 1532 erneut das Herzogtum. Herzog Barnim IX. behielt Hinterpommern und Stettin, Herzog Philipp I. bekam Wolgast, Vorpommern und Rügen.
Auf dem Landtag zu Treptow 1534 wurde die Reformation in Pommern eingeführt; Johannes Bugenhagen erstellte eine neue Kirchenordnung. Das → Bistum Cammin gab unter dem ersten protestantischen Bischof, Kanzler Bartholomäus Suawe (1545—1548), seine Reichsunmittelbarkeit auf und wurde dem Herzogshaus als Sekundogenitur überlassen; das brachte Pommern die territoriale Einheit. Sämtliche Klöster wurden aufgelöst. Bis auf wenige verfielen die Klostergebäude und wurden abgebrochen. Unermeßliche Kunstschätze gingen verloren. Das Klosterland wurde weitgehend in herzogliche Ämter überführt. Die Reformation veränderte das Leben der Bauern nachhaltig. Wehmutsvoll erinnerten sie sich vergangener Tage: „Unter dem Krummstab ließ sich gut leben."
Allmählich entstanden, gefördert durch herzogliche Privilegien, Gutsherrschaften, die die Bauern persönlich schollen- und dienstpflichtig machten. Systematisch wurden „die Bauern gelegt" und zu Leibeigenen gemacht. Viele flohen und fanden in

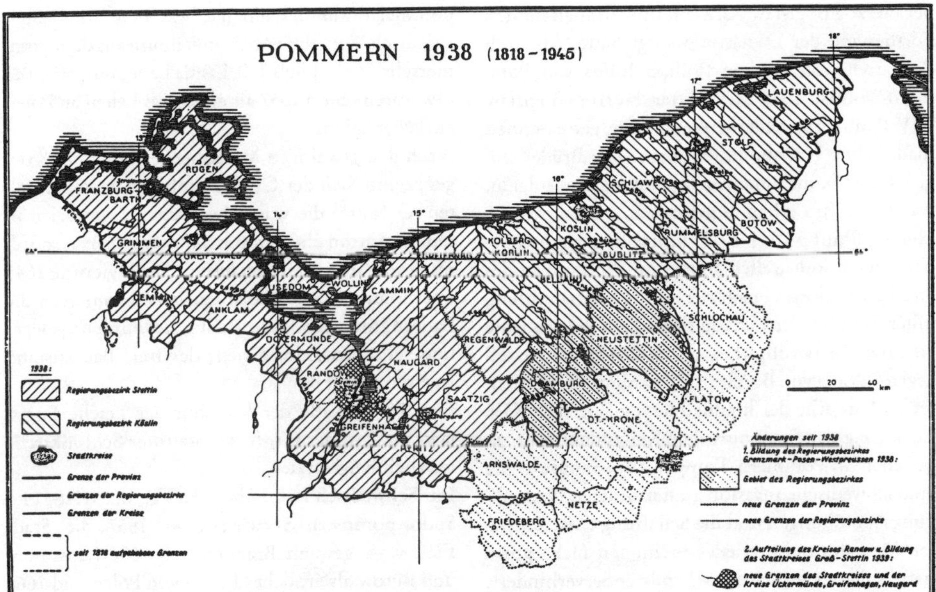

Pommern 1938

der zweiten Hälfte des 16. Jh. auf den hinterpommerschen Endmoränen und Sandergebieten bei deutschen und von 1550 an bei polnischen adligen Grundherren eine Heimstatt. 1537 entstand Galow im Kreis Neustettin als erstes Dorf dieser neuangelegten Siedlungen.

Die Waldgebiete in den Kreisen Rummelsburg, Bublitz und Neustettin wurden 1560—1570 durch Rodungsinseln erschlossen. Die Herzöge nahmen den Neustettiner Grenzwald von Norden her in Angriff. In rascher Folge entstanden neue Dörfer. Polnischerseits siedelten die Starosten ebenfalls deutsche Bauern an und versuchten die herzoglichen Dörfer zu zerstören; ein Kleinkrieg war die Folge, an dessen Ende deutsche Siedler den Grenzwald erschlossen hatten.

Barnim IX. trat 1569 von seinem Amt zurück und übergab seinen Landesteil, Pommern-Stettin, seinem Neffen Herzog Johann Friedrich, dessen Bruder Herzog Bogislaw XIII. mit fünf Söhnen für den Fortbestand der Dynastie gesorgt hatte. Als nach dem Tode von Herzog Philipp Julius von Pommern-Wolgast 1625 sein Vetter Herzog Bogislaw XIV. Pommern wiedervereinigt hatte, gab es keinen männlichen Nachkommen mehr. Die Brüder Bogislaws XIV., die einander im Herzogsamt folgten, waren vor ihm erbenlos gestorben.

Herzog Philipp II. († 1618) führte Pommern zu einer kurzen kulturellen Blüte—im Philippsbau des Stettiner Schlosses brachte er seine Kunstsammlung unter. Sein Bruder Herzog Franz († 1620) erreichte eine traurige Berühmtheit durch den Hexenprozeß gegen Sidonia von Borcke, 1620 in Stettin hingerichtet. 1627 mußte der kranke Herzog Bogislaw XIV. im Vertrag von Franzburg dem Kaiser das Recht zugestehen, in Pommern Truppen zum Schutz gegen eine schwedische Invasion zu stationieren. Verteidigungsbemühungen und die Schaffung einer zentralen Verwaltung im wiedervereinigten Herzogtum hatten die eigensüchtigen Landstände verhindert. Allein Stralsund wehrte sich gegen die Truppenstationierung; Wallenstein belagerte es deshalb 1628, mußte jedoch die Belagerung nach dem Verlust von 12 000 Soldaten aufgeben. 1630 landete König Gustav Adolf mit seinen Truppen bei Peenemünde und griff in den Dreißigjährigen Krieg ein.

1634 wurde eine Regimentsverfassung, die im Falle des Aussterbens des Herzogshauses eine schwedische Besitznahme Pommerns verhindern sollte, ausgearbeitet; sie konnte jedoch nicht wirksam werden, da nach dem Tod Bogislaws XIV. im Jahre 1637 die „fürstlich pommerschen hinterlassenen Räte" von der Regierung zurücktraten. Damit wurde das herrscherlose Land in die Anarchie des Dreißigjährigen Krieges hineingezogen, in dessen Verlauf Pommern den Verlust eines Drittels seiner Bevölkerung zu beklagen hatte; besonders schwer hatten Vor- und Mittelpommern gelitten. Der Westfälische Frieden 1648 führte zu einer erneuten Teilung des Landes. Vorpommern mit Rügen und einen Streifen östlich der Oder besetzten die Schweden. Hinterpommern war das einzige, was dem Kurfürsten Friedrich Wilhelm von Brandenburg aus dem pommerschen Erbe blieb. Die Lande Lauenburg und Bütow waren schon 1637 als erledigtes Lehen an Polen zurückgefallen.

Nach den gewaltigen Menschenverlusten des Krieges konnte sich der Großgrundbesitz weiter entfalten; er führte die wüst gewordenen Ländereien in sein Eigentum über. Durch die Stettiner Bauernordnung von 1616, die die schwedische Regierung 1645 übernommen hatte, verloren in Vorpommern die Bauern ihren erblichen Besitz, sie wurden „gelegt" und selbst zu Leibeigenen; der freie Bauernstand war vernichtet.

Erst 1654 wurde der Sarg mit der Leiche Bogislaws XIV. in der Gruft der Stettiner Schloßkirche feierlich beigesetzt.

Im Schwedisch-Polnischen Krieg, der Ost- und Südostpommern verwüstete — 1657 die Stadt Flatow —, gewann Brandenburg 1657 Lauenburg und Bütow als erbliches Lehen von Polen und 1668 das Land Draheim. Trotz der Eroberung Vorpommerns und Stettins 1677 mußte der Große Kurfürst

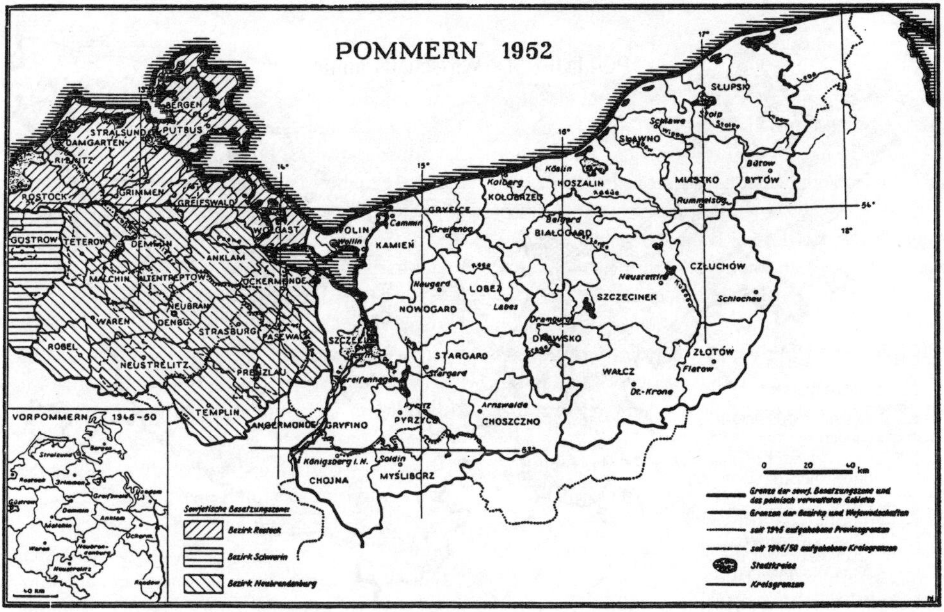

Pommern 1952

es den Schweden im Frieden von St. Germain 1679, bis auf den Gebietsstreifen östlich der Oder, herausgeben.

Nach dem Nordischen Krieg erhielt Preußen im Frieden von Stockholm 1719/20 Stettin, Usedom und Wollin und das Gebiet bis zur Peene — seitdem Altvorpommern genannt. Stettin wurde Provinzialhauptstadt, als 1723 die Pommersche und Caminsche Regierung ihren Sitz von Stargard hierhier verlegten.

In den Gebieten der späteren Grenzmark führte Polen die Gegenreformation durch. Der „Stumme Reichstag" Polens beschloß 1717, alle seit 1632 erbauten protestantischen Kirchen abzubrechen. Viele Protestanten flohen daraufhin nach Pommern.

Im Laufe des 18. Jh. begann die Trockenlegung von Oder-, Warthe-, Netzebruch und einiger Strandseen unter dem Geheimen Finanzrat Franz Balthasar Schönberg von Brenckenhoff (1723—1780). Siedler aus dem Westen des Reiches, hauptsächlich aus der Pfalz, erhielten mittelgroße Bauernstellen; es entstanden 159 Dörfer für die 26 500 Neusiedler. Französische Réfugiés, die ihre Heimat nach der Aufhebung des Edikts von Nantes 1685 verlassen hatten, wurden Bürger in Stargard, Kolberg, Stolp, Stettin und Pasewalk. Eine neue Bauernordnung König Friedrich Wilhelms I. von 1719 konnte nur die Leibeigenschaft auf den königlichen Domänen abschaffen und das freie Bauerntum in den neuen Kolonisationsgebieten stärken, eine allgemeine Wirkung blieb aus. Im schwedischen Teil Vorpommerns weitete sich der Großgrundbesitz aus, der Einfluß des Adels und der Städte wurde größer.

Im Siebenjährigen Krieg (1756—1763) verwüsteten russische Heere mehrfach Pommern. Bei der Ersten Polnischen Teilung kamen Westpreußen mit Schlo-

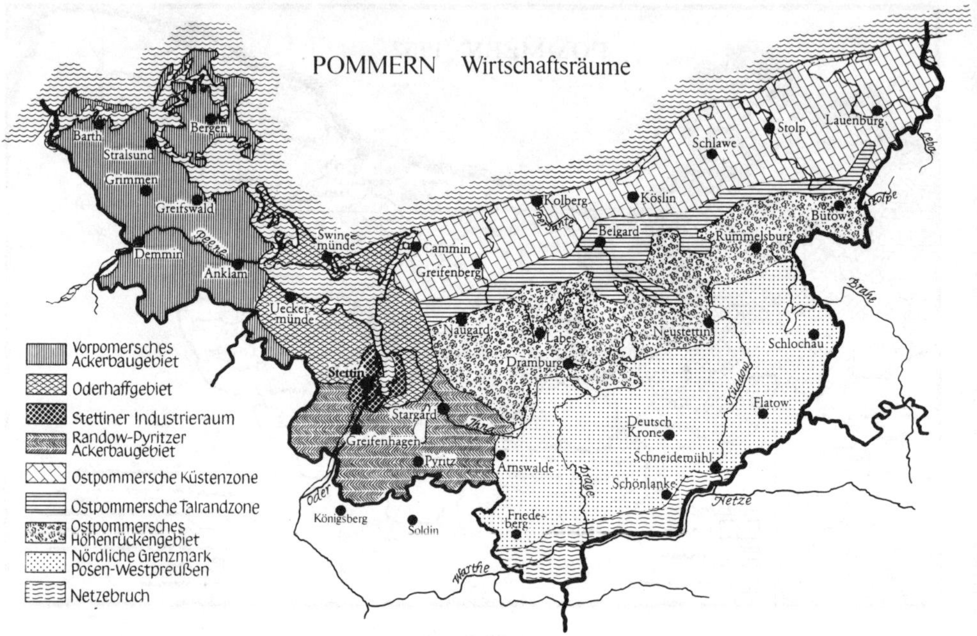

Wirtschaftsräume

chau und das Netzegebiet mit Flatow, Deutsch Krone und Schneidemühl zu Preußen. Auch hier setzte neben einer Neubesiedlung eine intensive Förderung der Wirtschaft ein. Die Napoleonischen Kriege zerstörten den Wohlstand. 1806 besetzten die Franzosen Pommern, nur Kolberg leistete bis zum Tilsiter Frieden Widerstand. Von 1807 bis 1815 mußte Preußen das Gebiet um Schneidemühl an das Großherzogtum Warschau abtreten.
Im Rahmen der preußischen Erneuerung brachte die Steinsche Städteordnung 1808 den Städten die Unabhängigkeit von adligen Besitzern. 1810 erfolgte die Aufhebung der Guts- und Erbuntertänigkeit. Auf dem Wiener Kongreß 1815 trat Schweden Neuvorpommern und Rügen an Dänemark ab, das es im Austausch gegen das Herzogtum Lauenburg und einer Zahlung von 3,5 Mio. Talern Preußen überließ. Bei der Neuordnung Preußens 1815—1818 wurden die Kreise Dramburg und Schivelbein der Provinz Pommern zugeschlagen.
Bis 1918 war Pommern in das Deutsche Reich eingebettet. Durch den Versailler Vertrag 1919/20 wurde es wieder Grenzland. Aus den südlich angrenzenden Resten der Provinzen Posen und Westpreußen wurde 1922 eine Provinz Grenzmark Posen-Westpreußen mit Schneidemühl als Provinzialhauptstadt geschaffen, 1938 aber wieder aufgelöst. Die nördlichen Kreise wurden zusammen mit den neumärkischen Kreisen Arnswalde und Friedeberg Pommern angegliedert.
Der Zweite Weltkrieg war für Pommern eine Katastrophe. Im März 1945 eroberte die Rote Armee

Hinterpommern und besetzte Rügen am 5. 5. 1945. Fortan trennte die Oder-Neiße-Linie, die in Pommern nach Westen verlegt wurde, um Stettin und Swinemünde Polen zuschlagen zu können, die Provinz. Ostpommern wurde auf die polnischen Woiwodschaften Stettin, Köslin, Stolp, Schneidemühl, Landsberg und Danzig, Vorpommern wurde 1952 zwischen den Bezirken Rostock, Neubrandenburg und Frankfurt/Oder aufgeteilt. 1989 brachte für Vorpommern erneut eine totale Veränderung. Bis auf kleine Teile gehört Vorpommern jetzt zum Bundesland Mecklenburg-Vorpommern.

Die Bevölkerung

Die Provinz Pommern hatte nach der Volkszählung vom 17. Mai 1939 auf 38 409 qkm Fläche 2807 Gemeinden mit einer Wohnbevölkerung von 2 393 844 Menschen, was einer Dichte von 62 Einwohnern je qkm entsprach — gegenüber der des Deutschen Reiches von 139 Einwohnern je qkm. Pommern gehörte somit zu den dünn besiedelten Räumen.

Dieser Zustand hatte durch die ständige Abwanderung von Menschen lange Zeit angehalten. Für die Nahwanderung bildeten die Städte, zumal der Großraum Stettin, dann Stolp, Stargard und Köslin erste Aufnahmeräume für arbeitsuchende Menschen. Die Fernwanderung konzentrierte sich auf Berlin, wohin allein 118 000 Pommern im Jahre 1900 und 127 000 im Jahre 1907 zogen. Sachsen, Westfalen und das Rheinland waren weitere bevorzugte Gebiete. Ostpreußen und Schlesien sparte diese Binnenwanderung aus. Die in Pommern lebende Bevölkerung gliederte sich in folgende Berufsgruppen:

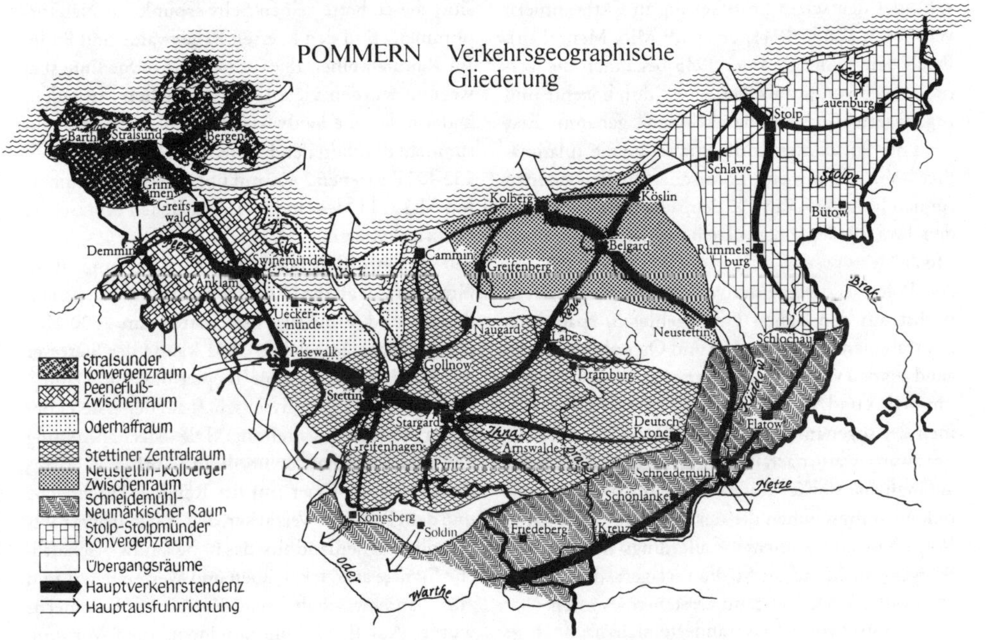

Verkehrsgeographische Gliederung

Land- und Forstwirtschaft	33,9 v. H.
Industrie und Handwerk	25,5 v. H.
Handel und Verkehr	14,1 v. H.
Sonstige	26,5 v. H.

Ein Drittel der Gesamtbevölkerung war in der Land- und Forstwirtschaft tätig, was Pommern als ein Agrarland ausweist; allerdings ging dieser Anteil ständig zurück. 1882 waren es noch 54,5 v. H. Dafür war der Anteil von Industrie und Handel von 22,8 v. H. bzw. 9,3 v. H. (1882) erheblich angestiegen.

Das Jahr 1945 brachte auch das Ende der deutschen Kultur in Ostpommern; Westpommern wurde in die Deutsche Demokratische Republik eingegliedert. Der schnelle Vorstoß der Roten Armee zur Ostsee hinderte einen erheblichen Teil der Bevölkerung an der Flucht in den Westen; die Flüchtlinge schickte man in ihre alten Heimatorte. Nach vorsichtigen Schätzungen waren deshalb noch 60—70 v. H. der deutschen Bevölkerung in Ostpommern verblieben (Ende 1944: etwa 1,9 Mio. Menschen). Doch bereits im Sommer 1945 begannen die Vertreibungen von polnischer Seite, „durchdachte und organisierte Aussiedlungsaktionen" genannt. Erst nach der Potsdamer Konferenz setzte die „planmäßige" Vertreibung ein. Polnische Quellen nennen für den Juni 1945: 713 000 deutsche Einwohner, für den Juni 1947 melden gleiche Quellen nur noch 116 263 (!).

Aus Polen setzte eine stetige Zuwanderung ein, zunächst aus den nahen Grenzgebieten, später aus Zentralpolen (etwa 65 v. H.) und Ostpolen, vorwiegend aus den von der UdSSR annektierten Gebieten um Wilna und Wolhynien (etwa 30 v. H.). Im Rahmen der sogenannten „Aktion W" wurden Ukrainer zwangsweise nach Pommern umgesiedelt. Nach anfänglicher starker Rückwanderung nach Zentralpolen hat inzwischen die Bevölkerung in etwa den Vorkriegsstand erreicht — allerdings hat sich das Schwergewicht auf die Städte verlagert, die fast alle etwa ihren Vorkriegsstand erreichen konnten.

Die Berufsgliederung veränderte sich nachhaltig; 1950 waren 49,4 v. H. der Erwerbstätigen in der Land- und Forstwirtschaft, 17,9 v. H. in Industrie und Handwerk, 15,25 v. H. in Handel und Verkehr tätig; Land- und Forstwirtschaft zeigten fallende Tendenz.

Landwirtschaft und Fischerei

Erst 1815 begann der allgemeine wirtschaftliche Aufschwung Pommerns. Der Mangel an ausreichenden Bodenschätzen ließ es zur größten Agrarprovinz Preußens werden. 1938 waren 50,3 v. H. der Gesamtfläche der Provinz Ackerland und Gärten. In diesen 123 Jahren sank der Anteil an Ödland und Moor von 51,9 v. H. auf 30 v. H. der Gesamtfläche, was auf die starke Binnenkolonisierung hinweist. Die bäuerlichen Betriebe bildeten eine Mischung von Mittel- und Großbetrieben und Großgrundbesitz; dieser hatte seinen Schwerpunkt in Neuvorpommern und den Kreisen Regenwalde und Stolp. Im Rahmen einer 1890 einsetzenden Siedlungsbewegung wurden viele Güter parzelliert; trotzdem änderte dies die landwirtschaftliche Betriebsstruktur nicht durchgreifend. Noch 1939 gab es unter den 152 400 Betrieben 2 400 mit über 100 ha, die immerhin 33,2 v. H. der landwirtschaftlichen Nutzfläche bewirtschafteten.

Seit Beginn des Jahrhunderts löste eine Feld-Gras-Wirtschaft die Dreifelderwirtschaft ab; Kunstdünger und Fruchtwechsel hatten um 1900 eine neue Epoche eingeleitet. 1851 kaufte der Stettiner Kaufmann Gustav Adolf Toepfer die erste Dampfmaschine für die Landwirtschaft auf der ersten Londoner Industrieausstellung: Die Mechanisierung der Landwirtschaft nahm ihren Lauf!

Beiderseits der Oder, auf der Randow-Hochfläche und dem Pyritzer Weizacker, dehnt sich fruchtbares Grundmoränenland aus, das hohe landwirtschaftliche Erträge an Zuckerrüben und Weizen liefert und zum landwirtschaftlichen Kernraum Pommerns wurde. Auf den Grundmoränenplatten Vorpommerns überwiegt der Anbau von Zuckerrüben, Wei-

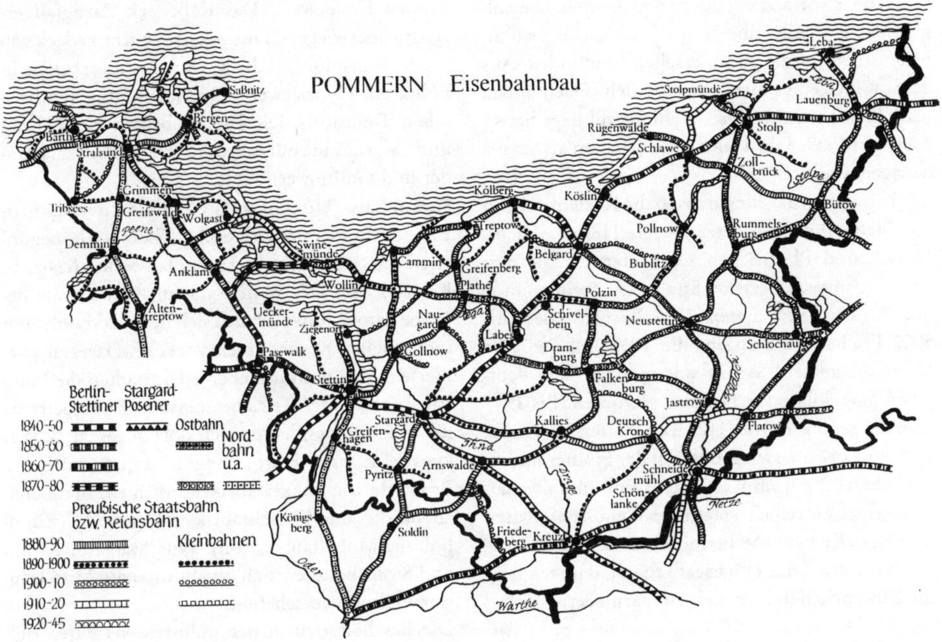

Pommersche Eisenbahnen

zen und Roggen, verbunden mit Rinderzucht. Auf den mäßig fruchtbaren Böden Ostpommerns herrscht ergiebiger Kartoffelanbau (1939: 6,5 Mio. t). Ein landwirtschaftliches Sondergebiet stellt das klimabegünstigste Odertal mit seinem marktorientierten Gemüse- und Obstanbau dar. Im mehrjährigen Durchschnitt wurden auf dem Ackerland in Pommern 64,5 v. H. Getreide und 22 v. H. Hackfrüchte angebaut. Die Hektarerträge lagen 1938 beim Weizen bei 29 dz/ha, beim Roggen bei 19,4 dz/ha, beim Hafer bei 23 dz/ha, bei Kartoffeln bei 175,5 dz/ha und bei Zuckerrüben bei 306,7 dz/ha. Die Gutsbetriebe hatten sich zum Teil auf die Produktion von Saatgut spezialisiert und belieferten sogar andere europäische Länder. Mit zunehmender Nutzung auch ärmerer Sandböden wich die extensive Weidewirtschaft einer intensiven Viehhaltung. Bevorzugt war in den Niederungsgebieten die Rindviehzucht, in den übrigen Gebieten die Schweinehaltung; auf ihr beruhte seit 1885 die in Rügenwalde konzentrierte Fleischveredlungsindustrie. Auf dem Höhenrücken betrieb man intensive Schafzucht: Rohstoffquelle für Tuchfabriken.

Nach dem Ersten Weltkrieg geriet die Landwirtschaft in eine schwere Krise. Die neue Grenzziehung rückte die Absatzmärkte in größere Ferne; dies ließ Erzeuger- und Transportkosten emporschnellen. Erst das Autarkiestreben der dreißiger Jahre milderte die Schwierigkeiten.

Nach 1945 hat sich die Ackerfläche, zumal in Ostpommern, zu Gunsten des Waldes um ein Drittel verringert. Der Anbau von Getreide, vor allem Weizen, erhielt Vorrang vor den Hackfrüchten. Die polnischen Neusiedler übertrugen ihre Anbaugewohnheiten auch auf die pommerschen Sandböden. Aus dem Wilnagebiet brachten sie den Flachsanbau nach Pommern mit. Der Viehbestand liegt bei 45 v. H. von 1939. Sehr viele Güter arbeiten als Staatsbetriebe weiter.

Die Küstenbevölkerung betrieb die Küstenfischerei mit Stell- und Treibnetzen nach Hering, Lachs, Dorsch und Plattfischen sehr intensiv. Die drei Oberfischmeisterbezirke Stralsund, Swinemünde und Kolberg vereinigten 7305 Berufsfischer mit 5000 Fischereifahrzeugen, die 1938 fast 24 000 t Fisch anlandeten. Stettin war zum größten deutschen Stapelplatz für Heringe geworden. Bis 1945 kam der größte Teil der „Kieler Sprotten" aus Leba. 1945 ging der überwiegende Teil der Fischer mit ihren Fahrzeugen nach Westen. Seit Ende des Zweiten Weltkriegs betreiben staatliche Genossenschaften die Ostseefischerei. Swinemünde und Saßnitz wurden zu Zentren der Hochseefischerei; dagegen liegt die Küstenfischerei weitgehend darnieder.

Industrie

In engem Zusammenhang mit der Landwirtschaft steht die schwach entwickelte Industrie; sie konzentrierte sich auf den verkehrsgünstigen Oderraum. 1817 gründete Heinrich Dohrn als ersten Industriebetrieb die Pommersche Provinzial Zuckersiederei in Stettin, die die heimischen Zuckerrüben verarbeitete. In nächster Nähe entstanden 1837 eine Ölmühle und 1850 die größte Mahlmühle des Kontinents. Bis 1914 führte Stettin in der Herrenkonfektion Europas. In Torgelow wurde seit 1758 Raseneisenerz verhüttet. Seit 1857 begann in Stettin der Eisen- und Stahlschiffbau in der Vulkan-Werft; sie mußte 1928 stillgelegt werden, wurde jedoch 1938 wieder aufgebaut.

In Züllchow bei Stettin entstand 1852 die erste deutsche Portland-Zementfabrik, sie verarbeitete anstehenden Kreidekalk. Das Kalkwerk Zarnglaff erzeugte überwiegend Düngekalk. In Kratzwieck gab es eine Kunstdüngerfabrik; von 1939 an arbeitete in Pölitz ein Hydrierwerk zur Gewinnung synthetischen Treibstoffs. Die Papierfabriken Hohenkrug und Odermünde nutzten das Holz der Ueckermünder und Gollnower Heide.

Stettin als Umschlagplatz von schwedischem Eisenerz und oberschlesischer Steinkohle begünstigte die Gründung des Hochofenwerks „Kraft" in Kratzwieck 1897. Weitere metallverarbeitende Betriebe kamen hinzu, so daß sich der Oderraum zum industriellen Kernraum entwickelte. Dagegen stagnierte in den pommerschen Kleinstädten die Industrie; nur wenige Betriebe, meistens Zweigbetriebe des Oderraumes, hatten sich dort angesiedelt, vorzugsweise zur Verarbeitung landwirtschaftlicher Produkte wie Zuckerfabriken, Mühlen, Brennereien, Stärke- und Fleischfabriken, Sägewerke (Zündhölzer-, Möbelfabrikation). Nur Stargard, Köslin und Stolp konnten sich als industrielle Mittelzentren Geltung verschaffen.

Die Beschäftigten in der Industrie verteilten sich 1939 auf die Bereiche Baugewerbe: 29,5 v. H., Metallverarbeitung: 20,7 v. H., Nahrungs- und Genußmittelindustrie: 16,7 v. H. Ausgesprochene Wachstumsbranchen waren Papierherstellung — Beschäftigtenzahl von 1895 bis 1939 vervierfacht — und die Chemische Industrie, deren Beschäftigtenzahl sich von 1895 bis 1939 verdoppelt hat.

Die für die Industrie benötigte Energie lieferten große Wärmekraftwerke in Stralsund, Stettin und Belgard sowie die 26 Wasserkraftwerke Hinterpommerns. 1939 wurden in Wärmekraftwerken 514 Mio. kWh und in Wasserkraftwerken 86 Mio. kWh elektrische Energie erzeugt.

1945 verschwand die Privatindustrie völlig. Nach der Demontage durch die Sowjets konnten die großen Betriebe häufig erst in den 50er Jahren und später ihre Arbeit wieder aufnehmen; etliche erhielten andere Funktionen.

Die Grenze, die heute den Oderkernraum zerschneidet, bewirkte einen starken Rückgang der Industrie auf seiner westlichen Seite. In der DDR konzentriert sich die pommersche Industrie auf die Hafenorte. In Polen dauerte es verhältnismäßig lange, bis die Bedeutung Stettins erkannt und genutzt wurde. Industrie und Hafen wurden weitgehend auf- und ausgebaut.

Verkehrswesen

Das Jahr 1945 bedeutete einen tiefen Einschnitt im Eisenbahnnetz. Russen demontierten einige Hauptstrecken; das Kleinbahnnetz verschwand fast vollständig. Dafür mußte für den Personenverkehr ein Omnibusnetz aufgebaut werden.

Mit dem Molenbau des Swinemünder Hafens 1829 erhielt Stettin seinen Vorhafen. Die → Kaiserfahrt 1880, das Anlegen eines Freihafens 1898, die Regulierung der Oder 1905—1913, der Bau des Industrie- (1917) und Reihenwerderhafens 1919 für Massengüterumschlag ließen Stettin zum bedeutendsten Hafen der südlichen Ostseeküste werden. 1938 erreichte der seewärtige Güterverkehr 8,25 Mio. t. Hauptverbindung zum Hinterland war der 1914 eröffnete Großschiffahrtsweg Berlin—Stettin; so konnte man von hier aus das ganze ost- und mitteldeutsche Hinterland einschließlich Berlins versorgen.

Trotz der Demontage von 1945 bis 1948 und der Trennung vom mitteldeutschen Hinterland wurde Stettin größter und wichtigster Hafen Polens. Demgegenüber hatten die Häfen Stralsund, Kolberg und Stolpmünde untergeordnete Bedeutung; sie versorgten nur das unmittelbare Umland. Allein → Saßnitz machte sich einen Namen durch die Eisenbahnfähre zum schwedischen Trelleborg. Die im Mittelalter wichtige Flußschiffahrt verlor, außer auf der Oder, völlig ihre Bedeutung.

Hingegen nahm der Fremdenverkehr einen raschen Aufstieg. Rügenwaldermünde ist seit 1814 das erste preußische Seebad. Wie eine Perlenkette reihen sich fortan die Seebäder aneinander. 1939 gab es 60 anerkannte Badeorte, zu denen sich noch die Unterkünfte in vielen Fischerdörfern gesellten.

Kolberg wurde drittgrößtes deutsches Seebad; 1939 zählte es die höchste Besucherzahl aller Seebäder. Der Pommersche Landrücken wurde viel später als Ferienlandschaft entdeckt. Erster und wichtigster Ort war das Stahl- und Moorbad → Polzin. Heute wird Pommern von der staatlichen polnischen Fremdenindustrie genutzt.

Bäder an der pommerschen Ostseeküste

Mine Heimat

Zuerst einstimmig zu singen

Abtshagen, Kr. Grimmen; seit 1962 nach Wittenhagen eingemeindet.
Heilig-Geist-Kirche, kreuzrippengewölbter Backsteinbau, Ende 14. Jh. Später wurde vor die Westwand ein hölzerner Glockenturm gestellt. Eine Zier ist der schöne Blendengiebel der Sakristei. In den Chorfenstern finden wir kleine ovale Glasbilder mit Namen und Wappen.
Das Dorf hatte 1939: 625 Einwohner.

Abtshagen *(Dobiesław)*, Kr. Schlawe; ein sehr altes Buckower Abteidorf.
Dorfkirche, aus Back- und Feldstein, 14. Jh. Der mächtige Westturm hat an seiner Westfront in größerer Höhe eine Rundbogenblende mit einem eingemauerten Terrakottakopf. Der flachgedeckte Innenraum enthielt einen Altar von 1645. Eine Gestühlswange (Mitte 15. Jh.), 2,80 m hoch, aus Eichenholz, bekrönte ein Drachen, der einen Schild mit dem pommerschen Greifen hielt, darunter der hl. Georg mit einer kleinen, gekrönten, betenden Frauengestalt.
1939 hatte das Dorf 519 Bewohner.

Achterwasser; 85,5 qkm große, von der → Peene her tief in die → Insel Usedom eingreifende Bucht; durch einen bis zu 330 m schmalen, flachen, nur im Bereich einer Moräne auf 61 m (Streckelberg) ansteigenden Landstreifen von der → Ostsee getrennt, den 1913/14 eine Sturmflut durchbrach. Mit seinen Nebengewässern löst es die Insel Usedom in mehrere Halbinseln auf, die meist „Winkel“ oder „Ort“ heißen. Im Nordwesten vor der Halbinsel Gnitz liegt die flache (3 m über NN) Insel Görmitz, die 1400 Äbtissin Cäcilia von Mansfeld für das Zisterzienserinnenkloster Krummin ankaufte.

Ahlbeck, Kr. Usedom-Wollin, Seebad auf der Insel Usedom, 1750 als Fischerdorf am Fuß des bewaldeten Zierowberges gegründet. 1852 erschienen die ersten Badegäste. 1938: 522237 Übernachtungen. Bad der gehobenen bürgerlichen Mittelschicht. Seine Strandpromenade ist 2 km lang, dazu kam noch der Seesteg.
Bereits in den 30er Jahren war A. mit → Heringsdorf zusammengewachsen. Nach 1945 kam → Bansin hinzu; heute leben in diesem Raume über 12 000 Menschen. Mitten im Ort liegt auf einer Düne die Kirche, 19. Jh.

Am Strand in Ahlbeck

1939 hatte das Seebad 4110, 1968: 5700 Einwohner.

Ahrenshagen, Kr. Franzburg-Barth. Bedeutsam ist die Kirche, deren kreuzrippengewölbter Chor aus Feldstein der zweiten Hälfte 13. Jh. entstammt. Kirchenschiff und der Turm, 15. Jh., bestehen aus Backstein. 1969 wurden am Chorgewölbe Malereien aus dem zweiten Viertel 14. Jh. freigelegt. Sie zeigen Szenen aus dem Marienleben. Gut erhalten ist die Verkündigung Mariens und der Sündenfall. Barocker Kanzelaltar aus Holz mit seinen allegorischen Figuren, Mitte 18. Jh. Über dem Triumphbogen hängt ein spätgotisches Holzkreuz.
974 Einwohner hatte das Dorf 1939.

Ahrenshoop, Kr. Franzburg-Barth, westlichstes Dorf Pommerns, auf der schmalen Landzunge des → Darß zwischen dem Saaler Bodden und dem Meer gelegen. Das Fischerdorf entdeckte 1882 der Maler Carl Malchin für die Kunst. Zwischen 1892 und 1896 entstand eine Künstlerkolonie. Begründer der Malschule für Freilichtmalerei war Paul Müller-Kaempf. Jawlenski, E. Heckel, G. Marcks und Alfred Partikel (seit 1945 hier verschollen) hielten sich hier auf. Nach dem Zweiten Weltkrieg schuf Johan-

Ahrenshoop, Reethäuser am Strand

nes R. Becher das „Bad der Kulturschaffenden“. 1963 kamen 10 421 Urlauber nach A. Die kleine Dorfkirche (20. Jh.) gestalteten ansässige Künstler, besonders Doris Oberländer.

1939 hatte A. 248 Bewohner, 1969 waren es 900.

Altdamm *(Dąbie)*, Groß Stettin. Der Name der Kreisstadt des vormaligen Kreises Randow kam erst 1819 in Gebrauch, bis dahin wurde sie „Vadam“, „Dambe“, „Damm“ oder „Damme“ genannt.

Sie liegt am Ostrand der Oderniederung am Dammschen See, gegenüber von Stettin. Schon sehr früh verband, als letzte Übergangsmöglichkeit über die Oder vor dem Haff, ein Knüppeldamm beide Städte; 1299 durch einen Steindamm ersetzt. 1121 zerstörten Polen eine Burg Vadam. Herzog Bogislaw I. schenkte 1174 das neben der Burg gelegene Dorf dem Kloster → Kolbatz. 1260 verlieh Herzog Barnim I. A. Magdeburger Stadtrecht. In der Nikolaikirche war Pfarrer Hermann 1268 tätig. Herzog Barnim I. befestigte seine Stadt 1277, und Herzog Otto hielt sich mit Vorliebe in Damm auf. Eine Zollstation am Ende der Straße durch die Oderniederung verschaffte regelmäßige Einnahmen. Kriege, hauptsächlich gegen die Festung Stettin, führten zu häufigen Zerstörungen. 1872/73 wurde die Stadtbefestigung niedergelegt, und seit 1932 entstanden Stadtrandsiedlungen; 1939 nach Stettin eingemeindet. 1945 zu 70 v. H. zerstört.

Die Marienkirche stammt aus spätgotischer Zeit; nach einem Brand 1863 vollständig umgebaut und mit einem weithin sichtbaren Turm versehen. Das östlich vor der Stadt gelegene herzogliche Schloß brannte 1592 ab; in der Stadt durch das Fürstenhaus als Absteigequartier bei herzoglichen Jagden ersetzt.

Seine Lage beeinflußte die wirtschaftliche Entwicklung Altdamms. 1370 erstrebte A. engere Beziehungen zur Hanse, konnte sie gegen Stettin jedoch nicht durchsetzen. Erst 1604 wurden der Stadt Stapelrechte gegen Stettin zuerkannt. Ein Aufschwung erfolgte nach der Urbarmachung der umliegenden Brüche und der Einführung der Kartoffel. Das Textilgewerbe faßte Fuß; bis 1860 fand regelmäßig zu Pfingsten der Woll- und Leinwandmarkt statt. 1873 wurde die Zellulose- und Papierfabrik gegründet, der weitere Betriebe wie Stärke- und Sirupfabrik, Sägewerke, Mühlen und Spinnereien folgten. Auf dem Stadtgebiet am südlichen Ende des Dammschen Sees entstand 1924 der Flughafen Stettin für Land- und Wasserflugzeuge.

Friedrich David Gilly (1772—1800), Baumeister, Lehrer K. F. Schinkels.

Karl Teike (1864—1922), Komponist des Marsches „Alte Kameraden“.

A. hatte vor der Eingemeindung 1939: 16 197 Einwohner.

Alt Draheim *(Stare Drawsko)*, Kr. Neustettin; Dorf auf einer schmalen Landzunge zwischen dem Sareben- und dem → Dratzig-See. Außerhalb steht die Burgruine mit 2,50 m starken und an der Südseite bis 12 m hohen Umfassungsmauern. Die Polen gaben 1290 dem Templerorden A. D. als Lehen; 1345 übernahmen es die Johanniter. 1407—1657 polnischer Starosteisitz. 1668 nahm der Große Kurfürst die Burg Draheim ein und baute sie aus. Der sinkenden Bedeutung der Burg entsprechend, lag 1758 hier eine Besatzung von 20 Mann und einem invaliden Oberst. Diese Burg eroberten die Russen im Siebenjährigen Krieg und setzten sie in Brand. Danach verfiel sie.
1939 lebten in A. 367 Einwohner.

Altefähr, Kr. Rügen. Das Dorf zieht sich vom → Strelasund in einer Uferschlucht (Lite) empor. Schon im 13. Jh. Anlegeplatz einer Fähre nach → Stralsund. 1240 verlieh Fürst Witzlaw I. von Rügen der Stadt Stralsund die Feldmark von A. Das Dorf war vom 15. bis 17. Jh. stadtstralsundisch. Seit 1805 regelmäßige Fährverbindung zwischen Stralsund und → Rügen über A. Durch den → Rügendamm verlor A. seine Bedeutung als Verkehrsort, entwickelte sich zu einem Seebad.

Fürstenhaus in Altdamm

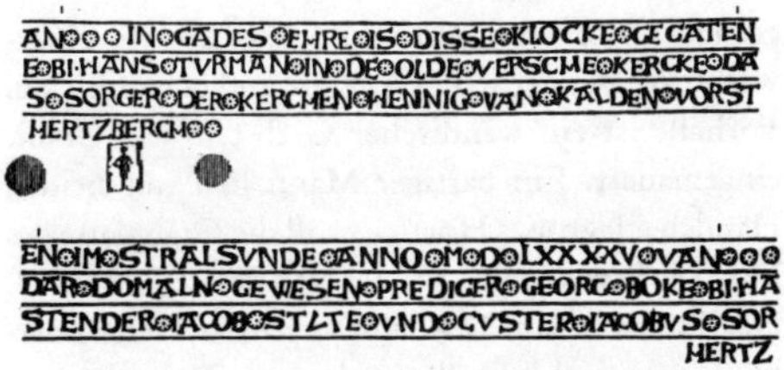

Inschrift auf der Glocke (1591) in Altefähr

Die Dorf-„Kirche Nicolaus von der Vhere" wird 1353 genannt. Der heutige Backsteinbau stammt aus der zweiten Hälfte des 15. Jh., sein Turm erhielt 1692 ein Fachwerkobergeschoß mit achtseitigem Helm. Der Stralsunder Meister Michael Müller schuf 1746 den reich geschnitzten Altar; im Hauptfeld seitenverkehrte Kopie des Abendmahls von P. P. Rubens. Daneben zwei Fragmente eines Schnitzaltars (um 1500).
A. hatte 1939: 999, 1958: 1440 Einwohner.

Altenfließ *(Przyłęg)*, Kr. Friedeberg. 1296 wird als Besitzer des Dorfes ein von Blankenburg genannt. Das Patronat der Kirche lag beim Bürgermeister und dem Rat der Stadt Friedeberg. Das ganze Dorf war bis 1945 im Besitz der Stadt. 1758 plünderten Russen A. und steckten es in Brand. Erst 1801 wurde mit dem Neubau der Kirche begonnen.
In A. lebten 1939: 536 Einwohner; zum Teil auf dem Rittergut beschäftigt.

Altenkirchen, Kr. Rügen, Mittelpunkt der Halbinsel Wittow. Der Ort war ursprünglich ein wendischer Begräbnisplatz. 1314 wird die alte Kirche erwähnt. 1532 teilten sich drei Besitzer in den kleinen Ort: der Pfarrer mit landesherrlichem Lehen, das Kloster → Pudagla, das Kloster → Hiddensee. Der Ort erhielt Marktrecht.
Die Kirche wurde als eine der ersten auf Rügen um 1200 als dreischiffige Säulenbasilika erbaut. Chor und Apsis, mit glasierten Ziegeln mit Palmettenmuster verziert, sind vom ersten Bau erhalten. Ein Bogenfries ist auf Kragsteinen mit menschenähnlichen Köpfen aufgesetzt. Kirche in spätgotischer Zeit um-

gebaut. Chor und Schiff Ende des 14. Jh. eingewölbt. An der östlichen Außenwand der südlichen Vorhalle ist ein wendischer Grabstein aus Granit eingemauert. Ein bärtiger Mann hält mit beiden Händen ein großes Horn. Es soll die Grabplatte des Fürsten Tezlaw sein, Bruder von Fürst Jaromar I. Der Taufstein, um 1240, mit vier bärtigen Männerköpfen, ist wohl die älteste der aus Gotland eingeführten Kalksteintaufen. Der Stralsunder Bildhauer Elias Keßler schuf den barocken Altaraufbau mit fünf Engelfiguren. 1965—68 wurde in der Apsis und am Triumphbogen ornamentale Ausmalung freigelegt.
Der Dichter *Gotthard Ludwig Kosegarten* (1758 bis 1818) war von 1792 bis 1808 Ortspfarrer.
Sein Sohn *Johann Gottfried Ludwig Kosegarten* (1792—1860), Orientalist, Sprachforscher und Historiker, gab 1834 „Pommersche und rügische Geschichtsdenkmäler" heraus.
1939 lebten in A. 896 Einwohner, 1980: 1900.

Altentreptow, Kr. Demmin. Mitten in einem sehr fruchtbaren Weizen- und Zuckerrübenanbaugebiet liegt die bis in unser Jahrhundert „Treptow an der Tollense" genannte Stadt im sumpfigen → Tollensetal auf einem flachen Hügel. Hier am Flußübergang stand eine wendische Burg mit vorgelagerter Siedlung „Trybathowe"; deren Kirche 1175 erstmalig genannt. Zwischen 1202 und 1219 gründeten

Älteste Kirche Pommerns in Altenkirchen

Götzenbild des Swantewit in Altenkirchen

zwei Lutizen auf dem heutigen Klosterberg das Benediktinerinnenkloster „in Monte St. Marie"; nach Klatzow und später nach → Verchen verlegt. Die Erteilung der Stadtrechte steht nicht fest, 1240 wird die civitas Tributowe erwähnt, wahrscheinlich mit lübischem Recht. 1468 äscherten mecklenburgische Truppen A. im Stettiner Erbfolgestreit zur Hälfte ein; sämtliche Urkunden gingen mit dem Rathaus unter. 1527 brannte die gesamte Stadt ab. Davor konnte auch die 1360 erwähnte Befestigungsanlage, wovon das Neubrandenburger (Heimatmuseum) und das Demminer Tor (um 1450) erhalten sind, nicht schützen. Seit 1945 ist A. Kreisstadt.
Auf dem höchsten Punkt der alten Flußinsel wurde die dreischiffige Hallenkirche St. Petrus (14./15. Jh.) aus Backstein erbaut. Der Turm steht auf einem Sockel aus großen Granitquadern, spärlich gegliedert, Holzspitze von 1773. Langhaus und Chor sind mit Kreuz- bzw. Sterngewölben überspannt. An die Südseite des Chores waren schon 1618 drei Kapellen angebaut; in der ersten fand man auf einem 1959 freigelegten Wandbild, zweites Viertel 15. Jh., die früheste Darstellung eines Einhorns in Pommern. Im Chor steht ein großer Schnitzaltar (zweite Hälfte 15. Jh.): im Mittelschrein Christus und Maria unter reichen Baldachinen sitzend; darunter in einem schmalen Feld Christus mit Stifterpaar; zu beiden

Brandenburger Tor in Altentreptow a. T.

Seiten und in den Flügeln in zwei Reihen übereinander insgesamt 40 Heiligenfiguren. Auf den äußeren Flügeln auf Goldgrund gemalte, 1567 erneuerte Bilder aus dem Alten und Neuen Testament. Die Granittaufe (Mitte 13. Jh.) ist mit roh gearbeiteten Flachreliefs von Kreuzen und Kobolden verziert.
Die katholische Kirche ist ein moderner Bau; auf der „Gesolei" 1926 in Düsseldorf ausgestellt.
Zahlreiche Fachwerkhäuser des 18. Jh. sind noch erhalten, darunter die, in denen Fritz Reuter von 1850 bis 1856 lebte, als er Turn- und Zeichenlehrer und Stadtverordneter war und „Läuschen und Riemels" und „De Reis nach Bellingen" schrieb.
In den Anlagen ragt ein Findling, 7 m lang, 5 m breit und 2—3 m hoch, etwa 140—150 cbm Gestein, aus dem Boden.
Bereits im 15. Jh. gab es eine Rektorschule.
1877/78 wurde die Eisenbahnlinie Stralsund—Demmin—A.—Neubrandenburg in Betrieb genommen. Durch die Demminer Bahnen (Kleinbahn) wurde A. 1897 mit Demmin und 1913 mit Metschow verbunden; 1945 demontiert.
Die Stadt, die 1326 von Herzog Otto I. Zollfreiheit in den Ländern Anklam und Demmin erhielt, hat nur lokale wirtschaftliche Bedeutung. Die landwirtschaftlichen Produkte der Umgebung werden in der Nahrungsmittel- und Bekleidungsindustrie verarbeitet. Umschlagplatz von Nahrungsmitteln. 1981 hatte A. 9300 Bewohner.

Altenwedel *(Sicko)*, Kr. Saatzig. In dem Doppelangerdorf hatten die Wedell ihre erste Stammburg, ehe sie ihr Stammschloß in → Neuwedell (1313) bauten. A. liegt im südöstlichsten Winkel des Kreises.
Die Dorfkirche wurde gegen Ende 19. Jh. erbaut. Ihr hölzerner Turm mit abgeschrägten Wänden und einer sehr flachen Barockhaube trägt eine Wetterfahne mit der Jahreszahl 1743.
1939 lebten hier 524 Menschen.

Alt Grape *(Stare Chrapowo)*, Kr. Pyritz. 1212 wird ‚Crapone' in der Grenzbeschreibung des dem Kloster Kolbatz verliehenen Dorfes → Woltin erstmals genannt. Besitz des Domstifts St. Marien in Stettin, diesem 1373 urkundlich bestätigt.
Die Kirche ist ein spätestmittelalterlicher Findlingsbau, in dem noch Reste eines älteres Baues erhalten sind, u. a. einzelne Quaderschichtungen. 1769 durchgreifend erneuert. Dem Turm wurde die unverhältnismäßig große Wetterfahne der ehemaligen Marienkirche in Stettin aufgesetzt. 1591 fertigte ein Stettiner Meister den Renaissancealtar. In einem Fenster zeigte eine bemalte Glasscheibe den Jakobs-

Taufstein in der Petrikirche zu Altentreptow

kampf, dazu die Inschrift: Christopf Dobberler, Viehhirte, 1684.
A. G. hatte 1939: 314 Bewohner.

Alt Gurkowschbruch *(Górecko)*, Kr. Friedeberg. Gegründet 1750 während der friderizianischen Binnenkolonisation. Der Ackerbau im Neuland des → Netzebruches war sehr schwierig. Noch 1782 mußten die Bauern ihr Brotkorn kaufen. Oft fehlte das Geld; so ernährten sie sich von Milch, Kartoffeln und Gemüse. Brot wurde zu einem seltenen Leckerbissen. Häufige Überschwemmungen bedrohten das Dorf. Nach einem Deichbruch von 1837 wurde die → Netze begradigt. Noch 1888 schnitt ein Hochwasser A. G. für sechs Tage von jeder Post ab. Die ganz ausgemalte Fachwerkkirche wurde 1792 eingeweiht.
Das Dorf hatte 1939: 783 Einwohner.

Alt Järshagen *(Stary Jarosław)*, Kr. Schlawe; um 1300 im Besitz von Henning von Ristow.
Die gotische Backsteinkirche mit dreiseitigem Chor (14. Jh.) hat einen blendengeschmückten Turm mit rundem Turmhelm. Das Schiff besitzt eine Holzdecke.
Der sehr große barocke Altar (Ende 17. Jh.) zeigt im Mittelfeld eine vollplastisch geschnitzte Kreuzigungsgruppe. Zwei Säulenpaare, zwischen denen in Nischen die Figuren von Petrus und Paulus stehen,

Feldweg bei Alt Gurkowschbruch

Alt Kolziglow, Kirche mit Glockenstuhl

flankieren sie. Die Figuren von Adam und Eva bilden den seitlichen Abschluß; darüber ist die Himmelfahrt oder Auferstehung dargestellt.
In A. J. lebten 1939: 667 Einwohner.

Altkarbe *(Stare Kurowo)*, Kr. Friedeberg/Nm. Größtes Dorf im Kreise; bei einer Grenzziehung von → Driesen 1317 als „Carbe" erwähnt. Um 1337 Besitz der von der Osten. 1407 als „wüste Karbe" genannt; erst 1763 erschien der heutige Name. A. war vorwiegend ein Dorf von Handwerkern und Kaufleuten. In der ersten Hälfte 18. Jh. versuchte man sich im Weinbau. Einen zweiten Weinberg ließ von Brenkenhoff 1775 anlegen. Sein erster Weingärtner war nach dem ältesten Kirchenbuch Georg Schäfer. Die letzten, verwilderten Weinpflanzungen konnte man noch 1911 sehen.
Bedeutsamer für A. war die seit 1870 bestehende Papierfabrik und Fahrkartendruckerei Ullmann & Co., die auf der Papier- und Strohpappenfabrik Abraham aufbaute. Dazu gab es die Reparaturwerkstatt für Maschinen der Tiefbaufirma Polensky & Zöllner, die am Bau des Nord-Ostsee-Kanals und des Dortmund-Ems-Kanals beteiligt war.
1939 hatte A. 3012 Bewohner. 1983 Mittelpunkt einer Großgemeinde *(Gmina)* von 77,9 qkm Fläche mit 4249 Einwohnern.

Alt Kolziglow *(Kołczygłowy)*, Kr. Rummelsburg,

Dorfkirche von Alt Schlawe

schon 1374 genannt, als Bronisius Puttkamer für sich und seine Familie die Obergerichtsbarkeit in A. K. von Herzog Kasimir V. erhielt.

1689 war Fedorowitz Pastor im Dorf. Ihm gelang es, sich und seine Nachfolger von der Pflicht aller Männer des Dorfes, dem Schweinehüten, zu befreien. Als er an einem Sonntag an der Reihe war, trieb er zur Gottesdienstzeit in vollem Ornat mit einer Peitsche in der Hand die Schweine an der Kirche vorbei. Mehrere Patrone, die zum Abendmahl gehen wollten, fragten, was das bedeute. Er antwortete, zwei Ämter könne man nicht zugleich versehen, „mich trifft das Schweinehüten, dem muß ich folgen, predigen kann, wer Lust hat, ich werde es heute nicht tun".

Die weiträumige helle Fachwerkkirche wurde 1823 erbaut. In ihr stand ein Kanzelaltar, in den in der zweiten Hälfte 18. Jh. ein Altaraufsatz von 1600 eingebaut worden war. Hier wurde 1847 Otto von Bismarck mit Johanna von Puttkamer getraut. Seit 1899 gab es in A. K. ein Pflegeheim der Inneren Mission.

1939 hatte das Dorf 1475 Einwohner. 1983 Mittelpunkt einer Großgemeinde *(Gmina)* von 173,3 qkm Fläche mit 3797 Einwohnern.

Alt Krakow *(Stary Kraków)*, Kr. Schlawe; seit alters ein Lehen des Johanniterordens. Auf einer Anhöhe steht die spätgotische, aus Back- und Feldsteinen erbaute Kirche inmitten des Friedhofs an der steilen Schlucht des Mühlenbaches. Trotz der Strebepfeiler besitzt das Schiff eine flache Holzdecke. Im Chor steht ein einfacher Renaissancealtar (17. Jh.). Dafür ist die Kanzel üppiger. Eine bannerhaltende Christusfigur trägt den Kanzelkorb, in dessen Brüstung, durch korinthische Säulen verstärkt, in Nischen Figuren der Evangelisten stehen.

1939 hatte A. K. 383 Einwohner.

Alt Libbehne *(Lubiana Pyrzycka)*, Kr. Pyritz. Schon 1491 erwähnt; die Kirche war Filialkirche von Gottberg. 1493 waren die Pfarrer Johannes Westval und Johannes Wachelin an ihr tätig.

Der heutige stattliche Fachwerkbau stammt vom Anfang 18. Jh. Den Turm, zur Hälfte in das Gebäude einbezogen, übersteigt eine Barockhaube mit durchbrochener Laterne. In der Wetterfahne fand man die Jahreszahl 1704.

Barocker Kanzelaltar von 1700. Die Kalksteintaufe, eine zehneckige Schale, zeigt in den Feldern flach ausgegründete grobe, naive Tierfiguren. Sie ähnelt der von → Osseken, Kr. Lauenburg, und scheint romanisch zu sein, ist aber nach 1500 entstanden.

Das Dorf hatte 1939: 337 Bewohner.

Kapelle in Altstadt

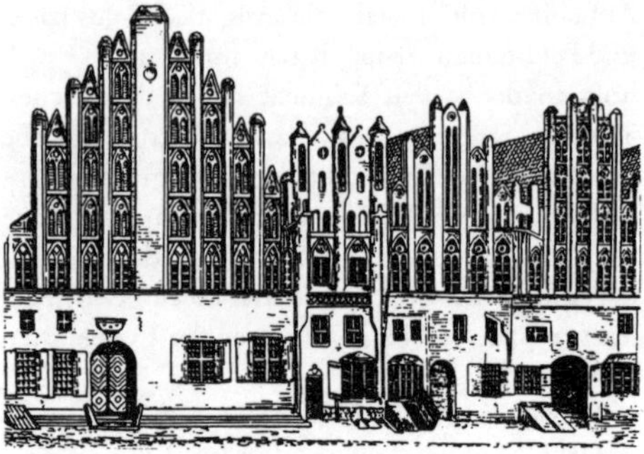

Anklam, Giebelhäuser, Nordseite des Platzes

Alt Schlawe *(Sławsko),* Kr. Schlawe, ehemaliges Amtsdorf mit stattlichen Gehöften und alteingesessenen Bauernfamilien, an der Stätte der einstigen Burg Alt-Schlawe, dem Sitz der Nachkommen Herzog Ratibors von Pommern († 1156). 1150 war neben der Burg ein Ordenshaus der Johanniter angelegt worden, die bald nach der Gründung von → Schlawe dorthin übersiedelten. Bis 1317 bezeichnete der Name ‚Schlawe' nur die Burg, erst später ging er auf die neugegründete Stadt über. 1271 wurde Detlev von Schlezen erster Vogt auf der Burg. 1273 nahm Herzog Mestwin II. von Pomerellen die Burgen im Lande Stolp und Schlawe vom Markgrafen von Brandenburg zu Lehen. Die Markgrafen belehnten 1307 den Palatin von Danzig und Stolp, Graf Swenzo, und seine Söhne mit dem Land Schlawe. 1312 saß Jesko von Schlawe, Swenzos zweiter Sohn, auf der Burg. Die Bürger von Schlawe zerstörten sie 1402; doch schon 1403 verzieh Herzog Bogislaw VIII. der Stadt.

Die weithin sichtbare dreischiffige spätgotische Hallenkirche, 1489 erstmals genannt, wurde Anfang 15. Jh. erbaut. Die Wände des Turmes sind durch auffallend lange Flachbogenblenden gegliedert. Chor und Schiff mit Stern- bzw. Kreuzgewölben überspannt. Der Altar besitzt einen dreiteiligen Renaissanceaufbau, dessen Mittelstück ein Schrein eines gotischen Flügelaltars zu sein scheint.

In A. lebten 1939: 852 Einwohner.

Altstadt *(Budzistowo),* Kr. Kolberg-Körlin, eine alte wendische Ansiedlung und Burg, die Thietmar von Merseburg († 1018) als „salsa Cholbergiensis" erwähnte. Um 1000 setzte Polen den deutschen Mönch Reinbern als Bischof ein, um die Pomoranen zu missionieren. Die Stadt → Kolberg entstand weiter zur Ostsee hin, und der Ort verfiel.

1278 Gründung eines Klosters der Benediktinerinnen; 1469 in die Stadt verlegt. Kloster und Kirche später abgebrochen. 1500 bauten die Nonnen das Kloster in A. wieder auf und bewohnten es von 1505 bis 1545. Danach in ein landesherrliches Amtshaus umgewandelt und 1727 abgebrochen; ein königliches Brauereigebäude wurde an dieser Stelle errichtet. Der Klosterbesitz ging in einem Rittergut auf, dessen Bauten aus dem 19. Jh. stammen; heute polnisches Gestüt.

Die Johanniskapelle, 1222 durch Miroslawa, Mutter Herzog Barnims I., gegründet, bezeichnet wohl die Stelle der ältesten Kirchengründung Pommerns. 1360 stand sie auf freiem Felde. 1890 neu erbaut; einschiffig mit kreuzrippenüberwölbtem, dreiseitig geschlossenem Chor; ihr Westgiebel trägt ein Türmchen.

Anklam, alte Kapelle, jetzt Leichenhalle

Nikolaikirche Anklam, Fries der Apostelglocke

Alt Stüdnitz *(Stara Studnica)*, Kr. Dramburg, bestand schon vor 1300. 1326 wurde es von einem polnisch-litauischen Heerhaufen ausgeplündert und zerstört. 1337 gehörte es der Familie von Bruthow, die wohl mit den späteren von Günthersberg identisch ist.
Die rechteckige Fachwerkkirche trägt auf dem geböschten, verbretterten Turm eine Wetterfahne von 1656. Den Altaraufsatz schnitzte ein ländlicher Bildhauer, zweite Hälfte 17. Jh. Zwei mit Weinlaub umrankte Säulen rahmen die Kreuzigungsgruppe des Mittelfeldes ein; von ihrer Bemalung keinerlei Reste erhalten. Beide Kirchenglocken sind älter: 1547 und 1570.
Das Gut war ein Kartoffelzuchtbetrieb.
1939 gab es im Dorf 361 Einwohner.

Altwarp, Kr. Ueckermünde, Fischerdorf am Haff, am Westufer der Einfahrt zum → Warper See. 1195 ist die St. Marienkirche erstmals genannt.
Der heutige verputzte Backsteinbau, Ende 18. Jh., liegt auf einer Anhöhe am Haff.
Heinrich Kothe, 1599 aus dem Lüneburgischen nach Stettin gekommen, schuf den Altar nach dem Vorbild spätgotischer Flügelaltäre, jedoch mit reichen Renaissanceornamenten im Rahmen; das Mittelfeld nimmt eine geschnitzte Kreuzigungsgruppe ein. Die Flügel sind Tafelbilder der Verkündigung Mariens und die Auferstehung.

A. hatte 1939: 552 Bewohner.

Anklam. Die Kreisstadt liegt am Südufer der → Peene auf einer Geschiebemergelscholle, etwa 7 m über NN und 7,5 km von ihrer Einmündung in den → Peenestrom. Die Ränder des Tales nähern sich einander zwischen den Höhen von Retzlow im Norden und dem Schülerberg im Süden bis auf 3 km.

Die Altstadt am Flußübergang bestand aus zwei Teilen: der planmäßigen, 1 ha großen Anlage um den Markt und einem gewachsenen Viertel an der Peene; beide wohl im 13. Jh. ummauert. Diese Teile wurden im Zweiten Weltkrieg stark zerstört.

Erstmals wird A. 1243 erwähnt, 1264 zur Stadt erhoben; ab 1292 ist lübisches Stadtrecht sicher nachgewiesen. Seit 1283 war A. Hansestadt; sie beteiligte sich 1361/62 am Krieg gegen den Dänenkönig Waldemar III. 1384 zerstörte eine Feuersbrunst die Stadt bis auf wenige Häuser neben der Marienkirche. Im 16. Jh. wandelte sich die bisher fast unabhängige Hansestadt in eine herzoglich-pommersche Untertanenstadt. Thomas Kantzow erwähnte 1540, A. habe „viel gemewerte Häuser". Von den Höhen nördlich der Peene wurde 1580 eine Wasserleitung in die Stadt gelegt.

A. hatte 1565 etwa 5000 Einwohner, 1677 nur noch ein Drittel. Nach der Besetzung durch Preußen 1759 wurden die Festungswerke 1761 abgetragen und die Wälle in Gärten für die Bürger umgewandelt. Danach dehnte sich A. auf dem Peenedamm, vor dem Stein- und dem Stolper Tor aus.

Panorama von Anklam

Von den alten Wehrbauten sind noch erhalten das Steintor, 32 m hoch, mit reicher Blendengliederung, der 20 m hohe Pulverturm, der durch seine Zweckentfremdung zur Sternwarte berühmt werden sollte. Seit 1860 beobachtete hier der Gymnasialprofessor Gustav Friedrich Wilhelm Spörer (1822—1895) die Sonnenflecken. Vor der Stadt an der Straße nach Pasewalk steht der „Hohe Stein", ein 1458 erbauter Wartturm.

Die St. Marienkirche wird erstmals 1296 mit ihrem Pfarrer Heinrich von der Mülen genannt. Am heutigen Bau lassen sich drei verschiedene Bauphasen feststellen:

a) Zweite Hälfte 13. Jh.: Nord- und Südwände des einschiffigen Chores und die Außenwände eines Sakristeianbaus; Chor wird mit einem teilweise noch erhaltenen, schwarz glasierten Rundbogenfries verziert.

b) Zweite Hälfte 14. Jh.: sechsjochige, kreuzgewölbte Hallenkirche; Ostgiebel des Langhauses mit acht vierteiligen, rundbogigen Blenden verziert. Vor dem südlichen Seitenschiff erhebt sich in mehreren Geschossen der Turm.

c) 15.—16. Jh.: Chorerweiterung, südliches Langhausseitenschiff, Marienkapelle (1488) in spätgotischem Stil. Die Kreuzgewölbe wurden eingezogen. Der Hauptaltar, ein Schreinaltar, hatte ein Mittelfeld von 3,50 m Breite, in dessen Mitte Maria mit dem Jesuskind in Lebensgröße thronte. In den Seitenflügeln war die Jugendgeschichte Christi geschnitzt. Allein die Madonna hat den Zweiten Weltkrieg überstanden und steht in der Marienkapelle. Die gemalten Flügel des heutigen Hauptaltars sind vom ehemaligen Hauptaltar von St. Nikolai gerettet worden.

Ein kleiner Altar, eine figurenreiche Kreuzigung in feinem hartem Kalkstein (1430), wurde nach 1945 in der Kreuzkirche aufgestellt. Aus der Nikolaikirche stammen die reichgeschnitzten Wangen des Chorgestühls (erste Hälfte 15. Jh.).

1936/37 an den Pfeilern ornamentale Malereien und an den Arkadenbögen vielfigurige Kreuzi-

gungsdarstellungen aus der Bauzeit freigelegt; in stilistischem Zusammenhang mit den Wandmalereien in der Stralsunder Nikolaikirche (14. Jh.).
Die St. Nikolaikirche wurde vor 1300 aus gelbem Backstein als kreuzgewölbte Hallenkirche erbaut. Seit 1945 steht sie als Ruine.
Den ehemaligen Hauptaltar mit einem 2,46 m breiten Mittelfeld rahmt spätgotisches Schnitzwerk ein; ein außerordentlich figurenreiches Werk, Golgatha mit einer großen bewegten Volksmenge darstellend, die beiden Schächer waren vor 1945 verschollen. In den Seitenflügeln waren je sechs in drei Reihen übereinander geordnete Szenen aus der Lebens- und Leidensgeschichte des Herrn zu sehen. Die gemalten Flügel kamen nach 1945 als einzig Erhaltenes nach St. Marien.
Ein Figurenfries ziert die Apostelglocke von 1450. Rundschilde, 24 cm im Durchmesser zeigten Brustbilder der zwölf Apostel; sie hängt jetzt in St. Marien. Erhebliche Reste von Wandmalereien an Pfeilern und Schildbögen sind noch heute zu sehen.
Die Heilig-Geist-Kirche ist die älteste der Stadt (1272); zu Wohnungen umgebaut. Nur der Turm erinnert noch an eine Kirche.
Der Peenehafen diente bis 1945 als Umschlagplatz für landwirtschaftliche Produkte. 1839 fuhr der erste Dampfer auf der Peene. Die Eisenbahn, die A. mit Pasewalk, Stettin und Stralsund verband, wurde 1863 eröffnet. 1894 erfolgte ein Anschluß an die Mecklenburg-Pommersche Schmalspurbahn und 1896 an die Anklam-Lassan Bahn. Die neue Peenebrücke und der Ausbau des Hafens 1927 brachten neue wirtschaftliche Impulse. Seit dem Mittelalter prägten Seehandel sowie Ein- und Verkauf landwirtschaftlicher und handwerklicher Erzeugnisse die Wirtschaft. Im 19. Jh. begann die Entwicklung der Möbel-, Maschinen- und Lebensmittelindustrie; die 1883 gegründete Kartoffelstärkefabrik gehörte zu den größten des Deutschen Reiches. In den 30er Jahren entstand ein Flugzeugwerk. Nach dem Zweiten Weltkrieg nahmen kleine bis mittelgroße volkseigene Betriebe der Möbel- und Nahrungsmittelindustrie, der Bauwirtschaft, der Metallverarbeitung und Reparaturwerkstätten ihre Arbeit auf. Im Hafen nur geringer Binnenumschlag.

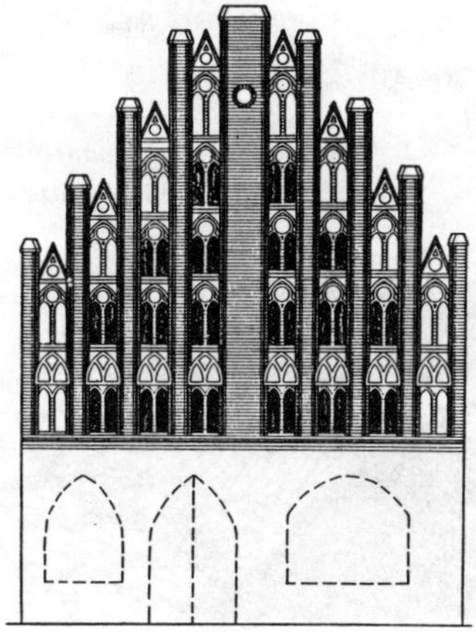

Anklam, Am Markt 30

Christian Andreas Cothenius (1708—1789), Arzt, Generalstabsmedikus und Leibarzt Friedrichs des Großen.
Otto Lilienthal (1848—1896), gilt als Vater des menschlichen Fliegens.
Gustav Lilienthal (1849—1933), Ottos Bruder und Mitarbeiter, konnte dessen Entdeckungen wirtschaftlich nutzen.
Ulrich Sander (1892—1972), Schriftsteller („Der ewige Orlog", 1933—1935).
A. hatte 1985: 20 134 Einwohner.

Arkona, Kr. Rügen, nördlichstes, 46 m über die → Ostsee aufragendes Kap der Insel → Rügen, mit steilen Abhängen aus fossilreicher Kreide (Oberkreide, Senon), in die Feuersteinbänke eingelagert sind. Auf der Höhe wurde 1826/27 ein von K. F. Schinkel geplanter viereckiger Leuchtturm errichtet; 1902 durch einen neuen, 26 m hohen Rundturm abgelöst.
An der Westseite erhebt sich ein 262 m langer, 8 bis 12 m hoher Erdwall. Er schloß einen Burgbezirk,

Kap Arkona

die Jaromarsburg, gegen die Landseite ab. Darin stand das letzte wendische Heiligtum, der Swantewit-Tempel, gegen Ende des ersten Jahrtausends angelegt. Entlang der Innenseite des Walls standen die Häuser der 300 Mann starken Tempelwache. 1168 gelang es dem Dänenkönig Waldemar I., den Rügenfürsten Jaromar I. zu überlisten und die Burg zu nehmen. Das hölzerne vierköpfige, etwa 10 m hohe Swantewitstandbild wurde verbrannt, der Tempelschatz nach Dänemark überführt und eine Kirche errichtet, die dem Bistum Roskilde unterstand. Küstenabbrüche zerstörten einen großen Teil dieser Burg.

Arnhausen *(Lipie)*, Kr. Belgard. Bis ins 17. Jh. war das heutige Dorf eine Stadt. Im Dreißigjährigen Krieg vollständig zerstört, so daß viele Bürger den Ort verließen.
Die St. Gertrudkirche ist aus Feld- und Backsteinen erbaut mit einem Chorschluß von 1816. An der Südseite des Turmes befanden sich sechs abwechselnd quadratische und rechteckige Backsteine, auf denen eine Rittergestalt, ein Wappen und der Rest einer Inschrift „...PASTOR ECC..." mit „1568" erkennbar waren. Kanzel und Altar barock.

In unmittelbarer Nähe von A., auf dem Tarnhusberg, waren Mauerreste einer Burg der Ritter von Manteuffel freigelegt worden. Gegen Ende 13. Jh. verbürgten die Markgrafen von Brandenburg dem Bischof Hermann von Cammin den Besitz dieser Burg. Weitere Informationen über die Burg bleiben im Dunkel der Geschichte.
1939 lebten in A. 736 Bewohner.

Arnsfelde *(Gostomia)*, Kr. Deutsch Krone, geschlossenes Kirchdorf mit drei Gütern, in einem Weizen-, Zuckerrüben- und Kartoffelanbaugebiet. Sein Reichtum ermöglichte es der Gemeinde, alle Ortsstraßen zu pflastern. Schon 1337 als verlassenes Dorf genannt; 1590 vom Starosten Gostomski in Deutsch Krone neu gegründet. Albert Wolski, Adliger und Bürgermeister von Deutsch Krone, erhielt den Auftag, die Wüstung neu zu besiedeln.
Das alte „Wiesenhaus", auch „Strohvilla" genannt, hatte laut einer Inschrift in einem Balken 1610 Matias Krüger erbaut. Die Kirche wurde 1641 gegründet; jetziger Bau von 1818. Der reich geschnitzte Altar scheint älter zu sein.
In A. lebten 1939: 652 Einwohner.

Arnshagen *(Charnowo)*, Kr. Stolp; das kleine Dorf im Tal der → Stolpe verkaufte Jesko von Schlawe 1337 der Stadt Stolp.

Alter Leuchtturm auf Arkona

Die schlichte Fachwerkkirche (1625) besitzt einen mit rundbogigen Blenden gegliederten Turm aus Feld- und Backstein von etwa 1400. Ihr farbenprächtiger, von zwei glatten Säulen gerahmter Altar zeigt im Mittelbild die Kreuzigung. Das daneben stehende Gestühl stammt von 1625 — wohl dem Baujahr der Kirche.

Auf dem Friedhof wurde 1741 der Bootsmann Mevs Mickleg aus Hohenstein begraben, nachdem er nach 26jähriger Gefangenschaft aus der Türkei heimgekehrt war. Am 18. 8. 1776 wurde der Rademacher Peter Fischer begraben, dem Kirchenbuch nach „Alters halber" — er war 102 Jahre und 6 Monate alt geworden, was er dem Umstand verdankte, daß er „seit 25 Jahren...nichts getrunken als Buttermilch mit vielem Wasser verdünnt".

A. hatte 1939: 362 Bewohner.

Arnswalde *(Choszczno)*, Kreisstadt auf einer von Südosten vorspringenden Landzunge zwischen dem langgestreckten Klückensee und dem zur → Ihna ziehenden Stüdnitzfließ.

A. ist wahrscheinlich eine Gründung aus wilder Wurzel, 1281 als Ausstellungsort einer markgräflichen Urkunde erstmals sicher erwähnt; zur Stadt wird sie wohl nach dem Frieden der Askanier mit Pommern (1284) erhoben worden sein. 1291 wird von A. als „civitas et burgenses" berichtet, die ihre Bürger im 14. Jh. mit einer Mauer, 7 Vierecktürmen und 36 Wickhäusern befestigten. Von 1402 bis 1454 gehörte A. dem Deutschen Orden, unterbrochen von einer kurzen polnischen Episode. Beim Hussiteneinfall 1433—1436 übernahm Polen den Schutz der Stadt. 1445 erzwang der Deutsche Orden einen Schloßbau in der Stadt, der keinen langen Bestand

Richard Seewald: Arnswalde, 1910

St. Marienkirche in Arnswalde

hatte. 1469 belagerten die Pommern A. erfolglos. Bis in unser Jahrhundert blieb es neumärkisch. 1536 wurde Georg Buchholz, Schüler Luthers, zum Stadtprediger berufen. Vor dem Hohen Tor stand eine Marienkapelle, Ziel vieler Wallfahrten, vornehmlich aus Polen. Erst um 1551 verbot Markgraf Hans den Besuch dieser Kapelle; sie verfiel. 1576 wurde A. um die Vorstadt vor dem Steintor erweitert. Der Dreißigjährige Krieg brachte verheerende Zerstörungen; von den 1624 stehenden 469 Häusern waren 1660 nur noch 96 erhalten.

1807 wurde in A. der auf einer Durchreise befindliche französische General Vicktor gefangengesetzt und in die noch preußische Festung Kolberg verbracht. Später tauschte man ihn gegen General Blücher aus.

Seit dem 19. Jh. dehnte sich die Stadt allseits über den Mauerring aus, besonders in Richtung Bahnhof. Stadtrandsiedlungen entstanden in den 30er Jahren. 1938 wurde der Kreis A. der Provinz Pommern angegliedert. Ende des Zweiten Weltkriegs wurde die Stadt zu 85 v. H. zerstört; nur das Villenviertel am Klückensee blieb größtenteils erhalten, ebenso die aus Feld- und Backsteinen aufgeführte Stadtmauer. 16 Tage lang belagerte die Rote Armee die Stadt, aus der es am 16. 2. 1945 7000 Bürgern unter Leitung des Superintendenten Gramlow gelang,

Bahn, St. Georgskapelle (Passionsspiele)

durch einen freigekämpften Korridor zu entkommen. 1946 lebten in A. nur noch 2000 Menschen. Seit 1960 Wiederaufbau.
St. Marien, eine gotische, dreischiffige Hallenkirche mit einschiffigem Chor und mächtigem Turm (65 m hoch), stammt aus dem 14. Jh. 1859—1862 durchgreifend restauriert, die Kreuz- und Sterngewölbe erneuert bzw. im Langhaus neu gebaut. Bis auf den Turmhelm sind die Kriegsschäden von 1945 behoben.
In die südliche Chorwand ist eine Terrakottaplatte, Ende 14. Jh., mit dem Stammbaum Christi eingemauert. Eine von einem Spitzbogen umrahmte Fläche füllt ein üppiger Weinstock mit Blättern und Trauben aus, dazwischen stehen kleine Figuren mit Spruch- und Namensbändern. Der mittlere Zweig endet in einer Kreuzigungsdarstellung mit Maria und Johannes.
Bereits um 1450 gab es in A. eine Ratsschule, nach 1560 sogar eine Jungfernschule.
Bis ins vergangene Jahrhundert prägte die Landwirtschaft des Umlandes den Ort mit Vieh- und Pferdemärkten. Erst nach dem Anschluß an die Berlin-Stettiner Eisenbahn durch die Stargard-Posener Eisenbahn 1847 bescheidener wirtschaftlicher Aufschwung. Gründung einer Zündholzfabrik um 1850. Ihr folgten zwei Eisengießereien und Maschinenfabriken, eine Bürstenfabrik, eine Zuckerfabrik und drei Sägewerke. Nach den Kriegszerstörungen 1945 sind wieder eine Brennerei, die Zuckerfabrik und Textilbetriebe eröffnet worden.
Robert Friedrich Wilms (1824—1880), Chirurg, Hof- und Generalarzt.
Richard Seewald (1889—1976), Maler, Kirchenmaler (St. Adolph, Düsseldorf) und Schriftsteller („Zu den Grenzen des Abendlandes").
In A. lebten 1939: 13 960 Bewohner; 1983: 14 283.

Augustwalde *(Wielgowo)*, Groß Stettin, 1747 unter Friedrich dem Großen angelegt und mit Pfälzer Bauern besiedelt; größte Pfälzersiedlung in Pommern (30 Hofstellen). Die Neusiedler konnten sich nur schwer in die Umgebung hineinfinden. 1754 hatten 17 der Hofstellen einen neuen einheimischen Besitzer. 1939 wurde A. nach Stettin eingemeindet.
In der Fachwerkkirche von 1820 steht ein Barockaltar aus der Kirche von Garz.
1939 hatte A. 3158 Einwohner.

Bahn *(Banie)*, Kr. Greifenhagen, älteste Stadt Pommerns auf einer Anhöhe am rechten Ufer der Thue, in der Mitte der 16 km langen Wildenbruch-Bahner Senke. Hier stand eine wendische Burg, wahrscheinlich Mittelpunkt der Kastellanei des Landes B. Erstmals in einer Urkunde Herzog Barnims I. 1234 erwähnt, in der er dem Orden der Tempelherren gestattete, in der Stadt B. freien Markt zu halten und im Lande B. das brandenburgische Recht auszuüben; es kam also in ihren Besitz. Diese Schenkung bestätigte 1274 Papst Innozenz IV. 1312 gelangte B. nach der Aufhebung des Templerordens durch Clemens V. an den Johanniterorden. Nach einer Zeit unter den Markgrafen von Brandenburg (1330—1333) übernahm 1345 Herzog Barnim III. die Stadt vom Orden als Lehen; dieser behielt das Schloß in der Stadt. 1399 lehnten sich die Bürger gegen den Johanniterorden auf und erschlugen den Ordensmeister Detlof von Walmode. Zur Sühne mußte die Stadt jährlich 25 Gulden an den Orden zahlen und ein Mordkreuz aufrichten und unterhalten; von dieser Pflicht wurde sie erst 1553 befreit. Vor dem Königsberger Tor wurde 1417 das Sankt-Georgs-Hospital gegründet. Im Krieg zwischen Pommern und Brandenburg eroberte der Markgraf B. 1478 und zerstörte es. 1480 wurde sogar die Stadtmauer abgerissen. 1487 kam B. wieder in pommerschen Besitz, und Herzog Bogislaw X. übergab sie dem Johanniterorden.

1498 gelangte B. zu trauriger Berühmtheit. Das „Bahner Passionsspiel" endete mit dem Totschlag der Hauptpersonen. Der Darsteller des römischen Knechtes Longinus stach in der Kreuzigungsszene dem Jesusdarsteller mit einer Lanze ins Herz. Dieser stürzte mit dem Kreuz tot um und erschlug die unter ihm sitzende Maria. Der Johannesdarsteller, ihr langjähriger Freund, erwürgte darauf auf offener Bühne Longinus. Im allgemeinen Getümmel konnte er fliehen, wurde aber gefaßt und zum Tod auf dem Rad verurteilt. Danach wurden die Spiele für alle Zeiten untersagt.

Bis auf kleine Reste wurden 1768 die Stadtbefestigungen abgerissen. Nach dem Zweiten Weltkrieg stuften die Polen B. zu einem Dorf zurück.

Mittelpunkt des Ortes ist die dreischiffige Granitquaderkirche St. Maria Magdalena (Mitte 13. Jh.), die 1690 völlig ausbrannte. Erst 1716 wurde der Turm erneuert; seine gotische Spitze wurde 1945 zerstört. Von der Inneneinrichtung blieben Reste eines Altarschreins — Passionsreliefs aus Eichenholz —, die Kanzel (Anfang 18. Jh.), die Orgelempore (1767 von Jacob Westphal gestiftet) und eine Glocke erhalten.

Vor der alten Stadtmauer steht die St. Georgskapelle (Ende 15. Jh.), Ort der Passionsspiele. An der äußeren Ostwand konnte man eiserne Haken sehen, an denen das Kreuz während der Kreuzigungsszene befestigt war. Im Pfarrgarten stand der Rest des Pulverturmes, etwa 11,80 m hoch, 4,10 m im Durchmesser, ein zylindrischer Bau aus Findlingen und Backsteinen.

1558 gründete der Pfarrer Laurentius Hamel eine Schule, die sich als Lateinschule bis 1768 erhalten haben mag.

Einen Kleinbahnanschluß erhielt B. 1895 durch die Greifenhagener Bahn. Die Stadt hatte im Mittelalter vier Jahrmärkte, erlangte jedoch niemals größere wirtschaftliche Bedeutung: bis ins 20. Jh. Ackerbürgerstadt mit Mühlen und Fischereibetrieben.

1939 hatte sie 2884 Einwohner. 1983 Mittelpunkt einer Großgemeinde *(Gmina)* von 205,8 qkm Fläche mit 6 495 Einwohnern.

Bahner Hochland erstreckt sich zwischen dem → Odertal im Westen, dem → Madüsee im Osten, der → Buchheide im Norden und dem Röhrikebach im Süden. Vom Weizacker erhebt sich das Gelände gegen Westen und fällt in einem Steilrand (bei Fiddichow 73 m) zum Odertal ab. Zwischen den Stauchmoränen Buchheide und Kehrberger Forst (77 m über NN) liegt diese kuppige, von der nordwärts fließenden Thue durchschnittene Grundmoränenlandschaft.

Die lehmigen Grundmoränenböden gehören mit zu den fruchtbarsten ganz Pommerns. Die Talränder sind klimatisch und durch Stettin absatzmäßig begünstigte Standorte für Spezialkulturen (Obst, Gemüse, sogar Tabak). Auf der Hochfläche werden Weizen und Zuckerrüben angebaut. Die sandigeren Hügel bedeckt Mischwald.

Schon sehr früh war dieses Gebiet besiedelt. Herzog

Kirche am Dorfsee in Bahrenbusch

Barnim I. begann seit 1230 planmäßig deutsche Siedler ins Land zu holen. Das Land Bahn, mit dem Hochland fast identisch, wurde dem Orden der Tempelherren zur Besiedlung überlassen. Die Granitquaderkirchen des 12. und 13. Jh. zeugen von dieser frühen Erschließung. Am Ostrand des Hochlandes liegt das → Kloster Kolbatz.

Bahrenbusch *(Brokęcino)*, Kr. Neustettin, um 1570 von den Herren von Herzberg gegründet. Mit anderen adligen Grundherren des Neustettiner Gebietes wollten sie die mit „Busch" bezeichnete Heide- und Waldlandschaft sich nutzbar machen. Das Herzbergsche Gut bestand bis 1930; danach parzelliert und mit Siedlern besetzt.

Aus der Gründungszeit stammt die Blockholzkirche. Ihre Wände bestehen aus behauenen, aufeinandergelegten Kiefernbalken, die Holzstützen von außen halten. Der 22 m hohe Turm hat geböschte verbretterte Wandungen und eine achteckige Spitze. Der Innenraum besitzt eine flache Balkendecke; die Wände sind mit Brettern verkleidet. Altartisch, Taufe, Kanzel von 1635, alles, sogar der Kronleuchter besteht aus Holz, verziert mit Bandornamenten des 17. Jh. Im Glockenstuhl hing eine Glocke von 1592.

1939 lebten hier 420 Menschen.

Baldenburg *(Biały Bór)*, Kr. Schlochau, Stadt am Fuß des Landrückens in der Mitte einer 14 km langen, nordsüdwärts gerichteten Rinne zwischen Labes- und Bölzigsee, verbunden durch das Ballfließ. Vermutlich lag an diesem Seepaß, über den die alte Handelsstraße von Konitz zur Ostsee verlief, ein slawisches Fischerdorf, von dem 1410 und 1411 als „Dorf vor der Stadt" gesprochen wurde. Auf einer Halbinsel im Bölzigsee hatte der Deutsche Orden ein 1386 erwähntes Wildhaus errichtet. Hochmeister Konrad Zöller von Rothenstein verlieh 1382 der Stadt eine Handfeste zu Kulmer Recht. Bis 1466 war der Deutsche Orden Herr dieses mit starker Mauer bewehrten Grenzstützpunktes. Von 1466 bis 1772 unterstand B. der Krone Polens.

Baldenburg, Marktplatz mit evang. Kirche

Um 1560 war die Bürgerschaft evangelisch geworden, was um 1600 die Gegenreformation auslöste. Auf Beschluß des polnischen Reichstages mußte die Pfarrkirche den Katholiken zurückgegeben werden. 1640 erschossen Bürger den katholischen Pfarrer Simon Martin am Altar und brannten die Kirche nieder. Zur Strafe mußten sie sie wieder aufbauen, durften sie aber gegen Gebühr an den katholischen Pfarrer in Flötenstein für Taufen, Hochzeiten und Begräbnisse benutzen.

1762 entstand ein vierjähriger Streit zwischen dem Starosten Georg von Weyher, seiner Witwe und der Stadt. Der Starost beanspruchte die städtische Ackerfläche Linow für sich, die der Bürgermeister Gottlieb Sorgatz ihm verweigerte. Wegen tätlicher Angriffe wurde Sorgatz zur Flucht nach Hammerstein gezwungen; Siegel und Schlüssel nahm der auf Lebenszeit Gewählte vorsorglich mit. Er wandte sich an den polnischen König Stanislaus August, der 1766 die Stadtprivilegien als rechtens anerkannte. Sorgatz konnte jetzt sein Amt wieder unbehelligt aufnehmen.

In den letzten beiden Jahrhunderten dehnte sich die Stadt entlang der Ausfallstraßen und zum Bahnhof hin aus. 1945 wurde die Innenstadt sehr stark zerstört und bisher kaum aufgebaut.

Die 1768 in der Mitte des Marktplatzes errichtete evangelische Kirche brannte 1945 ab. Am Mühlenfließ lag die katholische Kirche von 1640. 1796 war

sie baufällig; 1878 durch einen Backsteinbau ersetzt, der nach 1945 wiederhergestellt wurde.
1878 Anschluß an die Eisenbahnstrecke Neustettin—Stolp. Der Bahnhof lag jedoch 2 km außerhalb der Stadt. Wirtschaftlich hatte B. nur örtliche Bedeutung, obwohl es sich seit dem 16. Jh. zu einer beachtlichen Tuchmacherstadt entwickelte, in der es ein ansehnliches Schuhmachergewerk gab. Beide Gewerbe gingen im 19. Jh. zugrunde. Es blieben Landwirtschaft, Handwerk, Kleinhandel und Fischerei. Mühle und Sägewerk arbeiteten für örtlichen Bedarf. Nur die Großböttcherei hatte überregionale Bedeutung.
Karl Ruß (1833—1900), „Vogelruß" genannt, bedeutender Ornithologe.
B. hatte 1939: 2292; 1983: 2102 Bewohner.

Balfanz *(Białowąs)*, Kr. Neustettin, Gutsdorf im Besitz der Familie von Glasenapp.
Auf einem von Linden umgebenen Hügel steht die 1689 erbaute und 1693 geweihte Fachwerkkirche mit einem dreifach abgesetzten Turm; im Osten ist sie dreiseitig geschlossen.
Der einheitlich ausgestattete Innenraum stammt aus der Bauzeit. Reich geschnitzte Ornamente überspinnen den Altar. Im Mittelfeld erblickt man die Gethsemaneszene, flankiert von den großen, derben Figuren der Apostel Petrus und Paulus. Um den Altar steht die auf barocken gewundenen Säulen ruhende Empore. Geschnitztes Blattwerk überzieht die Kanzel. Ranken und Blattwerk von Altar und Kanzel waren weiß und mit viel Gold bemalt, die Hintergrundflächen dagegen schwarz gehalten. Gegenüber der Kanzel stand ein großes Epitaph aus Stuck für Otto Kasimir von Glasenapp († 1710).
B. hatte 1939: 390 Einwohner.

Ball *(Biała Ińska)*, Kr. Saatzig, Angerdorf, das als eines der wenigen Dörfer eine teilweise erhaltene Dorfwehr aus Feldsteinen besaß, an deren Feldseite die Bauerngärten lagen.
Den Ostgiebel der Dorfkirche, ein spätmittelalterlicher Findlingsbau, zieren schlichte Blenden. Einrichtung, Kanzelaltar, Taufe und Gestühl stammen

Balfanz, barocke Kanzel

aus der Spätrenaissance.
1939 hatte B. 917 Einwohner.

Balster *(Biały Zdrój)*, Kr. Dramburg. Das Dorf wird 1326 und 1434 genannt, als Polen es bei Einfällen in die Neumark zerstörten. 1735 kaufte König Friedrich Wilhelm I. B. für seinen Sohn August Wilhelm von den Güntersbergern.
Ein Schmuckstück bildete die von Karl Friedrich Schinkel entworfene, 1825/26 gebaute klassizistische Kirche.
Verkehrsmäßig wurde B. 1888 an die Eisenbahnlinie Deutsch Krone—Kallies (Bahnhof Süd), 1900 an die Strecke Kallies—Falkenburg (Bahnhof Nord) zum Abtransport der Ernteerträge des Kartoffelsaatzuchtbetriebes angeschlossen.
B. hatte 1939: 397 Bewohner.

Bansin, Kr. Usedom-Wollin, auf der → Insel Usedom, entstand 1751 aus einem Bauernhof am Gothensee. 1897 wurde in 2 km Entfernung am Fuß des Langen Berges (54 m) das heutige Seebad gegründet, das sich in kürzester Zeit zu einem Villenort entwickelte. 1898 hielten sich bereits 680 Badegäste hier auf, 1932 waren es 12 000. Zwischen B. und Ückeritz wurde in den letzten Jahrzehnten der größte Campingplatz der Insel mit jährlich über 200 000 Urlaubern geschaffen. Eine Freilichtbühne bringt Kultur in das heutige Gewerkschaftsbad.

Bansin, am Strand

Hans Werner Richter (* 1908), Schriftsteller, Andreas-Gryphius-Preisträger 1986 („Spuren im Sand", „Geschichten aus Bansin").
In B. wohnten 1939: 932; 1968: 2800 Einwohner.

Bärenwalde *(Bińcze)*, Kr. Schlochau. Dorf auf dem Moränenzug, 163 m über NN, in unmittelbarer Nähe des Gutes Hohenwalde, das 1397 vom Hochmeister Konrad von Jungingen dem Steffan von Götzendorf zu erblichem Besitz verliehen wurde. 1342 soll ein gewisser Beer mit dem Dorf belehnt worden sein. Leberecht von Wilkens erbaute das Schloß in B., das nach Aufsiedlung des Gutes 1930 die katholische Missionsgesellschaft von der heiligen Familie übernahm.
Die Fachwerkkirche, um 1599 erbaut, seit 1628 protestantisch, hatte zwei Glocken aus dem 14. und 16. Jh.
Die ehemalige Gutsbrennerei und die Ziegelei gingen 1930 in das Eigentum der Siedler über.
1939 hatte B. 449 Einwohner.

Barkenfelde *(Barkowo)*, Kr. Schlochau, Straßendorf mit 49 Abbauten, 1347 gegründet. Der Komtur Johann von Barkenfelde stellte dem Schulzen Janko eine Handfeste aus, in der er ihm 74 Hufen verlieh, auf denen er Bauern ansetzen sollte; sie waren für die ersten fünf Jahre von allen Abgaben befreit.
1612 wehrten sich die Bauern der Dörfer B., Bischofswalde, Christfelde, Heinrichswalde und Stretzin gegen die Söldneraushebung durch den Obristen Donhoff in polnischen Diensten. Bei der Mühle kam es zu einem Gefecht zwischen den Bauern und Donhoffs Landsknechten: 33 Landsknechte blieben erschlagen auf dem Schlachtfeld zurück.
Fachwerkbau der katholischen Kirche, um 1713; Inneneinrichtung aus der Bauzeit. Im Dorf ist noch ein Vorlaubenhaus von 1780 erhalten.
Die Spar- und Darlehenskasse soll die älteste der Grenzmark gewesen sein.
B. hatte 1939: 808 Bewohner.

Barth, Kr. Franzburg-Barth, Kreisstadt auf einem runden Moränenhügel der Velgaster Rückzugsstaffel, umgeben von Schwemmland, am Südufer des Barther Boddens. Vorläufer sind zwei wendische Burgwälle: im Süden der Stadt „antiquum castrum", im Nordwesten „novum castrum".
Das Land B. — provincia Barta — wird schon 1159 erwähnt. Die Stadt erhielt 1255 vom Fürsten Jaromar II. von Rügen lübisches Recht und wurde zur festländischen Residenz der Fürsten von Rügen. 1325 starb hier der letzte Fürst, Witzlaw III.; B. fiel darauf durch den Erbvertrag an Herzog Wartislaw IV. von Pommern, den 1326 König Christian von Dänemark auf dem Kirchhof der St. Marienkirche mit dem Fürstentum belehnte. Nach seinem frühzeitigen Tod ging das Lehen an den Herzog von Mecklenburg über; schwere Erbstreitigkeiten waren die Folge, die der Ribnitzer Frieden 1369 beendete. Seitdem gehörte B. zu Pommern. Die Stadt blieb Residenz. Herzog Borislaw XIII. hielt hier von 1570—1605 Hof und gründetete 1582 die „Fürstliche Druckerei", die dritte in Pommern (bis 1603), in der 1588 die berühmte niederdeutsche „Barther Bibel" entstand. In der Schatzkammer der Marienkirche wird ein Exemplar aufbewahrt. Während des Dreißigjährigen Krieges wurde B. bei der Belagerung Stralsunds sowohl von den Wallensteinischen (1627) als auch von den schwedischen Truppen (1630) stark in Mitleidenschaft gezogen.
Bis ins 19. Jh. behielt B. seine mittelalterliche, kreisförmige Stadtfläche, danach begann der Ausbau der

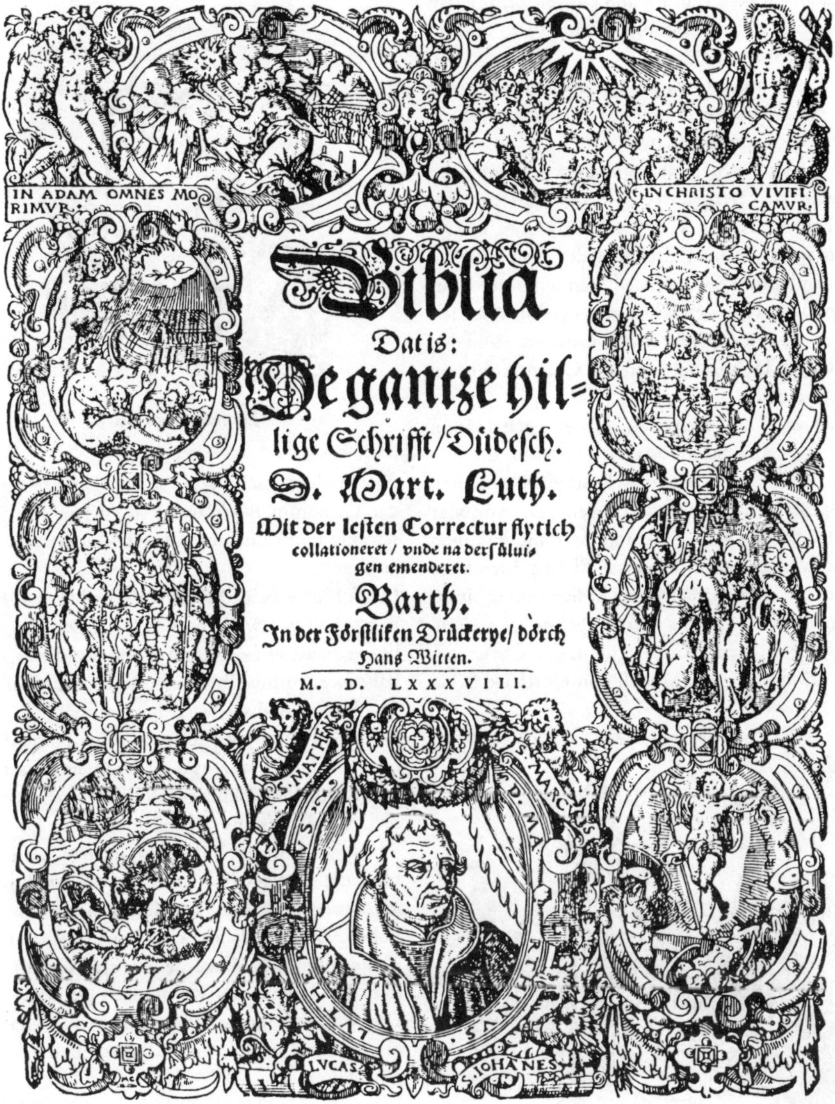

J. Ammann: Barther Bibel, 1588

Vorstädte vor dem Damm- und Langentor, auf dem Trebin, am Weg nach Tannenheim (1928) und im Osten der Stadt (1933).

Von der mittelalterlichen Stadtbefestigung sind noch das Dammtor (1357) aus Backstein und ein runder Mauerturm erhalten.

Die Stadtkirche St. Marien und St. Johannes der Täufer und der Evangelist (1340) wurde als frühgotische Hallenkirche mit rechteckigem Chor begonnen; in spätgotischer Zeit Anbau des Turms mit hoher Turmhalle. Carl Gottfried Pfannenschmidt aus Berlin malte 1856 den Chor aus; der Turm erhielt 1870 zwei blendengeschmückte Geschosse und den achteckigen Helm, so daß er eine Gesamthöhe von 72 m erreichte.

Altar, Kanzel und Emporen wurden nach 1856 in die Kirche gebracht. Im östlichen Gewölbe des südlichen Seitenschiffes fand man Reste eines gotischen Wandgemäldes: das Jüngste Gericht. Die von vier Figuren getragene Bronzetaufe stammt aus dem letzten Viertel 14. Jh. In der südlichen Turmhalle wurde eine kirchengeschichtliche Sammlung eingerichtet mit Resten eines kleinen Schnitzaltars (16. Jh.), spätgotischen Schnitzfiguren, der Christusfigur, 1820 nach einem Modell von Gottfried Scha-

St. Marien in Barth

Dammtor in Barth

dow in Holz geschnitzt, und dem Sandsteinepitaph der Gemahlin Bogislaws XIII., Klara von Braunschweig und Lüneburg, die elf Kindern das Leben geschenkt hat.

Das Schloß erbaute Witzlaw III. wohl um 1315. Als Herzog Bogislaw XIII. es 1570 als Dauerwohnsitz bezog, baute er es 1573 zu einem dreistöckigen Renaissancebau mit Turm aus. Nach dem Erlöschen des Herzogshauses verfiel es allmählich. Noch 1710/11 wohnte hier der entthronte polnische König Stanislaus Leszczinski. 1733 stiftete der schwedische König Friedrich I. ein adliges Fräuleinstift; deshalb wurde das alte Schloß umgebaut. Die eingeschossigen Stiftsgebäude gruppieren sich um einen Hof, der zweigeschossige Mittelbau ist durch ein Mansardendach mit Laternentürmchen hervorgehoben. 1933 wurde hier ein Heimatmuseum eingerichtet. Nach 1945 wurde das Fräuleinstift aufgelöst, die Gebäude als Wohnungen genutzt.

Die Wohnhäuser der Stadt stammen vielfach aus dem 18. und 19. Jh., etliche haben noch klassizistische Türen.

Erstmals wird 1325 eine Schule genannt. 1743 gab es mehr als zwölf Winkelschulen.

Der Eisenbahnbau bedeutete auch für B. eine wirt-

Papenstraße in Barth um 1860

schaftliche Belebung. 1888 wurden die Strecken Stralsund—Velgast—Ribnitz und Velgast—B. eröffnet. Kleinbahn, die B. mit Stralsund und Damgarten verband (1895), nach 1945 stillgelegt; desgleichen die Bahn nach → Prerow/Darß von 1910. 1935/36 wurde ein Flughafen errichtet. Damit wurde B. zu einem wichtigen Ausgangspunkt für den Fremdenverkehr zu den Bädern auf dem → Darß/Zingst. Im Mittelalter war B. ein recht bedeutender Hafen. Noch um 1877 Heimathafen für 171 Seeschiffe, 16 Küstenschiffe und einen Dampfer. Um diese Zeit gab es noch fünf Werften; die letzte ist 1939 eingegangen.

Barther Bier schon im Mittelalter bis Marseille und Nowgorod exportiert. Um 1870 wurde eine Fischkonservenfabrik gegründet, 1872 die Pommersche Eisengießerei und Maschinenfabrik und 1892 die Zuckerfabrik; daneben entstanden Möbel- und Korbwarenbetriebe. Nach 1945 kam eine Boots- und Reparaturwerft dazu.

Fürst *Witzlaw III. von Rügen*, bedeutender Minnedichter, starb hier 1325.

Herzog *Franz von Pommern* (1577-1620) verwaltete von 1602-1618 das Bistum Cammin. 1606 übernahm er die Regierung in Stettin. Er ließ 1620 Sidonia von Borcke als Hexe hinrichten.

Herzog *Bogislaw XIV.* (1580—1637), letzter Herzog von Pommern.

Friedrich Norbert (1806—1881), Mechaniker, der Fernrohr und Mikroskop wesentlich verbessern konnte.

August Siebert (1854—1923), Botaniker, Direktor des Palmengartens in Frankfurt/Main.

Martha Müller-Grählert (1876—1939), Lehrerin und Verfasserin plattdeutscher Gedichte, u. a. „Wo de Ostseewellen trecken an den Strand..."

In B. lebten 1986: 12 186 Einwohner.

Bartin *(Bardy)*, Kr. Kolberg-Körlin, erstmals 1309 erwähnt. Überörtliche Bedeutung gewann es durch die jurassischen Kalkvorkommen (Malm, Ober Kimmeridge) in der nahegelegenen Endmoräne. Die riesigen, dicht beieinander liegenden ammonitenreichen Kalkblöcke wurden industriell genutzt. Um 1919 kaufte das Kalkwerk → Zarnglaff die Kalkwerke B. auf, legte sie jedoch rasch wegen Unrentabilität still.

Das Dorf B. hatte 1939: 200 Einwohner.

Bartin *(Barcino)*, Kr. Rummelsburg. Im Lehnsbrief der Massow von 1478 werden Henning Massow, sein Bruder Mikes und ihre Vettern Ewald, Thomas und Klaus als Besitzer von B. bestätigt. Es wurde Hauptsitz der Familie und sogar Gerichtsstand für die Stadt Rummelsburg. Nachweislich be-

Bärwalde, Häuser am Marktplatz

fanden sich hier im 16. Jh. die Folterkammer und Folterwerkzeuge.
Das Herrenhaus (vor 1740) war ein langgestrecktes, zweigeschossiges Gebäude mit betontem Mittelteil. Beginn des Kirchenbaus in der zweiten Hälfte 16. Jh.; Turm mit achteckigem Helm aus dem 17. Jh., Wetterfahne von 1739. 1864/65 Verlängerung des Schiffs um zwei Joche. Der Bildhauer Jakob Laue — wohl aus Schlawe — hat in der zweiten Hälfte 17. Jh. den Altaraufsatz mit Knorpelwerk und figürlichen Darstellungen geschnitzt. Das Hauptfeld zeigte Christus am Ölberg, im Obergeschoß Christus auf der Weltkugel. Der Altar war in den Farben Weiß, Schwarz und Gold gehalten.
1857 wurde in der Umgebung des Dorfes nach Bernstein gegraben.
1939 hatte B. 959 Einwohner.

Bartow, Kr. Demmin. 1287 im Besitz des Klosters → Verchen. Die Kirche wurde 1308 dem Archidiakonat Stolpe unterstellt.
Das spätgotische Bauwerk besitzt einen mit Spitzbogenblenden und Fialtürmchen verzierten Ostgiebel. Im Schiff führen Rundbögen in spätere seitliche Anbauten; dadurch erhielt die Kirche einen kreuzförmigen Grundriß. Fachwerkturm mit achteckigem Oberteil und einer Spitze aus dem 18. Jh.
Das Bauerndorf hatte 1939: 547 Einwohner.

Bärwalde *(Barwice)*, Kr. Neustettin, Stadt in fruchtbarer ebener Grundmoränenlandschaft in einem sumpfigen Wiesental, durch das Heuerfließ und Gänsebach zur → Persante fließen. Durch dieses Tal verlief die einstige Salzstraße von Kolberg nach Nakel.
Der wikingisch-wendische Fund von 1046 Münzen, meist deutsche des 10. und 11. Jh. (u. a. von Egbert II. von Friesland 1068—1090 und Ladislaus von Ungarn 1077—1095), weist auf seine Bedeutung an der alten Handelsstraße hin. 1286 wurde sie „civitas Barwitz" genannt. Reimer Podewils und Hans Hechthausen hatten 1389 hier ihren Sitz. Seit 1477 gehörte B. zum Herzogtum Pommern. Ab 1523 war B. gemeinschaftlicher Besitz der sogenannten „vier Geschlechter" (von Glasenapp, Wolde, Zastrow, Münchow). Am 23. 1. 1631 schloß hier Gustav Adolf von Schweden mit Frankreich einen fünfjährigen Unterstützungsvertrag. Die Schweden erhielten für die Aufstellung einer Armee von 3600 Mann im Deutschen Reich jährlich 400 000 Ecus von Frankreich.
Den Zweiten Weltkrieg hat B. ohne größere Zerstörung überstanden.
Die Stadt besitzt einen dörflichen Grundriß — eine lange Straße, durch den viereckigen Marktplatz mit Rathaus und Kirche unterbrochen, mit Neubausiedlungen aus den 20er und 30er Jahren. Reste einer Stadtbefestigung haben sich erhalten.
Die Stadtkirche St. Marien, ein frühgotischer Feld- und Backsteinbau, um 1300, wurde 1680 und 1861—1863 sehr gründlich umgebaut. Nur die beiden Glocken, 1641, die Franz Dubois aus Lothringen goß, sind alt.
Die Landwirtschaft wurde für die wirtschaftliche Entwicklung bedeutsam. Herzog Johann Friedrich bewidmete das „Städtlein Berwold" 1569 und 1592 mit zwei Jahrmärkten. Drei weitere folgten. In unserem Jahrhundert entstanden, begünstigt durch den Eisenbahnanschluß 1903 nach Polzin und Gramenz, eine Kartoffelflockenfabrik, eine Ziegelei, ein Sägewerk und die Kalksandsteinfabrik von E. Mann.

Bärwalde

In B. lebten 1939: 3400; 1983: 3390 Einwohner.

Barzwitz *(Barzowice),* Kr. Schlawe. Im Rügenwalder Amtsdorf steht eine Kirche (14. Jh.) aus Back- und Feldsteinen mit unregelmäßig verteilten Strebepfeilern. Altar und Kanzel gehen auf das 19. Jh. zurück. Die beiden Apostelfiguren, Petrus und Paulus, stammen von einem älteren Altar. Das Taufbecken aus Messing trägt die Jahreszahl 1645. Die älteste Glocke, wohl von Herzogin Elisabeth von Pommern-Stettin gestiftet, goß Franz Dubois aus Lothringen 1632.

1939 lebten 473 Einwohner in B.

Basenthin *(Bodzęcin),* Kr. Cammin. Auf dem Schloßberg, wahrscheinlich eine wendische Burg, wurden Hünengräber der Steinzeit aus gewaltigen Steinen gefunden. 1334 gehörte B. zur Burg Quarkenburg. Die späteren Besitzer von Flemming traten 1595 erstmals auf, und 1598 waren Dorf und Gut in der Hand des Egidius von Flemming; nach ihm aufgeteilt, erst 1787 wieder vereinigt, blieb es bis 1945 in der Familie.

Kirche St. Georg und St. Nikolaus auf dem Friedhof mitten im Dorf 1595 als ein schon mehrfach wiederhergestelltes Gebäude erwähnt. Das Schiff aus steinsichtig verputzten Findlingen ist wohl spätgotisch. 1670 wurde ein geböschter, verbretterter Holzturm angebaut; 1905 durch einen massiven ersetzt. Das Schiff ist mit einem Holztonnengewölbe überspannt.

In das Flemmingsche Gutshaus von 1899 waren Teile eines Fachwerkhauses des 18. Jh. einbezogen worden. Den zweigeschossigen Mittelrisalit bekrönte ein wappengeschmückter Dreiecksgiebel. Das Inspektorhaus trug einen Wetterhahn mit Fahne von 1659.

B. hatte 1939: 360 Einwohner.

Bast *(Łękno),* Kr. Köslin. 1288 überließ der Camminer Bischof Hermann von Gleichen das Dorf dem Kloster Dargun. Bischof Martin Carith kaufte es 1513 wieder zurück. Am 26. 1. 1544 starb im Jagdhaus von B. Erasmus von Manteuffel, letzter katholischer Bischof von Cammin.

Basenthin, St. Georg und St. Nikolaus

Die Kirche (etwa 15. Jh.) ist die einzige gewölbte im Kreis mit einem Sterngewölbe im südlichen Anbau. Der Turm, dreigeschossig, mit schlanken Spitzbogenblenden im Obergeschoß, wurde 1789 durch Blitzschlag beschädigt; desgleichen 1981. Der ursprüngliche Altar (1588) zeigte im Mittelfeld das Abendmahl. Dieses Bild kam 1985 als Leihgabe in das neue Kösliner Priesterseminar. Der heutige Altar ist wesentlich jünger. Die Kanzel (18. Jh.) ist in satten Rot- und Grüntönen bemalt. Von den ehemals 30 bemalten Glasscheiben sind noch 23 erhalten geblieben. Sie zeigen verschiedene Wappen, Namensunterschriften und die Jahreszahlen 1578, 1590, 1647.

Vor dem Dorf lagen die Seewiesen, der frühere, 1923 trockengelegte Baster See. Ein Pumpwerk bei Kasimirsburg hob das Wasser aus der Senke. 1945 wurde diese Pumpanlage zerstört; so gibt es hier statt saftiger Wiesen eine neue weite Wasserfläche.

1939 lebten in B. 469 Menschen.

Batzwitz *(Baszewice),* Kr. Greifenberg. Auf einem Gräberfeld in Dorfnähe fand man eine Urne aus der ältesten Eisenzeit. Ein wendischer Burgwall, im Mittelalter Rittersitz, liegt nahe beim Dorf.

1316 mußte sich Ritter Siegfried von Lode wegen

Dorfkirche in Batzwitz

seiner Mord- und Raubtaten mit dem Rat der Stadt Greifenberg vergleichen. Um 1385 bezog der Camminer Schatzkanzler eine jährliche Rente von 7 1/2 Mark aus dem Dorf.

Die Findlingskirche war 1440 der Hl. Maria, der hl. Katharina und Allerheiligen geweiht worden. Die Weiheurkunde, die sich im Altartisch fand, war bis 1945 in der Kirche ausgestellt. In dem verbretterten Holzturm mit einem niedrigen Helm war in einen Balken die Inschrift geschnitzt: „Anno 1706 im Monat Juni ist dieser Turm gebaut von Martin Ohm B. M."

Die verhältnismäßig reiche Ausstattung entstammt der Renaissance. Der Altar, dessen Predella und Bekrönung fehlen, stand bis ins 20. Jh. achtlos in der Turmvorhalle. Kanzel mit geriffelten Rundsäulen am Korb, Orgelempore und Gestühle sind mit Schnitzornamenten verziert.

B. hatte 1939: 472 Bewohner.

Bauerhufen *(Chłopy)*, Kr. Köslin. Das Dörfchen an der Ostsee besaß stattliche Bauernhöfe, weitgehend in Lehmfachwerk. An der niedrigeren Steilküste entwickelte sich ein reger Badebetrieb. Seit 1840 war B. ein Ostseebad.

In B. wohnten 1939: 172 Einwohner.

Behle *(Biała)*, Netzekreis. Die ersten unsicheren Nennungen des Ortes reichen bis 1245 zurück. Die Kirche soll schon 1108 errichtet worden sein. 1323 wird ein Dorf Bialla genannt, das mit B. identisch sein soll. Um 1378 schien Johann Czarnkowski nicht nur Grundherr des Schlopper Landes gewesen zu sein, sondern auch Herr von Czarnikau und B. Das Dorf tauchte in keiner frühen Steuerliste auf, es war wohl als kirchliches Eigentum steuerfrei. 1656 wird B. als deutsches Dorf bezeichnet. 1773 gehörte es mit dem Gut dem Grafen Radolinski.

1871 wurde auf dem Gut das Eugenienstift erbaut mit Kindergarten, Schwesternstation und seit 1929 Mütter- und Säuglingsstation. 1912 wurde das Gut für 3 Mio. Mark der Ansiedlungskommission für Posen und Westpreußen verkauft, aber erst 1923—1925 aufgesiedelt.

Die erste urkundlich sicher bezeugte Kirche stammt von 1445. Um 1640 erbaute Franz Czarnkowski die Allerheiligenkirche in preußischem Werk (= Fachwerk). Der Hochaltar stammt aus dieser Zeit, dazu kam der barocke Kreuzaltar. Ein Gnadenbild wird heute noch verehrt.

1939 lebten in B. 1689 Einwohner.

Behrenhoff, Kr. Greifswald. Das frühere „Busdorf" wurde 1249 erstmals als Pfarrort von Dietrich oder Theoderich genannt. Seit 1928 ist B. keine selbständige Gemeinde mehr.

Flachgedeckter, quadratischer Chor der Kirche aus Granitquadern, der blendengeschmückte Giebel und die Fenstergewände aus Backstein. Das ursprünglich kreuzrippengewölbte dreischiffige Langhaus aus Backstein (14. Jh.) verlor nach dem Dreißigjährigen Krieg sein nördliches Seitenschiff. Die Inneneinrichtung ist weitgehend neugotisch von 1857/58. Der einfache Taufstein aus Kalkstein kam um 1300 in die Kirche. Das Chorfenster mit der Majestas Domini stiftete 1906 die Familie von Behr. 1899 entdeckte man an den Chorwänden Fresken aus dem 14. Jh. und ergänzte sie stark: an der Ostwand eine Marienkrönung, Johannes der Täufer und Apostel; an der Südwand der Sündenfall und Märtyrer; an der Nordwand das Jüngste Gericht mit einem drastisch gemalten Höllenrachen. Bei einer weiteren Restaurierung fanden sich im

Langhaus in den Gewölbezwickeln gotische Ornamente mit Drolerieköpfen.

Belbuck *(Białoboki),* Kr. Greifenberg, 1180 gegründetes Prämonstratenserkloster etwa 1 km nördlich Treptow. Herzog Kasimir I. von Pommern verlieh den aus Lund (Schonen) berufenen Mönchen zur Anlage eines Klosters das Dorf Gummin und zehn damals wüste Orte mit dem Wunsch, sie neu aufzusiedeln. Das Kloster jedoch verfiel bald, so daß 1208 die Herzöge Bogislaw II. und Kasimir II. mit ihrer Mutter Anastasia einen Konvent aus Mariengaarde (Friesland) beriefen. Das neue Kloster erhielt den Namen „castrum S. Petri", jedoch hielt sich der alte wendische Name — wohl eine heidnische Kultstätte. In seiner Blütezeit um 1500 besaß es 16 inkorporierte Kirchen und 32 Dörfer, dazu zwei dem hl. Nikolaus geweihte abhängige Nonnenklöster in Treptow und Stolp. Deutsche Siedler aus Friesland und Westfalen wurden in großer Zahl in den Klosterdörfern angesiedelt. Der um 1450 während einer Sturmflut zerstörte Hafenort Regamünde gehörte ebenfalls dem Kloster.

Im Gegensatz zu den anderen Klöstern in Pommern hatte B. keine umfangreiche Eigenwirtschaft. Ein großer Teil der Klosterdörfer befand sich im Lehnsbesitz adliger Familien. B. stand im Ruf, eines der vornehmsten Klöster in Pommern zu sein. 1332 gab es sogar ernsthafte Überlegungen, den Bischofsitz von Cammin nach B. zu verlegen. 1517 wurde im Kloster ein Seminar gegründet und mit dessen Leitung der Lutherschüler Johannes Bugenhagen, der dem Orden nicht angehörte, betraut. Der Konvent schloß sich fast einmütig der neuen Lehre an, worauf der katholische Herzog Bogislaw X. 1522 die Abtei aufhob und den Besitz in ein landesherrliches Amt umwandelte. Erster Amtshauptmann war Albrecht von der Lancken.

1534 waren die Klostergebäude ziemlich verfallen. Am Osterdienstag 1560 brannten die Baureste ab; nur das Prioratshaus blieb bewohnbar. Der Kirchturm stürzte am Osterdienstag 1616 ein, und 1619 standen von der Kirche nur noch die Außenmauern. Die Ruine wurde als Steinbruch genutzt; so wird 1676 von einer „wüsten Stelle" berichtet. Einzelne Mauerreste waren bis ins 18. Jh. sichtbar. In den Trümmern siedelten sich Arme an. 1904 zählte das Dorf 130 Einwohner; am 1.10.1937 nach Treptow, das vormals wirtschaftlich vom Kloster abhängig gewesen war, eingemeindet.

Belbucker Amt. Die „Abdü" — Abteiland — besiedelten vorwiegend Friesen und Westfalen, herangeholt von den Prämonstratensern und Prämonstratenserinnen aus den 1180 bzw. 1224 gegründeten Klöstern Belbuck und Marienbusch in → Wischow, später in Treptow. Trotzdem konnten sich keine so festen Gebiete wie im → Weizacker, auf → Mönchgut oder im → Rügenwalder Amt herausformen, vermutlich weil das Kloster den größten Teil des Klosterlandes als Lehnsbesitz verschiedener Adliger nicht zentral bewirtschaftete. Deshalb fehlt ein großräumiges Gemeinschaftsgefühl. Eine gemeinsa-

Behle, Gründungsfest des Sportvereins Hansa

me Tracht, nur urkundlich bekannt, ist im 19. Jh. verschwunden. Nur die stattlichen Vierkanthöfe in den ehemaligen Klosterdörfern zeugten von einer gemeinsamen Herkunft. Dort war die rein bäuerliche Struktur stark ausgeprägt.

Belgard *(Białogard)*, Kreisstadt an der Mündung des Leitznitzbaches in die → Persante auf dem ziemlich ebenen Boden des ehemaligen eiszeitlichen Persantestausees 1299 mit lübischem Stadtrecht von Herzog Bogislaw IV. gegründet. Davor gab es südlich der Stadt einen wendischen Burgwall mit einem kleinen Dorf, den der Polenherzog Boleslaw III. 1102 und 1107/08 eroberte. Bischof Otto von Bamberg kam 1124 auf seiner Missionsreise durch B. Die Burg war Zollhebestelle, zeitweilig Residenz Herzog Wartislaws IV. Die deutsche Stadt wurde planmäßig mit einem viereckigen Marktplatz angelegt. Seit dem 14. Jh. war B. Mitglied der Hanse. Vor dem Dreißigjährigen Krieg hatte es etwa 3000 Einwohner, bereits 1628 nur noch 1445.

Seit dem 18. Jh. dehnte sich B. nach Westen, Alte bzw. Körliner Vorstadt, und nach Osten, Neue bzw. Kösliner Vorstadt aus. 1909 wurden Kasernen gebaut und 1937/38 weite Stadtrandsiedlungen.

Von der mittelalterlichen Stadtbefestigung ist noch das Hohe bzw. Polziner Tor (14. Jh.) erhalten mit reich gegliederten äußeren Wandflächen — Blenden und waagerechte Friese.

Belgard, St. Marien vom Markt aus

Hohes Tor zu Belgard

Die Stadtkirche Allerheiligen (1125), ab 1506 St. Marien, wurde im 14. Jh. als dreischiffige, gewölbte Pfeilerbasilika mit einschiffigem Chor und mächtigem Turm erbaut. Sterngewölbe überspannen Seitenschiffe und Chor. Den 60 m hohen Turm krönt eine welsche Haube. Der Hauptaltar, 5 m breit und 10 m hoch, stammt aus der Übergangszeit von Renaissance zu Barock.

Die St. Petrikapelle ist ein Fachwerkbau mit verschaltem Turm von Ende 17. Jh. Die Wetterfahne trug die Jahreszahl 1755.

Die Burgstelle blieb bis heute bebaut. Die alten Gebäude brannten 1526 ab; 1535 durch ein neues „fürstliches Haus" ersetzt, auf dessen Fundamenten 1786 nach David Gillys Plänen ein zweistöckiges Wohnhaus errichtet wurde, das bis 1807 das Domänenamt beherbergte.

Im Hohen Tor war ein Teil des Heimatmuseums untergebracht, dessen Bestände im Zweiten Weltkrieg weitgehend erhalten blieben. 1945/46 hatte B. noch ein besonderes Museum: das Atelier des Granitbildhauers Joachim Utech, der etwa 300 Kunstwerke, darunter ein Porträt Maxim Gorkis — was zum besonderen Schutz durch die sowjetische Militärbehörde führte — zurückgelassen hatte. 1957 erhielt

der Künstler einen Teil seiner Werke zurück.
B. lag im frühen Mittelalter an der Salzstraße von Kolberg nach Polen. Damals war die Persante noch schiffbar, so daß B. einen wirtschaftlichen Aufschwung erlebte, sogar 1307 vom Persantezoll befreit wurde und Stapelrechte erhielt. Bis ins 19. Jh. war B. Mittelpunkt des Pferdehandels. 1859 Eröffnung der Strecken Stargard—Körlin und B.—Kolberg der Hinterpommerschen Eisenbahn. Seit 1878 verband die Ostbahn B. mit Neustettin. 1905 und 1909 wurde der Kreis von der Köslin-B.er Bahn verkehrsmäßig erschlossen.
Die aufkommende Industrie verarbeitete die landwirtschaftlichen Produkte der Umgebung in Mühlen, einer Parkettfabrik, einer Lederfabrik und in Nahrungsmittelbetrieben. Dazu kamen eine Maschinenfabrik und seit 1945 eine Drahtflechterei. Überregionale Bedeutung für die Elektrizitätsversorgung hat die Überlandzentrale (von 1910), die in ihrem Dampfkraftwerk und durch Übernahme des Stromes vom Heyka-Werk eine Leistung von 14 000 kW (1939) erbrachte. 1923 wurde sie mit der Stolper zur „Überlandzentrale B. Stolp AG" vereinigt. Sie überstand das Jahr 1945 ziemlich unbeschädigt und konnte schnell ihren Betrieb wieder aufnehmen.
Joachim Utech (1889—1960), Granitbildhauer. Zwei seiner Werke befinden sich noch in B. an einem Haus in der Nähe des Stadtgrabens und in der Stadtkirche.
B. hatte 1939: 14 801; 1983: 23 342 Einwohner.

Belgard *(Białogarda)*, Kr. Lauenburg, Bauerndorf über dem Lebatal, ältestes Dorf des Landkreises. Mittelpunkt der pomerellischen Kastellanei B. (erstmals 1209 erwähnt). Herzog Sambor I. von Pomerellen schenkte seinem Bruder „das Land an der Leba mit der Burg B.". Während der Regierungszeit seines Neffen Herzog Ratibor (1220—1274) gab es sogar ein Herzogtum B. Um 1240 wird die Festung als äußerst stark befestigter Punkt erwähnt; sie bedrohte das Stolper Land. Fast zur gleichen Zeit berichten die Chroniken von der zerstörten Burg, deren Reste noch im Süden und Osten des Burghügels zu erkennen sind. 1275 wird eine Marienkirche erwähnt. Unter Graf Swenzo tagte 1287 in B. der ostpommersche Adel. Als 1354 der Danziger Komtur Kirsilies von Kindswulre dem ehrsamen Martin das Dorf „Belgarthen" zur Besiedlung mit deutschen Siedlern übergab, lag es wüst.
1354 wird nachweislich eine Kirche genannt, die nach der Reformationszeit die Katholiken zurückerhielten; 1845 abgebrochen. 1890 Neubau einer evangelischen Kirche.
1939 hatte B. 331 Bewohner.

Benz, Kr. Usedom-Wollin, am südlichen Ende des Schmollensees; dort war 1229 der Pfarrer Martinus tätig. 1254 verlieh Herzog Barnim I. dem Kloster → Grobe/Pudagla das Patronat der Kirche. Pfarrer Wolterus wird 1282 erwähnt. Die heutige St. Peterskirche geht auf die Zeit um 1600 zurück; der Chorraum stammt von 1741, der Turm erhielt seine welsche Haube 1740. Das Tonnengewölbe setzt sich aus hölzernen, mit Rosetten und Sternen auf dunkelblauem Grund bemalten Kassetten (18. Jh.) zusammen.
Aus dem Mittelalter existieren noch elf Schnitzfiguren von einem verschollenen Altar. Sie sind 0,30 m hoch, aus Lindenholz und zum Teil farbig gefaßt.

Benz, Grabplatte Jakob von Küssow

Das Altarbild, eine rheinische Arbeit des 15. Jh., Tempera auf Holz, gelangte 1836 bei einer Verlosung in den Besitz der Kirche. Das auf Goldgrund gemalte Kreuz flankierten je drei Heilige, deren Namen mit gotischen Minuskeln in die Heiligenscheine geschrieben waren. An der Wand steht die Kalksteingrabplatte des Ritters Jacob von Küssow, Hauptmann in Pudagla († 1586).

Die ältesten Kirchenbücher der Insel werden im Pfarramt (1643—1766) aufbewahrt.

In B. lebten 1939: 376 Bewohner.

Bergen, Kr. Rügen, Kreisstadt, liegt auf dem Hang einer Stauchmoräne, die sich nordöstlich der Stadt im → Rugard auf 91 m erhebt; darauf stand die Burg der Fürsten von Rügen. Fürst Jaromar I. erbaute im Burgflecken eine Palastkapelle als Grablege. Vor ihrer Fertigstellung übergab er sie Benediktinerinnen aus Roskilde, die sie 1193 als St. Marienkirche vollendeten. Das Kloster war der erste Steinbau auf Rügen. 1250 wurden die Zisterzienserregeln eingeführt.

Schon 1355 wurde in B. den Schuhmachern, 1384 den Kürschnern die Gründung eines eigenen Gewerkes gestattet. 1445 brannte ein großer Teil des Ortes ab, das Kloster erlitt schwere Schäden. Die im Südosten gelegene Siedlung Gatmund wurde nach B. eingemeindet. 1525 konfiszierten herzogliche Beamte die Klosterkleinodien.

Bergen, Grabplatte der Äbtissin Elisabeth

Als der erste lutherische Pastor Johann Hähn 1536 oder 1537 in der Klosterkirche predigte, regte sich Widerstand. Mit Steinwürfen wurde er von der Kanzel und seine Gemeinde aus der Kirche vertrieben. Er mußte seine Gottesdienste auf dem Kirchhof abhalten. 1539 Umwandlung des Klosters in ein weltliches Fräuleinstift.

Die Handwerker des Fleckens — im Laufe des 15. und 16. Jh. waren Gewerke der Gewandschneider, Tuchhändler, Leineweber, Schmiede und Schlächter entstanden — kauften 1613 für 8000 Mark die städtischen Rechte (lübisches Recht) von Herzog Philipp Julius.

Das Kloster verfiel; um 1660 fiel der Kreuzgang der Spitzhacke zum Opfer. Zeitweilig dienten die Klostergebäude als herzogliches Jagdschloß. 1732–1736 wurden zwei Stiftsgebäude neu errichtet. 1829 Abbruch der letzten Reste bis auf Teile des Refektoriums—heute Pförtnerhäuschen.

Erst 1806 wurde B. Kreisstadt, behielt aber den Charakter einer Ackerbürgerstadt. Nach dem Ersten Weltkrieg wurde das Gelände zwischen Rotem See und Bahnhof bebaut. Nach 1945 entstand ein Neubauviertel „B.-Süd“.

St. Marien, älteste Kirche Pommerns, war 1193 als kreuzförmige Basilika geplant; vermutlich stammen die ältesten Bauteile aus dieser Zeit; es gibt starke Beziehungen zur Backsteinarchitektur des seeländisch-jütischen Gebietes in Dänemark. Chorbau mit Hauptapsis, Querschiff, Westwerk und die Langhausmauern konnten fertiggestellt werden. Architektonische Glanzpunkte sind das südliche Querschiff mit zwei romanischen Fenstern und dem durch horizontale Zickzackbänder gegliederten Giebel, das Erdgeschoß des Westwerks und die südliche Langhauswand. Ende 14. Jh. wurden die Seitenschiffswände erhöht und das Langhaus zu einer gotischen kreuzrippengewölbten Halle umgebaut. Die Apsis erhielt große Spitzbogenfenster.

Der Turm stammt aus dem 15. Jh. 1896—1902 wurden im Chor und im Querhaus spätromanische Wandmalereien vom Anfang 13. Jh. freigelegt, einziges erhaltenes Beispiel einer Totalausmalung nach einheitlichem Programm in Norddeutschland. Sie wurden allerdings frei ergänzt. An die Nordwand des Chores sind das Paradies, an die Südwand Fegefeuer und Hölle gemalt.
Die Inneneinrichtung stammt vorwiegend aus dem 18. Jh. Die Granittaufe (14. Jh.) soll aus der 1380 abgerissenen Kapelle auf dem Rugard stammen. An der Westwand ist ein wendischer Granitgrabstein eingemauert, der einen bärtigen Mann zeigt; es soll der Grabstein Jaromars I. sein. Von Anfang 13. Jh. ist ein prächtiger, mit dichtem Goldfiligran überzogener Kelch (Lübecker Arbeit) erhalten.
B. ist Verwaltungssitz des Landkreises, Schulmittelpunkt und Standort des Kreiskrankenhauses. Die erste Eisenbahnlinie Stralsund—Altefähr (Trajekt)—B. wurde 1883 eröffnet und 1891 nach Saßnitz verlängert. Die Rügensche Bahn (Schmalspur) verband seit 1896 B. mit Altenkirchen; nach 1945 stillgelegt. Nach 1945 wurde B. Zentralpunkt für den Omnibusverkehr. Dadurch erhielt die Stadt Versorgungsfunktionen für ganz Rügen zugewiesen. Die Rügensche Zentralmolkerei, VEB Brot- und Backwaren und VEB Fleischkombinat wurden auf der Basis früherer Betriebe eingerichtet. Daneben entstanden kleine Betriebe wie Bekleidungsindustrie, Möbelherstellung, Fischverarbeitung, Elektroinstallation; sie machen B. zu einem bedeutenden Einpendlerzentrum.
Magister *Mevius Völschow* (1615—1622 Präpositus in B.) verfaßte 1621 das „Incendium Bergense" und wurde 1642 Generalsuperintendent von Vorpommern.
Johann Jakob Grümbke (1771—1849), Privatgelehrter, Verfasser von „Streifzüge durch das Rügenland" (1805), „Darstellung von der Insel Rügen" (1819).
Arnold Ruge (1803—1880), Schriftsteller des „Jungen Deutschland", Begründer der „Halleschen Jahrbücher für Kunst und Wissenschaft".

Abendmahlskelch von Bergen

Theodor Billroth (1829—1894), Chirurg von Weltruf.
Friedrich Karl Arndt (1772—1815), Bruder von Ernst Moritz Arndt, war viele Jahre lang Bürgermeister von B.
B. hatte 1985: 14 842 Einwohner.

Bernsdorf *(Ugoszcz)*, Kr. Bütow. Aus dem ordenszeitlichen Platzdorf wurde 1350 der Pleban Johannes als Zeuge in der Handfeste für Borntuchen genannt. Der Hauskomtur von Bütow, Nikolaus von der Frantz, verlieh 1358 seinem Getreuen Bernhard das Dorf mit 46 Hufen; Pfarrer und Krug sind darin erwähnt. 1763 wurden sieben Familien aus B. in anderen Dörfern angesiedelt, um 18 Familien aus dem westpreußischen Demlin Platz zu machen. Ostern 1945 erschossen Russen den katholischen Pfarrer Grabke.
Die katholische Fachwerkkirche St. Maria Magdalena war 1822 auf einer Anhöhe erbaut worden. Auf dem eingebauten Turm mit geschindelter viereckiger Barockhaube steht eine Wetterfahne mit der Jahreszahl 1826. Inneneinrichtung, Hochaltar und zwei Seitenaltäre stammen aus der Bauzeit, desgleichen die älteren Teile der Kanzel.
1771 wurde die Bernsteingräberei verpachtet, eine sehr ergiebige Grube; 1857 aufgegeben.
1939 lebten in B. 752 Einwohner.

Bernsee *(Breń)*, Kr. Arnswalde. 1305 war das Dorf vom Kloster → Marienwalde angelegt worden.

Bernsdorf, St. Maria Magdalena

Während eines Kriegszuges 1326 zerstörte Polenkönig Wladislaus Lokietek das Dorf so gründlich, daß es noch 1337 als „gänzlich zerstört" galt. 1680 entstand eine Glashütte. Die Dorfkirche wurde im 19. Jh. als Backsteinbau errichtet.
B. hatte 1939: 882 Bewohner.

Bewersdorf *(Bobrowniki)*, Kr. Stolp, oberhalb des Lupowtales, mit Gut, dessen zweigeschossiges Gutshaus 1864/65 ein Herr von Mitzlaff in einem schönen Buchenpark erbaute. Der 30 m hohe Turm bietet eine gute Aussichtsplattform. 1945 wurde der wertvolle Hausrat nach Rußland gebracht. Teilweise dient das Haus als polnisches Dorfgemeinschaftshaus.
In B. lebten 1939: 295 Einwohner.

Beyersdorf *(Tetyń)*, Kr. Pyritz, liegt nördlich einer eiszeitlichen Endmoräne; nach dem Gründer Ritter Dietrich Beyer benannt. Herzog Barnim I. verlieh es 1264 dem Kloster Gramzow in der Uckermark. 1490 war das Augustinerinnenkloster von Pyritz-Altstadt im Besitz des Patronats der Kirche.
Die Kirche, ein Granitquaderbau, 13. Jh., hat in der Ostwand noch drei schlanke, spitzbogige Fenster aus der Bauzeit. Der aus Quadern gemauerte und blendenverzierte Ostgiebel wurde um 1600 in einen von Voluten begrenzten Spätrenaissancegiebel mit übergroßem Dachreiter umgebaut. Den Fachwerkoberbau des Turmes krönt eine Barockhaube mit durchbrochener Laterne. Das Mittelbild des Renaissancealtars zeigt die Kreuzigung. Hans Felzke goß 1597 die Zeitglocke.
1939 hatte B. 653 Bewohner.

Binow *(Binowo)*, Kr. Greifenhagen. Am Ostufer des malerischen B.sees liegt das 1234 erstmalig urkundlich erwähnte Dorf. 1255 bestätigte Herzog Barnim I. dem Kloster → Kolbatz den Besitz des Dorfes, und 1278 befreite er es von allen Abgaben und überwies die Bede (Steuer) dem Kolbatzer Klosterhospital.
Gegenüber der Dorfkirche stand eine Marienkapelle mit einem Gnadenbild der Mutter Gottes, das in Verbindung mit einer Quelle Pilgern Heilung gewährte. Ein Pilgerzeichen — Maria mit dem Jesuskind, eine Nachbildung des Gnadenbildes in Ton — ist erhalten geblieben, das einzige sicher bestimmbare Pilgerzeichen aus Pommern. Mit der Reformation wurde der Wallfahrtsort aufgehoben; Mitte 19. Jh. war die Kapelle verschwunden.
Die Dorfkirche, ein spätmittelalterlicher Findlingsbau, hat einen blendengegliederten Ostgiebel. Der Turm, im Untergeschoß aus mächtigen Findlingen, im Obergeschoß aus Fachwerk mit einer welschen Haube, wurde später erbaut. Die Balkendecke ruht im Altarraum auf spätgotischen geschnitzten Kon-

Gutshaus in Bewersdorf

solen. Der spätgotische Schnitzaltar erzählt die Legende der hl. Anna.
1939 hatte B. 604 Einwohner.

Binz, Kr. Rügen. Der größte Badeort auf Rügen liegt an der geschwungenen Küste der Tromper Wiek zwischen den Nadelwäldern der Schmalen Heide und dem Buchenwald der Granitz. Das Seebadviertel hat sich zwischen Schmachter See und Meer geschoben.
Der Ort „Byntze" war 1318 im Besitz der Herrschaft Putbus. Seit 1876 ist B. Seebad. Eine Aktiengesellschaft begann 1888 mit dem Ausbau des Bades, den 1910 Fürst Wilhelm zu Putbus weiterführte. Eine Seebrücke wurde 1902 errichtet, nach deren Zerstörung 1905 durch eine zweite, 600 m lange ersetzt, an der größere Bäderdampfer anlegen konnten. B. wurde zum vornehmsten und elegantesten Modebad für Adel und Ausländer. 1938 gab es 268 181 Fremdenübernachtungen. Nach 1945 größtes Erholungsgebiet des FDGB mit Kinderheimen und Bettenhäusern von Industriebetrieben.
In B. lebten 1985: 6500 Einwohner.

Binz-Granitz, Kr. Rügen. Mitten im Buchenwald „die Granitz" — ein etwa 13 qkm großes eingehegtes Jagdgebiet der Grafschaft Putbus — ließ Fürst Wilhelm Malte I. auf Putbus 1836—1840 ein zinnengekröntes Jagdschloß errichten. Der zweigeschossige verputzte Backsteinbau hat quadratischen Grundriß mit vier Ecktürmen. In den Lichthof wurde 1844 nach einem Entwurf von Karl Friedrich Schinkel ein 38 m hoher Turm gebaut. Zu seiner Aussichtsplattform führt eine gußeiserne, mit Ornamenten durchbrochene Wendeltreppe um einen weiten leeren Kern. Heute sind hier eine Gaststätte und ein Museum untergebracht.

Binow, Turm der Dorfkirche

Kurhaus von Binz

Bischofswalde *(Biskupnica),* Kr. Schlochau. Bauerndorf in einer flachwelligen Grundmoränenlandschaft; durch seine Feldmark verläuft die Wasserscheide zwischen Oder und Weichsel.
1344 erhielt der Erzbischof von Gnesen das Dorf im Austausch gegen Klein Konitz. Er verpachtete es den Brüdern Johann und Bernhard Nueman. 1357 tauschte er es mit dem Deutschen Orden gegen Damerau, Kr. Flatow ein.
Eine katholische Kirche war schon 1409 vorhanden, als Hochmeister Ulrich von Jungingen einen Geldbetrag für die Glocke stiftete.
Der jetzige Fachwerkbau mit achteckigem, schindelgedecktem Turmhelm stammt aus der zweiten Hälfte 15. Jh.
Das 1777 erbaute Schulhaus, ein Schrotholzbau, war bis 1945 als Wohnhaus genutzt.
Durch die Anbindung an das Eisenbahnnetz (1878)

konnte sich im 20. Jh. ein Betonwerk entwickeln. 1939 hatte B. 797 Einwohner.

Bisdamitz, Kr. Rügen. Das 1314 erstmals genannte „Bisdomitze" gehörte im 15. Jh. dem Stralsunder Ratsherrn Bertram von Lübeck und dem Bürgermeister Möller. Beide Teile gelangten 1486 und 1498 in den Besitz der Stralsunder Marienkirche (bis 1782).

1532 bestanden noch vier selbständige Bauernhöfe; 1791 waren sie verschwunden. Aus dem 19. Jh. ist die „Uferkate", ein Backsteintraufhaus mit Rohrdach, auf uns gekommen.

Karl Tiburtius (1834—1910), Erzähler, Bruder von *Franziska Tiburtius* (1843—1927), erste deutsche Ärztin, die in Berlin die erste deutsche Frauenklinik mit ausschließlich weiblichen Ärzten gründete.

Blankwitt *(Błękwit),* Kr. Flatow. In unmittelbarer Nähe des Dorfes wurde eine bronzezeitliche Urne ausgegraben, auf deren schwärzlichem Bauch fünf tannenzweigähnliche Strichzeichnungen eingeritzt sind. Urkundlich wird „Blankwitz" 1491 erwähnt; bis 1821 Privatbesitz des Grundherrn von Flatow, danach unabhängiges Dorf mit zehn Bauernhöfen. Der Mühlenhof wurde womöglich sogar vor 1400 angelegt. In der ersten Besitzurkunde bestätigt 1692 Johann Dzialynski dem „ehrbaren Martin Strymek" den Besitz der Mühle.

1939 lebten in B. 512 Einwohner.

Blumberg, Kr. Greifenhagen. 1289 überließen

Schloß der von Wedell in Blumberg

Bobbin, Dorfkirche St. Paulus

die Herzöge von Pommern Deutsch und Wendisch B. dem uckermärkischen Kloster Gramzow. Herzog Bogislaw X. übergab 1483 die beiden Dörfer den von Sydow. Wendisch B. wurde im Dreißigjährigen Krieg völlig zerstört und nicht wieder aufgesiedelt. Bis 1768 blieb B. im Besitz der von Sydow, danach kaufte es Heinrich Karl von der Osten. 1945 wurde das Gut enteignet, jedoch als Staatsgut weitergeführt.

Die Kirche ist ein Granitquaderbau aus der Mitte 13. Jh. Die ursprünglichen schlanken rundbogigen Fenster sind nur auf der Ostseite erhalten. Der Turmoberbau wurde im 18. Jh. aufgesetzt.

Kanzel und Altar sind miteinander verbunden. Vier etwa 0,50 m hohe, farbig gefaßte Sitzfiguren der Evangelisten aus Lindenholz stammen von einer älteren Barockkanzel. Heinrich Karl von der Osten stiftete 1773 den Orgelprospekt und die Empore, beides Rokokoarbeiten.

Dieser Heinrich Karl erbaute um 1792 das Herrenhaus mit zwei Flügeln. Nach 1945 wurde es Heimstatt von Arbeitern und Flüchtlingen. Die Säle dienen politischen und kulturellen Veranstaltungen.

B. hatte 1939: 460 Einwohner.

Blumberg *(Morzyca),* Kr. Pyritz. 1493 war Gregorius Blizek als Pfarrer angestellt; es gab also schon eine Kirche. Die heutige Kirche ist ein turmloser Findlingsbau der Renaissancezeit; ihr Ostgiebel ist

Grabwangen an der Kirche in Bobbin

mit Fialtürmchen besetzt und mit Rundbogenblenden und Gesimsen reich gegliedert. Der Altar von 1613 zeigte im Mittelbild die Kreuzigung Jesu. Gestühl und Balkendecke sind einheitlich rotbraun mit Blättern, Blumen und Arabesken bemalt.
Joachim von Wedell erbaute 1587 das Schloß; im Laufe der Zeit verschiedene Fachwerkbauten angefügt. Der efeubewachsene Mauerturm, der „alte Peter", ist ein zylindrischer Findlingsbau von 10 m Höhe.
Joachim von Wedell (1552—1610) verfaßte die „Annales" oder das „Hausbuch", wichtigste Geschichtsquelle für die zweite Hälfte 16. Jh.
In B. lebten 1939: 354 Einwohner.

Bobbin, Kr. Rügen. Am Ostufer des Großen Jasmunder Bodden gelegener Rundling; 1250 im Besitz des Klosters Bergen. Im 16. Jh. ging er auf die Herrschaft Spyker über; nach 1945 nach Glowe eingemeindet.
Bis in die Gegenwart blieb der Charakter eines Handwerkerdorfes erhalten. Die eingeschossigen, teilweise mit Rohr gedeckten Fachwerktraufhäuser stammen von Anfang 19. Jh.
Auf einer Anhöhe liegt der um 1400 errichtete Feldsteinbau der St. Pauluskirche. Der Glockenturm ist etwa 100 Jahre jünger. An das geräumige Schiff schließt sich der schmalere kreuzrippengewölbte Chor an. Das Schiff hat eine bemalte Bretterdecke. Der 1668 vom schwedischen Generalgouverneur Carl Gustav von Wrangel gestiftete Altar enthält drei Tafelbilder, für die Gemälde von P. P. Rubens als Vorbild dienten. An den Wänden stehen Grabplatten der Familie von Jasmund von 1440 und 1618.
Auf dem um die Kirche liegenden Friedhof stehen 56 Grabwangen von 1755—1884 aus Stein.
B. hatte 1939: 976 Bewohner.

Bock → Darß

Böck *(Buk Kamieński),* Kr. Cammin. Ritter Nikolaus auf B. besaß schon 1225 das Dorf. In einem Kaufvertrag über Paatzig von 1401 wird Kurd von Flemming als „erbgesessen in B." genannt; in dieser Familie blieb B. bis 1945. Bis 1594/95 waren alle freien Bauern gelegt, und B. bestand aus drei Rittersitzen.
Beim Dorf gibt es Reste zweier Burganlagen. Die im Südosten in einem Bruch gelegene war wahrscheinlich Hauptsitz der von Flemming. Die andere lag westlich der Kirche im Bereich des Gutsparks — womöglich Sitz der von Plötz.
1683 erbaute Ernst Friedrich von Flemming, kurfürstlich brandenburgischer Kammerrat in Hinterpommern, ein schlichtes zweigeschossiges verputztes Backsteinschlößchen. Ein anderer Zweig der Flemmingschen Familie erbaute sich 1696 sein Herrenhaus, nach 1770 Wohnsitz des Gutsverwalters: zweigeschossiger Fachwerkbau über hohem Keller-

Kirche in Böck, von Südosten

Verwalterhaus Böck, Hofansicht

geschoß. 1945 steckten es Russen in Brand.
Die Kirche mitten im Dorf wurde 1714 als Fachwerkbau mit Turm errichtet. Das Schiff mußte 1856 erneuert werden. Den verschalten Turm krönt ein geschindelter Achteckhelm.
Den Altar, Anfang 18. Jh., schmückte ursprünglich in der Mitte ein Ölbild der Kreuzigung; später überstrichen. Die Seitenteile mit den Figuren des Moses und Aaron wurde 1933 zur Dekoration eines Kamins ins Schloß gebracht. Eine Mosesfigur trägt die Kanzel. Der achteckige Korb ist reich gegliedert, in den Arkaden stehen die vier Evangelisten. In den Fenstern gab es kleine gemalte Glasscheiben, erste Hälfte 17. Jh.
Das Gutsdorf hatte 1939: 259 Bewohner.

Böck *(Buk Szczeciński),* Kr. Ueckermünde. 1286 gab Herzog Bogislaw IV. der Marienkirche in Stettin sechs Hufen im Dorf B.
Die Nordseite der Kirche, ein Granitquaderbau, 13. Jh., ist fensterlos. Die sieben Blenden des Ostgiebels aus Backstein reichen bis zwischen die Fenster der Wand herab. Im 18. Jh. wurde die Sakristei um eine „Herrenstube" erhöht, darin stand ein Kamin mit Rokokokacheln.
Mittelpunkt der Kirche ist der barocke Kanzelaltar mit gewundenen, laubumkränzten Säulen mit reichen Kapitellen und Gesimsen. Gefertigt hat ihn 1711 Erhard Löffler aus Stettin, der auch in der St. Jakobikirche in Stettin gearbeitet hat. Holzepitaph für Kapitän Theophilus Michaelis, der 1709 in der Schlacht bei Poltawa verwundet worden war und in Moskau starb. 1850 erhielt die Kirche ein Gemälde „Die Marter des hl. Petrus", 15. Jh., als Schenkung; es scheint aus dem Rheinland zu kommen.
In B. wohnten 1939: 451 Einwohner.

Bodenhagen *(Bagicz),* Kr. Kolberg-Körlin. Das Küstendorf wurde durch einen ungewöhnlichen prähistorischen Fund berühmt. 1899 trat bei einem Abbruch der Steilküste ein Baumsarg aus der Eisenzeit (Kaiserzeit) zutage. Darin lagen eine Bronzefibel, zwei offene Bronzearmringe, eine glatte Knochennadel und mehrere flache Bernsteinperlen.
Zu Füßen des Skeletts stand ein kleiner, aus einem Stück geschnitzter hölzerner Schemel. Im Zweiten Weltkrieg ging dieser einzigartige Fund verloren.
1753 wurde das Dorf im Kolberger Stadtwald als „städtische Kolonie" mit 20 Familien gegründet. Seit 1904 war B. Badeort; 1927 kamen 706 Kurgäste. Westlich des Dorfes wurde in den 30er Jahren ein großer Flugplatz angelegt, den nach 1945 Polen weiter ausbaute. B. wurde abgebrochen.
In B. wohnten 1939: 571 Menschen.

Bodstedt, Kr. Franzburg-Barth. Hermann von Vitzen erbaute 1463 eine Kapelle im Dorf. 1479 begannen Wallfahrten nach „sunte Ewalde belegen bi Bard". Die Kirche, ein schlichter spätgotischer Backsteinbau, 1786 nach Westen erweitert. Ihre Holzdecke trägt ornamentale Bemalung des 18. Jh. Eine Engelsfigur trägt den hölzernen Kanzelkorb (zweite Hälfte 17. Jh.).
1939 lebten in B. 421 Bewohner.

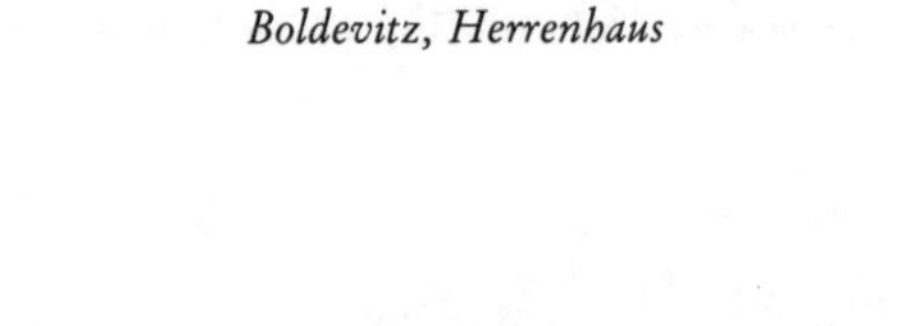

Boldevitz, Herrenhaus

Boldevitz, Kr. Rügen. Das Gutsdorf „Bollevitze" war 1314 im Besitz der Familie von Rotermund. Mitte des 18. Jh. wechselte es aus dem Besitz der Putbus in den des Kammerherrn Friedrich Christian von der Lancken. 1797 gab es Bauernunruhen, verursacht durch das Legen der Bauern und die schlechte Behandlung der Dienstleute. Letzter Besitzer, Silvius Freiherr von der Lancken-Wakenitz Albedyll, im Dezember 1945 verhaftet, ist seitdem verschollen. 1945 wurde B. als volkseigenes Gut weitergeführt, das besonders den Obstbau pflegt.
Das Herrenhaus (heute VEG) erbaute im Kern 1635 Philipp Gützlaff von Rotermund: dreigeschossiger verputzter Backsteinbau mit zwei parallel zur Front verlaufenden Satteldächern, die in geschweiften Giebeln enden. Im 18. Jh. Anbau von zweigeschossigen Seitenflügeln.
Im großen Festsaal wurden im 18. Jh. Stukkaturen angebracht und Leinwandtapeten aufgezogen; darauf malte 1762—1764 der später mit Goethe befreundete Maler Philipp Hackert Ideallandschaften. 1952 sorgfältige Restaurierung des Schlosses.
1939 hatte B. 270 Bewohner.

Boltenhagen, Kr. Greifswald. 1592 werden in B. zwei Kirchenglocken erwähnt; 1766 stürzten die Gewölbe der Kirche ein. Die Kirche ist ein frühgotischer Backsteinbau mit eingezogenem Chor (Ende

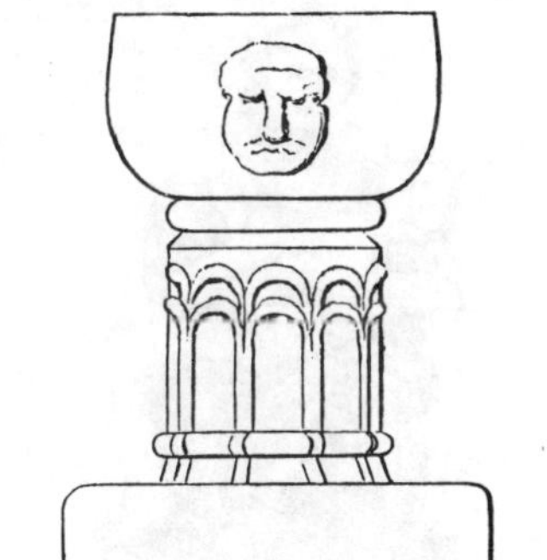

Taufstein in der Kirche zu Boltenhagen

Born

13. Jh.). Auf dem viereckigen Unterbau des bretterverkleideten Fachwerkhauses ruht ein achteckiges Obergeschoß mit achteckiger Spitze. Den Ostgiebel ziert ein großes Blendenkreuz.
1767 schuf Andreas Mayer aus Greifswald mit sparsamem Rocailledekor den weiß und gold bemalten Kanzelaltar. Der kleine Granittaufstein (um 1250) trägt an seiner Kuppa drei Reliefköpfe. An der Südwand wurden Wandmalereien von etwa 1400 entdeckt, jedoch beim Einbau der Empore teilweise zerstört und verdeckt. Nur eine Kreuztragung Christi blieb frei.
Seit 1928 ist das Dorf keine selbständige Gemeinde mehr.

Bonin *(Bonin),* Kr. Köslin. Das Rittergut B. gilt als Stammsitz derer von Bonin. 1754 verkauft; es wechselte häufig seinen Besitzer.
Etwa 1 km vom Gut entfernt liegt auf einer mit Bäumen bestandenen Anhöhe die Kirche, ein Back- und Feldsteinbau (16. Jh.). Der Kösliner Regierungspräsident von Senden ließ sie 1907 wiederherstellen. Die Kirche überragt ein achteckiger, verschindelter barocker Dachreiter mit offener Laterne. Von der ehemaligen Inneneinrichtung ist nichts erhalten.

Born, Kr. Franzburg-Barth. In B. auf Darß wurde 1934/35 nach Entwürfen von Hopp und Jäger eine Kirche errichtet, die einem großen Fischerhaus mit verbretterten Wänden und einem Dach aus Rohr

Fachwerkkirche von Borntuchen

gleicht. Den mit Brettern ausgekleideten Innenraum überspannt eine hölzerne Tonnendecke. Er ähnelt einem mit Spanten ausgeschlagenen Schiffsrumpf.
14 301 Urlauber kamen 1963 nach B.
1939 lebten in B. 1041; 1964: 1167 Menschen.

Borntuchen *(Borzytuchom),* Kr. Bütow. Beim Schloßberg am Nordufer des Teufelssees lag ein wendischer Burgwall. 1350 verlieh Niklas von Frantz, Hauskomtur in Bütow, dem Schulzen Georg vier Freihufen in B. Diese Gründung erneuerte 1445 Graf Hans von Gleichen, Pfleger zu Bütow. Er verlieh Simon Rudenick in B. 46 Hufen und besetzte sie mit Deutschen nach kulmischem Recht. Noch um 1765 wurden Kolonisten angesiedelt.
Die Kirche, 1804 als Fachwerkbau errichtet, erhielt 1891 den freistehenden Glockenstuhl. Der eingebaute Turm mit flachem Zeltdach zeigt in der Wetterfahne die Inschrift „ANNO 1804“. Im flachgedeckten Innenraum stand ein schlichter Kanzelaltar aus der Bauzeit. Die beiden Bronzeglocken waren 1449 und 1487 gegossen worden.
Noch 1857 wurde in der Umgebung nach Bernstein gegraben.
In B. lebten 1939: 645 Einwohner. 1983 Mittelpunkt einer Großgemeinde *(Gmina)* von 108,2 qkm Fläche mit 2466 Einwohnern.

Brahe *(Brda),* 233 km langer linker Nebenfluß der Weichsel, entspringt auf dem → Pommerschen Landrücken östlich Rummelsburg aus einer Kette von fünf Seen, deren letzter der Deeper See ist. Sie durchfließt in südöstlicher Richtung die großen Waldungen im Kr. Schlochau, den → Großen Ziethener See, und verläßt Pommern bei Sampohl. Nachdem sie den Müskendorfer See durchflossen hat, nimmt sie den Chotzen, südöstlich der Tucheler Heide Kamionka und Zempolno als Nebenflüsse auf. Im Unterlauf von Bromberg bis zur Weichsel (25 km) ist sie schiffbar und in den Brombergkanal zwischen → Netze und Weichsel einbezogen. Ihr Einzugsgebiet umfaßt 4654 qkm.

Brandshagen, Kr. Grimmen, 1212 genanntes Dorf, führt seinen Namen wohl auf Borante zurück, zweiten Sohn Fürst Jaromars I.
Schon 1249 stand die Kirche auf einem Hügel mitten im Dorf. 1307 wird das fürstliche Schloß auf dem Schloßberg genannt. 1630 wurde das Innere der Kirche verwüstet. Der Stralsunder Ratsherr Isaak Schinkel schenkte 1707 der Kirche einen Altaraufsatz. B. war immer ein Dorf der Büdner, Landarbeiter und Handwerker.
Die stattliche Marienkirche reicht in ihren ältesten Teilen — rechteckiger Chor mit großem Blendenkreuz in Giebel und Ostwand des Langhauses — in die Zeit von 1249 zurück. Das dreischiffige Lang-

Brietzig, Pietà

haus entstand erst nach 1300. Der ins Mittelschiff eingezogene Turm besitzt ein jüngeres Glockengeschoß aus Fachwerk mit steilem Zeltdach. Kreuzrippengewölbe überspannen Chor und Langhaus.
Der Altaraufsatz (1707) mit ausdrucksvollen Figuren, u. a. den Evangelisten, dem auferstandenen Christus, wurde in der Werkstatt des Stralsunder Bildhauers Hans Broder geschnitzt. Das große geschnitzte Triumphkreuz, nachträglich auf einen Triumphbalken mit barockem Akanthusdekor gestellt, ist eine Schöpfung des 15. Jh.
An einigen Bogenleibungen kamen Bruchstücke von Wandmalereien des 14. Jh. zum Vorschein. Neben biblischen Szenen — Adam und Eva, triumphierender Teufel nach dem Sündenfall — finden sich auch Bilder über die Seeschiffahrt.
1939 lebten in B. 870 Einwohner.

Briesenitz *(Brzeźnica Krajeńska)*, Kr. Deutsch Krone, auf dem westlichen hohen Ufer der Zamborst, ein ursprünglich slawisches Dorf, das der Starost Gorka in Deutsch Krone 1577 neu gegründet hat. Sein erster Schulze, Valentin Swentek, zog deutsche Bauern zur Besiedlung heran.
Die alte Dorfkirche mußte 1619 gemäß einem polnischen Reichstagsbeschluß den Katholiken zurückgegeben werden. Die heutige Fachwerkkirche geht auf das Jahr 1848 zurück.
Im Dorf stand ein Schrotholzhaus von 1711 (oder 1741) mit einer Vorlaube. An der Stirn der Laube ist

Bublitz, Rathaus und Stadtkirche

Reichsautobahn im Odertal mit Buchheide

eine Mahnung an alle Bauherren eingeschnitzt: „Bauen ist eine schöne Lust. Das so viel gekostet hab ich nicht gewußt. Michel Spittgarb Anno 1711 (1741) den 1. April. Michel Hirkholm brauch dis Haus in Jesu Namen."
B. hatte 1939: 918 Bewohner.

Brietzig *(Brzesko)*, Kr. Pyritz. Vor dem Ort liegen die Wattenberge, in denen tertiäre Braunkohlen lagern; an deren Hängen erkennt man Terrassen des Haffstausees.
Im Dorf mit seinem bebauten Anger befinden sich typische Weizacker Höfe; die Bauernhäuser stehen mit den Giebeln zur Straße; etliche waren noch Einheitshäuser.
1186 verlieh Herzog Bogislaw I. der Dompropstei in Cammin das halbe Dorf. Herzog Barnim I. und seine Gemahlin Miroslawa verliehen 1227 das ganze Dorf dem Prämonstratenserinnenkloster in Treptow. Später kam das Dorf teilweise in den Lehnsbesitz der von Schöning in Lübtow, des Domstifts zu St. Otto in Stettin und schließlich in den Besitz des Marienstifts in Stettin. 1490 war Nicolaus Symon Pleban in B.
Im 13. Jh. wurde die Dorfkirche als einschiffiger Granitquaderbau errichtet, dem 1817 ein Turm angefügt worden ist. Einzigartig ist die Gestaltung und Ausmalung der Kirchendecke, einem hölzernen Kreuzgewölbe, dem Stützen und Pfeiler fehlen;

Großer Stein in der Buchheide

die Gewölbe-Ansätze enden in schweren Trauben, ein Stalaktitengewölbe. Das Ganze ist bunt bemalt mit posauneblasenden Engeln, Palmwedeln, Leidenswerkzeugen, Notenbüchern und Blattornamenten vor hellblauem Hintergrund. Eine wappengeschmückte Inschrift an der Westempore sagt: „Michel Pahl, Müllerbursch hat diese Kirche durch Zimmer-, Tischler-, Drehen- und Schnitzarbeit auf- und ausgebaut Anno 1679."
Den Schnitzaltar schuf der Arnswalder Künstler Michael Haentz 1613. In einem Renaissancerahmen steht als Mittelpunkt eine 1,48 m hohe gotische Mutter Gottes mit Jesuskind, umgeben von den Zwölf Aposteln in vergoldeten Gewändern. Der Altar ist eine Stiftung zweier evangelischer Pastoren und der Kirchenvorsteher.
1939 hatte B. 766 Bewohner.

Brotzen *(Broczyno)*, Kr. Deutsch Krone, ein Dorf mit städtischem Charakter. Die Umgebung, Brotzener Mösse, wird schon 1286 urkundlich genannt. Die Seen und deren Umgebung waren frühzeitig im Besitz der Familie von Goltz. Das Dorf kam erst 1361 in ihre Hände und blieb es bis 1817. Um 1506 gründeten die ehemaligen Bewohner Milkows ein neues Dorf nördlich des alten; ein Herrenhaus wurde dort errichtet. Man unterschied zwischen „dem ersten Dorf" und „dem anderen Dorf"; später zusammengelegt. Um 1532 betätigten sich die von Goltz als Raubritter. 1540 führten sie die Reformation ein. Des Geldes wegen wurden um 1750 Juden angesiedelt. Der erste Lehrer, Paul Friedeck, 1730 in B. angestellt, und der Pastor waren die einzigen im Dorf, die schreiben konnten. 1828 wurden die Bauern freie Leute auf eigener Scholle.
Die evangelische Kirche wurde 1540 gegründet, das heutige turmlose Kirchengebäude 1793 erbaut.
In B. lebten 1939: 923 Einwohner.

Bublitz *(Bobolice)*, Kr. Köslin; Stadt in einer Talmulde des Gozelbaches auf dem → Pommerschen Landrücken.
Als Verwaltungssitz des gleichnamigen Landes gehörte „Bobolitz" schon 1262 dem Bischof von Cammin. Bischof Friedrich von Eickstedt erhob den Flecken 1340 zur Stadt mit lübischem Recht. In den folgenden Jahrhunderten wurde B. oft von den Bischöfen verpfändet und verkauft. 1577 war es wieder Stiftsstadt. Zusammen mit dem Amt gehörte B. 1650—1684 Herzog Ernst Bogislaw von Croy, Titularbischof von Cammin. 1872—1932 war B. selbständige Kreisstadt; daraufhin wurde der Kreis mit dem von Köslin zusammengelegt. 1945 wurde B. so stark zerstört, daß es für längere Zeit die Stadtrechte verlor.
Mehrere große Stadtbrände hatten die alte Bausubstanz vernichtet; deshalb ist das Baujahr der ersten Stadtkirche St. Johannes der Täufer nicht mehr fest-

Gutshaus in Buchwalde

stellbar, vermutlich 14. Jh. Der letzte Nachfolgebau entstand 1886 als Backsteinbau mit dem Turm an der Ostseite zum rechteckigen Marktplatz hin.
1564 wurde eine erste Schule auf Grund der Kirchenvisitation gegründet. Die um 1680 bestehende Lateinschule erfreute sich eines guten Rufes.
1897 Bau der Eisenbahnstrecke Gramenz—B., 1903 nach Pollnow weitergeführt: 1945 stillgelegt.
Im 18. Jh. war B. Tuch- und Schuhmacherstadt und trieb einen lebhaften Handel mit Polen. Diese Gewerbe gingen nach 1870 zugrunde, es blieben eine Deckenfabrik, Nahrungsmittelverarbeitungsbetriebe und ein Sägewerk. Nach 1945 kam eine Maschinenfabrik dazu.
Paul Kleinschmidt (1883—1949), Maler von Zirkus- und Industriebildern. 1939—1945 „entarteter" Künstler, von der Gestapo verfolgt, als Staatenloser gestorben.
Hans Jürgen Heise (* 1930), Lyriker; „Meine kleine Freundin Schizophrenia" (1981), „Der Phantasie Segel setzen" (1983).
Die Stadt zählte 1939: 6147; 1983: 14 119 Einwohner.

Buchheide *(Góry Bukowe).* Den 16 km langen Höhenzug mit seiner höchsten Erhebung von 147 m bedeckt ein etwa 65 qkm großer Buchenmischwald, den Kiefernbestände durchsetzen: der Rest des Madanzig-Urwaldes, den 1173 die Herzöge

Buschdorf, Dorfkirche, 19. Jh.

Ordensburg Bütow

den Kolbatzer Mönchen schenkten; seine Fläche erstreckte sich bis zum → Madüsee und zur → Plöne im Osten.
Die B. ist eine Stauchmoräne der letzten Eiszeit. Moränenschotter, tertiäre Sande und Braunkohlen, Kalksteine der Oberkreide (Senon) schob hier das Eis zusammen; diese baut man bei → Finkenwalde und Friedensburg für die Zementindustrie ab. Eis- und nacheiszeitliche Erosion schufen ein lebhaftes Relief. Die tiefsten und schönsten Täler haben Pulvermühlen- und Hökendorfer Bach gestaltet. Mannigfaltige Bodenarten begünstigen einen großen Artenreichtum in der Pflanzenwelt. Mächtige Findlinge wurden freigelegt, so der Große Stein, Pionierstein, Wiegenstein. In der Binower Seesenke dehnen sich malerische Gewässer aus.
Kleinbahnen und Omnibuslinien erschlossen die B. für die Stettiner als Naherholungsgebiet. Ein Ziel war die Pulvermühle — 1274 eine Kolbatzer Mühle; im Dreißigjährigen Krieg Pulvermühle; im 19. Jh. Papiermühle; im 20. Jh. Gaststätte.

Buchholz *(Buczek),* Groß Stettin. Das Dorf am Abhang der Buchheide gehörte 1274 dem Kloster Kolbatz. 1300 verstarb der Pfarrer Christoph. 1492 wurde Theodoricus de Leyna Nachfolger des Pfarrers Gregorius Cremer.

1939 nach Stettin eingemeindet.
Die Kirche, ein Fachwerkbau, besaß einen freistehenden Holzturm mit achteckig verschindeltem Helm. Eine Kalksteingrabplatte mit zwei Kleeblättern als Wappen wurde 1573 darin aufgestellt.
Auf dem Friedhof stand die Ottolinde mit über 7 m Umfang; der Sage nach soll sie Otto von Bamberg gepflanzt haben.

Buchwalde *(Mydlita),* Kr. Bütow, Gutsdorf, auf der Lubinschen Karte (1618) erstmals erwähnt. 1765 verkaufte Anton Christoph von Wussow das Gut dem Lorenz Heinrich von Puttkamer, der es 1790 Joseph von Laszewsky veräußerte. 1927 wurden auf dem Gut 18 Siedlerstellen eingerichtet.
Das Gutshaus (um 1800) wurde als verputzter Backsteinbau mit Mittelportal und Mansardendach errichtet.
Das Gutsdorf hatte 1939: 218 Einwohner.

Buckower See *(Jezioro Bukowo),* flacher Strandsee südwestlich Rügenwalde, ein ehemaliges Haff, das heute eine Nehrung von der Ostsee trennt. Es entstand ein 18 qkm großer, bis zu 2,50 m tiefer See, Länge 8,50 km, größte Breite 3,20 km. 1261 verlieh Herzog Swantopolk von Pomerellen den See dem Kloster Buckow, die Nehrung erhielt es 1269 von Herzog Barnim I. Auf der Nehrung wurde das Dorf → Damkerort gegründet. Seine Landseite begrenzen Wiesen und Weiden.

Buckowin *(Bukowina),* Kr. Lauenburg, Gutsdorf, das bereits im Mittelalter Prämonstratenserinnen aus Suckow, westlich von Danzig, gegründet haben sollen. Es sei ein selbständiges Kirchspiel gewesen. Das Gut gehörte im 17. und 18. Jh. den Familien von Grelle und von Pirch. Nach 1918 führte die Reichswehr das Gut als Lehrgut für Unteroffiziere und Feldwebel, um sie für den Beruf als Siedler vorzubereiten. Etwa 700 ha wurden an Flüchtlinge verkauft; es entstand die „wilde Siedlung B."
Die evangelische Fachwerkkirche mit einem Turm entstand 1715—1731.
1939 lebten in B.: 512 Bewohner.

Buschdorf *(Zakrzewo),* Kr. Flatow, 1491 als Kirch-

Burg Bütow, 1658

dorf „Zakrzewo" erwähnt. 1544 war der Ort Besitz von Adalbert und Johannes Zakrzewski.
Um 1670 fiel die hölzerne Kirche aus Altersschwäche in sich zusammen; erst 1710 wurde der Nachfolgebau in Fachwerk errichtet. Die heutige Feldsteinkirche wurde 1839 erbaut, ihren Fachwerkturm schmückt eine barocke Haube.
1871 erhielt B. einen Bahnhof an der Preußischen Ostbahn.
1939 lebten in B.: 1171 Bewohner. 1983 Mittelpunkt einer Großgemeinde *(Gmina)* von 162,5 qkm Fläche mit 4198 Einwohnern.

Bütow *(Bytów),* Kreisstadt des kleinsten pommerschen Landkreises, im Tal der Bütow, einem Nebenfluß der → Stolpe, in der hügeligen Grundmoränenlandschaft.
Um 1000 gehörte das Land B. zur westpommerschen Kastellanei Stolp; seit Anfang 13. Jh. zum Herzogtum Pomerellen, von 1309 bis 1317 zur Mark Brandenburg, kam dann an Herzog Wartislaw IV. von Pommern, der es 1321 seinem Marschall Henning von Beer schenkte. Dessen Söhne verkauften Land und Burg 1329 dem Deutschen Orden. 1346 verlieh Hochmeister Heinrich Tusemer in zwei Handfesten den Lokatoren Hans Beschorn und Johan Grote die Stadt B. mit 132 Hufen zu kulmischem Recht. 1399 begann der Orden mit dem Bau der Burg als westlichem Grenzstützpunkt. Die Stadt selber wurde nie befestigt.
1410 überließen die Polen B. ihrem Bundesgenossen gegen den Orden, Herzog Bogislaw VIII. von Pommern-Stolp; es kam jedoch 1411 an den Orden zurück. 1433 wurde die Burg erfolgreich gegen die Hussiten verteidigt. Nach dem 13jährigen Krieg gegen den Deutschen Orden gab Herzog Erich II. das Land B. den Polen nicht mehr heraus. Sie mußten es schließlich 1490 als Pfandbesitz anerkennen. Seit 1526 war es ein freies Lehen der Pommernherzöge vom polnischen König; nach deren Aussterben 1637 fiel es als erledigtes Lehen an Polen zurück. 1657 übernahm Brandenburg B. als erbliches polnisches Lehen. Während des Schwedisch-Polnischen

Ältestes Stadtsiegel von Bütow

Erbfolgekrieges hatten schwedische Truppen B. besetzt; bei ihrem Abzug zerstörten sie Burg und Stadt. Der Große Kurfürst mußte den überlebenden elf Bürgern fünf Steuerfreijahre zum Wiederaufbau gewähren. 1773 gelang es Minister Ewald Friedrich von Hertzberg, daß Polen im Warschauer Vertrag die Länder Lauenburg und B. an Preußen „erb- und eigentümlich" abtrat. Seit 1846 war B. Kreisstadt. 1945 gab es geringe Kriegsschäden; dafür wurden nach Kriegsende Teile der Innenstadt (zu 60 v. H.) durch Brände zerstört.
Wahrzeichen der Stadt ist die 1399—1405 von Jakob von Reinach, Pfleger von B., auf einem Sporn des östlichen Höhenrückens erbaute Ordensburg, 72,50 m lang und 52,50 m breit, mit drei etwa 20 m hohen Rundtürmen, einem viereckigen Bergfried und einem einflügeligen Haus. Die Mauern sind überwiegend aus unbearbeiteten Findlingen errichtet, erst im oberen Drittel wurden Backsteine verwendet. Nur am Hauptportal sind Granitquader verbaut. Unter der pommerschen Herrschaft entstanden um 1550 der Südost- und Südwestflügel, 1623 der Nordostflügel. Sie dienten dem herzoglichen Hauptmann, so B. Suawe, als Wohnsitz und im 17. Jh. Mitgliedern des herzoglichen Hauses. Die Schweden sprengten den Bergfried, der erst im

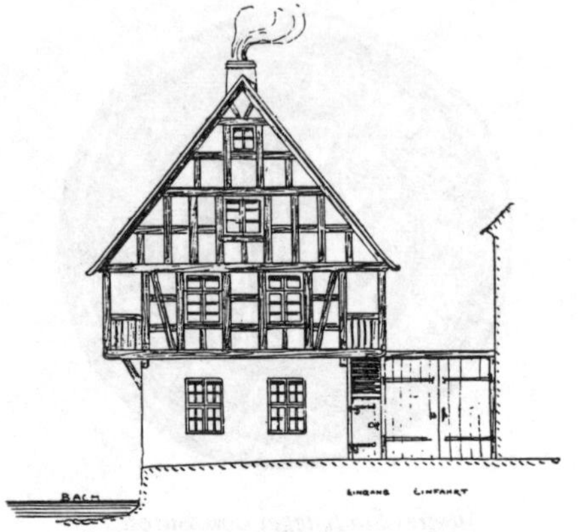

Bürgerhaus in Bütow, Lange Straße 37

20. Jh. ersetzt wurde. 1904 erhielten die Rundtürme achteckige Zeltdächer. Nachdem sie als Zeughaus, Kreisgericht und Gefängnis genutzt worden war, wurde 1930 in der Burg eine Jugendherberge eingerichtet. 1936–1940 wurde die Burg vollständig restauriert. Heute beherbergt sie ein Hotel, die Stadtbibliothek und das Kaschubenmuseum.

Unterhalb der Burg am rechteckigen Marktplatz lag die katholische St. Katharinenkirche. Um 1350 wird ein Pfarrer erwähnt. 1629 brannte die Kirche bis auf die Außenwände ab; der Neubau stand nur bis 1700. Die letzte Kirche wurde 1716 als rechteckiger Saalbau errichtet. Der ältere Turm erhielt eine barocke Spitze. 1945 brannte die Kirche ab und wurde bis auf den Turm abgetragen.

Die evangelische Elisabethkirche wurde nach Plänen des Baumeisters Schindler 1848–1854 als verputzter Backsteinbau an der Südseite des Marktes errichtet. Ihre drei Schiffe bedecken drei parallele Satteldächer. Heute ist sie Stadtkirche.

Auf einer Anhöhe im Südwesten der Stadt, wo sich ein ausgedehnter Burgwall befand, steht in seiner Mitte die 1637 erbaute Bergkirche St. Georg, ein schlichter geputzter Findlingsbau. Auf dem abgewalmten Dach erhebt sich ein kleiner geschindelter Dachreiter mit stark vorkragender Barockhaube mit Wetterfahne von 1834. Der Kanzelaltar wurde um 1700 aus früher getrennten Teilen zusammengesetzt. Der Altar war mit Renaissanceschnitzereien, die Kanzel mit barocken Schnitzfiguren der Evangelisten verziert. Gestühl und Empore waren an Brüstungen und Täfelungen mit Barockschnitzereien geschmückt. 1979 war der Altar völlig zerstört, obwohl die Kirche unter Denkmalschutz steht.

1884 wurde B. durch die Strecke Zollbrück–B. an das Eisenbahnnetz angeschlossen, 1901 erfolgte die Verbindung nach Berent, 1902 nach Lauenburg, 1909 nach Rummelsburg. (Diese Linie demontierten die Russen 1945.) Dadurch konnte sich B. vor dem Ersten Weltkrieg zu einer Geschäfts- und Industriestadt entwickeln; die Grenzziehung von 1918 störte die weitere Entwicklung empfindlich. Es entstanden Betriebe der Holz- und Wollverarbeitung, der Nahrungsmittelindustrie, eine Dachpappenfabrik und die Maschinenfabrik Jaekel. Mittelpunkt des Getreide- und Viehhandels. Kleine Handwerksbetriebe gaben der Stadt den Charakter eines Geschäftszentrums. Nach 1945 entstanden Betonwerke.

B. hatte 1939: 9713; 1983: 14 119 Einwohner.

Cammin *(Kamień Pomorski).* Kreisstadt, Sol- und Moorbad, liegt am rechten → Dievenowufer etwa 6 km von der Ostsee entfernt auf einem von Moor und sumpfigen Wiesen umgebenen Hügel.

Um 1107 wird in den Kämpfen zwischen Pommern und dem Polenfürsten Boleslaw Krzywousty ein wendischer Burgwall erwähnt. Als Otto von Bamberg 1124 nach Pommern kam und in C. eine Kirche gründete, befand sich hier der Sitz des ersten bekannten Pommernherzogs Wartislaw I. Die Burg C. wird 1140 erstmals urkundlich erwähnt. Nach einem Däneneinfall 1172 wurde 1175 das 1140 gegründete Bistum nach C. verlegt. Herzog Kasimir I. begann den Bau des St. Johannesdoms. Bis 1187, Todesjahr Herzog Bogislaws I., war es gleichzeitig herzogliche Residenzstadt. 1228 gründete Herzog Wartislaw III. das erste Dominikanerkloster in

Pommern, das zu den frühesten Niederlassungen der Predigermönche in Deutschland gehörte. Die Bewohner des 1273 von Brandenburgern zerstörten Fleckens bauten 1274 mit Hilfe deutscher Einwanderer eine neue Stadt auf einem Hügel westlich der Burg, der Herzog Barnim I. die lübischen Stadtrechte verlieh. Die frühere wendische Siedlung (Ratswiek) wurde wieder besiedelt. 1308 Anlage der Stadtwehr.

1321 verkauften Herzog Otto I., Barnim III. und Wartislaw IV. die Stadt an Bischof Konrad IV. C. nahm 1365 als Mitglied der Hanse am Kampf der Städte gegen die Vitalienbrüder teil, und 1417 wurde es Mitglied des Bundes ostpommerscher Städte gegen „Schinder, Räuber und Bodenstülper", desgleichen 1481. 1255 verlegten die Bischöfe ihren Sitz in das Stiftsland nach Kolberg. C. blieb weiterhin Sitz eines Domkapitels. Mit der wirtschaftlichen Entwicklung Stettins setzte der Niedergang ein. Im Süden der Stadt an der Straße nach Gollnow entstand die Neustadt. 1945 wurde C. zu 65 v. H. zerstört; die Stadtmitte um den Markt wurde völlig dem Erdboden gleichgemacht.

Zentrum der Stadt und des Bistums war der 1175 begonnene Dom St. Marien und St. Johannes der Täufer, als dreischiffige kreuzförmige Basilika mit Chor und halbrunder Apsis geplant. Teile der nördlichen Chorwand und der Apsis stammen von diesem Bau. Die 4 m hohe Granitquadermauer mit einem rundbogigen Portal an der Nordfassade des Querschiffes gehört dem 13. Jh. an. Nicht zu übersehen sind Anklänge an die staufische Architektur. Die Südwand des Querschiffes ist in reinstem romanischen Stil gehalten. In den Kleeblattblenden des Giebels sind Stuckfiguren, wohl von rheinischen Steinmetzen, angebracht. Nach einem Brand 1308 wurde das Langhaus auf altem Grundriß errichtet. Das südliche Seitenschiff mit Sterngewölben, quergestellten Satteldächern mit Ziergiebeln entstand 1388—1438. Der Turm wird 1519 erstmals erwähnt; er stürzte im Dreißigjährigen Krieg zusammen. Seine heutige Gestalt erhielt er 1934. Der einzige geschlossene Kreuzgang Pommerns wurde 1881 wiederhergestellt.

Im Dom sollen fünf Mitglieder des Herzogshauses und acht Bischöfe begraben worden sein. Der Hochaltar, ein bemalter und vergoldeter Schreinaltar (15. Jh.), zeigt die Himmelfahrt Mariens und Szenen aus dem Leben Johannes des Täufers. Nach 1945 kam er nach Stettin ins Museum.

Die wohl schönste Orgel Pommerns fertigte Michael Birgel 1669, die Malereien und Vergoldungen am Prospekt sind das Werk von Johann Schmidt aus Stargard. Gekrönt wird sie von der Figur des Erzengels Michael mit dem Flammenschwert; in der Mitte des Prospekts steht Johannes der Täufer; unter dem Werk befindet sich das Porträt von Herzog Ernst Bogislaw von Croy, der diese Orgel erbauen ließ. 1888 baute die Orgelbaufirma Grüneberg aus Stettin ein neues Werk in den alten Prospekt ein; es hat den Zweiten Weltkrieg überdauert.

1945 versuchte man in letzter Minute den Domschatz zu retten. Die Fahrzeuge mit dem Schatz, in dem sich der berühmte Cordulaschrein befand, eine Wikingerarbeit, um 1000, aus Elchschaufelplatten, die durch vergoldete Bronzebänder zusammengehalten wurden, gerieten in ein Panzergefecht und wurden zerstört. Der Schatz ging gänzlich verloren. Die außerhalb gelegene St. Nikolauskirche aus dem

Panorama von Cammin

16. Jh. überragt ein fünfeckiger Turm. Nach 1945 wurde sie wiederaufgebaut und nahm das Heimatmuseum auf.

Das am Marktplatz stehende Rathaus (Mitte 14. Jh.) mit dem Ostgiebel (15. Jh.) und dem Westgiebel, 1686—1692 im Renaissancestil erneuert, wurde nach der Kriegszerstörung in den 60er Jahren wiederaufgebaut.

Am Markt, Ecke Domstraße, blieb das Fachwerkhaus Hoefs (17. Jh.) erhalten; es beherbergt ein Hotel und das „Haus der schöpferischen Arbeit". Gotische Kapitelhäuser und das ehemalige Bischofsschloß (16. Jh.), in dem eine Bibliothek und Ausstellungssäle untergebracht sind, blieben mit dem Steintor erhalten.

1892 erhielt C. eine Eisenbahnverbindung nach Stettin und 1906 nach Treptow; diese wurde nach 1945 stillgelegt. 1842 kam das erste Dampfschiff von Stettin. 1900 Gründung der Stettin-Wollin-Kammin-Dievenower-Dampfschiffahrtsgesellschaft.

Mitte des 14. Jh. wurde C. Mitglied der Hanse und 1568 vom Sundzoll befreit. Kaufleute aus Lübeck, Rostock und Stralsund wurden zwischen 1700 und 1750 Bürger der Stadt, um diese Vorrechte auch zu genießen. 1753 ging der Handel nach der Gründung von Swinemünde sehr zurück.

Der Fischereihafen und die in 615 m Tiefe erbohrte Solequelle wurden zur wichtigsten Einnahmequelle der Stadt. Nach 1945 wurde in der Umgebung von C. Erdöl und Erdgas erbohrt. Die Industrie (Molkerei, Brauerei, Maschinenbau und Bootsbau) hatte nur örtliche Bedeutung. Nach 1945 Standort eines Marineausbildungszentrums.

Domkirche zu Cammin

Ewald Jürgen von Kleist (1700—1748), ab 1722 Dekan des Domes, später königlicher Hofgerichtspräsident, Erfinder der „Kleistschen Flasche", bekannt als „Leidener Flasche", einem Vorläufer des elektrischen Kondensators.

Adolf Asher (1800—1853), Buchhändler, Bibliograph und Shakespeareforscher. Begründer der Buchhandlung Asher & Co in Berlin und London.

Uwe Johnson (1934—1984), Schriftsteller der Gruppe 47. „Mutmaßungen über Jakob".

1939 hatte C. 6016; 1983: 8798 Bewohner.

Cammin, Bistum gehörte bei seiner Gründung mit zu den größten mittelalterlichen Bistümern im Deutschen Reich. 1140 in Wollin gegründet; wegen der ständigen Dänengefahr residierten in den 50er und 60er Jahren die Bischöfe Adalbert und Konrad I. von Salzwedel im Kloster Grobe bei Usedom. Konrad I. verlegte es 1176 in das als sicher geltende Cammin. Das Bistum umfaßte das Herzogtum Pommern und Teile der Mark außer den westlichen Teilen Vorpommerns und Rügen, die dem Bistum Schwerin bzw. Roskilde angegliedert waren, und den östlichen und südöstlichen Gebieten Hinterpommerns, die zu den Bistümern Leslau und Posen gehörten. Trotz ständiger Versuche der Erzbistümer Magdeburg und Gnesen konnte C. seit 1188 seine Stellung als exemptes Bistum bis zur Reformation halten. Papst Honorius III. behandelte die Camminer Bischöfe ab 1217 als völlig unabhängige Reichsfürsten. Um 1200 errichtete Bischof Sigwin ein zweites Domkapitel an der Marienkirche in Kolberg. Bischof Konrad III. erhielt 1240 das Land Stargard von den Pommernherzögen zugesagt; sein Nachfolger Wilhelm tauschte es 1248 gegen die östlich der Persante gelegene Hälfte des Landes Kolberg ein. Bischof Hermann von Gleichen verlegte 1255 seine Residenz nach Kolberg und siedelte die Stiftsregierung 1266 in der neugegründeten Stadt Köslin an, beließ aber das Camminer Domkapitel in C. Darüber hinaus kaufte er 1276/77 von Herzog Barnim I. das westlich der Persante gelegene Land Kolberg. Durch systematisches Ansiedeln deutscher Bauern sicherte sich der Bischof regelmäßige Einkünfte aus seinem Territorium. Die Aufteilung des Bistums in fünf Archidiakonate sicherte eine wirksame Kirchenverwaltung.

Kaiser Sigismund sprach am 26. 5. 1417 die Reichsunmittelbarkeit des Bistums aus;seit 1422 Fürstentum des Reiches. Um 1446 wurde die Diözese in acht große (Cammin, Demmin, Kolberg, Pasewalk, Pyritz, Stargard, Stolpe a. d. Peene, Usedom) und vier kleine (Arnswalde, Friedeberg, Landsberg, Zellin) Archidiakonatsbezirke gegliedert. Die Bischöfe als Reichsfürsten dienten den Pommernherzögen als erste Räte und gerieten so stark in deren Abhängigkeit, daß die Ausbildung einer Landeskirche sehr weit fortgeschritten war. Am Treptower Landtag 1534 wurde für Pommern die Reformation beschlossen und J. Bugenhagen mit ihrer Durchführung betraut. Der letzte katholische Bischof, Erasmus von Manteuffel, wehrte sich nach Kräften.

Sein Nachfolger, der verheiratete Stettiner Kanzler Bartholomäus Suawe, beeilte sich, die Reichsunmittelbarkeit aufzugeben, um so den Herzögen die territoriale Einheit ihres Herzogtums zu verschaffen. Martin Weiher, der ihm folgte, war der letzte Geistliche auf dem Bischofsstuhl. Ihm gelang es sogar, 1551 die päpstliche Ernennung zu erwirken.

Durch die neue protestantische Kirchenregelung hörte das Bistum auf, als kirchliche Verwaltungseinheit für ganz Pommern zu existieren. Von 1556 bis 1650 waren Mitglieder des Herzogshauses als Titularbischöfe im Stiftsgebiet als Territorialherren eingesetzt. Herzog Ernst Bogislaw von Croy mußte 1650 gegen eine Zahlung von 100 000 Talern auf alle seine Rechte im Bistum C. zugunsten des Großen Kurfürsten Friedrich Wilhelm von Brandenburg verzichten.

Die Hohenzollern lösten 1810 das weiterhin bestehende evangelische Domkapitel auf. Das Stiftsgebiet wurde bis 1872 als Fürstentum weitergeführt und danach in die Kreise Kolberg-Körlin, Köslin und Bublitz aufgeteilt.

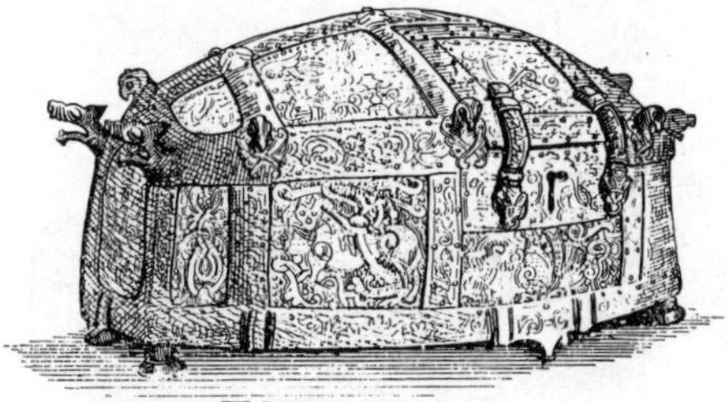

Cordulaschrein aus dem Camminer Domschatz

1972 nahm Polen den Geschichtsfaden auf und gründete die Bistümer Cammin-Stettin und Kolberg-Köslin.

Bischöfe:

Adalbert	1147—1161
Konrad I. von Salzwedel	1161—1186
Siegfried	1186—1191
Sigwin	1191—1219
Konrad II.	1219—1233
Konrad III. von Salzwedel	1233—1241
Wilhelm	1244—1251
Graf Hermann von Gleichen (1254 geweiht)	1251—1289
Jaromar von Rügen (starb vor der Weihe)	1289—1293/94
Witzlaw (nicht bestätigt)	1293/94—1296
Petrus	1296—1300 (?)
Heinrich von Wacholz	1302—1317
Konrad IV.	1317—1324
Arnold von Eltz	1324—1330
Friedrich von Eickstedt	1330—1343
Johann I. von Sachsen-Lauenburg	1343—1370
Philipp von Rehberg	1370—1385
Johannes II. Willekini (vergiftet)	1385
Johannes III. Brunonis	1385—1394
Johann IV. von Posen	1394—1398
Nikolaus von Schippenbeil	1398—1410

Schloßruine Daber

Herzog Magnus von Sachsen-Lauenburg	1410—1424
Siegfried von Bock	1424—1446
Henning Iven	1446—1469
Marinus de Fregens	1469—1482
Angelus von Sessa (trat nicht an)	1482
Benediktus von Waldstein	1485/86—1498
Martin Carith	1498—1521
Erasmus von Manteuffel	1521—1544

Landtag von Treptow 1534
Reformation — Ende des Bistums

Bartholomäus Suawe	1545—1548
Martin Weiher	1549—1556

Titularbischöfe aus dem Herzogshaus

Herzog Johann Friedrich	1557—1574
Herzog Kasimir IX.	1574—1602
Herzog Franz	1602—1618
Herzog Ulrich	1618—1622
Herzog Bogislaw XIV.	1623—1637
Herzog Ernst Bogislaw von Croy	1637—1650

Der Titel „Fürst von Cammin" ging auf den Preußischen König über.

Daber *(Dobra)*, Kr. Naugard, in einer breiten glazialen Senke zwischen Kleinem Teetz und Dabersee zu Füßen des alten Dewitzschlosses.
Im Norden, auf einer Halbinsel im 1865 abgesenkten Dabersee, lag ein Burgwall mit Pfahlbauten, im 13. Jh. zugunsten des zweiten Burgwalles zwischen den beiden Seen aufgegeben. Dort wurde die 1295 erwähnte Burg D. errichtet, in deren Schutz die Siedlung wuchs. Stadtgründungsdatum unbekannt; 1331 als Stadt zu lübischem Recht genannt. 1373 schloß Kaiser Karl IV., der mit Elisabeth, Tochter Herzog Bogislaws V. von Pommern-Stolp verheiratet war, in D. ein Landfriedensbündnis mit dem verschwägerten pommerschen Greifenhaus. 1398 wurde das Land D. der Familie von Dewitz zum Lehen gegeben, eine Verbindung, die erst 1808 endete. 1770 versuchten die Bürger vergeblich, den Dewitzschen Mahlzwang abzuschütteln. Erst nach 1853 wurden zwei Mühlengrundstücke eingemeindet. Bis 1815 wurde das Land als „D.-Naugard-Dewitzscher Kreis" bezeichnet.
Auf dem rechteckigen Marktplatz entstand um 1461 die Marienkirche (heutiger Bau Ende 16. Jh.) als spätgotischer Hallenbau; Chor und Nordkapelle mit Sterngewölben, das Langhaus mit Stichkappentonnen überwölbt. 1870 brannte der Turm ab; bald darauf in gotischer Form erneuert.
Der Altar ist ein stattlicher Renaissanceaufbau mit reicher zweigeschossiger Säulenarchitektur von 1614. Das Hauptbild zeigt eine figurenreiche Golgathaszene. Der Stifter des Altars, Jobst von Dewitz (1491—1542), herzoglich pommersch-wolgastischer Kanzler, der entscheidenden Anteil an der Reformation in Pommern hatte, liegt mit seiner Gemahlin Ottilie von Arnim († 1576) in der Kirche begraben. Auf seinem Grabstein ist er mit sechs Fingern und sechs Zehen dargestellt.
Auf dem Gelände des Rittergutes D.-Freiheit stehen die Ruinen zweier Schlösser der Familie von Dewitz. Der ältere Bau, ein Bergfried aus Findlingen, dürfte im 15. Jh. errichtet worden sein. Der neuere Bau geht auf Jobst von Dewitz (1538) zurück. In den

Kriegen im 17. Jh. zerstört, war es Anfang 18. Jh. nicht mehr bewohnbar. Beide Ruinen haben den Zweiten Weltkrieg überdauert.
1553 stiftete die Familie von Dewitz eine Schule. Eine Schulordnung wurde 1598 beim Stadtherrn zur Begutachtung eingereicht.
1896 erhielt D. einen Kleinbahnanschluß mit Labes durch die Regenwalder Bahn. Die Naugarder Bahnen bauten erst 1902—1913 eine Strecke zwischen Naugard und D.
D. blieb immer eine Ackerbürgerstadt. 1775 versuchte man, mit zwei Maulbeerplantagen eine Seidenraupenzucht zu begründen — mit geringem Erfolg. Eine Stärkefabrik verarbeitete die Kartoffeln des Umlandes, für das D. eine geringe Marktfunktion ausübte.
1939 lebten in D. 2505; 1983: 2262 Bewohner.

Daber *(Dobra Szczecińska)*, Kr. Ueckermünde, 1269 in einer Urkunde genannt, in der Herzog Barnim I. mit Bischof Hermann von Gleichen den Zehnten in der Kirche und die Einkünfte des Pfarrers festlegte.
Die mittelalterliche Granitquaderkirche (13. Jh.) wurde 1875 völlig umgestaltet und mit Staffelgiebeln und spitzbogigen Fenstern versehen. An der Westseite blieb ein altes Granitquaderportal erhalten. Der reich geschnitzte Kanzelaltar wurde 1727 von Bogislaw Ernst von Ramin der Kirche gestiftet. Eine stark beschädigte Figur der Mutter Gottes aus Lindenholz stammte von einem Altar des 16. Jh.
D. hatte 1939: 591 Einwohner.

Dahlow *(Dalewo)*, Kr. Saatzig. Seine Dorfkirche steht weithin sichtbar auf einem Hügel; mittelalterlicher Findlingsbau, 1817 durchgreifend verändert. Der Turm hat ein Untergeschoß aus Findlingen, das Obergeschoß besteht aus Holz, seine geböschten Wandungen krönt ein verschindelter zwölfeckiger Helm.
Der Altar (um 1700) wurde später zu einem Kanzelaltar umgebaut. Sein ehemaliges Mittelbild, Christus am Kreuz mit Maria und Johannes als Schnitzfiguren, ist jetzt an der Wand aufgehängt.
In D. lebten 1939: 334 Bewohner.

Damen *(Stare Dębno)*, Kr. Belgrad. In der Fachwerkkirche stand ein gotischer Flügelaltar mit geschnitzten Figuren. Das Mittelfeld zeigt Mariä Verkündigung. In den Flügeln stehen Petrus oder Paulus und Johannes mit Kelch. Den Hintergrund der Figuren bildet ein Teppichmuster in Flachrelief. Auf die Rückseiten der Flügel (etwa 1500) sind Bilder der Messe des hl. Gregor gemalt. An der Renaissancekanzel (1596) fanden ältere gedrungene Apostelfiguren neue Verwendung.
1939 wohnten in D. 522 Menschen.

Damerau *(Dąbrowa Człuchowska)*, Kr. Schlochau, ein unregelmäßiges Straßendorf mit Gut, gehört zu den ältesten des Kreises. 1323 ist in der Handfeste für Mankau ein Zeuge Dacho de Damprołka genannt, vielleicht ein bedeutender slawischer Feudalherr, der womöglich um 1343 das Dorf vom Deutschen Orden zu kulmischem Recht erhielt.
Das Gut wurde im 19. Jh. an die Königliche Hauptbank in Berlin verkauft. 1920 brach ein Streik der Gutsarbeiter aus, der nur mit Hilfe der Polizei beigelegt werden konnte. 1929 Gut und Dorf zu einer Gemeinde vereinigt.
1917 wurde das Gutshaus, ein eingeschossiger Bau mit Mittelrisalit, neu erbaut. Die Strohdachscheunen standen unter privatem (gutseigenem) Denkmalschutz.

Daber, am alten Burgwall

In D. wurden Saatkartoffeln angebaut — jährlich bis zu 250 Eisenbahnwaggons. Daneben sehr intensive Rinder- und Schafzucht.
1939 hatte D. 413 Einwohner.

Damerow *(Dąbrowa)*, Kr. Schlawe. 1507 wird in einer Urkunde des Bischofs Martin Carith die Weihe des Altars nach einer Erweiterung der St. Laurentiuskirche bestätigt.
Chor um 1400 erbaut; Turm aus Feld- und Backstein, einige Mühlsteine wurden in seiner Westwand eingemauert. Ein sechzehnseitiger schindelgedeckter Helm schließt ihn ab.
Ein dörflicher Maler fertigte den Flügelaltar um 1500. Über einer Kopie des Abendmahls von Leonardo als Predella befindet sich im Mittelfeld eine Verkündigung Mariens. In den Seitenflügeln sind Szenen aus dem Marienleben auf Holz gemalt; Hintergrund teilweise vergoldet.
D. hatte 1939: 601 Einwohner.

Damgarten, Kr. Franzburg-Barth. Am östlichen Ufer der → Recknitz, auf einem flachen Hügel am Saaler Bodden, an einer alten Übergangsstelle wurde das Dorf Dammerchore — 1225 erstmals erwähnt — 1258 durch Fürst Jaromar II. von Rügen als Grenzfestung gegen Mecklenburg mit lübischem Recht zur Stadt erhoben.

Der Grabstein derer von Damitzow

Dieser Paß, durch einen am südlichen Stadtausgang erbauten Turm mit vorgelagerter Schanze befestigt, war im Laufe der Jahrhunderte immer wieder heftig umkämpft. 1368 siegten die Mecklenburger über Pommern, und D. kam bis 1354 in ihren Besitz. 1630 besiegte Gustav Adolf die kaiserlichen Truppen, 1807 schlug Ferdinand von Schill die vereinigten französisch-mecklenburgischen Truppen.
Seit 1935 dehnte sich die Stadt nach Osten und Norden weiter aus. 1950 wurde D. mit dem am anderen Ufer der Recknitz liegenden Ribnitz vereinigt und zur Kreisstadt erhoben.
1240 mußte die ursprüngliche Holzkirche einem Backsteinbau weichen, von dem der Chor mit flacher Balkendecke erhalten blieb. Ende 15. Jh. Anbau des spätgotischen Langhauses aus Back- und Feldsteinen. Es ist niedriger als der Chor und innen mit einer hölzernen Flachtonne überwölbt. An die Stelle des alten Fachwerkturms (1723) trat 1886/87 ein Backsteinturm.
Im Chor steht der 1771 geschaffene reich geschnitzte Altar mit einer von Säulen eingerahmten vollplastischen Abendmahlsszene als Mittelbild.
Die reich mit ornamentalen Schnitzereien versehene Kanzel, an deren Korb Figuren der Evangelisten und des Apostels Paulus stehen, trägt ein Engel. Der triumphierende Christus bekrönt den Schalldeckel.
1888 wurde D. durch die Eisenbahnstrecke D.—Velgast an die Strecke Stralsund—Velgast—Ribnitz—Rostock angeschlossen. 1895 kam durch die Franzburger Bahnen Nord eine Kleinbahnverbindung über Barth nach Stralsund hinzu; 1945 demontiert. Die Landwirtschaft bildete seit jeher das wirtschaftliche Rückgrat. Seit 1582 regelmäßige Vieh- und Pferdemärkte. Von 1846 bis 1917 wurden die umliegenden Torfmoore ausgebeutet. 1852—1913 arbeitete in D. eine Glashütte. 1937 Eröffnung eines Betriebs für Flugzeugteile. Durch die

Zusammenlegung mit Ribnitz liegt das heutige Industriegebiet auf der Mecklenburger Seite.
D. hatte 1939: 3928; 1985: 17693 Einwohner.

Damitzow, Kr. Greifenhagen. 1248 verlieh Herzog Barnim I. dem Zisterzienserkloster in Walkenried in Thüringen das Dorf. Durch Besitzwechsel kam es über das Kloster Seehausen 1291 an das Zisterzienserinnenkloster in Stettin. Im Dreißigjährigen Krieg wurde D. gänzlich niedergebrannt, wohl auch das Schloß.
Die Granitquaderkirche (13./14. Jh.) wurde im 17. Jh. durchgreifend erneuert. Nur ein Granitportal an der Südseite ist erhalten. Im Westen kam ein Backsteinturm mit Barockhaube hinzu, über dessen Eingang ein Wappenrelief der Freiherren von Mellin, 1694, eingemauert ist.
Die geschnitzte Spätrenaissancekanzel mit aufgelegten Ornamenten ist beachtenswert. Auf ihrer Unterseite war mit farbigem Stift verzeichnet: „Anno 1683 den 6 May M. Jacob Eichler".
Hervorragend in Zeichnung und Gestaltung ist die Grabplatte aus Kalkstein für Bertha und Gertrud von Rehberg (1369)—die Familie gehörte im 14. Jh. zu den angesehensten in Pommern. 1370—1385 war Philipp von Rehberg Bischof in Cammin.
In D. lebten 1939: 305 Bewohner.

Damkerort *(Dąbkowice),* Kr. Schlawe, Fischerort in einzigartiger Lage auf der einsamen Nehrung zwischen Ostsee und → Buckower See mit Höfen in friesisch-niedersächsischer Bauform; in den 30er Jahren gab es außerdem noch fünf Rauchhäuser. Der Standort auf der Nehrung barg die ständige Gefahr der Überschwemmung des Weges nach D., so daß das Boot wichtigstes Verkehrsmittel wurde. In der Neujahrsnacht 1921/22 wurde der Seeabfluß, das „Tief", in einer Sturmflut auf 900 m verbreitert. 1923—1930 wurde die Lücke von 1,40 km Länge geschlossen; für Ort und See konnte die Überschwemmungsgefahr gebannt werden.

Dammscher See *(Jezioro Dąbie),* östlich Stettin in der Oderniederung, 56 qkm groß und im Mittel 3 m tief. Ihn durchfließt der östliche Oderarm, die Große Reglitz, und nimmt im Südosten die → Plöne auf. Ziel zahlreicher Wassersportler.
Mit dem Ausbau des Stettiner Hafens in den 30er Jahren wurde der D. S. an diesen angeschlossen. An seinem Westufer bis hin nach Stettin entstanden Industrieanlagen. Seit der Eingemeindung von → Altdamm 1939 liegt der See auf Stettiner Stadtgebiet.

Dargislaff, Turm der Findlingskirche

Damnitz *(Dębnica),* Kr. Schlochau. Der Deutsche Orden gründete das Angerdorf 1326. Komtur Johann von Barkenfelde verlieh 1348 „dem Klawkoni, genannt Kassube", für eine Mark Jahreszins das Privileg einer erst 1929 abgebrochenen Malzmühle. Der Komtur Ludolf Hake übergab 1352 dem ersten Freischulzen Dampnitz 62 Hufen als Dorfflur. 1433 nahm ein Hussiteneinfall das Dorf stark mit.
1789 Eröffnung einer Schule. 1800 trat Kasimir Haß sein Amt als Dorflehrer an; die Eltern weigerten sich, ihm ihre Kinder zu schicken, da er weder schreiben noch rechnen konnte. Haß versprach, „sich gehörig zu üben" und durfte bis 1806 unterrichten.
Die katholische Kreuzkirche wurde 1894 als Massivbau an den alten Holzturm, etwa 15. Jh., angebaut. Die Einrichtung stammte aus dem 19. Jh.
Als Besonderheit hatte D. vier Friedhöfe: je einen alten und neuen evangelischen und katholischen.

Die Sanduhr in der Kirche zu Dargitz

In D. lebten 1939: 544 Bewohner.

Damsdorf *(Niezabyszewo),* Kr. Bütow, weiträumig angelegtes Platzdorf, Fundort mehrerer bronzezeitlicher Steinkistengräber mit Mützenurnen, darunter eine mit drei Henkeln.

1393 verlieh der Pfleger von Bütow, Syvert Groß, seinem getreuen Diener Hermann das Erbschulzenamt in „Damesdorf" mit der Auflage, ein Dorf nach kulmischem Recht zu besetzen. 1409 verehrte Hochmeister Ulrich von Jungingen bei seinem Besuch in Bütow dem D.er Schulzen zwei Mark für einen Kelch für die Kirche.

Die Bärwinkelmühle wird 1438 erstmals erwähnt. 1640 wird eine Amtsziegelei genannt. Ein Amtsvorwerk D. entstand aus fünf wüsten Bauernhöfen, 1780 war es aber bereits in fünf Kolonistenstellen aufgeteilt.

1393 wird die Pfarre mit der St. Nikolauskirche erwähnt. Der Maurermeister Fiebelkorn ersetzte 1855—1858 die katholische Fachwerkkirche von 1686 mit Schurzholzchor durch einen Neubau aus Findlingen; 1933 erweitert, ein Turm kam hinzu. Hauptaltar und zwei Nebenaltäre sind aus zeitlich verschiedenen Teilen zusammengesetzt und weiß, gold und grau bemalt (um 1770).

1939 hatte D. 854 Einwohner.

Damshagen *(Domasławice),* Kr. Schlawe. Die Dorfkirche ist ein kleiner Bau, der in seiner ersten Anlage auf das 13. Jh. hindeutet.

Sie hat einen halbkreisförmigen Chorschluß. Später wurden das Mauerwerk kräftig verändert, die Fenster vergrößert und Strebepfeiler angebaut. Der um 1700 entstandene Altar ist mit der Kanzel verbunden, an deren Seiten geschnitzte Engelsfiguren stehen. Eine Inschrift berichtet: „Dieser Alter und Kantzel hat der königl. Förster Herr Maschke allhier Ao 1779 zu Gottes Ehren anmalen lassen, auch das Altar mit neuen Leuchter, Licht und Decke geziert."

D. hatte 1939: 567 Bewohner.

Dargislaff *(Dargosław),* Kr. Greifenberg. 1269 wurde dem Kloster → Belbuck der Besitz des Dorfes „Dargozlaw" bestätigt. Christian Otto war dort 1327 Pfarrer.

Der ziemlich rohe Findlingsbau der Kirche wurde viel später verputzt. Den Ostgiebel gliedern Fialtürmchen und einteilige Blenden, den Westgiebel Renaissanceelemente, wie geputzte Gesimse. Eine niedrige geschindelte Barockhaube überragt den Dachturm. Der Barockaltar mit seinen spiralig gewundenen Säulen zeigt im Mittelbild Jesus am Ölberg. Einige Kalksteingrabplatten der Familie von

Steindenkmäler am Friedhof zu Dargitz

Wachholtz waren in der Kirche aufgestellt.
In D. lebten 1939: 551 Bewohner.

Dargitz, Kr. Ueckermünde, 1962 nach Schönwalde eingemeindet.
Die Dorfkirche ist ein gut erhaltener Granitquaderbau mit 21 Schichten aus dem 13. Jh. Der Ostgiebel besteht ebenfalls aus sorgfältig zugehauenen und ausgeglichenen Quadern. Der Dachreiter mit einem steilen, achteckigen, unten geschweiften Helm wurde Ende des 17. Jh. aufgesetzt.
Der Altar ist ein einfacher barocker Säulenaufbau mit einem im Hauptfeld gemalten Kruzifix, dessen danebenstehende Personen in Holz geschnitzt sind. Die Spätrenaissancekanzel, 1698 gefertigt, ist mit den Bildern der Evangelisten versehen.
Im Schiff wurden 1913 spätgotische Wandmalereien entdeckt und restauriert. An der Nordwand sind das Jüngste Gericht und mehrere Apostel, an der Südwand die Kreuzigung, die Anbetung des Jesuskindes und vier weibliche Heilige, an der Ostwand zwei Engel mit Hostie sowie der hl. Christophorus gemalt.
D. hatte 1939: 305 Bewohner.

Fischreiher auf dem Darß

Darßlandschaft bei Ahrenshoop

Darß—Zingst—Bock. Vor der vorpommerschen und ostmecklenburgischen Küste liegt eine Halbinselgirlande, die der Saaler, Bodstedter und Barther Bodden und die Bucht von Grabow, eine rasch verlandende Wasserfläche von 200 qkm, vom Festland trennt. Einzelne pleistozäne Inselkerne (Moränenreste) sind durch nacheiszeitliche Meeresanlandungen miteinander zur heutigen Form verbunden. Die Verbindung mit dem Festland wird im Fischland und seinem südlichen Vorland hergestellt. Der pleistozäne Kern, der bei Ahrenshoop endet, erreicht eine Höhe von 18 m über NN. Daran schließen sich die Boddenwiesen mit Dünen des Vordarß an. Nach Norden folgt der Darß, der in den pleistozänen heidesandreichen Altdarß und den holozänen, aus Dünenfächern aufgebauten Neudarß geteilt wird. Östlich daran folgt, getrennt durch den 1874 künstlich geschlossenen Prerowstrom, der aus Grundmoränen bestehende Zingst. Sie sind durch Strandwälle und Dünen verbunden und von Flugsand überdeckt. Der Bock, Großer und Kleiner Werder, ähnelt dem Zingst und wird seit 1906 durch künstliche Aufspülung erhöht.

Darß. Der Altdarß ist eine etwa 6 m hoch gelegene waldbedeckte Fläche, in deren Untergrund größere Ortsteinschichten liegen. Er endet mit einem alten Kliff nach Nordosten. Die sich anschließenden Dünenfächer sind in den letzten 900 Jahren durch Nordostwinde und Küstenströmungen angelandet worden. Zwischen den Dünenwällen (Reffen) lie-

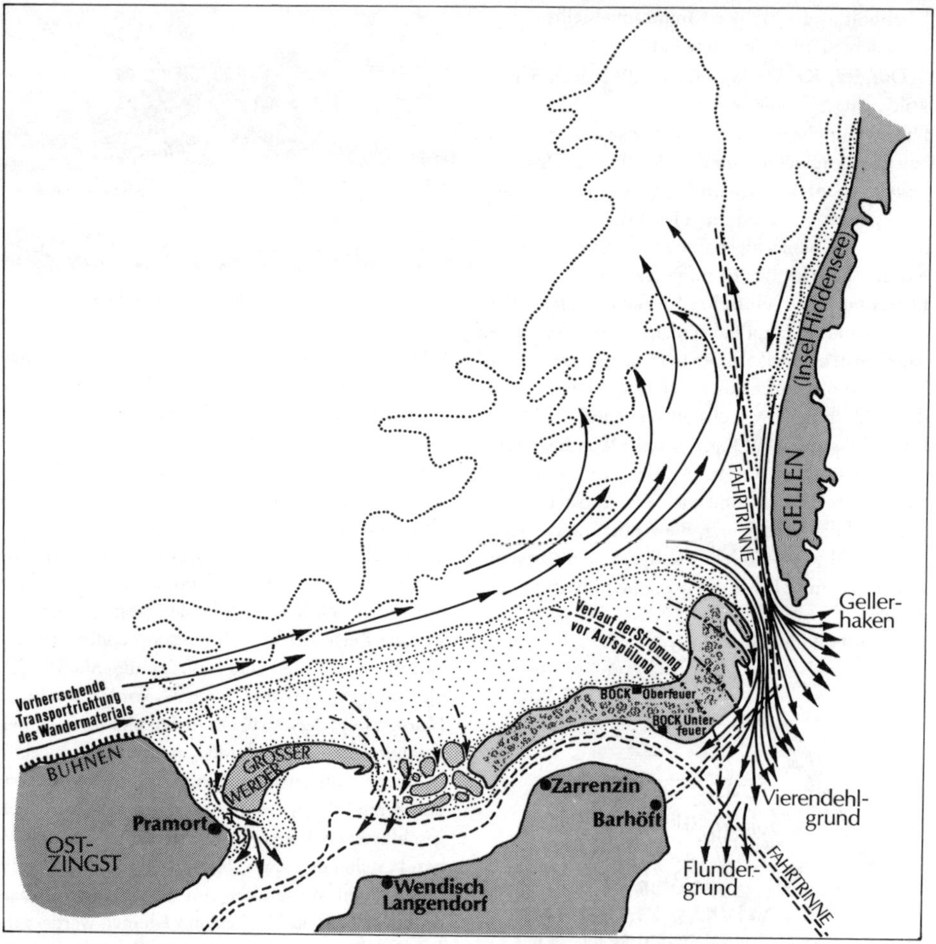

Sandwanderungen am Bock

gen die vermoorten, oft überschwemmten „Riegen". Die westliche Küste wird ständig abgetragen (etwa 0,60 m/Jahr), während nördlich des Leuchtturmes am Darßer Ort seit Ende 17. Jh. eine Ansandung von 9,30 m pro Jahr erfolgt.

Zingst. Hinter einem durch Deiche am Prerowstrom verstärkten Dünenstreifen, dehnt sich ein weites Wiesen- und Bruchgelände etwa 1—2 m über NN aus. Derzeitige Sandanlandungen erfolgen an der Pramorter Rinne im Osten. Die Küste zu den Bodden ist sehr seicht und stark verschilft.

Bock. Eine wattähnliche Sandplatte von etwa 16

qkm, die schon bei Mittelwasser zum Teil trockenfällt und vom Großen und Kleinen Werder überragt wird. Nach Aufspülungsversuchen zu Beginn unseres Jahrhunderts wird seit 1934 systematisch Sand aus dem Gellenstrom vor → Hiddensee aufgespült. Seit 1937 wurde dieses Gebiet am Ost- und Südostende aufgeforstet. Diese Befestigung des Bock führt zu einer Veränderung der Küstenströmung, die jetzt das Gellenfahrwasser freihält; somit kann im → Strelasund die erforderliche Fahrwassertiefe für die Schiffahrt gehalten werden.

In einer Auseinandersetzung zwischen dem Fürstentum Rügen und Dänemark werden D. und Z. in der zweiten Hälfte 12. Jh. genannt. Die ersten Nachrichten über die Bauern- und Fischerdörfer Wieck, → Born, Bliesenrade (wüst), → Prerow stammen aus dem 16. Jh. Bis ins 19. Jh. gab es in diesen Orten Reedereien.

Zingst kam 1292 in den Besitz des Klosters → Neuenkamp. Bald waren der vorhandene Wald gerodet

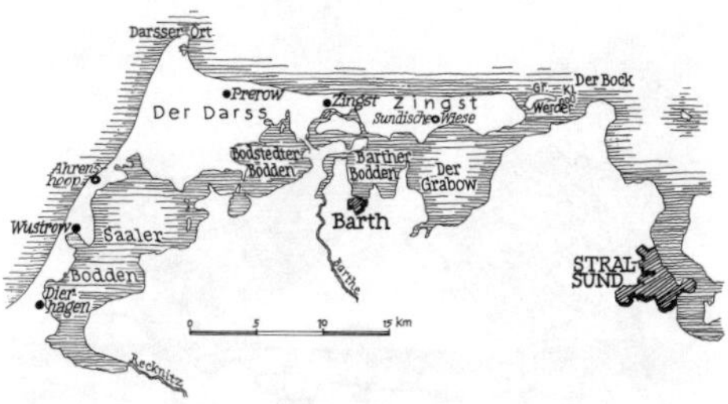

Darß-Zingst

und das Land an Bauern verteilt. Bis 1441 lag die Verwaltung dieses Gebietes beim Kloster Hiddensee, danach wurde es an den pommerschen Herzog verkauft. 1625 riß eine Sturmflut den Prerowstrom auf; er konnte erst im vorigen Jahrhundert geschlossen werden.

Die natürliche Vegetation dieser Halbinsel bietet einige Besonderheiten. Die Wälder auf D. und die noch vorhandenen auf Z. bestehen aus Kiefern, Ei-

1./2. Vor bzw. kurz nach Litorinatransgression. An die Landkerne legen sich Dünenhaken an. 3./4. Inselkerne geradlinig abgeschnitten. Haken wachsen nach Osten. Wustrower und Altdarß-Inselkern verbunden. 5./6. Formen um 1650 und heute.

(Nach Th. Otto K. v. Bülow)

Landbildung im Gebiet Darß-Zingst

Dorfbild Deep

ben, Eichen, Lärchen und Buchen. Ilex und Wacholder stehen als Strauchschicht darunter. Als Bodenpflanzen gibt es Königsfarne, Orchideen, Bärlappgewächse. Diese Wälder, von See- und Fischadlern als Standort gewählt, stehen daher unter Landschafts- und Naturschutz.

Auf der Halbinsel wird neben der Fischerei auch Landwirtschaft betrieben. Der Westen des Z. wird als Weidegebiet für „Pensions"-Vieh vom Festland genutzt. Haupterwerbszweig seit etwa 1880 ist der Fremdenverkehr. Früher waren die Dörfer mit Ausnahme der Künstlerkolonie → Ahrenshoop Familienbadeorte. Nach → Prerow kamen 1963: 49 486, nach → Zingst 35 992 Urlauber.

1776 gab es auf einem wüsten Bauernhof auf D. eine „Segeltuch-Fabrique und Bleiche", die der Landjäger Niemann gegründet hatte.

Deep *(Mrzeżyno)*, Kr. Greifenberg, auf Dünenhöhen zu beiden Seiten der heutigen Regamündung, vom Inland durch sumpfige Niederung getrennt. Diese Flußmündung ist erst nach 1457 geschaffen worden, als die Kolberger die alte, weiter östlich gelegene Mündung mit dem Hafen Regamünde, 1287 erstmals genannt, zuschütteten und 1497 eine gewaltige Sturmflut den Hafen heimsuchte. Die Bewohner siedelten an dem von Treptow geschaffenen Durchstich und nannten den Ort D. (um 1500), in dem bis ins 20. Jh. Niedersachsenhäuser standen. Fischerei und Seefahrt (1938 gab es noch 17 Küstenfahrzeuge und 17 Fischer) bildeten die wirtschaftliche Grundlage.

Seit Sommer 1924 kam zwölf Jahre hintereinander *Lionel Feininger* als Urlauber nach D. und schuf zahlreiche Bilder in dieser Landschaft.

Unser Jahrhundert brachte nach D. den Tourismus, und in den 30er Jahren wurde auf der Westseite der → Rega der Flack Schießplatz angelegt. Der Westteil des Dorfes, durch eine feste Brücke mit Ost-D. verbunden, ist heute militärisches Sperrgebiet.

Das Stranddorf hatte 1939: 1566 Einwohner.

Degendorf *(Charbrowo)*, Kr. Lauenburg, bis 1928 Charbrow genannt; kirchlicher Mittelpunkt der Lebakaschuben. 1897 wurde im Moor ein Plankenschiff aus Eichenholz mit Wacholdernägeln gefunden. Sein Kiel war 10 m lang, es hatte elf Spanten. Fälschlicherweise wurde es als Wikingerboot angesehen und in Stettin rekonstruiert. Von gefundenen Tonscherben wissen wir jedoch, daß es sich um ein einheimisches Küstenfahrzeug aus der Wendenzeit (700 vor—1200 n. Chr.) handelt.

1286 verlieh Herzog Mestwin II. von Pomerellen das Dorf dem Domkapitel der Bischöfe von Kujawien in Leslau. Bischof Wolski verkaufte es 1564 mit → Osseken und Labenz an Ernst von Weiher, 1601—1660 gehörte es den von Krockow, die D. an Lorenz Christoph von Somnitz, den bedeutendsten Ratgeber des Großen Kurfürsten, verkauften. Dieser erbaute sich bald danach das zweigeschossige Gutshaus mit zwei rechtwinklig dazu stehenden

Dorfkirche von 1669 in Degendorf

Flügeln, zwischen denen sich ein Rundturm mit welscher Haube erhob.
Die Dorfkirche auf einem Hügel wurde 1669 an einen spätgotischen Back- und Feldsteinchor angebaut. Den niedrigen verschindelten Turm, zur Hälfte ins Langhaus einbezogen, übersteigt ein niedriger, achteckiger Helm. Die einheitliche Inneneinrichtung stammt aus der Zeit um 1737. Der Altar ist in naiven Barockformen geschnitzt und farbig bemalt. Sein Mittelfeld zeigt die Kreuzigung mit Schnitzfiguren vor einem farbig bemalten Hintergrund.
In D. lebten 1939: 580 Bewohner.

Demmin, Kreisstadt auf einer Moränenplatte, 10 m über NN, über den Flüssen Trebel, → Tollense und der schiffbaren → Peene.
D. war bereits ein frühgeschichtlicher Burgort. Um 1070 berichtete der Geschichtsschreiber Adam von Bremen von einer „sehr großen Stadt", und 1128 trafen Herzog Wartislaw I. und Bischof Otto von Bamberg in der „stolzen und vornehmen Feste Dimin" zusammen, die südlich der Stadt lag, mit ihr durch einen Damm verbunden. Erster Propst Robert und Capellanus Andreas wirkten hier schon 1215. 1235 kamen die ersten deutschen Siedler, vorwiegend Westfalen.
Um 1249 wurde die Stadt neben der Burg mit lübischem Recht gegründet. Bis 1264 war die Burg D.

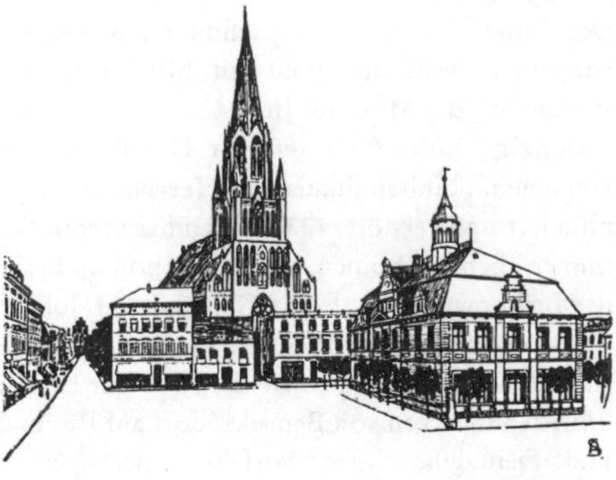

Demmin, Markt mit Rathaus und Kirche

Ehemaliges Kahldensches Tor in Demmin

Sitz eines Zweiges des Pommerschen Herzoghauses. D. trat 1358 der Hanse bei und verblieb bei ihr bis 1607. Wiederholt haben Stadtbrände die Stadt zerstört (besonders 1495). Um sich besser zu schützen, wurde 1568—1637 eine Wasserleitung gebaut. 1676 eroberte der Große Kurfürst die Stadt, die bis auf 30 Häuser völlig abbrannte. 1712/13 hatte Zar Peter der Große sein Hoflager in D. Nach der preußischen Besetzung 1759 wurden die Wälle abgetragen und die Gräben aufgefüllt. Vor den alten Toren entstanden Vorstädte. 1945 wurde die Altstadt fast völlig zerstört, die Pfarrkirche und ein Stadttor blieben erhalten. Beim Wiederaufbau wich man vom mittelalterlichen Stadtgrundriß stark ab.
Zentrum der Stadt ist die dreischiffige Hallenkirche St. Bartholomäus mit ihrem 90 m hohen Turm (14. Jh.). Beim großen Stadtbrand 1676 blieben nur die Außenmauern stehen. 1684—1706 wurde sie wieder aufgebaut und 1734 neu eingewölbt. 1856/57 wurden Turmoberteil und Ostgiebel neu erbaut. An der Südseite steht noch die polygonal geschlossene Taufkapelle („Kirchenköst") von 1422, eine Stiftung des Bürgermeisters Berlin. Von der ursprünglichen Ausstattung ist kaum etwas erhalten. Ein Kruzifix, die Figur des Christophorus und Gestühls-

wangenreste sind Leihgaben.
Von der Stadtbefestigung blieben ein runder Mauerturm und das Luisentor (15. Jh.) erhalten, in dem die Jugendherberge eingerichtet ist. Eine Gruppe von Fachwerkhäusern des 18. Jh. am Kirchhof hat 1945 überstanden. Im Hafen steht ein Fachwerkspeicher (sogenannter „Lübecker" Speicher) aus dem frühen 19. Jh.
Südlich der Stadt befindet sich noch die Ruine einer Burganlage (12. Jh.), die Mitte 17. Jh. gesprengt worden war. Auf ihrem Gelände entstand um 1850 das zweigeschossige klassizistische Gutshaus „Haus D.".
Auf 1301 geht eine Schule im Patronat der Stadt zurück. 1602 ist sogar eine Mädchenschule bezeugt. Seit 1918 hat D. ein Kreismuseum.
Bis ins 20. Jh. war die Peene ein wichtiger Verkehrsweg. 1878 Eröffnung der Eisenbahnstrecke Neubrandenburg—D.—Stralsund.
D. ist wirtschaftlicher Mittelpunkt eines Agrargebietes mit Verwaltung, Sammelpunkt landwirtschaftlicher Produkte, Nahrungsmittelindustrie (Zuckerfabrik, Brauerei, Konservenfabrik), Metallverarbeitung und Reparaturwerkstätten; daneben ist D. Marktzentrum des Umlandes.
Heinrich Karl Schimmelmann (1724—1782), Finanzgenie, mit 20 Jahren Heereslieferant Friedrichs des Großen. 1761 ging er nach Dänemark, um die Staatsfinanzen zu sanieren.

Alles trinkt Demminer Bock!

Schloß in Deutsch Filehne

Adolf Pompe (1831—1889), Superintendent, Dichter des Pommernliedes.
Roderich Schmidt (* 1925), Historiker, Vorsitzender der Historischen Kommission für Pommern, Direktor des Johann-Gottfried-Herder-Instituts in Marburg.
D. hatte 1939: 15344; 1985: 17129 Bewohner.

Dennin, Kr. Anklam, ist 1962 der Gemeinde Wegezin zugeschlagen worden.
Die Dorfkirche ist ein schlichter spätgotischer Backsteinbau mit Strebepfeilern auf einem Sockel mit glasierten Backsteinen. Im Westen ragt ein freistehender Holzturm mit geböschten Wandungen auf, den ein achteckiger, überkragender, verschindelter Helm krönt.
Der Kanzelaltar mit reich geschnitzten Rokokoornamenten, weiß und gold auf blauem Grund, stammt aus der Mitte 18. Jh.

Denzig *(Dębsko Pomorskie),* Kr. Dramburg, 1326 von einem polnisch-litauischen Heerhaufen ausgeplündert und zerstört. 1337 bestand es vermutlich immer noch aus Ruinen, war aber schon im Besitz der Bruthow (identisch mit Güntersberg). Johann von Küstrin bestätigte 1507 den von Wedell den Besitz des Dorfes. 1658 gehörte das Rittergut D. dem Obristen Georgen von Beneckendorf auf Patznich und Dentzigh, einem Vorfahren des späteren Reichspräsidenten von Hindenburg.

Deutsch Karstnitzer Schloß

Die Dorfkirche wurde 1577 als rechteckiger Fachwerkbau errichtet. Wegen Baufälligkeit mußte 1868 die Westseite, 1923 die Ostseite durch massive Außenmauern erneuert werden. Die Kanzel, in Knorpelwerk der zweiten Hälfte 17. Jh., wurde hinter dem Altartisch aufgestellt. Von einem spätgotischen Altar (1500) waren noch die 1,05 m hohe Madonna mit Jesuskind und ein 1,18 m hoher Bischof (St. Nikolaus), hervorragend geschnitzt und neu gefaßt, erhalten.
Nachdem 1896 der Bahnhof gebaut worden war, entstand die Kieswaschanlage Kallies.
In D. lebten 1939: 433 Einwohner.

Deutsch Filehne *(Wieleń północny),* Netzekreis, Dorf am Nordufer der → Netze, entstand erst 1920, als um 9.00 Uhr der polnische Brückenteil der Netzebrücke hochgezogen wurde und die historische Verbindung mit F. unterbrach. Zunächst bestand der Ort aus einigen Gehöften in Brückennähe, der Strommeisterei, dem Schlachthaus, dem Bahnhof F.-Nord und dem Gutsbezirk Corda/Schloß Filehne (Wieleń-Zamek). Entlang der Straße nach → Groß Drensen wurde eine geschlossene Siedlung erbaut, so daß sie 1927 zur neuen selbständigen Gemeinde Deutsch Filehne wurde.
Das Schloß, imposante Barockanlage mit reicher Pilasterarchitektur, reichte bis 1108 zurück. J. C. Sapieha erbaute 1711 das Schloß neben dem zerfallenen alten von 1470. 1945 wurde es mit seinen Kunstschätzen von Polen abgebrannt; seit 1985 Wiederaufbau.
Seit dem Bau der Preußischen Ostbahn 1851 hatte das Dorf den Bahnhof F.-Nord.
D. F. hatte 1939: 722 Bewohner.

Deutsch Fuhlbeck *(Wielboki),* Kr. Dramburg, nach dem Siebenjährigen Krieg auf dem Gelände des Amtes Sabin als Straßendorf angelegt. In seiner Mitte wurde 1763—1771 die Fachwerkkirche mit einem Turm errichtet, dessen achteckige Haube mit Schindeln gedeckt ist.
Der Kanzelaltar hatte die Kanzelbrüstung in einer Wand, auf die der gekreuzigte Christus und die Evangelisten, Anfang 19. Jh., gemalt waren. Auf der Rückseite war in einer Bauinschrift der Maler „Jean Frédéric de la Roi peintre à Arnswalde" genannt. Auf dem Sockel der Wand standen 13 Heiligenfiguren von einem Schnitzaltar um 1600. Vor dem Altar schwebte ein bemalter Taufengel in Lebensgröße aus der Bauzeit.
1939 lebten in D. F. 193 Einwohner.

Deutsch Karstnitz *(Karzniczka),* Kr. Stolp. 1686 kaufte Georg Lorenz von Puttkamer das Gut D. K. und Benzin von Daniel Dietrich von Hebron, Mitglied des schottischen Adelsgeschlechts der Hepburn. Das Gut blieb bis 1945 im Besitz der Familie von Puttkamer. In einem Wald- und Wiesengelände wurde das mehrflüglige Wasserschloß auf einer In-

Deutsch Krone, Blick über den See

Deutsch Krone, Kirche über dem Schloßsee

sel im Karstnitzbach erbaut, das Hauptgebäude im 18. Jh., der zweigeschossige Flügel 1828. Das Schloß blieb 1945 erhalten und wurde Verwaltungszentrum für etwa 20 polnische Staatsgüter.

Deutsch Krone *(Wałcz)* liegt auf einem flachen Höhenrücken zwischen dem langgestreckten Stadt- bzw. Großen Radunsee und dem Schloßsee 120 m über NN. Auf einer Halbinsel im Schloßsee muß das slawische Fischerdorf Walcz gelegen haben, später standen an gleicher Stelle Burg und Starostengut. Die Witwe des Grafen Petreko de Lank schenkte 1248 das Dorf „Cron" dem Templerorden. In Liebenwalde stellten die askanischen Markgrafen Otto, Konrad, Johann und Waldemar von Brandenburg in ihrem 1297 erworbenen Gebiet die Gründungsurkunde (1303) der Stadt aus, deren Name einmal „die Teutzsche Krone", „Chrone" oder „Arn(e)skrone" war; erst seit dem 17. Jh. bürgerte sich der Name D. K. ein. Die Ritter Ulrich Schöning und Rudolph Liebenthal wurden beauftragt, die neue Stadt neben dem Dorf Walcz anzulegen, jedoch verkauften sie das ganze Gebiet an die Familie Liebenow. 1368—1772 war das D. K.er Land im Besitz der polnischen Könige. Der Deutsche Orden versuchte 1407, Burg und Stadt zu erobern; die Burg konnte sich halten, die Stadt ging in Flammen auf. 1460 gelang es dem Feldobersten von Nostitz, die Stadt zu überfallen und den Starosten Hans von Wedell zu vertreiben. 1535 übernahmen die Protestanten die katholische Kirche. 1602 wurde eine katholische Pfarrei mit dem Pfarrer Librarius neu gegründet. Die 1590 angelegte Vorstadt (Neustadt) auf dem anderen Ufer des Mühlenfließ wurde 1612 selbständige Gemeinde. Viele Schotten kamen nach D. K. 1617 wurde der schottische Tuchmacher Walson in das Gewerk aufgenommen. Im gleichen Jahr wurde Frau Krewczykowa als Hexe zum Feuertod verurteilt.

Mit Unterstützung des Starosten kamen 1618 Jesuiten in die Stadt und siedelten sich auf dem Mönchsberg an, wo sie 1665 eine Schule, das „Athenäum", gründeten, weithin berühmt und häufig von Söhnen des protestantischen Adels besucht. 1773 wurde das Jesuitenkolleg geschlossen. Die Neustadt dehnte sich 1881 zum Hauptbahnhof hin aus. 1945 wurde D. K. zu 45 v. H. zerstört.

Das älteste Gebäude der Stadt war bis 1938 die 1791 erbaute Synagoge, die erforderlich war, obwohl Friedrich der Große viele Juden aus der Stadt verbannt hatte. Die katholische und evangelische Kirche wurden 1865 bzw. 1904 erbaut.

D. K. lag an der alten Poststraße von Berlin nach Königsberg. Mit dem Bau der Eisenbahn wurde es Verkehrsknotenpunkt. 1881 Eröffnung der Strecke Schneidemühl—D. K.; 1888 bis Kallies verlängert und 1895 über Arnswalde nach Stargard ausgebaut. 1914 wurde D. K. über Wengerz mit Jastrow und

Rathaus in Deutsch Krone

Flatow verbunden; diese Strecke 1945 demontiert. Kleinbahnen führten 1897 nach Kreuz und 1900 nach Virchow.
Durch die günstigen Eisenbahnverbindungen und die Lage in einem fruchtbaren Gebiet hatte sich ein reger Handel mit landwirtschaftlichen Produkten und Gerätschaften entwickelt. D. K. hatte eine Eisengießerei, eine Maschinenfabrik, Sägewerke, Brennereien. In den letzten Jahrzehnten vor dem Zweiten Weltkrieg begann sich der Fremdenverkehr zu entfalten.
Ewald von Kleist war 1723—1729 Schüler im Jesuitenkolleg.
Hermann Löns (1866—1914) lebte von 1868—1883 in D. K.
D. K. hatte 1939: 13359; 1983: 24590 Einwohner.

Deutsch Puddiger *(Podgórki)*, Kr. Schlawe, besaß eine schmucklose Feld- und Backsteinkirche, der 1690—1705 ein Turm angebaut worden ist. Das sehr einfach ausgestattete Innere überdeckt eine Holzdecke mit sichtbaren Balken.
Kurt Schwertfeger (1897—1966), Bildhauer, Bauhausschüler, 1925—1937 Leiter der Bildhauerklasse an der Kunstgewerbeschule Stettin, 1946 Professor an der Pädagogischen Hochschule in Alfeld/Leine.
In D. P. lebten 1939: 252 Einwohner.

Deyelsdorf, Kr. Grimmen, lag im alten Kirchspiel Dorow, das 1498 unter die beiden Familien von Bugenhagen und von Behr aufgeteilt wurde. Die in

Küste bei Dievenow

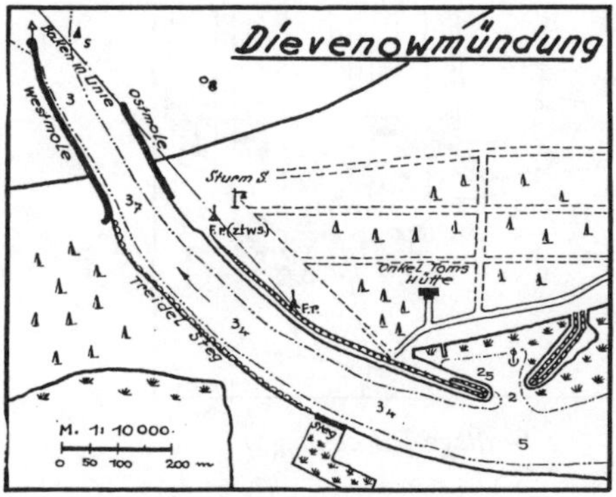

Mündung der Dievenow

D. ansässigen von Behr ließen 1583 die Kirche von Bassendorf abbrechen und statt dessen um 1600 eine neue Pfarrkirche an ihrem Sitz errichten, die 1606 Caspar von Behr vollendete. Die Kirche nahm Bauformen der Stettiner Schloßkirche auf: Putzbau mit Eckquaderung. 1872 baute sie der Wismarer Architekt Thormann einschließlich des östlichen Renaissancegiebels „stilgemäß" um.
Die Inneneinrichtung ist ein Werk des 19. Jh. Eine Kopie des 1820 geschaffenen segnenden Christus von Bertel Thorvaldsen steht über dem Altar. Den alten, aus der Dorower Kirche stammenden Behrschen Flügelaltar verkauften die D.er um 1870 an den Grafen Behr in Semlow, um mit dem Erlos den Kirchturm bauen zu können.
1939 hatte D. 712 Bewohner.

Dieck *(Dziki)*, Kr. Neustettin, vor 1560 angelegtes Dorf am reizvollen Remerowsee. Der Gründer soll Schulte geheißen haben und aus Hammerstein gekommen sein. 1590 wohnten in D. 14 Bauern mit je zwei Hufen und acht Kossäten. Bis 1945 gab es die typischen Torfahrtscheunen.
Auf einer kleinen, von alten Linden umgebenen Anhöhe steht die Fachwerkkirche (18. Jh.) mit einem quadratischen, verschindelten Dachreiter.
Die Inneneinrichtung aus erster Hälfte 17. Jh. ist vom Vorgängerbau übernommen. Der Altaraufsatz

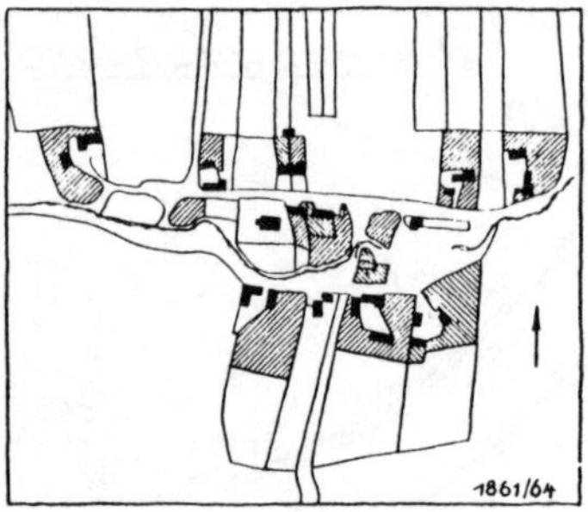

Dorflage Dischenhagen

mit dem Abendmahl als Mittelbild war an eine Wand gestellt. 1938 war noch die älteste Kirchenglocke von 1575 vorhanden.
Johannes Lippert (1910—1985), langjähriger evangelischer Lagerpfarrer in Friedland bei Göttingen. Sein Vater war Lehrer in D.
D. hatte 1939: 204 Einwohner.

Dievenow *(Dziwnów)*, Kr. Cammin, Fischerhafen, See-, Sol- und Moorbad auf der schmalen Nehrung zwischen Ostsee und → Dievenow.
Der Ort ist aus mehreren Teilen zusammengewachsen, deren ältester, Ost-D., nach 1701 von dem jenseits der Dievenow gelegenen West-D. angelegt worden war. 1921 war es Stadtteil von Cammin, 1921—1925 selbständige Gemeinde. Berg-D. bestand um 1780 aus vier Fischerhütten, die zu Klein-D., dem nachmaligen Wald-D., gehörten. Seit 1828 entwickelte es sich zum Badeort; um die Jahrhundertwende wurde es Sol- und Moorbad, da in 250 m Tiefe eine stark jod-, brom- und lithiumhaltige Quelle erbohrt worden war. 1925 wurde es nach Ost-D. eingemeindet. Der Fremdenverkehr stieg auf 238637 Übernachtungen im Jahre 1938.
Zwischen Berg- und Ost-D. liegt auf einer Anhöhe die kreuzförmige Backsteinkirche von 1898.
1939 lebten in D. 1587; 1975: 3700 Einwohner. 1983 Mittelpunkt einer Großgemeinde *(Gmina)* auf 37,9 qkm Fläche mit 4101 Einwohnern.

Dievenow *(Dziwna)*, östlichster, 36,5 km langer Mündungsarm der Oder, der die Insel → Wollin vom Festland trennt; fließt südlich Wollin nach Norden, bildet bei Cammin einen See, den Camminer Bodden, an dessen Südseite die Insel → Gristow liegt, und mündet zwischen den Dörfern West- und Ost-Dievenow stark versandet in die Ostsee. Mit großen Anstrengungen wurde sie auf einer Tiefe von 3 m gehalten, um eine bescheidene Schiffahrt zu ermöglichen. 1898 begann man mit dem Bau der künstlichen Mündung; 1900 fertiggestellt.

Dischenhagen *(Dzisna)*, Kr. Cammin. 1311 wurde erstmalig der Knappe „Wozeke de Diseko“ als Zeuge genannt. D. war ein altes Lehen der von Köller, deren möglicher Stammsitz auf einer Anhöhe im Bruch lag; 1170 von Waldemar I. von Dänemark verwüstet.
Die auf dem einstigen Friedhof stehende Fachwerkkirche ist um 1600 erbaut worden. Ihre Westwand besteht aus roh verputztem Findlingsmauerwerk. Die kleinen Rechteckfenster sind unregelmäßig angeordnet. Auf dem Turm stand eine Wetterfahne von 1698. Nach 1900 wurde er abgebrochen und durch einen Glockenstuhl ersetzt.
Die Besonderheit des flachgedeckten Innenraumes sind die bemalten Dachschrägen zwischen Decke und Längswänden; 1937 teilweise wiederhergestellt. 1673 hatte der Maler Michael Wurm aus Gollnow in naiver, schlichter Weise die alttestamentarische Schöpfungsgeschichte an der einen Wand und an der anderen Geburt und Leiden Christi gemalt. Später wurden die Temperabilder mit Öl und Firnis überstrichen, so daß sie gut erhalten blieben. Den Altaraufsatz stifteten 1682 Jacob von Köller und sei-

Goldsolidus Theodosius II. aus Divitz

ne Frau. Im Hauptbild zeigt er die Kreuzabnahme Christi. An der Westempore hat Michael Wurm 1673 die zwölf Apostel gemalt.
In die kleinen Fenster waren Kabinettscheiben mit Bildern eines Segelschiffs, einer Frauengestalt und einer Blume eingesetzt, die „Jochen Ronne, 1591 glaser to golno", gemalt hatte.
1939 gab es in D. 540 Einwohner.

Divitz, Kr. Franzburg-Barth. Am Tal der Barthe, die die Grenze zu Mecklenburg bildete, lag eine Reihe von Burgen; D. ist erhalten geblieben. Bis ins 14. Jh. gehörte sie den gleichnamigen Herren, deren Geschlecht um 1370 erloschen zu sein scheint. Die von Vitze und von Krakewitz folgten ihnen. Danach fiel es als erledigtes Lehen an die pommerschen Herzöge zurück.
Das malerische Gutshaus umgibt ein breiter Graben. Der älteste Teil ist der im Kern möglicherweise mittelalterliche Nordflügel, den wahrscheinlich Ritter Cord von Krakewitz (1496—1542) zu Beginn des 16. Jh. mit zwei Renaissancegiebeln erbauen ließ. Im 18. Jh. wurde der barocke Ostflügel angebaut, über dessen zwei Portalen rundbogige Wappenreliefs von 1729 und 1743 angebracht sind. Nach 1945 wurde das Gutshaus in Wohnungen umgewandelt.
Das Gutsdorf hatte 1939: 664 Einwohner.

Dobberphul, Kanzelaltar von 1742

Altar in Dorphagen

Dobberphul *(Dobropole),* Kr. Cammin. 1315 erstmals erwähnt. 1469 besaß Paul Zastrow zu Stregow einen Anteil an D., und 1509 war Dietrich Köller erbgesessen. 1827 vereinigte Maximilian Friedrich von Köller beide Anteile. 1939 wurde das Gut in eine Familienstiftung umgewandelt.
Das Gutshaus errichtete Ernst Matthias von Köller als zweigeschossigen Fachwerkbau in der zweiten Hälfte 18. Jh. An den Mittelbau wurden im 19. Jh. beidseitig eingeschossige Flügel angebaut.
Ein Pfarrer soll schon 1311 hier tätig gewesen sein. 1594 wird die Kirche St. Maria Magdalena erwähnt; 1742 brannte sie mit einem Teil des Dorfes ab, danach wurde ein Fachwerkbau mit niedrigem eingebautem Holzturm errichtet.
Im aufwendigen Kanzelaltar von 1742 sind Reste eines Altars von etwa 1600 eingebaut. Am Kanzelkorb waren Schnitzfiguren Christi und der Evangelisten angebracht. Die Taufe von 1682 hatte der Maler Sellin bemalt; sie stammte aus der Kirche von Jassow. Nach 1945 wurde diese Kirche abgerissen.
1939 hatte D. 275 Bewohner.

Dolgen *(Dołgie),* Kr. Neustettin, 1567 als landesherrliches Dorf angelegt, Anfang 17. Jh. den Herren von Kleist als Lehen übertragen.
Am Dolgener See liegt auf einer Anhöhe der kleine

An der Drage

Fachwerkbau der Dorfkirche, lichte Weite 5,50 m. Über der Westseite erhebt sich ein Dachreiter mit Wetterfahne von 1701. Anfang 17. Jh. wurde der Schnitzaltar mit einer Kreuzigungsgruppe gefertigt und in Holz naturbelassen.
D. hatte 1939: 88 Einwohner.

Dorphagen *(Mechowo),* Kr. Cammin, war schon sehr früh besiedelt. Ein großes steinzeitliches Hünengräberfeld, in dem man Urnen und andere Gefäße fand, Funde aus der Bronzezeit wie Rasiermesser, Pinzetten, Ringe sind Zeugnisse einer vorgeschichtlichen Besiedlung.
1433 wird der Rittersitz der von Grape erstmals erwähnt. Die Familie von Flemming erwarb ihn 1823. 1896 wurde er an einen Parzellanten verkauft, der (1906) 21 Rentengüter mit je 310 ha gründete.
Die Kirche ist ein gotischer Feldsteinbau mit einem Ostanbau, in dessen Erdgeschoß sich die unzugängliche Gruft derer von Grape befand; im Obergeschoß der Herrschaftsstuhl mit zwei Öffnungen und kleinem Balkon zum Kirchenschiff. Er war völlig von der Kirche abgeschlossen, hatte einen Kachelofen und war der einzige heizbare Raum der Kirche. Der Turm mit geböschten Wänden und aufgesetztem barockem Helm stammt von 1647. Die Bronzeglocken wurden 1400 und 1423 gegossen.
D. hatte 1939: 436 Bewohner.

Drage *(Drawa).* Südlich → Bad Polzin, in einer Kette von fünf aneinandergereihten Seen, → Fünfseenlandschaft genannt, deren letzter der Kleine See ist, entspringt auf dem Pommerschen Landrücken in 212 m über NN der 168 km lange Nebenfluß der → Netze. Sein gesamtes Einzugsgebiet umfaßt 3198 qkm. Auf ihrem Wege nach Süden durchfließt die D. den → Dratzig- und Krössinsee, kommt an Falkenburg und Dramburg vorbei in den → Großen Lübbesee, von wo aus sie durch ein kiefernbestandenes Sandergebiet an → Hochzeit vorbei nach → Kreuz an der Netze strömt. Die vielen nacheiszeitlichen Seen bewirken einen ausgeglichenen Abfluß des Wassers; deshalb nutzte man sie für die Holzflößerei. Bis Hochzeit war die D. auch einmal schiffbar, allerdings mußte man die Kähne flußaufwärts treideln. Heute nur noch Bootssport.
1368—1772 bildete die D. die Grenze zwischen Brandenburg und dem zu Polen gehörenden Land Krone. Hier lag bis zur Reformation die Grenze der Bistümer Cammin und Posen.
In unserem Jahrhundert entstand oberhalb Hochzeit bei Alt Springe ein Wasserkraftwerk.

Dramburg *(Drawsko Pomorskie),* Kreisstadt am Oberlauf der → Drage auf dem → Pommerschen Landrücken, 123 m über NN, bei der am Burgwerder ein spätwendischer Burgwall lag. 1254 wurde die Gegend um D. als „dessertum Sarcthicze" den Belbucker Mönchen zur Gründung eines Klosters überlassen. Die Markgrafen Otto III. und Konrad

Tonreliefs am Dramburger Kirchenportal (Süd)

von Brandenburg sowie des letzteren Söhne Johannes und Otto verliehen 1297 in Prenzlau den Rittern Arnold, Konrad und Johann von Goltz den Flecken D. und erhoben ihn zur Stadt.
Für die Jahre 1338 und 1350 erließ Markgraf Ludwig der Stadt alle Abgaben, um die Befestigung zu verbessern. Das Patronat der Pfarrkirche wurde 1341 dem verarmten Zisterzienserinnenkloster in → Reetz übertragen. 1350 erhielten die Herren von Wedell die Stadt zum Lehen. Nach 1351 Gründung des Franziskanerklosters.
Für kurze Zeit rückte D. in den Mittelpunkt großer Politik. Am 13.2.1368 wurde in D. der Friede zwischen Otto dem Faulen von Brandenburg und König Kasimir von Polen geschlossen. Am 10.8.1377 war Kaiser Karl IV. in D. Er schloß einen zehnjährigen Landfrieden mit Herzog Swantibor III. von Pommern-Stettin, Herzog Wartislaw VII. von Neustettin und Bischof Philipp von Cammin.
Am linken Drageufer wurde die Neustadt angelegt und in den Mauerbereich der Stadt einbezogen. 1400 verkaufte Markgraf Sigismund D. an den Deutschen Orden, der bis 1455 diesen Besitz hielt. In der „Draheimer Fehde" 1422/23 erstürmten die D.er die damals polnische Burg Draheim, da ihre Warenzüge von dort aus geplündert wurden. 1537 trat der Franziskanermönch Faustinus Schliepe zur lutherischen Lehre über und wurde der erste evangelische Geistliche der Stadt.

Dramburger Notgeldschein von 1920

Abend am Dratzigsee

Die Stadt sowie die Vogtei Schivelbein kamen 1540 in den Besitz des Johanniterordens, dem sie bis 1808 gehörten. Nach 1782 Niederlegung der alten Befestigungsanlagen. 1945 wurde D. stark beschossen und lag zu 60 v.H. in Trümmern.
Eine Stadtkirche wird schon 1297 erwähnt; die heutige dreischiffige St. Marienkirche, eine spätgotische Hallenkirche, stammt aus der ersten Hälfte 15. Jh.; der Turm wurde ihr in der zweiten Hälfte 15. Jh. angefügt.
An den beiden alten Portalen des Langhauses der häufig stark beschädigten Kirche sind als Umrahmung Terrakottaplatten mit Pflanzenornamentreliefs eingemauert. An der Südseite sind auf den Platten schwer deutbare Fabelwesen gestaltet.
Die Innenausstattung ist barock. Kaspar Nithard, Hofuhrmacher in Stettin, und seine Ehefrau geb. Palichen stifteten 1706 den Hochaltar.
D. besaß ein Heimatmuseum; seine Bestände wurden 1945 vernichtet.
1877 Anschluß an die Pommersche Centralbahn. D. war eine alte Handwerkerstadt, in der die „Vierwerke" (Wollweber, Schuhmacher, Bäcker und Schlachter) führten. Für viele Jahrhunderte Stapelplatz für das von hier aus drageabwärts verschiffte Kolberger Salz. In unserer Zeit gewann die Stadt durch die „Pommersche Saatzucht-Gesellschaft"

Bedeutung, die hier ihre Hauptstation unterhielt. Die Agrarerzeugnisse der Umgebung wurden verarbeitet, dazu kamen Textilindustrie und Holzverarbeitung.
1920 erregte D. internationales Aufsehen. Auf einem 50-Pfennig-Notgeldschein war die Schleifmühle von Kallies abgebildet; vor ihr vier Männer als Amerikaner, Engländer, Franzosen und Italiener erkennbar. Auf einem Schriftband konnte man lesen:

„Im Dramburger Land gibts, wie bekannt,
ein Institut, die Schleifmühle genannt.
Wer unsere Not noch nicht begriffen,
dem wird hier der Verstand geschliffen."

Der Landkreis mußte 240000 Mark Strafe zahlen. Die Scheine kamen in den Verkehr und genießen hohen Sammlerwert.
D. hatte 1939: 7973; 1983: 10172 Einwohner.

Dratzigsee *(Jezioro Drawsko).* In 128 m über NN liegt der 18,6 qkm große, mit 83 m tiefste See Norddeutschlands. Den buchtenreichen See durchfließt die → Drage.
Er wurde während der Eiszeit von Schmelzwassern ausgeschwemmt, die aus einem Gletschertor bei Fünfsee entströmten. Im Süden reicht er in die Endmoränen bei Tempelburg hinein. Seine Uferbereiche sind auch unter Wasser sehr steil, so daß Rut-

Feldsteinkirche in Dübzow, 16. Jh.

schungen eintreten können. 1790 verschwand über Nacht eine ganze Halbinsel mit einem Exerzierplatz. 1854—1858 wurde der Seespiegel um etwa 2,50 m abgesenkt, dadurch entstand in einer Bucht der heute selbständige, 35 m tiefe Sarebensee. Die Inseln im See umfassen eine Gesamtfläche von 82 ha. In einer Tiefe von 74 m wurde eine zoologische Besonderheit entdeckt: ein Kleinkrebs „Mysis relicta", wohl ein Relikt der Eiszeit. Die „Teufelsteine" — eiszeitliche Findlinge — sind ein Naturdenkmal im See.

Amtsgericht und Stadtkirche Driesen

Drawehn *(Drzewiany),* Kr. Köslin, 1400 als „Dravene" erstmals urkundlich erwähnt. In alter Zeit bestand das Dorf aus dem Kirchdorf und zwei Rittergütern, dem Massowschen und dem Lettowschen. Seit 1608 waren beide in von Lettows Besitz.
An der Südseite der Dorfstraße steht der schlichte Fachwerkbau der im 18. Jh. erbauten Kirche; 1903 nach Westen erweitert und mit einem Turm versehen. Die Glocke zierte die schöne Inschrift: „Si Deus pro nobis, quis contra nos. Dideric Beckman 1593."
D. hatte 1939: 1221 Bewohner.

Drewelow, Kr. Anklam, besitzt eine spätmittelalterliche Findlingskirche; zu Beginn 18. Jh. umgebaut. Sie erhielt einen Dachreiter mit niedriger, geschweifter, viereckiger Haube.
Gleichzeitig wurde der Kanzelaltar hergestellt;

Dampfziegelwerke Ducherow

Kanzelkorb und Zugang waren von einem geschnitzten Vorhang umgeben, den Putten auseinanderhielten. Davor waren die Allegorien von Glaube und Hoffnung gestellt.

Driesen *(Drezdenko)*, Kr. Friedeberg, zwischen der Alten und Faulen → Netze, auf einem flachen Sporn über dem oft überschwemmten Bruchland des Thorn-Eberswalder Urstromtales.

Ihre Verkehrsgunst an einem der wenigen alten Netzeübergänge hat sich in ihrer Geschichte oft negativ ausgewirkt. 1092 wird das „Castrum Drzu" als polnische, gegen die Pomoranen angelegte Burganlage erwähnt. 1251 geriet D. in den Besitz von Herzog Barnim I., kam jedoch 1265 nach schweren Kämpfen mit der Kastellanei Zantoch an Brandenburg. Boleslaw von Polen baute 1270 die Burg auf der Anhöhe südlich der Faulen Netze wieder auf. Ihr war der Kietz mit slawischen Fischern zugeordnet. Erst 1894 wurden Burg mit Freigut (kurfürstliches Amt) und Kietz nach D. eingemeindet. 1317 wird neben dem „Haus" erstmalig „Stadt" D. genannt, als Waldemar der Große Heinrich und Burchard von der Osten damit belehnte. 1405 besetzten Polen die Burg. 1408 jedoch verkauften die von der Osten ihr Lehen an den Deutschen Orden, der 1455 die Stadt mit der Burg an Kurfürst Friedrich II. abtrat. Kurfürst Joachim Friedrich legte östlich der Stadt auf der Gruse 1602/03 eine neue Festung an mit einem Grundriß in Form eines regelmäßigen fünfzackigen Sterns. 1639 nahmen Schweden die Festung durch Verrat ein. König Friedrich der Große ließ sie 1763 schleifen. Zwischen ihr und der Altstadt baute von Brenckenhoff die Neustadt. D. dehnte sich erst im 19. Jh. südlich der Netze aus. 1945 durch Brand zu 50 v. H. zerstört.

Die Fachwerkkirche von 1755 machte 1902 einem Steinbau Platz. Von der Burg sind nur geringe Mauerreste aus Feld- und Backstein erhalten. Die Festung wurde zum Teil von der Neustadt überbaut, zum Teil als Park gestaltet. Nur wenige Wälle und Gräben blieben erhalten.

1851 Bau der Preußischen Ostbahn durch D. An der Strecke Kreuz—Schwerin wurde 1936 der Bahnhof D.-Süd eröffnet.

Wirtschaftlich hatte D. keine allzu große Bedeutung, obwohl es seit 1604 eine Salzsiederei besaß. Es war hauptsächlich Verwaltungssitz und Schulstadt. Durch die schiffbare Netze und die Eisenbahn gab es einen beträchtlichen Handel mit landwirtschaftlichen Produkten und deren Verarbeitung in Zigarren-, Seifen- und Streichholzfabriken. Im 20. Jh. siedelten sich metallverarbeitende Betriebe — Maschinen-, Lampen- und Messingwarenfabrik — an.

Adam Krieger (1634—1666), Hoforganist und Komponist in Dresden. „Nun sich der Tag geendet hat".

Karl Ludwig Henke (1793—1866), Astronom, entdeckte in D. die Planetoiden Asträa (1845) und Hebe (1847).

1939 lebten in D. 5478; 1983: 9156 Einwohner.

Dübzow *(Dobieszewo)*, Kr. Regenwalde, war 1837 im Besitz von Johann Christian Friedrich Pretzel. Die turmlose Findlingskirche (16. Jh.) steht malerisch auf einem Hügel. An allen vier Ecken stützen sie starke Strebepfeiler. Blenden gliedern den Ostgiebel. Der Flügelaltar mit schönem Maßwerk wurde um 1400 geschnitzt. Im Mittelfeld stehen St. Christophorus, St. Katharina und St. Anna. In

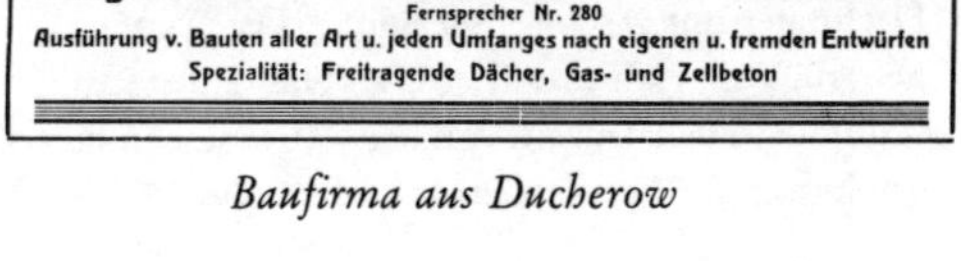

Baufirma aus Ducherow

Dorfkirche in Dünnow

den Flügeln befinden sich Schnitzfiguren der zwölf Apostel.

Das Gutsdorf hatte 1939: 219 Einwohner.

Ducherow, Kr. Anklam. 1494 wurde Nikolaus Schulte auf Vorschlag von Herzog Bogislaw X. als Pfarrer in D. eingesetzt.

Die Dorfkirche ist ein spätmittelalterlicher Findlingsbau; Mitte 18. Jh. völlig umgebaut, erhielt sie einen barocken Turm. Von der Ausstattung fällt besonders der große Kanzelaltar auf. Auch drei ältere Holzplastiken aus dem 16. und 18. Jh. sind aufgestellt sowie die Sandsteingrabplatte des Henricus Praetorius (16. Jh.).

Von wirtschaftlicher Bedeutung sind Ziegeleien, die den Ton des Haffstausees verarbeiten.

Die Großgemeinde zählte 1939: 3779; 1965: 2725 Bewohner.

Dummerfitz *(Dąbrowica),* Kr. Neustettin, vor 1569 am Nordufer des Großen Pielburger Sees vom Adel gegründet. 1590 gab es im Dorf nur Kossäten, keine freien Bauern.

Die an einem Steilhang des Seeufers gelegene Dorfkirche ist ein Fachwerkbau des 17. Jh., mit einem Dachreiter mit geschweifter Spitze. Die Wetterfahne trug die Jahreszahl 1694. Die Ausstattung stammt aus der Bauzeit. Auf dem Altar stehen derb geschnitzt die Apostel Petrus und Paulus. Mit dem Altar war die Ostempore verbunden worden.

D. hatte 1939: 214 Einwohner.

Dünnow *(Duninowo),* Kr. Stolp. 1374 wurde die Dorfkirche zu den Heiligen „St. Maria, St. Johannes apost. et evang. et St. Margarete" geweiht.

Die von prächtigen Bäumen umgebene heutige Backsteinkirche ist im 15. Jh. erbaut worden. Den Turm krönt eine barocke Haube mit offener Laterne. Trotz der Strebepfeiler ist das Schiff mit einer flachen Holzdecke versehen; nur der Chorbau ist überwölbt.

Reste eines mittelalterlichen Schnitzaltars waren in der Kirche, u. a. Maria und Johannes aus einer Kreuzigungsgruppe. Ein Ölbergrelief hing im Stolper Museum.

In der Vorhalle steht die 1615 gefertigte Grabplatte, der sogenannte Krümmelstein. Den letzten der Familie Krümmel soll 1602 auf einer Jagd ein Hirsch zu Tode geforkelt haben. Das Geweih des Hirsches war zunächst in der Kirche, später im Gutshaus Sallerke aufgehängt.

1939 lebten in D. 685 Einwohner.

Dwasieden, Gemeinde Saßnitz, Kr. Rügen. In einem prächtigen Park mit Hünengräbern und Findlingen ließ sich Geheimrat von Hansemann, Besitzer des Rittergutes Lanken, vom Berliner Architekten Friedrich Hitzig 1873—1876 ein Schloß in Formen der Renaissance 20 m über dem Meer erbauen. 1895 gab es dazu vier bewohnte Häuser mit insge-

Hünengrab in Dwasieden

samt vierzehn Einwohnern. Die sehenswerte Sammlung im Schloß wird in der Nachkriegsliteratur nicht mehr erwähnt.

Eggesin, Kr. Ueckermünde. 1241 bestätigte Bischof Konrad III. von Cammin dem Kloster → Grobe den Besitz des Dorfes samt Kirche; und 1292 übertrug Herzog Otto I. den Augustiner Chorherren von Gobelenhagen, die später ihr Kloster nach → Jasenitz verlegten, das Patronat der Kirche. 1966 zur Stadt erhoben.
Die Dorfkirche aus dem 18. Jh. besaß einen Turm mit Barockspitze und eine Wetterfahne von 1731. Von einem spätmittelalterlichen Altar stammten die erhaltenen Schnitzfiguren der Hl. Anna, Maria, des Petrus und Paulus; sie waren an Altar und Kanzel angebracht; um 1900 durch einen neugotischen Backsteinbau ersetzt.
Wirtschaftliche Grundlage für E. sind die Ziegeleien, die bis 1963 den Lehm des Haffstausees verarbeiteten, und Eisengießereien, die mit der Torgelower Eisenhütte in Verbindung standen.
Das Industriedorf hatte 1939: 3142; 1979: 7500 Bewohner.

Ehrbardorf *(Herbutowo),* Netzekreis, 1614 von Sophie Czarnkowska geb. Herburt von Fulßtyn gegründet.

Kirche zu Eggesin

Schurzholzhaus in Ehrbardorf

Die turmlose Kirche ist eine Verbindung von Fachwerk- und Schrotholzbau von 1782. Das Fachwerkgerüst ist von innen mit Bohlen verkleidet, die Gefache wurden weder vermauert noch verkleidet. Die Fenster sind sehr klein. Der Innenausbau stammt aus der Bauzeit.
Seit etwa 1631 gab es in E. eine Papiermühle, der auch die Filehner Papiermühle gehörte.
1939 hatte E. 274 Einwohner.

Eichberg *(Dębogóra),* Netzekreis. In Dorfnähe liegen Reste eines slawischen Burgwalls. 1605 wird eine Kirche genannt. In Urkunden von 1653 werden alle Dorfbewohner als Deutsche bezeichnet. Nach 1773 entstand ein Gut; 1930 aufgesiedelt.
Bis 1886 gab es eine Holzkirche; sie mußte 1897 einem massiven Bau weichen. In der Sakristei stand ein spätgotischer Flügelaltar (16. Jh.) mit barocken Ergänzungen. Unterbau, Bekrönung und Seitenverzierungen waren in der Renaissancezeit (um 1600) hergestellt worden. Das Mittelbild zeigt die Golgathaszene vor gemaltem Hintergrund. In den Flügeln standen die Apostel in Dreiergruppen übereinander. In einem Fenster befand sich eine Glasscheibe mit dem hl. Martin, der seinen Mantel teilt. Der Bauer Merten Dreger hatte sie 1608 gestiftet.
In 45 m Tiefe liegt ein 9,50 m mächtiges Braunkohleflöz. Abbauversuche wurden unternommen, jedoch durch Wassereinbrüche aus den unter dem

Flöz liegenden Schichten unmöglich gemacht.
E. hatte 1939: 375 Einwohner.

Eichenberge *(Dąbie)*, Kr. Neustettin, war 1568 als Adelsgründung angelegt worden.
Um 1700 wurde die Fachwerkkirche auf einem Hügel erbaut. Die Wetterfahne auf dem Turm trägt die Jahreszahl 1702. Die Fenster waren unter dem oberen Rahmenholz angelegt. Eine reiche Barockausstattung kam 1721/22 hinzu. Decke und Kopfbänder sind mit Brettern verkleidet und farbig bemalt, der gestirnte Himmel von Engeln und Ornamenten eingefaßt. Der reich geschnitzte Altar zeigt im Mittelfeld Jesus am Ölberg, als Bekrönung eine Kreuzigung und den auferstandenen Christus. Am Kanzelaufgang ist Jakobs Traum dargestellt.
Alle Ornamente von Altar und Kanzel sind weiß gestrichen und mit Gold abgesetzt, die Hintergrundflächen schwarz gehalten. Hinter dem Altar und mit ihm verbunden war die herrschaftliche Empore, in deren Felder zehn Apostel gemalt worden waren.
In E. lebten 1939: 187 Bewohner.

Eichfier *(Wołowe Lasy)*, Kr. Deutsch Krone, gehörte bereits 1564 der Familie Czarnkowski in Czarnikau. 1641 tauchte der deutsche Name in Urkunden auf.
Die ältesten Häuser, mit dem Giebel zur Straße, waren Blockhäuser. An den Giebelbalken standen sinnreiche Sprüche wie:

Blick auf Eichberg

Eichenberge, Altar und Empore

„Wir bauen hier so feste
und sind nur fremde Gäste;
doch wo wir sollen ewig sein,
da richten wir uns selten ein."

E. hatte zwei Kirchen, die evangelische, ein Fachwerkbau von 1776 mit bescheidener Ausstattung, war die älteste im Kreis. Die katholische wurde 1837 durch eine neue ersetzt.
E. zählte 1939: 874 Einwohner.

Eichwerder *(Dębce)*, Kr. Greifenhagen, Gutsdorf, in dessen Park das im 18. Jh. erbaute langgestreckte, eingeschossige schlichte Gutshaus stand.
Im schindelgedeckten Gartenhäuschen am Oderufer entdeckte man unter den Tapeten von etwa 1890 Malereien einer früheren Zeit in gutem Zustand.

Eickfier *(Brzezie)*, Kr. Schlochau, langgestrecktes, dicht bebautes Angerdorf, vermutlich eine Gründung aus der Ordenszeit. Der Starost Stanislaus Latalski beauftragte 1590 den „arbeitsamen und närhafften Marcus Wulschleger und Niclas Blancke", das Dorf „Brieskakus" zu besiedeln. Die ersten Siedler sollen von Hohenzollern-Sigmaringen gekommen sein. Erst 1672 erhielt das Dorf seinen jetzigen Namen „Equier".
Gut Grabau, von dem die E.er Bauern abhängig waren, kam um 1700 in den Besitz des katholischen Zweiges der Familie Götzendorff-Grabowski, die sofort die Gegenreformation durchführte und die

Fachwerkkirche in Eickfier

Protestanten zwang, das Dorf zu verlassen. Ihr Nachfolger Joeden Koniecpolski begann nach 1775 mit den Bauern von E. und Penkuhl Streit um Weiderechte. Bei einem Lokaltermin 1800 kam es zu Handgreiflichkeiten, bei denen Joeden Koniecpolski verletzt wurde. Im nachfolgenden Prozeß klagte er 56 Personen an, die zu insgesamt 98 Jahren Festungshaft verurteilt wurden. In einem Revisionsverfahren wurden die Bauern rehabilitiert.
1812 brannte der größte Teil des Dorfes mit Kirche und Schule ab. Die St. Laurentiuskirche wurde als Fachwerkbau wiederaufgebaut und erhielt 1923 einen stilgerechten Anbau. Die Einrichtung stammt aus dem 19. Jh.
1939 lebten in E. 912 Menschen.

Eisenbahn. In Pommern begann der Eisenbahnbau 1843, als König Friedrich Wilhelm IV. die Strecke Berlin—Stettin der Berlin-Stettiner Eisenbahngesellschaft eröffnete. Diese Gesellschaft baute ihr Netz weiter über Stargard (1846), Köslin (1859), Stolp (1869) und Zoppot (1870) nach Osten aus, aber auch nach Westen, nach Stralsund (1863). 1879 übernahm die Preußische Staatsbahn die Gesellschaft. Die Stargard-Posener Eisenbahngesellschaft, die 1883 zur Preußischen Staatsbahn kam, erschloß den südlichen Teil Pommerns nach Woldenberg (1847) und über die Grenze nach Wronken (1848). Ganz im Besitz der Preußischen Staatsbahn war die Preußische Ostbahn, die Berlin mit Königsberg verbinden sollte. 1851 eröffnete sie die Strecke Kreuz—Schneidemühl—Bromberg und 1857 Frankfurt/Oder—Küstrin—Kreuz. Diese Gesellschaft erschloß fast ganz Ostpommern dem Schienenverkehr. Neustettin wurde zu einem Knotenpunkt. Von hier zweigten 1878 Strecken nach Stolpmünde, Rügenwalde und Belgard, 1879 nach Posen ab. Als Längsverbindung wurde 1877/78 die pommersche Centralbahn von Ruhnow über Dramburg—Neustettin—Schlochau—Konitz gebaut. 1879 entstand die Nordbahn von Berlin nach Stralsund, die später, zunächst mit Trajekt zwischen Stralsund und Altefähr, 1897 Saßnitz erreichte. Von hier gab es die Schiffsverbindung nach Schweden. Ab 1936 vereinfachte der → Rügendamm diese Strecke. Stralsund erhielt 1888/89 eine Verbindung über Rostock nach Hamburg.
1939 gab es in Pommern 4790 km Eisenbahnstrecke. Die Hauptbahnen umfaßten 986 km, daneben gab es 2029 km vollspurige Nebenbahnen und 83 km Privatbahnen. Eine Besonderheit waren die vielen Kleinbahnen, gefördert durch das preußische Klein-

Klosterruine Eldena

Eldena, Grabstein von Lepel

bahngesetz von 1891. 1939 hatte Pommern 1692 km nebenbahnähnliche Kleinbahnen, „Rübenbahnen" genannt, da sie vorwiegend für den Abtransport von Rüben und Kartoffeln dienten; der Personenverkehr spielte eine untergeordnete Rolle. Die größte Streckenlänge wiesen auf: die Demminer Bahnen: 159,44 km; die Greifenberger Bahnen: 168,48 km; Greifswalder Bahnen: 128,54 km; Kolberger Bahnen: 122,58 km; Saatziger Bahnen: 120,27 km; die Vereinigten Kreisbahnen der Kreise Köslin-Bublitz-Belgard: 118,10 km. Ihre Bedeutung sank mit dem Einsatz von Lastkraftwagen in der Landwirtschaft. Der Zweite Weltkrieg hat den Kleinbahnen, die 1944 noch der zentralen Kriegswirtschaft unterstellt worden waren, ein trauriges Schicksal bereitet; denn der überwiegende Teil ihres Streckennetzes wurde demontiert. Omnibuslinien übernahmen weitgehend den Personentransport.

Von der Demontage der Hauptbahnen waren folgende Strecken betroffen: Groß Massow—Bütow—Rummelsburg, Gramenz—Pollnow—Zollbrück, Schlawe—Stolpmünde, Tempelburg—Jastrow—Flatow, Deutsch Krone—Wengerz, Treptow—Cammin.

Eixen, Kr. Franzburg-Barth. 1248 wird in E. ein Priester erwähnt. Die aus dem 13. Jh. stammende chor- und turmlose Feldsteinkirche besitzt einen Ostgiebel, den zwei Reihen zwei- und dreiteiliger flacher Blenden gliedern. Die Mitte der oberen Reihe ziert eine Kreuzblende.

Der Altar, Ende 17. Jh., zeigt in seinen Gemälden die gesamte Leidensgeschichte mit Auferstehung und Himmelfahrt Christi. Geschnitztes Knorpel- und Ohrmuschelwerk umrahmen die Bilder.

An der Südwand steht ein Schnitzaltar, zweite Hälfte 16. Jh. Der Mittelschrein enthält oben die Krönung Mariens, unten den Kampf St. Georgs mit dem Drachen. In den Flügeln stehen Heilige in zwei Reihen. Auf die Rückseiten wurden die hl. Dorothea und der hl. Georg vor Landschaften gemalt; sie erinnern an die Donauschule. Glasmalerei in Schwarzlot zeigt den auferstandenen Christus; um 1649 gestiftet.

E. hatte 1939: 791 Einwohner.

Eldena, Stadt Greifswald. Das 1939 nach Greifswald eingemeindete Ostseebad ist die Stätte eines der bedeutendsten Klöster Pommerns. Bekanntheit erlangte es durch die Gemälde Caspar David Friedrichs, der häufig die Klosterruine als ein Gleichnis der Vergänglichkeit dargestellt hat.

1193 wurde dem Kloster Dargun eine Salzpfannenstelle in E. geschenkt. 1199 flüchteten die Zisterziensermönche, die aus dem dänischen Kloster Esrom gekommen waren, aus Dargun nach E. und beschlossen zu bleiben. Fürst Jaromar I. von Rügen und Bischof Sigwin von Cammin förderten sie. Papst Innozenz III. bestätigte 1204 dem Kloster den Besitz. In der ersten sicheren Urkunde 1207 wurde die Kirche des monasterium Hildense unter Abt Livinus der Mutter Gottes geweiht. Das Kloster wurde so reich mit Gütern beschenkt, daß es 1209 das Recht erhielt, Dänen, Deutsche und Wenden auf seinem Gebiet anzusiedeln. Gleichzeitig werden die ersten Klostergebäude erwähnt.

1249 gründete hier Herzog Wartislaw III. von Demmin die Stadt Greifswald. 1276 bestätigte Fürst

Witzlaw II. von Rügen dem Kloster den Besitz der Halbinsel → Mönchgut auf Rügen. Durch Kauf des Landes Zicker 1360 besaß es die ganze Halbinsel „dat Mönnike Guedt". 1378 erschien erstmalig der Name „Kloster tho der Eldena". Maßgeblich war E. 1456 an der Gründung der Universität Greifswald beteiligt.

1490 wird der Kapitelsaal erwähnt. Im gleichen Jahr geriet das Kloster durch Mißwirtschaft des Abtes Gregorius Groper in Schwierigkeiten; es mußte aus dem Klosterschatz Kleinodien im Wert von 6000 Dukaten verkaufen. Dennoch konnte es bis 1527 seinen Besitz vergrößern. Nach dem Landtag von Treptow 1534 wurde das Kloster unter Abt Ewald Schinkel säkularisiert. Mönchen, die im Kloster bleiben wollten, wurde Unterhalt und Unterkunft auf Lebenszeit gewährt. Die Klostergüter wurden in ein herzogliches Amt umgewandelt.

1633 beginnen die Berichte über den allmählichen Verfall der Klostergebäude; das Dach zeigte Schäden. Herzog Bogislaw XIV. schenkte 1634 Kloster und Amt der Universität Greifswald. 1637 zündeten die Schweden die Klostergebäude an, die Kirche blieb weitgehend verschont. Ein Jahr später beschädigten die Schweden die Klosterkirche; dennoch konnten in ihr 1641—1672 noch Gottesdienste abgehalten werden. 1665 und 1684 wurde die Kirche zum Teil abgebrochen, um die Backsteine in Befestigungsanlagen zu verbauen — allein 17 000 Steine im Jahre 1684. Noch 1728 setzte die Universität den Abbruch fort. 1828—1830 ließ der Konservator Dr. Schilling die Umgebung der Ruine säubern, und der Generaldirektor der königlichen Gärten, Peter Joseph Lenné, gestaltete die Anlage gärtnerisch. Ein Brand von 1837 zerstörte die Mehrzahl der Hofgebäude. Von 1843 an wurde die Ruine ständig gesäubert und gegen weiteren Verfall gesichert.

Vom Beginn des 13. Jh. stammt die kreuzförmige, gewölbte Basilika mit rechteckigem Chor. Östlicher Teil, Chor, Querschiff und das erste Joch des Langhauses waren bereits 1249 vollendet; die südliche Chorwand, der südliche Querschiffarm mit einem Teil des Giebeldreiecks und drei Vierungspfeiler sind erhalten. Aus dem 14. Jh. stammen die Reste des Langhauses und die Westfront mit dem 16,50 m hohen Spitzbogenfenster und dem mit Blenden reich gegliederten Treppenturm. Die Kirche hatte die stattliche Länge von 72,04 m. Von den übrigen Klostergebäuden erhielt sich nur der östliche Flügel mit den Außenmauern.

Das Kloster war Begräbnisplatz pommerscher Herzöge: Bogislaw VI. mit Gemahlin Jutta, Wartislaw VI., Erich II., Anna, Gattin Bogislaws X. und für Johann IV. Graf von Gützkow.

In dem Dorf gab es 1834—1876 die Staats- und Landwirtschaftliche Akademie, die als höhere Landwirtschaftsschule weiterlebt.

Elmenhorst, Kr. Grimmen, um 1273 vom Kloster → Neuenkamp gegründet. Die Siedler kamen wohl aus dem Rheinland, zumal es im Mittelalter einen Ort gleichen Namens im Raum Köln gegeben hat. Das Gut teilte der schwedische König 1789 in mehrere Bauernstellen auf. 1929 endgültige Auflösung des Gutsbezirks und verschiedener Kleingemeinden: Groß-E., Dorf-E., Neu-E., Forst-E. und Bockhagen wurden zur Gemeinde E. zusammengefaßt.

Die Dorfkirche, 13. Jh., aus Back- und Feldsteinen erhielt im 14. Jh. den Chor; Chor und Schiff sind einheitlich mit Kreuzrippen eingewölbt. Mitte 17. Jh. Anbau des verbretterten Fachwerkturms.

Findling bei Elsenau

Der Altar, erste Hälfte 18. Jh., enthält im Mittelbild zwischen gedrehten Säulen die Anbetung der Könige.
1939 hatte E. 1053 Einwohner.

Elsenau *(Olszanowo),* Kr. Schlochau, 1373 vom Deutschen Orden gegründetes Gutsdorf auf der Endmoräne. 1923 wurde das Rittergut aufgeteilt. Die alte schöne Fachwerkkirche, eine der ältesten im Kreis, war vor 1617 protestantisch. Der Hammersteiner Hauptmann Weiher ließ sie 1688 renovieren.
Seit 1913 beutete eine Neustettiner Tiefbaugesellschaft die findlingsreiche Endmoräne aus. Die behauenen Granitsteine wurden von Bärwalde aus abtransportiert. Der größte Findling liegt auf dem früheren Gutshof. Er besteht aus feinkörnigem Gneis, Volumen etwa 80 cbm; der sichtbare Teil hat einen Umfang von 19,75 m.
In E. lebten 1939: 388 Einwohner.

Elvershagen *(Łagiewniki),* Kr. Regenwalde, altes Borcksches Lehen; im 18. Jh. in Privateigentum überführt. 1881 gehörte das Gut Heinrich Josias von Veltheim aus dem Hause Ostrau bei Halle an der Saale. Im Besitz dieser Familie blieb es bis 1945; nach 1945 polnisches Staatsgut.
Das Schloß wurde 1840 als zweigeschossiger Bau mit Walmdach errichtet. Schloß und Gutsgebäude haben den Krieg überstanden und werden für das Staatsgut genutzt.

Gutshaus Elvershagen

Blick über den Enzigsee

Die turmlose Findlingskirche wurde Ende 16. Jh. errichtet, ihr Ostgiebel mit Blenden gegliedert und mit Fialtürmchen besetzt. Im späten Barock entstand der geschnitzte Kanzelaltar mit den Figuren Christi, Petri und Pauli.
E. hatte 1939: 324 Einwohner.

Endingen, Kr. Franzburg-Barth. In einem trockengelegten Moor wurden unter 1,50 m Diluvialsand aufgespaltene Elchknochen und ohne Steinwerkzeug bearbeitete Geweihstücke eines Riesenhirsches gefunden. Vermutlich gehören sie der Ancyluszeit (7000—5500 v. Chr.) an und sind somit die ältesten Reste menschlicher Tätigkeit in Pommern.
Das Gutshaus gehört zu den ältesten ländlichen Bauten. Im Kern eine mittelalterliche Anlage, wurde es um 1800 in einen klassizistischen Bau umgewandelt; in den 20er Jahren für die landwirtschaftliche Weiterbildung umgebaut.

Enzigsee *(Jezioro Ińsko),* Grundmoränensee in einer Höhe von 122 m über NN, bis zu 41 m tief, 5,96 qkm groß. Zahlreiche Buchten, Lanken genannt, machen ihn zu einem reizvollen Gewässer. Auf seinem Grund liegen unzählige große Findlinge, die in blockartigen Packungen bis unter die Wasseroberfläche emporragen. Am „Pfahlberg" mitten im See sind es nur 10 cm.
Die 25 ha große Insel „Schulzenwerder" ist mit Rot-

Dorfkirche Eventin, 14. Jh.

buchen und Tannen bestanden. Am Ostufer erhebt sich die Endmoräne im „Fier“ mit ihrer aus gewaltigen Findlingen aufgebauten Höhe. Diese Blockpackung wurde als Naturdenkmal geschützt.
Berühmt wurde der See und das an ihm gelegene Ackerbürgerstädtchen → Nörenberg durch die Sage vom großen Krebs. Bis ins 20. Jh. hinein gab es bedeutenden Krebsfang; die Krebspest vernichtete den Krebsbestand.

Espenhagen *(Osówka)*, Kr. Flatow, 1618 als „Ossówka“ gegründet. Andreas Karl Grudzinski stellte 1661 dem Dorf ein Privileg aus.
1578 Bau einer evangelischen Kirche; 1732 zerstört, 1798 als Fachwerkbau wiedererrichtet und mit Dielen verkleidet. Die Einrichtung stammt aus der Bauzeit. 1893 Einbau einer Orgel.
E. hatte 1939: 321 Bewohner.

Eventin *(Iwięcino)*, Kr. Schlawe. Auf dem Kirchhof steht die gotische Back- und Feldsteinkirche, 14. Jh., mit einem jüngeren Chor. Ihr weithin sichtbarer Turm mit hohem Helm besitzt ein rundbogig überwölbtes Westportal, über dem eine große Kreisblende angebracht ist. Das Obergeschoß gliedern schlanke Blenden. Das Kirchenschiff hat eine im 17. oder 18. Jh. mit einem Riesengemälde des Jüngsten Gerichts bemalte Holzdecke.
Anfang 17. Jh. wurde der schöne Renaissancealtar geschaffen. Das von einem gotischen Flügelaltar übernommene Mittelfeld zeigt auf einem Tafelbild den gekreuzigten Christus zwischen Maria und Johannes vor einem gemusterten goldenen Hintergrund.
Das Dorf hatte 1939: 541 Einwohner.

Falkenberg *(Sokolniki)*, Kr. Naugard, ein an Fachwerkbauten reiches Dorf.
Die spätgotische Kirche (15. Jh.) war ein Findlingsbau mit einem blendenverzierten Ostgiebel. Der Schreinaltar (15. Jh.) — im Mittelfeld Hl. Maria, Katharina und Johannes der Täufer unter reichen Baldachinen, in den Flügeln neun kleinere Heiligenfiguren — blieb 1945 erhalten.
1939 lebten in F. 349 Bewohner.

Falkenburg, *(Złocieniec)*, Kr. Dramburg. Auf einer Halbinsel am Zusammenfluß von Vansow und → Drage liegt auf hohem Ufer die Altstadt. Die Neustadt hat sich auf die gegenüberliegenden Ufer ausgedehnt. Das Schloß, von der Stadt durch Gräben getrennt, wird schon 1251 bei einer Grenzfestlegung erwähnt. 1317 verpfändete Markgraf Waldemar der Große von Brandenburg das ganze Gebiet für vierzehn Jahre an den Bischof Heinrich von Cammin. Die Brüder Lüdecke und Hasso von Wedell verliehen 1333 „Valkenborch“ Magdeburger Stadtrecht. 1402 kaufte der Deutsche Orden F. In dieser Zeit wurde die Marienkirche fertiggestellt. 1435 eroberte Polen die Stadt. Schloß und Stadt kaufte 1455 Ritter Heinrich von Borke, der gefürchtete „schwarze Ritter“, und führte F. somit in den Besitz Brandenburgs zurück. 1658 zündete der Tuch-

Poststempel aus Falkenburg

Ältestes Falkenburger Stadtsiegel (um 1400)

machergeselle Mantey die Stadt an und zerstörte sie bis auf wenige Häuser. In der sich entwickelnden Tuchmacherstadt führte Ludwig Ferdinand Klatt 1838 die erste Dampfmaschine zum Antrieb der Maschinen in seiner Tuchfabrik ein.
Die Stadtkirche St. Marien ist eine spätgotische Hallenkirche (1440); ihre Gewölbe vernichtete der große Stadtbrand 1658, nur im Chor blieb das Sterngewölbe erhalten. Ihre heutige Gestalt erhielt sie im 19. Jh. 1879 kam ein neuer schlanker Turm hinzu. Von dem spätmittelalterlichen Schloß sind einige Reste im Kellergeschoß des 1904 erbauten Nachfolgebaus erhalten.
1877 erhielt F. Eisenbahnanschluß an die Pommersche Centralbahn. Die Strecke Kallies—F. (1900) wurde 1903 nach Polzin verlängert. Die Stadt ist bis heute bedeutender Standort der Textilindustrie. Im 19. Jh. gab es acht Tuchfabriken, die vorwiegend den Uniformstoff „Falkenburger Feldgrau" herstellten. Daneben entstanden noch sechs Ziegeleien, Sägewerke, Nahrungsmittelbetriebe und Reparaturwerkstätten. Jüngster Wirtschaftszweig ist der Tourismus. In seenreicher Umgebung wurde F. zu einem Luftkurort.
Otto Neitzel (1882—1920), Musiker, Musikkritiker in Straßburg, Moskau und Köln.
F. hatte 1939: 8453; 1983: 12927 Einwohner.

Ferdinandshof, Kr. Ueckermünde, geht auf eine alte Glashütte zurück, die 1707 auf dem Scharmützel angelegt worden war. Das Glasmacherdorf wurde 1722 gegründet; 1724 Einweihung der Kirche. Ab 1736 kamen Siedler aus Mecklenburg, Neu-Vorpommern und der Pfalz, um das Bruchland der Zarow zu kultivieren. 1738 Einrichtung eines neuen Vorwerks, mit Namen F. Der Generalpächter Christoph Ludwig Henrici, der die Kolonisierung leitete, verlegte 1740 hierher den Verwaltungssitz des Amtes Königsholland.
Die Dreifaltigkeitskirche auf dem Scharmützel ist ein verputzter Saalbau mit achtseitigem Fachwerkturm, geschweifter Haube und Wetterfahne von 1724.
Die Ausstattung stammt aus der Bauzeit. Ein schwebender Taufengel, aus Lübeck eingeführt, hält in seiner Rechten einen Kranz, in dem sich eine Glasschale aus der Glashütte Scharmützel als Taufschale befand.
Das Gut F. war 1862 an das Preußische Kriegsministerium verpachtet worden und diente der Pferdezucht; bis 1945 Remontedepot. Danach wurde es auf „industrielle Rindermast" umgestellt; 31000 Rinder werden hier gehalten.
1939 hatte F. 1327 Bewohner.

Fiddichow *(Widuchowa),* Kr. Greifenhagen, am rechten Ufer der Oder auf einem höheren Plateau,

Ferdinandshof, Kirche auf dem Scharmützel

Fiddichow, 1744

deshalb als die Stadt mit „Himmelsleitern" bezeichnet; so nannte man die Gassen am Steilhang.

1159 wird das „castrum Viduchow" erstmals erwähnt. 1283 verlor der Flecken F. seine Marktgerechtigkeit zu Gunsten von Greifenhagen. Herzog Barnim III. verlieh 1347 dem „Wickbelde tho Videchow" Stadtrecht. Die Herrschaft von F. bestellte einen Rat der Stadt, der aber keinerlei Befugnisse hatte. 1679 kam die Stadt durch den Frieden von St. Germain an Brandenburg; 1725 erwarb sie Markgraf Friedrich von Schwedt und ließ sofort das Schloß, das seinem eigenen in Schwedt ähnelte, abreißen. 1788 kam F. in den Besitz des preußischen Königshauses. 1945 wurde die Stadt zum Teil zerstört und verlor ihre Stadtrechte.

Die St. Nikolaikirche, ein Granitquaderbau von 1303, zerstörte der Stadtbrand von 1601 bis auf die Außenmauern. Der Ostgiebel mit seiner mit Backstein eingefaßten Kreuzblende stammt noch aus der Bauzeit. Der Fachwerkturm mit Barockhaube wurde 1724 neu erbaut.

Die Schützengilde, 1353 gegründet, besaß in F. größere Bedeutung. Ihr Strafgesetz von 1706 zeugt von recht rauhen Zeitläuften:

1. Wer flucht und den Namen Gottes mißbraucht, zahlt zwei Groschen.
2. Wer schandbare Zoten redet oder singt, zahlt sechs Groschen.
3. Wer sich übermütig besäuft, daß man ihn leiten muß, oder ungebührlich schreiet, zahlt acht Groschen.
4. Wer mit jemandem Zank anfängt oder schimpft, zahlt 16 Groschen.
5. Wer jemanden schlägt, ohne Blutrünstigkeit, zahlt zwei Taler.
6. Wer jemanden schlägt, daß Blut darauf folgt, nach befinden auch Löcher, zahlt zehn Taler.

Ein regelmäßiger Schiffsverkehr zwischen Stettin, F. und Schwedt besorgte den Frachtverkehr. Die 1873 gebaute Eisenbahn Stettin—Küstrin führte in einer Entfernung von 4 km an der Stadt vorbei.

Im Mittelalter war F. Zollstätte; sie konnte sich nicht weiter entwickeln, da ihr 1282—1718 die Marktgerechtigkeit entzogen war. F. war in erster Linie Ackerbürgerstadt mit landwirtschaftlicher Verarbeitungsindustrie: Mühlen, Zigaretten-, Rohrflechtfabrik.

1939 lebten in F. 2495 Einwohner. 1983 Mittelpunkt einer Großgemeinde *(Gmina)* von 209,6 qkm Fläche mit 5654 Einwohnern.

Finkenwalde *(Zdroje)*, Groß Stettin. Der heutige Stettiner Villenvorort, eine friderizianische Siedlung, 1750 vom Stettiner Senator Carl Gotthilf Matthias angelegt, liegt am Rand der → Buchheide, umgeben von Gewächshäusern der vielen Gärtnereien. Ein 1 km langer Kreidehorst aus der Oberkreidezeit

(Obersenon) wird seit 1783 in der Kalkgrube „Katharinenhof" abgebaut und in der Zementfabrik „Stern" verarbeitet. Die feuersteinlose Kreide ist eine vom Eis losgerissene Scholle, die während der Eiszeit mit tertiären Septarientonen und anderen tertiären Schichten stark durcheinander gemengt wurde; darunter befinden sich auch die in der Schamottefabrikation verwendeten „Knollensteine", wohl eozän.

Seit 1862 bestand die Portland Zementfabrik „Stern", Toepfer, Grawitz & Co., die ihre Produkte bis in die USA exportierte. Seit 1903 mußte die Kreide von Rügen herbeigeschafft werden.

Ende des 19. Jh. wurde in zwei Stollen ein 2 bis 4 m mächtiges, 200 m langes Braunkohleflöz abgebaut.

Firchau *(Wierzchowo Człuchowskie),* Kr. Schlochau, frühgeschichtlicher Siedlungsplatz. Ein spätbronzezeitliches Urnenfeld von 200 x 150 m wurde ausgegraben. 1323 hatte der Komtur Dietrich von Lichtenau die Absicht, F. zu besiedeln, gab sie aber zu Gunsten von Mankau auf. Dafür stellte Heinrich von Grobitz 1372 eine Handfeste für F. aus.

Die alte katholische St. Marienkirche von 1546 war ein Schurzbohlenbau mit Westturm, den eine welsche Haube mit offener Laterne abschloß. Sie wurde 1928 abgebaut; später sollte sie im Schneidemühler Stadtpark wieder aufgestellt werden, was jedoch unterblieb.

1871 entstand an der Preußischen Ostbahn ein Bahnhof, von 1920—1939 Grenzbahnhof nach Polen. In seiner Nähe verarbeitete ein Werk für Eisenbahnschwellen das Holz der umliegenden Wälder. In F. lebten 1939: 618 Bewohner.

Fiddichow, Malchertsches Haus – Synagoge

Silbermünze, 10. Jh., Brandheide/Fiddichow

Flatow *(Złotów),* Kreisstadt an einer See-Enge zwischen Flatower Stadt-, Babba-, Bielsk- und Petziner See.

Ein alter pomoranischer Burgwall — Judenfriedhof — war schon um 700 Sitz eines slawischen Häuptlings. Bis etwa 1120 befand sich das Flatower Land in pommerschem Besitz, danach wurde es zu einem hart umkämpften Grenzland. Nach langandauernden Besitzstreitigkeiten mit dem Deutschen Orden kam F. 1343 im Kalischer Vertrag an Polen. 1370 wird F. erstmals als Stadt zu Magdeburger Recht erwähnt, Mittelpunkt einer kleinen Herrschaft, die dem Herzog Kasimir III. von Pommern-Stettin gehörte. Die Stadt blieb bis ins 20. Jh. adlige Mediatstadt, in der sich die Grundherren abwechselten. 1532 wurden F. die Marktrechte zugestanden. 1772 kam F. mit der Ersten Polnischen Teilung an Preußen. 1945 wurde die Stadt zu 30 v.H. zerstört, besonders am Krautmarkt wüteten schwere Brände.

Das Schloß, Mittelpunkt der Herrschaft F.-Krojanke, zerstörten 1657 die Schweden. Mitte 18. Jh. wurde als Neubau ein einfacher Putzbau mit Turm und Südflügel von Schinkel entworfen. 1945 blieb er erhalten und dient heute als Forstamt.

Die alte katholische St. Annakirche, die die Schweden zerstörten, ersetzte der Großgrundbesitzer Andreas Carl von Grudno-Grudzinski durch einen Barockbau. Die turmlose Kirche erhielt durch zwei

St. Annakirche in Flatow

mit Kuppeln überdeckte Kapellen einen kreuzförmigen Grundriß.
Der Hochaltar zeigt im Mittelbild die Krönung Mariens; Paulus Hack aus den Niederlanden hat ihn 1666 geschaffen. Seitenaltäre und Kanzel soll Johann Daniel Danzer aus F. geschnitzt haben.
Eine geologische Besonderheit ist der auf dem Hof der Turnhalle aufgestellte Stein mit der Bismarckplakette. Der Granitblock von 1,48 m Höhe und 3 m Umfang ist der größte periglaziale Windkanter Norddeutschlands.
1871 wurde die Strecke Schneidemühl—F.—Konitz der Preußischen Ostbahn eröffnet; 1914 die Strecke F.—Wengerz—Jastrow; nach 1945 stillgelegt.
Ein Handwerksprivileg von 1663 regelte den unlauteren Wettbewerb: „Wenn ein Handwerker den andern im Preis unterbietet, stellt er zur Strafe dem Gewerk ein großes Faß Bier." Die Brauereizunft wurde 1665 gegründet; 1785 gab es über 40 Brauer. Die Riemersche Brauerei war bis 1945 in Betrieb. Daneben gab es Spitzenherstellung.
Bis 1772 lag der gesamte Handel in Händen der zahlreichen Juden; 1792 gab es in F. keinen einzigen christlichen Kaufmann. Im 20. Jh. entstanden Ziegeleien, eine Dachpappenfabrik und eine Brennerei.
Johann Daniel Danzer (1620—1730), Tischler und Bildhauer, hat große Teile der katholischen Kirche gearbeitet; er starb im 110. Lebensjahr.
Adalbert von Tobold (1827—1907), berühmter Kehlkopfarzt.
F. hatte 1939: 7457; 1983: 15378 Einwohner.

Flederborn *(Podgaje)*, Kr. Neustettin, um 1579 als königliches Dorf im Amt Neustettin von Jakob Mileke und zwölf Bauern gegründet. 1769 gab es 30 Tuchmacher; das Dorf wurde zum Flecken erhoben. Die sehr geräumige Fachwerkkirche, Mitte 17. Jh., erhielt regelmäßig Besuch der Protestanten aus Flatow, da deren Gottesdienste unterdrückt wurden. Auf dem Ostgiebel stand eine Wetterfahne von 1648.
Der von reich geschnitztem Knorpelwerk umrahmte Altar zeigte eine Kreuzigungsszene im Mittelfeld. Bei den schweren Kämpfen von 1945 wurde die Kirche zerstört; Kirchenneubau von 1986.
An der 1 km entfernten → Küddow stand früher eine Papiermühle. 1929 wurde hier ein Elektrizitätswerk in Betrieb genommen, flußabwärts folgte ihm bald ein zweites.
1939 lebten in F. 561 Bewohner.

Flemendorf, Kr. Franzburg-Barth in der Gemeinde Groß Kordshagen kam zum Teil 1270 in den Besitz des Zisterzienserklosters → Neuenkamp. Das Dorf besitzt eine Backsteinkirche von Ende 15. Jh. Auf steinernem Unterbau erhebt sich ein verbretterter Turmaufsatz mit Helm aus dem 19. Jh. Der Altar, frühes 18. Jh., mit gedrehten Säulen und Schnitzfiguren der Evangelisten, hat als Mitte ein

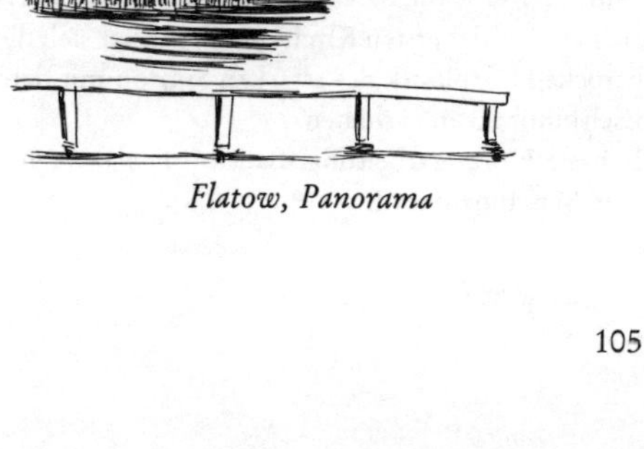

Flatow, Panorama

Flederborn, Fachwerkkirche mit Glockenstuhl

Tafelbild der Hl. Sippe (frühes 16. Jh.) mit am unteren Rande knienden Stifterfiguren E. E. Henlein († 1513) und Frau.
1937 wurden gut erhaltene Wandmalereien aus der Entstehungszeit freigelegt. Wandvorlagen und Schildbögen sind mit ornamentaler Bemalung eingefaßt. Daneben gibt es figürliche Darstellungen, so eine Kreuztragung und einen Christophorus.

Flötenstein *(Koczała),* Kr. Schlochau, Marktflecken mit Verwaltungsfunktionen für die Umgebung; schon in frühgeschichtlicher Zeit besiedelt. Die Reste eines Burgwalles, auf dem der Sitz eines polnischen Starosten gewesen sein soll, führte den Namen „Babylon". 1356 verlieh Alexander Stange mit Einwilligung des Heinrich von Thaba, Komtur in Schlochau, seinem Schulzen Hermann 60 Hufen, die nach kulmischem Recht mit Bauern zu besetzen waren. Das daneben bestehende Ordensgut betrieb hauptsächlich Schafzucht. Beim Hussiteneinfall 1433 wurde F. verwüstet. 1455 verpfändete der Deutsche Orden auch F. an die pommerschen Adligen Anton von der Osten und Cordt Glasenapp. 1957 gliederte Polen F. dem Kr. Rummelsburg an. 1901/02 wurde die Kirche St. Maria Magdalena errichtet. Aus der ersten Kirche von 1695 hat sich die barocke Holzplastik des „starken Simson mit dem Eselskinnbacken" erhalten.
F. hatte Holzverarbeitung, Baustoff-Fabriken und eine Maschinenfabrik.
Im Volksmund wurde F. als „Krähwinkel" bezeichnet, weil hier unzählige Krähen ihre zahlreichen Nistplätze hatten und zu jeder Jahreszeit anzutreffen waren.
In F. lebten 1939: 1843 Bewohner. 1983 Mittelpunkt einer Großgemeinde *(Gmina)* von 222,4 qkm Fläche mit 3423 Einwohnern.

Follstein *(Folsztyn),* Netzekreis, 1601 als Fulstyndorf angelegt; darin hatten sich zahlreiche Holzhäuser erhalten.
Das Vorlaubenhaus von 1742, ältestes des Kreises, kaufte 1925 der Netzekreis an und richtete es als Jugendherberge ein; 1945 mit elf anderen Wohnhäusern niedergebrannt.
1922/23 Errichtung der Ziegelei Witt.
1939 hatte F. 517 Bewohner.

Franzburg. Auf einem flachen Hügel in einem Urstromtal liegt die 1587 von Bogislaw XIII. für Künstler, Kaufleute und Gewerbetreibende gegründete Stadt mit kreisförmigem Grundriß. Den Bewohnern war der Besitz von Ackerland untersagt. Ihren Namen leitet die Stadt vom herzoglichen Schwiegervater Herzog Franz von Braunschweig-Lüneburg her. Vorgänger war das Zisterzienserkloster → Neuenkamp, das 1231 von Altenkamp angelegt worden war. Nach der Säkularisierung ließen sich die Herzöge von Pommern-Wolgast 1580 im Kloster ein Schloß von Christoph Haubitz errichten. 1605 Aufgabe der Residenz. Herzog

Blick auf Flötenstein

Philipp Julius, letzter Herzog von Pommern-Wolgast, ließ 1609 durch Caspar Rotermund eine fürstlich pommersche Münze einrichten, die aber nach Reichsrecht ungesetzlich war und wegen ihrer minderwertigen Prägungen in Verruf kam. Trotzdem bestand sie bis 1625.

Der Vertrag von F. (1627) gab dem Kaiser das Recht, in Pommern Truppen gegen eine schwedische Invasion zu stationieren. Wallenstein quartierte seine Truppen 1628 im Schloß ein und begann sein Zerstörungswerk. Das herzogliche Schloß diente als Steinbruch; die letzten Ruinen wurden 1876 beseitigt.

Von 1924 an dehnte sich F. mit Stadtrandsiedlungen allseitig aus. 1925 Verlegung des Landratsamtes des Kreises von F. nach Barth.

Das barocke Rathaus an der platzartig erweiterten Hauptstraße, ein eingeschossiger vierflügdonna mit Jesuskind auf der Mondsichel, 1430, aus Holz und farbig gefaßt, ein lebensgroßes barockes Kruzifix und an der Außenwand zwei Grabsteine der Äbte Heinrich Witte, † 1518, uFeldgrau" herstellten. Daneben entstanden noch sechs Ziegeleien, Sägewerke, Nahrungsmitthalten, das als Schloßkirche, nach 1816 zur Stadtkirche umgebaut wurde. 1876/77 Veränderung des Daches; man führte neugotische Giebel auf und vergrößerte die Fenster. 1978 Entfernung der neugotischen Ausstattung. Von der alten Einrichtung haben sich nur dürftige Relikte erhalten, wie die Madonna mit Jesuskind auf der Mondsichel, 1430, aus Holz und farbig gefaßt, ein lebensgroßes barockes Kruzifix und an der Außenwand zwei Grabsteine der Äbte Heinrich Witte, † 1518, und Vicko, † 1520.

Franzburger Kirche

Lokomotive der Franzburger Kleinbahn

Um 1600 Gründung der Fürstlichen Schule für Edelknaben.

F. erhielt 1900 eine Eisenbahnverbindung nach Stralsund; 1901 nach Tribsees verlängert.

Die Stadt wurde als Handwerkerstadt gegründet. Das Land gehörte im 17. und 18. Jh. zum königlichen Amt und zum Garthof, dem heutigen Rathaus. Erst 1840 erwarb die Stadt diese Ländereien.

Gewerbebetriebe: Ziegeleien, Nahrungsmittelbetriebe, Möbelfabrik.

Karl von Normann (1827—1888) preußischer Diplomat.

Der Maler *Louis Douzette* (1834—1924) lebte 1840—1852 in F.

1939 hatte F. 1961; 1965: 2900 Einwohner.

Freienwalde *(Chociwel)*, Kr. Saatzig, im Hügelland der Grundmoräne am Südufer des Staritzsees als zentraler Ort des agrarischen Umlandes.

In unmittelbarer Nähe lag ein wendischer Burgwall. Um 1250 war das Gebiet wüst. Zwischen 1250 und 1300 wurde nahe dem Burgwall eine deutsche Siedlung angelegt. 1338 gründeten die Brüder Wedego und Henning von Wedell die Stadt zu Brandenburger Recht, die bis in das 16. Jh. „Neuen F." hieß. Bis 1375 war der Bau der Stadtbefestigung mit Hohem

und Mühlentor beendet. Seit 1603 gehörte die Stadt zu Pommern. Während des Dreißigjährigen Krieges verlor F. (von 1630—1637) 760 Einwohner durch die Pest; 40 Menschen überlebten und wanderten nach Polen aus, von wo sie Jahre später zurückkehrten. 1945 wurde die Innenstadt völlig zerstört; erhalten blieben Kirche und Bahnhofsvorstadt.
Die Kirche St. Marien, erste Hälfte 15. Jh., wurde als dreischiffige Backsteinhallenkirche mit einschiffigem Chor errichtet; mit reichen Sterngewölben überspannt. Den Turm mit offener Halle, im Erdgeschoß mit reichem Blendenschmuck, im Obergeschoß stark verjüngt, vernichtete 1875 ein Blitzschlag; 1877 wieder aufgebaut.
1859 Anschluß an die Hinterpommersche Eisenbahn. Kurz vor der Stadt wurde 1941 der Autobahnbau eingestellt. Nach 1945 haben die Polen eine Auffahrt bei Voßberg angelegt.
Wirtschaftliche Grundlage war der Ackerbau der Umgebung. Sägewerke, Tischlereien, eine Mühle, ein Kalksandsteinwerk waren die wichtigsten Gewerbe.
In F. lebten 1939: 3406; 1983: 2406 Einwohner.

Freudenfier *(Szwecja)*, Kr. Deutsch Krone, durchfließt in ganzer Länge die Pilow. Die Dorfstraßen

Freienwalde, Kirchturm der St. Marienkirche

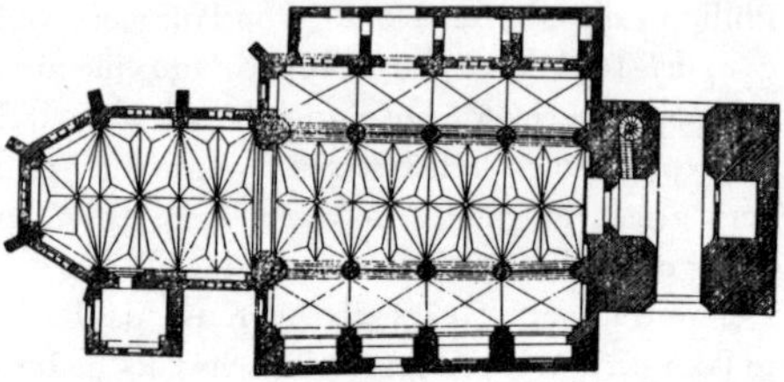

Grundriß der Marienkirche zu Freienwalde

liegen zu beiden Seiten des Flusses, an ihren Außenseiten stehen die Gehöfte. Drei Brücken verbinden beide Straßen.
1590 übergab der Starost Graf Gostomski den Brüdern Gregor und Johannes Horn das wüste Gebiet, um 30 deutsche Bauern aus der Neumark und aus Pommern anzusiedeln. 1613 ließ der Starost die Fiermühle, später die Hoppenmühle erbauen.
F. hatte 1939: 1227 Bewohner.

Friedeberg/Neumark *(Strzelce Krajeńskie)*, Kreisstadt, kreisrunde planmäßige Anlage auf der Grundmoräne, etwa 7 km nördlich des Netzebruchs an Ober- und Untersee.
Markgraf Konrad von Brandenburg legte nach seiner Hochzeit mit einer polnischen Prinzessin zwischen den Seen eine Burg an und neben ihr die Stadt, die um 1260 deutsches Stadtrecht erhielt. Um 1350 bestand in F. ein Augustiner Eremiten-Kloster, aus dessen Besitzungen das Klostergut hervorging. Markgraf Otto verpfändete 1372 dem Rat der Stadt das Oberste Gericht. Es wurde nie ausgelöst und blieb fortdauernd bei der Stadt. Bürgerschaft und Ritter des Deutschen Ordens verteidigten 1433 vergeblich die Stadt gegen Polen und Hussiten.
Am 8.12.1550 fand der erste Hexenprozeß statt; Bürgermeister Jakob Jahn trat durch erbarmungslose Härte hervor.
1647 gab es in F. nur noch 40 Einwohner. Seit 1832 ist F. Kreisstadt. Erst jetzt wurde sie nach Süden und Westen über die mittelalterliche Mauer erweitert. 1945 wurde sie zu 50 v. H. zerstört, zumal die Innen-

An der Stadtmauer in Friedeberg

stadt. Am Marktplatz entging ein Fachwerkhaus der Vernichtung.
Die Stadtmauer aus Feldstein ist rings um die Stadt zum Teil in ursprünglicher Höhe (8 m) erhalten, desgleichen das Driesener Tor mit spitzbogiger Durchfahrt, reich verziert mit Blenden und Friesen.
Die gotische St. Marienkirche, Ende 13. Jh., war eine Backsteinbasilika; nach den Zerstörungen von 1433 als dreischiffige Hallenkirche mit Sterngewölben ohne Chor wieder aufgebaut. 1697 erhielt der Turm einen barocken Aufsatz. Der 1762 aufgestellte holzgeschnitzte Rokokoaltar wurde entfernt und durch einen modernen ersetzt.
1945 brannte die Kirche aus; sie ist wieder aufgebaut worden.
1857 wurde die Preußische Ostbahn 7 km von der Stadt entfernt gebaut. Erst 1897 verband die Friedeberger Kleinbahn die Stadt mit der Ostbahn; 1902 nach Alt Libbehne verlängert.
Schon vor 1363 gab es in F. Wochenmärkte. 1865 betrieb der Kantor Wernicke Seidenbau und erntete 20 Pfund Kokons.
Neben Filzwaren wurden in F. Möbel hergestellt. Nach 1945 kam die Lederverarbeitung hinzu. Landwirtschaftliches Technikum.
1939 lebten in F. 5869; 1975: 5800; 1983: 7956 Bewohner.

Friedebergschbruch *(Żółwin),* Kr. Friedberg. 1692 wurde die Urbarmachung des Friedeberger Netzebruchs angeregt, aber erst 1715 gründeten aufgrund eines königlichen Reglements die Kriegsräte Manitius und Weding die älteste städtische Kolonie. Eine Kabinettordre erlaubte 1722 den Bau der Kirche; 1726 begonnen, 1727 eingeweiht. Der König schenkte Altar und Kanzel aus der alten Garnisonskirche in Berlin. 1899 wurde die Kirche durch einen Backsteinbau ersetzt.
F. hatte 1939: 611 Einwohner.

Friedrichsdorf *(Przeborowo),* Kr. Friedeberg, 1673 erweitertes und später mit Neuendorf zusammengelegtes Dorf. Kurfürst Joachim Friedrich gab ihm seinen Namen. Im Siedlungsbereich von F. gab es mehrere alte Slawendörfer.
Die Kirche barg einen einzigartigen spätgotischen Schreinaltar mit Schnitzfiguren.
1939 hatte F. 492 Bewohner.

Friedrichsdorf *(Darskowo),* Kr. Dramburg. Das Rittergut (1352 ha) mit seinem Dorf wurde schon in der Gründungsurkunde von Falkenburg 1333 genannt. 1807 war auf dem Gut für mehrere Monate der französische General Nansouty mit seinem Stab einquartiert.
Das Gutshaus, ein zweigeschossiger Putzbau mit

Friedeberg, Neues Tor

Friedrichsthal, Marienfigur in der Kirche

Rokokoverzierungen, trug an der Dachkrönung der Vorderseite das Ehewappen von Döberitz und von Borcke.
Die Backsteinkirche wurde 1785 erbaut. An der Nordwand stand der schlichte Kanzelaltar, vor der Südseite der Turm mit Eingangshalle und bretterverkleidetem Obergeschoß.
Im Gutsdorf lebten 1939: 310 Einwohner.

Friedrichshuld *(Bożanka),* Kr. Rummelsburg, hieß im 16. Jh. „Schwirzalinza"; um 1600 tauchte der Name „Billerbeck" auf. Im 18. Jh. verschwanden die Bauern, das Gut wurde vergrößert. Ansiedlung schlesischer Weber. Gründung einer Weberei und Barchentmanufaktur. 1754 wurde der Name F. eingeführt zur Erinnerung an die Förderung durch Friedrich den Großen. Vor dem Zweiten Weltkrieg gab es noch eine einzige Damastweberei der Brüder Lange. 1934 versuchten Else Mögelin mit Gerda Tangermann, diese Weberei vor dem Aussterben zu bewahren. 1939 wurden noch Seidenweber aus Lodz angesiedelt, eine Mühe, die 1945 ihr Ende fand.
1939 hatte F. 210 Bewohner.

Friedrichsthal, Kr. Greifenhagen; 1755 vom Landesdirektor Carl Friedrich von Sydow angelegt. 1765 Errichtung der turmlosen Kirche, in der die Barockkanzel, deren Korb ein Sechseck von 2 m Durchmesser bildet, aus der ehemaligen Marienkirche in Stettin aufgestellt wurde. 1894 verbrannte der Schalldeckel; ein einfacher Stiel ersetzte den Kanzelträger, eine Marienfigur. Von dieser Kanzel standen in der Kirche noch zwei Marienfiguren mit Jesuskind aus Eichenholz.
In F. wurden in den Obstgärten intensiv Tabak, Sellerie und Möhren für den Stettiner Markt angebaut.
F. hatte 1939: 212 Einwohner.

Friedrichswalde *(Podlesie),* Kr. Naugard. Herzog Johann Friedrich (1569—1600) errichtete 8 km nordöstlich Karolinenhorst ein Jagdschloß mit einer Kapelle. Die Einrichtung ließ er von der Oderburg bei Stettin, der ehemaligen Kartause Gottesgnade, in die Kapelle überführen. Im Dreißigjährigen Krieg wurde sie nach Stargard geschafft, später nach Stettin zurück. Inzwischen hatten die Schweden das Schloß bis auf die Kapelle zerstört. 1660 kamen Altar und Kanzel in die Kapelle zurück und 1889 in die Kirche. Der Altar hat die Kriegswirren 1945 überstanden.
Er ist der älteste evangelische Altar Pommerns. Nach einer Überlieferung soll es das Werk Herzog Barnims III. sein. Das Mittelfeld, ein dreiflügeliger

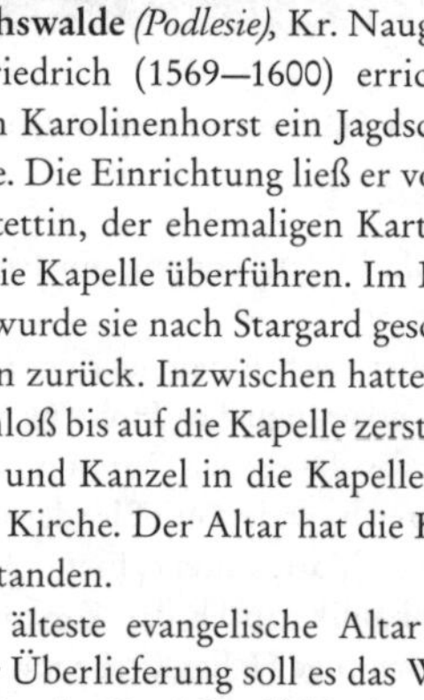

Grabstein, Hofnarr K. Hintz, Friedrichswalde

Altar, den Hans Preissner zwischen 1560 und 1561 geschnitzt haben soll, zeigt das Abendmahl, eingerahmt von einer Kreuztragung und Auferstehung. Das herzogliche Schnitzwerk könnte der Rahmen und das Abendmahl sein. Die Kanzel ist ebenfalls sehr reich geschnitzt; an der Kanzeltreppe die seltene Darstellung des reichen Mannes und des armen Lazarus.
In der Turmhalle ist die Kalksteingrabplatte des Hofnarren Klaus Hintz († 1599) aufgestellt. Er gab Hinzendorf den Namen.

Fritzow *(Wrzosowo)*, Kr. Cammin, als Kapiteldorf an der → Dievenow bereits 1321 erstmals erwähnt. 1337 erschienen die von Vemer, denen sich im 16. Jh. die von Puttkamer zugesellten. Nach dem großen Brand 1840 kam das Gut 1862 an die von Puttkamer zurück. 1933 und 1936 wurden Teile des Gutes aufgesiedelt.
Die St. Marienkirche stammte aus dem 15. Jh. Joachim Sellin aus Wollin malte sie 1671—1678 aus. 1747 Erweiterung der Kirche nach Osten. 1840 brannte sie bis auf die Feldsteinaußenwände ab. Die restaurierte Kirche brannte 1945 völlig ab.
In den 1720er Jahren baute erstmals Kantor Kasten Kartoffeln an, die ihm ein Seemann geschenkt hatte; hier begann also der Kartoffelanbau in Pommern.
An der Dievenow erhebt sich die fossilienreiche Malmklippe, eine vom Untergrund losgerissene Kalksteinscholle.
In F. lebten 1939: 514 Bewohner.

Fritzow *(Wrzosowo)*, Kr. Kolberg-Körlin. Bischof

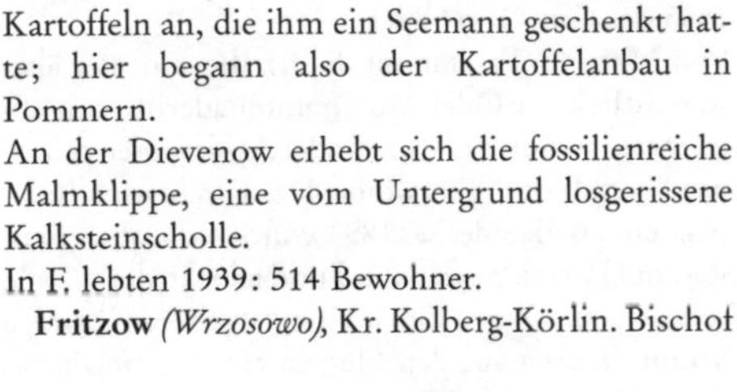

Dorflage Fritzow

»Tiefer See« im Fünfseengebiet

Hermann von Cammin stattete 1263 die Kirche mit vier Hufen aus und schloß die Dörfer Lübchow, → Klaptow, → Peterfitz, Jaasche, Leikow und Poldemin der Pfarrei an. 1345 wurden die Damitze mit F. belehnt und hielten es bis 1772 in ihrem Besitz.
Aus der zweiten Hälfte 13. Jh. stammt die Backsteinkirche, die früher eingewölbt war, mit Westturm, dessen Portal in einer Kleeblattblende liegt. Altar und Orgel im 19. Jh. eingebaut; das Altarbild, die Emmausjünger, ist älter.
1939 hatte F. 368 Einwohner.

Fünfseenlandschaft. Die Seengruppe von fünf langgestreckten Seen liegt am Eingang zur → Pommerschen Schweiz in der Nähe von Bad Polzin. Ein enges (250–500 m), 62 m tief eingeschnittenes Quertal im Landrücken faßt außer den Seen nur noch eine Straße. Es ist wohl ein Erosionstal der letzten Eiszeit. Die Seen sind Reste eines einzigen großen durch Geschiebe an seinen flachsten Stellen aufgefüllt und so in einzelne Teile zerlegt. Der Obere See, aus dem die → Drage fließt, liegt in 150 m Höhe und ist wie der nächste, der Runde See, nur 2—3 m tief. Der größte, der Lange See (1 km) ist nirgends tiefer als 5 m. Der kleinere Tiefe See erreicht mit 20 m die größte Tiefe; der Kleine See ist 15 m tief. Hierbei handelt es sich wohl um eiszeitliche Strudellöcher.
Die Talhänge sind dicht bewaldet und locken mit ihren vielfältigen Aussichten stets neue Touristen an.

Funkenhagen *(Gąski)*, Kr. Köslin. In der Nähe schlug 1286 der herzoglich stettinische Heerführer Wulwold Below polnische Truppen. 1288 wird Vunkenhagen erstmals erwähnt.
1576 fand man an der Steilküste ein Stück Bernstein von 5,75 kg.
Das Steilufer, auf dem ein Leuchtturm steht, war ständiger Abtragung ausgesetzt. Vor 1925 wurden hier auf 9 km Küstenlänge 156 Buhnen gebaut, die die Küstenzerstörung stark verminderten.
Das Ostseebad hatte 1939: 483 Einwohner.

Fürstensee *(Przywodzie)*, Kr. Pyritz, Dorf im Plönetal, mit einer mittelalterlichen Feldsteinkirche. Die regelmäßige Schichtung der Steine, ihr steiles Dach und die schlanken Fenster deuten auf das 13. Jh. hin. Auf dem First des Ostgiebels sitzt ein Dachreiter.
Den Kirchenraum beherrschte der reich geschnitzte barocke Kanzelaltar. Zwei Frauengestalten mit Schilden stützen den Schalldeckel.
Ein Epitaph war für die 1746—1749 gestorbenen drei Söhne und eine Tochter des Lorenz Georg von Wedell und seiner Frau Dorothea Frederika aufgestellt.
In F. lebten 1939: 347 Bewohner.

Garden *(Gardno)*, Kr. Greifenhagen. „Gartne“

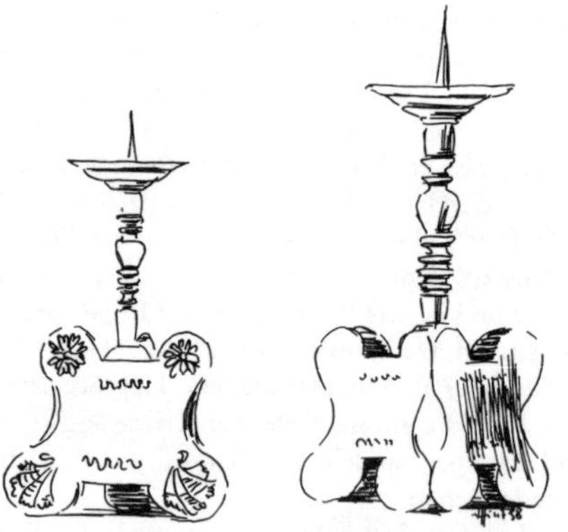

Altarleuchter aus der Kirche in Garden

»Blauer Hut« aus Gartz an der Oder

wird schon 1234 genannt, aber erst 1240 Klostergut von → Kolbatz; 1242 wird Hinricus scultetus de Gardna erwähnt.
Aus einem wüsten Freischulzengut und 14 eingegangenen Bauern- und fünf Kossätenhöfen wurde 1653 das Gut G. gebildet.
Von Mitte 13. Jh. stammt die Kirche, eine der ältesten östlich der Oder, ein Granitquaderbau mit abgesetztem Chor und halbrunder Apsis, innen mit einer Viertelkugel überwölbt. Das Kirchenschiff besitzt eine Balkendecke. 1893 wurden die alten Fenster und Portale zugemauert und neue in die Wände gebrochen. Zur Einrichtung gehören einige Schnitzfiguren aus den Flügeln eines mittelalterlichen Altars.
G. hatte 1939: 293 Bewohner.

Garder See *(Jezioro Gardno)*, 25 qkm großer Strandsee, von einer 1—1,5 km, an einigen Stellen 2 km breiten Nehrung mit hohen Dünen vom Meer getrennt. In den östlichen Teil schiebt die → Lupow ihr großes Delta vor; dieser Teil ist kaum 1 m tief. Am Strand von → Groß Garde finden wir am See deutliche Spuren der Eiszeit. Hier liegt auch der 115 m hohe → Revekol. Der westliche Teil ist tiefer, überschreitet aber nicht 2,80 m. In ihm liegt die Steininsel, ein Reservat für Wasservögel. Hier win-

Gartz an der Oder, Stettiner Tor

det sich bei Klein Rowe die Lupow durch die Nehrung in die Ostsee. Meerwasser kann nur selten in den See vordringen, so daß er nicht als eine Lagune wie der → Jamunder oder → Buckower See anzusprechen ist.

Gartz an der Oder, Kr. Greifenhagen, am linken Oderufer 30 km südlich von Stettin, an der Mündung des Salviebaches.

Westlich der Stadt zwischen Mühlenteich und der Oder muß ein Burgwall der Lausitzer Kultur gelegen haben; zahlreiche hier gefundene Scherben weisen darauf hin. Auf seiner ersten Missionsreise 1124 besuchte Otto von Bamberg die Burg und den Flecken G. 1249 verlieh Herzog Barnim I. der Stadt Magdeburger Recht und schenkte ihr 1259 die Stelle der alten Burg und des Burgfleckens. Um 1290 kamen die Wilhelmitenmönche aus Stettin, bauten ein Kloster und schlossen sich den Augustiner Eremiten an. Ein Nonnenkloster muß es auch um 1280 gegeben haben. Herzog Otto I. erlaubte 1305 G., eine Brücke über das Oderbruch und die Oderarme zu bauen. 1314 war G. Mitglied der Hanse. Herzog Otto I. bestätigte 1328 der Stadt das Recht, daß alle Kaufleute auf ihrem Weg von Schwedt nach Stettin durch die Stadt ziehen müssen. 1630 zerstörten die Schweden die Oderbrücke. Sie vertrieben 1639 die Einwohner nach Stettin und Greifenhagen und zerstörten die Stadt vollständig. An der Wasserseite der Stadt wurde 1830—1860 die alte Stadtmauer niedergelegt. Erst 1929 entstand eine Hängebrücke über die Oder; 1945 zusammen mit dem Stadtkern vernichtet.

Den Abbruch der Stadtwehr 1828 überstanden das Stettiner Tor, 26,30 m hoch mit einer blendengegliederten Wand vor dem Giebel der Feldseite, der „blaute Hut“, ein 23,10 m hoher Mauerturm, dessen Spitze mit tiefblau glasierten Ziegeln bedeckt war (1945 zerstört) und das Storchennest, ein Backsteinturm von 26 m Höhe.

Die St. Stephanuskirche von 1259 war in erster Anlage ein Granitquaderbau, dessen Reste in der Sakristei, im Turmsockel und am Langhaus zu finden sind; in zweiter Hälfte 14. Jh. und Anfang 15. Jh. zu einer dreischiffigen Hallenkirche umgebaut. Sterngewölbe überspannen Chor und Mittelschiff. Den Turm krönte ein achteckiger Aufbau der späten Barockzeit. 1945 wurde die Kirche bis auf die Außenmauern zerstört; teilweise wieder aufgebaut, so daß im Chor Gottesdienste abgehalten werden können. Das Mittelschiff bleibt Ruine; der Turm mit Notdach soll neue Glocken erhalten. 1280 war die Hl.-Geist-Kapelle erbaut worden; 1793 in ein Krankenhaus einbezogen.

1397 wird bereits ein Rektor erwähnt. Nach der Schulordnung von 1593 gab es eine Lateinschule mit Griechisch als Unterrichtsfach.

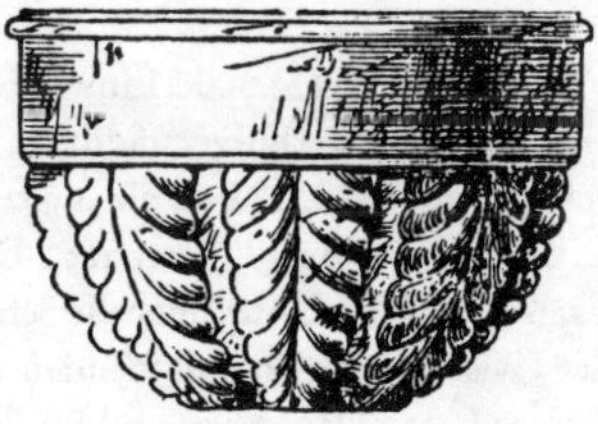

Taufstein aus der Peterskirche in Garz

Gesichtsurne aus Garzigar

Durch die Lage an der Oder hatte G. Schiffahrtsverbindungen nach Stettin und Berlin. Die Eisenbahn Berlin—Stettin (1843) führte 8 km entfernt an der Stadt vorbei, erst 1913 wurde eine Zweigbahn nach Tantow gebaut, 1945 aber demontiert.
Der Durchgangshandel zu Wasser und zu Land ging im Mittelalter über G. 1320 erhielt die Stadt freies Schiffahrtsrecht auf den Odergewässern. 1321 wurde der Wasserzoll von Schwedt und Oderberg hierher verlegt. Im 19. Jh. wurde G. zur Tabakstadt Pommerns; nicht nur der Tabakanbau, auch der Handel und die Verarbeitung waren hier bis 1945 konzentriert; daneben noch Werke der Holzverarbeitung. Heute liegt G. als Stadt an der Grenze nach Polen in einem wirtschaftlich toten Winkel.
Johann Gabriel Michael Fredersdorf (um 1708 bis 1758), seit 1740 Geheimkämmerer Friedrichs des Großen.
G. hatte 1939: 3950; 1965: 3000 Einwohner.

Garz, Kr. Rügen, Ackerbürgerstädtchen im südlichen Flachland der Insel am Fuß eines alten wendischen Burgwalles, der Burg „Charenza". Die Knytlinga-Saga, Kap. 121, berichtet über die Schlacht am Garzer See zwischen Dänen und Wenden 1165. König Woldemar I. von Dänemark und Bischof Absalom von Roskilde zerstörten 1168 den Götzentempel auf dem Burgwall, in dem die Kriegsgötter Rugevit und Porevit und der Friedensgott Porenut verehrt wurden. Die Sieger erbauten eine Kapelle „St. Marien auf dem Wall". 1199 zerstörten die pommerschen Herzöge Bogislaw II. und Kasimir II. den Burgwall von G. 1207 war das „castrum Garchen" Sitz der regierenden Fürsten von Rügen. Wichtige Urkunden wurden hier ausgestellt, so 1234 die Gründungsurkunde von Stralsund. Am Fuß des Kirchberges entwickelte sich Wendorf, eine wendische Siedlung; erst 1900 in die Stadt eingemeindet. Nordöstlich der Burg entstand seit etwa 1240 eine von deutschen Kolonisten angelegte Siedlung, der 1316 oder 1317 Fürst Witzlaw III. Stadtrechte verlieh.
Die St. Petrikirche wurde als Backsteinbau Mitte 14. Jh. gebaut und 1396 geweiht. Der Westturm, um 1450, trägt einen Barockhelm. Der östliche Teil wurde im 15./16. Jh. angebaut; der Chorbau erst 1741. Darin steht ein aus der Werkstatt Elias Keßlers kommender Altar von 1724, in den ein Bild, Jesus am Ölberg, des 19. Jh. eingefügt wurde. Eine Mosesfigur trägt die barocke Kanzel von 1707/08. Martin Becker schnitzte im zweiten Viertel 18. Jh. den Taufengel. In dieser Kirche wurde Ernst Moritz Arndt getauft und konfirmiert.
Die Bürgerhäuser sind erst nach dem Brand von 1765 gebaut worden; Errichtung des Fachwerkpfarrhauses um 1750.
Die Rügensche Bahn (750 mm Spurweite) stellte 1896 eine Eisenbahnverbindung her; nach 1945 demontiert. Die Universität Greifswald gründete in G. 1930 das erste Diabetikerheim Deutschlands.
In G. lebten 1939: 2493; 1965: 2700 Bewohner.

Garzigar *(Garczegorze),* Kr. Lauenburg. Aus dem ersten Jahrtausend v. Chr. wurde hier eine Gesichtsurne mit Bronzeohrringen und einem Bronzespiralgewinde als Halsschmuck gefunden.
Der Deutschordenskomtur von Danzig, Heinrich Rechtir, übergab 1348 den beiden Lokatoren Arnold und Wicken die Handfeste für das halbe Dorf, um es zu kulmischem Recht mit Siedlern zu beset-

zen. Für ihr Schulzenamt erhielten sie sechs Freihufe, die Pfarre vier. G. ist die älteste Ordensgründung im Lauenburger Gebiet.
In der evangelischen Kirche von 1897 gab es einen spätgotischen Kelch mit Patene, in der im 17. Jh. eingraviert worden war: „MIT.DIESEM.KELCH. HAT.KATHOLISCH.KIRCH.NICHTS.ZU. SCHAFFEN."
1939 lebten in G. 642 Einwohner.

Gemel *(Jemielno)*, Kr. Schlochau, altes Rittergut auf dem Hochufer der → Brahe, 142 m über NN, in der Gemeinde Platzig.
Bereits 1326 in der Grenzbeschreibung der Handfeste von Sampohl und Konarzyn genannt. Vermutlich war es ein pomerellischer Herrensitz, der Anfang 14. Jh. dem deutschen Ritter Ditterich Schiltberg gehörte. Der Landschreiber der Wojewodschaft Pomerellen und Kastellan von Danzig, Johann Peter Tucholka, besaß es um 1660. 1745 ging es in den Besitz des Oberkastellans und Starosten Peter Tucholka über. 1832 Zwangsverkauf.
Das barocke Herrenhaus mit einem Wappen, Initialen P. T., wurde 1745 erbaut.
Auf einem steilen Hügel stand wegen der nahen Brahebrücke auf hohem Barocksockel eine St. Nepomukstatue aus Holz.
Platzig hatte 1939: 267 Einwohner.

Gersdorf *(Gawroniec)*, Kr. Dramburg, Rittergutsdorf in reizender Hügellandschaft, schon 1251 als „Jersdorff" und „Jerstorff" erwähnt. Die Familie von Borcke hatte 1499 fast ganz G. erworben. Hauptmann Schrank von Nossungk besetzte G. und Klebow, weil ihn der polnische König nicht entsprechend entlohnt hatte. Beide Dörfer wurden dabei schwer mitgenommen.
Die Dorfkirche ist ein einzigartiger Rundbau, vor den Freiheitskriegen begonnen, 1807 halb und 1820 ganz fertig gestellt. Über dem Feldsteinzylinder erhebt sich eine mit Backsteinen und im Scheitel mit Zink gedeckte Kuppel. 1850 wurde aus akustischen Gründen eine flache Balkendecke eingezogen.
Eine spätgotische Madonna mit Jesuskind (um 1500) aus der älteren Kirche war im Gutshaus aufgestellt.
1939 lebten in G. 329 Bewohner.

Gervin *(Gorawino)*, Kr. Kolberg-Körlin, in der Stiftungsurkunde des Klosters Belbuck als „Gorewino" 1224 erwähnt. 1276 gehörte das Dorf dem Domkapitel in Kolberg.
Die Fachwerkkirche besitzt einen hölzernen Westturm. Am Ostgiebel war in einen Balken die Inschrift: „Joachim Heckel — haet mich gebauwet — Hans Meider Anno 1644" eingeschnitten.
Auf dem Altar, erste Hälfte 17. Jh., steht ein Relief der Kreuzigung. Die Emporenbrüstungen sind sehr reich geschnitzt.
Die große Glocke, 15. Jh., 1,04 m Durchmesser, hängt in der St. Marienkirche in Flensburg.
In G. lebten 1939: 559 Einwohner.

Gingst, Kr. Rügen. In Niederrügen liegt der Marktflecken, aus dessen (Ghynxt) Krug 1232 Fürst Witzlaw I. der Kapelle in Garz eine Rente zuwies. Seit 1503 war es „oppidum" ohne Stadtrecht. Praepositus Picht organisierte 1779 die Innung der Damastweber, nachdem er 1774 die Leibeigenschaft für den Landbesitz der Kirche aufgehoben hatte.
St. Jakobus ist eine Backsteinhallenkirche mit Chor, um 1300. Das dreischiffige Langhaus wurde

Hölzerner Westturm der Kirche in Gervin

100 Jahre später errichtet, der Turm nach 1450; die achteckige Haube wurde ihm im 18. Jh. aufgesetzt. 1699 beschädigte ein Blitzschlag die Kirche schwer, die Gewölbe des Mittelschiffes stürzten ein. 1725 wurde eine flache Decke mit Stuckverzierung eingezogen. Die jetzige Ausmalung erfolgte 1963 in Anlehnung an freigelegte Reste der mittelalterlichen und barocken Bemalung. Von etwa 1725 stammt die Inneneinrichtung. Der Altar von 1776 zeigt schon klassizistische Formen. Das Mittelbild ist ein Tafelbild der Himmelfahrt Christi. Die Uhr im Obergeschoß wurde 1796 eingebaut. Die Orgel schuf Christian Kind aus Stralsund 1790, ihr Werk ist noch annähernd original erhalten.
Aufgrund der intensiven Landwirtschaft in der Umgebung wurde hier nach 1945 ein volkseigener Saatzuchtbetrieb eingerichtet.
G. Hatte 1939: 1477 Bewohner.

Glasow, Kr. Greifenhagen, besitzt eine Granitquaderkirche, 13. Jh., mit einem nicht abgesetzten Westturm, den über dem Dach ein verbretterter Fachwerkaufbau mit barockem Helm krönt. Die Ostseite befindet sich noch im ursprünglichen Zustand: drei schlanke Fenster unter ungegliedertem Quadergiebel.

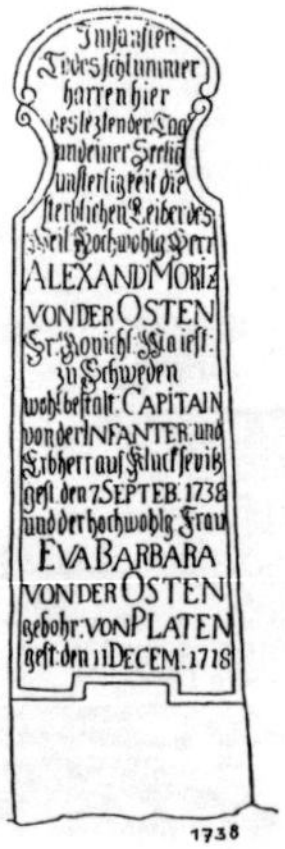

Mittelalterliche Mordwange, Friedhof Gingst

Turm der Kirche in Glasow

Von einer alten Ausstattung ist die Kanzel aus Eichenholz mit Intarsien und einem Christusbild unter dem Schalldeckel von 1698 erhalten.
Das Dorf hatte 1939: 434 Einwohner.

Glewitz, Kr. Grimmen. 1293 wurde das Patronat der Kirche dem Kloster Neuenkamp verliehen. 1717 stürzte das Chorgewölbe ein.
Die Kirche hat einen Ende 13. Jh. errichteten Chor, an den in spätgotischer Zeit das kreuzrippengewölbte Langhaus angebaut wurde; 1851 erhielt der Backsteinbau einen Verputz. Um 1800 entstand die Empirekanzel mit gemalten Szenen aus dem Leben Jesu. Ein geschnitztes Kruzifix mit den Evangelistensymbolen an den Enden stammt von Ende 15. Jh.
In G. lebten 1939: 505 Einwohner.

Glowitz *(Główczyce),* Kr. Stolp, 1252 erstmals erwähnt; es hatte für die Dörfer der Umgebung fast kleinstadtähnliche Funktionen. Um 1930 gab es sogar zwei Hotels.
Neben einem Maschinenwerk und einer Ziegelei wurden die landwirtschaftlichen Erzeugnisse in einer Molkerei, einer Mühle und einer Wurstfabrik verarbeitet.
Das Kirchdorf hatte 1939: 1272 Einwohner. 1983

Pastorenhaus in Glewitz

Mittelpunkt einer Großgemeinde *(Gmina)* von 323,8 qkm Fläche mit 9164 Einwohnern.

Göhren, Kr. Rügen, Seebad, liegt auf dem bewaldeten G.er Inselkern, auf der Halbinsel → Mönchgut. 1276 und 1295 urkundlich erwähnt; es gehörte zu den Orten, die Fürst Jaromar II. dem Kloster → Eldena verkauft hatten. Wegen seiner schönen Umgebung — im Osten die Landspitze Nordperd (60 m über NN) mit malerischen Steilabfällen und vorgelagertem Blockstrand — wurde es schon 1877 Badeort, 1899 Endstation der Rügenschen Bahnen. 1901 besuchten es bereits 6800 Kurgäste. Der Aufschwung als Seebad — der Strand lag zunächst im Norden des Inselkerns — war erheblich. 1938: 222 144 Fremdenübernachtungen.
1963 wurde in G. ein Bauernhof-Museum eröffnet. In einem stattlichen reetgedeckten Bauern-, Fischer- und Lotsenhaus (erste Häfte 19. Jh.) sind Entwicklung und Eigenart des Mönchguts gezeigt, wie Trachten, Hausmarken oder die alte Glocke der Lotsenstation Thiessow auf der Südspitze. 1982 wurde der 43 t große Frachtmotorsegler „Luise" (1906) am Südstrand als Museumsschiff aufgebockt.
G. hatte 1939: 1222; 1971: 1800 Einwohner.

Goldbeck *(Sulino),* Kr. Saatzig; schon 1281 ist dort eine Mühle erwähnt. 1493 wurde Taghmer als Pfarrer auf Präsentation des Propstes und der Zisterzienserinnen von → Marienfließ in G. eingesetzt. Die Dorfkirche ist ein Findlingsbau des späten Mittelalters. Der Turm mit geböschten Holzwandungen und niedriger Barockhaube wurde 1728 an die Kirche angebaut. Der Altar, ein spätgotischer Flügelaltar, zeigt im Mittelfeld die Mutter Gottes, begleitet von einer Heiligen und einem Bischof; in den Flügeln stehen Figuren von Aposteln und Heiligen. Die geschnitzte, farbig bemalte Renaissancekanzel stammt aus der Zeit um 1600. In den Fenstern gab es bemalte Scheiben, darunter das neunfeldige pommersche Wappen von 1613.
1939 hatte G. 366 Einwohner.

Gollen *(Góra Chełmska),* 137 m hoch, östlich Köslin; steigt unmittelbar aus der Küstenebene auf und ist aus über 20 Seemeilen Entfernung erkennbar. Merian (1652) und Mikraelius (1597—1658) hatten sagenhafte Vorstellungen von Höhe und Ausdehnung des Höhenzuges. Als „Demantberg" gelangte er in die Grimmschen Märchen.
Im Kern und an der Oberfläche besteht der G. zum großen Teil aus älterem und jüngerem Tertiär, miozäne Quarzkiese treten hervor. An seinem Fuß stehen braunkohlehaltige Schichten an; eine 1902 niedergebrachte Suchbohrung ergab in 100 m Tiefe echte pleistozäne (eiszeitliche) Geschiebe. Der G. ist eine Scholle, die das Küstenland im Nordwesten steil durchbricht und gegen Zanow langsam absinkt. Es kann sich entweder um eine gewaltige glaziale Überschiebung handeln oder das Ergebnis

Museum in Göhren

Gedenkkreuz am Gollen

sehr junger tektonischer Bewegungen sein, wobei durch Grabenbildung der Landzusammenhang mit dem Bornholmer Horst zerstört wurde; als Beweis hierfür wird der Küstenknick am Jamunder See angeführt.

Erste Nachrichten über den Berg „Cholin" stammen von 1214. Bereits 1263 wird eine Kirche auf dem Berg als Pfarrkirche genannt; 1278 wohl zu einer Kapelle herabgestuft. Ihr Turm diente als markantes Seezeichen, zumal damals das alte Tief zwischen Ostsee und Jamunder See schiffbar war und der See einen natürlichen Hafen für Köslin bildete. In der ersten Hälfte 14. Jh. dürfte auch auf dem Kapellenturm ein Richtfeuer installiert worden sein. Etwa gleichzeitig gab es die ersten Nachrichten von Wallfahrten zum G. (1352). St. Marien, 1395, auf dem G. war nicht nur der bedeutendste, sondern auch ältester Gnadenort für Reisende und Schiffer in diesem Gebiet. Ein Pilger aus Norddeutschland erfuhr auf seiner Pilgerfahrt in Santiago de Compostela, daß er für seine Taten auch Vergebung auf dem G. erhalten hätte. Am G. führte die wichtige Straße von Stettin nach Danzig vorbei, wichtigste Landverbindung der baltischen Länder mit Mittel- und Süddeutschland. Den waldbedeckten G. mieden die Menschen im Mittelalter als besonders gefährlich. Erst 1826 wurde der letzte Wolf erlegt.

Mit der Reformation wurde der Wallfahrtsort aufgehoben; die Kapelle verfiel. Um 1530 war sie schon zerstört. 1592 nutzte sie Fürstbischof Herzog Kasimir IX. als Steinbruch. Eine Windfahne auf einem starken Baum ersetzte das Leuchtfeuer. Das Tief versandete, so daß der Jamunder See als Kösliner Hafen allmählich ausfiel und das Seezeichen entbehrlich wurde. 1829 wurde nach Plänen Schinkels das Kreuz als Denkmal für die 1813—1815 Gefallenen errichtet. In einiger Entfernung wurde 1888 ein 31,50 m hoher Aussichtsturm mit Restaurant erbaut. Nach 1945 verschwand das Gollenkreuz.

Gollnow *(Goleniów)*, Kr. Naugard, an der schiffbaren → Ihna, inmitten großer Wälder; 1268 zu Magdeburger Recht von Herzog Barnim I. gegründete Stadt „Vredeheide", nach der Landschaft „Golinog" genannt. Herzog Otto I. änderte 1314 das Stadtrecht in das lübische um. 1339 erhielt G. Zollfreiheit auf der Ihna und der → Peene. Dazu kam G. 1368 zur Hanse. Es entwickelte sich die Kahnschiffervorstadt, die „Wiek". Bis ins 18. Jh. betrieb G. einen schwungvollen Korn-, Holz- und Salzhandel. 1383 durfte G. die „Weißpfennige" schlagen und das dazu erforderliche Silber ankaufen. Die Stadt war

Hafen von Gollnow

dadurch so mächtig, daß sie die Ihna für die Schiffe der flußaufwärts liegenden Städte mit einem Baum sperren konnte. Stargard mußte sich durch hohe Summen die Durchfahrt erkaufen. Durch die schwedische Besetzung 1630—1720 ging die wirtschaftliche Bedeutung der Stadt zurück. Im 19. Jh. wurde die Stadtbefestigung bis auf Reste niedergelegt. 1945 brachte der Stadt schwere Zerstörungen (60 v. H.) im Stadtzentrum, die inzwischen zum Teil wieder behoben sind.

Die St. Katharinenkirche aus dem 15. Jh. ist eine dreischiffige Hallenkirche mit Chor und Turm; beim großen Stadtbrand von 1686 schwer beschädigt, ihr Turm stürzte ein. 1865—1867 völlig umgebaut. Der Turm, 82 m hoch, wurde 1882 ausgebaut. 1945 brannte die Kirche aus, die Gewölbe stürzten ein; wieder aufgebaut.

Von der alten Stadtbefestigung ist das 26 m hohe spätgotische Wolliner Tor erhalten, 1317 als Zolltor fertiggestellt. Staffelgiebel, Blenden und Wimperge gliedern den massigen Bau. An der ehemaligen Wasserpforte stehen noch der achteckige Münzturm und der Fangelturm.

Das im 18. Jh. erbaute Rathaus neben der Stadtkirche und die St. Georgskirche im Wiek wurden 1945 vernichtet.

Schon 1595 wurde in G. eine Mädchenschule gegründet.

Münz- und Pulverturm in Gollnow

Stadtsiegel (Koggensiegel) aus Gollnow

Der wichtigste Verkehrsweg im Mittelalter war die schiffbare Ihna. G. wurde 1882 durch die Preußische Staatsbahn über die Strecke Altdamm—G.—Naugard—Kolberg an das Schienennetz angeschlossen. 1892 Eröffnung der Strecke G.—Wietstock—Wollin bzw. Cammin. In nächster Umgebung liegt heute der Stettiner Flughafen.

Im 18. Jh. gab es in G. Textilherstellung und Papiermühlen. 1811 kamen eine Nähnadel- und Stecknadelfabrik und ein Kupferhammer hinzu. Nach der forstwirtschaftlichen Nutzung der → G.er Heide entstanden zahlreiche holzverarbeitende Betriebe, so die Möbelfabrik F. Klitzing. Heute ist G. ein Zentrum der polnischen Möbelindustrie; Blechwarenfabrik.

1939 lebten in G. 13740; 1948: 4600; 1983: 19948 Einwohner.

Gollnower Heide *(Puszcza Goleniówska).* Zu beiden Seiten des Unterlaufs der → Ihna, östlich des → Dammschen Sees bis in den Staatsforst Stepenitz erstreckt sich ein weites Gebiet nacheiszeitlicher Talsande, die sich am Grunde des Haffstausees abgelagert hatten. Nach seinem Abfluß blieben die weiten Sandfelder mit eingestreuten Mooren zurück, auf denen der Wind Binnendünen aufwehte. Die darauf

entstehende unzugängliche Waldwildnis „Golinog" ging nach Süden in die Urwälder am → Madüsee über. Kolbatzer Äbte bezeichneten diese Landschaft als Wüste. Trotzdem versuchte man diese Wüstenei zu besiedeln.
Lübzin am Dammschen See war eines der ersten Dörfer (1274). Bei Christinenberg wurden zwei Dörfer mit wendischen Namen gegründet, die aber bald eingingen. Nördlich Gollnow wurde das Dorf Schmiedeberg angelegt; im Dreißigjährigen Krieg wüst geworden. Eine systematische Erschließung begann unter König Friedrich Wilhelm I. um 1738 und unter Friedrich dem Großen 1748—1750. Das Moor „Großes Gelüch" wurde 1770 trockengelegt; erst im 19. Jh. begann mit der Aufforstung, vorwiegend mit Kiefern, eine planmäßige Waldwirtschaft.

Görke *(Górzyca)*, Kr. Greifenberg, 1224 in der Stiftungsurkunde des Klosters → Belbuck erwähnt; 1302 im Besitz des Klosters.
Die Backsteinkirche von 1886 nahm die Einrichtung ihres Vorgängerbaus auf. Der spätgotische Flügelaltar zeigt im Mittelfeld die hl. Anna selbdritt zwischen der hl. Katharina und dem hl. Jakobus d. Ä., reichvergoldete Schnitzfiguren aus Erlenholz. In den Flügeln stehen die Figuren von elf Aposteln und dem hl. Georg unter Kielbogenbaldachinen mit geringerer Vergoldung. Die Figuren hatten sehr

Taufstein aus Görke

Dorfbild aus Görmin

faltenreiche Gewänder und lebensvolle Gesichter. 1939 lebten in G. 246 Bewohner.

Görmin, Kr. Grimmen; erste urkundliche Erwähnung 1128. 1220 gehörte G. der Stadt → Loitz. Das Patronat der Kirche übergab 1460 Herzog Wartislaw X. der Universität Greifswald.
Bis ins 19. Jh. blieben die Bauernhöfe staatliche Höfe, „Dominal-Höfe"; erst seit 1837 im Eigentum der bisherigen Pächter.
Mitte des 13. Jh. (1150—1250) wurde der Granitquaderchor der Kirche „Mariae virginis et St. Dionysii martyris" errichtet. Der blendengegliederte Ostgiebel ist in Backstein aufgeführt. Ein Kuppelgewölbe überspannt den Chor. Das Kirchenschiff ist gotisch, der Turm wurde 1869 auf einem mittelalterlichen Feldsteinuntergeschoß aus Feldsteinen errichtet. Über dem Altartisch mit frühgotischen Ritzornamenten steht ein Aufsatz mit Abendmahlsgemälde und aufwendiger Laubschnitzerei, den zusammen mit der Kanzel 1722 Elias Keßler, Stralsund, fertigte.
1951 legte man im Chor Wandbilder aus der ersten Hälfte 15. Jh. frei. In der Mitte befindet sich Christus als Weltenrichter, in dessen Schoß er als Schmerzensmann sitzt. Maria, Johannes der Täufer, viele Heiligen und Szenen des Jüngsten Gerichts umgeben ihn. Auf die Wände des Chores sind die zwölf Apostel gemalt.
G. hatte 1939: 923 Bewohner.

Die Oderburg in Grabow

Gottschimm *(Gościm),* Kr. Friedeberg/Nm., am Rand der später landwirtschaftlich erschlossenen Lubiathfließer Heide; gehörte zu den uralten wendischen Dörfern, deren Gründungsdatum unbekannt ist. 1431 von Polen niedergebrannt. Dennoch weigerte sich 1440 das Dorf, dem Deutschen Orden Zinsen zu zahlen, weil Polen darauf Anspruch hatte. Der Landvogt zwang das Dorf zur Zahlung. Wegen der Gefahren aus der Heide mußte bis in jüngere Zeit der Müller auf der G.er Mühle eine Verpflichtung eingehen, zu Wolfsjagden zwei Hunde zu stellen.
G. hatte 1939: 1268 Einwohner.

Grabow *(Grabowa),* entspringt in 180 m über NN im Wockminsee. Auf ihrem 75 km langen Lauf fließt sie in einem engen steilen Tal, auf den ersten 7 km mit einem Gefälle von 100 m. Dann kommt sie durch → Pollnow und 8 km unterhalb von → Krangen durch ein weites Wiesental zur Ostsee. Unweit Altenhagen zweigt der linke Mündungsarm in den → Buckower See ab. Der Hauptarm fließt durch ein Grasmeer nach Nordosten und mündet unterhalb Rügenwalde in die → Wipper.

Grabow *(Grabowo),* Kr. Regenwalde, besteht aus dem Gut und der Kirche. In seiner Nähe wurden aus der Zeit Kaiser Vespasians (9—79 n. Chr.) eine Bronzekelle, ein Bronzesieb, eine Bronzeschüssel und eine kleine Glasschüssel gefunden.
Eine Kirche bestand schon 1491 als Filialkirche von Zülzefitz. Das Gut war im Besitz der Familie von Borcke.
Die Kirche von 1909 besitzt einen spätgotischen kleinen Flügelaltar (1515). Das Mittelbild enthält die Schnitzfiguren der hl. Anna selbdritt zwischen dem hl. Christophorus und einer Heiligen mit aufgeschlagenem Buch. Die vor gemustertem Goldgrund stehenden Figuren sind von außerordentlicher Qualität. Auf die Flügel sind Szenen aus dem Marienleben gemalt.

Grabow *(Szczecin-Grabowo),* Groß Stettin. In unmittelbarer Nähe Stettins erhielt der Flecken 1853 eigenes Stadtrecht, wurde allerdings 1900 nach Stettin eingemeindet.
In G. wird schon 1278 ein Weinberg genannt; damit ist hier der älteste Weinbau Pommerns bezeugt.
Herzog Barnim III. gründete hier 1360 die Kartause „Gottesgnaden", die nach ihrer Säkularisierung 1538 in ein herzogliches Lustschloß „Oderburg" umgebaut wurde; im Dreißigjährigen Krieg abgebrochen. Altar und Kanzel der Klosterkirche kamen in die Kapelle des Jagdschlosses → Friedrichswalde.

Blick auf Gramenz

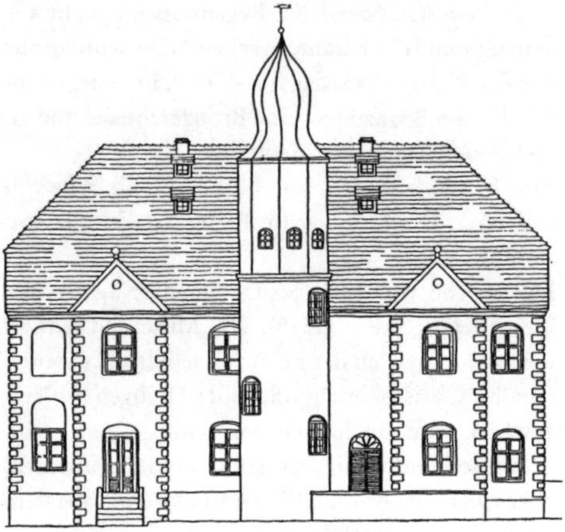

Herrenhaus in Granskevitz

Grafenwinkel bezeichnet den südlichen Teil des Kreises Anklam, der eine kulturhistorische Einheit bildet. Um 1230 kam die Familie Schwerin in dieses Gebiet, das sie gegen die Anklamer und Friedländer Bürger behaupten konnte. Einerseits legten sie starke Burgen an, andererseits gelang es ihnen, ihre Grenznachbarn geschickt gegeneinander auszuspielen. Südlich Anklam erinnert der „Hohe Stein" an mittelalterliche Fehden zwischen Stadt und Rittern.
Aurose und Dargebell waren Güter des Martin von Schwerin, Oberst in der Schlacht bei Hohenfriedeberg 1745. Westlich Ducherow lag Gut Mollwitz. Altwigshagen war ein Stammgut der Schwerin. Aus dieser Familie gingen viele Staatsmänner und Feldherren hervor.

Gramenz *(Grzmiąca).* Kr. Neustettin, Marktflecken bis 1830 im Besitz der Familie von Glasenapp. Das preußische Königshaus erwarb die Herrschaft 1897 und trat sie 1927 an den Preußischen Staat ab.
Die Kirche wurde um 1600 als Backsteinbau errichtet; Anfang 18. Jh. verändert. Auf dem Turm mit gedrungener Haube steht eine Wetterfahne von 1768. Altar und Pfarrgestühl sind reich mit Akanthusblattwerk der ersten Hälfte 18. Jh. geschnitzt worden. Das Mittelbild, eine Kreuzigung, wurde durch die Kanzel ersetzt.
Die Preußische Ostbahn schloß 1878 G. an ihr Netz an. 1896 wurde die Strecke G.—Bublitz—Stadtwald eröffnet; 1897 nach Bublitz verlängert; 1945 demontiert. 1903 kam die Strecke G.—Bärwalde—Polzin—Falkenburg dazu. In Bahnhofsnähe wurden die Wiesenkalke, ein 2—2,50 m dickes Lager, in einem Kalkwerk zu Düngekalk verarbeitet.
Das Gut pflegte besonders die Merinoschafzucht. G. hatte 1939: 1367 Einwohner. 1983 Mittelpunkt einer Großgemeinde *(Gmina)* von 204,5 qkm Fläche mit 5839 Einwohnern.

Gramzow, Kr. Anklam. 1494 wurde der herzogliche Notar Busso von Ramin nach dem Tod von Hermann Vaget als Pfarrer in G. eingesetzt. 1962 wurde G. nach Krusenfelde eingemeindet.
Die frühgotische Backsteinkirche mit Turm wurde 1795 durchgreifend verändert; Giebel und Turm abgebrochen. 1862 erhielt sie zwei hölzerne Kreuzgewölbe. Von der alten Einrichtung sind eine Granittaufe im Pfarrgarten und eine Grabplatte aus gotländischem Kalkstein für den Ritter Mattias Budde, † 1591, erhalten; ebenso haben die beiden Kelche

St. Marien in Greifenberg mit Wasserfall

der Kirche, 14. und 16. Jh., das Jahr 1945 überdauert.

Granow *(Granowo)*, Kr. Arnswalde, 1337 urkundlich genannt. Zeitweise gehörte es nach 1500 der Stadt Arnswalde. Am 24. 7. 1627 überfielen die kaiserlichen Regimenter Merode und de la Trappola das dänische Regiment Baudissin. Die Dänen wurden besiegt. Es gab 500—600 Tote, darunter der kaiserliche Oberst Pechmann. Die von den Dänen mitgeschleppten Geiseln aus Schlesien wurden befreit. Elf dänische Kompanien traten in den Dienst des Siegers. Damit zerschlug sich die Hoffnung für König Christian von Dänemark, sich von Norden her mit den schlesischen Truppen zu vereinigen, um eine Wende des Krieges herbeizuführen.
G. hatte 1939: 640 Bewohner.

Granskevitz, Kr. Rügen, ist ein Einzelhof in der Gemeinde Schaprode. Um 1170 wurde es von Granza von Platen als Stammburg der von Platen gegründet. 1314 „Granscovitze" genannt. Seit dem 16. Jh. bestand der Ort nur aus einem Hof, der bis ins 19. Jh. der Familie von Platen gehörte.
Das Gutshaus in einem Ringwall des 16. Jh. ist ein zweigeschossiger Backsteinbau. An die Vorderfront ist ein Treppenturm, 17. Jh., vorgebaut, den eine schlanke welsche Haube, 18. Jh., bedeckt. Seitlich des Gutshauses steht eine Fachwerkscheune, 18. Jh. Das Haus hat man 1945 in Wohnungen aufgeteilt.

Das Steintor in Greifenberg

Greifenberg, das Hohe Tor

Greifenberg *(Gryfice)*, Kreisstadt, am westlichen Regaufer auf einer leichten Anhöhe.
1262 gründete sie Herzog Wartislaw III. von Pommern-Demmin zu lübischem Recht und bedachte sie mit 100 Hufen. Der Lokator Jakob von Trebetow erhielt davon 20. Ein Kuriosum: Sie wurde ohne Namen gegründet. Erst Herzog Barnim I. nannte sie 1264 „Griphenberch". 1289 Anlage des Franziskanerklosters. 1365 trat G. der Hanse bei. Trotz des Dauerstreites mit → Treptow und dem Kloster → Belbuck erhielt G. das Recht auf freie Schiffahrt auf der → Rega, Grundlage ihres Wohlstandes im Mittelalter. 1496 brannte ein großer Teil der Stadt ab. Erst im 18. Jh. dehnte sich G. in den Camminer und Trieglaffer Vorstädten über die mittelalterlichen Befestigungsanlagen aus. Die Neustadt entstand im 19. und 20. Jh. 1945 zündeten Russen Teile der Altstadt an und zerstörten 40 v. H. von G.
Von der alten Stadtbefestigung stehen Reste der Mauer, das Hohe Tor, das Steintor, auf dessen Feldseite im Giebel die in Putz ausgegründete Gestalt eines Kriegers mit Schwert, Lanze und langen

Eselsohren zu sehen war, und der etwa 33 m hohe Pulverturm.
Die St. Marienkirche ist ein dreischiffiger Backsteinhallenbau, dessen flach geschlossener Chor auf das Ende 13. Jh. zurückgeht. Ihr erster Geistlicher war Ludevinus (1297). Das Langhaus war im 14. Jh. fertig; 1386 Weihe zu Ehren der Mutter Gottes. An Nord- und Südseite des Turmes sind Skulpturen (14./15. Jh.) von zehn Menschenköpfen zu finden. 1658 brannte die Kirche völlig aus, die Gewölbe stürzten ein; erst 1668 war sie wieder hergestellt, die Gewölbe erst 1913. Der Turm erhielt im 18. Jh. eine kupferne Barockhaube. 1870 Restaurierung der Ostseite mit ihrem sehr großen sechsteiligen Fenster; zwei Reihen zierlicher Blenden gliedern den Giebel.
Die Mitte des einschiffigen Chores ist ein stattlicher Barockaltar von etwa 1700. Spiralig gewundene, mit Weinlaub bekränzte Säulen umrahmen das Mittelbild der Kreuzigung. Die Schnitzfiguren Christi, der Mutter Gottes und des hl. Johannes sind farbig gefaßt. Die Barockkanzel trägt ein lebensgroßer Engel.
Vor der Stadt lag die spätgotische Backsteinkapelle St. Georg. Darin steht ein Flügelaltar aus dem

Das Bahner Tor in Greifenhagen

16. Jh. mit einem geschnitzten Abendmahl in der Mitte. Die Flügel sind gemalt.
1386 wird eine Lateinschule erwähnt, sie soll die älteste Pommerns sein. Nach der Reformation Einrichtung einer Mädchenschule (1580).
Seit 1882 ist G. von der Preußischen Staatsbahn mit der Strecke Altdamm—G.—Kolberg an das Eisenbahnnetz angeschlossen. Die Greifenberger Bahnen, eine Schmalspurbahn (1000 mm), erschlossen den Kreis von 1896 bis 1913. Nach der wirtschaftlichen Blüte zur Zeit der Hanse erfolgte ein allmählicher Niedergang. Seit etwa 1700 ist der Seehandel eingestellt. Im 18. Jh. gab es eine berühmte Leineweberei. Industriebetriebe erst seit 1900, wie Zuckerfabrik, Ofen- und Tonwaren sowie eine Kleiderfabrik seit 1947, deren Ausbau seit 1951 staatlich gefördert wird.
Friedrich von Dreger (1699—1750), Geschichtsforscher, der 1748 den ersten Band des „Codex Pomeranieae diplomaticus“, das erste pommersche Urkundenbuch, herausgab.
H. G. Schmückert (1790—1863), Generalpostdirektor, war mit der Neuordnung des preußischen Postwesens betraut.
Gustav Otto von Struensee (1803—1875), Romanschriftsteller. Pseudonym: Gustav vom See „Wogen des Lebens“, 1863.
G. hatte 1939: 10426; 1983: 15940 Bewohner.

Greifenhagen *(Gryfino),* Kreisstadt, liegt an der Stelle, wo sich die Talränder der Oderniederung bis auf knapp 4 km nähern. Im Norden und Süden begrenzen ehemals sumpfige Wiesen die Talsandterrasse, auf der die Stadt südlich eines wendischen Fischerwieks angelegt wurde.
1254 gründete Herzog Barnim I. die deutsche Stadt, in der die wendischen Fischer nicht wohnen durften, und übergab das Schultheißenamt dem Lokator Rudolf von Bertekow. Das Patronat der Stadtkirche übertrug er 1278 der St. Marienkirche in Stettin. Bald danach (1281) erhielt G. das Recht der freien Schiffahrt auf allen Gewässern des Herzogtums verliehen. Die Marktgerechtigkeiten von Wollin/Nm.

und → Fiddichow wurden 1283 zugunsten von G. aufgehoben. 1306 Bau der Brücken über Reglitz und Alte Oder und eines Steindamms durch die Niederung. 1312 kaufte die Stadt die „Wiek" auf. 1314 war die Stadtmauer errichtet. Durch Damm- und Brückenzölle erhielt G. beträchtliche Einnahmen, ihre wirtschaftliche Bedeutung wuchs, um 1339 wurde ihr sogar die Münzgerechtigkeit verliehen. 1530 brannte die Stadt mitsamt Kirche und Rathaus bis auf wenige Häuser völlig ab. Während des Dreißigjährigen Krieges zerstörten die Schweden die Stadtmauer zur Wasserseite hin und die Oderbrücke. 1750—1777 Einebnung der Stadtwälle. 1845 Anlage der Stettiner und 1850 der Bahner Vorstadt. 1857 Wiederherstellung der Verbindung zum anderen Oderufer durch zwei Holzbrücken. Die mittelalterlichen Mauern wurden 1876—1899 niedergelegt. Die neue geschwungene Oderbrücke entstand 1911—1913. Nach 1920 wuchs die Stadt auf den Galgenberg hinauf. Das Jahr 1945 brachte die Vernichtung der Innenstadt.

Von der alten Stadtbefestigung ist nur noch das Bahner Tor erhalten.

Die Stadtkirche, ein Granitquaderbau, nach 1278 fertiggestellt und 1300 dem hl. Nikolaus geweiht, ist als dreischiffige Hallenkirche mit einschiffigem Chor und Querhäusern erbaut. Ursprüngliche Balkendecke schon im 15. Jh. durch Sterngewölbe ersetzt. Nach dem großen Stadtbrand 1530 erweiterte man die Kirche. Ihr Turm erhielt 1938—1941 eine achteckige barocke Laterne aufgesetzt. Nach 1945 Beseitigung der Kriegsschäden.

Der alte Flügelaltar blieb mit seinen sechs Tafelbildern erhalten. Das Mittelbild, eine Kreuzigung, enthält die Inschrift: „Anno 1580 den 27 April Ist dis Werck vollendet durch David Redtel Maler". Nach 1945 kam er in das Stettiner Museum. Die Renaissancekanzel, 1605, aus Sandstein steht noch in der Kirche.

G. war seit dem Mittelalter wichtiger Verkehrsknotenpunkt, Flußhafen und neben Stettin einziger pommerscher Brückenort. Die G.er Dampfschiffs-

Kirche in Greifenhagen

reederei betrieb die Schiffahrt nach der Oderregulierung von 1904. 1877 Anschluß an die Stettin-Küstriner Eisenbahn.

Im Mittelalter war G. Umschlagplatz für Getreide und Holz. 1254 erhielt die Stadt eine Fährgerechtigkeit.

Verarbeitung der Produkte des Bahner Hochlandes in einer Wurst- und Fleischkonservenfabrik, einer Marmeladenfabrik und einer Mühle. Die Filzfabrik hatte Weltruf. Daneben entstanden 1909 eine Chemische Fabrik, eine Seifen-, Kurbelwellen- und Parkettfabrik. Seit 1945 übt Stettin eine größere Anziehungskraft aus, so daß G. in ihren Pendlereinzugsbereich geriet.

In G. lebten 1939: 9858; 1983: 17736 Bewohner.

Greifswald. Kreis- und Universitätsstadt, liegt mit ihrer Altstadt auf einem Geschiebemergelrücken (2—7 m über NN), den Wiesen umgeben, am Südufer des Ryck, 5 km oberhalb seiner Mündung in die Dänische Wieck. Nur im Süden ist der Rücken mit dem höhergelegenen Hinterland verbunden.

Die Siedlungsanfänge gingen von dem 1193 erstmals erwähnten Salzwerk aus, das sich seit 1209 im Besitz des Klosters Eldena befand. Fürst Witzlaw I. von Rügen und Herzog Wartislaw III. von Pommern-Demmin verliehen 1241 der Siedlung die Markt-

Alte Wohnhäuser auf dem Greifswalder Markt

rechte. In Anlehnung an diese Marktsiedlung wurde die Altstadt angelegt und westlich um die Neustadt mit der St. Jakobikirche (um 1241) erweitert. 1248 wird G. erstmals als „oppidum Gripheswald" genannt. Herzog Wartislaw III. nahm 1249 den Ort vom Kloster Eldena als Lehen und verlieh ihm 1250 lübisches Recht. 1254 erklärte Herzog Wartislaw III. den Greifswalder Hafen vom Gellen und Ruden bis zur Stadt zum Freihafen und versprach den Kaufleuten doppelten Ersatz für durch Seeräuber verlorenes Gut. Die Stadt konnte 1258 die Halbinsel Struck an der Peenemündung erwerben. Durch ein Privileg des Herzogs Wartislaw III. von 1264 bildeten Alt- und Neustadt fortan eine Gemeinde.

Die St. Nikolaikirche entstand als Wahrzeichen der Vereinigung auf der Grenze beider Stadtteile. Dominikaner und Franziskaner gründeten ihre Klöster. Seit 1278 gehörte G. der Hanse an. 1288 erwarb G. das für die Stadt wichtige Rosental nördlich des Ryck mit Salzwerk und Ziegelei; Salzgewinnung und -handel in eigener Regie. Die Insel Oie kam 1291 hinzu. Bei Dänisch Wieck legte man 1297 den für G. sehr wichtigen neuen Hafen an. Bis zum Ende des Mittelalters besaß G. 20 Kämmereidörfer. 1394 nahm es an den Kämpfen der Hanse gegen die Seeräuber (Vitalienbrüder) teil. Seine größte Macht erhielt es 1452 durch die Verleihung der „Goldenen Privilegien" durch die Herzöge Erich I. und Wartislaw X., die der Stadt weitgehende Rechte und Freiheiten gewährten. Bürgermeister Heinrich Rubenow gründete 1456 zusammen mit Herzog Wartislaw IX. und Bischof Henning Iven die Universität als geistiges Zentrum Pommerns. Wegen Willkürherrschaft des Rates, die Unruhen in der Bürgerschaft hervorrief, befahlen 1525 die Herzöge Georg I. und Barnim IX. die Bildung eines Zwölf-Männer-Kollegiums aus der Bürgerschaft, um Anliegen der Bürger beim Rat zu vertreten; 1534 aufgehoben. 1539 Neugründung der Universität als eine lutherische. Nach dem Augsburger Religionsfrieden (1555) stellte der G.er Professor Joachim Stephani in seinen „Institutiones iuris canonici" (1612) die für das Deutsche Reich wenig segensreiche Formel auf: „Cuius regio, eius religio". Der Dreißigjährige Krieg vernichtete den Wohlstand der Hansestadt.

Ab 1810 Niederlegung der äußeren Festungswälle. Von 1815 an begannen sich an den Hauptausfallstraßen Vorstädte zu entwickeln: Mühlentor-, Fleischertor-, Vettentor- und Steinbeckertor-Vorstadt. 1899 Gründung des Rügisch-Pommerschen Geschichtsvereins.

1913 kreisfreie Stadt, nach 1945 Aufhebung der Kreisfreiheit. Neue Villenviertel wachsen nach Osten um das neue Universitätsgelände.

Von den erhaltenen Bürgerhäusern sind die Häuser Nr. 11 und 13 am Markt als ausnehmend schöne Backsteinbauten hervorzuheben. Im Haus 11 (frühes 15. Jh.) lassen sich Einflüsse von Hinrich Brunsberg nachweisen. Den Giebel teilen sechs Pfeiler in sieben Felder, gegliedert durch spitzbogig geschlossene Öffnungen. In der Knopfstraße 33 steht ein Haus mit prachtvollem Renaissancegiebel (Ende 16. Jh.) (heute: Stadtbücherei).

Der Bau der Altstadtkirche *St. Marien,* auch dicke Marie genannt, wurde nach 1260 als Basilika begonnen, 1275 als dreischiffige Hallenkirche ohne Chor weitergebaut; 1280 war sie vollendet. Ihren Ostgiebel gliedern acht spitzbogige, zweiteilige Blenden mit großen Rosetten, die wiederum in zweiteilige Blenden und kleinere Rosetten aufgeteilt sind. Durch das gewaltige Dach wirkt der Giebel außerordentlich monumental. Kreuzgewölbe überspannen die Schiffe. Durch vorgezogene Seitenschiffe

wurde der Turm in den Gesamtbau einbezogen. Spitzbogige Blendfenster gliedern seine Wände. Nach der Zerstörung von 1675 Neubau des Obergeschosses, das abschließende Zeltdach wurde 1780 aufgesetzt.
In der Nähe des Turmes entdeckte man Wandmalereien des 15. und 16. Jh.: im südlichen Seitenschiff neben dem Turm, etwa 6 m hoch, Christus am Ölberg, die Gefangennahme, Geißelung, Kreuztragung und Kreuzigung. Die lebensgroßen Figuren sind in der Tracht von 1411 gemalt. In der westlichen Turmvorhalle ist eine Mutter Gottes im Strahlenkranz (16. Jh.) gemalt, eine Darstellung des Walfisches (nach 1545) finden wir im nördlichen Seitenschiff.
Dort steht der Mittelschrein eines spätgotischen Schnitzaltars mit der Grablegung Christi (um 1505), den vermutlich ein schwäbischer Meister unter mitteldeutschem Einfluß schuf. Die prächtige geschnitzte Kanzel fertigte 1587 der Rostocker Joachim Mekelenborg. Intarsien verzieren Treppe und Korb.
Im Turm steht der Gedenkstein für den 1462 ermordeten Bürgermeister und Universitätsgründer Heinrich Rubenow.
Die Neustadtkirche *St. Jakobi* (kleiner Jakob) ist eine frühgotische dreischiffige Hallenkirche (1280 genannt); Anbau des gotischen Chors erst im 14. Jh. Kreuzgewölbe überspannen Chor und Langhaus. Der Turm mit einem schönen Westportal gehört im Unterbau zu den ältesten Teilen der Kirche. Das Obergeschoß verzieren feingliedrige Blenden. Ein vierseitiger Helm schließt den Turm ab.
Im Mittelschiffsgewölbe wurde ein Fresko (um 1400) gefunden und restauriert: Christus als Weltenrichter.
St. Nikolai (langer Nikolaus) mit einem 98 m hohen Turm wurde 1264 als gotische Hallenkirche ohne Chor begonnen, 1280 vollendet; Mitte 14. Jh. Kirche um den Chor erweitert, das Mittelschiff erhöht, ebenso der Turm erhöht und mit Ecktürmchen versehen. 1650 stürzte der Turm auf das Schiff und zerstörte die Gewölbe. Bei der Erneuerung des Turms 1652 nach einem holländischen Entwurf erhielt er den kräftig geschwungenen Barockhelm; seit 1742 bedecken Hauben die Ecktürmchen. Seit 1952 Dom der Pommerschen Evangelischen Kirche.
In den südlichen Seitenschiffskapellen legte man Reste spätgotischer Wandmalereien frei, so Christus als Weltenrichter mit den apokalyptischen Tieren, in einer anderen Kapelle eine Kreuzigung. In den Kapellen hängen zahlreiche Epitaphien des 16.—18. Jh. Das Rubenowbild von 1460 zeigt G.er und Rostocker Professoren im Gebet vor der Gottesmutter.
Im Guardianshaus des *Franziskanerklosters* (14. Jh.) ist heute das Museum untergebracht; darin sind Gemälde, Zeichnungen und Grafik von C. D. Friedrich und seinen Zeitgenossen ausgestellt. Gedenkstätte für E. M. Arndt; außerdem Funde von Eldena und Stadtgeschichte.
In der abgebrochenen Franziskanerkirche waren Heinrich Rubenow und seine Frau Katharina begraben.
Das *Rathaus* mitten auf dem Markt ist im Kern ein Bau des 14. Jh.; nach einer Feuersbrunst (1713) im Jahre 1738 barock wiederhergestellt. 1934 Freilegung des gotischen Laubenganges an der östlichen Giebelseite. In der ehemaligen Ratsstube sind noch die barocke Stuckdecke und die gemalten Tapeten erhalten.
Die *Universität*, ein schloßartig langer, dreigeschossiger barocker Bau, errichtete 1747—1750 der Archi-

Haustür in Greifswald, Fischstraße 28

tekt und Mathematikprofessor Andreas Mayer aus Augsburg. Im Innern ist der ursprüngliche Bibliothekssaal mit seinem spätbarocken Dekor erhalten. Unter dem Kunstbesitz ragt der 1554 hergestellte sogenannte Croyteppich heraus. Im Auftrag Herzog Philipps I. fertigte ihn Peter Heymanns in Stettin für das Wolgaster Schloß.

Heute studieren an der Universität um 4000 Studenten in vier Fakultäten; die medizinische mit ihrer Diabetesforschung genießt Weltruf. 1946 Einrichtung eines meteorologischen Observatoriums.

Seit 1947 ist G. Sitz eines evangelischen Bischofs.

Schon 1753—1756 gab es mit den „Pommersch-Rügianischen Intelligenzen" die erste Zeitung. Das „Greifswalder Gemeinnützige Wochenblatt" 1794/95 setzte den Nachrichtenfluß fort.

G. liegt an einem Kreuzungspunkt alter Verkehrswege von Deutschland nach Skandinavien. Der Hafen, in der ersten Hälfte 19. Jh. ausgebaut, verlor 1914 seine Bedeutung als Getreideausfuhrhafen; trotzdem heute noch Export landwirtschaftlicher Produkte. Hafenumschlag 1966 etwa 300 000 t.

1863 erhielt G. einen Eisenbahnanschluß an der Strecke Berlin—Stralsund der Berlin-Stettiner Eisenbahn. Die Greifswalder Bahnen, von 1896 bis 1898 als Schmalspurbahnen gebaut, sind nach 1945 demontiert worden, desgleichen die Greifswald-Grimmener Privatbahn von 1896. 1975 Neubau des Bahnhofs G.Süd, von dem der Arbeiterpendelverkehr zum Kernkraftwerk → Lubmin ausgeht.

Universität Greifswald

1264 gewährte Herzog Barnim I. den G.er Bürgern Zollfreiheit; 1274 erhielten sie Stapelrecht für alle pommerschen Waren außer Getreide. Damals Gründung der Kompanie der Bergenfahrer und der Schonen- oder Kopenhagenfahrer. Große Bedeutung erlangte die Saline, die um 1288 ganz in den Besitz der Stadt überging; 1307 durch eine Sturmflut zerstört. Danach konnte sie sich nicht gegen die Konkurrenz durchsetzen. Um 1750 Bau eines Gradierwerks; 1872 Einstellung des Salinenbetriebs. Nur noch in einem Sol- und Moorbad wird die Sole genutzt.

Durch den Segelschiffbau erlebte G. eine erneute Blüte im 18. und 19. Jh.

Zu Beginn dieses Jahrhunderts nahmen der landwirtschaftliche Maschinenbau und eine Brauerei eine wichtige Stellung im Wirtschaftsleben ein. Nach dem Zweiten Weltkrieg kamen eine Bootsreparaturwerft, ein Kraftfahrzeug-Ausbesserungswerk und ein Werk für elektronische Schiffsausrüstung hinzu. Trotzdem ist G. nicht Industriestadt geworden, sondern blieb die Schul- und Universitätsstadt mit Verwaltungs- und Marktfunktionen.

Heinrich Rubenow (etwa 1400—1462), Bürgermeister und Gründer der Universität.

Bartholomäus Sastrow (1520—1603), Schriftsteller und Bürgermeister von Stralsund.

Caspar David Friedrich (1774—1840), Maler der Romantik.

Karl Gesterding (1774—1843), Bürgermeister und Heimatgeschichtsschreiber.

Johann Karl Rodbertus (1805—1875), Nationalökonom, Mitglied der Nationalversammlung von 1848.

Edmund Hoefer (1819—1882), Novellist und Literaturwissenschaftler, Sprichwörtersammler.

Johann Quistorp (1822—1899), Gründer der Portlandzementfabrik Lebbin-Wollin. Schöpfer des Quistorp-Parks in Stettin.

Karl Theodor Pyl (1825—1904), Historiker.

Paul Konewka (1840—1871), Meister des Scherenschnitts.

Goldene Amtskette des Greifswalder Rektors

Max Lenz (1850—1932), Historiker.
Hans Fallada (Rudolf Ditzen), (1893—1947), Romanschriftsteller („Kleiner Mann was nun").
Ottomar Domnick (1907—1989), Psychiater, Privatmuseum in Nürtingen (Kunst des 20. Jh.).
Hans Domnick (1909—1985), Filmproduzent („Traumstraße der Welt").
Roland Friedrichsen (* 1910), Bildhauer.
Persönlichkeiten, die in G. wirkten:
Johann Knipstro (1531—1533; 1539—1552), Reformator und Universitätslehrer.
Ludwig Theobul (Gotthard) Kosegarten (1808—1818), Theologe und Dichter.
Ernst Moritz Arndt (1800—1806; 1809—1811), Universitätslehrer und Dichter.
Johann Gottfried Ludwig Kosegarten (1823—1860), Orientalist und Heimatgeschichtsschreiber.
Friedrich von Hagenow (1832—1865), Geologe und Altertumsforscher.
Georg Beseler (1842—1858), Jurist.
Theodor Marsson (seit 1870), Botaniker.
Berhard Windscheid (1852—1857), Jurist.
Karl Hueter (1869—1882), Chirurg.
Friedrich Löffler (1880—1913), Hygieniker.
Rudolf Credner (1882—1908), Geograph und Geologe, Gründer der Geographischen Gesellschaft in G.
In G. lebten 1939: 39041; 1985: 65275 Einwohner.

Greifswalder Bodden, größter pommerscher Bodden (514 qkm), liegt zwischen der Insel → Rügen und der Festlandsküste; im Osten durch die Randschwelle mit den Inseln Oie und → Ruden begrenzt. Seine größte Tiefe beträgt 13,50 m; durchschnittlich 5,60 m tief. Im Winter hat er etwa 52 Eistage, das Maximum betrug 113. In dieser Zeit mußte in Wieck an 23 Tagen jegliche Schiffahrt eingestellt werden.
Der Untergrund des Boddens formte sich in der Spät- und Nacheiszeit. Eine Eisrandlage des Odergletschers führte zur Ausbildung eines Moränenzuges von → Mönchgut über Ruden nach → Usedom; durch die Litorinatransgression (Meeresspiegelanstieg 5500—2000 v. Chr.) weitgehend überflutet. Spätere Sturmfluten, wie die von 1304, trugen weite Geschiebeflächen ab. Die Boddenrandschwelle bildet auch für die Schiffahrt ein beträchtliches Hindernis. Der Große Stubber, ein 200 m langer, 6 m breiter Steinwall, der bei Mittelwasser 0,50 m aus dem Wasser herausragt, ist eine gefürchtete Untiefe. Von den drei Fahrrinnen, dem Landtief südöstlich von Thiessow, dem Osttief zwischen Ruden und Peenemünder Haken und dem Neuen Tief zwischen beiden, ist das Osttief mit 5,60 m der einzige

»Dicke Marie« in Greifswald

Zugang. Für Schiffe mit über 2,50 m Tiefgang besteht Lotsenzwang.
Fischereigenossenschaften befischen den Bodden hauptsächlich nach Hering (74 v.H.).

Greifswalder Oie, Rest einer Stauchmoräne am Ostrand der späteiszeitlich überformten Boddenrandschwelle; 0,6 qkm große Insel, deren Oberfläche als flache Tafel ausgebildet ist, die bis zu 18 m über NN ansteigt. Eine geröllbedeckte Schorre umgibt sie, kann sie aber nicht gegen weitere marine Abtragung schützen; deshalb soll eine Steinmauer weiteren Abbruch verhindern. In dem pleistozänen (eiszeitlichen) Geschiebe sind Turonmergel (Oberkreide) und tertiäre Tone mit eingelagerten schwarzen Kalksteinbänken als eine vom Eis losgerissene und herangeschaffte Scholle gefunden worden.
Botanisch von Interesse ist das Inselwäldchen mit dem baumförmigen, bis 8 m hohen Weißdorn.
1291 kam die Insel an die Stadt Greifswald. Lange Zeit blieb sie unbewohnt; die Stadt wußte mit ihr nichts anzufangen. Um 1749 lebten auf ihr drei Bauernfamilien. 1832 Aufstellung einer Leuchtbake, 1853—1855 Errichtung eines Leuchtturms. Ein Nothafen für Fischer entstand 1873—1875 an der Westseite. Schließlich verkaufte die Stadt 1883 die Insel an den Staat. Ein Pächtergehöft am Hafen und das Restaurant „Seemannsheim" waren die einzigen Unterkünfte für Fischer und Sommergäste. Mit der

Blockstrand auf der Greifswalder Oie

Fünfzehneckige Fachwerkkirche in Griebenow

Entwicklung der Raketenversuchsanlage in Peenemünde Ausbau der Oie als Leitstation; seitdem militärisches Sperrgebiet.

Griebenow, Kr. Grimmen. 1248 erwarb Kloster Eldena das Dorf „Gribbinogh" im Lande Loitz. Im 15. Jh. hatten die von Rusche G. als herzogliches Lehen.
Die Dorfkirche ist ein um 1650 von Gerd Antoni v. Keffenbrinck erbauter fünfzehneckiger Fachwerkbau; seine Ecken betonen die am oberen Ende mit Masken verzierten vorspringenden Holzsäulen. Das steile Zeltdach geht in eine schlanke Spitze über. Den Innenraum überspannt ein flachkuppliges, vielrippiges Zeltgewölbe.
Den reich geschnitzten Altar von 1654 ziert als Mitte ein Kreuzigungsgemälde. Kanzel sowie Orgel und Gestühl stammen aus der gleichen Zeit.
Durch eine alte Kastanienallee erreicht man das 1709 in schwedischem Barockstil erbaute Schloß: ein dreigeschossiger Putzbau mit geschwungener Freitreppe, die zum wappengeschmückten Portal führt. Der Festsaal ist dem Stockholmer Rittersaal nachgebildet. Das Mobiliar stammte aus der Rokoko- und Louis-Seize-Zeit.
Im Zweiten Weltkrieg als Müttererholungsheim und Genesungsheim für Tuberkulosekranke ge-

Grimmen

nutzt, dient es heute als Pflegeheim.
G. hatte 1939: 874; 1980: 1000 Bewohner.

Grimmen, Kreisstadt am Rand des Trebeltales, über das in frühgeschichtlicher Zeit eine der wichtigsten Landstraßen von Greifswald über Tribsees nach Westen, die via regia, führte. Eine alte Landstraße von Wolgast mündete in G. in die via regia. An der Wegekreuzung lag wohl ein wendischer Burgwall, auf dem ein Schloß der Fürsten von Rügen errichtet worden war. Als Burgsiedlung ist G. auf einer Moorinsel gegründet worden. 1267 wird der Ort erstmals erwähnt. Ritter Arnold von G. war 1278 Vasall des Bischofs Hermann von Schwerin und Conrad Pfarrer in G. Von der mit lübischem Recht gegründeten Stadt G. wurde erstmals 1303 gesprochen; seit 1306 ist ein Rat der Stadt erwähnt und das fürstlich rügische Schloß, das im 18. Jh. abgetragen werden sollte.

Am ersten Ostertag 1391 starb Hennig Stuwe, ältester bekannter Bürgermeister von G. Sein Grabstein steht im Chor der Stadtkirche. Das Patronat dieser Kirche übertrug 1455 Herzog Wartislaw IX. der Universität Greifswald. 1697 wurde die bildschöne „Hexe“ Anna Maria Hermann zum Tode verurteilt und an einem Maientag verbrannt. Ihr Richter, Bürgermeister Flitner, liegt in der Marienkirche begraben. Bis 1815 war G. eine unbedeutende Landstadt. Vor den drei Toren entstanden im 19. und 20. Jh. die heutigen Vorstädte. Im Zweiten Weltkrieg blieb G. unversehrt.

Den Mittelpunkt bildet die Backsteinkirche St. Marien, eine frühgotische Hallenkirche aus der zweiten Hälfte 13. Jh., die im 15. Jh. einen kreuzrippengewölbten Hallenchor und den Turm angebaut erhielt.

Die Moritzkapelle mit reich geschnitzter Ausstattung gestaltete man im 19. Jh. zu einem Erbbegräbnis.

Von der alten Inneneinrichtung sind die reich geschnitzte Kanzel von 1707 und die Gestühle (um 1590 und 1622) erhalten. Die Kalksteintaufe mit rundbogigen Blenden stammt aus frühgotischer Zeit.

Am Marktplatz steht das Rathaus mit der 1938 geöffneten kreuzrippengewölbten Halle aus dem 14. Jh. Zur Marktseite zeigt der prächtige siebenachsige Pfeilergiebel mit durchgehenden Streben; die Fläche dazwischen füllen geschlossene Doppelblenden mit Wimperg-Dreiecken aus.

Von der mittelalterlichen Stadtbefestigung sind die drei Tortürme — Stralsunder-, Mühlen- und Greifswalder Tor — erhalten (etwa 15. Jh.). Blenden gliedern das von einem zinnenbekrönten Staffelgiebel auf der Feldseite überragte Stralsunder Tor. Die

Rathaus in Grimmen

Grimmer Kreis-Wochenblatt

Amtliches Organ des Kreises Grimmen.

Stück 36. Dienstag, den 26. März 1901.

Nachrichten aus Grimmen

Nordbahn erreichte mit der Strecke Berlin—Stralsund die Stadt G. im Jahre 1878. Eröffnung der Privatbahn Greifswald—G.—Tribsees 1896; nach 1945 demontiert.

Bis ins 19. Jh. war die Landwirtschaft des Umlandes für G. von Bedeutung. Zu Beginn des 20. Jh. Gründung des größten landwirtschaftlichen Ein- und Verkaufsvereins Vorpommerns. Nahrungsmittel- und Baustoffindustrie entstanden erst im 20. Jh. Dazu kamen ein Kraftfahrzeugreparatur- und ein Feinkostbetrieb. Seit 1964 begann in der Nähe die Förderung von Erdöl.

Gottlieb Christian Friedrich Mohnike (1781—1841), Theologie, Literatur- und Geschichtsforscher. Er schuf die beste Übersetzung der Frithjofs-Sage.

In G. lebten 1939: 5926; 1985: 14557 Einwohner.

Gristow, Kr. Greifswald, war bis ins 14. Jh. Hauptwohnsitz einer mit dem rügischen Fürstenhaus verwandten Familie. 1249 erstmals genannt; 1326 wird eine nach der Reformation verschwundene St. Georgskapelle erwähnt. Das Patronat der Kirche hatte die Greifswalder Universität. 1962 wurde G. nach Mesekenhagen eingemeindet.

Die frühgotische Backsteinkirche ist einschiffig ohne Chor. Auf dem Ostgiebel sitzt ein Dachreiter mit Backsteinspitze. 1839—1842 Anbau eines massiven Turms.

Von der alten Einrichtung sind die über- und lebensgroßen Figuren einer Triumphkreuzgruppe erhalten; dazu fünf kleinere Schnitzfiguren, teilweise noch in alter Fassung.

Gristow *(Chrząszczewska Wyspa)*, 9 qkm große flache Insel in der → Dievenow am Südende des Camminer Boddens; sie erreicht eine Höhe von 17 m über NN und besteht größtenteils aus einer früher abgebauten oberturonen Kreidekalkscholle. Vor der Nordküste liegt der schon 1426 erwähnte Findling „die grote Stein in Water". Dieser Felsklotz ist 4 m lang, ragt 2 m über das Wasser und hat einen Umfang von 20 m, nachdem größere Teile im Laufe der Geschichte von ihm abgesprengt worden sind. Die Bauern der Dörfer Gristow, Bünnewitz und Neu Gristow bewirtschafteten die Insel. Der Kalkabbau ist seit langem eingestellt.

Grobe, Kr. Usedom-Wollin. 1156 wurde bei → Usedom das zweite Kloster in Pommern von Prämonstratensern aus Havelberg gegründet. Zwölf Chorherren und zwölf Laienbrüder unter Propst Sibrand kamen nach Usedom. Die Klosterkirche „St. Maria et St. Godeardus" ist 1159 bezeugt. Papst Alexander III. bestätigte 1179 dem Kloster die Rechtmäßigkeit seines Besitzes. Zu dieser Zeit muß wohl auch der Bischofssitz hier im Kloster gewesen sein. 1184 ist das Kloster, monasterium Uznam, als suburbium von Usedom bezeugt, vom Ort getrennt. Die Gebäude wurden auf dem Marienberg neu erbaut. Wahrscheinlich hat man die alte Klosterkirche zur Pfarrkirche von Usedom gemacht. Die Mönche erwarben fast die ganze Insel → Usedom, wobei sie vor Urkundenfälschung nicht zurückschreckten. 1273 schenkte ihnen Herzog Bar-

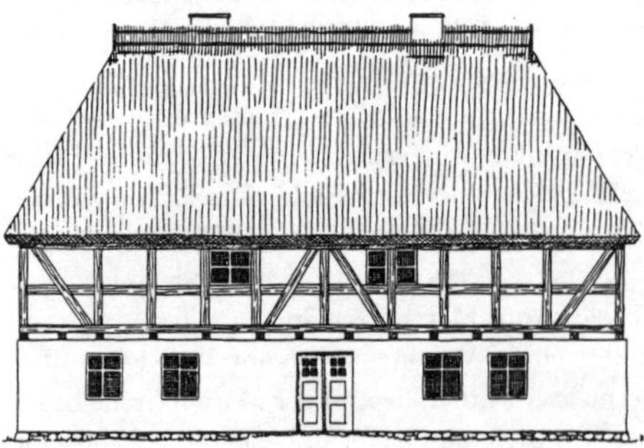

Gristow, Wohnhaus des Hofes Trapp

nim I. das Dorf → Pudagla, wohin auch 1307 das Kloster verlegt wurde.
Herzog Wartislaw IX. übergab 1406 nach seiner Wallfahrt nach Rom dem Kloster die ihm vom Papst geschenkte, fortan in der Marienkapelle auf dem Marienberg aufbewahrte goldene Rose. Um 1430 beseitigte sie Abt Heinrich, da sich mit ihr abergläubischer Volksglaube verband, der den vorreformatorischen Reformbestrebungen im Wege stand. Die letzte Stiftung für die Kapelle ist vor 1435 urkundlich bezeugt.
Bis zur Reformation führte das Kloster den Namen Grobe-Pudagla. Von seinen Baulichkeiten ist nichts mehr erhalten.

Groß Bisdorf, Kr. Grimmen. Die einzige geschichtliche Nachricht berichtet über die Verwüstung der Kirche im Dreißigjährigen Krieg. 1962 wurde G. B. nach Kandelin eingemeindet.
Die Kirche ist ein aufwendiger dreischiffiger Backsteinbau von Ende 14. Jh. Die Ostwand des Chores besteht aus Feldstein, vermutlich Rest eines Baues aus dem 13. Jh. Der Westturm hat einen hölzernen Oberbau mit spitzem Helm. In die Seitenschiffe sind Emporen eingebaut. Der Altar, reich geschnitzt mit gedrehten Säulen, stammt von 1703, die geschnitzte Holzkanzel, mit Reliefs der Evangelisten und einem Gemälde von Johann Christoph Rettel (1719), aus der Mitte 17. Jh.
1939 lebten in G. B. 220 Einwohner.

Groß Borckenhagen *(Borkowo Wielkie),* Kr. Re-

Großer Stein vor der Insel Gristow

Ostgiebel der Kirche von Groß Borckenhagen

genwalde; Gutsdorf, das 1678 Döring Joachim von Borcke gehörte.
Die Dorfkirche, ein Findlingsbau ohne Turm, entstand um 1500. Beim Umdecken des Daches fand man einen Ziegel mit der Jahreszahl 1506. Der Ostgiebel, durch ein niedrigeres Dach verstümmelt, ist durch Spitzbogenblenden mit Scheitelkreis über Rundbogen reich gegliedert. Im Putzgrund der Blenden fanden sich Reste einer farbigen gotischen Bemalung mit Arabesken, Ranken und Blumen.
G. B. hatte 1939: 365 Bewohner.

Groß Born *(Borne),* Kr. Neustettin; vor 1587 in der Heide angelegt. Andreas Wegener war Dorfschulze. 1590 hatte G. B. vierzehn Bauern zu zwei Hufen und fünf Bauern zu einer Hufe.
Durch das Dorf fließt der Strullbach, der an zwei Stellen in die Erde versickerte und in einiger Entfernung wieder hervortrat; daher der frühere Ortsname „verlorener Born".
Im Heidegelände wurde ab 1930 ein Truppenübungsplatz angelegt, 1935/36 auf 215 qkm vergrößert. Darin lagen die Dörfer G. B., Pleitnitz, Knacksee, Steinforth, Linde, Gut Westfalenhof und Försterei Pilowmühle. Bei Linde und Westfalenhof entstanden zwei riesige Kasernenstädte für etwa 100000 Soldaten. Durch eine Kleinbahn Lubow—G. B.—Linde wurde der Platz an das Eisenbahnnetz angeschlossen; 1945 demontiert. Polnische und so-

wjetische Truppen nutzten den Platz wieder nach 1945.
1939 hatte G. B. 59 Einwohner.

Groß Boschpol *(Bożepole Wielkie)*, Kr. Lauenburg, 1356 als „Bozepole" erstmals erwähnt. 1437 gab es hier ein Eisenwerk, das Raseneisenerz verarbeitete. Im 16. und 17. Jh. kam G. B. in den Besitz der Familien von Bochen und von Lantosch. Henriette S. L. von der Goltz kaufte 1777 das Gut; es blieb im Besitz der Familie ihres Sohnes aus 1. Ehe, E. L. v. Weiher bis 1945.
Das Gutshaus war im 18. Jh. als zweigeschossiger Bau errichtet und später nach Westen erweitert worden, darin gab es kostbare Danziger Möbel.
Die Fachwerkkirche wurde wohl im 18. Jh. erbaut. Aus dieser Zeit stammt die Ausstattung, zu der auch ein alter Beichtstuhl mit geschnitztem Gitter gehörte. Eine Schnitzfigur des hl. Petrus von 1602 war im Gutshaus aufbewahrt.
G. B. hatte 1939: 361 Bewohner.

Groß Butzig *(Buczek Wielki)*, Kr. Flatow; schon 1453 erwähnt, 1653 bereits als G. B. Um 1588 Gründung der Pfarrei. Von 1773 bis 1811 gingen zehn Bauernhöfe wüst und wurden zu einem herrschaftlichen Gut zusammengefaßt.
Die Dreifaltigkeitskirche erbaute 1729—1734 Adam Stanislaus von Götzendorff-Grabowski, Fürstbischof von Ermland, in Fachwerk auf eigene Kosten. Im Hochaltar hat ein flämischer Maler die Krönung

Zollhäuser in Groß Boschpol

Groß Drensen, Schurzholzkirche

Mariens gemalt, die Verkündigung im Seitenaltar stammt ebenfalls von einem niederländischen Meister.
Viele Mitglieder der Familie Götzendorff-Grabowski liegen in der Kirche begraben.
In G. B. lebten 1939: 374 Bewohner.

Groß Drensen *(Dzierżążno Wielkie)*, Netzekreis. Peter Czarnkowski gründete 1593 das Schulzendorf G. D. Er wollte, daß 30 Bauern und sechs Kossäten angesiedelt werden; daher gestand er ihnen das Teerbrennen auf eigene Rechnung zu. 1922 Amtsort.
1595 Errichtung der Kirche als Schurzbohlenbau; um 1770 durch ein Fachwerkgebäude mit zweimal abgesetztem Turm ersetzt. In der Kirche waren vier spätgotische Schnitzfiguren aufgestellt.
Nach dem Ersten Weltkrieg entdeckte man in 45 m Tiefe ein etwa 12 m mächtiges Braunkohlenflöz. Nach ersten Versuchen gab es aus den darunter liegenden Schichten starke Wassereinbrüche, die eine Förderung unmöglich machten.
G. D. hatte 1939: 905 Einwohner.

Groß Dübsow *(Dobieszewo Słupskie)*, Kr. Stolp. Herzog Mestwin II. von Pomerellen verlieh 1294 das Dorf „Dobessouo" an den Erzbischof Jakob von Gnesen.
Die Kirche entstand als dürftiger Fachwerkbau mit Turm. Ihr Kanzelaltar geht auf die zweite Hälfte 17. Jh. zurück. Die mit Säulen und Nischen reich verzierte Kanzel trat weit über den Altartisch hervor.

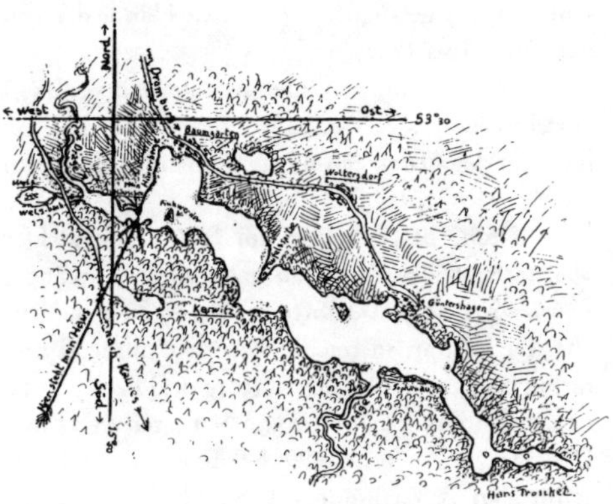

Großer Lübbesee

1939 hatte G. D. 308 Einwohner.

Großer Böthinsee *(Jezioro Betyń)*, 8,7 qkm großer Grundmoränensee, 113 m über NN westlich Deutsch Krone. An seiner tiefsten Stelle hat er 36 m Wassertiefe. Die steil ansteigenden Ufer erheben sich bis zu 36 m über die Seeoberfläche. Am Schloßberg fanden sich Reste eines wendischen Burgwalles (700—1000 n. Chr.).

Großer Lübbesee *(Jezioro Lubie)*, südöstlich Dramburg, 14,85 qkm großer, 13,5 km langer und bis zu 2 km breiter, sehr fischreicher Endmoränensee, erstreckt sich 96 m über NN, von der → Drage durchflossen; sie verläßt den See in einer Waldschlucht, „Hölle" genannt. Seine größte Tiefe erreicht er mit 46 m. Die Inseln Schulzenwerder und Fischwerder bedecken zusammen eine Fläche von 15 ha. Das Nordufer ist sehr kuppig und waldarm, das Südufer hingegen dicht bewaldet. Inmitten der Wälder liegt auf der Uferhöhe das in englischem Landhausstil erbaute Schloß Karwitz.
Auf einer Landzunge bei Gütershagen und auf einer Insel am Ausfluß der Drage lagen wendische Burgwälle. 1320 wurde der See der Stadt Dramburg genommen und dem Augustinerinnenkloster in Pyritz übergeben; in der Urkunde wird er als „stagnum Lubbezes", als lieblicher See bezeichnet.

Großer Pielburgsee *(Jezioro Pile)*, 9,33 qkm großer Grundmoränensee, erstreckt sich in Ost-West-Richtung (8,5 km lang) am Nordrand des Groß Borner Truppenübungsplatzes. Die größte Tiefe des in 130 m über NN liegenden Sees beträgt 54 m. In unmittelbarer Nähe steigen die Seeufer auf 153 m und 168 m über NN an, so daß die Gefahr von Uferrutschungen besteht. 1925 stürzte eine etwa zwei Morgen große kiefernbestandene Halbinsel in die Tiefe. Um an den Seeufern Wiesen und Ackerland zu gewinnen, wurde 1864 eine Genossenschaft zur Senkung des G. P. gegründet.

Großer Ziethener See *(Jeszioro Szczytno)*, nordwestlich Schlochau in 126 m über NN, ein von der → Brahe durchflossener 7,5 qkm großer Grundmoränensee; größte Tiefe 30 m. Er war sehr fischreich, vorwiegend an Maränen und Zandern. 1917 wurde beim Eisfischen ein über 3 m langer Wels gefangen. Auf der Insel Lindenwerder gab es den ältesten Lindenwald der Grenzmark. Am Ausfluß der Brahe lag das im 19. Jh. erbaute neubarocke Herrenhaus Zawadda; 1945 zerstört.

Groß Garde *(Gardna Wielka)*, Kr. Stolp, auf der zum → Garder See abfallenden Endmoräne; früher einer der Hauptorte des Kaschubengebietes. Sogar an den Häusern konnte man eine abweichende Bauweise — einstöckige Reihenhäuser mit Bodenluke,

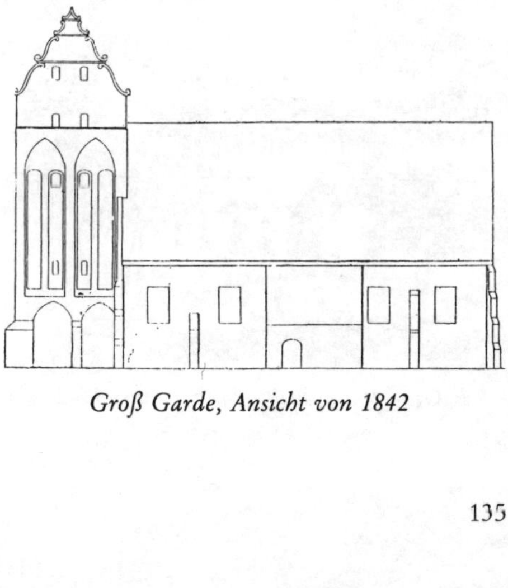

Groß Garde, Ansicht von 1842

im Untergeschoß zwei Wohnungen mit einer gemeinsamen Küche — feststellen.
1282 bestätigte Herzog Mestwin II. von Pomerellen die von seinem Vater Swantopolk II. der St. Stanislauskirche (1265 gegründet) gemachte Schenkung. Dominus Tesslaus plebanus de Gardna war Urkundenzeuge. 1284 verlieh er dem Kloster Belbuck und der Stolper Nikolaikirche das Patronat der Dorfkirche.
Die Kirche war im Laufe der Zeit stark umgebaut, so daß kaum noch Spuren des alten Baus zu erkennen sind. Die Wände des Schiffes sind innen durch Blenden gegliedert, außen durch Strebepfeiler verstärkt. Der blendengeschmückte Turm zeigt Ähnlichkeiten mit dem Kirchturm von → See Buckow.
1938 war G. G. noch ein Fischerdorf und hatte zwölf Küstenfahrzeuge; 21 Fischer gingen ihrem Beruf nach.
G. G. hatte 1939: 1310 Einwohner.

Groß Jannewitz *(Janowice)*, Kr. Lauenburg. 1354 verlieh Hochmeister Winrich von Kniprode den Brüdern Wirkoslaus und Joske von Janowicz G. J. und Kamelow zu Magdeburger Recht. 1398 wurden erstmalig Gr. und Kl. J. als getrennte Orte erwähnt. Bis in das 17. Jh. blieb das Dorf im Besitz der Gründerfamilie, dann übernahm es Feldmarschall von Natzmer und behielt es bis 1739. Über die Familie von Czapsky gelangte es 1799 in die Hände der von der Osten (bis 1945).
Feldmarschall von Natzmer erbaute sich vor 1739 ein einstöckiges Herrenhaus mit zwei Flügeln. Julius von der Osten erweiterte es im 19. Jh. um ein Stockwerk.
Eine Kirche hat es schon um 1400 gegeben. Der 1882 erbaute Backsteinbau hatte einen Vorgänger von 1699; dessen Ausstattung kam in die neue Kirche. Den Altar, in reicher Barockschnitzerei und farbig bemalt, hatten 1693 Georg und Paul von Janowitz und Barbara Maria von Natzmerin gestiftet. Die Holztaufe von 1699 besaß einen reich geschnitzten Baldachindeckel. Spiralsäulen bildeten ein Gehäuse um die Figuren der Taufe Jesu.
1939 lebten in G. J. 934 Bewohner.

Groß Jestin, Feldsteinkirche von 1562

Groß Jestin *(Gościno)*, Kr. Kolberg-Körlin. 1238 bestätigte Papst Gregor IX. dem Johanniterorden seine Häuser in G. J. und Moitzlin. Das Dorf gehörte zum Besitz des Klosters Doberan. 1260 wird eine Kirche erwähnt. 1334 kam G. J. als nicht eingelöstes Pfand an die Stadt Kolberg.
Die Feldsteinkirche von 1562 gehörte zu den ältesten des Kreises.
Um 1900 erbaute der Vaterländische Frauenverein vom Roten Kreuz ein Krankenhaus, das bald danach der Landkreis als Kreiskrankenhaus übernahm.
Eine große Reparaturwerkstatt für Landmaschinen mit 90 Beschäftigten konnte schon 1948 ihren Betrieb wieder aufnehmen.
1939 hatte G. J. 2361 Einwohner. 1983 Mittelpunkt einer Großgemeinde *(Gmina)* von 116,1 qkm Fläche mit 5111 Einwohner.

Groß Justin *(Gostyń)*, Kr. Cammin, Kirchdorf, 1369 erwähnt. Hippolit Brockhus ist 1449 als Zeuge genannt. Gut und Dorf blieben bis 1945 im Besitz dieser Familie. Die Tochter des Reichspräsidenten von Hindenburg hatte in diese Familie eingeheiratet und erhielt das Patronat der Kirche. 1661 brannte fast das ganze Dorf ab.
Die St. Marienkirche bestand aus einem massiven Feldsteinteil im Westen, etwa 13. Jh., und einem

Fachwerkteil. Der alte Turm brannte 1661 ab; so beschloß man, mit dem Bau eines Fachwerkturmes die Kirche auch nach Osten zu erweitern. Das Innere überspannte eine bemalte Flachdecke mit sichtbaren Balken.
Die reiche einheitliche Ausstattung hatte die Patronatsfamilie von Brockhusen gestiftet. Aus dem ersten Viertel 17. Jh. stammte der Altar, dessen Mittelbild nach niederländischer Vorlage das Abendmahl zeigte. An den Wänden der Treppenaufgänge waren zehn Apostelfiguren, Mitte 15. Jh., angebracht, die von einem Altar aus Ahlbeck, Kr. Ueckermünde herkamen.
Nach 1945 verkam die gepflegte Kirche; danach abgerissen.
G. J. hatte 1939: 616 Bewohner.

Groß Karzenburg *(Sępolno Wielkie)*, Kr. Rummelsburg, ein Angerdorf, schon in vorgeschichtlicher Zeit besiedelt; drei steinzeitliche Lochäxte aus Felsgestein und zwanzig bronzezeitliche Steinkistengräber mit Mützenurnen wurden gefunden. Wendische Burgwälle „Viehhof" auf einer Halbinsel im Papenzinsee und am Ostufer des Gillersees.
Nach 1568 Gründung des Dorfes „Seepöhlen". Im 17. Jh. war es ein Lehnsgut der Familie von Münchow. Der Name G. K. wurde 1717 eingeführt. Bis 1765 gehörte die eine Hälfte des Dorfes den von Münchow und damit dem Amt Rügenwalde, die andere den von Ramel und so dem Fürstentum Cammin.
1685 Bau der barocken Fachwerkkirche mit Dachreiter auf dem eichenbestandenen Anger; im Osten später eine Eingangstür für den Patron eingefügt, damit er vom gemeinen Volk abgesondert blieb.
Die Einrichtung aus der Erbauungszeit ist erhalten. An den Brüstungen der Ost- und Westempore waren zwanzig allegorische Bilder mit moralisierendem, nichtbiblischem Inhalt zu sehen. Der Altar enthält die Tafelbilder Anbetung der Könige, Maria Magdalena vor dem Kreuz und Auferstehung Christi, eingerahmt von gewundenen Säulen und kräftig geschnitztem Gebälk.

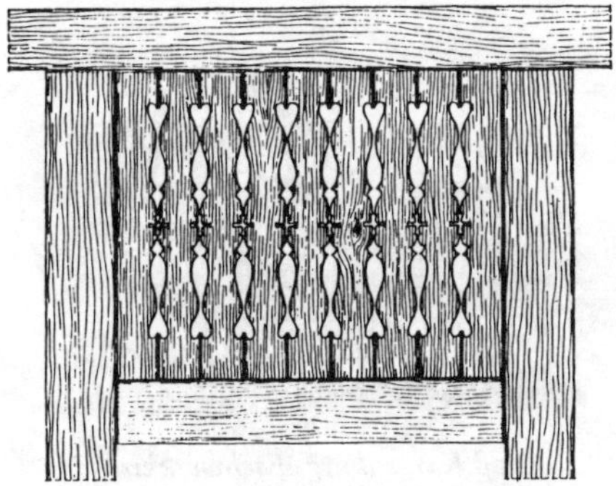

Torhaus am Hof Köpsell aus Groß Justin

Altar, Kanzel und Taufe sind in Weiß und Gold vor schwarzem Hintergrund gehalten; Balkendecke ebenfalls bemalt. Vermutlich stammt die Einrichtung aus einer Thorner Werkstatt.
1939 hatte G. K. 571 Einwohner.

Groß Kiesow, Kr. Greifswald; seit 1962 wieder eine selbständige Gemeinde.
Der frühgotische Feldsteinchor der Kirche wurde in der zweiten Hälfte 13. Jh. errichtet. Fenster und Portal sind mit glasierten und unglasierten Backsteinen eingefaßt; der mit zwei Blendenreihen gegliederte Ostgiebel, Langhaus und Turmuntergeschoß sind nach 1300 aus Backstein erbaut. Das Turmobergeschoß wurde 1653 in Fachwerk aufgesetzt und um 1800 mit Backstein ummantelt; eine geschweifte Haube krönt ihn.
Im Chor entdeckte man Bemalungen der Gewölberippen und Kleeblattornamente von 1300. An die Wände sind biblische Szenen aus der ersten Hälfte 16. Jh. gemalt.

Groß Latzkow *(Laskowo)*, Kr. Pyritz, 1236 als „Lascowe" im Besitz des Klosters Kolbatz erwähnt. Die Kirche, ein Granitquaderbau, 13. Jh., mit neuerem Giebel, ist in ihren alten Bauformen fast vollständig erhalten geblieben. In die Ostwand sind drei schlanke spitzbogige Fenster aus der Bauzeit eingelassen. Das Westportal hat noch die ursprünglichen

Groß Karzenburg, Fachwerkkirche

Granitgewände. Der Fußboden liegt fünf Stufen unter dem Kirchhofsniveau.
Der geschnitzte Kanzelaltar mit seinen Barockformen stammt aus der Mitte 18. Jh. Nach 1945 blieb die Kirche erhalten.
1939 hatte G. L. 260 Einwohner.

Groß Mellen *(Mielno Stargardzkie)*, Kr. Saatzig. Die Kirche ist ein spätmittelalterlicher Findlingsbau mit maßwerkverziertem Giebel, der an das Stargarder Rathaus erinnert. Die Kirchenfenster sind unterschiedlich groß. Das Untergeschoß des Turmes ist ebenfalls aus Findlingen erbaut, der Oberbau, den eine niedrige Barockhaube überragt, aus Holz. An den Wänden ist alte Bauernmalerei aufgedeckt und restauriert worden. Der gut geschnitzte Barockaltar zeigt auf dem Mittelbild die Taufe Jesu im Jordan.
G. hatte 1939: 359 Bewohner.

Groß Mohrdorf, Kr. Franzburg-Barth, liegt an einem Moränenhügel.
Die breit gelagerte Backsteinhallenkirche aus der zweiten Hälfte 13. Jh. überragt es. Den quadratischen Chor und das dreischiffige Langhaus überspannen Kreuzrippengewölbe.
Die barocke Ausstattung, um 1700, stammt zum größten Teil aus der Werkstatt des Stralsunder Bildschnitzers und Tischlers Johann Wendt. Der Altar, zweigeschossig und sehr hoch, zeigt in seinem Hauptfeld eine vollplastische Kreuzigungsgruppe. Eine Mosesfigur trägt die 1702 gefertigte sehr schöne, mit Akanthusranken reich verzierte Kanzel; an der Brüstung sind Reliefs mit Szenen aus dem Leben Jesu, am Schalldeckel, der von einer Madonna überragt wird, alttestamentarische Reliefs zu sehen. 1967 fand man gotische Wandmalereien, zweite Hälfte 14. Jh. Die Reste zeigen den Weltenrichter, Jesaja, Maria und Johannes den Täufer.
In G. M. lebten 1939: 737 Einwohner.

Großmöllen *(Mielno Koszalińskie)*, Kr. Köslin, war das eigentliche Bad der Stadt Köslin. Neben dem Bauern- und Fischerdorf entstand östlich davon, durch den Gutspark getrennt, das moderne Seebad mit Villen und Gastronomieunternehmen. 1333 verkaufte Henning Schlieff das Dorf an Hermann Damitz. Vorher war es in einer Urkunde des Camminer Bischofs Hermann von Gleichen erwähnt worden. Bis 1776 blieb es im Besitz der Familie Damitz.
1912 Eröffnung der Strandbahn von Köslin aus, nach dem Ersten Weltkrieg Bau einer zweiten Straßenbahn.
Die Kirche stammt wohl aus frühgotischer Zeit; durch Um- und Ausbauten stark verändert, 1856 Neubau der Apsis. Der Backsteinturm scheint der älteste Teil des Gebäudes zu sein.
Die Kanzel mit Engelsköpfen in den Füllungen und unter den Ecksäulen war im 17. Jh. geschnitzt worden.
G. hatte 1939: 978 Einwohner. 1983 Mittelpunkt ei-

Wendische Grabhügel in Großmöllen

ner Großgemeinde *(Gmina)* von 62,5 qkm Fläche mit 4507 Einwohnern.

Groß Peterkau *(Pietrzykowo)*, Kr. Schlochau, wird schon 1313 in einer Grenzbeschreibung erwähnt. Es gehörte damals zum Lande Stolp. 1608 kaufte Peter Gotberg das Dorf. Er war Sohn eines Stargarder Goldschmieds, tat Dienst im schwedischen, polnischen und deutschen Heer, wurde Kommandant von Lauenburg/Pom. und herzoglicher Vertreter beim König von Polen. Drei Söhne und zwei Töchter von seinen dreizehn Kindern überlebten ihn, der 1636 in den Gewölben der Dorfkirche seine Ruhe fand.
Johann Gottlieb von Massow, seit 1802 Besitzer von G. P., ließ 1804 den Dorfsee entwässern. 1882 gab es eine katastrophale Mißernte; deswegen wanderten zehn Familien nach Amerika aus. 1954 kam die Gemeinde zum Kreis Rummelsburg; 1959 der Großgemeinde Waldow eingegliedert.
Die aus Feld- und großen Backsteinen errichtete Pfarrkirche könnte aus der Deutschordenszeit stammen. Das 1596 gefertigte Messingtaufbecken kam aus Bayern. In vier Fenstern war das Gotbergsche Wappen in Glasbildern zu sehen.
1939 hatte G. P. 655 Einwohner.

Groß Pomeiske *(Pomysk Wielki)*, Kr. Bütow,

Madonna aus Groß Pomeiske

Abendmahlskelch aus Groß Poplow

durch den Bach zweigeteiltes Dorf. Westlich am Talhang liegt das Bauerndorf, östlich die Gutssiedlung. Winrich von Kniprode verlieh 1360 dem Olbrecht von der Wattelaw dreißig Hufen zu kulmischem Recht. Im 14. Jh. gab es zwei Ortschaften gleichen Namens: das Ordensgut — heutiges G. P.; den Besitz des Klosters Oliva, den 1381 der Orden ankaufte und als Bauerndorf anlegte — möglicherweise Klein Pomeiske. Um 1438 leistete „der Hans Pomoysske“ als einziger im Bütower Amt zwei große Dienste; für jeden mußte er im Kriegsfalle mit je drei Pferden antreten.
Auf einer Anhöhe sudostlich des Dorfes steht die 1890 neuerbaute Feld- und Backsteinkirche, wie die Jassener Kirche eine adlige Gutskirche, die in der Gegenreformation evangelisch blieb. Eine Mutter Gottes mit Jesuskind, 0,85 m hoch, aus Lindenholz, um 1430, war stark beschädigt; in das Bütower Heimatmuseum überführt und seit 1945 verschollen.
In G. P. lebten 1939: 644 Bewohner.

Groß Poplow *(Popielewice)*, Kr. Belgard. Die beiden Dörfer Groß und Klein P. waren seit 1939 zu einer Gemeinde zusammengefaßt. Im Westen lagen auf dem Räuberberg noch wenige Reste der 1531 zerstörten Burg.
Die Backsteinkirche wurde im 19. Jh. an Stelle einer

älteren Fachwerkkirche errichtet.
Über der Empore hing eine Gedenktafel für einen Herrn von Manteuffel, den nach der Schlacht von Zorndorf Kosaken erschlagen hatten. Er war Schwiegervater des bei Kunersdorf gefallenen Majors und Dichters Ewald von Kleist.
Die Kirche besaß einen wertvollen Kelch von 1506, angeblich aus dem Kloster Leubus. Seine Kuppa hatte vermutlich Andreas Heidecker aus Breslau erneuert.
1939 zählte G. P. 712 Einwohner.

Groß Raddow *(Radowo Wielkie),* Kr. Regenwalde. In dem Gutsdorf wurde 1491 Johannes Czulow als Pfarrer eingesetzt. Von 1777 bis 1789 gehörte es dem Rittmeister a.D. Gebhard Leberecht von Blücher.
Die Backsteinkirche mit Walmdach geht auf das 17. Jh. zurück, später erhielt sie an der Nordseite einen Querflügel. Der Turm, bis zur Glockenstube ungegliedert, hat ein stark eingezogenes verbrettertes Fachwerkobergeschoß mit niedrigem Zeltdach. Der Altar ist eine farbig bemalte Schnitzerei der späten Renaissance. In den Mittelfeldern befinden sich die Tafelbilder Abendmahl, Kreuzigung und Himmelfahrt. Der geschnitzte Taufengel stammt aus dem 18. Jh.
G. R. hatte 1939: 315 Bewohner.

Groß Reetz *(Rzeczyca Wielka),* Kr. Rummelsburg. Ritter Johann Ramel auf „castro Rest" stellte 1281 eine Urkunde aus. Der erste Besitzer „der Reetz" war der um 1380 geborene Erdmann von Lettow. Ein Lehnsbrief von 1575 bezeichnete G. R. noch als „Holz und Sehe". Erst im 16. Jh. entstand der Gutshof.
„Die Reetz" lag bis 1300 am Rande des Besiedlungsgebietes der Pommerschen Herzöge, sie waren nur nominell Herrscher. Die tatsächliche Macht übten die Swenzonen aus, die hier beträchtlichen Burgenbesitz hatten. Gleichzeitig war die Gegend westliches Randgebiet des Deutschen Ordens.
An das schlichte Gutshaus von 1662 fügte man 1897 einen Jugendstilanbau an; es überstand 1945 unversehrt. Anfang 1959 diente es Landarbeitern als Unterkunft. Aus unerklärlichen Gründen hat man es Anfang der 60er Jahre abgerissen.
In G. R. lebten 1939: 275 Einwohner.

Wassermühle in Groß Reetz

Groß Schönfeld *(Obryta),* Kr. Pyritz, erhielt 1180 als erstes Dorf im → Weizacker einen deutschen Namen. 1202 befand es sich im Besitz des Klosters Kolbatz.
Die Dorfkirche, ein Findlingsbau, wurde 1845 erweitert und stark verändert. Den Turm mit massivem, blendengegliedertem Unterbau überragt eine Barockspitze mit durchbrochener Laterne.
Die Ausstattung stammt aus der Barockzeit. Altar und Kanzel, Mitte 18. Jh., sind farbig, die Renaissanceorgelempore ebenfalls mit fortlaufendem Blumenfries aus Tulpen, Rosen, Kaiserkrone, Lilien u.a. ist in kräftigen Farben bemalt.
Als Pastor Zierold 1729—1780 im Amte war, ließ er die flache, an den Seiten abgerundete Holzdecke bemalen. Vier große Gemälde in der Mittelachse werden von kleineren an den Seiten begleitet. Der Zwischenraum weist einen hellblauen Grund auf mit Darstellungen von Füllhörnern mit Blumen und Früchten. Heute ist die Kirche eine Ruine.
1939 zählte G. Sch. 488 Einwohner.

Groß Schoritz, Kr. Rügen, Gutsweiler, 1318 als „Schurtze" erstmals genannt. Stammsitz der Familie von Kahlden, die ihn 1755 an den schwedischen Reichsrat Graf von Löwen verkaufte, von dem ihn

1767 die Fürsten von Putbus erwarben.
Das Gutshaus ist ein Mitte 18. Jh. errichteter eingeschossiger verputzter Backsteinbau mit Mansardendach. Zur Gartenseite steht ein Fachwerkbau des 18. Jh., Geburtshaus von E. M. Arndt.
Ernst Moritz Arndt (1769—1860), Geschichtsforscher, Politiker und Dichter, 1817 Professor für Geschichte in Bonn, 1848 Mitglied der deutschen Nationalversammlung. Sein erstes Werk: „Versuch einer Geschichte der Leibeigenschaft in Pommern und Rügen". Arndts Vater war freigelassener Leibeigener des Fürsten Malte Putbus.
1939 lebten in G. Sch. 227 Bewohner.

Groß Schwirsen *(Świerzno)*, Kr. Rummelsburg, Gutsdorf, 1477 als Besitz der Lettows erstmals erwähnt. 1519 kam es in die Hände der von Massow. Seit 1576 ist es eine eigene Pfarrei. Ende 18. Jh. gab es in G. Sch. zwei kleine Güter. Die 1825 noch vorhandenen elf Niedersachsenhäuser wiesen auf die Herkunft der Bewohner hin. Aus einem Teil des Gutes bildete eine Siedlungsgesellschaft selbständige Bauernhöfe.
Die 1710 erbaute Fachwerkkirche mit Dachreiter wurde 1844 im Westen durch einen Backsteinbau ersetzt. Das Fachwerk war wie die Gefache weiß übermalt.
Der Altar, Anfang 18. Jh., hatte etwas plumpe Seitenteile, die wohl 1755 der Schnitzer und Maler Kaiser aus Bublitz angefertigt hatte.
G. Sch. hatte 1939: 542 Einwohner.

Groß Strellin *(Strzelino)*, Kr. Stolp, Dorf, das 1286 Herzog Mestwin II. von Pomerellen dem Kloster Belbuck und der Nikolaikirche in Stolp schenkte. Johannes Gherwyn war 1364 Pfarrherr. 1493 wird eine Kirche erwähnt.
Die im Laufe der Zeit stark erneuerte Kirche erhielt im 19. Jh. einen herrschaftlichen Anbau sowie den Turm.
In G. St. lebten 1939: 331 Bewohner.

Groß Teetzleben, Kr. Demmin. Sein Pfarrer erhielt 1491 eine Dispens für fünf Jahre, schon während des Baues in der noch nicht geweihten Kirche

Kirche in Groß Schwirsen

die Messe zu lesen.
1725 trat ein dreiseitig geschlossener Fachwerkbau mit einem Holzturm an ihre Stelle. Der kleine geschnitzte Flügelaltar (spätgotisch, Ende 15. Jh.) hält sich an niederländische Vorbilder; 1739 einem neuen Rahmen eingepaßt. An der 1739 gefertigten Orgelempore sind in den Füllungen Christus und die zwölf Apostel in Öl auf Holz gemalt.
In G. T. lebten 1939: 364 Menschen.

Groß Tuchen *(Tuchomie)*, Kr. Bütow, auf einer Landzunge, welche die Kamenz umschließt, die sich zu drei Seen erweitert. Auf der Südseite riegelt eine Erhebung (ev. Kirche) den Zugang ab. Davor lag die ehemalige Herrenburg des „Landes Tuchen". Der Swenzone Laurentius erwarb wohl vor 1300 das Land, das 1315 Markgraf Waldemar von Brandenburg dem Kasimir Swenzo (Choczimer) bestätigte. Nach dessen Tod wurde das Land Tuchen 1385 an den Deutschen Orden verpfändet und ging später in Ordenseigentum über. Der Pfleger von Bütow, Jakob von Reinach, verlieh 1400 dem Staneke das Schulzenamt in Kotzmersch Tuchen zu kulmischem Recht. 1408 wird das „Land Tuchen" letztmalig genannt. An Stelle der Burg legte man den Ordenshof mit Roßgarten mitten im Dorf Canitz an;

Landschaft bei Groß Tuchen

dieses Dorf lag 1438 bereits wüst. Nach der Reformation 1585 Anlage eines Amtsvorwerkes „Canitz". 1818 kam es als Rittergut in den Besitz des Hauptmanns von Wyschetzky; 1932 in 21 Siedlerstellen aufgeteilt. Das frühere Gutshaus ist ein Backsteinbau des 19. Jh.

Die 1886—1889 erbaute evangelische Kirche wurde nach 1950 zur Ruine; seit 1986 im Wiederaufbau. Auf dem Ostteil des Angers steht die 1905/06 erbaute katholische St. Michaelskirche, an der bis 1978 *Dr. Johannes Hinz* als letzter deutscher Pfarrer der Freien Prälatur Schneidemühl tätig war.

G. T. hatte 1939: 1002 Einwohner. 1983 Mittelpunkt einer Großgemeinde *(Gmina)* von 106,9 qkm Fläche mit 3524 Einwohnern.

Groß Tychow *(Tychowo),* Kr. Belgard, um 1250 erstmals als Besitz der Familie von Kleist erwähnt. Seit 1540 heißt es „Groten Tichow". Bis 1945 blieb es im Besitz der von Kleist.

Der westliche Teil der Dorfkirche aus Feld- und Backstein stammt aus dem Mittelalter, 1591 wurde die Kirche der hl. Katharina geweiht. Erweiterung des Schiffs nach Osten in Fachwerk im Jahre 1830; der Turm erhielt 1871 sein Fachwerkobergeschoß mit geschweifter Haube. Altar und Kanzel sind in der ersten Hälfte 18. Jh. gefertigt; am Kanzelkorb Holzfiguren der Apostel.

Das um 1775 von Peter Christian von Kleist erbaute Schloß, ein U-förmiger, von einem alten Burggraben umgebener Bau liegt inmitten von Wiesen. 1945 war das Dach schwer beschädigt; danach dienten der große Saal als Kuhstall, die Diele als Pferdestall und der Ostflügel als „Gemeinschaftshaus".

In Verbindung mit dem Rittergut standen die gewerblichen Betriebe: eine Maschinen-, eine Faß-, eine Kartoffelflockenfabrik, eine Brennerei und ein Sägewerk.

Berühmt ist der „Große Stein", ein granithaltiger Gneisblock auf dem Friedhof, größter Findling Deutschlands mit einer Höhe von 3,74 m, 16,90 m Länge, 11,25 m Breite, Umfang etwa 44 m. Er soll einen Inhalt von 700 cbm haben. Bei einem Versuch, ihn freizulegen, umgrub man ihn bis auf 4 m Tiefe, ohne seinen tiefsten Punkt zu erreichen.

1939 lebten in G. T. 2019 Einwohner. 1983 Mittelpunkt einer Großgemeinde *(Gmina)* von 350,7 qkm Fläche mit 7082 Einwohnern.

Groß Weckow *(Jagniątkowo),* Kr. Cammin. Rittergut und Dorf, 1299 als Lehen der von Güntersberg genannt, die es bis 1764 hielten. Das Hauptgut erwarb 1764 Carl Christian Philipp von Berg, Prälat des säkularisierten Domstifts Cammin. Seine Tochter Alexandrine erbte es; 1833 heiratete sie Albert von Ploetz. Das Gut blieb bis 1945 in der Familie. Die St. Laurentiuskirche, 1594 als Fachwerkbau er-

Der »Große Stein« in Groß Tychow

richtet, brannte 1840 ab; man ersetzte sie durch einen Backsteinbau.
Albert von Ploetz baute 1847 ein weiträumiges Landhaus mit einem Turm.
G. W. hatte 1939: 336 Bewohner.

Groß Zicker, Kr. Rügen. Auf der Halbinsel → Mönchgut, am Fuß des Bakenberges, liegt G. Z. am Zickersee.
Der Knappe Kurt von der Osten verkaufte 1356 sein Gut „Sicker" an die von Bonow. 1360 kaufte ihnen das Zisterzienserkloster → Eldena das Dorf und die ganze Halbinsel ab.
Der Ende 14. Jh. errichteten Backsteinkirche setzte man später einen westlichen Fachwerkdachturm auf.
Die im 16. und 18. Jh. in die Fenster eingesetzten kleinen Kabinettscheiben zeigen nicht nur biblische Szenen, sondern auch weltliche Darstellungen—eine reiche kulturhistorische Quelle.
1939 hatte G. Z. 203 Einwohner.

Grunau *(Stare Gronowo),* Kr. Flatow, Marktflecken, schon 1349 urkundlich genannt. Bereits 1380 hieß er Grunow. Sein Besitzer war der Krakauer Hauptmann Sendziwoi, der „sin Dorf und Gut, Grunow genannt, mit dem Walde Babiczk" dem Deutschen Orden für 400 Schock guter Groschen verpfändete.
Die alte Kirche war ein 1660 aufgeführter Fachwerkbau, den 1802 ein massiver Bau ablöste. 1860 kam ein 36 m hoher Turm hinzu.

Schloß Groß Weckow

Pfarrwitwenhaus (Volksschule) Groß Zicker

Seit 1896 gab es eine Ofen- und Tonfabrik, die 1902 als Westpreußische Ofen- und Tonfabrik GmbH firmierte. 1948 arbeitete sie wieder mit 53 Beschäftigten. Bis ins 19. Jh. existierte in G. eine Seidenraupenzucht. Jahrmärkte machten G. zu einem Handelsmittelpunkt.
G. hatte 1939: 985 Einwohner.

Grünhoff, Gemeinde Lowin *(Ługowina),* Kr. Regenwalde. Das erste nachreformatorische katholische Kloster entwickelte sich aus einem Gut, das der königliche wirkliche Geheime Oberregierungsrat Dr. Ludolph von Beckedorff 1827 erwarb, nachdem er wegen seines Übertritts zum katholischen Glauben aus dem preußischen Staatsdienst entlassen worden war. 1855—1859 ließ er die Kirche erbauen; 1857 gründete er das St. Aloysiusstift. Trebnitzer Borromäerinnen zogen 1861 ein und begannen mit einer privaten Volksschule und einem Waisenhaus. 1862 und 1867 von hier aus Gründung katholischer Kinderheime in Stralsund bzw. Stettin. 1914 kam ein Krankenhaus mit Altenpflegeheim hinzu. Bei der 100-Jahr-Feier 1927 fand hier der Pommersche Katholikentag statt.
1945 wurde dieses karitative Werk vernichtet; ein Bauernhof und die Kirche blieben erhalten. Der Hochaltar der Kirche steht nun in der Kirche zu Regenwalde.

Grupenhagen *(Krupy),* Kr. Schlawe, Dorf, das 1330 die Stadt Rügenwalde kaufte.
Um 1400 entstand der Kirchturm aus Back- und

großen Feldsteinen mit dem Westportal in einer hohen geputzten Spitzbogenblende. Das Langhaus aus Fachwerk ist mit Backstein verblendet. 1570 erhielt der Bau einen Dachreiter auf der Ostseite. Der massive Chor wurde später angebaut. Das Schiff überspannt eine flache Holzdecke, die man in der ersten Hälfte 18. Jh. mit fortlaufendem Rankenwerk in Weiß und Grau bemalte.

Der Altar mit Knorpelwerk stammt von 1679. Sein ovales Mittelbild, von gebogenem Gebälk umrahmt, das auf zwei gewundenen Säulen aufliegt, zeigt Christus in der Kelter. Auf der Rückseite des Altars war eine Spendenliste mit Namen und Geldsumme der Spender angebracht. Die Kanzel von 1665 ruht auf einer Mosesfigur. Aus einem Vorgängerbau stammt eine spätgotische, fast lebensgroße Kreuzigungsgruppe, Anfang 15. Jh.

In G. lebten 1939: 505 Bewohner.

Grüttow, Kr. Anklam. An der Weggabelung der Straße Anklam—Jarmen steht das älteste historische Denkmal Pommerns, der Wartislaw-Stein. Spätestens 1148 wurde dem an der Straße liegenden roten Granitfindling das Kreuz eingemeißelt zum Andenken an den ersten christlichen Fürsten Pommerns, Herzog Wartislaw I., den Bekenner, den an dieser Stelle 1135 ein heidnischer Fanatiker erschlagen hatte.

Auf der südlichen Seite des Steines ist ein lateinisches Kreuz mit 9 cm breiten Balken sehr flach eingemeißelt, unter dem linken Kreuzarm ein gekrümmtes Horn. Auf der Nordseite kann man innerhalb einer vertieften Umrahmung in Umrißlinien eine menschliche Gestalt erkennen.

Nordwestecke des Groß Zickerschen Höfts

Blick auf das Stift Grünhoff

Gültz, Kr. Demmin. Die Granitquaderkirche, Ende 13. Jh., wurde im 18. Jh. nach Westen verlängert; 1879 Anbau von Turm und Apsis in Backstein. Die Spätrenaissancekanzel aus Eichenholz trägt am Kanzelkorb Reliefs der Evangelisten. Die Altarschranken des früheren Altars (Ende 16. Jh.) verwendete man als Wandverkleidung der Apsis. Im Oberlicht des Turmportals waren ältere, farbig bemalte Glasscheiben, 17. Jh., eingesetzt worden.

Das spätklassizistische Schloß von 1872 beherbergt eine Berufsschule.

1939 lebten in G. 508; 1980: 1100 Einwohner.

Gülzow *(Golczewo),* Kr. Cammin, Marktflecken, zwischen Ober- und Untersee; 1304 erstmals erwähnt, als Herzog Bogislaw IV. und Bischof Heinrich von Cammin einen Treue- und Beistandsvertrag abschlossen, bei dem die Burg G. dem Bischof übergeben wurde. Das bischöfliche Burglehen von zehn Hufen übertrug man auf Echard Wedelsted und Wulvekin Smeling in G. Nach 1500 war die Burg oft Residenz der Bischöfe, so auch von Herzog Ernst Bogislaw von Croy. 1670 war die Burg zerstört. Seit 1.1.1990 ist G. Stadt.

1755 wurde für G. das Privileg für eine neue Apotheke erteilt.

Südwestlich des Fleckens liegt ein etwa 15 m hoher, dicht bewachsener Hügel, der einstige Burgplatz. An seiner Südostecke steht der über 31 m hohe Bergfried mit quadratischem Feldsteinunterbau und

Wartislawstein in Grüttow an der Peene

15 m hohem zylindrischen Oberbau aus Feld- und Backsteinen, den eine etwa 10 m hohe Backsteinspitze überragt. An der Ostseite liegt das ehemalige Amtshaus, ein zweigeschossiger Fachwerkbau von 1732.
Auf einer Anhöhe am Nordende des Marktes steht die Kirche, ursprünglich ein Feldsteinbau, 15. Jh., 1805 erneuert; sie erhielt 1882 einen Turm aus Backstein. Das Schiff hat eine flache, 1882 bemalte Balkendecke. Der Kanzelaltar war 1805 aus mehreren älteren Teilen zusammengesetzt worden, so zwei Apostelfiguren von Mitte 15. Jh.
Zwischen beiden Seen entsprang eine schon Anfang 17. Jh. bekannte Mineralquelle. Herzog von Croy ließ sie fassen und Präpositus Schäfer sorgte 1723 für eine neue Einfassung. Sie half bei Fettleibigkeit. 1779 wurde das mineralische Wasser in einer Rohrleitung zu dem Brauhaus auf dem Amtshof geleitet. G. hatte 1939: 1932 Einwohner. 1983 Mittelpunkt einer Großgemeinde *(Gmina)* von 175,4 qkm Fläche mit 5529 Einwohnern.

Gurkow *(Górki)*, Kr. Friedeberg/Nm., polnisches Fischerdorf oberhalb der Netzeniederung; gehörte bereits 1337 der Stadt Friedeberg. Bis in das 18. Jh. gab es hier Gottesdienste in polnischer Sprache. 1581 Verbrennung der Witwe Pipperling als Hexe. 1707 und 1723 brannten große Teile des Dorfes ab. 1758 plünderten Kosaken das Dorf und zündeten 48 Gehöfte an.
1804 wurde außerhalb des Dorfes die alte Fachwerkkirche abgetragen und in der Dorfmitte durch einen Massivbau mit Turm ersetzt, der 1828 abbrannte. 1833 Einweihung der neuerbauten Kirche.
Durch die friderizianische Kolonisation des Netzebruches verloren bisherige Erwerbsformen — Bienenzucht und Fischerei — ihre Bedeutung. 1748 legte man sogar eine Maulbeerplantage an, um Seidenraupenzucht zu betreiben.
In G. lebten 1939: 1189 Einwohner.

Gustkow *(Gostkowo)*, Kr. Bütow. 1400—1409 wird im Marienburger Treßlerbuch der Landrichter Bartke von Gustkow erwähnt. 1438 wurden Groß G. mit 40 und Klein G. mit 30 Hufen gegründet. Herzog Franz I. belehnte 1607 vierzehn Freie in Groß G. mit 40 Hufen und die Vitzow, Puttkamer und Labuhn mit 21 Hufen in Klein G. 1658 waren in G. die Pirch, Puttkamer, Vitzow, Jarcke, Schurick, Palbitzke und Zirson ansässig. Aus der Familie Jarcke stammte der Feldmarschall *Johann David Ludwig Graf Yorck von Wartenburg* (1759—1830). Die Landgemeinde G. entstand 1928. Das Gutshaus war ein zweigeschossiger verputzter Feld- und Backsteinbau vom Anfang 19. Jh.
1939 hatte G. 711 Einwohner.

Schloß Gültz

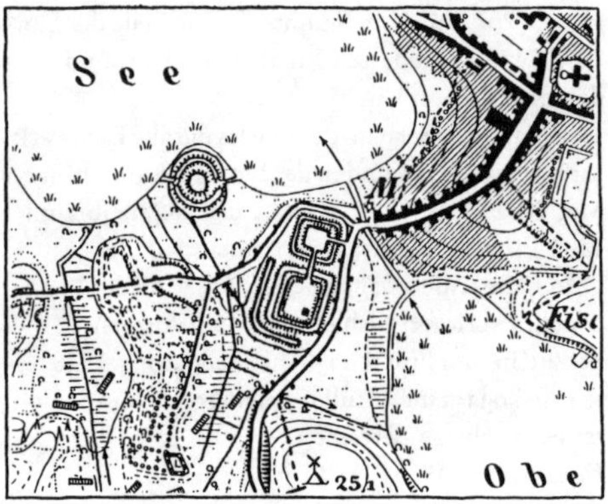

Lageplan von Gülzow

Gustow, Kr. Rügen, 1314 erstmals erwähnt. Fürst Witzlaw III. verkaufte 1324 einer Witwe von Barnekow eine Rente „in villa Ghustowe", die 1330 dem Kloster in Bergen zufiel. 1577 gab es den Gutshof, 6 Bauernhöfe, 8 Katen, einen Krug und eine Windmühle. Im 17. Jh. veränderte sich die Dorfform zu einem Gutsweiler; seit Ende 18. Jh. wohnten hier vorwiegend Handwerker und Einlieger des Gutshofes.

Das Gutshaus wurde im 18. Jh. erbaut und erhielt 1850 eine zweigeschossige Tudorfassade.

Ende 13. Jh. Bau des kreuzrippengewölbten Chors der Kirche aus Backstein, den, zusammen mit der Ostwand des Langhauses, ein glasierter Spitzbogenfries ziert. Anbau des einschiffigen Langhauses erst im 14. Jh.; seine Gewölbe erhielt es 1517.

1935 entdeckte man im Chor bemerkenswerte Wandmalereien von etwa 1420. An der Ostwand sind eine Heilige mit Wappen und der hl. Georg mit dem Drachen, an der Südwand die Gestalten des Petrus, Paulus und Thimotheus, an der Nordwand Johannes und Christophorus, an der Nordwand des Schiffes die hl. Elisabeth mit Krone und Kirche sowie die hl. Dorothea abgebildet. Stilistisch stehen diese Bilder den Fresken der Marienkirche in Stralsund sehr nahe.

Die Kanzel hat der Stralsunder Meister Christoph Nathanael Freese im Stil Louis-Seize 1784 angefertigt.

Auf dem Kirchhof steht eine 2,50 m hohe Mordwange von 1510 aus Granit für den ums Leben gekommenen Priester Thomas Norenberch. Auf der Vorderseite ist unter einem Kreuz ein kniender Mann mit einem Schwert über seinem Kopf eingeritzt.

G. hatte 1939: 640 Bewohner.

Güstow *(Szczecin Ustowo),* Groß Stettin. In einem Vertrag zwischen Herzog Barnim I. mit Bischof Konrad III. von Cammin wird 1240 G. als wüst und zur Besiedlung geeignet bezeichnet. 1243 übergab der Herzog „Wztoho" dem Zisterzienserinnenkloster vor Stettin. Die Dorfkirche wurde 1300 der St. Jakobikirche in Stettin unterstellt. Am 15. 10. 1939 hörte die Selbständigkeit des Dorfes im Kreis Randow auf; nach Stettin eingemeindet.

Die Kirche, ein frühgotischer Granitquaderbau, hat unterschiedlich lange Wände: Nordwand 15,70 m, Südwand 15 m. 1616 stiftete Bartholomäus Hercht die in die Mitte des Renaissancealtars eingebaute Kanzel. Die stark vergoldete Barockempore soll aus der einstigen St. Marienkirche in Stettin stammen.

Gützkow, Kr. Greifswald. Die Stadt liegt 2,5 km nördlich der → Peene in einem Bogen des Swinowbaches auf dem Stadtberg.

Haustür aus Gülzow

Um 1128 war G. Tempelort und Sitz des wendischen Fürsten Mitzlaw. Am Schloßberg, neben dem Stadthügel, wurden wendische Siedlungsreste ausgegraben. Wikingerfunde deuten auf Handelsbeziehungen über die Ostsee hin. Otto von Bamberg ließ 1128 den Tempel zerstören und gründete eine Kirche. König Waldemar von Dänemark zerstörte auf seinen Wendenzügen 1164 und 1177 den Ort. Herzog Wartislaw III. von Pommern-Demmin hatte 1219—1223 die Landschaft G. in seinem Besitz. Nach seinem Tode heiratete seine Witwe Dobroslawa, eine Tochter Herzog Bogislaws II., um 1233 Jaczo von Salzwedel und wurde 1234 mit der Landschaft belehnt; ihre Söhne Johann, Konrad und Jaczo um 1270 in den Grafenstand erhoben.

1301 wurde G. zum erstenmal als Stadt bezeichnet. Auf der Höhe des Stadtberges umgab sie eine Mauer, deren letztes Tor man im 19. Jh. abriß. An die Stelle der alten wendischen Burg auf dem Schloßberg kam ein Schloß. Der letzte Graf Johann V. kam an seinem Hochzeitstag 1351 im Rügischen Erbfolgekrieg gegen Mecklenburg bei Loitz um. Sein Onkel Johann III. überlebte ihn um einige Jahre. Mit seinem Tod 1357 fiel die Grafschaft an die pommerschen Herzöge zurück. Herzog Barnim VII. hielt G. als Apanage von 1425—1449. 1729 vernichtete ein Brand G. fast vollständig. Beim Wiederaufbau dehnte sich die Stadt in das aufgeschüttete Tal des Baches aus; der südöstliche Hügel wurde in die Stadt einbezogen. 1930 Eingemeindung der Güter Wieck und Vargatz.

Friedhof Gustow, schmiedeeiserne Grabkreuze

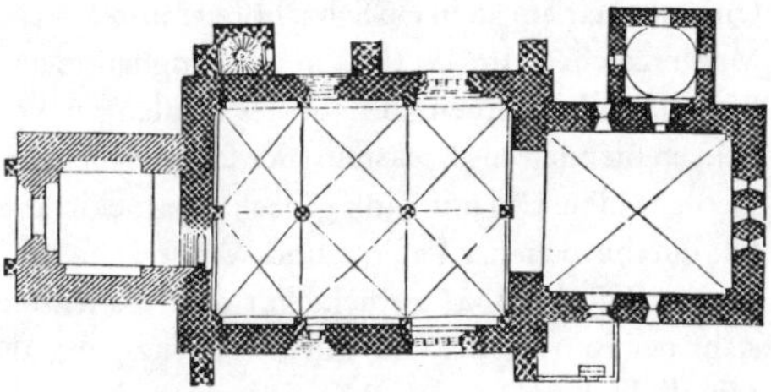

St. Nikolaikirche in Gützkow, Grundriß

Auf dem Schloßberg wurden nur noch Fundamentreste des Schlosses ausgegraben.

Die St. Nikolaikirche wird 1241 genannt; sie ist aus Feld- und Backsteinen erbaut, den Chor überspannt ein Kuppelgewölbe. Der Ostgiebel ist durch einen steigenden Rundbogenfries und drei Blenden gegliedert. Das zweischiffige Langhaus überwölbte man in spätgotischer Zeit. Der Turm steht frei vor dem Westgiebel. 1729 brannte die Kirche bis auf Mauern, Gewölbe und Giebel ab; leicht verändert wieder aufgebaut. Von der ursprünglichen Ausstattung blieb nur der gemauerte Altartisch erhalten.

Wirtschaftlich hat G. nur lokale Bedeutung.

Von 1824 bis 1849 wohnte die plattdeutsche Dichterin *Alwine Wuthenow* geb. Balthasar (1820—1908) in G.

In G. lebten 1939: 2671; 1965: 3400 Einwohner.

Gützlaffshagen *(Gosław),* Kr. Greifenberg. 1291 wird die Pfarrei G. zum erstenmal genannt, als sich die Domkapitel von Cammin und Kolberg über ihre Grenze einigten. Bischof Heinrich von Wacholz übergab 1308 die Gemeinde G. dem Camminer Domkapitel.

Der Granitquaderchor der Dorfkirche gehört zu den ältesten Hinterpommerns; im 13. Jh. aus sorgfältig behauenen Findlingen errichtet. Der Ostgiebel mit Blenden besteht aus Backstein. Am ganz aus Granit gehauenen Südportal sind 17 Rosetten erhal-

ten und an einem Stein ein Schachbrettmuster — ein Meisterzeichen? Im 15. Jh. Bau des Langhauses aus Back- und Feldsteinen, des Turmes mit langen einteiligen Blenden aus Backstein; der Chor erhielt ein Sterngewölbe. Die mit Zink gedeckte Barockhaube mit durchbrochener Laterne und Wetterfahne geht auf die Zeit vor 1757 zurück. Vor dem Ostfenster steht der Renaissancealtar mit der Kreuzigung als Mittelbild (nach 1600). Die Kanzel mit reich vergoldeten Schnitzereien und Ornamenten ruht auf einer Frauengestalt. Vor ihr schwebt ein barocker Taufengel, 1,36 m groß. Im Triumphbogen fand man Reste alter Wandgemälde: eine Auferstehung.
Auf dem Friedhof gab es zahlreiche ältere hölzerne Grabwangen.
1939 hatte G. 560 Einwohner.

Hagen *(Tatynia)*, Kr. Ueckermünde (früher Gobelenhagen genannt). Hier befand sich das 1331 nach Jasenitz verlegte Kloster der Augustiner Chorherren. An die Stelle der Klosterkirche trat 1722 ein Fachwerkbau mit eng stehenden Stielen und Riegeln und einem Holzturm mit gedrungenem achteckigem Helm.
In H. lebten 1939: 653 Einwohner.

Hammer *(Karwin)*, Kr. Friedeberg, Rittergut von 1750 der Familie Wagner, bei dem um 1763 ein

Hölzerne Grabwangen aus Gützlaffshagen

Kirche in Hagen

königliches Hüttenwerk arbeitete, das ein flößbarer Graben mit der Netze verband; 1907 vom preußischen Staat aufgekauft.
Die Dorfkirche, Mitte 18. Jh. als Fachwerkbau errichtet, war einzigartig in ihrer bäuerlich-barocken Deckenbemalung und ihrem wertvollen, reich geschnitzten Altar, der Kanzel und der Herrschaftsgestühle.
Das Gutsdorf hatte 1939: 225 Bewohner.

Hammer *(Kuźnica Czarnkowska)*, Netzekreis. Das Dorf hatte 1531 einen Eisenhammer als Vorläufer; er ging allerdings schon 1577 ein. Die Anlage wurde als Mühle weiterbenutzt. Johann Czarnkowski verkaufte sie 1600 an einen Deutschen namens Blasius, der sofort Siedler anwarb. 1765 Ausgliederung des Gutes aus dem Dorf.
Das Gutshaus war ein zweigeschossiger Bau mit Walmdach und Mittelrisalit mit Dreiecksgiebel (etwa 18. Jh.).
Die katholische Kirche stammt aus der Zeit nach 1738.
1939 wohnten in H. 1276 Einwohner.

Hammermühle *(Krępice)*, Kr. Rummelsburg, Industriedorf; Ursprung war ein kleines Eisenhammerwerk des 17. Jh. Otto von Bismarck kaufte das Gelände und baute mit den beiden Papierfabrikanten Moritz und Georg Behrend 1871 die Fuchsmüh-

Papierfabrik Hammermühle

le, eine Papierfabrik, später Holzschleiferei, 1872 die Fabrik Hammermühle und 1874 die Kampmühle. 1889 Umwandlung der Varziner Papierfabrik in eine Aktiengesellschaft. Bei der Gemeindeneuordnung wurden Hammer-, Fuchs-, Kampmühle und Bahnhof zur neuen Landgemeinde H. vereinigt.
Die Papierfabrik war der bedeutendste Industriebetrieb Ostpommerns, 1912 produzierte er 100 t Zellulose und 70 t Papier pro Tag; etwa 50 v. H. der Erzeugung gingen bis 1930 nach England und Übersee. Nach dem Zweiten Weltkrieg gelang es bis 1960 den Polen nicht, den Betrieb wieder in Gang zu bringen.
In H. lebten 1939: 2169 Bewohner. 1983 war es eine Stadt mit 3863 Einwohnern.

Hammerstein *(Czarne),* Kr. Schlochau, Kleinstadt an der Zahne, einem Nebenfluß der → Küddow, wo die Heerstraße Schlochau—Neustettin den Fluß überschritt. Hier entstand neben einem Wildhaus des Deutschen Ordens ein Dorf, das 1395 Hochmeister Konrad von Jungingen durch eine Handfeste zur Stadt zu Kulmer Recht erhob. Burg und Stadt sicherten die Grenze des Ordensstaates und gehörten zur Komturei Schlochau. Im Krieg des Ordens gegen Polen gelang es 1455 dem Ordenshauptmann Kaspar Nostitz, H. durch eine List zurückzuerobern. Aus einem zeitgenössischen Bericht: Er „hatte ausgerüstet zehn Trabanten als Frauen, die Eier zum Markte tragen wollten." Nach dem Öffnen des Stadttores schöpfte die Wache Verdacht. „Jungher das seyn gar lange frawen, sy schreyten gar weyt", „Warlich dy eyn hatt rot hoßen an". Die Erkenntnis kam zu spät, der Stadthauptmann wurde erschlagen und H. besetzt.
1466 kam H. zu Polen, das Ordensschloß wurde Sitz eines Starosten. Der Starost von Konarski verbot 1586 den Zuzug von Juden, Schotten und Iren. In der Schlacht von H. im Polnisch-Schwedischen Krieg (1626—1635) erlitten 1627 die Schweden eine Niederlage. 1600 erhielten die Katholiken die Stadtkirche zurück. 1645 wurden der katholische Lehrer und der Küster erschlagen, Pfarrhaus, Kirche und Schule verwüstet. H. mußte öffentlich Buße tun, die Kirche und die Schule wieder aufbauen und 1000 Gulden zahlen. 1664 erhielten die Brüder Nik und Felix Konarski H. als ihren Besitz. Die Güter der Starostei wurden 1772 Domänenamt und dessen Verwaltung nach Baldenburg verlegt. 1885 richtete der preußische Staat südlich der Stadt auf der Heide zwischen Zahne und Küddow einen Schießplatz ein; er wurde zu einem Truppenübungsplatz ausgebaut, den heute polnische und sowjetische Truppen nutzen.
Von der Ordensburg waren nur die Fundamente und in der Südostecke ein Feldsteinturm zu sehen.

Kath. Kirche in Hammerstein

Kirche in Hebrondamnitz

Auf ihrem Platz stand das 1850 von Amtsrat von Livonius erbaute Schloß.
Die katholische St. Marienkirche von 1645 fiel 1653 und 1755 Bränden zum Opfer; jedesmal als Massivbau wieder neu errichtet. Die evangelische Kirche von 1819 auf dem Markt wurde 1945 restlos vernichtet.
1878 erhielt H. durch die Pommersche Centralbahn an der Strecke Tempelburg—Neustettin—Schlochau einen Eisenbahnanschluß.
Vor der industriellen Revolution war H. eine Stadt der Schuh- und Tuchmacher. Um 1850 gab es etwa 200 Schuhmacher. Neben Holzverarbeitung, einer Mühle und Baustoffbetrieben war der Truppenübungsplatz von größter wirtschaftlicher Bedeutung für die Stadt als Marktort.
In der Nähe, im Hammersteiner Forst, gab es einen von Rotbuchen und Eichen durchsetzten Eibenwald, einen der größten Deutschlands. Schätzungsweise standen hier um 1000 Bäume.
H. hatte 1939: 4363; 1983: 5892 Einwohner.

Hansfelde *(Gieczynek),* Netzekreis. Das Straßendorf war 1600 nach dem Grundherrn Johann Czarnkowski benannt worden. Die Häuser standen mit ihren Laubengiebeln zur Dorfstraße.
Die Kirche ist ein Fachwerkbau von 1787 mit einem zweimal abgesetzten Turm. Der gut geschnitzte Renaissancealtar wurde wohl um 1606 gefertigt; die Schnitzfiguren der Mutter Gottes mit Jesuskind und eines Kruzifixes stammen aus der Zeit nach 1450.
In H. wohnten 1939: 220 Menschen.

Hebrondamnitz *(Damnica),* Kr. Stolp. Dorf mit Schloß, Park und eigenwilligem Namen; hieß vor 1600 „Damnitz". „Hebron" geht auf einen Schwager der Königin Maria Stuart zurück.
Maria Stuart, Königin von Schottland, heiratete in zweiter Ehe Heinrich Darnley, den 1567 ihr Günstling Jakob, Earl of Hepburn, Graf von Bothwell, ermordete. Darauf heiratete Maria Jakob. Ein Aufstand war die Folge. Marie floh nach England, Jakobs jüngerer Bruder Alexander von Hepburn kam nach Stargard. 1584 wurde dort sein Sohn Daniel geboren. Dieser trat in kaiserlichen Dienst, wurde Kriegsrat und Oberst; 1622 heiratete er Erdmutha, mit der er drei Kinder hatte. 1628 führte er Inspektionen der kaiserlichen Truppen in Pommern durch. Damnitz wurde ihm als Lehen übergeben. In einer Urkunde tauchte die Verballhornung des Namens auf: „Hebron, auch Hepburn". Nach seinem Tode erhielt sein ältester Sohn Friedrich Damnitz. Bis 1717 blieb H. im Besitz der Familie von Hebron, die Ende 18. Jh. ausstarb.
1925 fand man zwischen → Deutsch Karstnitz und Mahnwitz, die ebenfalls zum Besitz Daniels von Hebron gehörten, den Deckel seines Sarges; man

Schloß Heinrichsdorf

brachte ihn ins Stolper Heimatmuseum.
1939 hatte H. 717 Bewohner. 1983 Mittelpunkt einer Großgemeinde *(Gmina)* von 167,8 qkm Fläche mit 5664 Einwohnern.

Heinrichsdorf *(Siemczyno)*, Kr. Neustettin, 1292 sollen die Herren von der Goltz einen Teil von H. von der Familie von Beeskow gekauft haben; erst um 1554 wurde es Hauptsitz der Familie. 1793 verkauften sie H. an Heinrich August von Arnim, in dessen Familie es bis 1895 blieb.
Henning Bernd von der Goltz erbaute 1722—1726 das schlichte Schloß. Im Treppenhaus stammte das geschnitzte Geländer aus der ersten Bauzeit; im Obergeschoß stand ein großer Kachelofen von 1728. Von Arnim ließ das Schloß 1796 um einen Flügel erweitern. Jetzt ist hier ein Kindergarten untergebracht.
Im Dorf stand der älteste erhaltene Dorfkrug aus dem Jahre 1400.
In H. lebten 1939: 577 Einwohner.

Henkenhagen *(Ustronie Morskie)*, Kr. Kolberg-Körlin, Fischerdorf und Seebad nahe am Steilufer der Ostsee, das hier seine größte Höhe von 9 m hat. Mergel mit Sand vermengt liegt über blauem Ton und war lange Zeit der Abtragung schutzlos ausgesetzt. In den letzten 102 Jahren vor 1926 rückte die

Steilküste bei Henkenhagen an der Ostsee

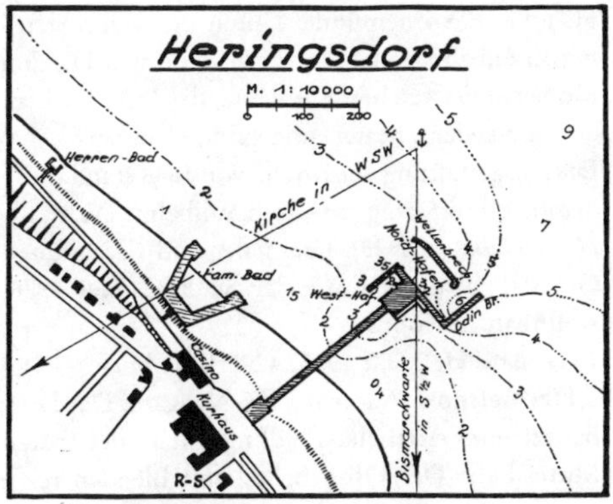

Lageplan von Heringsdorf

Hochuferkante um 40 bis 50 m, an einer Stelle 90 m landeinwärts. Eine Buhnengruppe von 24 Buhnen brachte diese Landzerstörung zum Stillstand.
1625 wurde H. aus geistlichem Besitz an die Stadt Kolberg verkauft, nur ein kleiner Teil blieb adlig. Den Badeort besuchten 1927 schon 4500 Kurgäste. Im Kurhaus, dem Strandschloß, gibt es das ganze Jahr über Seewasser-Thermalbäder. Auf dem Ulrichshof entstand 1926 die Pommersche Bauernhochschule.
H. hatte 1939: 1681 Bewohner. 1983 Mittelpunkt einer Großgemeinde *(Gmina)* von 57,3 qkm Fläche mit 3213 Einwohnern.

Heringsdorf, Kr. Usedom-Wollin, Ostseebad in der Nähe des Fischerortes Neukrug, der seit dem 14. Jh. bestand. Der Oberförster von Bülow richtete 1819 ein besonderes Logierhaus für Badegäste ein. Nach der Parzellierung des Rittergutes Gothen entstand im Strandwald eine später mit Neukrug vereinigte Villenkolonie. Seit 1825 ist H. amtlich als Badeort anerkannt. Kommerzienrat Dr. Delbrück brachte das Seebad zu Weltruhm. 1921 erwarb die Gemeinde H. das Bad. Eine zusätzliche Attraktion erhielt H. 1927, als man in 400 m Tiefe eine radiumhaltige fünfprozentige Sole erbohrte. Die Strandpromenade war 12 km lang und verband → Bansin,

H. und → Swinemünde. Durch die Berlin-Stettiner-Eisenbahn von 1876 entwickelte sich H. zum Modebad der reichen Kaufleute, der Industriellen, des Adels, der Theater- und Filmprominenz.
Die Ausgestaltung der Kirche von 1848 stand unter dem Einfluß König Friedrich Wilhelms IV.
Horst Hähle (* 1923), Glasmaler und Glasbildner. Grand Prix de Peinture der Stadt Cannes 1976, wohnhaft in Köln.
1939 hatte H. 2027; 1975: 4200 Bewohner.

Hermelsdorf *(Nastazin),* Kr. Naugard. Das Dorf besitzt eine stattliche Findlingskirche des späten Mittelalters. Der Ostgiebel ist mit Blenden reich verziert. Der Turm ruht auf einem durch lange Blenden gegliederten Findlingsunterbau, darauf steht ein hölzerner, verbretterter Oberbau, der sich aus einem Zinnenkranz zwischen vier Ecktürmchen erhebt, überragt von einem niedrigen Helm. Der Altar besteht aus einem mittelalterlichen Altarschrein in barocker Umrahmung. Das Mittelbild enthält eine Kreuzigung, in den Flügeln stehen die Figuren der Apostel.
In H. wohnten 1939: 412 Menschen.

Herzberg *(Sośnica),* Kr. Dramburg, 1765 angelegt.

Gerhart Hauptmanns Grab auf Hiddensee

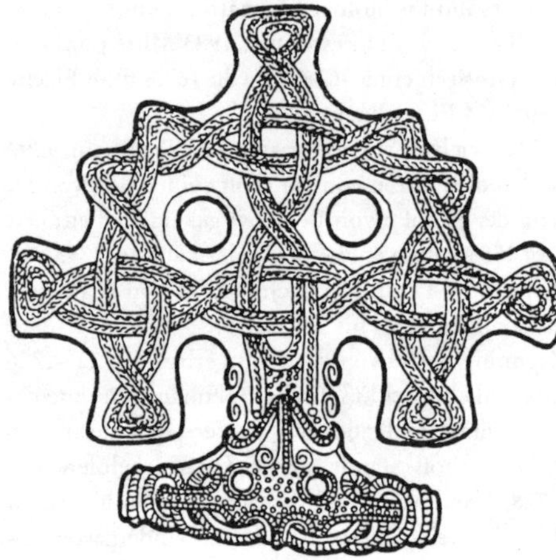

Aus dem Goldschmuck von Hiddensee

Die Kirche war ein kleiner Fachwerkbau des 19. Jh. An der Ostwand stand ein Kanzelaltar, der aus der abgebrochenen älteren evangelischen Kirche von Tempelburg stammte. Er war 1725 geschnitzt worden und mit Ornamenten und Blattwerk überzogen. Die alte Bemalung war weiß, dazu schwarz und gold mit einigen roten und grünen Flächen.
H. hatte 1939: 310 Bewohner.

Hiddensee, Ostseeinsel westlich → Rügen, 18,6 qkm groß, etwa 17 km lang; die Breite schwankt zwischen 100 m und 2 km. Die sehr flache Insel baut sich aus mehreren, recht verschiedenen Teilen auf: a) im Norden der pleistozäne Inselkern des Dornbusch, b) das südlich sich anschließende Flachland, im Süden Gellen genannt, c) am Ostrand des Dornbusch nach Südosten laufender Haken des Bessin, d) die durch einen flachen Wasserarm getrennte Fährinsel.
Der Dornbusch ist Rest einer Stauchmoräne der Weichselvereisung und erreicht im Bakenberg eine Höhe von 72 m über NN. Sande, Kiese, Geschiebemergel sowie Cyprinenton sind ineinander gestaucht. Der Abtragung des Meeres bieten sie kei-

Alte Luchte auf Hiddensee

nen großen Widerstand, so daß umfangreiche Schutzbauten erforderlich waren. Das steile, etwa 60 m hohe Kliff im Nordwesten ändert sich durch häufige Abbrüche und Rutschungen ständig.

Das Flachland enthält einige flache Pleistozänkerne (Moränenreste), an die sich Strandwälle angelagert und sie verbunden haben. Der Strand geht von Norden nach Süden von einem Geröll- in einen Sandstrand mit Dünen über, Ergebnis des Materialtransports entlang der Küste. Südlich von Plogshagen, wo 1864 eine Sturmflut die Insel durchbrach, beginnt der Gellen, der ständig nach Süden weiterwächst. 1906 wurde an der Südspitze ein Leuchtturm errichtet, heute 5 km von der derzeitigen Spitze entfernt.

Östlich des Dornbusch schließt sich eine alluviale, nach der letzten Eiszeit aufgeschwemmte Fläche aus verschiedenen Strandwällen (1,50 m hoch, etwa 3,5 km lang) an. Eine neue, über 2 km lange unbewachsene Strandwallfläche des Neu Bessin ergänzt die bereits bewachsene Fläche des Alt Bessin.

Die etwa 0,37 qkm große, im Osten liegende Fährinsel, die aus großen Strandwällen besteht, trennt ein seichter Wasserarm von der Hauptinsel. Ihren Untergrund, ein Geschiebemergelkern, überdeckten Sande, auf denen hufeisenförmige Strandwälle aus Feuersteinen zu finden sind. Als Vogelschutzgebiet ist die Insel nicht zugänglich.

Bereits seit der mittleren Steinzeit ist die Insel besiedelt. Aus dem 9. Jh. gibt es wendische Funde, vom 12. bis 14. Jh. gehörte die Insel zum dänischen Herrschaftsbereich. 1296 übergaben die rügischen Fürsten die Insel dem Zisterzienserkloster → Neuenkamp, das 1297 ein Filialkloster auf dem Dornbusch gründete; dessen Nachfolger sollte der Ort → Kloster werden. Weitere Orte folgten, wie Grieben, → Vitte, Plogshagen, Glambeck, das im 17. Jh. wüst wurde; dafür baute man Neuendorf. Wallensteinische und dänische Truppen vernichteten um 1628 die reichen Eichenwaldbestände.

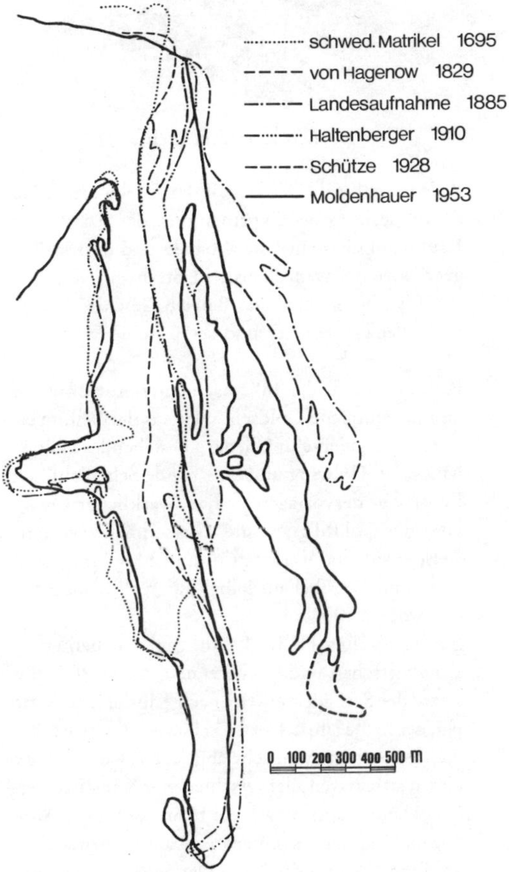

Alt Bessin/Hiddensee

Kirche in Hochzeit

Bedeutsam für die Wirtschaft der Insel wurde 1750 die Entdeckung der Cyprinentone; der Stralsunder Kaufmann Giese ließ sie abbauen und in der 1757 gegründeten Fayencefabrik in Stralsund verarbeiten. Bis 1792 stellte dieser Betrieb Geschirr, Wand- und Ofenkacheln her und setzte seine Waren bis Danzig hin ab.
Berühmt wurde der 1872 nach einer Sturmflut am Strand gefundene Goldschmuck aus der Wikingerzeit: ein aus vierzehn Gliedern bestehendes Halsgehänge, ein Halsring und eine runde Scheibenfibel. Er ist von hervorragender handwerklicher Qualität: mit Goldfiligran und Glasschmelz verziert, weist er auf eine Werkstatt in Jomsburg hin, zumal eine ähnliche Fibel aus Silber auf Wollin ausgegraben worden ist.
Bis zur zweiten Hälfte 19. Jh. gab es neben etwas Landwirtschaft und Fischerei noch Seefahrt. Dann setzte der Seebäderverkehr nach Kloster und Vitte ein, der heute jährlich etwa 30000 Sommergäste auf die Insel bringt. Weil sehr abgelegen, wurde H. zu einem attraktiven Ziel verschiedener Künstler. Gerhart Hauptmann erwarb ein Haus. Ernst von Wolzogen, Gründer des „Überbrettl“ und Schriftsteller, kam um 1900 auf die Insel. Der Schauspieler Otto Gebühr, die beiden Brüder Kruse, Bildhauer Max und Maler Oskar, besaßen Landhäuser. Heute ist die Insel dem Massentourismus ausgesetzt.

Hinzendorf *(Sowno),* Kr. Naugard. Das Dorf führt seinen Namen auf den Hofnarren des Herzogs Johann Friedrich, *Klaus Hintze* († 1599), zurück.
Bedingt durch die Lage am Rande der → Gollnower Heide, bestanden die Häuser zum größten Teil aus Holz.
H. hatte 1939: 747 Bewohner.

Hochzeit *(Stare Osieczno),* Kr. Arnswalde. Um 1238 erbaute der Templerorden ein festes Haus an der → Drage. Herzog Mestwin II. von Pomerellen traf sich 1273 hier mit dem brandenburgischen Kurfürsten, um sein Land Stolp und Schlawe als Lehen zu nehmen. 1337 war H. ein Städtchen, seit 1350 im Besitz der von Wedell. In den Kämpfen des Deutschen Ordens, der den Templerorden beerbt hatte, mit den Polen wurde der Ort zerstört. Unter Friedrich dem Großen wurden sieben deutsche Kolonistenfamilien aus Polen hier angesetzt.
Die Kirche, ein polygonaler Backsteinbau, benutzten polnische Protestanten als sogenannte Grenzkirche.
Das Dorf liegt an einem wichtigen Flußübergang am Markgrafenweg vom Reich nach Preußen. Bis 1945 führte die Reichsstraße Nr. 1 hier durch.
Für den Volksmund war der Ortsname sehr anre-

Kirchenruine Hoff

gend: den auf dem anderen Drageufer liegenden Ort Neuhochzeit nannte man schlicht „Kindelbier".
In H. lebten 1939: 445 Menschen.

Hoff *(Trzęsacz)*, Kr. Greifenberg, liegt fast genau auf dem 15. Längengrad, nach dem sich die Mitteleuropäische Zeit (MEZ) bestimmt, und auf einem etwa 16 m hohen Kliff, welches vom Meer ständig abgetragen wird.
Die 1250 vorhandene gotische Backsteinkirche stand etwa 2 km vom Strand entfernt. Sturmfluten, Bodenfröste und Regenwasser zerstörten die Küste und legten sie landeinwärts. 1730 standen seewärts noch zwei Bauernhöfe; 1771 mußte der Friedhof verlegt werden. 1806 war die Ostsee nur noch 15 m von der Kirche entfernt. 1843 gab es einen so heftigen Sturm, daß eines Sonntags der Prediger sich von der Kanzel nur mit Mühe verständlich machen konnte. 1868 war das Steilufer bis auf einen Meter an die Kirche herangekommen. Alle Versuche, die Kirche zu retten, blieben erfolglos. Nach dem letzten Gottesdienst wurde 1874 die Kirche geschlossen, ihre Einrichtung in den Camminer Dom gebracht. Nach dem strengen Winter 1900/01 rutschte während des Auftauens des Kliffs die Nordwand der Kirche in die Tiefe. Der Westgiebel wurde 1902 und 1922 unterspült und stürzte ein. Heute erhebt sich nur noch ein Teil der Südwand über dem Kliffrand.
In den 80er Jahren des 19. Jh. entstand eine neue Kirche weiter landeinwärts; 1945 wurde sie von der See her zerstört. H. besitzt deshalb heute zwei Kirchenruinen.

Panorama von Hohenreinkendorf

Gutshaus in Hohenselchow

H. hatte 1939: 200 Einwohner.

Hoffstädt *(Rudki)*, Kr. Deutsch Krone, hieß im Mittelalter „Rutki" und war schon im Besitz der von Goltz. 1602 Änderung des Namens. Seit 1798 wechselte das Gut häufig seinen Besitzer; 1928 parzelliert.
Mitten im Dorf steht die evangelische Fachwerkkirche mit kleinem hölzernem Turm; wahrscheinlich erstmals 1665 umgebaut und 1800 erneuert.
1939 lebten in H. 668 Bewohner.

Hohenkrug *(Struga)*, Groß Stettin. In der Gründungsurkunde des Zisterzienserklosters → Kolbatz 1173 wird die „Villa Theutonicorum" erwähnt, das heutige H., das somit den Beginn der deutschen Besiedlung Pommerns kennzeichnet; ältestes deutsches Dorf östlich der Oder.
Die Herzöge Georg I. und Barnim XI. verlichen 1528 Jost Klopfer das Privileg, an der → Plöne Papier herzustellen. Die älteste Papiermühle hatte bis 1926 Bestand; dann übernahm sie der Feldmühle-Konzern, der 1928 die damals größte und modernste Papiermaschine für die Herstellung von Schreibpapier aufstellte.

Hohenmocker, Kr. Demmin. 1239 wurde die Dorfkirche dem Benediktinerinnenkloster in Klatzow überlassen. Pfarrer Heinrich war 1300 hier im Amt.
Der weithin sichtbare frühgotische Granitquaderbau entstand Ende 13. Jh. auf einer beherrschenden

Höhe. Der Westturm wurde abgetragen. In der Nord- und Südwand sieht man noch die ursprünglichen spitzbogigen Portale mit Gewändeprofilen und Kapitellen.
Der 1756 gefertigte und mit grob geschnitzten Akanthusranken verzierte Kanzelaltar steht vor der von zwei Fenstern durchbrochenen Ostwand. Ein Kruzifix von Anfang 16. Jh. wird im Pfarrhaus aufbewahrt.
In H. lebten 1939: 399 Bewohner.

Hohenreinkendorf, Kr. Greifenhagen, wird 1259 erstmals erwähnt, als Herzog Barnim I. alles Land zwischen dem Salbeibach und dem Dorf Reinkendorf der Stadt Gartz an der Oder schenkte. 1280 wurden die der St. Stephanskirche in Gartz zustehenden Abgaben dem Stettiner Domstift St. Marien überlassen. Die Stadt Gartz erwarb 1318 das halbe Dorf. Bis 1939 gehörte es zum Kreis Randow; nach dessen Auflösung dem Kreis Greifenhagen zugeschlagen.
Der Granitquaderbau der Kirche stammt aus dem 13. Jh. Im Chor hat sich der ursprüngliche Bau fast vollständig erhalten. Sein mit kleinen rundbogigen Blenden gegliederter Ostgiebel ist ebenfalls aus Quadern aufgeführt. Das Langhaus wurde um 1840 stärker verändert; den alten Turm riß man 1896 ab

Kirche in Hohenzahden

Dorfschmiede in Stettin-Hökendorf

und baute ihn neu auf. Der geschnitzte Renaissancealtar stammt vermutlich aus einer anderen Kirche. 1939 hatte H. 623 Bewohner.

Hohenselchow, Kr. Greifenhagen. 1240 nahm Herzog Barnim I. den Zehnten von zehn Hufen in „Celacow" zu Lehen. Der plebanus Roleco in Selcho wird 1259 in einer Urkunde Herzog Barnims I. als Zeuge genannt. Herzog Otto I. verlieh dem Domkapitel von St. Marien in Stettin die Hälfte des Dorfes Selchow. 1322 kaufte das Domkapitel noch acht Hufen vom Ritter Heinrich von Stegelitz und 1314 ein Viertel des Dorfes vom Ritter Henning von Stoltenhagen. 1939 kam das Dorf nach Auflösung des Kreises Randow an den Kreis Greifenhagen.
Die Granitquaderkirche, Mitte 13. Jh., erhebt sich auf einem abgeschrägten Sockel mit 23 Quaderschichten bis zum gut erhaltenen Traufgesims. Die Turmhalle überspannen Kreuzgewölbe auf Rippen aus unbehauenen Findlingen — eine Einmaligkeit in Pommern. Den Fachwerkoberbau des Turmes überragt eine Barockspitze. In Traufhöhe befindet sich ein mit Ranken- und Sternmuster bemalter Putzfries. Die Bemalung der Balkendecke der Kirche mit Arabesken stammt vom 18. Jh.
Den 2,20 m breiten und 5 m hohen Altaraufsatz fer-

tigte Meister Rosenberg, königlich schwedischer Hof(bildhauer?) in Stettin 1710 an. Die Gemälde von Eichner sind von geringerer Qualität. Ein Engel trägt die Barockkanzel mit reichverziertem Schalldeckel.
1939 lebten in H. 825 Einwohner.

Hohenzahden *(Siadło Górne),* Groß Stettin. In einer Urkunde des Bischofs Sigwin von Cammin von 1191 ist die Überweisung des Zehnten aus Z. an die St. Jakobikirche in Stettin festgehalten. 1272 verlieh Herzog Barnim I. Z. dem Domstift St. Marien in Stettin. 1286 gab es bereits eine Kirche, deren Patronat 1299 das Stettiner Domstift übertragen erhielt. In der Kirche von → Werben im Kreis Pyritz steht ein Grabstein von 1364 für Johannes von Regenwalde, als „quondam plebanus in Zadel" bezeichnet. Nach Auflösung des Kreises Randow kam H. 1939 zu Groß Stettin.
Von der alten Kirche, ein Granitquaderbau, 13. Jh., ist nur der Ostgiebel mit seiner Kreuzblende erhalten geblieben. An der Westseite ragt seit 1750 ein Fachwerkturm mit Barockspitze empor. Eine Wetterfahne auf dem östlichen Dachfirst trug die Jahreszahl 1695.

Hökendorf *(Klęskowo),* Groß Stettin. Das vom Ritter Jakob von Staffelfelde erworbene Dorf verlieh Herzog Barnim I. 1274 dem Kloster Kolbatz.

Sakristei in der Kirche von Horst

Leuchtturm von Horst

Henricus Bresen war 1359 als Pfarrer in H. tätig. 1939 Eingemeindung des am Nordrand der → Buchheide gelegenen Dorfes nach Stettin.
Die Kirche, ein spätmittelalterlicher Findlingsbau, wurde im Laufe der Zeit stark verbaut. Der Holzturm trägt in der Wetterfahne die Jahreszahl 1697. In dem Sterngewölbe des Chores entdeckte man umfangreiche Wandmalereien des Mittelalters: Szenen aus der Passion, dazu am Triumphbogen und an der Südwand Ornamente von 1588.

Holm *(Chełm Drezdenecki),* Kr. Friedeberg. In unmittelbarer Nähe des Rittergutes H. fand man 1908 ein wendisches Tongefäß, das frühestens in der letzten Hälfte 11. Jh., spätestens im 13. Jh. vergraben worden war, mit einem reichen Silberschatz. Neben aus Silberdraht geflochtenen Ringen befand sich ein Kreuz, dazu vier an einer Schnur befestigte Deckeldosen aus Silber, die zugleich Dose und Deckel zusammenhielten; die Vorderseiten zierten Tierfiguren, die kleinste Dose war vergoldet. Die Griffe der Dosen waren mit einer menschlichen Figur geschmückt. Dieser Fund stammt aus der Übergangszeit von altheidnisch-wendischer zur frühen christlichen Kultur.

Horst, Kr. Grimmen, wird 1212 erstmals als Besitz von Borante, dem zweiten Sohn Fürst Jaromars I., erwähnt.
Die Dorfkirche besitzt einen stattlichen Backsteinchor, um 1300, mit bis unter die Traufe reichenden

Fenstern und einem Renaissancegiebel (17. Jh.). Innen überspannt ihn ein Kreuzrippengewölbe. Das niedrigere spätgotische Langhaus mit Turm wurde im 15. Jh. angefügt. Ein vierseitiger Helm überragt den Turm, dessen Obergeschoß über einem Feldsteinsockel von dicht gereihten Spitzbogenfenstern und -blenden gegliedert ist.
Im Mittelfeld und in den Flügeln des Altarschreins, 3,75 m breit und 2,24 m hoch, erblickt man auf zehn vielfigurigen Reliefs Szenen aus dem Marienleben; Anklänge an Brabanter Altäre sind festzustellen. Martin Buggenhof aus Greifswald schnitzte 1602 die prächtige Kanzel.
1939 hatte H. 709 Bewohner.

Horst *(Niechorze)*, Kr. Greifenberg, Seebad, zwischen dem Horst-Eiersberger See und dem Meer. Der südliche Teil des Dorfes, Groß H., war ein Angerdorf mit großen Vierkanthöfen, der nördliche Teil, Klein H., das Fischerdorf in Streulage, hat den anderen Teil an Größe und Fläche bei weitem überflügelt.
Im Mittelalter gehörte das Dorf dem Camminer Domstift. Seit 1860 ist es als Badeort anerkannt. Der Fremdenverkehr bildete die Haupterwerbsquelle der Bewohner.
Im Westen erstreckt sich die bewaldete Steilküste, auf der ein 50 m hoher Leuchtturm steht. Östlich des Ortes liegt ein mit Kiefern bewaldetes Dünengebiet, durch das die Liebelose fließt; sie verbindet den Strandsee mit dem Meer.

Die Liebelose bei Horst

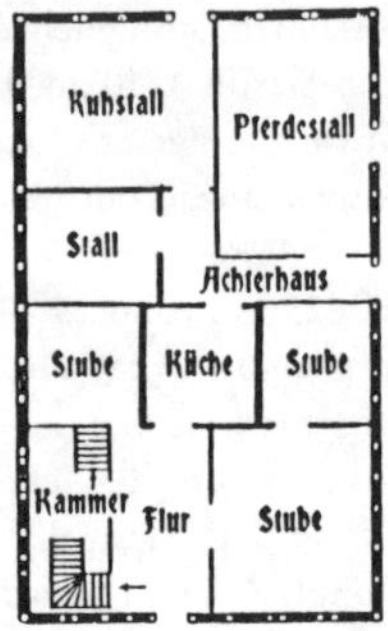

Hausgrundriß aus Isinger

In Klein H. gab es bis zu Beginn des 20. Jh. alte Fischerkaten, später weitgehend von Neubauten und Mietshäusern verdrängt. Die letzte Kate, Haus Eduard Büge, unterspülte das Meer in der Silvesternacht 1913/14. Sie war noch 1945 erhalten. In den 20er Jahren bewahrten Uferschutzbauten die Horster Steilküste vor weiterer Zerstörung.
In H. lebten 1939: 800 Menschen.

Ihna *(Ina)*. Aus der Gegend von Nörenberg, unweit des Gehöftes Ihnatal, östlich von Temnick, fließt der 128 km lange Fluß bis Reetz nach Süden, macht einen größeren Bogen nach Nordwesten und fließt von Gollnow nach Westen in den → Dammschen See. Auf der gesamten Strecke hat sie ein Gefälle von 105 m. Bei Temnick nimmt sie den Abfluß des Enzigsees und des Nethstubbensees auf. Als linker Nebenfluß kommt bei Stargard die Kleine oder Faule Ihna hinzu. Die I. war von hier aus auf den letzten 58 km schiffbar. Die Mündung wurde 1808 vom Gut Ihnamünde in die heutige Lage verlegt und die neue Mündung durch Steinwälle gesichert. Eine Leuchtbake zeigte den Schiffen die Einfahrt. Das Flußgebiet umfaßt eine Fläche von 2131 qkm. Im Mittelalter muß dieses Flüßchen eine wesentlich größere Wasserführung gehabt haben. Stargard betrieb zur Zeit der Hanse über seinen sehr guten Flußhafen lebhaften Getreidehandel.

Isinger *(Nieborowo)*, Kr. Pyritz. 1226 wurde

Hochzeitsschachtel aus Jacobshagen

„Ysingher" erstmals urkundlich genannt, als Herzog Barnim I. dem Kloster Kolbatz den Besitz des Dorfes bestätigte.

Im Dorf gab es noch einige ältere giebelständige Fachwerkhäuser aus dem 18. und 19. Jh.

Die Kirche, ein Findlingsbau des späten Mittelalters, erhielt später einen Verputz. Den ungegliederten Findlingsturm überragt eine Barockspitze mit durchbrochener Laterne. Das alte Portal an der Südseite war mit abwechselnd schwarz glasierten und roten Backsteinen eingefaßt. Den Ostgiebel beherrschte eine große Mittelblende, die auch das Ostfenster umschloß.

An der Ost- und Südwand entdeckte man beträchtliche Reste von Wandmalereien. Der barocke geschnitzte Kanzelaltar stammte aus der Mitte 18. Jh. Den schmiedeeisernen, sehr buntfarbig mit Tulpen bemalten Kronleuchter hatte „Gürgen Matthes, Hof- und Waffenschmied, Anno 1697 gestiftet und Baltzer Tetener Anno 1697 geschaffen".

Sigmund Schlichting (1853—1924), Komponist der „Stettiner Kreuzpolka".

1939 hatte I. 525 Einwohner.

Iven, Kr. Anklam. Die Kirche des seit 1945 wieder selbständigen Dorfes ist ein spätmittelalterlicher Findlingsbau mit Turm, der ein Oberteil aus Holz trägt. Ein abgewalmtes Dach bedeckt das lange Schiff.

Den Innenraum beherrscht die mit Blumen ornamental bemalte farbige Balkendecke (18. Jh.).

Aus gleicher Zeit stammt der barocke Altar mit Schnitzfiguren der Ölbergszene als Mittelbild. Ein Engel trägt die reich geschnitzte Kanzel (18. Jh.). Hier steht der Grabstein des Reichsgrafen und Erblandmarschalls des Herzogtums Hinterpommern und Fürstentums Cammin, Felix Friedrich von Flemming, † 1738.

Jacobshagen *(Dobrzany),* Kr. Saatzig, 1336 erstmals genannte Kleinstadt am Nordufer des Saatziger Sees.

1381 gab es einen Dorfpfarrer. 1491 wurde auf Präsentation des Heinrich von Borke Nikolaus Jeger Nachfolger von Simon Otto als Stadtpfarrer. Die Stadtrechte erhielt J. viel später. Gegen Ende des 15. Jh. wurde es noch als „villa" J. bezeichnet. Herzog Barnim XI. verlieh 1567 dem „Städtchen" zwei Jahrmärkte. Bei der Einweihung der von Joachim von Wedell erbauten Kirche (1598) wurde J. als Stadt bezeichnet. Seit dem 17. Jh. war J. dem Amt Saatzig als Mediatstadt beigefügt. Der Brand von 1781 vernichtete die Stadt bis auf vier Häuser; Wiederaufbau mit finanzieller Hilfe Friedrichs des Großen. Die Bürger durften die Burgruine → Saatzig abbrechen, um Baumaterial zu erhalten.

Die Stadtkirche wurde 1781 nach Plänen von David

Neue Kirche zu Jacobshagen

Am Jamunder See

Gilly, Baudirektor Friedrichs des Großen, als Saalbau mit einem der Breitseite vorgelagerten Turm errichtet. Der Kanzelaltar stand in der Querachse der Kirche.
Seit 1895 war J. durch die Saatziger Bahnen an der Strecke der Schmalspurbahn Kashagen—Kl. Spiegel Gut an das Eisenbahnnetz angeschlossen.
Das Gewerbe beschränkte sich auf Sägewerke und eine Mühle. Der Holzhandel spielte eine größere Rolle.
Ludwig Wilhelm Brüggemann (1743—1817), Kanzelredner, Lehrer der Prinzessin Amalie, Schwester Friedrichs des Großen, Verfasser der „Ausführlichen Beschreibung des gegenwärtigen Zustandes des Königl. Preußischen Herzogtums Vor- und Hinterpommern" 1779—1784. Zwei Supplementbände erschienen 1800 und 1806.
David Splittgerber (1683—1764), Kaufmann und Bankier. 1712 Gründung eines Handelshauses in Berlin. 1724 übernahm er in Eberswalde die Königlichen Kupfer- und Messingwerke.
J. hatte 1939: 1777; 1983: 2081 Bewohner.

Jägersburg *(Lipinki)*, Kr. Arnswalde. Auf einer landfest gemachten Insel am Südende des Regenthinsees erbaute Markgraf Johann von Küstrin ein schlichtes Jagdschloß. Es lag auf dem Gebiet des säkularisierten Klosters → Marienwalde. Zu dem ehemaligen Marienwalder Besitz kaufte er noch Waldungen vor Hochzeit und zwischen Regenthin und Zatten hinzu. Kurfürst Johann Georg vergrößerte es 1586 und baute es zu einer Burg um. Das angrenzende Dorf bewohnten Fischer und Bauern. Nach dem Siebenjährigen Krieg Aufteilung des Gutes; mit vierzehn Familien aus Polen besetzt. Jede Familie erhielt 65 Morgen Ackerland und 5 Morgen Wiese.
1939 hatte das Dorf 168 Einwohner.

Jakobsdorf *(Błotno)*, Kr. Saatzig. Seine Fachwerkkirche stammte von 1684. An der Südecke der Westseite hatte sie ein außerhalb der Achse gelegenes, mit Schnitzereien verziertes Portal. Der Turm mit geböschten Wandungen war ohne Spitze. Von Ende 17. Jh. stammt der Altar mit gemaltem Kreuzigungsbild in der Mitte. Renaissancekanzel, Gestühl und Taufe waren 1608 geschnitzt worden.
In J. lebten 1939: 415 Bewohner.

Jamund *(Jamno)*, Kr. Köslin, am J.er See gelegenes Dorf, 1224 erstmals erwähnt. 1278 wurde die Kirche dem Zisterzienserinnenkloster in Köslin überwiesen. 1331 schenkte Bischof Friedrich von Eickstedt das Dorf der Stadt Köslin.
Durch seine Verkehrsferne konnte sich hier bis in unser Jahrhundert eine reichhaltige bäuerliche Tradition halten. Der fruchtbare Boden — vorwiegend Weizenanbau — sicherte den Wohlstand. Massige, geschlossene Vierkanthöfe umstanden eng den Dorfplatz des Rundlings. Die Tracht seiner Einwohner mit ihren Stickornamenten hatte wohl ihren Ursprung in Sylt und Niebüll. Schon um die Jahrhundertwende war sie allerdings nicht mehr die Alltagskleidung der Einwohner. Ein Großbrand

Jamund, Scheune und Durchfahrt

von 1889 zerstörte eine Hälfte des Dorfes und vernichtete die Hälfte der Trachten. Zwei weitere Brände nach dem Ersten Weltkrieg und 1932 vernichteten weitere wertvolle Schätze der Volkskunst.
Die Dorfkirche, ursprünglich eine gotische Backsteinkirche, ist im Laufe der Zeit stark umgebaut, das Kirchenschiff im 19. Jh. an der Nordseite erweitert worden. Kanzel und Taufstein (Anfang 18. Jh.) waren reich geschnitzt und blau und weiß bemalt. In der Kirche wurden eine Monstranz und ein Ziborium, Kupfer vergoldet, höchstwahrscheinlich aus der Wallfahrtskapelle auf dem → Gollen, aufbewahrt, desgleichen eine goldene Kette, mit der man jede unbescholtene Braut bei der Trauung schmückte. Prinzessin Charlotte, Schwester Kaiser Wilhelms I., hatte sie 1817 Jamunder Mädchen geschenkt, die sie in ihrer Tracht begrüßten, als sie — Braut des russischen Thronfolgers — zur eigenen Hochzeit nach Rußland fuhr.
Johann Heinrich Wilhelm Kirchhoff (1800—1861), Bürgermeister in Grimmen, Jurist, Schriftsteller und Musiker.
J. hatte 1939: 765 Einwohner.

Jamunder See *(Jezioro Jamno)*, 23 qkm großer, bis zu 3 m tiefer, lagunenartiger See. Eine 500—750 m breite Nehrung schließt ihn von der Ostsee ab. Durch ein Tief fließt das Wasser, das Streitzseebach, Mühlenbach und Nestbach dem See zuführen, ins Meer. Der Wasserspiegel des Sees liegt etwa 0,10 m über dem Spiegel der Ostsee.
1313 wurde er „Stagnum Jamundense" und 1353 „Stagnum dictum Wusseken" genannt. Durch das

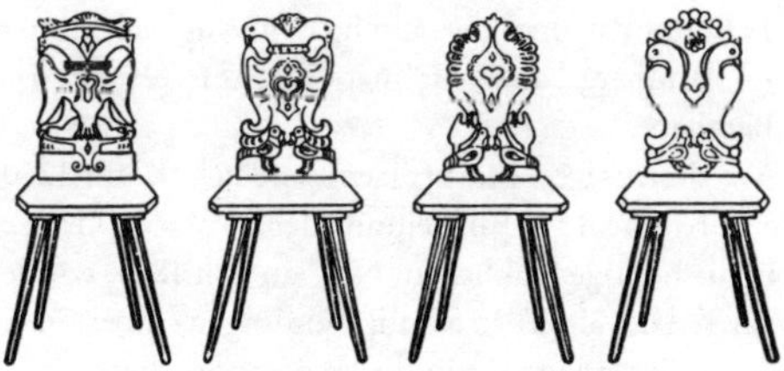

Jamunder Schemel, 19. Jh.

Gutshaus in Janow

damals weitere Tief fuhren Schiffe in den See, dem natürlichen Hafen Köslins. Der südlich anschließende → Gollen war das Seezeichen für den Hafen. Im 17. Jh. versandete das Tief und schloß den See vom Meer ab.

Janikow *(Jankowo Pomorskie)*, Kr. Dramburg. Die Feldmark von J. wurde 1254 dem Kloster Belbuck übergeben, um ein Zweigkloster zu gründen. Ein polnisch-litauischer Heerhaufen plünderte und zerstörte 1326 das Dorf, das 1400 dem Deutschen Orden verkauft wurde. 1499 gehörte es der Familie von Borcke, 1565 war es im Besitz der von Goltz. Nach einer 1758 eingeschleppten Viehseuche blieben innerhalb drei Wochen nur noch sieben Kühe am Leben.
Die Dorfkirche war die älteste Findlingskirche des Kreises, um 1490 gebaut. 1492 weihte sie der Camminer Bischof Benedictus von Waldstein. Ihr Mauerwerk war mit 1,25 m ungewöhnlich dick.
Im Dorf arbeiteten eine genossenschaftliche Stärkefabrik und eine Genossenschaftsmolkerei.
In J. lebten 1939: 391 Menschen.

Janow, Kr. Anklam, Gut; vor 1305 hatte das Benediktinerkloster Stolpe in J. einigen Besitz. Seit 1579 war es ununterbrochen in Schwerinschem Besitz. Dazu gehörten Rehberg, Neuendorf, → Landskron, Hohen Brüngow und Stelow. Das schlichte einstöckige Gutshaus erbaute 1814—1816 Carl Au-

gust Bogislaw von Schwerin, nachdem 1813 der ganze Wirtschaftshof abgebrannt war.
1894 legte die Mecklenburg-Pommersche Schmalspurbahn eine Strecke von J. über Blesewitz nach Anklam; nach 1945 demontiert.

Japenzin, Kr. Anklam, wurde 1962 wieder eine selbständige Gemeinde.
Ursprünglich war die Dorfkirche Mutterkirche von → Iven, 1567 kehrte sich das Verhältnis um; sie wurde Filialkirche von Iven. Der sorgfältig aus Findlingen errichtete Saalbau stammt aus dem Spätmittelalter. Im 17. und 18. Jh. wurden die Fenster verändert und der freistehende Holzturm mit vorgekragtem achteckigem Helm angebaut.
Der spätgotische Flügelaltar (Ende 15. Jh.) zeigt im Mittelfeld die Mutter Gottes zwischen dem hl. Martin und der hl. Katharina. In den Flügeln stehen in zwei Reihen übereinander die zwölf Apostel und acht Heilige; 1960 restauriert. Dabei fand man Reste der mittelalterlichen Fassung.
In einer kleinen Kabinettscheibe ist ein auf der Kanzel stehender Geistlicher dargestellt, der zu neun Personen, Männern und Frauen mit weißen Kappen, predigt. Der Stifter war „ER. Andreas Moller, 1612. Die Kirchenglocken wurden 1366 gegossen."

Jarchlin *(Jarchlino),* Kr. Naugard. Der Dorfname geht auf einen früheren Besitzer Jaro zurück. 1491 führten die Brüder von Dewitz Paulus Genderick als Pfarrer in die Pfarrei ein. Von 1841 an verwaltete Otto von Bismarck J. und Kniephof.

Jarmen, Blick über die Peene

Kirche in Jasenitz

Die Kirche war ein Findlingsbau des 17. Jh. mit Dachturm. Den Ostgiebel zieren Blenden.
J. hatte 1939: 487 Bewohner.

Jarmen, Kr. Demmin, liegt am Südufer der hier 60 m breiten → Peene; früher ein wichtiger Übergang über das nur 2 km breite Flußtal. Heute verläuft hier die Haupttransitstraße von Berlin über Stralsund nach Skandinavien.
Ursprünglich war J. wohl ein wendisches Fischerdorf. 1269 war Thidericus von J. als Pfarrer tätig. 1290 wird der Ort „oppidum Jermyn" genannt. Wann J. das Stadtrecht verliehen bekommen hat, ist unbekannt; später war jedenfalls lübisches Recht in Gebrauch. Bischof Heinrich von Cammin verkaufte 1305 Land und Flecken zusammen mit sechs Dörfern an Herzog Otto I. Herzog Barnim III. verlieh 1339 das Patronat der Kirche dem Michaelskloster in Bamberg, der Heimat Bischof Ottos von Bamberg.
Am dreieckigen Marktplatz stand schon um 1200 eine Kirche. 1540 Einweihung der St. Marienkirche. In die heutige Kirche, ein Neubau von 1864, wurde ein Teil des alten Turms aus Findlingen einbezogen, der als Treppenhaus und Orgelempore dient.
1893 erhielt J. eine Kleinbahnverbindung nach

Der Königstuhl bei Jasmund auf Rügen

Friedland durch die Mecklenburg-Pommersche Schmalspurbahn, 1897 nach Demmin durch die Demminer Bahnen und nach Greifswald durch die Greifswalder Bahnen. 1911 wurde eine Brücke über die Peene geschlagen.

Über den schiffbaren Fluß entwickelte sich ein ausgedehnter Handel mit landwirtschaftlichen Produkten bis hin ins Ausland.

Seit 1897 arbeitet die Zuckerfabrik; auch heute noch wichtigster Betrieb des Ortes.

In J. wohnten 1939: 3644; 1965: 4096 Einwohner.

Jasenitz *(Jasienica)*, Kr. Ueckermünde. 1299 hatten die Brüder Droseko, Bertram und Johann von Sparrenfeld und Bernhard von Hagen in J. eine Kirche als Filialkirche von Pölitz erbaut und dotiert. Das Augustiner Chorherrenkloster, ursprünglich von Herzog Barnim I. 1260 in Ueckermünde gestiftet und von Mönchen des Klosters St. Victor in Paris besetzt, mußte nach 1276 mehrfach verlegt werden; von 1329 an blieb es in J. Es führte den Namen „Donum Dei" (Gottesgabe) oder „Vallis St. Mariae" (Mariental). Die Mönche waren mehr Seelsorger als Kolonisatoren. Nach 1535 Umbau des Klosters zu einem fürstlichen Jagdschloß. Zwischenzeitlich war es 40 Jahre lang Sitz eines Pädagogiums, Keimzelle des Stettiner Marienstift-Gymnasiums. 1774 hatte die nach Stettin verbannte Prinzessin Elisabeth von Preußen, Gemahlin Friedrich Wilhelms II., ihren Sommerwohnsitz. 1945 wurde es zerstört. Nach 1946 wurde J. nach Pölitz eingemeindet.

Die zwei erhaltenen Flügel des zweigeschossigen Klosterkreuzganges hat man in das herzogliche Gutshaus eingebaut.

Nördlich davon schließt die spätgotische St. Marienkirche an, d.h. die drei westlichen Joche der ehemals achtjochigen Klosterkirche mit neuem Chorschluß von 1858.

J. ist durch seine Lage im Oderkernraum ein günstiger Industriestandort. Seit 1945 besteht hier ein großes Chemiewerk.

J. hatte 1939: 3480 Einwohner.

Jasmund. Die bekannteste Landschaft Rügens sind die weißen Kreidefelsen auf J. Die Halbinsel steigt von → Lietzow nach Nordosten allmählich an und erreicht im Piekberg 161 m Höhe, in den Kreidefelsen Stubbenkammers 122 m. Auf dem westlichen Anstieg liegt gewissermaßen in einer Mulde, umgeben von fruchtbarem Ackerland, der ursprüngliche Hauptort → Sagard. Im Osten, zwischen → Saßnitz im Süden und Stubbenkammer im Norden, erstreckt sich der große Buchenwald der Stubnitz, den zahlreiche Tälchen durchschneiden. Darin gedeihen viele seltene Pflanzen, u.a. Riesenschachtelhalm, Elsbeeren, verschiedene Orchideen.

Der Untergrund besteht aus Kreide der obersten

Herthasee bei Jasmund

Altar und Taufstein in Jassen

Abteilung der Kreideformation, dem oberen Senon. Nach Westen hin überdecken die Kreide pleistozäne Ablagerungen. Das Eis schob sich während der letzten Eiszeit nördlich und südlich um J. herum, so daß zumindest während der letzten Phase der Vereisung der höchste Teil Jasmunds eisfrei blieb: ein Nunatak (= aus Gletschern oder Inlandseismassen herausragender Berg). Im Osten fällt die Kreide in einer bis 122 m hohen Klippe zum Meer ab: die Große Stubbenkammer. Mittelpunkt dieser steilen, vielfach zerrissenen Kreidewand ist der Königsstuhl (119 m) mit einer herrlichen Aussicht. Schon 1584 wird er genannt. An seinem Fuß liegt der große sogenannte Waschstein; in seiner Nähe soll der Sage nach Klaus Störtebeker seinen Unterschlupf gehabt haben. 1818/19 wurde hier ein erstes Gasthaus erbaut. Nach Süden erheben sich die steile Kleine Stubbenkammer und die spitzen Wissower Klinken.

Landeinwärts liegt im Stubnitzwald neben dem 170 m langen Herthasee die Herthaburg, ein 15 m hoher halbkreisförmiger Erdwall: eine wendische Befestigungsanlage. Die Verbindung der Sage des geheimnisvollen Nerthuskults, von dem Tacitus in der Germania berichtete, mit dem Herthasee ist ein Produkt der Gelehrtenphantasie des 17. Jh.

Hier auf J. starb 1404 mit dem Tod der Frau Golitz die wendische Sprache in Pommern aus.

Jassen *(Jasień),* Kr. Bütow. 1335 war Raceslaus de Jessona Besitzer des Gutes, das 1360 in den Besitz des Nikusch Swarsewitz übergewechselt war. Der Hochmeister Winrich von Kniprode verlieh 1365 seinen Getreuen Nickel und Bartusch das Dorf zu kulmischem Recht. Dafür sollten sie helfen, neue Burgen zu bauen, alte auszubessern oder zu brechen. Von 1910 bis 1934 war hier die Gräflich von Dürckheimische Saatzuchtwirtschaft für Getreide und Kartoffeln. 1936 wurde das Rittergut in fünf Siedlerstellen aufgeteilt.

Die Kirche war als adlige Gutskirche stets evangelisch. Um 1700 erbaute Nikolaus Lorenz von Wussow die heutige Kirche als Fachwerkbau mit verbrettertem Holzturm, den eine vierkantige Barockhaube mit Wetterfahne von 1699 überragt.

Das Innere überspannt eine flache, an den Dachbalken aufgehängte Holztonne. Älter als die Kirche ist der zu Beginn 17. Jh. hergestellte dreigeschossige Altar. In jedem Geschoß umgeben Säulen, Gebälk und geschnitzte Seitenstücke je ein Tafelbild. Der bedeutendste Altar der Spätrenaissance des Kreises.

In J. lebten 1939: 269 Bewohner.

Jassener See *(Jezioro Jasień),* ein 5,87 qkm großer, von Wald umgebener See, liegt 113 m über NN; sei-

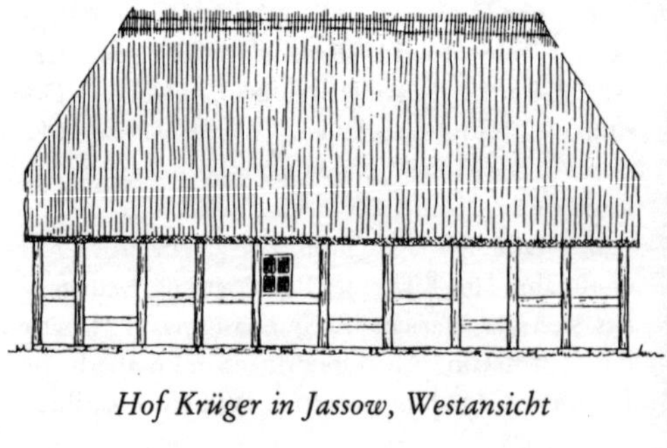

Hof Krüger in Jassow, Westansicht

ne größte Tiefe beträgt 32 m. Ihn durchfließt die Lupow. Größte Insel ist die Wardel, über sie führt die Straße vom Bahnhof Jassener See ins Dorf Jassen. Im südlichen Teil, im Wobbrower See, liegen die Kormoranen-, die Franzosen-, die Rohr- und die Doppelinsel. Auf der Kormoraneninsel (mit wendischem Burgwall) siedelten sich 1914 wegen des Fischreichtums Kormorane an. Die Grafen von Dürckheim-Jassen schützten die sich vergrößernde Kormoranenkolonie und die Fischreiherhorste trotz des Schadens, den sie am Fischbestand anrichteten. Am See nisteten auch Fischadler.
Mit dem Aufsiedeln des Gutes (1936) war der private Tierschutz beendet. Zu Beginn des Zweiten Weltkrieges war der letzte Kormoranenhorst zerstört. Nach 1945 wurde der See völlig überfischt. Ruder- und Tretboote bevölkern den See.

Jassow *(Jarszewo)*, Kr. Cammin, wird 1308 als Dorf des Camminer Domkapitels erwähnt. 1634 brannten die Kirche und ein Teil des Dorfes ab, als der Küster versuchte, auf dem Kirchengrundstück ein Bienenvolk auszuräuchern. Nach 1817 entstand hier eine altlutherische Gemeinde, die sich weigerte, den von König Friedrich Wilhelm III. angeordneten Zusammenschluß der lutherischen und reformierten Bekenntnisse mitzuvollziehen.
Die Dorfkirche, ein spätgotischer Feldsteinbau, wurde 1750 in Backstein erweitert. Den Turm mit hohem, achteckigem, weithin sichtbarem Helm errichtete 1645 der Zimmermeister Marten Bellin aus Lensin, Kr. Greifenberg. 1681 malte Joachim Sellin aus Wollin das Innere aus. Als 1913 die Flachdecke einer Holztonne Platz machte, übertrug man die Deckenbemalung darauf: Darstellung des Ambrosianischen Lobgesanges, ausgeführt von einem Engelsorchester. Den mit einem Kruzifix (1619) bekrönten Altar fertigte der Tischler Gregor Beckmann 1653.
1939 hatte J. 421 Einwohner.

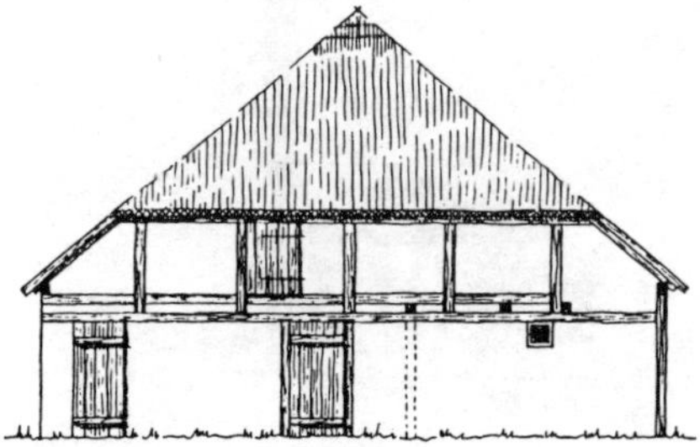

Hof Krüger in Jassow, Nordansicht

Katholische Kirche in Jastrow

Jastrow *(Jastrowie)*, Kr. Deutsch Krone, Stadt im Nordosten des Kreises, erstmals 1363 als königliches Dorf erwähnt. Es war eine slawische Kossätensiedlung mit einem königlichen Tafelgut, das später als sogenannte „Ökonomie" zur Starostei Usch-Schneidemühl gehörte. Der Starost Stanislaus Gorka wandelte diese Ökonomie 1560 in ein deutschrechtliches Bauerndorf um. 1563 wird der Lokator Klaus Köne erwähnt. Herzog Barnim IX. nötigte 1565 die Besitzer von Vangerow, ihm J. abzutreten. 1568 legten die Polen neben dem pommerschen Dorf ein eigenes an. Gegenseitige Überfälle waren an der Tagesordnung; 1568 führten sie zu einer Schlacht, in der der pommersche Unteramtshauptmann Jakob Kleist unterlag. Seine Verluste beliefen sich auf 23 Tote, 12 Gefangene und ein Geschütz. Beide Dörfer

Panorama von Jastrow

wurden vereinigt. Ein großer Brand zerstörte 1580 J. Der katholische Ortsgeistliche trat 1587 zum evangelischen Glauben über, die katholische Kirche wurde in eine protestantische umgewandelt und mußte um 1600 wegen Baufälligkeit durch einen Neubau ersetzt werden. Um 1600 begann ein lebhafter Zuzug von Juden, denen man allerdings den Woll- und Kornhandel verbot. 1602 verlieh der Starost Peter Potulicki dem Ort Magdeburger Stadtrecht; erster Bürgermeister der neuen Stadt war Andreas Barry, ein protestantischer Schotte.

J. war eine offene Stadt ohne Befestigungsanlagen und in vier Viertel, „Enden", eingeteilt: dem Kälber-, Hunde-, Kirchen- und Pepper Ende; dieses hieß auch Krucken oder Kroyden Ende. Die ersten beiden waren die ältesten Ortsteile.

1619 trat der evangelische Prediger Martin Goltbach zur katholischen Kirche über; damit erhielten die Katholiken ihre Kirche wieder zurück. Den evangelischen Prediger und Rektor Willich erschlugen 1768 die Truppen des polnischen Adligen Roskowski. 1945 wurde J. zu 45 v. H. zerstört. Das Rathaus, früher „Steinhaus", war das ehemalige Gutshaus der „Ökonomie".

Die alte katholische Kirche brannte 1629 ab, der Neubau stammt von 1913. 1786 wurde die evangelische Kirche errichtet; 1882 durch einen Massivbau ersetzt.

1879 eröffnete die Preußische Ostbahn die Strecke Posen—Schneidemühl—Neustettin. J. erhielt etwa 1,5 km außerhalb der Stadt einen Bahnhof. 1908 nahm die Bahn die Strecke Tempelburg—J. in Betrieb; 1914 nach Wengerz verlängert, nach 1945 demontiert.

Bis ins 19. Jh. war J. eine Tuch- und Schuhmacherstadt. Ihre Pferdemärkte hatten überregionale Bedeutung. 1930 gab es fünf Tuchfabriken, eine Wollspinnerei, eine Textilfabrik und zwei Schuhfabriken. Dazu kam Tabakverarbeitung (Zigarren, Schnupftabak). 1929 nahm an der nahen Küddow ein Wasserkraftwerk seinen Betrieb auf.

J. hatte 1939: 5693; 1983: 7573 Bewohner.

Jatznick, Kr. Ueckermünde, Industriedorf, am Rande des Endmoränengebietes des Rothemühler Forstes, dort, wo Kreide und mitteloligozäne Septarientone emporgepreßt worden sind. Die Kreide steht 117 m unter der Oberfläche an. Im „Jatznicker Moosbruch" liegt ein umfangreiches Wiesenkalklager (Seekreide), 16,50 m mächtig. Ziegeleien und eine Zementfabrik verarbeiten diese Rohstoffe.

Die Dorfkirche aus Feldstein überragt ein Turm mit geschwungener Haube; möglicherweise ist sie im 17. Jh. erbaut worden. Das Innere ist einheitlich barock ausgestattet. Balkendecke und Empore sind or-

Leuchtturm in Jershöft

namental bemalt. Am Kanzelaltar sind vier spätgotische Schnitzfiguren aufgestellt.
J. hatte 1939: 1593 Bewohner.

Jershöft *(Jarosławiec),* Kr. Schlawe, einstiges Fischerdorf an einem etwa 25 m hohen Steilufer, das aus einer tertiären Toninsel mit eingefalteten eiszeitlichen Geschieben besteht, in die große Findlinge eingebettet sind. Durch Abtragungen bis in unser Jahrhundert (1925) wurde dieses zum Teil schroff abfallende Kliff etwa 0,50 m pro Jahr zurückverlegt; 25 Buhnen und eine Ufermauer brachten diesen Prozeß zum Stillstand. Östlich J. beginnen die hohen, bis 2 und 3 km breiten Wanderdünen.
J. wurde 1865 zu einem der ältesten preußischen Ostseebäder. Der schon 1853 erbaute 34 m hohe Leuchtturm ist Wahrzeichen des Seebades.
Von 1920 bis 1931 besuchte *Karl Schmidt-Rotluff* in den Sommer- und Herbstmonaten das Dorf und malte hier viele seiner berühmten Bilder.
In J. lebten 1939: 327 Einwohner.

Kagendorf, Kr. Anklam. Das kleine Dorf ist 1962 nach Neu Kosenow eingemeindet worden.
Eine Pfarre wurde schon 1307 gegründet. Bis 1328 besaß das Zisterzienserkloster Stolpe das Patronat der Kirche. Die jetzige St. Petruskirche ist ein sehr langes gotisches Gebäude mit Fachwerkdachturm;

Kirche in Kallies

Rathaus zu Kallies

im 19. Jh. durchgreifend verändert. Die Kanzel mit Knorpelwerk und figürlicher Schnitzerei stiftete 1669 Claus Ernst von Köppern und Barbara Maria von Puttkamer.
A. Ludwig Manzel (1858—1936), Bildhauer, Schöpfer des Stettiner Manzelbrunnens.

Kaiserfahrt *(Kanał Piastowski).* Von 1874 bis 1880 wurde die stark versandende → Swine beim Ausbau der Schiffahrtsstraße nach Stettin vertieft und durch die 9,3 km lange K. begradigt. Der eigentliche Durchstich durch die → Insel Usedom ist 5,1 km lang und trennt das Dorf → Kaseburg von der Hauptinsel. Bei den letzten Vorkriegsarbeiten an der Wasserstraße nach Stettin wurden K. und die Fahrrinne im Haff auf eine einheitliche Tiefe von 9 m gebracht. Im Bereich der Insel ist die K. 80 m breit. Eisbrecher müssen sie im Winter ständig offen halten.

Kallies *(Kalisz Pomorski),* Kr. Dramburg, 91 m über NN in einem Talgrund der Südabdachung des → Pommerschen Landrückens. Russenberge und Gutsdorfer Höhen überragen das Tal um 60—70 m. Drei kleine Seen engen das Stadtgebiet sehr stark ein.
Im Nordwesten der Stadt wurde ein wendischer Burgwall entdeckt. Bedeutsamer ist der Schatzfund aus der späten Bronzezeit (1200—200 v. Chr.), insge-

Altniedersächsische Rauchhäuser in Kamp

samt 17 Gegenstände, u. a. Zierbuckel, Armringe, Fibeln und Drahtrollen.

1303 verlieh der Brandenburger Markgraf K. das Stadtrecht und das Stapelrecht für Pech und Holzkohle. Das Schloß wird erstmals 1313 genannt. Markgraf Ludwig erließ 1336 der Stadt alle Abgaben, damit sie ihre Befestigung erbaue. Henning von Wedell wurde 1350 mit der Stadt belehnt; seitdem war sie adlige Mediatstadt. 1378 übernahmen die von Güntersberg das Lehen und behielten es bis 1731. 1402 kam K. an den Deutschen Orden und blieb in dessen Besitz bis 1455. In den Jahren 1411—1435 wurde K. dreimal von Polen niedergebrannt. 1683 brannte die Stadt mitsamt der Kirche völlig ab. 1771 vernichtete ein erneuter Brand die Stadt; danach wurde sie völlig neu erbaut.

Eröffnung der ersten Apotheke 1783. Am 26. und 27. 8. 1844 wurde die Bürgerschaft zum letztenmal zu einer Wolfsjagd aufgeboten. 1945 wurde K. schwer zerstört.

Die nach dem Vorbild der Potsdamer Garnisonkirche erbaute Stadtkirche, ein rechteckiger Putzbau, der innen an der Ostwand eine Stuckdekoration erhielt, die den Kanzelaltar umkleidete, wurde 1781 eingeweiht.

K. ist Eisenbahnknotenpunkt: 1888 Eröffnung der Strecke K.—Schneidemühl, 1895 K.—Arnswalde und K.—Stolzenhagen, 1900 die Strecke K.—Falkenburg. In K. gab es zwei Bahnhöfe.

Seit alters ist K. eine Ackerbürger- und Tuchmacherstadt. So sagte man: „In K. bleiben zur Kartoffelernte nur der Bürgermeister und der Nachtwächter zu Hause." Schon 1580 gab es in K. eine Tuchmacherinnung; dieses Gewerbe verfiel nach 1834. Damit verlor auch die Schleifmühle ihre Bedeutung. Der Volksmund wandelte sie in eine Schleifmühle für ungehobelte Gesellen um. Die letzte Tuchfabrik stellte 1927 ihren Betrieb ein. Übrig blieben eine Schuh-, eine Faßfabrik und ein Kalksandsteinwerk. K. hatte 1939: 4016; 1983: 3854 Einwohner.

Kamp *(Kępa)*, Kr. Greifenberg, kleines Dorf inmitten ausgedehnter Sümpfe, lange Zeit nur zu Wasser erreichbar. Es bestand aus einem geschlossenen östlichen Teil und dem bedeutsameren kleinen westlichen, in dem neun altsächsische Rauchhäuser aus Fachwerk mit Rohrdach mit Giebel und Einfahrt zur → Rega hin standen. Sie waren etwa 24 m lang und 8—11 m breit. Um eine Diele mit Herd und Brunnen gruppierten sich Wohnung und Ställe. Der Bodenraum, die „Hell", mit einem Zugang vom hinteren Giebel, war Heuboden. Die Bewohner betrieben hauptsächlich Fischerei und Wiesenwirtschaft. Ackerbau war nur auf Pachtland in Nachbardörfern möglich.

In Ortsnähe wurden Werkzeugfunde aus der Ellerbeker Stufe, mittlere bis jüngere Steinzeit bzw. Litorinazeit (5500—2000 v. Chr.) gemacht. Das Dorf wird erstmals bei einem Grenzvergleich zwischen

Schloß Karlsburg

Kloster Belbuck und der Stadt Treptow 1307 erwähnt. Um 1454 siedelte ein Teil der Bewohner von Regamünde am Südufer des Kamper Sees an der alten Rega. 1945 wurden die Rauchhäuser niedergebrannt.
In K. wohnten 1939: 123 Einwohner.

Karlsburg, Kr. Greifswald, hieß bis 1771 Gnatzkow und gehörte Graf Carl Julius von Bohlen. König Gustav III. von Schweden kehrte nach einer Reise durch Frankreich und Italien als neugewählter König hier ein. Auf Wunsch des Grafen änderte er den Namen in K. um. Seit 1828 war es im Besitz der Familie Bismarck-Bohlen, deren letzten Besitzer im April 1945 Russen ermordeten.
Das 1732 von Carl Heinrich Behrend von Bohlen begonnene ehemalige Schloß gehörte unter die bedeutendsten Barockbauten Pommerns und liegt auf einer Anhöhe über dem in einen Wald übergehenden Park. Der zweigeschossige Putzbau mit dreigeschossigem Mittelrisalit erhielt nur einen linken Flügel.
Das Erdgeschoß des Mittelbaus zeigt noch die ursprüngliche Raumaufteilung. Mit ausnehmend schönen Stukkaturen ist der Gartensaal ausgestaltet. Im Jagdzimmer sind spätklassizistische Wand- und Deckenbemalungen zu finden.
Das prächtige schmiedeeiserne Rokokogitter bildete ursprünglich den Eingang zum Schloßbezirk.
Das 1945 unzerstört gebliebene Schloß nutzt die Universität Greifswald als Diabetiker-Sanatorium.
1980 lebten in K. 1400 Einwohner.

Karnitz *(Karnice Gryfickie),* Kr. Greifenberg. 1493 wird eine an der Kirche bestehende Vikarie er-

Herrenhaus in Kartzitz

Gutshaus in Karzin

nannt. Eine Kirche wird schon 1368 erwähnt. An den spätmittelalterlichen Findlings- und Backsteinbau, 1594 dem hl. Johannes dem Täufer geweiht, wurde um 1700 ein Querschiff und der Turm mit hölzernem Obergeschoß und einer winzigen Barockspitze angefügt.
Die Balkendecke trägt seit etwa 1700 eine reiche Bemalung mit Rankenwerk in Weiß und Grau.
Den 4 m hohen Altar stiftete die Familie von Carnitz im Abstand von etwa 70 Jahren, sein Untergeschoß mit einer figurenreichen Kreuzigung wurde 1641, der obere Teil mit einer Himmelfahrt um 1712 gemalt. Die gesamte üppige Ausstattung aus dem 17. und 18. Jh. blieb nach 1945 erhalten.
Das ehemalige Schloß war ein Putzbau des 18. Jh. In ihm befand sich ein Schatz von 15 Wirkteppichen mit Darstellungen biblischer, mythologischer und geschichtlicher Szenen und Landschaften. Der örtlichen Überlieferung nach hat sie 1689 Erasmus Konrad von Carnitz als brandenburgischer Gesandter in den Niederlanden erworben. Als die Familie 1808 ausstarb, geriet die Sammlung in Vergessenheit; zu Beginn des 20. Jh. wiederentdeckt.
1939 hatte K. 477 Bewohner. 1983 Großgemeinde *(Gmina)* von 133,1 qkm Fläche mit 3595 Einwohnern.

Kartlow, Kr. Demmin, 1249 genannt, als Bischof Wilhelm von Cammin sieben Nachbarorte zur Pfarrei K. zusammenlegte. Herzog Barnim I. ver-

lieh 1264 das Patronat der Kirche dem Kloster → Verchen. 1277 wird ein Heinrich von Heyden häufig als Zeuge in herzoglichen Urkunden genannt. 1294 waren die Herren von Heyden Besitzer des Rittergutes. Der Erbauer des Schlosses, Gustav Friedrich Theodor Woldemar von Heyden-Cartlow (1809—1870), besaß eine Drei- oder Viermastbark „Cartlow", mit deren Hilfe er einen Getreidehandel mit England aufzog.
Das Schloß erbaute 1855 der Berliner Baumeister Hitzig in neugotischem Stil; es überstand 1945 unzerstört. Heute ist darin eine Schule untergebracht. Die Quader- und Backsteinkirche wurde 1249 dem hl. Johannes dem Täufer geweiht. Der Chor mit Giebel ist bis auf die Fensterlaibungen aus Quadern errichtet, im Giebel eine kleine Kreuzblende ausgespart. Das Langhaus aus Backstein stammt aus späterer Zeit. Den Chor überspannt ein achteckiges Sterngewölbe, das Langhaus eine Flachdecke. Von der ursprünglichen Einrichtung ist ein Taufstein aus gotländischem Kalkstein mit zwölf blattförmigen Blenden erhalten.
In K. wohnten 1939: 416 Bewohner.

Kartzitz, Kr. Rügen, ein Gutsweiler, besteht aus dem Gutshof und einigen Einliegerkaten; gehört zur Gemeinde → Rappin.
Erstmals wurde 1314 „Carsitze" genannt. 1318 gab es den Hof und das Gut „Kartzitze". Von Ende 15. Jh. bis 1890 gehörte das Gut der Familie von Usedom.
Das Gutshaus baute um 1750 Carl Bogislaw von Usedom zu einem eingeschossigen verputzten Backsteinbau mit zwei Seitenflügeln um.

Altarkelch der Kirche zu Kaseburg

Karzin *(Karsina),* Kr. Köslin. Das Rittergut hatte eine Größe von 2692,5 ha und war bis 1762 altes Lehen der Familie von Bonin.
Die spätestgotische Findlingskirche, Anfang 16. Jh., steht auf einer Anhöhe, umgeben von hohen Bäumen. Die Ostseite mit den beiden Fenstern, Blenden und Putzfries scheint ursprünglich zu sein. Mitte des 18. Jh. wurde über der Westseite ein Fachwerkdachreiter mit geschweifter Haube errichtet. Die bescheidene Ausstattung stammte von Ende 17. Jh.
Ulrich Bogislaw von Bonin (1682—1752), Hofrat des Grafen Reuß-Ebersdorf und Dichter. Unter dem Pseudonym Theophilus Pomeranus veröffentlichte er 1738 das „Königsche Gesangbuch von 1738" und das „Gesangbuch von Wernigerode".

Kaschubei, östlicher Teil der Pommerschen Seenplatte zwischen Weichsel und → Stolpe, nördlich der Tucheler Heide.
Hier wohnte der slawische Volksstamm der Kaschuben, dessen Sprache zur pomoranischen gehört. Zwischen beiden Weltkriegen waren die westpreußischen Kreise Putzig, Neustadt, Karthaus, Berent und in Pommern der südöstliche Teil des Kreises Bütow und einige Orte in den Kreisen Stolp und Lauenburg ihr Siedlungsgebiet. Nach Schätzungen von 1926 gab es etwa 140—150000 Kaschuben. Bis ins 13. Jh. bezeichneten sie sich als „Pomorani", erst im 15. und 16. Jh. setzte sich der Name Kaschuben für sie durch.
Im Kreis Bütow waren sie in der Gegenreformation, die mit einer Polonisierung einherging, wieder katholisch geworden.
In den Kreisen Lauenburg und Stolp lebten die zu den Nordkaschuben gehörigen sogenannten Lebakaschuben. Sie waren weitgehend evangelisch. Ihr Mittelpunkt lag im Kirchspiel Charbrow; 1928 in

Degendorf umbenannt. Bis 1945 lebten in Klucken, Kr. Stolp, noch Lebakaschuben, die später nach Westen abgewandert sind.

Kaseburg *(Karsibór)*, Kr. Usedom-Wollin. 1242 verlieh Herzog Barnim I. das Dorf dem Kloster Dargun. 1265 gab es hier sogar einen eigenen Klosterhof. 1630 soll König Gustav Adolf im Pfarrhaus übernachtet haben. Der Bau der → Kaiserfahrt (1880) machte die Dorfflur zu einer eigenen Insel. Die neugotische Kirche hatte einen spätmittelalterlichen Vorgängerbau; ein Flügelaltar (um 1470), mit farbig gefaßten Schnitzfiguren der Pietà und vier Heiligen im Mittelfeld war erhalten. Die Flügel zieren auf der Vorderseite Tafelbilder aus dem Marienleben, auf der Rückseite aus der Leidensgeschichte Christi.
Die Bewohner waren vorrangig in der Seefahrt tätig. Die bäuerlichen Betriebe hatten sich auf Obstanbau und Viehzucht spezialisiert.
K. hatte 1939: 1258 Einwohner.

Kasekow, Kr. Greifenhagen; 1310 verlieh Herzog Otto I. das Dorf „Koszkow" dem Domstift St. Marien in Stettin und befreite es von allen Lasten.
Der Granitquaderbau der Kirche entstand nach 1250. 1858 Aufbau eines Backsteinturms; Erneuerung der Giebel als Staffelgiebel. Bis 1953 waren die schweren Schäden des Zweiten Weltkrieges behoben. Die barocke Ausstattung, die Westempore und der 1721 gestiftete Kanzelaltar sind wieder restauriert worden. An der Brüstung der Kanzel sind Tafelbilder mit Szenen aus dem Alten und Neuen Testament angebracht.
Wirtschaftliches Rückgrat des Dorfes bildeten die Obst- und Gartenbaubetriebe; sie konnten ihre Produkte im Großraum Stettin absetzen.
1939 hatte K. 766 Bewohner.

Katzow, Kr. Greifswald. Aus der ersten Hälfte 19. Jh. gibt es einige eingeschossige traufständige ältere Büdnerhöfe aus Fachwerk mit rohrgedeckten Krüppelwalmdächern.
In der um 1300 errichteten Backsteinkirche befindet sich im östlichen Giebeldreieck über fünf ne-

Bahnhof in Kasekow

beneinander stehenden zweiteiligen Blenden und zwei Stromschichten ein gemauertes Kreuz in einer kreuzförmigen Blende.
1879 wurden Wandmalereien aus dem 15. Jh. entdeckt, aber leider nicht konserviert. Mit kräftigen braunen Umrißlinien waren an der Ostwand die Passion, Christus am Kreuz und die Mutter Gottes mit Jesuskind, an der Südwand der hl. Laurentius, die hl. Katharina und der Name der Stifterin „Johanna Frisen", an der Westwand der Drachenkampf des hl. Georg zu sehen. Sie brannte 1990 ab; Wiederaufbau 1991.
Die Großgemeinde K. — nach der Gemeindereform von 1928 — hatte 1939: 2595 Einwohner.

Kehrberg *(Krzywin)*, Kr. Greifenhagen. 1492 erhielten die Patrone der Kirche, Ritter Bartholomäus Brusehauer und Detloff Trampe, die Erlaubnis, für ein Jahr „in tabulis celebriren" zu lassen; die Kirche wurde also zu dieser Zeit gebaut, aber der Altar war noch nicht geweiht.
Die Kirche ist ein Findlingsbau mit einem Dachturm aus Holz. Das Maßwerk des Ostgiebels, aus stromschichtig übereck gelegten Steinen gebildet, ist als einziger ältester Teil der Kirche erhalten geblieben.
K. hatte 1939: 629 Einwohner.

Kemnitz, Kr. Greifswald; das nach 1945 wieder selbständige Dorf gehörte zu den ältesten Besitzungen des Zisterzienserklosters Eldena. Fürst Jaromar I. verlieh ihm „Kaminicez" 1209. Im Hof Hacker hat sich noch ein niederdeutsches Hallenhaus aus der ersten Hälfte 18. Jh. erhalten. Die Kir-

che zum Hl. Kreuz, 1280 unter dem Patronat des Klosters Eldena, wurde im Dreißigjährigen Krieg teilweise zerstört, danach wieder aufgebaut: dreischiffige Hallenkirche aus Backstein mit einer großen Kreuzblende am Ostgiebel. Nach den Zerstörungen des Dreißigjährigen Krieges wurde das nördliche Seitenschiff abgetragen. Chor und Mittelschiff erhielten 1745 ein neues Gewölbe. Carl August Menzel, ein Schinkelschüler, baute 1841/42 den Turm wieder auf.
Den schlichten Kanzelaltar (18. Jh.) hat wohl Andreas Mayer aus Greifswald geschaffen. Ein silbervergoldeter Kelch mit Rankenwerk und braunem Emaille stammt aus spätgotischer Zeit.
Im Pfarrgarten liegt ein spätromanisches Granitkapitell; vermutlich aus Eldena hergeschafft.
1980 hatte K. 1000 Bewohner.

Kenz, Kr. Franzburg-Barth, war neben dem → Gollen im Mittelalter bedeutendster Wallfahrtsort mit wundertätigem Marienbild — St. Maria Pomerana — und heiliger Quelle; 1398 erstmals genannt. 1405 suchte hier der von der Pest befallene Herzog Barnim VI. Heilung. Auf dem Weg nach K. erlag er seiner Krankheit; seine Gattin Veronika von Hohenzollern ließ ihn in der Kirche von K. beisetzen. Nach der Reformation wurde der Gnadenort aufgehoben und das Gnadenbild zerstört. Ende des 17. Jh. ließ man die Quelle als Gesundbrunnen herrichten; so wurde es zum ersten Badeort Vorpommerns. Heute ist an Stelle der Quelle eine einfache Pumpe aufgestellt.

Alte Wallfahrtskirche St. Marien in Kenz

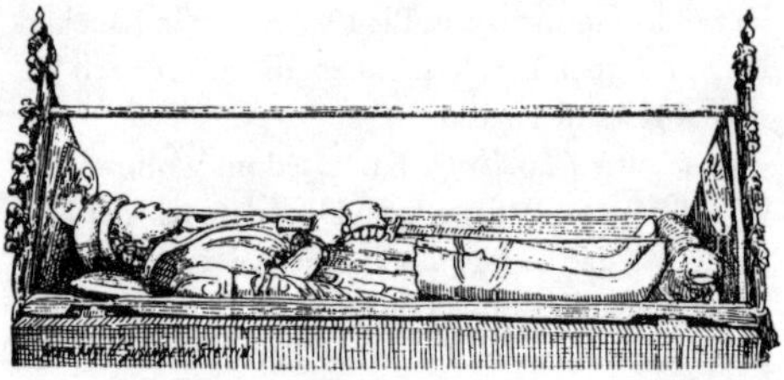

Grabmal Herzog Barnims VI. in Kenz

Unter dem Hauptgesims der St. Marienkirche, einem Backsteinbau, erste Hälfte 15. Jh., einschiffiger Saalbau mit schlankem Turm, ist ein Maßwerkfries aus glasierten Tonplatten angebracht.
In den Gewölben des Innenraumes finden sich Reste ornamentaler Bemalung; im Chorschluß ist ein Jüngstes Gericht aufgedeckt worden. In den Fenstern des Chorpolygons stellen Glasmalereien aus dem ersten Drittel 15. Jh. Szenen aus dem Marienleben, eine Kreuzigungsgruppe, verschiedene Heilige und Wappen der pommerschen Herzöge dar.
Den dreigeschossigen Altar mit einem großen Abendmahlsgemälde und der Kreuzigung fertigte 1697 Thomas Phalert. Den Kanzelkorb trägt eine Mosesfigur.
Bald nach seinem Tode (1405) entstand das Grabmal des Herzogs Barnim VI. von Pommern-Wolgast. Der hölzerne Schrein ist 2,40 m lang und 0,75 m breit; in ihm liegt unter dem dachartig aufklappbaren Deckel die leicht überlebensgroße, farbig gefaßte Figur des in vollem Ornat aufgebahrten Verstorbenen.
Etwa 200 Jahre später stiftete Herzog Philipp II. 1606 das 3 m hohe Sandsteinpitaph für seinen Ahnen mit Reliefs, Genien, Emblemen und Inschriften, vermutlich vom Rostocker Bildhauer Rudolf Stockmann.

Kerstin, Gutshaus

Eine Patene, um 1200, hat sämtliche Kriegszeiten überstanden. Auf einem breiten Rand trägt sie die Umschrift „Gott ist Gott“ in arabisch-kufischer Schrift, dazu Christus und seine Jünger beim Abendmahl. Wie und wann sie in diese Kirche kam, ist unbekannt.

Neben der Kirche wurde 1804 *Wilhelmine Arndt*, geb. Schumacher, Ernst Moritz Arndts Mutter, begraben.

K. hatte 1939: 381 Bewohner.

Kerstin *(Karścino)*, Kr. Kolberg-Körlin. 1276 war „Karstino“ im Besitz des Domkapitels von Kolberg. Alter Überlieferung nach stammt die Kirche aus dem 13. Jh.; umgebaut 1830. Der alte Holzturm machte 1886 einem massiven Platz.

Ihr Altar mit der Golgathaszene als Mittelfeld stammt aus dem Jahre 1696. In die Fenster waren kleine Glasscheiben mit Wappen eingesetzt; zwei Scheiben mit den Namen Mandufel und Glasenapp sind erhalten.

Ernst Christoph von Manteuffel (1676—1749), Minister August des Starken, Königs von Sachsen.

In K. wohnten 1939: 405 Einwohner.

Kirch Baggendorf, Kr. Grimmen. 1278 war Hermann als Pfarrer tätig. 1409 wurde eine Vikarie gestiftet. Auf die Mitte 13. Jh. geht der Findlingsbau, einer der eindrucksvollsten frühgotischen Kirchen, zurück; das zweijochige Kirchenschiff ist kuppelförmig gewölbt mit tief heruntergezogenen Zwickeln. Im Chor enden die Rippen um einen ringförmigen Schlußstein als Kreuz. Die Fenster sind zu Gruppen von je drei gestaffelt zusammengefaßt. Blenden zieren die Giebel von Chor, Langhaus und Sakristei.

1939/40 wurden im Innenraum ornamentale Ausmalungen (1390) und figürliche Wandmalereien in der Laibung des Triumphbogens freigelegt: die klugen und törichten Jungfrauen und Heilige unter Baldachinen. Der Altar mit drei Tafelbildern und üppigem Akanthusdekor wurde 1703 gefertigt. Der Korb der Kanzel von 1702 mit Bildern der Evangelisten steht auf einer geschnitzten Palme.

K. ist ein Wohnplatz in der Gemeinde Gansebieth, die 1939: 803 Einwohner hatte.

Kitzerow *(Kiczarowo)*, Kr. Saatzig. Auf einer Inschrifttafel aus Eichenholz in der kleinen spätgotischen Feldsteinkirche stand zu lesen: „Dise Kirche ist gebawt 1477 durch den Ehrnueste Jaspar Sukow dies gestolte 1580 Caspar Sukow.“

Im Mittelpunkt des Altars, einer Barockschnitzarbeit, beten die Hl. Drei Könige das Jesuskind an. Die gleichzeitig gefertigte Kanzel hatte Frau Agnese von Damnitz gestiftet; 1756 bemalte sie Johann Christoff im Auftrag von Maria Tugendreich von Wedell.

K. hatte 1939: 221 Bewohner.

Klaptow *(Kłopotowo)*, Kr. Kolberg-Körlin. Schon 1276 wird „Clobetowe“ unter den Kapiteldörfern

Kirch Baggendorf, Inneres der Dorfkirche

Kirche in Klaptow

des Kolberger Domes genannt. Der massige Turm der Kirche des Gutsweilers, ein Feldsteinbau des 16. Jh., besteht in seiner oberen Hälfte aus Backstein. Eine Freitreppe führte an der Südseite zur Tür der herrschaftlichen Loge. Unter dem Chor lag das Gruftgewölbe der Familie von Rahmel.
Die Taufe, Ende 17. Jh., aus Holz geschnitzt, war bunt bemalt. An Wedigo von Bonin mahnte ein Obelisk aus gelbrotem Marmor.

Klein Butzig *(Buczek Mały)*, Kr. Flatow. Adam Stanislaus von Götzendorf-Grabowski hatte hier seine Sommerresidenz errichtet. 1698 geboren, empfing er mit 32 Jahren in Warschau die Priesterweihe. 1737 wurde er Bischof in Kulm und 1741 Bischof von Ermland und damit deutscher Reichsfürst.
Das Schlößchen, fertiggestellt 1737, wurde 1742 um einen Kavaliersflügel erweitert. Es hatte bescheidene Ausmaße; dafür besaß es einen um so großzügiger angelegten Park.
Den kleinen Festsaal hatte 1744 ein Danziger Künstler mit schwerer Holzdecke und Bemalung hergestellt. Darin stand ein gewaltiger Kachelofen mit der Fürstenkrone im Aufsatz. Die Kacheln aus Danzig trugen Jagdmotive. Auf einer stand unter schnäbelnden Tauben: „liebst Du mir — wie ich Dir — welch ein freut — wehr das mir."
1928 Einrichtung der katholischen Heimvolkshochschule Marienbuchen, die noch bis 1937 Kurse abhalten konnte. 1945 wurde das Schloß zerstört. In K. B. lebten 1939: 331 Einwohner.

Klein Lienichen *(Linówko)*, Kr. Saatzig, Gut, seit 500 Jahren als einheitlicher Komplex mit den Vorwerken Friedrichstal, Karlshof, Ziegenberg und dem Rittergut Langenhagen in ununterbrochener Erbfolge im Besitz der Familie von Mellenthin. Friedrich von Mellenthin erbaute 1852 das neue Herrenhaus auf einer Anhöhe über dem See in neugotischem Stil.

Klein Mellen *(Mielenko Drawskie)*, Kr. Dramburg. Am Mellensee liegt eine wendische Niederungsburg. Mit einer Verleihungsurkunde von 1254 wurden dem Kloster Belbuck 600 Hufen Land übergeben; darin ist auch Melne erwähnt. 1320 kam das Dorf an das Augustinerinnenkloster in Pyritz-Altstadt. Polen und Litauer zerstörten 1326 K. M. 1496 wurde das Lehen der Familie von der Goltz erneuert.
An die Stelle des alten Schlosses trat 1871 ein Neubau, der nach 1919 einen Turm erhielt. 1931 Parzellierung; im Schloß richtete der Pommersche Feuerwehrverband seine Provinziale Feuerwehrschule ein.
Den Ostgiebel der 1663 erbauten Fachwerkkirche (laut Inschrift am Ostgiebel) zieren geschweift geschnittene Streben in den Gefachen; den Turm schmückt eine barocke Haube. Der Altar enthielt

Taufe zu Klaptow

Teile aus dem 17. Jh.
1939 hatte K. M. 363 Bewohner.

Klein Zarnow *(Czarnówko),* Kr. Greifenhagen. Die Kirche wurde im Mittelalter erbaut. Wandmalereien — Ranken, Heilige und eine Verkündigung — sind noch erhalten. Der Fußboden aus verschiedengroßen Backsteinen stammt aus der Bauzeit.
In K. Z. wohnten 1939: 149 Menschen.

Klempenow, Kr. Demmin, 1962 nach Breest eingemeindet. Schon 1494 wird eine Kapelle in der Vorburg von Weißen-K. erwähnt. Die heutige Kirche wurde 1720 als Fachwerkbau mit Dachturm errichtet; Altarrückwand und Empore aus dem 18. Jh.
Auf einer Erhöhung des engen Tollensetales wurde die Burg angelegt. Sie beherrschte die Straße von Anklam nach Demmin und Altentreptow. Bis ins 16. Jh. war sie im Lehnsbesitz der von Heydebrek. Erhalten ist einer der vier Ecktürme der Ende 16. Jh. errichteten Anlage.
K. hatte 1939: 182 Bewohner.

Klemzow *(Klępczewo),* Kr. Belgard. Fachwerkkirche aus dem 17. Jh.; ihr Kanzelaltar wurde im 18. Jh. zusammengestellt. Die Schnitzfiguren der Evangelisten von dem vorherigen Altar waren vor die Felder der Kanzel gestellt worden. Aus gleicher Zeit stammt die „Ecce homo"-Figur.
In K. lebten 1939: 187 Einwohner.

Klein Lienichen, Ziborium aus Marienfließ

Schloß Klevenow

Klevenow, Kr. Grimmen. Am Oberlauf der Trebel lag die uralte pommersche Grenzbefestigung gegen Mecklenburg, seit 1484 ununterbrochen im Besitz der Familie von Wakenitz. Das „feste Haus Clevenow" wurde im Dreißigjährigen Krieg heftig umkämpft; nur der aus meterdicken Feldsteinwänden errichtete Südflügel mit zwei Türmen blieb erhalten. Carl von Wakenitz errichtete noch einige Ergänzungsbauten. Nach 1850 verlegte Fritz Freiherr von den Lancken-Wakenitz seinen Wirtschaftshof in das Dorf. Wälle und Gräben wurden eingeebnet und ein großer Park angelegt. Nach dem Ersten Weltkrieg Erweiterung und Umbau des Herrenhauses. Nach 1945 wurde das Schloß völlig verunstaltet zu Wohnungen umgebaut.
K. hatte 1939: 428 Einwohner.

Kloster, Kr. Rügen. Auf der Insel → Hiddensee liegt der aus zwei Ortschaften gebildete Ort K., der eine, K., liegt am Südhang des Dornbusches, der andere, Grieben, am Osthang gegenüber Alt Bessin. Anfang 20. Jh. bestand K. nur aus neun Gebäuden. Ein Dorfkrug wird schon 1532 erwähnt. 1910 setzte die Entwicklung zum Künstler- und Fremdenverkehrsort ein. 1931 Einrichtung der Biologischen Forschungsanstalt, heute „Biologische Station Hiddensee". Heimatmuseum seit 1954.

Grabwangen auf dem Friedhof zu Kloster

Seine große Zeit hatte K. im Mittelalter. 1159 landete König Waldemar von Dänemark mit seinem Heer im ersten Pommernfeldzug „in insula Hythini". Fürst Witzlaw II. von Rügen und seine Söhne schenkten dem Zisterzienserkloster → Neuenkamp die ganze Insel „Hyddense". Bischof Johannes von Roskilde genehmigte dem Kloster die Gründung eines Tochterklosters, das 1297 als "abbatia Scti Nicolai in Hethensoe" von Bischof Stigor von Roskilde geweiht wurde. Abt und Konvent bezogen im folgenden Jahr Hiddensee.

Neben der Insel und dem Dorf Zarrenzin erhielt das Kloster die Fischereirechte zwischen Hiddensee und Rügen sowie drei ertragreiche Salzpfannen in der Lüneburger Saline. Obwohl das Kloster im Laufe der Zeit Besitz und Rechte in über 50 Dörfern hatte, betrieb es sehr wenig Eigenwirtschaft. Der größte Teil des Landes war an Pachtbauern vergeben, und so war auch die Einwanderung deutscher Siedler auf Hiddensee recht mäßig. 1302 bauten die Mönche am Südstrand auf dem Gellen eine Kapelle, auf deren Turm sie 1306 gemeinsam mit der Stadt Stralsund ein Leuchtfeuer (Luchte) einrichteten. Die Mönche sorgten für den Unterhalt während der Betriebszeit vom 8.9. bis 1.5. jeden Jahres. 1332 wird die Kapelle vor dem Klostertor erwähnt, als sie ein Taufbecken aus der Gellenkapelle erhielt. Eine Feuersbrunst zerstörte 1389 große Teile des Klosters. Danach entstand 1400 die dreischiffige kreuzförmige Kirche. Abt Otto hat maßgeblich bei der Gründung der Greifswalder Universität 1456 mitgewirkt.

Die Auflösung des Klosters kündigte sich schon 1525 an, als herzogliche Beauftragte sämtliche Kleinodien registrierten und nach Wolgast schafften. Stralsunder Pöbel drang 1529 auch nach K. vor und ließ seiner Zerstörungswut freien Lauf. Mit der Säkularisierung von 1534 wurde aus dem Klosterhof ein herzogliches Kammergut. 1536 mußten die letzten, nicht zum Protestantismus übergetretenen Mönche das Kloster verlassen. Ihr letzter Abt Georg Vilter wurde 1560 in St. Nicolai in Stralsund begraben. Die Gebäude verfielen seit 1570 allmählich, der Dreißigjährige Krieg tat ein übriges. 1752 erwarb der Stralsunder Kammerrat Ulrich von Giese die Insel und errichtete einen neuen Hof.

Die Dorfkirche von 1781 ist ein einfacher Backsteinbau mit einem hölzernen Tonnengewölbe. Gleichzeitig entstand unter Verwendung eines Kanzelkorbes des 17. Jh. der heutige Kanzelaltar. Die Grabplatte des 14. Abtes des Klosters, Johannes Runneberg, der im 10. Jahr seines Amtes 1475 gestorben war, wurde in der Kirche aufgestellt.

Auf dem Kirchhof ruht Gerhart Hauptmann. Sein 1929 erworbenes Haus ist in eine Gedenkstätte umgewandelt worden.

Kloster, Tor des Zisterzienserklosters

Kirche zu Klötzin

Das ehemalige Gut, 1945 aufgelöst und unter 18 Bauern aufgeteilt, wurde 1959 wiederum zur LPG Dornbusch kollektiviert. Hiddensee gehört seit 1972 zum VEG Zingst.

Klötzin *(Kłodzino)*, Kr. Belgard. Hier steht eine der ältesten Fachwerkkirchen. Eine Inschrift in lateinischen Großbuchstaben an der Ostseite sagt: „DIS HAUS IST EIN BETHAUS UND IST GOTT ZU EHREN GEBWDET ANNO 1588, UND IST ER JOANNES." Die Ostseite ist abgewalmt; der Übergang von Wand zu Dach ähnelt stark niedersächsischen Fachwerkbauten. Der verbretterte Fachwerkturm mit einer schlanken Spitze ist ein Werk aus der zweiten Hälfte 18. Jh.
Über dem gemauerten Altartisch erhob sich die schlichte barocke Kanzel, an der eine kleine Kreuzigungsgruppe von Ende 16. Jh. angebracht war.
In K. wohnten 1939: 342 Bewohner.

Klucken *(Kluki)*, Kr. Stolp, Dorf im → Lebamoor. Seine Bewohner lebten hauptsächlich von der Fischerei; Ackerbau und Viehzucht waren auf dem dürftigen Moorboden kümmerlich.
Bis Ende 19. Jh. hielt sich hier noch ein Rest der pomoranischen Sprache, das Slowinzische. Nach 1900 wurde das Plattdeutsche als Umgangssprache angenommen, jedoch erhielten sich viele lebakaschubischen Bräuche.
Nach 1945 wurde in drei Gebäuden des 19. Jh. ein Freilichtmuseum eingerichtet mit bäuerlichen und Fischereigerätschaften sowie Stubeneinrichtungen. K. zählte 1939: 660 Einwohner.

Klütz *(Klucz)*, Groß Stettin, ursprünglich ein Dorf östlich der Oder, am Rande der → Buchheide, 1255 als „Cluts" erstmals genannt. 1305 kam es in den Besitz des Klosters → Kolbatz. Die Herren von Palen waren klösterliche Lehnsmannen. Zur Zeit Friedrichs des Großen wurde der Ort in das trockengelegte Odertal erweitert. Im 20. Jh. dehnte sich die Siedlung am Abhang aus. 1939 nach Groß Stettin eingemeindet.
Die Dorfkirche ist ein spätmittelalterlicher Findlingsbau mit Holzturm (15. Jh.).

Klützow *(Kluczewo)*, Kr. Pyritz. Erstmals wird K. 1327 in einer Urkunde Herzog Barnims III. genannt. 1346 schenkte er das Dorf dem St. Ottostift in Stettin zum Unterhalt von zwölf Chorschülern. 1360 gab es eine Kirche. Die heutige ist ein Findlingsbau des späten Mittelalters, 1599 als St. Petrikirche genannt. Breite Blenden gliedern den Ostgiebel. Der Turm, Untergeschoß aus Findlingen, Obergeschoß aus Backstein, ist sehr reich durch Blenden gegliedert; eine viereckige, schöngeschweifte Haube krönt ihn. Die Innenwände gliedern flachbogige Nischen. 1935 fand man an den Wänden kleine Fresken mit Szenen aus dem Neuen Testament und Bildnisse der Reformatoren (16. Jh.). Von der ur-

Fischerhaus in Klucken

Das alte Herrenhaus in Kniephof

sprünglichen Einrichtung ist nichts erhalten. 1883 wurde die „Aktien Zuckerfabrik Klützow" gegründet.
In K. wohnten 1939: 1193 Einwohner.

Kniephof *(Konarzewo)*, Kr. Naugard. Das Gut kam vor 1742 zusammen mit → Külz und → Jarchlin durch Erbschaft in den Besitz der Familie von Bismarck. Karl Wilhelm Ferdinand von Bismarck, Vater des späteren Reichskanzlers, erbte es 1816 von seinem Vetter. Von 1839 an bewirtschafteten die Brüder Bernhard und Otto von Bismarck die Güter gemeinsam. 1845 kam es an Otto, der es 1868 an seinen Neffen Philipp von Bismarck, den ältesten Sohn seines Bruders, verkaufte. Das Gut blieb im Besitz der Familie; letzter Erbe ist Klaus von Bismarck, ehemaliger Intendant des Westdeutschen Rundfunks.
Das Herrenhaus, ein bescheidener Fachwerkbau von 1816 mit zweigeschossigem Mittelbau und zwei eingeschossigen Flügeln, wurde gegen Ende des 19. Jh. umgebaut und vergrößert.

Koblentz, Kr. Ueckermünde. Herzog Ernst Ludwig verlieh 1578 K. dem Valentin von Eickstedt, Kanzler und Hauptmann in ,,Uckermund'.
1872 ließ die Familie von Eickstedt das spätklassizistische Mausoleum erbauen, das seit 1895 als Dorfkirche dient.
In den Wiesen bei K. tritt eine zweiprozentige, im 16. und 18. Jh. in einer Saline genutzte Sole zu Tage. In sehr trockenen Zeiten sind die Wiesengräser mit einer silbrig glänzenden Salzschicht überzogen.
K. hatte 1939: 513; 1980: 350 Bewohner.

Kolbatz *(Kołbacz)*, Kr. Greifenhagen. Etwa 3 km westlich des → Madüsees gründete Wartislaw, der Kastellan von Stettin, Sohn des Swantibor, ein naher Verwandter von Herzog Bogislaw I., 1173 die Zisterzienserabtei „Mera Vallis" (Lautertal) auf seinem Gebiet im Madanzigwald. Die Stiftung und Schenkung bestätigte der Landesherr. Am 2. 2. 1174 zog ein Konvent von zwölf Mönchen und zwölf Konversen unter Abt Reinhold aus Esrom auf Seeland, Dänemark, ein. Zur ersten Ausstattung gehörten fünf Dörfer, darunter auch die Villa Theutonicorum, das spätere → Hohenkrug.
Die erste Arbeit der Mönche galt dem Bau der 1183 als St. Marienkirche erstmals erwähnten Kirche. Gleichzeitig wurde das Land gerodet; dazu gehörte die Umleitung der → Plöne. Das Kloster erhielt dadurch eine günstigere Zufahrt zur Odermündung. Ständig kamen neue Siedler ins Land. Durch Schenkungen dehnte sich der Klosterbesitz um die → Gollnower Heide und das Schwarzerdegebiet des Pyritzer → Weizackers aus. Von Wirtschaftshöfen aus, Grangien genannt, wurde der Getreideanbau intensiviert. Bereits 1286 war das Kloster so gefestigt, daß es sich entschloß, in Oliva bei Danzig — 1295 mußte dieser Vorgang wiederholt werden — und in Marienwalde neue Klöster zu besiedeln. 1188

Kolbatzer Kirche, Rose des Westgiebels

Beisetzung des Stifters Wartislaw in der Kirche. Abt Rudolf begann 1210 mit dem Bau der 1307 geweihten Backsteinkirche. Die letzte Baunachricht stammte von 1347, als Johann I., Bischof von Cammin, mit zwei weiteren Bischöfen in Anwesenheit von fünf Äbten und des Landesherrn den gotischen Chor weihte.
1349 Vollendung der Ringmauer um das ganze Kloster. Anlage eines weiteren Tochterklosters im 14. Jh. in Himmelstedt bei Landsberg an der Warthe. Mitte zweite Hälfte 14. Jh. war der Besitzerwerb abgeschlossen; zum Kloster gehörten 31 Dörfer im Kreis Greifenhagen, 22 im Kreis Pyritz, drei in anderen Kreisen und Streubesitz um Kolberg und Demmin. Im 14. und 15. Jh. residierten die Kolbatzer Äbte gern in einem der größten Klosterhöfe, in → Kolow, wo der letzte Abt als Pfarrer starb. Die reformatorischen Gedanken fanden auch in K. Eingang. Zwischen 1532 und 1534 verließen mehrere Mönche das Kloster. 1535 legte Abt Bartholomäus seine Abtswürde nieder; das Kloster wurde zu einer herzoglichen Domäne, nachdem 39 Äbte die Besiedlung des Weizackers äußerst intensiv betrieben hatten. Die Äbte standen in hohem Ansehen, ihren Rat schätzten die Herzöge sehr; oft waren sie Schiedsrichter in Rechtsstreitigkeiten.
Die Herzöge ließen sich im 16. Jh. die Klostergebäude als Jagdschloß einrichten. Chor und Querschiff der Klosterkirche dienten fortan als Pfarrkirche des Dorfes, das Langhaus als Kornspeicher. 1637—1673

Romanische Säule in Kolbatz

Romanische Säule in Kolbatz

war K. schwedisch. Königin Christine hatte das Amt K. 18 verschiedenen Generälen und anderen Offizieren vergeben. Die Gebäude verkamen. 1662 brannte nach einem Blitzschlag die Kirche aus; Mauern und Gewölbe blieben aber stehen. Um 1720 wurden die Seitenschiffe, die südlichen Querschiffkapellen und das Kloster mit Kreuzgang abgebrochen; die Reste restaurierte man 1851/52 und baute die Kirche aus. Der aus Holz wiedererrichtete Dachreiter stürzte 1978 um.
Die Klosterkirche ist in ihrem ältesten Teil — Querschiffe, ein Chor- und zwei Langhausjoche — ein romanischer Bau nach dem Vorbild des burgundischen Klosters Fontenay. In der Backsteintechnik zeigen sich unverkennbar dänische Einflüsse. Mit dem Baufortschritt zur Westfassade änderte sich die Bauauffassung von spätromanischen zu frühgotischen Formen; damit rücken norddeutsche Varianten zisterziensischen Bauens in den Vordergrund. Der imposante Baukörper von 67,50 m Länge und im Mittelschiff von 13,40 m Höhe wurde als dreischiffige Basilika angelegt. Außer dem von Sterngewölben überspannten Chorschluß und dem Vierungsjoch überdecken Kreuzgewölbe die restliche Kirche.
Mit ihrer dekorativen Gliederung entlehnte die Westfassade Elemente westlicher Hausteingotik und setzte sie in Backstein um. In der Mittelachse liegt ein großes, jetzt vermauertes, vom Gewölbe-

scheitel bis zum Kaffgesims herabreichendes Fenster; daneben eine dreiteilige Blende mit Dreipaßmaßwerk von gleicher Höhe. Darüber erscheint im Giebelfeld die prächtige Maßwerkrose von etwa 5 m Durchmesser auf geputztem Grund. Von einem achteckigen Mittelring gehen radial 16 Säulchen aus, je zwei übereinandergestellt. Die untere Reihe ist mit gebrochenen Giebelchen, die obere mit Kleeblattbögen verbunden. In den Kerben der Bögen ist ein Kreis von 16 sechsblättrigen Rosetten enthalten, die das Ganze umfassen — eine Einmaligkeit im norddeutschen Backsteinbau.

Im Innern sind in Fensterlaibungen Reste einer Bemalung gefunden worden.

Aus Repräsentationsräumen des Klosters stammen neun Kapitelle aus gotländischem Kalkstein und drei dazu gehörige Basen, 13. Jh. Zwei Kapitelle zeigen Darstellungen aus dem Klosterleben. Auf dem Teufelskapitell, 0,36 m hoch, sind fünf Mönche gemeißelt, die sechste Figur ist der Teufel, der mit seiner Linken einen Mönch an der Kutte packt. Auf dem Mönchskapitell, 0,46 m hoch, kauern ältere Mönche. Die Kapitelle befinden sich heute im Museum in Stettin.

Das Berliner Völkerkundemuseum bewahrte „die goldene Frau", ein Sonnenbild aus Kupfer, 1,12 m

Kirche in Kolbatz, Westseite

Hofapotheke in Kolberg

hoch, 0,68 m breit, Rückwand einer Sonnenuhr. Von den Klostergebäuden hat sich fast nichts erhalten. An der Westseite des Abtshauses kann man kleine spitzbogige Blenden und vermauerte Fenster erkennen, der restliche Teil ist stark verbaut. Vom „Haus der Konversen" hat sich nur der Keller erhalten. Nördlich der Kirche steht eine stattliche Scheune mit gotischen Öffnungen und Strebepfeilern.

Das Klosterdorf liegt neben dem Klosterkomplex. Das polnische Staatsgut scheint an die zisterziensische Tradition anzuknüpfen; in einer „Zootechnischen Versuchsstation" betreibt es Viehzucht und -kreuzung sowie Futtermittelforschung. Der Direktor dieser Station ließ Nebengebäude des Klosters im alten Stil restaurieren.

Das Klosterdorf hatte 1939: 357; 1970: 440 Bewohner.

Kolberg *(Kołobrzeg)*, Stadtkreis am rechten Ufer der → Persante, durch einen Dünenstreifen von der Ostsee getrennt.

Die älteste Siedlung entstand im 7.—8. Jh. auf der Salzinsel; Mitte des 9. Jh. die Burg, um die sich im 10.—11. Jh. die Stadt entwickelte. Die Solquelle gab der Stadt schon früh eine wirtschaftliche Bedeutung. Boleslaw I. Chrobry von Polen eroberte um 995 Pommern und gründete 1000 in K. ein Gnesen

Dom zu Kolberg

unterstelltes Bistum. Reinbern, aus dem thüringischen Hassegau, wurde erster und einziger Bischof († 1015 auf einer Reise nach Kiew). Möglicherweise war er nie in K. Nach Abzug der Polen wurde das Bistum nicht mehr besetzt.

Um 1125 Gründung der Marienkirche als Kirche der Wendenstadt. 1248 kam der östliche Teil der K.er Kastellanei an den Bischof von Cammin, der westliche blieb im Besitz der Herzöge. Deutsche Siedler kamen von Lübeck, Greifswald, Niedersachsen und Westfalen. Nördlich der Burg entstand die deutsche Siedlung, die 1255 lübisches Stadtrecht durch Herzog Wartislaw III. von Pommern-Demmin und Hermann von Gleichen, Bischof von Cammin, erhielt. Die Interessen beider Herren kollidierten häufig, bis 1276 Bischof Hermann den westlichen Teil der Kastellanei von Herzog Barnim I. für 3 500 Mark Silber kaufte und die Stadt zur bischöflichen Residenz machte. 1278 gründete er das Benediktinerinnenkloster in → Altstadt. Ab 1284 kam K. in Kontakt mit der Hanse. 1304 nahm es an Hansetagen teil. 1361 wurde es offiziell Mitglied der Hanse und durfte fast ein Viertel der gesamten Hansestreitkräfte stellen, d. h. sechs Koggen, sechs Schuten und 600 Bewaffnete. Der zu zahlende Jahresbeitrag entsprach mit 25 Talern dem Greifswalds, Stargards und Wismars. Im Laufe des 14. Jh. wurde die Stadt befestigt, nur der Luntenturm blieb erhalten.

Die Salzgerechtigkeit war im 13. Jh. im Besitz der Bürgerschaft. K.s Wohlstand zeigte sich schon im 16. Jh. in steinernen Häusern, der Wasserleitung und gepflasterten Straßen. Mit dem Dreißigjährigen Krieg wurde K. von 1627 an zur wichtigsten pommerschen und seit 1653 brandenburgischen Festung; neben Stargard wichtigste Stadt Hinterpommerns. Während des Siebenjährigen Krieges mehrfach von Russen belagert, 1761/62 von ihnen besetzt.

Um 1800 begann seine Bedeutung als Seebad. Die napoleonischen Kriege warfen die Stadt in ihrer Entwicklung zurück; 1807 von Franzosen belagert. Nettelbeck, Gneisenau und Schill verteidigten sie bis zum Abschluß des Tilsiter Friedens am 2.7.1807. Weite Teile waren zerstört, darunter das

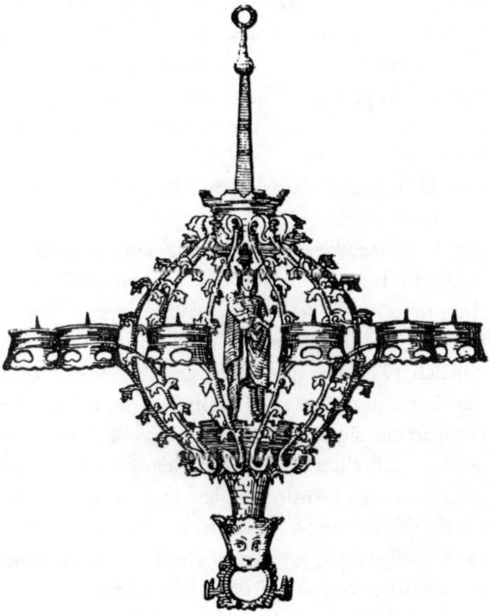

Holkenkrone im Dom zu Kolberg

Türklopfer am Turmportal des Kolberger Doms

Rathaus. Zum Seebad kam 1830 eine von zwanzig Solequellen gespeiste Solebadeanstalt. Bis 1873 blieb K. Festungsstadt, erst nach dem Niederlegen der Verteidigungsanlagen konnte sie sich ausdehnen. Das Muder Fort blieb erhalten und wurde Lotsenstation. Im wichtigen Seebad entstanden zahlreiche Sanatorien.

1945 belagerte die Rote Armee K. und zerstörte es zu etwa 80 v. H.

Der *St. Mariendom* wurde wahrscheinlich nach der Stadtgründung als dreischiffige gotische Hallenkirche mit geradem Ostabschluß erbaut und bereits 1282 für Gottesdienste benutzt. Das Schiff war vermutlich 1320 fertiggestellt. Der Chor folgte 1331 und 1339; in der zweiten Hälfte 14. Jh. erhielt der Dom an der Südseite die Marienkapelle; 1410 zum zweiten südlichen Seitenschiff, dem Badegang, verlängert. An der Nordseite folgte in der ersten Hälfte 15. Jh. das zweite Seitenschiff. Im Westen war eine zweitürmige Anlage geplant. Das Erdgeschoß wurde einheitlich begonnen, darauf der Südturm, später der Nordturm; den Abschluß bildet die mittlere Verbindung und deren Bekrönung mit einem geschweiften Türmchen von 1646. Der massige, 74 m hohe Bau hat kaum Blenden; die Fenster in den oberen Geschossen sind schmal wie Schießscharten. 1945 wurde der Dom schwer zerstört. Der Wiederaufbau begann bald, aber erst 1983 war das hohe Dach wiederhergestellt. 1985 setzte man die drei Turmspitzen wieder auf.

Im Innenraum bedeckten Malereien des 14. Jh. die Gewölbekappen. Auf 32 Haupt- und 40 Nebenfeldern der Kreuzgewölbe war eine Biblia Pauperum aus dem Alten und Neuen Testament gemalt; 1945 zerstört, desgleichen der einzige Lettner in Pommern aus der ersten Hälfte 15. Jh. sowie das gotische Gestühl im Chor. Es blieben nur Reste der Einrichtung erhalten, darunter ein gotischer Schreinaltar mit den Hl. Drei Königen als Hochrelief im Mittelfeld, der Türklopfer am Westportal: ein bronzener Löwenkopf, den Medaillons mit dem thronenden Christus, dem Gekreuzigten, Evangelistensymbolen und Propheten, 2. Viertel 14. Jh., umrahmen. Das Taufbecken, 1355 von Johann Alart gegossen, ruht auf vier Löwenfüßen. An seinen Wänden künden 26 Reliefs vom Leben Jesu. Seit 1981 steht der siebenarmige Leuchter wieder im Dom, den 1327 Johannes Apengeter aus Lübeck mit den Apostelreliefs am Schaft und drei kleinen Löwen als Füße goß. Die Schlieffenkrone hatte 1523 die Familie Schlieffen gestiftet. Der aus Holz geschnitzte hohe Kronleuchter ist farbig gefaßt und trägt die Figuren der

Kolberg, Lotsenstation, Leuchtturm und Molen

Mutter Gottes und Johannes des Täufers.
Das neugotische Rathaus wurde auf den Fundamenten des 1807 zerstörten Vorgängerbaus nach Entwürfen von Schinkel erbaut. Die Bauleitung hatten Zwirner, der spätere Dombaumeister in Köln, und Pelicaeus. Es überstand 1945.
Von den üppigen Bürgerhäusern blieb nur das *Schlieffenhaus* in seiner Fassade erhalten; das Schillhaus wurde noch am 8.3.1945 niedergebrannt. Bis 1945 standen hervorzuhebende Patrizierhäuser: das *Merkurhaus*, ein Renaissancebau aus dem 17. Jh. mit einer Fülle plastischen Dekors; das *Schwibbogenhaus* aus der Zeit des Rokoko und das *Nettelbeckhaus*.
Die schon um 1300 erwähnte Domschule beaufsichtigte seit 1378 der Rat der Stadt. In dem 1477 zwischen Rat und Domkapitel ausgehandelten Vertrag sind Stellung und Besoldung der Lehrer festgelegt. 1663 gründete der Große Kurfürst eine reformierte Schule, die 1818 als Ratsschule weiterlebte.
Das zweistöckige Renaissancehaus des Heimatmuseums in der Posener Straße blieb 1945 erhalten; Sammlungen bei Kriegsende mit unbekanntem Ziel fortgeschafft. Einige Reste kamen ins Museum in Stettin.
Weitere Kultur- und Verwaltungsfunktionen hatte

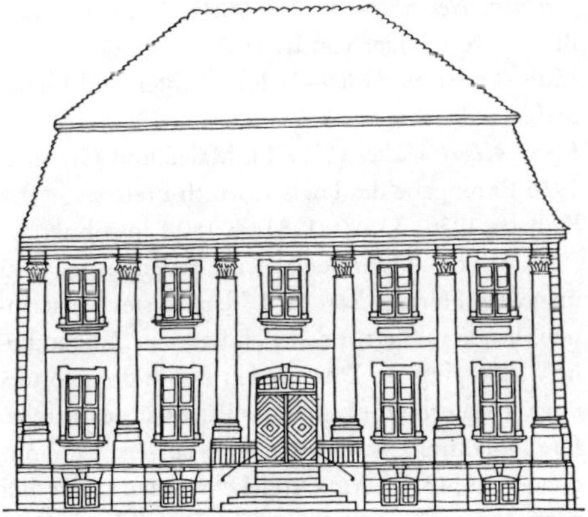

Bürgerhaus in Kolberg, Markt 2

Merkurhaus zu Kolberg, Baustraße 33

K. im Amtsgericht, in der Lotsenstation, dem Seemannsamt und dem Sommertheater, in dem Heinrich George seine ersten Rollen spielte. Seit 1972 ist K. zusammen mit Köslin katholischer Bischofssitz.
Die Hinterpommersche Eisenbahn erreichte 1859 K. von Belgard her. 1882 Eröffnung der Strecke Altdamm—Gollnow—K. Von 1895 bis 1915 Ausbau des Netzes der Kolberger Bahnen als Schmalspurbahn; nach 1945 demontiert.
Fischfang und Seehandel spielten seit jeher eine Rolle. In wendischer Zeit ging von K. der Handel in die Ostseeländer. Der Hafen neigte schon immer zu Versandung; so mußten 1839—1885 die Molen verlängert werden, die Ostmole auf 346 m. 26 Küstenfahrzeuge und 22 Fischer, dazu noch 16 Fahrzeuge mit 20 Fischern von Kolberg am Strand waren 1938 im Fischereihafen K. beheimatet. 1938 erreichte der Hafen einen Warenumschlag von etwa 230000 t. Exportgüter waren Getreide und Grubenholz, als Importgüter kamen Steinkohle, Düngemittel und Steine ins Land. Hafen 1945 nur wenig beschädigt; deshalb konnte der Betrieb rasch wieder aufgenommen werden. 1965 war der Umschlag auf 156000 t, vorwiegend Steinkohle, angewachsen; in den letzten Jahren verlor der Hafen an Bedeutung.

Schon in frühester Zeit war Kolberger Salz eine Quelle des Reichtums, und das bei einem Salzgehalt der Sole zwischen 2,3 und 5,1 v. H. Auf der Salzstraße wurde das Salz über Bromberg, Posen nach Ungarn und ans Schwarze Meer geschafft. Um 1300 Gründung der Gilde der Salzsieder; Blütezeit im 16. Jh. Im 12.—13. Jh. verliehen die pommerschen Herzöge Kotten und Pfannen an kirchliche Institutionen, so an die Klöster Dargun, Oliva und Trebnitz in Schlesien. Allmählich stießen diese ihre Gerechtsame wieder ab, und Mitte 13. Jh. waren sie fast alle in bürgerlichen Händen. 1450 arbeiteten 36 Siedehütten. Der Dreißigjährige Krieg störte die Entwicklung sehr. König Friedrich Wilhelm I. befahl 1701, ein Gradierwerk zu errichten, das 1734 am linken Persanteufer entstand. Im Siebenjährigen Krieg wurde es mehrfach zerstört und wieder aufgebaut. 1801 kaufte der Preußische Staat Saline und Gerechtsame auf. K. hatte 1807—1813 die einzige Saline in Preußen.

1860 stellte sie den Betrieb ein, das Salzwasser wurde freigegeben: die medizinische Nutzung der Sole mit hohem Eisengehalt war entdeckt. Seit 1830 ist K. Solbad, dazu Moor- und Seebad. Mit 44508 Urlaubern 1938 erfreute es sich der höchsten Besucherzahl aller deutschen Seebäder. Nach 1945 sind von den Kuranlagen nur der Kurpark und die verschütteten Solequellen übriggeblieben. Erst 1956 wird von einem ersten Sanatorium berichtet, das vier Quellen nutzte. Seither weiterer Ausbau des Seebades.

Kolow, Grabstein des Abtes Johannes Jordanus

Die K.er Industrie stand in Verbindung mit dem Hafen. Fischräuchereien und eine Fischkonservenfabrik verarbeiteten die Fänge. Für den Hafen gab es noch Maschinen- und Bootsbau. Vor 1945 wurde außerhalb der Stadt „Anhalts kosmetische Fabrik" gegründet. Nach 1945 kamen Textil- und ein Betrieb der elektronischen Industrie hinzu.

Ahnherr des Geschlechts der Schlieffen war *Henning Sleif* aus niedersächsischem Adel († 1378 in K.). *Hans II. Schlief* († 1466), Bürgermeister, Gründer des Schlieffenstifts (1407 und 1456) und Stifter der Schlieffenkrone im Dom. 26 Schlieffen waren Mitglieder im Rat bis 1751.

Ahnherr des Geschlechts der Braunschweig war *Johannes von Braunschweig*, 1292. Von 1292 bis 1710 gab es 15 Ratsherren aus der Familie.

Karl Wilhelm Ramler (1725—1798), Dichter und Theaterkritiker, Meister des deutschen Stils, Direktor des Nationaltheaters in Berlin 1790—1796.

Joachim Nettelbeck (1738—1824), Seemann und Brauer, Verteidiger von K. 1807.

Hans Benzmann (1869—1926), Dichter und Literaturhistoriker.

Hans Albert Walter (* 1928), Maler und Grafiker, 1976 Ehrengabe des Lovis-Corinth-Preises.

K. hatte 1939: 33580; 1983: 40180 Einwohner.

Kolbitzow *(Kołbaskowo)*, Kr. Greifenhagen. 1243 überwies Herzog Barnim I. dem Zisterzienserinnenkloster in Stettin den Zehnten aus „Cobatzkoho". 1286 ging das Dorf in den Besitz des Klosters über, 1304 erhielt es auch das Patronat der Kirche. Die Dorfkirche ist ein später verlängerter Granitquaderbau, 13. Jh. Am Ostgiebel wurden später drei nach Norden verschobene Spitzbogenblenden angebracht. An der Westseite kam Mitte 18. Jh. der

Fachwerkturm mit seiner achteckigen Laterne und überschlanken Barockspitze hinzu. Der im 18. Jh. gefertigte Altar hat als Mitte ein Tafelbild der Kreuzabnahme.
In K. lebten 1939: 642 Einwohner. 1983 Großgemeinde *(Gmina)* von 105,4 qkm mit 5179 Einwohnern.

Kolow *(Kołowo)*, Kr. Greifenhagen, erstreckt sich um zwei kleine ovale Teiche, am Südrand der → Buchheide in 130 m über NN; gehörte 1255 zum Besitz des Johanniterordens. 1282 war es bereits in Kolbatzer Händen. Seitdem lag hier einer der größten Klosterhöfe. Die Äbte residierten in K. recht häufig. Der letzte Abt, Bartholomäus Schobbe, trat 1535 von seinem Amt zurück, erhielt den Klosterhof auf Lebenszeit zugewiesen und starb als Pfarrer von K.
Die heutige Kirche ist ein Backsteinbau des 19. Jh. Aus dem Vorgängerbau stammt der Flügelaltar von 1585, in dem gotische und Renaissanceformen vermischt sind. Das Mittelbild bilden Schnitzfiguren des Abendmahls. In den Flügeln stehen Apostel- und Heiligenfiguren.
Bedeutsamer ist die Kalksteingrabplatte (1,69 mal 1,00 m) des Kolbatzer Abtes Johannes Jordani († 1395). In einer Ritzzeichnung steht die Figur des Verstorbenen in seiner Kutte, in der Rechten hält er ein Buch, in der Linken den Abtsstab — einziges Grabmal eines der 39 Äbte des Zisterzienserklosters.
1939 hatte K. 226 Bewohner.

Kölpin *(Kiełpino)*, Kr. Kolberg-Körlin. Schon in frühgeschichtlicher Zeit scheint K. von größerer Bedeutung gewesen zu sein. In einem Torfbruch wurde ein sehr reichhaltiger Bronzefund der Periode VI (vor 500 v. Chr.) gemacht. Eine bronzene Hakenkreuzfibel ragt daraus hervor: Nachahmung eines südlichen Vorbildes. Zwei Gußformen für Tüllenbeile waren dabei, ein Bruchstück eines eisernen Messers und ein Stück Roheisen. 1328 wird ein Pfarrer in K. erwähnt. 1432 wurde die Burg der Manteuffel in K. vom Kloster Belbuck erobert, Heinrich

Kanzelaltar aus Kölpin

Manteuffel erschlagen, mehrere Edelleute gefangen gesetzt und die Raubburg dem Erdboden gleichgemacht.
Die gotische Backsteinkirche mit eingebautem Fachwerkturm wird 1594 als St. Katharinenkirche bezeichnet. Zwischen Chor und Schiff spannt sich ein 8 m weiter spitzbogiger Triumphbogen.
Altar und Kanzel sind mit qualitätvollen Schnitzereien aus dem 17. Jh. versehen. Das Mittelbild des Altars — Christus am Kreuz — flankieren Figuren des Moses und Johannes des Täufers.
In K. lebten 1939: 696 Bewohner.

Kölpin *(Kiełpino)*, Kr. Neustettin, Dorf inmitten einer Endmoräne an dem findlingsreichen (Blockpackung) Küchensee, 1564 von den sogenannten „vier Geschlechtern" (von Zastrow, von Münchow, von Wolde, von Glasenapp) angelegt. Die neun Bauern erhielten nur je eine Hufe. Marten Zastrow richtete eigenmächtig einen Rittersitz ein und beauftragte Simon Kompelleke, das Dorf zu gründen. Claus Zastrow ließ die erste Kirche erbauen; 1581 geweiht. Herzog Johann Friedrich zog 1588 Hof und Dorf ein. Schloß und Kirche sind 1747 errichtet worden.
Die Backsteinkirche ließ der kurpfälzische Generalleutnant Kasimir Wedigo von Zastrow erbauen.

Über ihrer Westseite erhebt sich ein gemauerter, verputzter Turm, getragen von zwei Pfeilern im Schiff und bekrönt mit einer geschweiften Haube. Vor einer niedrigen, durchbrochenen Holzwand im Osten steht der Kanzelaltar. Die Figuren von Glaube und Hoffnung rahmen die Kanzel ein. Das geschnitzte Akanthusblattwerk, Anfang 18. Jh., ist weiß mit Gold gefaßt, die Flächen sind hellblau gehalten.

1939 lebten in K. 553 Einwohner.

Kölpin *(Kiełpin)*, Kr. Flatow, 1491 erstmals als Kielpino genannt. 1578 kam es in den Besitz der Familie Czeszewski.

Im Dorf stand noch ein altes giebelständiges Ecklaubenhaus mit einem älteren Teil aus Schurzbohlenwänden. Das Dach war mit Stroh und Rohr gedeckt. Eine Kalksandsteinfabrik und eine Genossenschaftsbrennerei verschafften den Bewohnern zusätzliche Einkünfte.

1939 hatte K. 558 Bewohner.

Kolzow *(Kołczewo)*, Kr. Usedom-Wollin. Schon 1311 wird ein Pfarrer erwähnt; 1492 war Detlevus Gresz Pfarrer.

Beim Dorf befindet sich die 1594 der hl. Katharina geweihte Kirche als Ruine. Von dem Backsteinbau steht das dreischiffige Langhaus. Chor, Turm und Dach sind verschwunden. Am westlichen Giebel war eine Galerie kleiner Spitzbogenblenden angeordnet. Auf dem Putz des Triumphbogens waren Reste einer spätgotischen Malerei in Rot, Schwarz und Grün zu finden.

Kirchenruine Kolzow auf Wollin

Das um 1500 hergestellte 4,20 m hohe Sakramentshäuschen stand im Stettiner Altertumsmuseum.

In K. gab es 1939: 749 Einwohner.

Königsdorf *(Czernice)*, Kr. Flatow. Der Ortsname stammt von König Friedrich Wilhelm III., zu dessen Regierungszeit 1823 das Dorf gegründet wurde. Mit seiner 3,5 km langen, geraden Dorfstraße scheint es das ausgedehnteste Dorf zu sein.

An der Westseite der 1859 errichteten evangelischen Kirche ragt ein hoher spitzer Turm auf. Der Bauer Kurt von Glunnen stiftete die beiden Glasfenster im Altarraum, in denen Geburt, Kreuzigung und Grablegung Christi dargestellt sind.

1939 wohnten in K. 490 Menschen.

Königsholland, Amt, Kr. Ueckermünde. Schon in der Regierungszeit König Friedrich Wilhelms I. wurden die ersten Siedler im Ückertal angesetzt, zunächst Holländer; daher auch der Name Holländerei für die einzelnen Gehöfte. Seit 1730 wurden auch an der versumpften Zarow zahlreiche Dörfer angelegt, so → Ferdinandshof, Wilhelmsberg, Heinrichswalde, Eichhof, Meiersberg-Schlabrendorf, Blumenthal. 1737 erschien der Name „Amt Königsholland". Zur Zeit Friedrichs des Großen warb der Generalpächter Christoph Ludwig Henrici (1699—1758) die Siedler vorwiegend aus der Kurpfalz und dem Herzogtum Pfalz-Zweibrücken an. Sie mußten allerdings oft jahrelang auf ihre Höfe warten. 1740 verlegte Henrici den Amtssitz nach Ferdinandshof.

In Hoppenwalde, Viereck und Uhlenkrug wurden katholische Siedler angesetzt, es entstanden die ersten nachreformatorischen katholischen Dörfer in Pommern.

In der zweiten Hälfte 18. Jh. begann mit Einführung der Kartoffel ein allmählicher Aufschwung. Mittelpunkt der protestantischen Dörfer wurde die Dreifaltigkeitskirche auf dem Scharmützel bei Ferdinandshof.

Mit der Stein-Hardenbergschen Reform nahm man

Abschied von den Ämtern und schuf topographische Kreise mit einem Landrat an der Spitze. Mit dem 31. 12. 1817 wurde das Amt K. aufgelöst und vom 1. 1. 1818 an dem Kreis Ueckermünde zugeordnet.

Konstantinopel *(Dolice Stargardzkie),* Kr. Saatzig, 1753 als Kolonistendorf gegründet, benannt nach der Staatsrätin Constantia von Blumental. Aus der Gründungszeit stammten einige Siedlungshäuser, die meisten waren 1920 einem Brand zum Opfer gefallen. In der Umgebung hieß man die Einwohner scherzhaft „Türken". Gemeindevorsteher oder Lehrer, oft in Personalunion, erhielten den Ehrennamen „Sultan". Auf einer Durchreise König Friedrich Wilhelms IV. fragte dieser nach dem Sultan. Ein Bauer, der einen Hund „Sultan" hatte, antwortete: „De Sultoan liggt uppm Meß un schlöppt."
K. hatte 1939: 129 Bewohner.

Koos, 1,5 qkm große Insel im Bodden vor der Küste des Kreises Grimmen. Sie besteht aus Geschiebemergel und erhebt sich bis 3,30 m über NN. Nach Norden und Süden erstrecken sich mehrere hundert Meter lange Sandhaken, die den Zugang zum Kooser See einengen und ihn vom Bodden fast ganz abschnüren.
1184 taucht die Insel erstmals in Urkunden als Waldinsel auf. Barnuta, Sohn Fürst Jaromars I. von Rügen, vermachte 1241 letztwillig die Insel „Chosten" dem Zisterzienserkloster Eldena; später gerodet und als Weideland genutzt. Im 17. Jh. kamen holländische Siedler, doch etwa 100 Jahre später gab es hier keine Bauern mehr. Seit 1950 nutzt das Tierseucheninstitut auf → Riems die Insel.

Köpitz *(Kopice),* Kr. Cammin, liegt südlich der Brandheide mit ihren Dünen am Haff; 1291 erstmals urkundlich erwähnt. Vor 1309 hatten Ulrich von der Osten und Konrad von Vemeren das Dorf verliehen bekommen. 1318 verkaufte Herzog Wartislaw IV. K. mit Krug, Kirchenpatronat, Gerichtsbarkeit und Fischereigerechtigkeit an das Zisterzienserinnenkloster in Wollin.
Auf einem sanft ansteigenden Hügel nahe am Kleinen Hafen steht die 1594 erwähnte Fachwerkkirche St. Martin. Ihre heutige Gestalt erhielt sie 1753. 1928 wurde die Kirche einheitlich ausgemalt. Die prächtige Innenausstattung stammt teilweise aus der Barockzeit. Der Kanzelaltar hatte geschnitzte Wangen. Die 2 m hohe sechseckige Taufe war in der zweiten Hälfte 17. Jh. geschnitzt worden. Im Schiff hingen Votivschiffe.
K. hatte 1939: 732 Einwohner.

Konstantinopel, Dorfansicht mit Kirche

Koppenow *(Kopaniewo),* Kr. Lauenburg, bekannt durch den bronzezeitlichen „Musterkoffer": Ein runder Baumstamm, innen ausgehöhlt, enthielt ein längeres Schwert, eine Fibel vom „Spindlersfelder" Typ, einen „sanduhrförmigen Anhänger" aus Bronze. Daneben befand sich darin noch Bronzebruch. Seit 1945 ist er in Stettin verschollen. Es gibt eine Nachschnitzung in Danzig.
In K. liegt einer der größten Brandgruben- und Brandschüttungsgräberfriedhöfe der Eisenzeit. Ein verbogenes Schwert der Spätlatènezeit wurde geborgen.
Das Gutsdorf war seit dem 15. Jh. im Besitz der Familie von Goddentow, danach folgte vom 18. Jh. bis 1800 die Familie von Rexin.
In K. lebten 1939: 579 Einwohner.

Körlin *(Karlino),* Kr. Kolberg-Körlin, Kleinstadt auf einer Anhöhe am Zusammenfluß von → Persante und → Radüe als Brückenort. „Krummenwasser" und Mühlgraben umgaben K. an drei Seiten mit

Wasser. Hier kreuzte sich die alte Heerstraße Stettin—Danzig mit der Salzstraße Kolberg—Neustettin. Wie alt diese Überlandstraßen waren, zeigt der eisenzeitliche Goldfund: neben einem Halsring, zwei Fingerringen und einer Goldperle sechs nordische Goldbrakteate (6. Jh.) und zwei oströmische Goldmünzen (Kaiser Theodosius II. 408—450 n. Chr.; Kaiser Leo I. 457—474 n. Chr.). „Civis in Cornlin" wird 1299 erstmals genannt. 1308 wird der Ort noch als „oppidum Corlin" bezeichnet; er war Zollstätte und fürstliche Burg. 1313 nach lübischem Recht zur Stadt erhoben. In der zweiten Hälfte 14. Jh. wechselte K. aus dem herzoglichen Besitz in den des Bistums Cammin; zur Residenz erhoben. In einem Streit mit den Bischöfen Nikolaus und Magnus von Cammin überfiel 1409 Herzog Bogislaw VIII. die Stadt und zerstörte sie gänzlich. Das bischöfliche Schloß konnte er nicht erobern. 1761 beschossen Russen die Stadt; dabei wurde das Schloß bis auf die Keller eines Speichers vernichtet.
Von der mittelalterlichen Stadtbefestigung blieb nur das Mühlentor stehen.
Die St. Michaelskirche wurde als Nachfolgerin der 1409 abgebrannten Pfarrkirche 1510 als spätgotische Hallenkirche erbaut. Die Schiffe überspannen sehr schöne Sterngewölbe, die unmittelbar aus der Wand herauskommen. Blenden und hohe Bogenfenster, die in rundbogigen Nischen liegen, gliedern den Turm. 1866 erfolgte der Innenausbau.

Dreischiffige Hallenkirche in Körlin

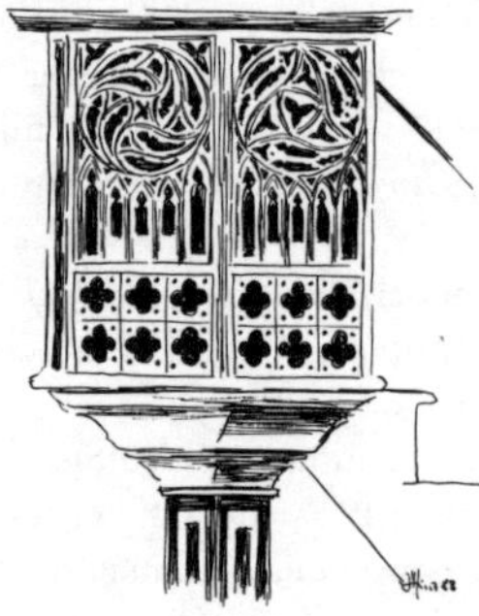

Köselitz, gotische Kirchenkanzel

1859 eröffnete die Hinterpommersche Eisenbahn die Strecke Belgard—Kolberg; K. erhielt einen Eisenbahnanschluß.
Auf der Persante und Radüe wurde schon frühzeitig Getreide- und Holzhandel betrieben. Im 18. Jh. entwickelte sich das Textilgewerbe stark. Vor 1945 gab es Ziegeleien, Sägewerke und Maschinenfabriken.
Johann Benno (Benike, 1777—1848) Dichter und Heimatforscher.
1939 hatte K. 3421; 1983: 5350 Bewohner.

Koschütz *(Koszyce)*, Kr. Deutsch Krone, neue aufstrebende Gemeinde unmittelbar an der nördlichen Stadtgrenze von Schneidemühl; ging aus zwei Wohnplätzen hervor:
a) Gut Hammer, auf einer Anhöhe, wo die Lachotke den Hammersee verläßt,
b) K., ein geschlossenes Dorf an der Mündung der Lachotke in die → Küddow.
1789 war Gut Hammer geteilt und gehörte Peter und Franz Nehring. Gleichzeitig war K. ein selbständiges Mühlengut. Erst 1886 wurden beide Orte zu einer Gemeinde vereinigt. Der Koschützer Besitzer begann 1892 sein Gut in Rentengüter aufzuteilen. Arbeiter der Schneidemühler Eisenbahnwerkstätten wurden angesiedelt. Es entstanden so 73 Gehöfte in geschlossener Ortslage. Der Staat kaufte

Giebel der Kirche in Köselitz

Gut Hammer auf, um weitere Ansiedlungsstellen zu schaffen.
Ein Wiesenkalklager wurde seit den 20er Jahren ausgebeutet. Zwei Kalkbrennöfen, eine Kalksandstein- und eine Kalkdüngerfabrik entstanden. Gute Tonlager sind gefunden worden.
Das rasch wachsende Industriedorf hatte 1939: 1260 Einwohner.

Köselitz *(Kozielice)*, Kr. Cammin, schenkte 1281 Herzog Bogislaw IV. je zur Hälfte dem Bischof Hermann und der Camminer Kirche. 1369 war Johann Ponate Schultheiß in K. Der Freischulzenhof blieb bis 1428 in der Familie, danach überließ ihn Dubislaw Ponat dem Domkapitel.
Der zweigeschossige Fachwerkbau des Gutshauses stammte von Anfang 19. Jh.
Die Feldsteinkirche hat einen Turmunterbau und Langhauswände aus dem 14. Jh., ihr mit sechs Blenden reich gegliederter Ostgiebel stammt aus dem 15. Jh. Den Turmoberbau aus Fachwerk mit verbretterten, geböschten Wänden bekrönt eine schlanke welsche Haube.
Eine Kostbarkeit war die Kanzel. 1694 kam sie aus dem Camminer Dom, der Korb wurde mit neuen Tafeln verschalt. Als man diese 1878 entfernte, kamen darunter die spätgotischen, 1913 neu gefaßten Füllungen zum Vorschein. Diese Füllungen der vier Korbwände waren mit reichem Maßwerk aus Vierpässen, gestaffelten Spitzbogenblenden und darüber je einer großen Rosette mit verschiedenen Mustern versehen; darunter auch die spätgotische Fischblase. Es war die einzige gotische Kanzel in Pommern. K. hatte 1939: 231 Bewohner.

Köselitz *(Kozielice)*, Kr. Pyritz. 1229 bestätigte Herzog Barnim I. dem Johanniterorden den Besitz von K. 1262 schenkte er zwei Hufen dem Augustinerinnenkloster in Pyritz als Baugrundstück für ihr Kloster. Die Dorfkirche, ein spätmittelalterlicher Findlingsbau, fällt durch die eigentümliche Maßwerksgliederung der Blenden am Ostgiebel auf. Teile davon verdeckte ein Apsisanbau. Der Fachwerkturm trägt eine Barockhaube. Die Inneneinrichtung ist wohl weitgehend ein Werk des 19. Jh.
1939 hatte K. 755 Einwohner. 1983 Großgemeinde *(Gmina)* von 94,5 qkm Fläche mit 2842 Einwohnern.

Koserow, Kr. Usedom-Wollin, Seebad auf der Insel → Usedom an der meistgefährdeten Stelle der Insel, auf einem bis minimal 300 m breiten Strandstreifen zwischen Ostsee und → Achterwasser. Unmittelbar im Osten erhebt sich der 60 m hohe Streckelberg, Ruine einer eiszeitlichen Endmoräne, die das Meer allmählich zerstört. Vor der Küste dehnte sich das Vineta-Riff aus, das aus Gesteins-

Koserow, Leuchter und Taufschüssel

Ältestes Kösliner Stadtsiegel

brocken bestand, die aus der Endmoräne freigewaschen worden waren. 1818—1823 verschwand dieses Riff, die Steine wurden gehoben und in die Swinemünder Mole verbaut.

Der Chor der Dorfkirche wurde nach 1250 als Granitquaderbau errichtet, Langhaus und Turm aus Feld- und Backstein kamen im 15. Jh. hinzu.

Der Altar ist ein mittelalterlicher Flügelaltar von etwa 1500. Sein Mittelbild umfaßt eine figurenreiche Schnitzgruppe der Kreuzigung mit Maria und Johannes. In den Flügeln sind Heiligenfiguren aufgestellt; auf die Flügelrückseiten wurden vier Heilige gemalt. Wegen seiner guten Qualität schließt man auf seine Herkunft aus einer Lübecker Werkstatt.

Ein großes Kreuz aus etwa gleicher Zeit stammt vermutlich von einem vor der Küste gestrandeten schwedischen Schiff. 1828 stiftete ein geretteter Schiffbrüchiger ein Votivschiff in der Eingangshalle.

An dieser Kirche war Wilhelm Meinhold (1797—1851) tätig, als ihm die Idee für seinen 1841 erschienenen historischen Roman in Tagebuchform kam, die „Bernsteinhexe".

Der Kurort hat sich heute auf Nierenerkrankungen spezialisiert.

1939 lebten in K. 1072; 1980: 1800 Einwohner.

Köslin *(Koszalin)*. Hauptstadt des Regierungsbezirks. Der selbständige Stadtkreis liegt 45 m über NN am nordwestlichen Fuß des → Gollen. Von der Ostsee ist die Stadt durch den etwa 11 km breiten Niederungsstreifen getrennt, in dem der → Jamunder See liegt. Am linken Ufer des Mühlenbachs wurde K. angelegt.

1214 schenkte Herzog Bogislaw II. dem Kloster → Belbuck das Dorf Cossalitz. Seit 1248 gehörte es dem Camminer Domstift und verblieb in dessen Besitz bis 1650. Hermann von Gleichen, Bischof von Cammin übertrug 1266 den Rittern Marquard und Hartmann 100 Hufen zur Anlage der Stadt nach lübischem Recht. 1278 Gründung des Zisterzienserinnenklosters, ausgestattet mit vier Dörfern und zwei Kirchenpatronaten. Die ersten Nonnen kamen aus Itzehoe. 1274 wird von Rat und Bürgern berichtet. Das „castrum cussalin" wird 1281 genannt, 1292–1308 wurde eine 3000 Schritte lange Ringmauer mit drei Toren und 45 Wachttürmen errichtet. Mitten auf dem Marktplatz steht das 1308 erbaute Rathaus. 1313 kam der Gollen in den Besitz der Stadt. Die neue Stadtkirche St. Marien wird 1333 zuerst genannt. K. trat im 14. und 15. Jh. in Konkurrenz zu Kolberg. Der Seehandel blühte, und der Jamunder See, von 1333 bis 1446 in Stadtbesitz, hatte sich zum natürlichen Hafen der Stadt entwickelt. Das Tief versandete jedoch, der See verschlammte und der Seehandel kam zum Erliegen.

Marienkirche in Köslin

Nach der Reformation wurde K. 1544 evangelisches Bistum und von 1556 an fürstbischöfliche Residenz. Auf den Ruinen des 1560 abgerissenen Zisterzienserinnenklosters begann 1568 Herzog Johann Friedrich mit dem Bau eines fürstbischöflichen Schlosses, das erst Herzog Kasimir 1582 fertigstellte. Die Schloßkirche entstand 1602—1609. Von 1574 bis 1622 war K. Residenz der pommerschen Herzöge, die zugleich Titularbischöfe von Cammin waren. Der Dreißigjährige Krieg wirkte sich verheerend aus; noch 1671 hatte K. nur 80 Bürger. Der Stadtbrand am 11. 10. 1718 vernichtete 317 Häuser, Rathaus, Schloß und Schloßkirche. St. Marien und einzelne Häuser blieben verschont. Nach Plänen König Friedrich Wilhelms I. wurden die Häuser am Markt und in den Hauptstraßen einheitlich zweistöckig mit holländischem Mansardendach wieder aufgebaut. 1720 wurde die Höhe der Stadtmauer reduziert, das Rathaus neu erbaut und im nordwestlichen Teil des Schlosses das königliche Hofgericht eingerichtet. Aufbau der Schloßkirche ohne Turm. Zwischen Hohem und Neuem Tor trug man Wall und Mauer ab, um einen Paradeplatz für die Garnison zu schaffen. Die Gertraudenkapelle diente 1735 als Pulvermagazin. Durch das Militär und die wachsende Stadtbevölkerung war der Rat genötigt, 1737 die erste Wasserleitung zu bauen.

Die Bedeutung der Stadt als zentraler Verwaltungsort wuchs, als 1764 das Kriegs- und Kammerdeputationskollegium nach K. kam; 1787 mit der Kriegs-

Köslin, Denkmal Friedrich Wilhelms I.

Bahnhof in Köslin

und Domänenkammer Stettin vereinigt. 1816 war K. Sitz des Regierungspräsidiums für ganz Hinterpommern; seitdem Beamtenstadt. 1820 begann die Stadterweiterung um die Friedrich-Wilhelm-Vorstadt am Friedrich-Wilhelm-Platz. 1825 Gründung der zweitältesten öffentlichen Stadtsparkasse Pommerns. Seit 1850 beherbergt K. eine Oberpostdirektion.

Die Stadt wuchs und dehnte sich in die Neutorvorstadt zum Bahnhof, die Steintor-, Mühlentor- und Hohetorvorstadt aus. Bis etwa 1870 waren sämtliche mittelalterlichen Stadttore abgerissen. Noch vor dem Ersten Weltkrieg 1913/14 Gründung der Diakonissenanstalt Salem und des Kaiser-Wilhelm-Krankenhauses. 1914 erhielt K. einen Flugplatz. Nach dem Ersten Weltkrieg begann ein lebhafter Siedlungsbau nach allen Seiten der Stadt. 1923 kreisfreie Stadt. Zu den genannten Verwaltungsfunktionen traten Land-, Amts-, Arbeits- und Versorgungsgericht, Schulen und Banken. Während des Zweiten Weltkrieges wurde K. zu 40 v. H. zerstört, vor allem im Stadtzentrum. Seit 1953 wurden der Wiederaufbau forciert und die historischen Bürgerhäuser rekonstruiert. Als Mittelpunkt des polnischen Westprogramms wird K. großstädtisch aufgebaut. Neue Siedlungen wachsen in den Außenbezirken.

Seit 1972 wurde in Anknüpfung an den ersten Christianisierungsversuch um 1000 in Kolberg die Marienkirche zur Kathedrale des polnischen Bistums Kolberg-Köslin erhoben.

St. Marien ist eine dreischiffige gotische Backsteinbasilika mit im 16. und 17. Jh. angebauten Kapellen. Schöne Sterngewölbe überspannen Chor und Mittelschiff. 1986 erhielt das Dach eine Kupfereindeckung. Eine Kalksteintaufe aus der Entstehungszeit ist noch erhalten; ein Holzkruzifix von Ende 14. Jh. und Figuren vom Hochaltar (1512) überstanden das Jahr 1945.

Die *Gertraudenkapelle*, ein spätgotischer achteckiger Backsteinbau mit zierlichem Sterngewölbe, stand seit 1489 auf einem Kirchhof. Vor dem Zweiten Weltkrieg gehörte sie der altlutherischen Gemeinde.

Am Marktplatz entstand 1960—1962 ein neues Rathaus.

1358 wird eine erste Schule erwähnt; eine öffentliche Stadtschule, eine Lateinschule, ist für 1555 bezeugt — Vorläufer des königlichen und Stadtgymnasiums. Mit der Garnison wurde eine Kadettenanstalt gegründet; 1933 in eine Nationalpolitische Erziehungsanstalt umgewandelt. 1968 öffnete eine Höhere Ingenieurschule ihre Tore. Vom Museum blieb 1945 das Gebäude erhalten; der größte Teil der Sammlung wird noch außerhalb aufbewahrt. Im Museum gibt es etwa ein Dutzend Utech-Skulpturen; der „friderizianische Grenadier", vor 1945 im Besitz des Museums, wurde 1980 gestohlen.

1859 erreichte die Hinterpommersche Eisenbahn K.; danach 1869 nach Stolp weitergeführt. Die

Kirche in Kramsk

Windmühle bei Krangen

Kleinbahn von K. nach Natzlaff und Pollnow von 1898 wurde nach 1945 abgebaut. Heute noch in Betrieb befindet sich die Kösliner Strand- und Kleinbahn von 1905—1913, die als elektrische Strandbahn bzw. in der Stadt als Straßenbahn gebaut wurde.

Nach anfänglicher Verarbeitung der landwirtschaftlichen Produkte entwickelte sich K. im Mittelalter zu einer florierenden Handelsstadt. Im 19. Jh. Fabrikgründungen: Papierfabrik Schlutius (1833), Fischkonservenfabrik Waldemann (1878), Eisen- und Maschinenfabriken folgten. Nach 1945 kamen Werke für Bauausrüstung, Autoersatzteile, Elektronik und KAZEL, eine Fabrik für Christbaumschmuck, hinzu.

Johann Micraelius (1597—1658), Geschichtsschreiber: „Sechs Bücher vom alten Pommerland".

Jacob Schweder (1618—1686), Kurfürstlicher Rat, Gründer des Schwederstifts, eines Krankenhauses.

Rudolf Clausius (1822—1888), Physiker, Begründer der mechanischen Wärmetheorie der Elektrodynamik.

Hermann Haken (1828—1916), Oberbaumeister in Stettin: „Hakenterrasse".

Carl Adolf Lorenz (1837—1923), Komponist.

Bruno Bucher (1826—1899), Kunstschriftsteller, Di-

Schloß Krangen

rektor des Österreichischen Museums für Kunst in Wien.

Hans Grade (1879—1946), erster deutscher Motorflieger—er flog 1908 in 8 m Höhe eine Strecke von 60 m; er eröffnete 1912 eine private Flugpost. Konstrukteur des ersten deutschen Kleinwagens, dessen Produktion 1919 begann.

K. hatte 1939: 31937; 1983: 97849 Einwohner.

Krampe *(Krępa Kaszubska),* Kr. Lauenburg. Zwischen → Leba und Simmelbach liegt in der Nähe des Dorfes ein mit Buchen bewachsener Burgberg mit Wallanlage und zwei flankierenden Ringwällen. Diese starke Anlage gehörte Herzog Ratibor von Pomerellen (um 1250). Der Sage nach soll es das Jagdschloß seiner Nichte gewesen sein, der „schwarzen Margaret".

1382 stellte der Danziger Komtur Walpod von Bassenheim die Handfeste für K. aus und bestellte Hintze Voltzen als Schulzen. Im 17. Jh. wurde das Land zu einem fiskalischen Gut zusammengelegt; es kam um 1800 in Privatbesitz. Reinhold Bergell trat es an die Landbank in Berlin ab, die es 1905 in 69 Siedlerstellen aufteilte.

In K. wohnten 1939: 612 Menschen.

Kramsk *(Krępsk),* Kr. Schlochau. In der Nähe befindet sich ein alter slawischer Burgwall. 1351 verlieh der Schlochauer Komtur Ludolf Hake dem Müller Bernhard die Mühle in „Krampczk". Der Komtur Konrad von Wallenrod verlieh 1382 Claus Vyrchow und seinen Nachkommen das Schulzenamt.

Die Dorfkirche St. Jakob wurde 1741 als Fachwerkbau mit Turm errichtet; später mit Brettern verschalt. Ihre reichgeschnitzte Kanzel stammt aus der Schlochauer Schloßkirche.

K. hatte 1939: 537 Einwohner.

Krangen *(Krąg),* Kr. Schlawe, Dorf auf einem Seepaß; mit dem Schloß 1482 dem Adam von Podewils verliehen. 1880 kaufte es Baron Riepenhausen.

Bedeutsam war das Schloß aus der späten Renaissancezeit (1414). Zwei viergeschossige Häuser sind längsseitig aneinandergebaut. An den Schmalseiten schließen prächtige Renaissancegiebel die Dächer ab. An den Ecken stehen mit barocken Hauben bedeckte Rundtürme. Als eines der wenigen Schlösser Pommerns hat es den Dreißigjährigen Krieg unbeschadet überdauert. In dieser Gegend staunte man es als Wunder an. Die Sage fügte zu den vier Türmen noch zwölf Portale und 365 Fenster hinzu. Das Schloß hat sogar den Zweiten Weltkrieg überstanden, verkam jedoch danach. Eine Zeitlang war es Sitz der polnischen Forstverwaltung. Erst 1986 begann man es zu restaurieren.

Die Kirche ist ein Renaissancebau, an dessen Ostseite sich an Stelle eines Chors die Gruftkapelle der von Podewils befindet — einmalig in Pommern. Vorbilder dieses um 1700 errichteten Sandsteinanbaus sind in Schweden zu finden. Zur Kirche hin steht dieser Grabchor mit zwei Bogenöffnungen in Verbindung. In ihm ruhten in zwei Sarkophagen Adam († 1597) und Heinrich († 1696) von Podewils. Eine weibliche Gestalt trägt die Kanzel. Korb und

Schloß Kremzow

Kremzow, Epitaph von Wedel (1615)

Aufgang sind in einzelne Felder aufgeteilt, die Füllungen mit Muscheln und anderen Ornamenten verziert. Das Patronatsgestühl konnte man nur von außen betreten.
Nach 1945 wurde die Zugbrücke aus Rügenwaldermünde hier wieder aufgestellt.
In K. lebten 1939: 374 Bewohner.

Kratzig *(Kraśnik Koszaliński),* Kr. Köslin. 1278 übertrug der Camminer Bischof Hermann von Gleichen das Patronat der Kirche in ''Crasnich'' dem Zisterzienserinnenkloster in Köslin. 1505 war Baltes Darges Pfarrer.
Die mehrfach veränderte Kirche war aus Feldstein mit einem runden Chorschluß gebaut worden; später große Strebepfeiler angefügt. Am Westgiebel liegt die Eingangstür in einer hohen Spitzbogenblende. Der Holzturm besitzt einen eingezogenen Helm mit schlanker Spitze. Der Altar von 1590 mit seinen Renaissancesäulen und Figuren reicht bis an die Flachdecke. 1945 von Russen zerstört.
K. hatte 1939: 416 Einwohner.

Kremzow *(Krępcewo),* Kr. Pyritz. An der Übergangsstelle an der → Ihna liegt das Gutsdorf K., 1248 erstmals urkundlich erwähnt, als Herzog Barnim I. und Bischof Wilhelm von Cammin einen Besitztausch vornahmen. Danach hatten die von Wedell hier ihren Stammsitz bis 1945. In dem Überschwemmungsgebiet erbauten sie im 13. Jh. ihre Burg aus Findlingen, die sie 1500 aufgaben. Die Ruine besteht aus bis zu 3 m hohen Mauerresten.
Das spätere Gutshaus ließen sie im 18. und 19. Jh. errichten; 1945 zum größeren Teil zerstört.
Die Dorfkirche ist ein Findlingsbau aus dem 13.—14. Jh. Nach einem Brand 1607 beschafften Joachim von Wedell und seine Frau Cordula die Einrichtung neu. Den Innenraum überspannt eine elliptisch gewölbte, bemalte Holzdecke. Der klassizistische Altar von 1797 zeigte im Mittelfeld auf einem Tafelbild die Auferstehung.
Einen Flügelaltar bemalte 1607 Mart. Redtell. Der Mittelschrein enthält die Schnitzfiguren der Geburt Christi und die Hl. Drei Könige. Im linken Flügel waren die Auferstehung, im rechten die Himmelfahrt Christi dargestellt, die Rückseiten mit Bildern von Christus und Moses bemalt.

Dorfkirche in Kreutzmannshagen

Das Epitaph der Stifter Joachim und Cordula von Wedell, 1615 aufgestellt, ist erhalten geblieben. Die beiden Verstorbenen sind fast vollrund aus Marmor gehauen und zeigen große Porträtähnlichkeit.
Ein Engel trägt die Kanzel, eine Barockschnitzerei.
Die Renaissancetaufe ist bunt bemalt.
Die Gutsfelder bewirtschaftet das polnische Staatsgut.
1939 hatte K. 419 Einwohner.

Kreutzmannshagen, Kr. Grimmen, war schon 1939 Teil der Gemeinde Griebenow.
Die Dorfkirche ist ein Feld- und Backsteinbau des 15. Jh. Ihren Westgiebel gliedern ansteigende Blenden. Eine Bretterdecke überspannt das Schiff; bemalt im zweiten Viertel 18. Jh. In ihrer Mitte tritt aus einem Wolkenkranz Christus der Erlöser hervor, umgeben von Putten.
Christian Pahlmann, Kunsttischler in Greifswald, schuf Mitte 18. Jh. den architektonisch reich gegliederten Altar, für den Samuel Schönfeldt aus Greifswald die Bilder des Abendmahls und der Kreuzigung gemalt hat. 1756—1760 schuf Pahlmann auch die kleeblattförmig ausgebauchte Kanzel mit dem Schmerzensmann an der Rückwand.

Kreuz *(Krzyż),* Netzekreis. 2 km von der Einmündung der → Drage in die → Netze liegen die 1936 zur Stadt erhobenen Dörfer Kreuz Bahnhof, Drage-Lukatz und Busch-Lukatz. In den 40er Jahren des 19. Jh. war die Gegend des Bahnhofs ein sumpfiges Gelände, das häufig unter Wasser stand. Fürst Sapieha aus Filehne legte 1701 den Ort Sapiehadorf an, aus dem Lukatz bzw. Drage-Lukatz wurde. 1750 Gründung des Ortes Busch-Lukatz. An der Stargard-Posener Eisenbahn wurde 1848 ein Bahnhof in K. als Abzweigstation für die geplante Ostbahn errichtet. Mit dem Bahnbau 1851 nach Bromberg und 1857 nach Frankfurt an der Oder wuchs der Ort vom Bahnhof aus. 1882 wurde die evangelische Kirche errichtet, um 1900 der Marktplatz angelegt. Seit 1913 Ausbau des Netzehafens. 1914 Eingemeindung der beiden Ortsteile Drage- und Busch-Lukatz, am 28.5.1936 Stadterhebung.
Die Verkehrsgunst ermöglichte den Bau einer Stärke- und Sirupfabrik und von Säge- und Holzbearbeitungswerken. Bedeutender Handel mit landwirtschaftlichen Produkten. 1945 wurde die Stadt zu 85 v.H. zerstört.
1939 lebten in K.: 4922; 1983: 5639 Einwohner.

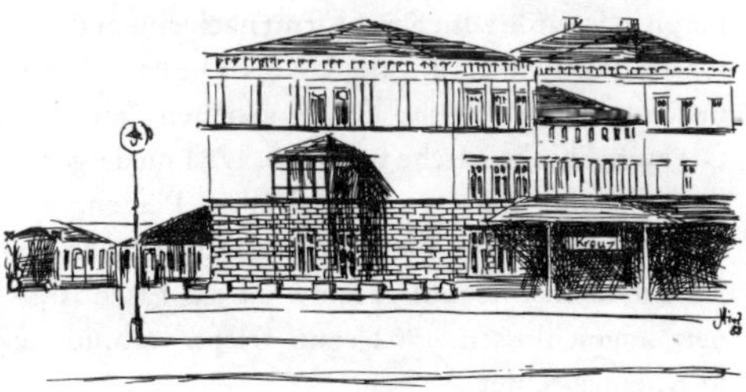

Bahnhof in Kreuz

Taufstein in der Kirche zu Krien

Krien, Kr. Anklam. Schon in wendischer Zeit war die Gegend besiedelt. Feuersteingeräte und Keramik aus der Feldberger Gruppe (600—800 n. Chr.) und Keramik der Teterower Gruppe (950—1200 n. Chr.) fand man in der Nähe, ebenso einen altslawischen Burgwall. 1253 wird der Ort erstmals als Besitz des Benediktinerklosters → Stolpe erwähnt; 1266 stellte Herzog Barnim I. hier eine Urkunde aus.
Der Chor der Kirche mit Kreuzrippengewölbe reicht ins 13. Jh. zurück. In seine Ostwand sind drei

von Blenden gerahmte Fenster eingelassen. Das Schiff aus Backstein mit seiner Flachdecke geht wohl ins 14. Jh. zurück. Der Turm besteht aus einem Findlingsuntergeschoß und einem Fachwerkoberbau mit schlanker Spitze.
Den barocken Altar ziert eine Schnitzgruppe der Kreuzigung mit Maria und Johannes als Mittelfeld vor dem gemalten Jerusalem.
Am Aufgang der Renaissancekanzel von 1602 ist das Gemälde der Taufe Jesu im Jordan angebracht.
Eine thronende Mutter Gottes mit Jesuskind, Anfang 14. Jh., ähnelt einer Stralsunder Schnitzgruppe und kommt wohl aus einer Lübecker Werkstatt.
In den Fenstern findet man Glasmalereien aus dem 17. Jh. Eine Besonderheit ist der 1936 unter dem Chorfundament ausgegrabene Taufstein mit Kreuz, Weinranke, Lilie und einem Hahn. Mit hoher Wahrscheinlichkeit war es ein heidnischer Opferstein aus dem ersten Jahrtausend; um 1200 im Kloster Stolpe durch christliche Symbole in ein Weihwasserbecken umfunktioniert. Wegen seiner lebendig gebliebenen heidnischen Bedeutung ist er vergraben worden. Seit 1966 wird er als Taufstein genutzt.
K. war 1939 eine Großgemeinde mit 3262 Bewohnern.

Katholische Kirche in Krojanke

Ordensburg Krössinsee

Krojanke *(Krajenka)*, Kr. Flatow, Stadt auf einer Anhöhe am Nordostufer der Glumia, einem Nebenfluß der → Küddow. Auf dem Schloßberg breitete sich ein wendischer Burgwall aus. Nach dem Aussterben der pomerellischen Herzöge kam K. 1343 an Polen, das diese Landschaft mit „Kraina" (Grenzland) bezeichnete. Andreas von Danaborski gründete 1420 die Stadt zu Magdeburger Recht. Die Wohnstätten westlich der Glumia wurden aufgegeben. Bis 1772 wechselten die Grundherren recht häufig. Unter den Nordischen und Napoleonischen Kriegen hatte K. viel zu leiden.
Die Stadt dehnte sich im 19. Jh. nordwestlich des Schloßberges aus. 1920 Bau der Glumiabrücke. 1945 erlitt K. beträchtliche Kriegsschäden. 1971 standen am Markt nur noch fünf Häuser.
Die St. Nikolauskirche wurde 1703 unter Verwendung des Westflügels des Schlosses der von Danaborski neu aufgebaut. Fürstin Anna Sulkowska ließ sie 1774 gründlich umbauen. Der mittelalterliche Bergfried wurde zum Kirchturm; nach einem Blitzschlag 1905 Erneuerung des Helms. Die barocke Innenausstattung stammt aus der gleichen Zeit.
Die evangelische Kirche von 1569, 1721 niedergerissen, entstand 1846/47 nach Schinkels Plänen.
Seit 1871 ist K. durch die Preußische Ostbahn an der Strecke Schneidemühl—Flatow an das Eisenbahnnetz angeschlossen. 1902 erste Telefonverbindung in K. eingerichtet.
Die vorindustriellen Gewerbe verarbeiteten Pro-

Krumminer Kirchenkelch

dukte des Umlandes; mit einer Seidenraupenzucht versuchte man sein Glück. Seit 1654 gab es eine Brauerei. Der Kartoffelanbau hatte eine herausragende Bedeutung; der Poststempel wies auf die „Stadt der Qualitätskartoffel" hin, was oft zu Spott Anlaß gab.
In K. lebten 1939: 3180; 1983: 3151 Einwohner.

Kröslin, Kr. Greifswald, Fischerhafen an einer Ausbuchtung → des Peenestromes; 1300 als „Cracalin" erstmals genannt. 1302 verkaufte Ritter Wulfold von Below K. und die Peeneinsel Klein-Woting dem Zisterzienserkloster Eldena. 1581 gab es noch das St. Georgshospital.
Die gotische Dorfkirche ist ein Backsteinbau, 15. Jh., ohne Chor mit einem Turm, der Mitte 18. Jh. eine barocke Haube erhielt. Die Ostwand enthält zwei dreiteilige Fenster, der Giebel darüber hat fünf spitzbogige Blenden, über denen ein gemauertes Kreuz in einer Nische zu sehen ist.
Ein großer, achteckiger gotischer Taufstein mit Kleeblattblenden ist noch erhalten.
Die Großgemeinde hatte 1939: 2583 Einwohner.

Krössinsee *(Jezioro Krosino),* Kr. Dramburg. In der abgelegenen Gegend entstand von 1934—1936 die Ordensburg K., die A. Hitler ihrem Zweck übergab: nationalsozialistische politische Bildung einer Parteielite. Nach 1945 dient sie ebenfalls Schulungszwecken.

Krummensee *(Krzemieniewo),* Kr. Schlochau, Angerdorf auf der Spitze einer 171 m über NN aufragenden Anhöhe der Grundmoräne. Hier verlieh 1354 Hochmeister Winrich von Kniprode dem Herman Schutsak 64 Hufen. 1378 verlieh der Schlochauer Komtur Konrad von Walrode Jakob Krusen von K. zusätzlich zehn Hufen. Erst 1828 wurden die Bauern freie Besitzer auf ihren Höfen. Schon 1410 bestand hier eine in der Reformationszeit evangelisch gewordene Kirche; 1629 mußte sie erneuert werden: ein Fachwerkbau mit einem Turm über dem Westgiebel. Inneneinrichtung aus dem 18. Jh. 1939 hatte K. 427 Bewohner.

Krummin, Kr. Usedom-Wollin, Dorf am Krumminer Wiek, schon 1230 urkundlich erwähnt, als Herzog Barnim I. der Kirche in Bucow auf Usedom den Zehnten aus K. übertrug. Herzog Otto I. gründete 1289 ein Zisterzienserinnenkloster als Tochterkloster von Wollin. Herzog Bogislaw IV. übertrug 1290 das Patronat der Kirche auf die Söhne von Johann Voss: Heinrich, Friedrich und Konrad. Jutta, Tochter Bogislaws IV., war eine der ersten Äbtissinnen. Das Kloster diente vornehmlich der Versorgung unverheirateter Fürstentöchter. Kurz vor der Säkularisierung (1569) hatte es noch acht Nonnen mit der Äbtissin Elisabeth, einer Schwester Bogis-

Stauwerk Borkendorf an der Küddow

Jagdschloß Kujan

laws X. Um 1440 waren die Klostergebäude schon baufällig. Ihre Reste wurden im Dreißigjährigen Krieg abgebrochen.
Die Klosterkirche St. Michael reicht bis 1290 zurück. Der Hauptteil des Granitquaderbaus stammt von 1305. Bei der Umwandlung in eine Klosterkirche fügte man einen Backsteinbau an. König Friedrich Wilhelm IV. ließ 1856/57 neben zwei gotisierenden Anbauten den Westturm errichten.
Von der alten Ausstattung ist fast nichts mehr erhalten. Der silbervergoldete Kelch, Anfang 16. Jh., aus einer ostdeutschen oder ungarischen Werkstatt war angeblich ein Geschenk von Anna Cäcilie Gräfin Mansfeld, um 1400 Äbtissin in K. Reste eines spätmittelalterlichen Marienaltars, Holzreliefs und ein doppelseitig bemalter Altarflügel kamen als Leihgaben in das Stettiner Museum. Einige Reste fanden sich nach 1945 in Stettin wieder.
Im früheren Pfarrhaus schrieb 1841 *Wilhelm Meinhold* seine „Bernsteinhexe".
In K. lebten 1939: 138 Einwohner.

Küddow *(Gurda),* 147 km langer nördlicher Nebenfluß der → Netze, entspringt in dem Mösergebiet nördlich des Virchowsees beim Gut Hohenstein in 149 m über NN. Sie durchfließt bei Neustettin den → Vilmsee, fließt durch große Waldungen an Schneidemühl vorbei und mündet bei Usch in die Netze. 23 km ihres Unterlaufes waren schiffbar. Das gesamte Stromgebiet umfaßt 4744 qkm.
Bis 1772 bildete sie die Grenze zwischen Pommern und Polen. Seit dem Mittelalter trieb sie zahllose Eisenhämmer an, die der industriellen Revolution zum Opfer fielen. An ihre Stelle traten Stauseen mit Kraftwerken, so bei Flederborn (1929), Betkenhammer, Jastrow (1929), Borkendorf. Nach Lottin kam 1902 die erste ostdeutsche Überlandzentrale. Diese Kraftwerke konnten nach 1945 schnell ihre Arbeit wieder aufnehmen.

Kujan *(Kujan),* Kr. Flatow, Gutsdorf, nach 1653 gegründet, obwohl sich in der Nähe ein alter Burgwall befand. 1707 wird es „Kujan" oder „Kujanne" genannt. 1766 wohnten hier zwölf Katholiken und 29 Evangelische. Am 15. und 16. 2. 1819 fand in K. die letzte offizielle Wolfsjagd statt. Die umliegenden Städte und Dörfer mußten die Treiber stellen. Nach 1772 entstanden Gewerbebetriebe wie Pulvermühle, Teerofen und Kienölfabrik; keiner hat sich ins 20. Jh. retten können.
1939 hatte K. 205 Bewohner.

Külz *(Kulice),* Kr. Naugard, kleines Dorf östlich Naugard. Am Dorfende lag ein Gutshaus von etwa 1848 an einer prachtvollen Allee. Die Dorfkirche ist ein Findlingsbau von 1861. Aus einem spätmittelalterlichen Altarschrein waren einige Schnitzfiguren im Gutshaus aufbewahrt und sind höchstwahrscheinlich dort 1945 abhanden gekommen.
K. hatte 1939: 248 Einwohner.

Kummerow, Kr. Demmin. 1300 wurde ein Nikolaus Pfarrer in K., und 1321 überließen die Thune den an die Burg K. zu leistenden Dienst von drei Dörfern dem Kloster Dargun. In der Nähe stand ein Wachtturm „Kiek in de Peene", den 1320 Herzog Barnim III. zerstörte; danach nicht wieder aufgebaut. 1432 begaben sich die Maltzahns unter den Lehnsschutz der pommerschen Herzöge. Bis 1945 saß diese Familie auf Schloß K.
Die Kirche St. Nikolaus wurde um 1222 als Backsteinbau errichtet. Am Ostgiebel ist eine 0,70 m breite Kreuzblende mit einem schmalen vorspringenden Kreuz als Mittelrippe ausgespart. Über dem

Westgiebel erhebt sich ein Fachwerkturm mit zinkgedeckter Barockhaube. Der Kanzelaltar, 1750, ist mit reichem geschnitztem Rankenwerk verziert. Die Herrschaftsempore und der Orgelprospekt tragen Rankendekor, die Felder sind bemalt.

Auf der Höhe des Seeufers liegt das 1733 vom → Landrat und Erblandmarschall Albrecht Axel von Maltzahn erbaute Barockschloß. Das Gebäude — ein zweigeschossiges Wohnhaus mit zwei eingeschossigen Flügeln, die in Eckpavillons enden — umschließt einen zum See offenen Hof. Den Mittelrisalit am Wohnhaus krönt ein Rundbogengiebel mit Wappenschmuck.

Im Innern führt ein stattliches Treppenhaus mit Pilastern und rundbogigen Arkaden aus Stuck zu dem im Obergeschoß noch erhaltenen stuckierten Festsaal. Nach 1945 diente es als Schule und dem Rat der Gemeinde als Verwaltungssitz. Wahrscheinlich war dieses Dorf Vorbild und Anregung für Ehm Welks „Heiden von Kummerow".

In K. lebten 1939: 326; 1980: 800 Einwohner.

Kummerower See, 11 km langer und 4 km breiter See auf der Grenze nach Mecklenburg in südwest-nordöstlicher Richtung, der eine eiszeitliche Schmelzwasserrinne ausfüllt; 32,9 qkm groß und bis zu 25,5 m tief. Die → Peene durchfließt ihn in seiner ganzen Länge. Der Dahmer Kanal an Malchin vorbei verbindet ihn mit dem Malchiner See. Das pommersche Ufer ist hoch und steil (etwa 37 m), das Mecklenburger Ufer bergig und mit Wäldern bedeckt. Am Nordufer liegt das alte Benediktinerinnenkloster → Verchen.

Kunow *(Koniewo)*, Kr. Cammin, 1288 erstmals mit einer Kirche genannt. Herzog Bogislaw IV. übertrug 1299 dem Zisterzienserinnenkloster in Wollin die Bede und Dienste des Dorfes, die er dem Ritter Ubesco abgekauft hatte, außer der Landwehr. Bei der Gründung des Krumminer Klosters kam K. in dessen Besitz; Wollin konnte es 1303 zurückkaufen.

Die Pfarrkirche St. Bartholomäus, ursprünglich ein Findlingsbau von 1288, wurde im 16. Jh. nach Osten verlängert. Das Baumaterial stammt teilweise aus der dafür abgebrochenen Kapelle in Groß Weckow. An der Nordseite kam 1749—1751 der sogenannte Paulsdorffsche Chor hinzu, ebenso der Holzturm in Fachwerk.

1754 malte C. H. Rosenberg aus Quedlinburg die Flachdecke aus: ein Engelsorchester und Engel mit Spruchbändern führen die große Lobpreisung des Herrn auf. Auf die Decke des Nordanbaus ist der Lobgesang Mariens gemalt.

Den Altar mit einem geschnitzten Kreuz schenkte 1934 Otto Flath aus Bad Segeberg der Gemeinde. Die Kanzel mit schweren Akanthusvoluten und glatten Feldern von 1781 ist blau und weiß gestrichen. Das Gestühl zeigte noch die alte Bemalung, grüne und weiße Blattranken auf braunem Grund, und die alte Beschriftung: „Herrschaftlich Maegde Banck" oder „Kneckts Bank".

K. hatte 1939: 161 Bewohner.

Kunow, Kr. Greifenhagen, südlichstes Dorf Vorpommerns auf der fruchtbaren Grundmoränenhochfläche, etwa 50 m über NN zwischen den Tälern der Welse und Oder.

1281 bestätigte Herzog Bogislaw IV. dem Nonnenkloster in Gartz das durch Ritter Heinrich de Thenis ihm übertragene Patronat der Kirche. Im 13. Jh. wanderten märkische Siedler hier ein.

Die Dorfkirche ist ein Granitquaderbau des 13. Jh. mit stattlichem Fachwerkturm, barocker Spitze, etwa 1750.

Der Tischlermeister Christian Wiese fertigte 1719

Schloß Kummerow

Kirche in Kunow, Kr. Cammin

den von der Familie von Wolde gestifteten Altar mit Tafelbildern der Passion Christi. Die Kanzel, 17. Jh., verzieren Intarsien und schwarz polierte Säulen. Auf die Füllungen der alten Gestühlstüren sind 61 Ölbilder gemalt: allein 55 mit Herzdarstellungen. Mittelpunkt ist je ein großes rotes menschliches Herz, das, in verschiedene Händel verstrickt, von überirdischen Kräften erlöst wird. Bibelstellen erläutern die Darstellung.
1939 hatte K. 441 Bewohner.

Kunow an der Straße *(Kunowo)*, Kr. Saatzig, 1248 als „Conow by der Maduye" erstmals erwähnt. 1284 wird in einem Vertrag mit dem Markgrafen von Brandenburg festgelegt, die Burg Strasue solle abgebrochen werden. Der dazugehörige Wald Strasue grenzte an das Dorf K., das danach „K. an der Strasue" genannt wurde; dieser Name wurde zum heutigen „an der Straße" verballhornt.
Die Kirche ist ein spätmittelalterlicher Findlingsbau mit einem sehr schmalen, durch rundbogige Blenden gegliederten Turm. Ein Stein trug über dem Spitzbogenportal an der Westwand folgende Inschrift: „1582 ist desser thurm erbauth". Das Turmobergeschoß aus Holz ist viel schlanker; ein hoher Helm überragt es.
Im 18. Jh. wurde eine elliptisch gebogene Stuckdecke in das Schiff eingezogen. Sie trägt die farbigen plastischen Wappen der von Meincke und von Wende.
Der Barockaltar ist farbig gefaßt. Gewundene Säulen und Schnitzfiguren des Petrus und Paulus umrahmen ein vielfiguriges Kreuzigungsbild in der Mitte.
Eine Eichenholztür verschließt eine rundbogige Nische in der Ostwand. Auf die Innenseite der 0,93 m hohen Tür ist in spätmittelalterlicher Temperamalerei ein blutender Christus mit erhobenen Armen gemalt.
K. hatte 1939: 807 Einwohner.

Kürtow *(Korytowo)*, Kr. Arnswalde. In der Umgebung des Dorfes liegt ein wendischer Burgwall. 1237 schenkte der Polenherzog Wladislaw Odonicz K. dem Johanniterorden und gestattete die Ansiedlung deutscher Bauern. Das feste Haus des Ordens wurde Mittelpunkt einer ausgedehnten Herrschaft. Im 14. Jh. übernahm die Familie von der Goltz den Besitz.
Die Dorfkirche ist ein mittelalterlicher Findlingsbau mit reich gegliedertem Ostgiebel. Aus der Zeit um 1500 stammt der schöne Flügelaltar mit Verkündigung, Kreuzigungsgruppe und Abendmahl sowie den seitlichen Apostelfiguren Petrus und Paulus. Auf die Rückseiten der Flügel war in acht Feldern die Passion gemalt.

Gutshaus in Kürtow

In K. lebten 1939: 759 Bewohner.

Kussow *(Kusowo),* Kr. Neustettin, Gutsdorf im Besitz der Familie von Glasenapp. Eigentümlich waren die Wegeinfassungen aus großen Findlingen, allgemein „Gebiß des Herrn von Glasenapp" genannt. Eine Kirche wurde erst 1867 gebaut.
1939 hatte K.: 316 Bewohner.

Labenz *(Łabędzie),* Kr. Dramburg. Im Ort liegt ein wendischer Burgwall, auf einer Insel im Großen Gangenow-See ein zweiter. Südlich des Dorfes fand man einen Schatz orientalischer Münzen aus dem 9. und 10. Jh.
1386 wurde es „tu der Labbentze" genannt. Im 18. Jh. gab es die Güter A und B. Der Jude Seligson kaufte 1833 zu seinem bereits parzellierten Gut A das Gut B; 1834 wurde, wie schon vorher Gut A, auch Gut B aufgesiedelt, woraus Neu-L. entstand.
Die Dorfkirche ist ein mittelalterlicher Findlingsbau mit halbrundem Chor, 16. Jh. Über ihrer Westseite erhebt sich ein Turm mit geschweifter Haube. Im Chor stand ein Kanzelaltar, Ende 18. Jh., in den Teile eines Altars aus dem 17. Jh. eingearbeitet waren.
Das Dorf hatte mit einer Mühle, einer Molkerei und einem kleinen Kalksandsteinwerk überörtliche Bedeutung.
L. hatte 1939: 711 Bewohner.

Labes *(Łobez),* Kr. Regenwalde, Kreisstadt, liegt in einer Ebene an der → Rega 63 m über NN. Im Stadtbereich münden Körbach und Lotznitz in den Fluß.

Kirche in Labenz

Regamühle in Labes

Aus frühgeschichtlicher Zeit fand man hier eine Silbermünze mit dem Bild der Kaiserin Faustina II., Gemahlin Marc Aurels (170 n. Chr.). Vermutlich stand hier eine wendische Siedlung. 1271 wird urkundlich „Borco dominus de Lobis" genannt. Wahrscheinlich hatten die von Borcke ihren Stammsitz in L. Vor 1295 bewidmeten die von Borcke L. mit dem Stadtrecht; sie blieb deren Mediatstadt.
Im Dreißigjährigen Krieg brannte 1637 die ganze Stadt ab. Der nächste Stadtbrand 1685 vernichtete sie bis auf zehn Häuser. Hierbei muß auch die von Borckesche Burg zerstört worden sein. Erst nach der Besetzung 1945 wurden etwa 50 v. H. der Stadt zerstört; seit 1955 Wiederaufbau dieser Stadtteile.
Die Stadtkirche St. Marien, 1389 erstmals genannt, ist ein spätgotischer, nicht sehr sorgfältig gebauter Backsteinbau. Nach dem Brand 1637 war sie 1659 noch nicht vollständig wiederaufgebaut worden. 1829 neu ausgebaut, der Turm 1830—1832 errichtet. Die Innenausstattung stammt aus dieser Zeit.
Jedes Jahr führten die Bewohner in ihr zu Weihnachten ein altes Krippenspiel auf—eine Rarität in dem protestantischen Land.

1859 eröffnete die Hinterpommersche Eisenbahn die Strecke Stargard—Köslin und schloß auch L. an das Eisenbahnnetz an. Die Schmalspurbahn der Regenwalder Bahnen verband 1896 L. mit Daber.
Im Mittelalter war L. Tuchmacher- und Schuhmacher-Stadt. Von 1792—1871 war hier ein Kupferhammer in Betrieb. Danach entstanden Kalksandsteinwerke, Sägewerke, Mühlen, eine Stärke-, eine Möbel- und eine Landmaschinenfabrik. Von den alten Gewerben hatte sich die Schuhmacherei bis in

Pommerania-Hafererzeugnisse aus Labes

Kirche in Ladenthin

unsere Zeit gerettet. Große Mengen von Holzpantoffeln kamen aus den Werkstätten; sie brachten der Stadt den Spottnamen „Schlurr-Labs" ein. Das Selbstbewußtsein dieser Pantoffelmacher zeigt sich in dem Spruch:

„Ein Lobes'ser Schauster
möckt Stäwel un Schlurren,
so hädd hei ok Gild
un brukt nich tau schnurren."

In den 20er Jahren wurde in L. das Pommersche Landgestüt eingerichtet. Noch 1938 gab es in der Stadt sechs Pferdemärkte.
Otto Puchstein (1856—1911), Archäologe in Pergamon, Baalbek. Leiter der Zentraldirektion des Archäologischen Instituts.
In L. lebten 1939: 7322; 1983: 9884 Einwohner.

Ladenthin, Kr. Greifenhagen. 1243 wurde dem Zisterzienserinnenkloster in Stettin der Zehnt aus L. verliehen. 1261 kam das Dorf in den Besitz der St. Peter-und-Paul-Kirche in Stettin. Bischof Hermann von Cammin überwies die Kirche mit ihren Einkünften dem Thesaurarius des St. Mariendoms in Stettin. Das Domkapitel verzichtete 1294 auf das Patronat.
An Nord- und Südseite der Dorfkirche, einem Back- und Feldsteinbau von Anfang 16. Jh., ist je

Blick auf die Stadt Landeck

eine Kapelle mit unregelmäßigem fünfeckigem Grundriß angebaut, die ihr das Aussehen einer Kreuzkirche verleihen. Die Kapellen sind durch Türen vom Langhaus abgeschlossen. Über der Westwand sitzt der achteckige Dachreiter.
1939 hatte L. 278 Bewohner.

Landeck *(Ledyczek)*, Kr. Schlochau, Kleinstadt an der Mündung der Dobrinka in die → Küddow auf einer Platte, 15—20 m über den Flüssen. Der Markgrafenweg (via Marchionis) überquerte hier die → Küddow; noch bis 1830 wurde ein Brückenzoll erhoben. Ursprünglich war L. ein slawischer Burgwall. Als Grenzkastell errichtete der Deutsche Orden ein sogenanntes Wildhaus. 1447 übergab Hochmeister Conrad von Erlichhausen das Pflegeamt der Burg und die Herrschaft über das Burgdorf dem Edlen Seifried von Melen. Bis 1466 blieb L. im Besitz des Ordens und erhielt seinen heutigen Namen, da hier der Ordensstaat an Pommern und Polen grenzte. Der Burgpfleger hatte den Flußübergang zu verteidigen. Von 1466—1772 gehörte es Polen; in dieser Zeit brannte die Ordensburg ab. 1773 beschwerten sich die Tuchmacher bei König Friedrich dem Großen, daß die Juden die Wolle der Umgegend aufkauften; daraufhin wurde ihnen der Wollhandel verboten. Seit 1775 hat L. eine städtische Verwaltung; trotzdem 1789 als Marktflecken bezeichnet. 1809 erste Magistratswahl.

Die katholische Holzkirche stand seit 1617 verlassen, weil alle Landecker evangelisch geworden waren und nach einem polnischen Reichstagsbeschluß die Kirchen den Katholiken zu belassen bzw. zurückzugeben waren; 1805 für 23 Taler zum Abbruch verkauft. Auf ihrem Platz wurde das Spritzenhaus erbaut.
Zur nächsten Eisenbahnstation in → Ratzebuhr waren 10 km zu überwinden.
L. hatte 1939: 1010 Einwohner.

Landow, Kr. Rügen, Ort mit Fachwerkhäusern aus der ersten Hälfte 19. Jh.; schon 1939 nach Dreschvitz eingemeindet.
1333 wird „Landaue“ erstmals genannt; Pfarrer war Weling. 1532 kamen Kirche und Ort in den Besitz der von der Osten.
Chor und Sakristei der Kirche mit Kreuzrippengewölben aus Backstein um 1400 errichtet. Seit der zweiten Hälfte 15. Jh. überspannt eine Flachdecke das breitere Schiff. Der Westgiebel ist reich mit Blenden gegliedert, auf seinen First hat man 1733 ein Fachwerktürmchen aufgesetzt. Gleichzeitig wurde die Flachdecke mit Spruchbänder tragenden Engeln ausgemalt. Elias Keßler aus Stralsund schuf 1724 den Altar mit korinthischen Säulen und Engelsfiguren. Die Mittelbilder haben das Abendmahl und die Kreuzigung zum Thema. Vom gleichen Meister stammen die reichgeschnitzte Kanzel und die hölzerne Taufe.

Landskron, Kr. Anklam, malerische Ruine einer Burg auf einer schon früher befestigten Insel im Landgraben. Herzog Bogislaw I. bestätigte 1183

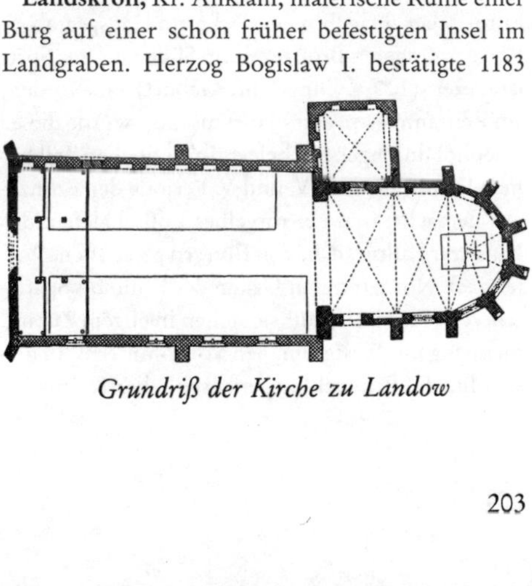

Grundriß der Kirche zu Landow

Schloßruine Landskron

dem Kloster → Stolpe den Besitz des Dorfes Damerow, das im 16. Jh. wüst lag. 1533 wird die „wüste Feldmark Damerow" im Lehnsbrief der von Schwerin erwähnt. 1576 baute Ulrich II. von Schwerin auf dem Gebiet von Damerow inmitten sumpfiger Wiesen seine Feste „Landeskron". Dieser Name erregte Unwillen am Herzogshof; deshalb soll er den Namen in „Lanzkron" abgeändert haben.
Die Burg, ein dreigeschossiger Findlingsbau mit runden Ecktürmen, umgab ein steil abfallender Wall mit Wassergraben; nur über eine Zugbrücke war sie zugänglich. Ein Erdwall und eine hohe Mauer schützten die Vorburg; sie bestand aus Torhaus, Kapelle und Wirtschaftsgebäuden. Im Dreißigjährigen Krieg verfiel die Burg; seit etwa 1700 ist sie Ruine. Ihre Mauern sind noch fast in ursprünglicher Höhe erhalten.

Langenhagen *(Długie),* Kr. Saatzig. In der Nähe wurde 1935/36 am Ostabhang einer sandigen Höhe ein 30 m breiter, mehrere hundert Meter langer prähistorischer Friedhof entdeckt und ausgegraben. Von der jüngeren Bronzezeit im Süden bis zur Spätlatènezeit (100 v. Chr.—Chr. Geburt) im Norden, ein Zeitraum etwa eines Jahrtausends, wurde dieser Friedhof durchgehend belegt. Im südlichen Teil hat man Funde aus der IV. und V. Periode der Bronzezeit gemacht, u. a. ein rotgelbes Fußschälchen der Lausitzer Kultur, d. h. von Illyrern geschaffen. Weiter nach Norden treten Urnen der Früh- bis Spätlatènezeit (Eisenzeit) auf; sie stehen in engem Zusammenhang mit Westgermanen Vorpommerns. In diesem für die Entwicklung menschlicher Kultur bedeutenden Zeitraum fallen die Erfindung von Scharpflug und Töpferscheibe. Für Pommern beweist dieser Fund: Von der Bronzezeit bis zur Völkerwanderung hat es keine Siedlungslücke gegeben. In einer sumpfigen Niederung erhebt sich ein Burgwall mit 4 m hohen Wällen; um ihn herum zahlreiche stein- und bronzezeitliche Funde.
1939 hatte L. 496 Bewohner.

Langenhanshagen, Kr. Franzburg-Barth. Die spätgotische Feldsteinkirche besitzt einen blendenverzierten Westgiebel. Das mit einer Flachdecke versehene Schiff verbindet ein Triumphbogen mit dem kreuzrippengewölbten Chor. Der Schnitzaltar aus der zweiten Hälfte 15. Jh. besteht im Mittelschrein aus einer Kreuzigungsgruppe, in den Flügeln aus je sechs Apostelfiguren in zwei Reihen übereinander. Die Figuren sind weiß übermalt. Aus dem Mittelalter stammt das turmförmige Sakramentshaus von 4,10 m Höhe.
1939 hatte L. 495 Bewohner.

Langhof *(Toporzyk),* Kr. Deutsch Krone. Zur Gemeinde Latzig gehörten auch L. und Althof. 1609 besaß Elisabeth von Dewitz den Ort. Er wechselte 1727 in den Besitz der von der Goltz aus Heinrichsdorf. 1790 gelangte er durch Kauf in Friedländer Besitz und blieb dort bis 1836.
Die uralte Holzkirche mit ihrem Glockenstuhl

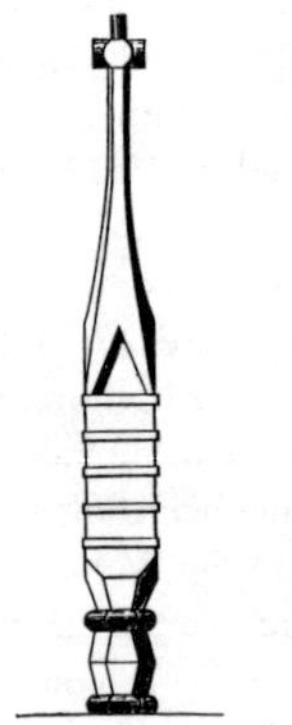

Sakramentshäuschen in Langenhanshagen

steht außerhalb des Dorfes. Nach einer Sage sollen die Bauern, so rechte Schildbürger, Bauholz für ihre Kirche, das ihnen ihr Gutsherr geschenkt hatte, quer auf ihre Wagen geladen haben. So konnten sie nicht ins Dorf hineinfahren. Zwar schrien es die Krähen von den Dächern: „lang, lang"; doch keiner verstand sie. Deshalb mußten sie das Holz vor dem Dorf abladen, die Kirche baute man aber an Ort und Stelle. Von dem Krähenschrei—jemand konnte ihn doch noch übersetzen—erhielt das Dorf den Namen.
In L. lebten 1939: 292 Einwohner.

Langkafel *(Długołęka)*, Kr. Naugard. Die Dorfkirche ist ein Findlingsbau des ausgehenden Mittelalters. Reicher, geschickter Blendenschmuck gliedert den Ostgiebel; vor dem Westgiebel war im 19. Jh. ein Fachwerkturm gebaut.
Die Innenwände waren im 15. Jh. bemalt worden. Über einem Arabeskenfries in Mannshöhe waren fast lebensgroße Fresken aus dem Marienleben mit wenig Farben (rot, blau, gelb, braun auf rötlichem Grund) gemalt. An den Türen und Fenstern waren sie beschädigt, durch die Empore verdeckt. Bei ihrer Freilegung wurden sie schwer beschädigt; nur geringe Teile blieben deshalb erhalten. Im Turm standen Schnitzfiguren eines spätmittelalterlichen Altars.
L. hatte 1939: 233 Einwohner.

Lanken/Granitz, Kr. Rügen. Der Ort war schon 1249 bei seiner ersten Nennung im Besitz der Herrschaft Putbus.

Pfarrhaus in Lanken/Granitz

Kirche in Lanzig

Die St. Andreaskirche wurde Anfang 15. Jh. aus Backstein und Findlingen errichtet. Der Rechteckchor und das Schiff haben ein Kreuzrippengewölbe. Chor- und Sakristeigiebel sind durch Spitzbogenblenden reich gegliedert. Der Turm entstand vor 1500; seine drei Geschosse sind mit Blenden verziert. Einweihung 1502.
Einzige Kirche mit einem Chorgestühl von 1522. Gotisches Faltwerk ziert die Füllungen und das Dorsale. Oben schließt es ein durchbrochenes Maßwerk, in das die Inschrift „Anno domini M. d. XXII" eingefügt ist. Aus der Barther Fayencemanufaktur stammt eine bunt glasierte Taufwasserkanne von 1700, eine Einmaligkeit in Vorpommern. Die 1598 an ihrem achtseitigen Korb reich bemalte Kanzel besitzt einen sternförmigen Schalldeckel.
Auf dem Friedhof stehen noch zwei Grabwangen aus Kalkstein, 18. und 19. Jh.

Lanken *(Łąkie)*, Kr. Flatow, 1413 erstmals erwähnt. Im Dorf standen noch zahlreiche strohgedeckte alte Bauernhäuser und an der Straße nach Kölpin die Berndtsche Windmühle. Bis Anfang 20. Jh. gab es zwei Güter. Das 764 Morgen große kaufte 1902 die polnische Parzellierungsbank in Posen auf und vergab es an polnische Siedler. Das ehemalige Freischulzengut bestand noch bis 1945.

1939 hatte L. 856 Einwohner.

Lanzig *(Łącko)*, Kr. Schlawe. Im Dorf stand das Hans-Lange-Haus mit einer Gedenktafel. Das ursprüngliche Haus war abgebrannt, aber der Balken mit der alten Inschrift konnte gerettet werden: „Hans Lange in diesem hoff hat vormals aufgenommen den herzog Bogislaff, der sonst waer umbgekommen und ihn mit speis und tranck versorget bis zur Zeit, da er gelanget ist zur cron und herrlichkeit." Die Figur des Bauern Lange ist geschichtlich nicht nachweisbar.

Inmitten eines Kirchhofs mit alten Buchen steht die Backsteinkirche aus dem 16. Jh. Sie wurde als dreischiffige Hallenkirche mit Turm begonnen, jedoch nur mit einer Holzdecke gedeckt. Den Turm krönt ein achtseitiger Helm.

Der Altar besteht aus einem gemauerten Tisch und trägt einen großen Barockaufbau von etwa 1600. Auf dem Mittelfeld zwischen kräftigen Säulen und Seitenteilen ist die Verkündigung Mariens abgebildet. Nur einzelne Partien sind rot und gold bemalt. L. hatte 1939: 365 Bewohner.

Lasbeck *(Łosośnica)*, Kr. Regenwalde, war ein altes Dewitzsches Lehen, 1508—1700 hatte es die Familie von Hahnow als Afterlehen. 1854 erbte es Philipp von Bismarck.

Kirche in Lassan

Die Dorfkirche ist ein Findlingsbau mit 1,12 m dicken Wänden ohne Turm. Die Giebel bestehen bis zum First aus Findlingen.

Der spätmittelalterliche Flügelaltar ist sehr sorgfältig geschnitzt. Im Mittelfeld stehen Maria, die hl. Barbara und eine dritte Heilige; in den Flügeln sind die Apostel aufgestellt. Kanzel, Chorgestühl, Altarschranken und die Taufe stammen aus der Renaissancezeit. In einem Fenster gab es eine runde Glasscheibe von 0,14 m Durchmesser mit der Enthauptung des Johannes und der Unterschrift: „Hans Peske, 1603".

In L. wohnten 1939: 428 Menschen.

Lassan, Kr. Greifswald, liegt am → Peenestrom gegenüber dem → Achterwasser in Wiesenbruchgelände; schon um 1000 eine wendische Siedlung. Auf einer kleinen Anhöhe zwischen der heutigen Stadt und dem Gut Vorwerk an der Peene stand eine feste Burg, von der 1750 noch Reste zu sehen gewesen sein sollen. Schon früh wurde diese Siedlung zum Sitz der Gerichtsverwaltung der „provincia Lasann". 1172 wird L. erstmals urkundlich genannt; 1248 ist ein Pfarrer Dietrich erwähnt. Urkunden von 1291 sprechen von der „civitas L."; die formelle Stadtgründung hat also wohl um 1270 stattgefunden.

Die Stadtkirche mit ihrem kreuzrippengewölbten Chor aus dem 13. Jh. und der gotischen dreischiffigen Langhaushalle wurde 1370 der „Marie et St. Joh. ev." geweiht; 1373 ist sie „St. Johannes evang." bezeichnet. Den östlichen Langhausgiebel gliedern neun spitzbogige Blenden; auf seinem First steht ein Glockentürmchen mit geschweifter Haube. Der Westturm trägt eine Barockhaube.

Den hölzernen Altaraufsatz mit den lebhaft bewegten Figuren der Evangelisten schuf Elias Keßler aus Stralsund um 1727; desgleichen die Kanzel, die ein Engel trägt. Die spätgotische Triumphkreuzgruppe ist derb geschnitzt.

Die Stadt erreicht man mit dem Schiff oder einer Buslinie.

Von Anfang an beruhte die Wirtschaft auf Fisch-

fang und Schiffahrt. In den 80er Jahren des 19. Jh. entstand eine blühende Möbelindustrie. Holzbildhauerei wurde gepflegt.
Bernd Notke (um 1440—um 1509), Maler, bedeutendster Bildschnitzer des Ostseegebietes. Seinen weltberühmten „Lübecker Totentanz" zerstörten 1942 Bomben; erhalten ist hingegen das Triumphkreuz im Lübecker Dom.
1939 hatte L. 2017 Einwohner.

Lassehne *(Łasin Koszaliński)*, Kr. Köslin; Gutsdorf, das früher der Familie Kameke gehörte.
Die spätgotische Feld- und Backsteinkirche überragte ein großer, teilweise erneuerter Turm. Im 17. Jh. waren noch die Seitenschiffe vorhanden. 1945 war die Kirche fast unbeschädigt; 1951 abgerissen.
Peter von Kameke ließ um 1600 die Kirche renovieren und stiftete einen frühbarocken Schnitzaltar mit hervorragendem Schnitzwerk. Das Mittelfeld beherrschte Christus der Auferstandene und Erhöhte, zugleich aber Gekreuzigte.
In den Schränken der Orgelempore befand sich eine wertvolle Büchersammlung mit Werken Luthers und Melanchtons mit deren eigenhändigen Eintragungen, das griechische Neue Testament von Erasmus von Rotterdam (Basler Ausgabe) und Calvins „Institutio". Die große Grabplatte von Ritter Peter von Kameke († 1613) war aus Bronze gegossen. Seit 1951 ist die Innenausstattung der Kirche verschollen.
Das „Rote Schloß" hinter den Dünen, ein Barockschlößchen, Wohnsitz des Peter von Kameke, herzoglicher Kämmerer und Schloßmarschall, wurde ebenfalls 1951 abgerissen. Am Strand befinden sich militärische Einrichtungen.
In L. lebten 1939: 561 Bewohner.

Latzig *(Łaski Wałeckie)*, Kr. Deutsch Krone, höchstgelegenes Dorf des Kreises, 175 m über NN; in der Gründungsurkunde von Märkisch Friedland 1314 erwähnt. Gründung der Familie von Wedell. 1592 hieß der Ort „Laczki". 1657 und 1658 wurde das Dorf verwüstet und geplündert. 1790 gelangte es wieder in Friedländer Besitz. Die evangelische

Kirche in Lassehne

Dorfkirche reicht bis 1540 zurück. Es läßt sich nicht feststellen, ob der heutige Bau damals entstand. Ein alter, reich geschnitzter Altar steht in ihrer Mitte.
1939 hatte L. 292 Einwohner.

Lauen *(Lewno)*, Kr. Usedom-Wollin. Das auf → Wollin gelegene Dorf ist eines der kleinsten in Deutschland, gleichzeitig eines der ältesten Pommerns. Es bestand aus zwei bereits 1186 urkundlich erwähnten Bauernhöfen. 1565 verkaufte der Propst von Cammin, Graf Ludwig von Eberstein, dem „lieben getreuen Joachim Vergin" den Schulzenhof. Dieser blieb bis 1947 im Besitz der Familie Wergin-Sarnow. Der zweite Hof war seit 1676 im Besitz der Familie Hoeft und blieb es bis 1946. Heute bewirtschaften polnische Familien beide Höfe.
L. hatte 1939: 22 Einwohner.

Lauenburg *(Lębork)*, liegt im → Leba-Rheda-Urstromtal, dort, wo es sich zwischen der Wilhelmshöhe und den Mallschützer Bergen auf 1,5 km verengt; zwischen 1313 und 1341 entstanden. Der Hochmeister des Deutschen Ordens, Dietrich von Altenburg, verlieh 1341 Rutcher von Emmerich die Stadt „Lewinburg" mit 100 Hufen zu Kulmer Recht. In der Ostecke der fast quadratischen, von Mauern umgebenen Stadt wurde 1363 das Ordensschloß erbaut; 1410 und 1455 in den Ordenskriegen

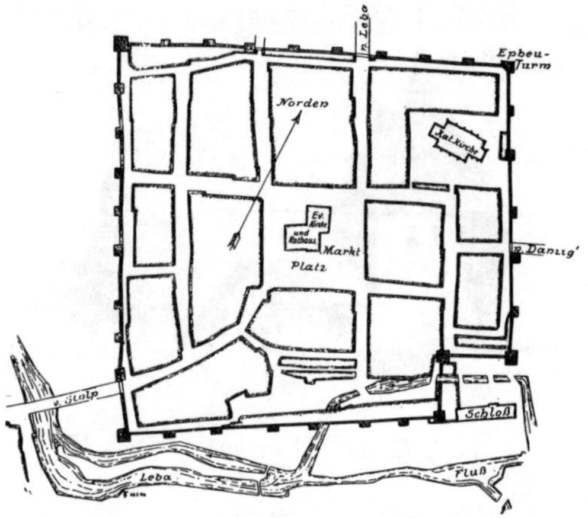

Lageplan des mittelalterlichen Lauenburg

teilweise zerstört. Die Stadt trat 1440 dem Preußischen Bund bei und nahm am Dreizehnjährigen Krieg (1454—1466) teil. Herzog Erich II. von Pommern besetzte 1460 L., gab die Stadt aber dem Orden wieder zurück. Bis zum Ende des Krieges war L. ein wichtiger Stützpunkt für die Verbindung zum Reich.
Kurz vor dem zweiten Thorner Frieden (1466) besetzte Pommern die Stadt; so wurde sie trotz wiederholter Forderungen nicht mit Westpreußen an Polen abgetreten. 1490 erkannte Polen die Lande L. und Bütow als pommerschen Pfandbesitz an, seit 1526 war es freies Lehen der Herzöge von Pommern. 1575 wurde das Schloß zu einer herzoglichen Residenz umgebaut. 1637 fiel das Land L. an Polen zurück. Die Gegenreformation wurde durchgeführt; während dieser Zeit erhielt die kleine katholische Gemeinde die St. Jakobikirche zurück. Im Bromberger Vertrag 1657 erwarb der Große Kurfürst das Land erneut. Nach der Ersten Polnischen Teilung gelangte L. 1773 an Westpreußen; es kam aber 1777 an Pommern zurück. Der alte Stadtkern wurde erst im 19. Jh. nach allen Seiten erweitert. 1888 Bau der provinzialen Heilanstalt im Süden der Stadt. Nach der Besetzung 1945 vernichteten Brände den alten Stadtkern. Von den 34 stattlichen Häusern am Marktplatz blieben nur Nr. 4 und 5 erhalten.
Von dem Ordensschloß ist nur wenig erhalten; Brände und Umbauten haben die verbliebenen Reste sehr stark verändert. Der ursprüngliche Backsteinrohbau bietet sich als Putzbau dar; auf der Feldseite wurden in allen Geschossen Fenster gebrochen und die Gewölbe entfernt. Bis 1945 war hier das Amtsgericht untergebracht.
Die St. Jakobikirche, Nachfolgebau der etwa 1345 fertig gewordenen ersten Kirche, stammt aus der ersten Hälfte 15. Jh., also noch aus der Zeit der Ordensherrschaft; im Polnisch-Schwedischen Erbfolgekrieg schwer beschädigt. Erst 1755 wurde der Turm wiederhergestellt. Ein schwerer Orkan 1818 deckte sämtliche Dächer der Kirche und des Turmes ab und drückte die Fenster ein. 1910 neu geweiht. Die Kirche ist ein spätgotischer dreischiffiger Hallenbau mit einschiffigem Chor und mächtigem Turm. Langhaus und Chor haben Sterngewölbe. Den Chorgiebel gliedern spitzbogige Blenden, getrennt durch waagerechte Putzfriese. An die Ordensbauten erinnert eine Zwerggalerie von spitzbogigen Blenden an Chor und Langhaus. Alle Blenden

Schloß Lauenburg

waren im Grunde geputzt, früher wahrscheinlich mit geometrischen Mustern farbig bemalt. Der Turm erhielt seinen Giebel erst 1907.
Der Hochaltar, ein stattlicher, zweigeschossiger Barockbau, war schon 1702 aufgestellt. Die Bilder im Altar sind moderner. Ende 18. Jh. kamen noch sieben Nebenaltäre hinzu. Oberhalb des Triumphbogens wurden Reste älterer Fresken — eine Kreuzigung — freigelegt.
Als einziger Rest der mittelalterlichen Stadtbefestigung steht der Efeuturm am Nordende der Stadt. Sein Unterbau ist ein unregelmäßiges Fünfeck, das im Obergeschoß in ein unregelmäßiges Achteck übergeht. Die Außenwände sind durch rautenförmig geordnete, dunkelglasierte Binder verziert.
Nach schulischen Anfängen (1409) entwickelte sich L. im 20. Jh. zur Schulstadt. Neben einem humanistischen Gymnasium gab es eine Oberschule (Realschule), ein Lyzeum, eine Hochschule für Lehrerbildung und eine landwirtschaftliche Schule.
Durch die Hinterpommersche Eisenbahn wurde L. 1870 mit der Strecke Stolp—Zoppot ans Eisenbahnnetz angeschlossen. Nach Leba wurde 1899 eine Eisenbahnstrecke eröffnet, und 1902 nach Bütow; davon demontierten 1945 Russen den Teil Bütow—Groß Massow.

Efeuturm der Stadtmauer zu Lauenburg

Max Pechstein: Fischer in Leba

Als erste Stadt in „Alt“ Pommern gab L. 1914 Notgeld auf verschiedenfarbigem Wachstuch aus; das gab es im Reichsgebiet nicht.
Vor 1945 war L. bedeutender Marktort für die weite und reiche landwirtschaftliche Umgebung. Nahrungsmittelverarbeitung, Holzverarbeitung wie die Zündholzfabrik H. Priester mit pyrotechnischer Abteilung, Faßfabrik, Maschinenfabriken, Ziegeleien — L.er Klinker-, Kachelfabrik, Textilindustrie, drei Brauereien bildeten die wirtschaftliche Grundlage der Stadt. Der Wiederaufbau seit 1956 brachte elektrotechnische Betriebe dazu.
Dr. Julius Bahnsen (1830—1881), Lehrer und Philosoph.
Paul Nipkow (1860—1940), Erfinder der Nipkow-Scheibe, mit der auf mechanischem Wege die für das Fernsehen erforderliche Bildabtastung möglich war.
L. hatte 1939: 19108; 1983: 31023 Einwohner.

Lauterbach bei Putbus, Kr. Rügen, ist ein Putbuser Ortsteil 2 km südwestlich der Stadt am Greifswalder Bodden. 1817/18 ließ Fürst Wilhelm Malte von Putbus das „Friedrich-Wilhelm-Bad“ erbauen, wo man im ersten Badeort Rügens in der „kalten See“ vom Badekarren baden konnte. Das Badehaus enthielt Speisesaal, Salons, Warmbäder und Logierzimmer und bestand aus mehreren zweigeschossigen Bauten mit Innenhöfen. 1830 wurde eine Kolonnade davorgebaut. Bei einem Umbau 1956—1958 veränderte und modernisierte man die Innenräume. 1833—1836 kam ein großer Landungssteg für den entstehenden Fischereihafen hinzu. Eine Kutterwerft und ein Fischverarbeitungsbetrieb geben dem Hafen eine gewisse Bedeutung.

Leba *(Łeba),* Kr. Lauenburg, liegt zwischen → Leba- und → Sarbsker See, 0,8 km von der Mündung der → Leba flußauf entfernt.

An der alten Mündung, 1,5 km nordwestlich der Stadt, lag auf dem damaligen rechten Ufer eine wendisch-wikingerzeitliche Fischersiedlung. 1357 verlieh der Danziger Komtur Wilhelm von Baldersheim im Auftrag des Hochmeisters Winrich von Kniprode dem Ort Lebamünde lübisches Recht und dem Lokator Heinrich Fleminck das erbliche Schulzenamt.

Die Nikolaikirche war wahrscheinlich schon erbaut. 1373 wird L. als „Stedlein" bezeichnet; Dietrich von Weiher war hier Erbrichter. Nikolaus von Weiher erhielt 1389 die Erbvogtei bestätigt. 1440 schloß sich L. wie auch Lauenburg dem Preußischen Städtebund an. Über das Aussehen von „Alt-L." wissen wir nichts. Nur die Ruine der Kirche ist heute noch im Nationalpark erhalten. Verschiedene

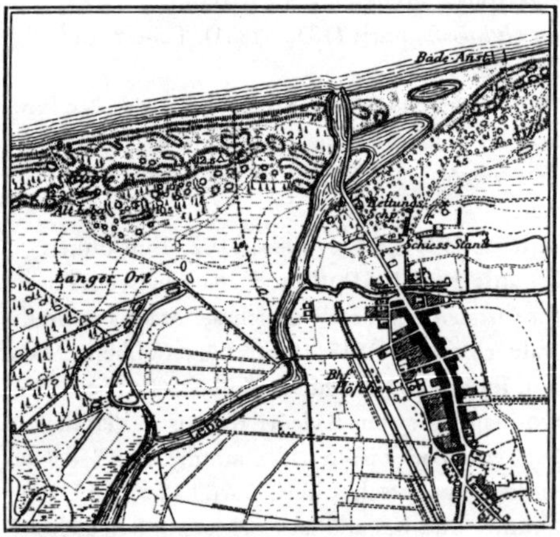

Lageplan von Leba

Kurhaus Leba

große Sturmfluten, wie 1497 und 1558, verlegten die Mündung des Flusses, so daß die Stadt auf dessen linkem Ufer zu liegen kam; Wanderdünen bedrohten sie immer stärker. Um 1570 entschlossen sich die Bürger zur Verlegung der Stadt an ihren heutigen sicheren Platz. 1572 war die alte Stadt völlig untergegangen bis auf die Kirche, die erst 1590 aufgegeben werden mußte. Herzog Johann Friedrich übertrug 1575 die Rechte der alten Stadt auf die Neugründung. Eine Kapelle wurde aus dem Material der alten Kirche errichtet; 1667/68 zur Kirche erweitert. L., Lauenburg und Bütow schlossen sich 1667 zu einem Bündnis zum gegenseitigen Schutz ihrer Privilegien zusammen. 1779 wurde L. nachts von einem „Seebären" aufgeschreckt: eine plötzliche, aus unerklärbarer Ursache entstehende Flutwelle. Im 18. Jh. erhielt die Stadt das Akzisenamt, im 19. Jh. das Stadtgericht. 1913 Bau des Kurhauses.

Die Stadtkirche entstand nach einem Brand von 1682 im Jahre 1683 neu und erhielt 1685 einen Turm mit Glocken, die Ernst von Natzmer stiftete. 1765 mußte der Turm durch einen Fachwerkbau ersetzt werden. Ausstattung, Altar, Kanzel und Taufe sind gute Barockschnitzereien von Ende 17. Jh.

In der Stadt gab es bis 1945 noch einige schöne alte, strohgedeckte Fachwerk- und Rauchhäuser: sehenswert das Haus auf der Hauptstraße 18 (18. Jh.) von Joh. G. Mampe, Kaufmann und Reeder.

Von der Landseite her wurde L. 1899 durch die Eisenbahn mit Lauenburg verbunden.

Seit dem 17. Jh. gab es einen bescheidenen Seehan-

Lebasee

del. 1689 lief sogar ein englisches Schiff in den Hafen. Im 18. Jh. war L. Umschlagplatz für Salz und Holz, im 19. Jh. auch für Getreide und Kartoffeln. Schon 1499 erhielt die Stadt eine Fischereiordnung. Hochseefischerei spielte seit 1889 eine große Rolle. Verarbeitungs- und Zulieferindustrien, u. a. Konservenfabriken, Räuchereien, Kutterwerkstatt entwickelten sich rasch. Größter Sprottenfangplatz Deutschlands (1935: 2,59 Mio. kg). Der größte Teil der „Kieler Sprotten“ kam vor dem Zweiten Weltkrieg aus L. Heute arbeitet hier die polnische Fischereigenossenschaft.

Zu einer weiteren Erwerbsquelle wurde der Strand. Durch das 1913 erbaute Kurhaus wurde L. zu einem Seebad, das heute besonders als Kinderkurort ausgebaut wird.

1921 kam der „Brucke“-Maler *Max Pechstein* (1881—1955) nach L., um hier zu arbeiten. Er heiratete die Gastwirtstochter Martha Möller. Das Kriegsende erlebte er hier.

In L. wohnten 1939: 2846; 1978: 3649 Einwohner.

Leba *(Łeba)*, etwa 135 km langer Küstenfluß, entspringt in 176 m über NN im Jungmoränenhügelland bei Karthaus. Auf ihrem Weg zur Ostsee fließt sie nach Norden und biegt bei → Groß Boschpol im → Leba-Rheda-Urstromtal nach Westen. Unterhalb Lauenburg nehmen weite Moor- und Wiesenflächen das 3,5 bis 5 km breite Tal ein. Hier begleitet sie der Brenckenhoffkanal. Der Lebafluß durchfließt den → Lebasee und mündet bei Leba in die Ostsee. Sein Einzugsgebiet beträgt 1694 qkm.

Lebamoor, etwa 154,3 qkm große Moorfläche, umfaßt die breite Talwanne unterhalb Lauenburg und die Niederung südlich des → Lebasees; sie zieht sich nach Westen bis Schmolsin und nach Osten bis zur Stadt Leba hin.

Das Moor wuchs bis in die subatlantische Periode, d. h. von Beginn der Eisenzeit (um 500 v. Chr.) bis ins Spätmittelalter, etwa 1400—1500; danach bildete sich das jüngere Moostorf.

Seit 1897 begann man mit der Entwässerung und Nutzung des Moors. Eine Genossenschaft zur Regulierung der unteren Leba, betreut von der 1907 gegründeten Moorversuchsstation Neuhammerstein, hatte eine Fläche von etwa 10 000 ha bearbeitet. Im Zuge dieser Arbeiten grub man bei → Degendorf ein wendisches Plankenboot aus, das im Königstor in Stettin den Zweiten Weltkrieg überstand.

Leba-Rheda-Urstromtal *(Pradolina Łeba-Redy)*. Vom → Lebasee erstreckt sich ostwärts bis zum Putziger Wiek in der Danziger Bucht ein bis zu 7 km breites, fast 100 m tief eingeschnittenes, früher stark versumpftes Tal. Weil es in der Eiszeit entstand, bezeichnet man es als Urstromtal, obwohl es mit großer Wahrscheinlichkeit nie in seiner ganzen Länge als Strombett diente. Genaue morphologische Untersuchungen zeigten, daß es sich um zwei Täler in enger Nachbarschaft handelt. Östlich von Groß Boschpol liegt die Talschwelle, die das nach Westen entwässernde Lebatal und das nach Osten entwässernde Rhedatal trennt.

Lebbiner Kliff

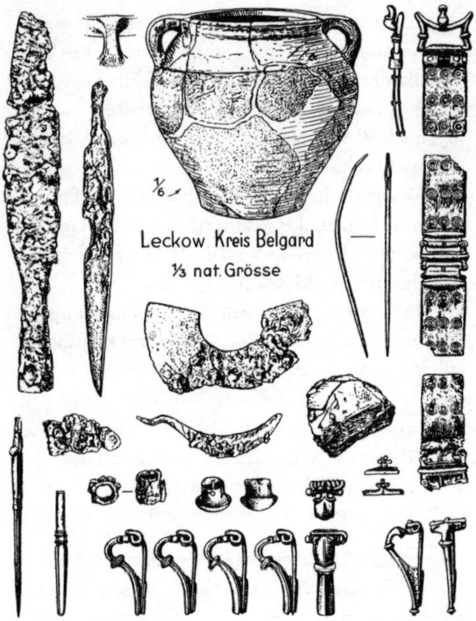

Frühkaiserzeitliches Brandgrab in Leckow

Lebasee *(Jezioro Łebsko)*, größter der Strandseen mit einer Fläche von 75,3 qkm; schon 1252 als „lacum magnum Lebsco" urkundlich genannt. Bei 5,30 m hat er seine größte Tiefe, wobei eine etwa 2,50 bis 3 m tiefe, höchstens 200 m breite Rinne auffällt, die sich etwa 2 bis 2,5 km vom Nordufer entfernt längs seiner Längsachse hinzieht. An ihrem Ostende biegt sie nach Süden ab. Mit der Lebamündung und ihrem Ausfluß hat diese Rinne nichts zu tun. Neben der Leba bringt noch der Kluckenbach Wasser in den See. Im Sumpfland gibt es Wasserläufe, die den L. mit dem → Garder- und auch → Sarbsker See verbinden. Zur Ostsee hin riegelt den See eine 17 km lange, 0,8 bis 2,1 km breite Nehrung ab, die ihm einen lagunenhaften Charakter verleiht. Schwere Nordnordost- und Nordweststürme im Spätherbst und Winter drücken massenhaft Ostseewasser in den Strandsee, was den Salzgehalt erhöht und den Wasserstand um bis zu 0,75 m schwanken läßt. Wanderdünen bedecken zum großen Teil die Nehrung; die schon bewaldete Leuchtturmdüne erreicht eine Höhe von 56 m. Am besten bekannt ist die 42 m hohe → Lontzkedüne.

Seit 1966 ist der See mit Nehrung und dem Garder See zum 181 qkm großen *Słowinski*-Nationalpark zusammengefaßt.

Lebbin *(Lubin)*, Kr. Usedom-Wollin, liegt an dem markanten Steilabfall der bis zu 90 m hohen Misdroy-L.er Endmoräne am Haff auf Wollin. Bis zum Bau der Kaiserfahrt beherrschte es die Einfahrt zur alten → Swine.

Auf der Höhe des „Schneiderberges" lag ein alter wendischer Burgwall, den wohl Thietmar von Merseburg 1018 als „magna civitas Luibni" bezeichnete. 1124 kam Otto von Bamberg auf seiner ersten Reise in den damals schon bedeutenderen Ort und gründete eine Kirche. Dänen zerstörten 1173 die Burg. 1186 überließ Herzog Bogislaw I. der Propstei des Camminer Bistums fast die ganze westliche Hälfte der Insel → Wollin mit Kirche und Burg L. In der Nähe des heutigen Pfarrhauses stand das bischöfliche Haus. Der Schloßvogt forderte 1304 von jedem vorbeifahrenden Schiff ein Brot und eine Flasche Bier als Durchfahrtszoll.

Die St. Nikolauskirche ist ein Backsteinbau von Mitte 19. Jh.

Bodenschätze haben den Charakter des Dorfes entscheidend verändert: die schon um 1600 genutzten Oberturoner Kreideschollen. Sie sind älter als die von Rügen und enthalten geflammte, plattige Feuersteine. Jenseits der → Dievenow tritt diese Lebbiner Kreide bei Cammin wieder auf. Von 1855 an beutete Kommerzienrat Quistorp die Kreidegrube aus; die gewonnenen Mineralien wurden in einer der ältesten Zementfabriken Deutschlands verarbeitet.

L. hatte 1939: 2269 Bewohner.

Leckow *(Lekowo)*, Kr. Belgard, seit dem Mittelalter Kirchdorf, war schon sehr früh Besitz der Familie von Leckow.

Die heutige Fachwerkkirche hat über der Westseite

einen quadratischen Turm mit geschweifter Haube, die eine Wetterfahne mit der Jahreszahl 1751 überragt. Aus der Zeit um 1500 stammt der spätgotische Flügelaltar, in dessen Mittelfeld die 0,72 m hohe, von Petrus und Paulus eingerahmte Figur der hl. Anna steht. In den Flügeln sind je vier Heiligenfiguren angeordnet. Über dem Mittelschrein wurde im 18. Jh. eine Kanzelbrüstung aus der ersten Hälfte 17. Jh. aufgesetzt.
In L. lebten 1939: 401 Einwohner.

Leine *(Linie)*, Kr. Pyritz, 1248 wird Ritter Dietrich von der Leine im Rat des Herzogs Barnim I. genannt. Von Anfang 16. Jh. bis Ende 18. Jh. war der Ort Besitz der Familie von der Marwitz.
Der Findlingsbau der Dorfkirche hat, obwohl Ausgang 16. Jh. erbaut, am Ostgiebel noch mittelalterliche Blenden. Der Turm aus Holz mit geböschten Wandungen trägt eine Barockhaube mit durchbrochener Laterne. Die gesamte Innenausstattung stiftete die Familie von der Marwitz Ende 16. Jh.
Hellblau mit goldenen Sternen bemalt ist die Kassettendecke. Die Nordwand beherrschte das reich geschnitzte Gestühl der Herrschaft mit allegorischen Figuren in den Feldern. 1774 wurde alles in Weiß und Gold bemalt, der Altar nur in Gold. Dieser Altar, um 1600, ist in der Form eines gotischen Flügelaltars aufgebaut. Das Mittelfeld nimmt eine mittelalterliche figurenreiche Kreuzigung ein, eingerahmt von den Figuren der Hl. Petrus und Paulus. Von der Decke hängt ein Taufengel mit der Taufschale in der vorgestreckten Hand herab. Auf spiralig gewundenen Säulen steht die Empore mit biblischen Szenen in den Füllungen von Otto Weber, 1685.
1939 hatte L. 359 Bewohner.

Lenz *(Łęczyca Pomorska)*, Kr. Saatzig. Ein breites Fenster unterbricht die Ostwand der spätmittelalterlichen Findlingskirche. Ihr Turm weist über einem massiven Unterbau ein hölzernes Obergeschoß auf, überragt von einem stark geschweiften Helm. Der geschnitzte barocke Kanzelaltar von 1712 war zusätzlich mit Figuren eines mittelalterlichen Schreinaltars verziert. An der Wand hing ein gut gearbeitetes spätgotisches Kruzifix mit 0,50 m hohem Korpus.
In L. lebten 1939: 708 Einwohner.

Lettnin *(Letnin)*, Kr. Pyritz, 1276 erstmals als Besitz des Camminer Domstifts genannt, war mit seinen giebelständigen Bauernhäusern noch recht altertümlich anzusehen. Hier stand das älteste Haus des ganzen → Weizackers, das Gehöft des Kossäten Propp.
Den Innenraum der Kirche, ein Granitquaderbau des 13. Jh., überspannte eine Holztonne. Nach einem Brand von 1743 wurde der Turm in Fachwerk erneuert; eine Barockspitze überragt ihn jetzt. Der Renaissancealtar aus der Zeit um 1600 zeigt im Mittelfeld das fast vollrund geschnitzte Abendmahl, in den Flügeln die Apostel in zwei Reihen. Im Oberteil zeigte ein Bild den Propheten Jonas und den Walfisch. Eine Heiligenfigur, der die Beine bis zum Knie abgeschnitten waren, trug die geschnitzte Barockkanzel. 1945 benutzten die Russen die Kirche als Pferdestall und zerstörten die Einrichtung vollständig.
L. hatte 1939: 734 Bewohner.

Levenhagen, Kr. Greifswald, am Südrand des ehemaligen Boltenhäger Teiches, einem Überschwemmungsgebiet des Ryck, angelegtes Dorf.

Gestühl in der Kirche zu Leine

1280 wird es erstmals urkundlich genannt, als das Kloster Eldena das Kirchenpatronat übertragen erhielt. Vermutlich ist das Dorf aus dem 1248 erwähnten „Cyrcinogh“ hervorgegangen. In der zweiten Hälfte 15. Jh. wurde L. Wallfahrtsort; Wallfahrten sind noch bis 1633 nachgewiesen. Die 1280 genannte St. Marienkirche ist in ihren Fundamenten ergraben worden.
In der zweiten Hälfte 14. Jh. wurde der jetzige Backsteinbau mit polygonal geschlossenem Chor begonnen. Das spätgotische Schiff mit Kreuzrippengewölbe kam nach 1400 hinzu; eine Marienerscheinung und ein Hostienwunder erforderten diese Erweiterung. Der Turm ist als Fachwerkbau im 16. Jh. errichtet worden.
In die zwölf Seiten der Kuppa des Taufsteins, 14. Jh., aus gotländischem Kalkstein sind die Apostelfiguren eingeritzt. In die Ostfenster sind rautenförmige Kabinettscheiben von 1630/40 eingelassen, die Greifswalder Professoren gestiftet hatten. 1964 bis 1968 wurden in den Gewölben von Chor und Schiff mitelalterliche und barocke Ornamente und an der Westwand des Schiffes Fresken des Schweißtuches der Veronika, einer Mutter Gottes mit Jesuskind und des Evangelisten Johannes, zweite Hälfte 15. Jh., freigelegt.
Neben dem Eingang zum Friedhof steht die am Ort

Freischulzenhaus Lettnin, erbaut 1650

Taufstein aus Levenhagen, 14. Jh.

des Erscheinungswunders errichtete spätgotische kreuzrippengewölbte Kapelle der Hl. Jungfrau Maria, erste Hälfte 15. Jh., 1922 zu einer Kriegergedenkstätte umgebaut; heute ungenutzt.

Lichtenhagen *(Ględowo)*, Kr. Schlochau, Kirchdorf, 1326 vom Deutschen Orden gegründet. Der Komtur Heinrich von Grobitz stellte die Handfeste aus und verlieh dem Pfarrer vier Hufen. 1617 erneuerte sie der polnische König auf Antrag der Schulzen Dietrich und Semrau.
Die St. Marienkirche, ein Back- und Feldsteinbau, stammt noch aus der Ordenszeit; 1888 umfassend renoviert.
L. hatte 1939: 707 Bewohner.

Lichtenow *(Licheń)*, Kr. Friedeberg, 1337 mit 104 Hufen gegründet. Die Güter L. und Breitenwerder erwarb 1763 der Geheime Oberfinanz-, Kriegs- und Domänenrat Franz Balthasar Schönberg von Brenckenhoff; er hatte Netze- und Oderbruch urbar gemacht. König Friedrich Wilhelm II. überließ 1787 die Güter der Gräfin Marianne Diederike von der Mark, seiner illegitimen Tochter. 1797 gingen sie in den Besitz ihrer Mutter, Wilhelmine Gräfin von Lichtenau, geb. Enke, über. Das Rittergut brannte 1945 ab. Vor dem Altar der Pfarrkirche wurde 1780 Brenckenhoff beigesetzt.
In L. lebten 1939: 487 Einwohner.

Liepe, Kr. Usedom-Wollin, gehört auf dem Lieper

Kirche in Liepe

Winkel zu den abgeschiedensten Orten der Insel → Usedom. Trotzdem wurde der Lieper Winkel 1187 erwähnt, als Herzogin Anastasia, Witwe Herzog Bogislaws I., ihn dem Prämonstratenserkloster → Grobe schenkte. Eine Kirche war schon 1216 gebaut; 1251 war sie „St. Johannes evangelista“ geweiht. Pfarrer Johannes war 1229 an ihr tätig. Der heute vorhandene turmlose Bau wurde um 1500 aus Findlingen und Backsteinen errichtet. An den Wänden zeigen sich Spuren einer alten Bemalung: so hinter dem Altar eine Kreuzigungsszene, von recht ungeübter Hand ausgeführt; an der Südwand zeugt ein Weihekreuz—einmalig auf der Insel—vom Besuch eines katholischen Bischofs.
1939 hatte L. 208; 1980: 300 Bewohner.

Liepen, Kr. Anklam. Das Dorf „Lipz“ im Lande Mitzeritz verlieh 1222 Herzogin Ingardis dem Benediktinerkloster → Stolpe. 1490 waren Michael Koster und sein Nachfolger Nikolaus Masendorp Pfarrer in L.
Die Dorfkirche besteht aus einem Langhaus aus Granitquadern, 13. Jh., einem jüngeren Backsteinchor, um 1400, und einem 1885 erbauten Turm. Der beschädigte Ostgiebel ist durch eine große Kreuzblende und Spitzbogenblende reich gegliedert. Die Sakristei zeigt eine ähnliche Blendengliederung. Chor und Schiff schließt eine Balkendecke ab, die Sakristei ein Kreuzgewölbe.
Über dem Altar steht auf barocker Steinkonsole die Kanzel, erste Hälfte 17. Jh.; an deren Brüstung sind Schnitzreliefs der Evangelisten angebracht. An der Wand hängen Mittelschrein und Flügel eines spätgotischen Schnitzaltars, 16. Jh. Im Schrein steht die Mutter Gottes zwischen der hl. Barbara und einem Bischof, in den Flügeln stehen Apostelfiguren.

Liepgarten, Kr. Ueckermünde. 1241 bestätigte Bischof Konrad III. dem Prämonstratenserkloster Grobe den halben Zehnt aus L. Hier übergab 1270 Herzog Barnim I. dem später nach Jasenitz verlegten Augustiner-Chorherrenkloster zu Ueckermünde das Patronat der Kirche. Auf dem Friedhof verletzte ein Hirsch Herzog Bogislaw X. schwer.
Er soll auch die Kirche als spätgotischen Backsteinbau, 15. Jh., erbaut haben. Turm und Fachwerkoberbau mit barocker Spitze auf massivem Unterbau stammen—nach der Jahreszahl in der Wetterfahne zu schließen—aus dem Jahre 1774. In den Kanzelaltar sind spätgotische Schnitzfiguren, Anfang 16. Jh., aus Lindenholz eingefügt worden, darunter eine Madonna, St. Petrus und zwei Bischöfe. Das Taufbecken ist eine sorgfältige Messingarbeit der Renaissancezeit.
L. hatte 1939: 1185 Bewohner.

Kirche zu Liepgarten

Jasmunder Bodden bei Lietzow

Lietzow, Kr. Rügen, kleiner Ort zwischen dem Kleinen und Großen Jasmunder Bodden, durch prähistorische Funde bekannt. In der Nähe liegt eine jungsteinzeitliche Feuersteinschlagstätte, an der sich neben unzähligen Abfallstücken sehr viele Feuersteingeräte fanden, die der Lietzower Kulturstufe zuzurechnen sind.

1314 wird das Dorf erstmals erwähnt. Im 16. Jh. bis 1695 bestand der ganze Ort aus zwei Höfen, in denen der Fährmann und ein Schiffer lebten. 1868 wurde ein Eisenbahn- und Straßendamm aufgeschüttet, der Jasmund mit der Hauptinsel verbindet und den Großen vom Kleinen Jasmunder Bodden trennt. Um 1868 ließ sich der Architekt des Dammes ein Schlößchen erbauen, eine getreue Kopie des Schlößchens Lichtenstein im Echaztal bei Reutlingen. Dieses wiederum war 1839 unter dem Eindruck des 1826 erschienenen Romans „Lichtenstein" von Wilhelm Hauff errichtet worden.

1939 hatte L.: 367; 1980: 600 Einwohner.

Linde *(Lipka),* Kr. Flatow. Hier wurde eine bronzezeitliche große, am Hals mit Fingernageleindrücken verzierte Urne gefunden. 1376 wird „Lyppa" bzw. „Lypa" erstmals urkundlich genannt. 1618 wohnten hier elf Bauern und vier Gärtner. Das Dorf gehörte zur Herrschaft Flatow. Seit 1871 wuchs der Ort infolge des Bahnbaus der Preußischen Ostbahn und wurde zur Eisenbahnstation für Preußisch Friedland und Marktflecken.

Im 16.—17. Jh. gab es hier eine 1699 zur katholischen Kirche geweihte Kapelle. Die evangelische Gemeinde baute in den 30er Jahren eine moderne Backsteinkirche.

Aus dem Umland gingen Saatkartoffeln bis ins Ruhrgebiet und nach Holland. Eine Stärkefabrik verarbeitete die restlichen Kartoffeln. Baustoffwerke, eine Ziegelei und eine Molkerei waren weitere Betriebe. Überregionale Bedeutung gewann die Steinobst- und Beerenweinkelterei Dr. Joh. Schliemann. In den 80er Jahren des 19. Jh. wurde auf dem Freigut die erste elektrisch angetriebene Dreschmaschine Preußens eingesetzt.

L. hatte 1939: 1613 Bewohner. 1983 Großgemeinde *(Gmina)* von 191 qkm Fläche mit 5720 Einwohnern.

Lindenberg, Kr. Demmin. 1300 wurde dem Kloster Ivenack der Besitz des Dorfes bestätigt. 1592 erbaute Herzog Ernst Ludwig die Findlingskirche, als er die Pfarre von Kenzlin hierher verlegte.

Der reich geschnitzte Spätrenaissancealtar von 1650 zeigt eine vergoldete Kreuzigungsszene im Mittelfeld. Über einem ausladenden Gesims im Obergeschoß erscheint die Himmelfahrt Christi. Altarschranken, Gestühl und Kanzel von gleicher Quali-

Kirche in Linde

tät stammen aus der gleichen Zeit. Bei der Restaurierung 1956 wurden Wandmalereien von 1597 im Chor freigelegt. In architektonisch gerahmten Feldern sind biblische Szenen gemalt.
1939 hatte L. 273 Einwohner.

Löcknitz, Kr. Ueckermünde. An einer wichtigen Übergangsstelle über das Randowtal liegt der schon in wendischer Zeit angelegte Marktflecken, 1212 erstmals erwähnt, als Thomas de Lokenitz wahrscheinlich Kastellan war. 1267 gehörte es zu den Tafelgütern des Camminer Bischofs. Die Familie von Heydebrek war 1416 im Besitz des Burglehens. Als Burgort an der brandenburgisch-pommerschen Grenze war er ständig gefährdet. 1468 eroberten ihn die brandenburgischen Markgrafen. Im Prenzlauer Vertrag von 1472 und später 1479 wurde den Markgrafen der Besitz von L. bestätigt. Markgraf Albrecht Achilles belehnte 1479 Werner von der Schulenburg mit der erblichen Hauptmannschaft des Schlosses, das bis 1688 im Besitz der Familie verblieb. 1557 lebte hier Joachim von der Schulenburg, reichster Edelmann Deutschlands. Um 1817 kam L. nach Pommern zurück. Wenige Tage vor Kriegsende 1945 wurde L. zu zwei Dritteln durch Bomben zerstört. Bis 1950 gab es hier eine Kreisverwaltung des „mecklenburgischen" Kreises Randow.
Auf einer flachen Erhebung am westlichen Ende des Fleckens lag unmittelbar an dem Straßenübergang über das Randowtal die alte pommersche Burg, etwa 14. Jh., die zu der Burgenlinie an Randow und Uecker gehörte. Nur der Bergfried blieb erhalten. Daneben bauten die von der Schulenburg 1554 ein

Ansicht aus Löcknitz

Ostgiebel der Kirche zu Loist

Schloß, das im Dreißigjährigen Krieg häufig seine Herren wechselte und so verfiel. 1851 wurden darin Mietwohnungen eingerichtet und das Gebäude dem Besitzer der Schloßbrauerei zur Nutzung überlassen. Im Herbst 1985 wurden die Reste des Schlosses gesprengt; nur noch der Bergfried ist erhalten.
In L. lebten 1939: 2676; 1980: 3900 Einwohner.

Lohme, Kr. Rügen. Im Norden der Halbinsel → Jasmund liegt auf 70 m hoher Steilküste das bereits 1250 vom Papst dem Zisterzienserinnenkloster → Bergen bestätigte Bauerndorf. 1374 tauschte es Heinrich von Jasmund gegen seine Güter in (Wüst) Zwerow ein. Östlich L. lag „Radio Rügen", die Nachrichtenstation für die Fisch- und Handelsflotte der DDR.
1939 hatte L.: 1146; 1980: 1200 Einwohner.

Loist *(Łozice),* Kr. Pyritz. 1298 übertrugen Herzog Bogislaw IV. und Otto I. L. dem Kloster Gramzow in der Uckermark. 1947 wird über L. berichtet: „keine Lebewesen, alles ist tot."
Hinter einer Findlingsmauer mit drei besonders schönen Backsteinportalen erhebt sich die spätgotische Findlingskirche mit einem von Blenden gegliederten und Fialpfeilerchen besetzten Backsteingiebel. Auf den in ihrem Grunde geputzten Blenden waren noch um die Jahrhundertwende Reste einer

alten Bemalung in Rot, Blau, Braun und Grün zu erkennen. Die Wetterfahne auf der Barockhaube des hölzernen Turms zeigte die Jahreszahl 1723.
Altar und Kanzel aus der Barockzeit waren miteinander verbunden. Statt Säulen hatte er Blumengewinde. Auf seiner Rückseite stand zu lesen: „Heinrich Hottenkerel Bilthauer in Mohrin hat Altahr und Tauffengel verfertigt Anno 1730 den 14 Octob., auch vergüldet so fort."
1939 hatte L. 351 Bewohner.

Loitz, Kr. Grimmen, Städtchen auf einer pleistozänen Platte inmitten vermoorter Schmelzwasserrinnen am linken Ufer der → Peene. Seine Bewohner sangen den Spottvers gegen die Nachbarstadt:

„In Grimmen, da will's nicht stimmen;
aber in Lötz, da geht's!"

Ursprünglich war es wohl ein wendisches Dorf mit Burganlage. 1128 bekehrte Wartislaw I. L. mit Gewalt zum Christentum und zerstörte nebenbei die Burg. Kaiser Friedrich I. übertrug 1170 das Land Losize dem Bistum Schwerin. Erstmals wird der Ort 1194 erwähnt, den 1242 Detlev von Gadebusch, Herr des Landes Mecklenburg und des Fürstentums Rügen, mit lübischem Stadtrecht bewidmete. Seit 1245 stand die Stadt unter pommerscher Hoheit. Im Templiner Vertrag 1314 trat Markgraf Waldemar

Kirchhofsportal Loist, Straßenseite

Steintor und St. Marien zu Loitz

von Brandenburg seine Rechte als Oberlehnsherr an Fürst Witzlaw III. von Rügen ab.
Das Schloß war um 1315 erbaut worden, nach 1325 erhielt die Stadt eine Mauer. Ab 1592 gehörte die Stadt zum Leibgedinge der Herzoginwitwe Sophie Hedwig, die sich um ihr Wohl verdient machte. Neben wirtschaftlicher und künstlerischer Förderung gründete sie eine Apotheke. Da in L. kein Arzt vorhanden war, schrieb sie selber Rezepte für die Kranken. Während des Dreißigjährigen Krieges starb sie. Um 1696 wurde ihr Schloß zerstört. Nach 1800 dehnte sich die Stadt nach Nordosten aus. 1815 verlor L. seine Verwaltungsfunktionen und sank zu einer unbedeutenden Landstadt herab.
Von der mittelalterlichen Stadtbefestigung ist nur noch das Steintor, 14. Jh., aus Feld- und Backstein erhalten. Das obere Geschoß wurde nach dem Stadtbrand von 1701 erneuert.
Der Kern der St. Marienkirche reicht bis um 1210 zurück. Im 17. und 19. Jh. wurde die dreischiffige Hallenkirche ohne Chor mehrfach instandgesetzt und verändert. Aus der spätromanischen Bauzeit stammt die Granittaufe mit vier plastischen Köpfen am Becken. Elias Keßler aus Stralsund schuf um 1725 den 1810/11 stark veränderten Altar.
Die St. Jürgenkapelle auf dem Friedhof stammt aus dem Jahre 1619.

Das klassizistische Rathaus wurde 1785 als zweigeschossiger Bau mit flachem Mittelrisalit und Dreiecksgiebel errichtet.
Fürst Wartislaw IV. überließ 1325 der Stadt das Patronat über die Schule und die Küsterei. Neben Klipp-, Neben- und Winkelschulen gab es im 17./18. Jh. auch eine Lateinschule. Ein Stundenplan von 1620 befand sich im Kirchenarchiv.
1906 verband die normalspurige Kleinbahn L., Toitz und Rustow.
Neben Ackerbau und Viehzucht spielt noch das Eisenbahnschwellen-Dübelwerk eine Rolle. Die Stärke- und Zuckerfabrik, die Torfbrikettfabrik und die Maschinenfabrik hatten vor 1945 fast nur örtliche Bedeutung. Heute ist der größere Teil der Beschäftigten als Auspendler in Betrieben der Nachbarstädte angestellt.
L. hatte 1939: 5107; 1980: 5800 Einwohner.

Lontzkedüne *(Łącka Góra)*. Auf der 17 km langen schmalen Nehrung zwischen Ostsee und → Lebasee liegt die bekannteste Wanderdüne Pommerns. Die eigentliche Düne, 42 m hoch, in ihrem Kern 500 m lang, nimmt die ganze Breite der Nehrung ein. Der angeschwemmte Sand wurde seit etwa 1400—1500 von westlichen Winden zu Barchandünen (Wollsäcken) aufgeweht. Jüngere, kleinere Dünen bewegen sich schneller, holen die größeren ein und schließen sich zu gigantischen Wanderdünenmassen zusammen. Auf einer Fläche von etwa 22 ha liegen 17 Mio. t Feinsand, der sich pro Jahr etwa 12 m weiter nach Osten bewegt. Wälder, Moore, Siedlungen wie Lontschen, das im 18. Jh. auf Karten verzeichnet war, oder Alt-Leba werden von den Dünenmassen begraben. Auf ihrer Rückseite treten submarin das zusammengepreßte Verlandungsmoor und weite Stubbenfelder ehemaliger Wälder ans Tageslicht. Bei stärkerem Wind „raucht" die Düne: Abermillionen Sandkörner werden in den hinter ihr liegenden Wald und See hineingeweht. Bis heute ist es noch nicht gelungen, die Düne festzulegen. Während seines Aufenthalts in → Leba hat *Max Pechstein* diese urtümliche Landschaft häufig in seinen Bildern dargestellt. Seit 1966 sind die Dünen Mitte des *Słowinski-Nationalparks.*

Löwitz, Kr. Anklam. Der bedeutendste Ort im → Grafenwinkel ist seit 1962 wieder eine selbständige Gemeinde. Seit 1250 gehörte das Gebiet den Grafen von Schwerin. 1684 wurde auf Schloß L. der spätere Generalfeldmarschall Kurt Christoph Graf von Schwerin als jüngster der vier Söhne des Schloßhauptmanns Ulrich von Schwerin geboren; 1757 fiel er in der Schlacht bei Prag.
Vor dem Schloß, einem stattlichen Renaissancebau, stand das Denkmal des Generalfeldmarschalls; nach 1981 gesprengt.
Die Dorfkirche ist ein Findlingsbau unbestimmbaren Alters mit einem kleinen Backsteindachturm. Die Renaissancekanzel aus Eichenholz ist mit

Loitzer Zeitung.
Erscheint wöchentlich dreimal, Dienstag, Donnerstag und Sonnabend.
Vierteljahrespreis frei ins Haus 1.10 Mark, durch die Post bezogen 1.35 Mark.
Bestellungen nehmen entgegen alle Postanstalten, jeder Landbriefträger und die Expedition.
Gratisbeilage: „Illustrirtes Sonntagsblatt".
Inserate finden in Stadt und Land die größte Verbreitung.
Annahme der Inserate bis Montag, Mittwoch und Freitag 11 Uhr Vormittags.
Anzeigen an sämmtliche Zeitungen Deutschlands befördert die Expedition der „Loitzer Zeitung" zu den Originalpreisen der betr. Blätter ohne Porto- und Spesenberechnung.
Amtliches Anzeigeblatt für die Stadt Loitz.
Verantwortliche Redaction, Druck und Verlag von Adolph Willert in Loitz.
18. Jahrgang. Dienstag, den 15. Mai 1900. Nummer 56.

Neuigkeiten bringt die Loitzer Zeitung

Schloß Löwitz

Schnitzereien reich verziert; in einer oberen Reihe von Feldern sind die vier großen Propheten, in der unteren die Evangelisten gemalt.

Lubmin, Kr. Greifswald. 1271 wird „Lubemyn" als Ort des Kirchspiels Wusterhusen genannt. Herzog Bogislaw IV. übergab ihn 1309 dem Zisterzienserkloster Eldena. Fischerdorf, seit 1886 Seebad, liegt zwischen hohen Dünen und teilweise im Hochwald. Seit 1928 besitzt es eine 200 m lange Seebrücke. Die Dorfkirche ist ein Neubau von 1957. Noch bis in unser Jahrhundert pflegten die Fischer die Teppichknüpferei.
Seit 1973 ist der erste Reaktor des Kernkraftwerks „Bruno Leuschner" in Betrieb. Ende 1974 wurde der Reaktor II fertiggestellt. 1990 letzter Reaktorblock wegen Sicherheitsmängel stillgelegt.
L. hatte 1980: 1650 Einwohner.

Lübsow *(Lubieszewo),* Kr. Greifenberg, 1280 erstmals urkundlich erwähnt, als es der Stadt Greifenberg übereignet wurde. Bekannt ist es durch Gräber aus der römischen Kaiserzeit, in denen zwei silberne Becher mit Doppelhenkel, zwei flache Glasschalen, eine aus 86 einzelnen Teilen zusammengesetzte Scharnierfibel aus Gold und Silber (Grab 1), eine große zweihenklige Schüssel aus Bronze (Grab 2) und eine goldene Bommel, Reste eines Spiegels, Stoffreste und Gewebestücke (Grab 3) gefunden wurden.
1939 hatte L. 198 Einwohner.

Lübtow *(Lubiatowo),* Kr. Pyritz. Bei dem am nordwestlichen Ende des Plönesees gelegenen Dorf sind in Pfahlbauten neolithische Werkzeuge gefunden worden. Erstmals wird es 1235 urkundlich genannt. Die Herzöge Kasimir IV., Swantibor III. und Bogislaw VII. verkauften 1372 L. dem Zisterzienserkloster Kolbatz.
Den getrennt stehenden Holzturm der Dorfkirche, ein spätgotischer Findlingsbau, krönt eine achteckige Barockhaube. Blenden gliedern Ost- und Westgiebel des Langhauses; den Ostgiebel überragen fünf Fialen.
Der geschnitzte barocke Kanzelaltar trug noch seine alte Bemalung. Der Bildhauer Frantzen aus Stargard hatte 1730 den Kanzelkorb geschnitzt und J. P. Paschen, ebenfalls aus Stargard, ihn 1731 „gemahlet und verguldet". Ein bemaltes Renaissance-Kalksteinepitaph mit Flachrelief war Ritter Ludecke von Schöning und seinem mit neun Jahren verstorbenen Sohn Curt Ludwig durch Anna von der Marwitz gesetzt worden.
Das Dorf hatte 1939: 206 Einwohner.

Lübzin *(Lubczyna),* Kr. Naugard, Dorf am → Dammschen See, bestand schon im 13. Jh. als wendischer Ort, in dem in der zweiten Hälfte 13. Jh. deutsche Bauern angesiedelt wurden. 1274 ließ Herzog Barnim I. eine Fährverbindung zwischen Stettin und „Lubbetzin" einrichten. Herzog Otto I. übertrug 1303 die Rechte des Dorfes auf Johann Wussow und seinen Onkel Plate; aber erst im 16. Jh. kam es in den Besitz der Familie von Wussow. Aus wüst gewordenem Bauernland bildete man einen Wussowschen Gutshof. 1723 kaufte der preußische

Römischer Silberbecher aus Lübsow

König das Gut auf und schuf eine Domäne.
1939 hatte der Ort 1440 Einwohner.

Luckow, Kr. Ueckermünde, seit 1782 in adligem Besitz: Gutsherrschaft Vogelsang.
Die Fachwerkkirche wurde 1725 mit einem Turm über dem Westgiebel errichtet. Der Chor ist siebenseitig geschlossen; an der Nord- und Südseite größere Anbauten angefügt. Den einfachen barocken Kanzelaltar umgeben kreisförmige Altarschranken. Die Glocken hat der Sage nach ein Eber bei Dammgarten aus dem Boden gewühlt. Noch heute klingen sie wie: „Suborg—Dammgoren."
1939 hatte L. 796 Bewohner.

Lüdershagen, Kr. Franzburg-Barth, im Westen des Kreises gelegen, 1278 im Besitz der Stadt Stralsund. L. besitzt eine frühgotische zweischiffige Backsteinkirche mit Turm aus der zweiten Hälfte 13. Jh. Im 14. Jh. Anbau des Chors und Einwölbung des Langhauses; seit 1390 ist die Kirche dem hl. Georg geweiht. 1959 wurden im Chor Reste der gotischen Gewölbemalerei freigelegt: ein Gnadenstuhl mit Maria und Johannes dem Täufer sowie zwei Heiligen. In den Fenstern gibt es 22 kleine Kabinettscheiben von 1686 und 1724, auf die in Schwarz und Gelb Reiter, Fuhrwerke und Heilige gemalt sind.
L. hatte 1939: 882 Einwohner.

Fachwerkkirche in Luckow

Epitaph derer von Schöning in Lübtow (1615)

Ludwigsburg, Kr. Greifswald. In der Gemeinde Loissin liegt Schloß L. Herzog Ernst Ludwig übergab 1577 das Dorf Darsim—1207 dem Kloster Eldena überwiesen—seiner Gemahlin Sophia Hedwig von Braunschweig als Leibgedinge, nannte es L. und ließ ihr einen Witwensitz erbauen. Sie überlebte ihn um fast 40 Jahre.
Vermutlich stand der Bau schon 1592. Im Dreißigjährigen Krieg und im Russischen Krieg wurde er beschädigt. Der dreigeschossige Baukörper besitzt in der Mitte kurze Querflügel. Das Hauptportal im Süden mit seitlichen Karyatiden, Mitte 17. Jh., ist flachbogig überwölbt.
Im Erdgeschoß befanden sich die Wirtschafts- und Bedienstetenräume; das Hauptgeschoß enthielt einen Vorsaal mit der ursprünglichen Balkendecke und weitere zum Teil noch mit Renaissanceornamenten ausgemalte und mit Stuck verkleidete Räume. 1945 ging die Ausstattung verloren. 1953 wurden im Obergeschoß Deckenmalereien des 17. Jh. überstrichen und seidene Tapeten und gemalte

Landschaftstapeten, 19. Jh., beseitigt. Im Schloß richtete man Wohnungen ein.
Östlich des Schlosses liegt die St. Nikolauskapelle von 1708. Ein kleiner Fachwerkturm überragt die Westwand. Aus gleicher Zeit stammt der reich geschnitzte hölzerne Kanzelaltar, wohl von Elias Keßler. Ein achtarmiger Messingkronleuchter stammt aus dem Vorgängerbau von 1578.

Lugetal *(Stara Wiśniewka),* Kr. Flatow. In der Grundmoränenlandschaft liegt das 1491 erstmals erwähnte „Wysznyewska". Anfang 19. Jh. lag neben dem Dorf ein herrschaftliches Gut. 1913 erhielt der Ort den Namen L.
Die St. Annakirche war nach einer Inschrift „fund. 1647" in jenem Jahr aus Eichenbalken erbaut worden, der neben der Kirche stehende Glockenturm 1653 errichtet. Der barocke Altar hat zwischen zwei gewundenen, mit Weinlaub umrankten Säulen als Mittelbild die thronende Mutter Gottes mit Jesuskind.
Die Einwohnerzahl betrug 1939: 668.

Luggewiese *(Lubowidz),* Kr. Lauenburg, schon 1437 erwähntes Dorf, am Südrand des → Leba-Rheda-Urstromtals. Im 16. Jh. gehörte es teilweise in adligen Besitz. L. besaß außer zwei Seen sehr viel Wiesenland im 1779 trockengelegten Tal. Die Ortsteile L.-Bruch und L.-Brück an der Lebabrücke wurden damals angelegt.
Bekannt ist L. durch seine prähistorischen Funde.

Kirche zu Lüdershagen

St. Annakirche in Lugetal

1937—1939 hat man einen eisenzeitlichen Friedhof mit 300 Skelettgräbern ausgegraben, bei denen noch die Erdverfärbungen der Holzsärge zu erkennen waren. In einem der Gräber kam ein prachtvoller Bernsteinstab aus der römischen Kaiserzeit zum Vorschein—ein Kuriosum: dieser nach 1945 erhalten gebliebene Stab ist nicht an der Ostsee angefertigt, sondern von Römern in Aquileia, am Ende der Bernsteinstraße, gedrechselt und von Händlern wieder zurückgebracht worden.
1939 hatte L. 1131 Bewohner.

Lupow *Łupawa),* Kr. Stolp, Dorf neben der Wasserburg Canitz an der Lupow. Schon um 1300 kam es in den Besitz der Familie von Zitzewitz. 1494 wird eine Pfarrkirche unter dem Patron Laurentius Puttkamer aus Losszin erwähnt. 1590 lebten in L. nur 14 Bauern. Joachim Ernst von Grumbkow, Generalkriegskommissar, kaufte 1683 das Gut, baute einen Herrensitz und erwirkte von Kurfürst Friedrich III. die Rechte einer Mediatstadt. Dennoch ist L. nur ein Flecken mit einem höheren Anteil an Handwerkern geblieben.
Mittelpunkt der Herrschaft L. war das feste, im Dreißigjährigen Krieg zerstörte Haus Canitz. J. E. von Grumbkow erbaute ein Herrenhaus, dem ein zweistöckiger Bau mit Mittelrisalit angefügt wurde.

Kirche von Luggewiese

Nach 1945 diente es einer polnischen Güterdirektion als Sitz; erst Anfang der 80er Jahre abgebrochen.
Die Backsteinkirche hat 1772 Philipp Wilhelm von Grumbkow mit drei Patronatslogen auf beiden Seiten erbaut; darunter befanden sich Erbbegräbnisse. Über den Logen waren Wappen in Rokokoornamenten angebracht. Etwa um 1680 entstand der stattliche Kanzelaltar.
Trotz seiner geschichtlichen Bedeutung war L. nicht an die Eisenbahn angeschlossen.
1939 hatte L. 740 Einwohner.

Lupow *(Łupawa)*, 120 km langer Küstenfluß, entspringt in 114 m über NN im Großen Wobbrower See, durchfließt den → Jassener See und schlängelt sich nach Nordwesten durch die Grundmoränenlandschaft zum → Garder See, in den sie ein großes Delta vorschiebt. Sie durchfließt den See und mündet zwischen → Rowe und Klein Rowe in einem gewundenen Lauf in die Ostsee. Bei Schojow hat man eine ehemalige Mühle zu einem Wasserkraftwerk umgebaut. Das Einzugsgebiet der L. umfaßt 939 qkm.

Lüskow, Kr. Anklam, ehemaliges Gutsdorf, seit 1962 nach Butzow eingemeindet. 1344 wird L. bei einem Streit zwischen dem Zisterzienserkloster Stolpe und dem Ritter Nikolaus und den Knappen Nikolaus und Hardolf von Lüskow erstmals genannt.
Die Dorfkirche ist ein spätgotischer Back- und Feldsteinbau mit einem zu zwei Dritteln in das Schiff eingezogenen Turm. Sein Mittelgeschoß aus Backstein gliedern schlanke Blenden. Das Fachwerkobergeschoß mit Pyramidendach und Wetterfahne wurde 1789 vollendet.

Lüssow, Kr. Greifswald, bereits 1228 erwähnt.
Die Kirche, ein spätgotischer Backsteinbau mit Chor, wird 1487 als Hl. Kreuzkirche genannt. Der Glockenturm steht auf der Südseite, der Westanbau diente als Gruftkapelle. Die schwere Kassettendecke wurde wohl 1878 eingezogen.
Elias Keßler aus Stralsund schuf 1725 den Altar mit Schnitzfiguren im Mittelfeld; die Kreuzigung vor gemaltem Wolkenhintergrund, Christus mit Wundmalen, kreuztragender Christus und Johannes der Täufer. In der Predella befindet sich eine Kopie von Leonardo da Vincis „Abendmahl". Vor dem reich geschnitzten Altargitter steht ein barocker Taufengel.
In der zweiten Hälfte 19. Jh. wurde das Gutshaus als zweigeschossiger Backsteinbau mit hohem Turm

Kirche in Lupow

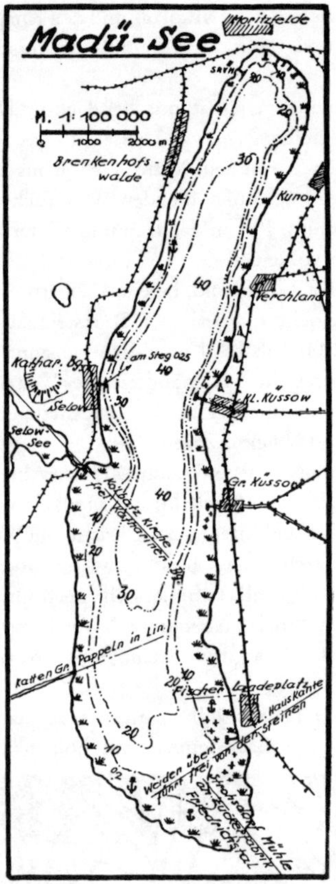

Der Madüsee

und welscher Haube errichtet; auf seiner Rückseite sind zwei Rundtürme mit Kegeldächern vorgebaut.

Lutzig *(Stare Ludzicko),* Kr. Belgard, liegt nordwestlich Bad Polzin.

Über dem Westgiebel der kleinen alten Fachwerkkirche erhebt sich ein Dachreiter. Der Altar enthält Mittelstück und Seitenteile eines spätgotischen Flügelaltars, eingefaßt von einem Renaissancerahmen. In der Mitte ist die Mutter Gottes mit dem Jesuskind zu sehen, flankiert von zwei Heiligen. In den Flügeln befinden sich Reliefs volkstümlicher biblischer Szenen, um 1500.

L. hatte 1939: 349 Bewohner.

Mackensen *(Chocielewko),* Kr. Lauenburg, Dorf am Nordrand des Lebatals, wo der Brenckenhoffkanal beginnt; gebildet aus den Gutssiedlungen Chotzlow und Vitröse. Chotzlow wird bereits im 14. Jh. urkundlich erwähnt. Die ältesten Besitzer aus der Familie von Pirch traten hier im 16. Jh. auf. Vitröse, 1402 genannt, war gleichfalls alter Pirchscher Besitz. 1912 Parzellierung beider Güter; 69 Siedlerstellen eingerichtet. 1915 Zusammenfassung dieser Orte unter dem Namen M., nach dem Generalfeldmarschall August von Mackensen (1848 bis 1945).

Bereits 1640 gab es eine lutherische Kapelle, die Georg von Pirch erbauen ließ. 1926 Einweihung der Feldsteinkirche als Gedächtniskirche der Armee Mackensen.

Unweit der Landstraße liegt der Hexenstein, ein 3 m langer, 2,20 m breiter, über dem Erdboden 1,10 m hoher Findling.

Dieser Ort hatte 1939: 545 Einwohner.

Madüsee *(Jezioro Miedwie),* 36 qkm großer Grundmoränensee westlich Stargard, 14 m über NN, größte Tiefe 42 m. Schon 1220 urkundlich „Meduzi" oder „Medue". Seine tiefste Stelle ist wohl von Schmelzwassermassen ausgestrudelt worden, als sie vom Gletscher dem Weizackerstausee zuflossen. Aus der Nacheiszeit können wir eine Reihe von Uferlinien um den See verfolgen und sie mit der Entwicklung der → Ostsee in Verbindung bringen. Die in 16,50 m Höhe gelegene Linie entspricht dem Yoldiameer, die bei 15 m dem Ancylussee und die bei 14,50 m dem Litorinameer. Um Christi Geburt lag der Wasserspiegel bei 14 m über NN. Die alten Siedlungen Werben und Selow liegen 18 m über NN; um 1200 hat also der Wasserspiegel unter 18 m gelegen. Die Kolbatzer Mönche können für diesen Wasserspiegelanstieg verantwortlich gewesen sein, zumal sie den See aufgestaut hatten. Der heutige Wasserstand bei 14,10 m über NN ist durch die Ab-

senkung von 1770 um 8 Fuß entstanden. Auf den dadurch gewonnenen 8500 ha Land konnten 150 Familien in acht Dörfern siedeln.
Am Seeboden breitet sich eine graue Schlammschicht aus, die bis zu 75 v.H. aus kohlensaurem Kalk (Seekreide) besteht. Im See findet man auch kugelige oder knollige Körper mit 1—14 mm Durchmesser. Ihr schaliger Aufbau zeigt oft metallischen Glanz, denn ihre Hauptbestandteile sind Eisen- und Manganoxyd sowie Kieselsäure.
Berühmt war der M. durch seinen Fischreichtum, besonders durch die von den Kolbatzer Äbten geschätzten Madümaränen (Coregonus Maraena), die nur noch im Schalsee im Kreis Lauenburg und im holsteinischen Selenter See heimisch waren. Zoologisch bilden sie eine Variante der Ostseemaräne bzw. des Ostseeschnäpels. In der Tiefe des Sees entdeckte man zwei kleine blinde Krebsarten, ein Relikt der Litorinazeit.

Malchow *(Malechowo)*, Kr. Schlawe, schon 1274 in Urkunden erwähnter Ort, als Fürst Witzlaw II. von Rügen, dem ein Teil des Schlawer Landes als Pfandbesitz gehörte, das Dorf dem Kloster Buckow schenkte. Ein weiterer Teil des Dorfes kam 1288 in den Besitz der Zisterziensermönche; sie tauschten ihn gegen die Dörfer Ubedel und Kurow im Kreis Köslin mit Bischof Hermann von Gleichen.
Anfang 15. Jh. wurde die gotische Dorfkirche gebaut. Den Ostgiebel gliedern neun schlanke Blenden; in der Wand darunter ist ein roh gearbeitetes Weihwasserbecken eingemauert. Im 18. Jh. vereinigte man Altar und Kanzel zu einem großen Barockbau. Ein gut erhaltener spätgotischer Flügelaltar mit Spuren einstiger Vergoldung hatte die Zeiten überdauert. Im Mittelfeld standen drei Heiligenfiguren, in den beiden Flügeln je sechs in zwei Geschossen.
In M. lebten 1939: 807 Bewohner.

Marienfließ *(Marianowo)*, Kr. Saatzig. Am Nonnenbach im Waldgebiet zwischen Uchtenhagen und → Enzigsee gründete 1248 Herzog Barnim I. das Zisterzienserinnenkloster „Aller Heiligen und besonders der göttlichen Maria" und stattete es mit 600 Hufen aus. Fünf seiner Vasallen fügten dem noch 500 Hufe hinzu. Eine rege Siedlungstätigkeit setzte ein, innerhalb kurzer Zeit waren acht Dörfer angelegt. 1535 Säkularisierung des Klosters, das ein Brand samt Kirche 1549 vernichtete. 1551 hatte sie die Familie von Wedell bereits wieder errichtet. Auf Beschluß des Wolliner Landtages 1569 in ein adliges Fräuleinstift umgewandelt; es blieb dies bis 1944.
Um 1600 lebte hier Sidonia von Borcke, lange Zeit Priorin des Klosters. Aus verschmähter Liebe soll sie angeblich das Herzogshaus verflucht haben: „Verdorren solle es und von dieser Welt verschwinden." Nachdem Herzog Philipp II. und sein Bruder Georg, ohne Söhne zu hinterlassen, gestorben waren, erinnerte sich Herzog Franz, der dritte der Brüder, bei dem wie bei den beiden noch verbliebenen Brüdern männlicher Nachwuchs nicht zu erwarten war, daß Sidonia von Borcke womöglich dem Herzogshause übel wolle und sich mit dem Teufel verbündet habe. Mit ihrer Vertrauten und Magd festgenommen, wurde diese 1619 am Teufelssee lebendig verbrannt. Sidonia, 84jährig, wurde nach einem Hexenprozeß 1620 auf dem Rabenstein vor Stettin enthauptet und verbrannt. Hinter der Klosterkirche wurde zu ihrem Gedenken eine Eiche, die Sido-

Stiftskirche Marienfließ vor 1890

Orden der Stiftsdamen von Marienfließ

nieneiche, gepflanzt; sie ging nach 1945 ein.
Die Klosterkirche St. Marien und Allerheiligen ist ein einschiffiger langgestreckter Backsteinbau von 1551, Turm von 1892. Das Schiff überspannt eine flache Balkendecke; auf sieben bemalten Balken steht eine lange Bauinschrift. Der mittelalterliche Flügelaltar trägt Bilder aus der Passionsgeschichte. Ein zweiter — Renaissanceschnitzaltar von 1690 — stand im Klosterchor. Die auf einer Mosesfigur ruhende, weiß, gold und blau bemalte Barockkanzel hatte die Priorin B. C. von Strauß 1726 gestiftet. Nach 1945 wurde auf dem Dachboden der Kirche ein bisher unbekanntes Holzkreuz mit Korpus aus dem dritten Viertel 13. Jh. gefunden. Noch bis 1931 wurde die Kirche nur mit Kerzen und Petroleumlampen beleuchtet.
Das Dorf M. hatte 1939: 1031 Einwohner. 1983 Großgemeinde *(Gmina)* von 101,7 qkm Fläche mit 3409 Einwohnern.

Marienthron *(Świątki),* Kr. Neustettin. Am Südende des → Streitzigsees, auf dem sogenannten Mönchsberg, gründeten 1356 nach der großen Beulenpest die Herzöge Bogislaw V., Barnim IV. und Wartislaw V. das Augustiner-Eremitenkloster als Tochter der Stargarder Mönche. Es war zum „Seelgerät" ihrer Eltern Wartislaw IV. und Elisabeth, geb. Herzogin von Schlesien, 1362 in Rügenwalde gestiftet worden. Herzogin Elisabeth, Gemahlin Bogislaws V. und Sophia, Gemahlin Barnims IV., wurden in der Klosterkirche Maria-Cell (1361 und 1364) begraben. Nach einem Überfall neumärkischer Ritter stellte Markgraf Johann II. von Brandenburg 1471 das Kloster unter seinen Schutz.
Der Marienthroner Mönch Paulus Klotze, gebürtiger Neustettiner, kam 1519 nach einem Studium in Wittenberg nach M. zurück, wurde verhaftet und nach Stettin gebracht. Herzog Bogislaw X. ernannte ihn zum Rentmeister des Neustettiner Amtes. 1536 wurde er erster evangelischer Pfarrer in Neustettin. Während der Reformation ging das Kloster ein, seine Gebäude wurden abgetragen. 1579 durften sich die Neustettiner Steine für den Bau ihres Kirchturms brechen. Östlich des Gutshofs wurden einige Backsteine von Gewölberippen des 15. Jh. gefunden — die einzigen Reste dieses Klosters.

Marienwalde *(Bierzwnik),* Kr. Arnswalde. Auf einer Anhöhe am See gründeten 1286 die Markgrafen Otto und Konrad das Kloster „Silva" oder „Nemus S. Mariae" als Ersatz für dem Kloster Kolbatz zugefügten Schaden und zum Gedächtnis an ihre Eltern. Die Kolbatzer Zisterziensermönche besetzten dieses mit 500 Hufen ausgestattete Tochterkloster. Um 1294 zog der Konvent unter seinem ersten Abt Johannes in das neue Kloster. Es schien sich nicht wie gewünscht zu entwickeln. 1340 beschloß der Konvent, nach Kolbatz zurückzukehren. Markgraf Ludwig konnte die Mönche in M. halten. 1341—1345 wurden die Klostergebäude völlig umgebaut; 1347 fielen sie einem Brand zum Opfer. Der Neubau war 1360 fertiggestellt. Im Laufe der nächsten Jahrzehnte gelang es dem Kloster, die meisten Dörfer im Süden des Kreises Arnswalde an sich zu bringen. Noch 1534 konnte Abt Antonius Ländereien bei Lämmersdorf erwerben. Ende 1538 wird das Zisterzienserkloster letztmals urkundlich erwähnt.
Johann von Küstrin hob 1549 das Kloster auf und wandelte dessen Besitz in das Amt M. um. 1607 wurde am Amtssitz eine landesherrliche Glashütte er-

richtet, die bis 1825 in Betrieb war. Im 17. Jh. baute der Kurfürst von Brandenburg die Klostergebäude in ein Jagdschloß um. Im 18. Jh. legte Friedrich der Große neben dem Amt und der Glashütte das Dorf M. an.
Der Backsteinbau der Klosterkirche stammt in seiner ursprünglichen Anlage aus dem 14. Jh.; seit dem Dreißigjährigen Krieg Ruine, sie diente als Steinbruch. 1814 wurde der eigenwillige Chorbau für gottesdienstliche Zwecke eingerichtet und zu einem Zwölfeck mit Balkendecke ausgebaut. Von der alten Kirche sind nur noch zwei Joche des nördlichen Seitenschiffs und Teile der südlichen Seitenschiffsmauer erhalten.
Von den Klostergebäuden waren der östliche und südliche Flügel erhalten und als Wohnungen genutzt. Ein „Speicher" 15. Jh., blieb ebenfalls mit einem gotischen Treppengiebel erhalten. 1945 wurde M. stark zerstört. Der Speicher brannte aus. Die Kirche wurde nach Beschädigung wiederhergestellt.
M. hatte 1939: 1290 Einwohner. 1983 Großgemeinde *(Gmina)* von 238,9 qkm Fläche mit 4952 Einwohnern.

Marienwerder *(Załęże)*, Kr. Pyritz. Herzog Barnim I. schenkte 1264 dem Kloster Gramzow in der Uckermark das Dorf Blyersdorf; dabei wird M. erstmals erwähnt. 1289 gelangte M. in den Besitz des Uckermärker Klosters.
Die Dorfkirche ist ein Granitquaderbau, 13. Jh., mit einem ganz aus Quadern aufgemauerten Ostgiebel; 1875 ausgebaut. Sie erhielt über dem Westgiebel einen Fachwerkturm.
Tabakanbau („Knaster"): Die getrockneten Tabakblätter wurden zu langen Strängen zusammengedreht und zu Rollen geflochten. Als „Marienwerderscher" kaufte ihn die Landbevölkerung. Die Raucher schnitten ihn sich pfeifengerecht zu: ein „starker Tobak", vorwiegend bei der Feldarbeit geraucht. Wegen seines nicht angenehmen Geruchs hatten ihn die Hausfrauen aus den Häusern verbannt.
421 Einwohner lebten 1939 in M.

Märkisch Friedland *(Mirosławiec)*, Kr. Deutsch Krone, liegt in einem breiten Talzug, dort, wo der „Landgrafenweg" sich mit der „Königsstraße" von Kolberg zur Netze kreuzte. Der Ort erhielt wahrscheinlich 1303 Stadtrechte, 1314 haben sie die Brüder Heinrich und Johann von Wedell für „Nova Vredeland" erneuert. Als Lokatoren traten die Brüder Nikolaus und Johannes Knobelsdorf auf. Die Wedell schlossen 1333 einen Verteidigungsvertrag mit der Stadt gegen Polen ab. Trotzdem fiel 1368 die Stadt an Polen. 1409 stand ein Ordensheer vor der Stadt und besetzte sie. 1466 mußte sich M. F. wieder Polen unterwerfen. 1543 trat die Gutsherrschaft mit der gesamten Bürgerschaft zum Protestantismus über; eine evangelische Kirche wurde erbaut. Aus der katholischen St. Magdalenenkirche wurde 1550 der Altar nach Knakendorf verkauft. Die Familie von Blankenburg übernahm 1581 die Stadt. Es begann ein größerer Zuzug von Juden, da Heinrich von Blankenburg sie wegen ihres Schutzgeldes als willkommene Steuerzahler aufnahm. Ein Stadtbrand 1719 vernichtete Kirche, Schule und das Schloß der Grundherren. Vorübergehend ließen sich 1726 Jesuiten nieder.
Der Name M. F. trat erstmals 1783 auf. Im 19. Jh. wanderten sehr viele Juden — etwa die Hälfte der

Chor der ehem. Klosterkirche Marienwalde

Schloß Märkisch Friedland

Bevölkerung — nach Berlin ab; daher soll es zu einer Häufung des Namens „Friedländer" bei Berliner Juden gekommen sein. Entlang der Ausfallstraßen vor den Toren entstanden vorstadtartige Häuserreihen, seit 1900 auch zum Bahnhof hin. Gut und Schloßgelände kaufte 1928 die Stadt.

Sehr viele Häuser der Stadt bestanden aus Eichenfachwerk mit breiten, schön gearbeiteten Toren. Eine evangelische Kirche wurde 1543 gebaut, das heutige Gebäude aber stammt von 1721, ihr Turm von 1885.

1900 Anschluß der Stadt an das Eisenbahnnetz, Strecke Kallies—Falkenburg.

Bis ins 19. Jh. war M. F. als Grenzstadt eine alte jüdische Handelszentrale, besonders für Wolle, Getreide, Leder, Tuch und Seile. Warenzüge gingen bis Berlin, Leipzig, Frankfurt/Oder, Posen. Im 20. Jh. war es Ackerbürgerstädtchen mit etwas Holzindustrie und Viehhandel.

1939 hatte M. F.: 2707; 1983: 2430 Einwohner.

Marthe *(Martew)*, Kr. Deutsch Krone, 1331 und 1337 wird in der Gründungsurkunde von Tütz „Marta" als wüst bezeichnet. Um 1370 war das Dorf schon ausgebaut. Grundherr wurde die Familie von Wedell aus Tütz. 1731 lebte in M. ein hochwüchsiger Schäferknecht, den der Unteroffizier Petrich, ein preußischer Werber in Balster, auf polnischem Gebiet für seinen König fing. Graf Micielski aus Tütz überfiel das preußische Balster und nahm Petrich gefangen. Preußische Truppen wurden über die Grenze in Marsch gesetzt, und 4500 polnische Soldaten marschierten im Tützer Land auf. Fast hätte es wegen des Schäferknechts einen Krieg gegeben. Graf Micielski mußte wegen des Überfalls auf Balster Abbitte leisten und Unteroffizier Petrich frei lassen; dafür bekam er seine von preußischen Soldaten gefangengenommenen Leute mit dem Schäferknecht zurück.

Die Dorfkirche war wohl schon 1370 vorhanden. Nach dem Brand von 1625 wurde erst 1680 die Kirche aufgebaut und im Brandenburgischen ein Altar gekauft.

Vor dem Zweiten Weltkrieg stand am Südende des Dorfes eine schätzungsweise tausendjährige, innen hohle Eiche; ihr Besitzer nutzte sie als Abstellraum.

M. hatte 1939: 359 Bewohner.

Marzdorf *(Marcinkowice)*, Kr. Deutsch Krone. 1107 eroberten Polen die Gegend mit der Burg Bitom, dem Schloßberg auf einer Halbinsel im → Großen Böthinsee. Ein pommerscher Vogt beherrschte von hier aus die ganze Umgegend. 1337 war das Dorf schon gegründet. Seit 1609 befand sich M. im Besitz der Familie von Wedell aus Tütz. Ein Brand vernichtete 1610 das ganze Dorf. 1810 gehörte es der Familie Grabski. Die damalige Dorfstraße

Märkisch Friedland, Toreinfahrt

war der Laubenweg vom Park zum Dreetzsee; da aber Frau Grabski hier keine Bauernhäuser mochte, ließ sie die Bauern 3 km weit auf die Feldmark übersiedeln. So entstand 1820—1823 das Bauerndorf Königsgnade.
Herrenhaus und Gutsgebäude lagen auf einer Seite der Dorfstraße, ein gepflegter Park schloß es gegen die Feldmark ab.
Im Winkel zwischen Dorf- und Gutsstraße steht die wahrscheinlich 1655 erbaute Kirche. Nach anderen Informationen soll sie 1680 als Fachwerkbau errichtet worden sein. Der 30 m hohe Kirchturm ist ein weithin sichtbares Landzeichen.
1939 hatte M. 519 Einwohner.

Massow *(Maszewo)*, Kr. Naugard, auf einem Hügel an der Stepenitz, die durch eine weite Wiesenniederung fließt. Südlich der Stadt erstreckt sich der Warsower See. Etwa 0,5 km westlich erhebt sich der „Schloßberg" mit etwa 20 m hohen Steilhängen. Darauf befand sich ein wendischer Burgwall, der schon 1334 verlassen war. Die Familie von Massow, die hier ihren Stammsitz hatte, gab auch den Burgflecken auf. Eine Neugründung entstand durch deutsche Ansiedler. 1233 war ein Bertram an der St. Marienkirche (vor 1232) als Pfarrer tätig. Bereits 1274 war M. eine deutsche Stadt (oppidum), der 1278 der Camminer Bischof Hermann von Gleichen Magdeburger Recht verlieh. Dieses wurde

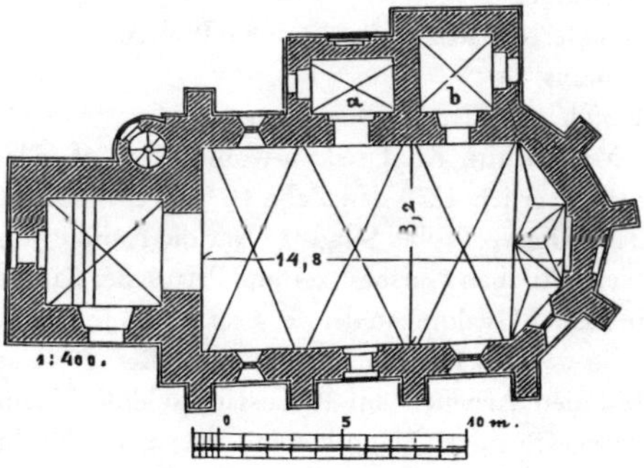

Grundriß der katholischen Kirche in Marzdorf

Franzosenturm in Massow

1286 in lübisches Recht umgewandelt. Zur Sicherung erhielt M. 1286 eine Palisadenwehr, die im 14. Jh. einer Ringmauer mit Wiekhäusern weichen mußte.
Bis 1451 unterstanden Land und Stadt M. den Camminer Bischöfen. Seit 1679 war sie Besitz des Grafen Ludwig Friedrich zu Wied. 1784—1786 wurden der Doppelwall abgetragen, der Graben zugeschüttet und 1868 die Tore abgerissen. Die Stadtmauer aus Findlingen mit einem Rundturm des Naugarder Tores ist erhalten geblieben.
Die St. Marienkirche ist 1258 als dreischiffige Hallenkirche mit einschiffigem Chor neu erbaut worden. Der Turm stammt vom Vorgängerbau; das Untergeschoß besteht aus 16 Schichten Granitquadern. 1819 brannte der Turm durch Blitzschlag völlig aus; 1868 wiedererrichtet.
Nordwestlich der Stadt steht die im 15. Jh. erbaute Kapelle des St.-Georg Hospitals.
1903 Anschluß an Gollnow durch die Naugarder Bahnen.
Die Wirtschaft umfaßte Ackerbau und Handwerk, dazu kamen Verarbeitungsbetriebe wie Mühlen, Sägewerke und unbedeutende Baustoffindustrie. M. war Geschäftszentrum für das Umland.
1939 hatte M.: 3828; 1983: 2937 Einwohner.

Meesiger, Kr. Demmin, Dorf am östlichen Hochufer des → Kummerower Sees. 1255 schenkte Herzog Wartislaw III. „Mezegure" dem nahen Kloster → Verchen.
Die Dorfkirche ist ein rechteckiger Findlingsbau aus dem 17. Jh. mit spätgotischem Turm, dessen Glockengeschoß von zweiteiligen Spitzbogenfenstern durchbrochen wird. Um 1700 hat ein dörflicher Meister den Altar geschnitzt und bemalt. Im Mittelfeld steht die Schnitzfigur des Christus am Kreuz; Maria und Johannes sind gemalt.
M. hatte 1939: 423 Bewohner.

Megow *(Mechowo Pyrzyckie),* Kr. Pyritz, Gutsweiler, 1227 von Herzog Barnim I. dem Prämonstratenserinnenkloster in Treptow verliehen. 1277 überließen die Erben des Gerhard Gransoge ein Burglehen von sechs Hufen in M. dem Augustinerinnenkloster in Pyritz. Seit dem 14. Jh. saß auf dem Gut die Familie von Schöning.
Die Kirche ist ein Backsteinbau, 13. Jh.; angebauter Turm von 1861. Sie gehört zu den ersten Steinbauten dieser Gegend. Die Renaissancekanzel trägt in einem Feld das plastische Wappen der Küssow mit der Inschrift „Peter Kusso 1604".
Peter Ferdinand Sigismund von Schöning baute an der Stelle einer älteren Wasserburg nach 1849 sein

Meesiger, Turmverzierung der Kirche

Schloß Mellenthin, Spätrenaissance-Kammin

Herrenhaus. Es überdauerte den Zweiten Weltkrieg und diente zunächst als Wohnung für polnische Siedler.

Mehrenthin *(Mierzęcin),* Kr. Friedeberg, Gutsdorf am Mehrenthiner Fließ am Rande eines sich südlich erstreckenden großen Waldgebietes.
1337 erhielt Margarete von der Osten, Ehefrau des Betken von der Osten, M. als Leibgedinge. Bis ins 16. Jh. saßen auf dem Rittergut die von Grame als Lehnsempfänger der Brandenburger Kurfürsten, darunter 1571 Asmus der Ältere, der fast 100 Jahre alt wurde.
Das Herrenhaus, 19. Jh., in einem Park ist ziemlich verwahrlost.
1939 lebten hier 386 Bewohner.

Mellenthin, Kr. Usedom-Wollin. Bischof Hermann verlieh 1270 den Zehnten von „Mildotitz" dem Kloster Grobe. Seit 1336 war die Familie von Neuenkirchen Gutsbesitzer und Patron der Kirche in M. auf Usedom, an der der Capellanus Johannes tätig war. Bis 1669 blieb M. in ihrem Besitz.
Mit den Arbeiten am Renaissanceschloß, einem zweigeschossigen Hauptbau mit zwei Seitenflügeln auf einer künstlichen Insel, wurde 1575 begonnen, vermutlich vom Baumeister des Stettiner Herzogs-

Schloß Mellenthin auf Usedom

schlosses. In der mit einer Stichkappentonne überwölbten Erdgeschoßhalle steht ein bemerkenswerter stuckverzierter Kamin von 1613. In dem Stuckfries ist eine Sage dargestellt: „Wie der Teufel mit dem Besitzer davonfährt". Das Schloß ist zum Teil in Wohnungen aufgeteilt.
Die Kirche gehört zu den ältesten der Insel. Schon um 1330 war der kreuzrippengewölbte Chor aus Granitquadern errichtet. Das Backsteinlanghaus stammt aus spätgotischer Zeit, desgleichen der obere Teil des durch Blenden reich gegliederten Ostgiebels und der Westturm. Das Tonnengewölbe des Schiffes ist aus Holz gefertigt.
Die Kanzel entstand 1650, der Altar ist 100 Jahre jünger. Vom Erbauer des Schlosses, Rudiger von Neuenkirchen und seiner Ehefrau, ist in der Kirche 1594 der Grabstein aus Kalkstein mit bemaltem Relief aufgestellt worden.
1931 wurden im Chorgewölbe Fresken von etwa 1420—1430 freigelegt. Stark beeindruckt die Darstellung des Jüngsten Gerichts auf der südlichen Gewölbekappe, wo der Erzengel Gabriel die von Ketten umschlossenen Verdammten in den Höllenrachen treibt. In diesen Bildern finden sich Anklänge an die Malereien der Stralsunder Marienkirche.
1939 zählte M. 225 Einwohner.

Mellentin *(Mielęcin Wałeckie)*, Kr. Deutsch Krone, 1337 erstmals erwähnt; allerdings wurde nur berichtet, daß die Gegend lange wüst gelegen hätte. Von 1410 stammt die Nachricht, daß in M. seit langer Zeit eine Pfarre bestanden habe; der Pfarrer sei aber mit der ganzen Gemeinde fortgezogen, da sie sich in M. nicht mehr ernähren konnte. 1594 wurde mit Hilfe Schlopper Bilderstürmer die Dorfkirche verwüstet.
Die Wände des Schiffes der Holzkirche von 1756 sind mit waagerechten Brettern, der unten quadratische und oben achteckige Turm mit senkrechten Brettern verkleidet.
In M. wohnten 1939: 630 Menschen.

Mickrow *(Mikorowo)*, Kr. Stolp, Kirchdorf, schon 1491 erwähnt. Bis 1732 war es alter Puttkamerscher Lehnsbesitz.
Anfang des 19. Jh. wurde eine völlig schmucklose Fachwerkkirche mit Dachreiter erbaut, aus dem Vorgängerbau der Kanzelaltar, auf dem zwei große Säulen den Schalldeckel tragen, übernommen. Ein früher vorhandenes Taufbecken kam ins Stettiner Museum für Altertumskunde.
Aus der Mitte 18. Jh. stammt das eingeschossige Herrenhaus von Christian Ernst von Münchow; großer nüchterner Anbau im 19. Jh.
M. hatte 1939: 458 Bewohner.

Middelhagen, Kr. Rügen, ehemaliger Hauptort auf der Halbinsel → Mönchgut südlich von Göhren. 1252 erwarb Kloster Eldena das Land Reddevitz von Fürst Jaromar II.; seitdem „Mönchgut" genannt. Wahrscheinlich vor 1300 wurde der „Hagen"

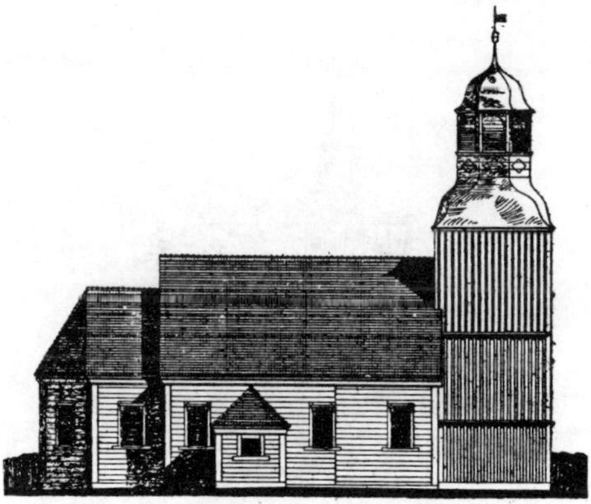

Dorfkirche zu Mellentin

angelegt und bald in Großhagen, Middelhagen und Lütthagen aufgeteilt.
Die St. Katharinenkirche, ein spätgotischer Backsteinbau mit polygonalem Chor, ist im 15. Jh. entstanden. Erneuerung des Westgiebels in der Barockzeit; ein hölzerner Dachturm aufgesetzt. Auf flachen Wandpfeilern ruht das Kreuzrippengewölbe des Innenraumes.
Von etwa 1480 stammt einer der wenigen auf Rügen erhaltenen St. Katharinen-Flügelaltäre. Im Mittelschrein stehen die Schnitzfiguren der hl. Katharina, dreier Apostel und eines Bischofs. An den Innenflügeln sind Reliefs mit Szenen aus dem Leben der Heiligen angebracht, auf die Außenseite acht Szenen aus ihrem Martyrium gemalt. Die Außenseiten der Außenflügel tragen Bilder der hl. Katharina und der hl. Barbara.
1939 hatte M. 313 Einwohner.

Mienken *(Dominikowo),* Kr. Arnswalde. 1569 wird das „neuerbaute" Dorf mit 56 Hufen erwähnt; unmittelbarer Nachfolger des im Landbuch als wüst bezeichneten „Daminiken".
In der schlichten Kirche stammt ein Holzrelief mit der Darstellung der Erschaffung Evas, des Sündenfalls und der Vertreibung aus dem Paradies von 1608. An der Orgelempore befanden sich biblische Szenen in naiver Bauernmalerei gemalt.

Fachwerkkirche in Mickrow

Grabstein Blessing in Middelhagen (1831)

In M. wohnten 1939: 646 Menschen.

Misdroy *(Międzyzdroje),* Kr. Usedom-Wollin, bedeutendstes Seebad der Insel an der Nordwestküste → Wollins, wo der westliche Dünenteil an den eiszeitlichen Kern der Insel anstößt. Die Moränenhügel — Kaffeeberg mit 68 m Höhe, Gosanberg mit 95 m, Geweberge 115 m — schützen M. vor den kalten Ostwinden.
Um 1550 wird das Fischerdorf „Mizze drawe" erwähnt; 1554 war es Eigentum der Dompropstei Cammin. In einem Tauschvertrag gelangte 1579 die ganze westliche Insel in den Besitz des Landesfürsten.
1830 erschienen die ersten Badegäste, und seit 1835 entwickelte sich ein geregelter Badebetrieb. 1850 kamen in das 317 Einwohner große Dorf bereits 500 Badegäste. M. wurde zum vornehmsten Ostseebad; hierher kamen Generalpostmeister Stephan, Professor R. Virchow und der spätere Kaiser Friedrich III. 1870 wurde das Dünengelände im Westen parzelliert und bebaut. Als Attraktion entstand 1885 der erste Seesteg; 1906 auf 360 m verlängert. 1913 zerstörte ihn eine Sturmflut. Der heutige Seesteg stammt aus dem Jahre 1921. 1838 zählte man in M. 412950 Fremdenübernachtungen. 1945 Erhebung zur Stadt; 1975 nach Swinemünde eingemeindet; M. ist Kurort der staatlichen polnischen Bäderver-

Kanzelaltar in der Kirche zu Mienken

waltung mit abgegrenztem Erholungsbezirk.
Auf der Königshöhe wurde 1862 die Kirche erbaut. Den Zustrom der Feriengäste sicherte die 1899 errichtete Eisenbahnstrecke von Wollin nach M. 1869 war an der Laatziger Ablage eine Schiffsanlegestelle ausgebaut worden—für den direkten Dampferverkehr nach Stettin.
1939 lebten in M. 4145 Einwohner, 1971: 6000.

Mönchgut. Die südöstliche, 11 km lange, bis über 5 km breite Halbinsel → Rügens besteht aus mehreren pleistozänen Inselkernen: dem größeren zwischen Göhren und Alt Reddevitz, dem kleineren mit Groß Zicker und dem 66 m hohen Bakenberg, zwei ganz kleine bei Lobbe und dem 38 m hohen Südperd bei Thiessow. Sie bildeten in der Nacheiszeit eine Inselgruppe, die heute durch Dünen und Wiesen zu einer etwa 30 qkm großen Halbinsel verbunden sind.
Gegen die Hauptinsel hin ist M. durch ein 40—50 m hohes, etwa 4 km langes Binnenkliff abgegrenzt, das nach Osten über Göhren als Kliff zum Nord-Perd ins Meer reicht. Umfangreiche Schutzmaßnahmen bewahren es vor Abspülung. Im steinreichen Strand liegt der „Buskam", einer der größten Findlinge Norddeutschlands. Die Niederungen zwischen den Inselkernen dienten häufig als Sturmflutrinnen. Durch Küstenschutzmaßnahmen entstand hier der „Große Strand". → Thiessow hat Bedeutung als Lotsenstation. Daher müssen eine Steinmauer und Buhnen die Südspitze des Kerns schützen.
Weit in die Ostsee hineinreichende Steinriffe am Nord- sowie Süd-Perd sind Hinweis für die umfangreichen Abtragungsvorgänge seit der Litorinatransgression (5500—2000 v. Chr.).
1252 kam Kloster → Eldena in den Besitz des Landes Reddevitz, das man „dat Mönke-" oder „Mönnicke Gaudt" nannte. 1360 erwarb das Kloster auch das Land Zicker. Deutsche Bauern wurden auf die Insel geholt, anfänglich aus der Paderborner Gegend. Innerhalb des Eldenaer Klosterbesitzes nahm M. eine Sonderstellung ein. 1373 erlaubte das Generalkapitel den Mönchen und Konversen (Laienbrüdern), „die auf der vom Meer rings umgebenen und nur mit Lebensgefahr zu erreichenden Grangie" lebten, den Genuß von Fleisch.
In dieser etwas abgelegenen Gegend konnten sich Eigenarten der Sprache, Tracht und Gebräuche bis ins 20. Jh. erhalten. Vieles von dieser eigenwilligen Bauern- und Fischerkultur ist im Museum in → Göhren zu besichtigen.
Die Männertracht bestand aus einer bis zur Wade reichenden weißen Leinenhose, dazu eine kurze, doppelreihig knöpfende Jacke, eine gestreifte Weste mit perlbesticktem Brustlatz.
Die Frauen trugen einen langen schwarzen Rock mit hellblauem Saum, Schürze, schwarzes Mieder

Kaffeeberg in Misdroy

Bauernhaus auf Mönchgut

mit perlbesticktem Brustlatz und stumpfkegelförmige Bandhaube. 1959 starb die letzte Mönchguterin, die noch regelmäßig ihre Tracht getragen hatte.

Mönchow, Kr. Usedom-Wollin. 1177 verlieh Herzog Bogislaw I. das Dorf „Munichow" auf Usedom mit einem Fischwehr dem Kloster Grobe. 1437 suchte die Stadt Friedland das Dorf mit Raub und Brand heim. 1928 in die Stadt Usedom eingemeindet.

Die Dorfkirche reicht bis ins Mittelalter zurück. Der Unterbau des Turmes wurde im Spätmittelalter aus Findlingen und Backsteinbrocken gebaut, das Fachwerkobergeschoß im 17. Jh. errichtet; das Kirchenschiff hingegen ist ein flachgedeckter Backsteinbau.

Von Ende 15. Jh. stammt der sehr gute Schnitzaltar, wahrscheinlich aus einer Stralsunder Werkstatt. Eine Hängekrone aus Bronze für sechzehn Kerzen, mit einem hl. Georg zu Pferd am oberen Ende des Schaftes, wurde 1653 gegossen.

Morgenitz, Kr. Usedom-Wollin. Das Domkapitel von Cammin übergab vor 1310 das Dorf „Merginevitz" dem Prämonstratenserkloster Pudagla.

Um 1320 wird in M. eine Kapelle als Tochter der St. Paulskirche in Usedom genannt; 1423 zur Pfarrkirche erhoben. Inmitten eines von einer Findlingsmauer umgebenen Kirchhofs steht die kleine spätmittelalterliche Backsteinkirche. Den Kirchenraum überspannt ein hölzernes Tonnengewölbe von 1894. 1764 stürzte das Kirchendach ein und zerstörte die mittelalterliche Einrichtung. Mitte 18. Jh. wurde der barocke Altar mit gedrechselten Säulen und drei 1777 von einem Usedomer Maler gemalten Tafelbildern aufgestellt.

In einer Gruft unter dem Altar steht der kupferne Prunksarg des schwedischen Obristen Paul Werdiger von Borcke. Auf dem Friedhof gibt es viele eiserne Grabkreuze des 19. Jh. Ein Kreuz von 1882 berichtet von einer fast hundertjährigen Frau, die in ihrem Leben 95 Nachkommen sah — Kinder, Enkel.

1939 lebten in M. 411 Einwohner.

Möringen *(Mierzyn),* Groß Stettin. Seit 1233 waren die Herren von M. in Pommern ansässig; 1261 im Rat des Herzogs Barnim I. Der Stettiner Bürger Johannes von Brakel übernahm 1305 den Besitz vom Camminer Bischof Heinrich von Wachholz. 1397 kam es in den Besitz der Kartause „Gottesgnaden" in Grabow in Stettin. 1939 nach Groß Stettin eingemeindet.

Die Dorfkirche ist ein Granitquaderbau, 13. Jh. In der Ostwand befinden sich noch die drei schlanken Spitzbogenfenster der Bauzeit. Den Giebel beherrscht eine Kreuzblende. Der Oberbau des Turmes besteht aus Fachwerk mit einem geschwungenen Helm.

Müggenburg, Kr. Anklam, Gutsdorf, seit 1962 nach Neuenkirchen eingemeindet.

Taufschüssel von Mönchow

Inmitten eines Sees liegt ein mittelalterlicher Bergfried der Burg der Familie Nienkerken. In der zweiten Hälfte 18. Jh. standen noch Ruinen der Burg. Um 1890 wurde um den Turm ein neuer Schloßbau errichtet, der Vorsaal frühgotisch ausgestaltet. Nach 1945 teilte man das Schloß in Einzelwohnungen auf.

Mühlenbeck *(Śmierdnica),* Groß Stettin. Im südöstlichsten Zipfel der Stadt liegt in der → Buchheide das 1283 dem Kloster Kolbatz bestätigte Dorf. Sein pomoranischer Vorläufer war 1179–1181 „Zmirdinza". Um 1240 war daneben das deutsche Dorf angelegt worden; es erhielt in der zweiten Hälfte 13. Jh. den Namen M. 1939 nach Groß Stettin eingemeindet.

Von der Kirche, einem spätmittelalterlichen Findlingsbau, stehen nur noch die Süd- und Ostwand; die anderen durch Fachwerk ersetzt. In der Ostwand des Altarraums befindet sich eine spitzbogige Nische mit einer alten, eisenbeschlagenen Tür aus Eichenholz. Der Altar aus der Hochrenaissancezeit wurde laut Inschrift 1599 geschnitzt und bemalt. Die Gestühle von 1574 waren mit Intarsienimitationen auf Papier beklebt.

Mukran, Kr. Rügen. An der Prorer Wiek liegt das schon 1318 erwähnte M. Die Brüder von Putbus verkauften 1330 ihren Untertanen 16,5 Hakenhufen und legten die erforderlichen Abgaben fest. 1352 kam der Ort in den Besitz des Hl.-Geist-Klosters in Stralsund und verblieb dort bis ins 19. Jh.

Dorfkirche zu Morgenitz

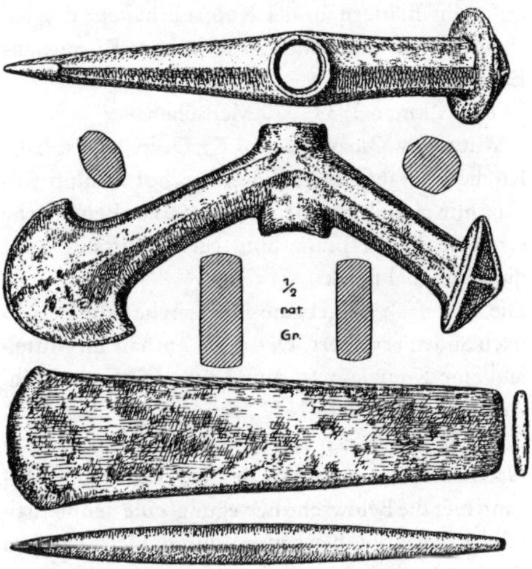

Verwahrfund von Mühlenbeck

Während des Dritten Reiches wurde mit dem Bau des gigantischen „Kraft-durch-Freude-Bades Rügen" begonnnen und eine eigene Eisenbahnstrecke von Lietzow nach Binz mit Haltepunkt M. gebaut. Nach 1945 wurde M. zum Hafen ausgebaut, von dem eine Eisenbahntrajektverbindung nach Memel hergestellt wird. Am 2.10.1986 wurde der Güterverkehr mit der Zweideckfähre „Mukran", die 103 vierachsige Breitspurwagen tragen kann, aufgenommen. Durch die Elektrifizierung der Eisenbahnstrecke bis Dresden und die Anbindung Memels an die zweite Transsibirische Eisenbahn erhält diese Fährverbindung erhebliche Bedeutung.

Mulkenthin *(Małkocin),* Kr. Saatzig, an der Asch, einem Nebenbach der → Ihna; hier war 1490 Joachim Dowetze als Pfarrer tätig. 1598 brannte die Kirche aus; erst 1854 erneuert.

Der spätgotische Findlingsbau behielt am Ostgiebel seine charakteristischen großzügigen Bauformen. Den Turm gliedern zweiteilige lange Blenden; er endet in einem in Mittelpommern seltenen Satteldach. Von der alten Ausstattung blieb eine Kalksteintaufe

mit sechs Blättern an der Kuppa erhalten; desgleichen ein Kruzifix mit 0,70 m hohem Korpus aus Eichenholz.
In M. wohnten 1939: 370 Menschen.

Mützenow *(Możdżanowo)*, Kr. Stolp. 1374 soll die Kirche als Taufkapelle durch Bischof Philipp von Cammin geweiht worden sein; 1490 zur Pfarrkirche erhoben. Pastor Franz Splittgerber verfaßte 1874 die Kirchenchronik.
Die mehrfach umgebaute Dorfkirche wurde 1615 nach Süden erweitert. Der Altar enthält im Mittelfeld eine Kreuzigungsgruppe aus der Mitte 15. Jh. Aus der Zeit 1617—1622 stammen die bemalten Glasscheiben in den Fenstern der Ostwand.
Nach Informationen aus der Kirchenchronik begann hier die Belowsche Bewegung, eine neupietistische Erweckungsbewegung, durch Heinrich von Below, Gutsbesitzer auf Seehof bei Pennekow.
Neben der Landwirtschaft wurde bei M. noch 1857 Bernsteingräberei betrieben.
Klaus Granzow (1927—1986) Schauspieler und Schriftsteller. 1976 Preisträger des Pommerschen Kulturpreises.
1939 lebten in M. 393 Bewohner.

Nassenheide *(Rędziny)*, Kr. Ueckermünde, unmittelbar östlich der Oder-Neiße-Grenze; in der

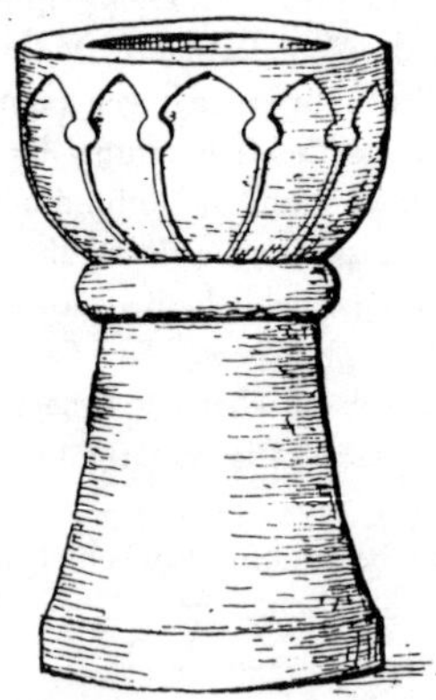

Taufe in der Pfarrkirche zu Mulkenthin

Turm zu Mützenow

Nähe mittelalterliche Ziegelbrandgrube mit einzelnen Steinen. Der Ort muß im Dreißigjährigen Krieg wüst geworden sein. Reste einer zerstörten Kirche von Ende 16. Jh. sind in das 1858 erweiterte Herrenhaus eingebaut; die gewölbte Sakristei dient als Haupteingang. Den Südflügel ließ der letzte Graf Lepell für seine Sammlungen nach 1786 erbauen.
Das Gutsdorf hatte 1939: 240 Bewohner.

Naugard *(Nowogard)*, Kreisstadt, liegt zwischen dem Großen und Kleinen See—dieser wurde 1822 abgelassen. Auf einer Halbinsel im Kleinen See lag ein wendischer Burgwall; um 1260 zu einer Burg ausgebaut. Das „Land Nowgarde", seit alters in herzoglichem Besitz, kam 1248 durch Schenkung an das Bistum Cammin. Bischof Hermann von Gleichen gab 1274 Burg und „Stettlein Novgard" seinem Neffen Graf Otto von Eberstein zum Lehen. Um 1290 wurden Deutsche zur Besiedlung ins Land gerufen. Lübisches Stadtrecht seit 1309.
Eine 5 m hohe und 1,50 m starke Mauer aus Feld- und Backsteinen umschließt die Stadt. Außerhalb der Mauern, auf dem „Kietz", siedelten die Wenden. Bis 1663 waren die Grafen von Eberstein mit der Stadt aufs engste verbunden. Um 1750 begannen die Erweiterungen der Stadt nach Norden und Süden; entlang der Ausfallstraßen Ende 19. Jh. und Anfang 20. Jh. Siedlungen angelegt. 1945 wurde die Innen-

Blick auf die Stadt Naugard

stadt weitgehend zerstört (60 v. H.); Kirche und Rathaus blieben erhalten.
Die St. Marienkirche war um 1325 als dreischiffiger Backsteinbau mit stark überhöhtem Mittelschiff fertiggestellt, besitzt allerdings im Obergaden keine Fenster. Ein Sterngewölbe überspannt das Schiff; die übrigen Räume haben Kreuzgewölbe. 1595 war die Kirche ohne Dach. 1607 war das Gewölbe über dem Altar geborsten, die Fenster eingeschlagen, und Ratten hatten den Blasebalg der Orgel zerfressen. 1686 begann die Renovierung. Anfang 19. Jh. wurde die Kirche noch verputzt. Der Turm brannte 1918 aus. An der Nordseite des Chors befindet sich die als Familiengedächtnis ausgebaute Ebersteinkapelle. Der Westturm ist gegen die Kirche hin geöffnet. Blenden gliedern die Außenwände. Ein Satteldach schließt den Turm nach oben ab.
Das Schloß der Grafen von Eberstein im Nordosten der Stadt umgibt seit der Trockenlegung des Kleinen Sees ein tiefer Graben, im 16. Jh. als Renaissancebau an Stelle der alten Burg errichtet. Nach dem Aussterben der Eberstein verfiel das Schloß, wurde Amtssitz und 1817—1820 zu einer Strafanstalt umgebaut.
Graf Georg von Eberstein richtete um 1534 die erste Schule ein. Im 20. Jh. entwickelte sich N. zu einer Schulstadt mit höheren und Fachschulen.
1882 Anschluß an das Eisenbahnnetz durch die Eisenbahnstrecke Altdamm—Grollnow—N.—Kolberg.
Bis ins 19. Jh. gab es hier ein unbedeutendes Textilgewerbe. Die Industrie verarbeitete Erzeugnisse der Landwirtschaft; die Stärkefabrik gehörte zu den größten Deutschlands.
David Cranz (1723—1777), Prediger und Geschichtsschreiber. Missionar in Grönland.
1939 hatte N. 8148; 1983: 12020 Einwohner.

Naulin *(Nowielin)*, Kr. Pyritz, wird 1240 erwähnt. Aus ihm nahm Herzog Barnim I. von Bischof Konrad III. von Cammin den Zehnt von 50 Hufen als Lehen.
Die Dorfkirche ist ein Granitquaderbau, 13. Jh., mit geradem Chor; dessen Giebel besteht ebenfalls aus Quadern. An den Fenstern wurden Backsteine verwendet. Der Turm ist in seiner Ostwand aus Quadern errichtet; die übrigen Wände aus Backstein und Findlingen sind reich mit Blenden gegliedert. Über einem Zinnenkranz erhebt sich ein achteckiger Backsteinhelm.
Den Innenraum überdeckt eine flache Tonne. Der barocke Altar entstand um 1700. Reich vergoldet und bunt bemalt ist die um 1600 gefertigte Renaissancekanzel. In den Füllungen sieht man Bilder der

Hochaltar der Marienkirche zu Naugard

Ostgiebel der Kirche zu Naulin

Evangelisten. Aus gleicher Zeit stammt die Orgelempore mit dreizehn Ölbildern aus dem Alten Testament.
N. hatte 1939: 387 Bewohner.

Nedlin *(Niedalino),* Kr. Köslin. Das wüste Dorf „Nedalino" schenkte 1227 Herzog Barnim I. dem Prämonstratenserinnenkloster Marienbusch in Treptow. 1909—1911 wurde an der → Radüe ein Stausee (1 qkm groß), 5 km lang, angelegt und ein Kraftwerk gebaut, erstes Wasserkraftwerk Ostdeutschlands. Nach den Eigentümern von Heydebreck und von Kameke nannte man den See „Heyka-See". Die gesamte Stromerzeugung übernahm die Überlandzentrale Belgard. Am Ende der 20er Jahre entstand flußaufwärts das Kraftwerk Roßnow; dieser Stausee hatte eine Länge von 10 km. Allerdings zerstörte ein Dammbruch dieses Werk 1939/40; der Heyka-Damm erlitt schwere Schäden. Nach Reparaturen im Zweiten Weltkrieg konnte das Heykawerk seinen Betrieb weiterführen.
In N. lebten 1939: 584 Einwohner.

Neetzow, Kr. Anklam, seit 1962 wieder selbständiges Dorf. Um 1850 entstand nach Plänen von Friedrich Hitzig, Erbauer von → Dwasieden, ein Schloß. Der aufwendige Backsteinbau hat einen symmetrischen Mittelbau mit Säulenvorhalle und Flügel mit Türmen. Eine Zinnenbekrönung umläuft den ganzen Bau. Nach 1945 wird N. als Akademie der Landwirtschaftswissenschaft genutzt.

Nehmer *(Niemierze),* Kr. Kolberg-Körlin, an der Spie, die in den Kamper See mündet, schon 1276 im Besitz des Kolberger Domkapitels. 1425 und 1433 kauften die Manteuffel den größten Teil des Dorfes auf und überließen es der Stadt Kolberg. Während der Belagerung Kolbergs brannte 1761 der ganze Ort mit Ausnahme der Kirche nieder. Die Backsteinkirche mit Chor hat einen Westgiebel mit reichen Maßwerkblenden, die der Turm verdeckt. Den massigen Turm mit einem Findlingsuntergeschoß gliedern lange zweiteilige Blenden; Wetterfahne von 1741. Auf dem barocken Altar stehen drei gotische Figuren: der triumphierende Christus und zwei Apostel.
1939 lebten in N. 318 Einwohner.

Nehringen, Kr. Grimmen, ehemaliges Gutsdorf, vor 1939 nach Grammendorf eingemeindet, ist mit seiner Brücke einziger Übergangsort über die Trebel nach Mecklenburg zwischen Demmin und Tribsees.
Im 14. Jh. bauten hier die Ritter von Bugenhagen eine Burg, um die herum das Dorf entstand. Ritter Degener Bugenhagen erweiterte 1498 die St. Andreaskapelle zur Pfarrkirche. 1652 starb Ritter Andreas Bugenhagen kinderlos.

Heyka-Kraftwerk Nedlin

Anfang 17. Jh. wurde die St. Andreaskirche unter Verwendung von Resten der mittelalterlichen Kirche als Putzbau mit flacher Decke errichtet; 1744 Anbau des Turms mit Haube und Laterne. Die Putzdecke ist mit einem großen Gemälde (Anbetung des Christkindes und Auferstehung Christi) bemalt. Die unter dem Putz liegende bemalte Bretterdecke des 17. Jh. ist bei einer Restaurierung teilweise freigelegt worden.
Nach italienischen Vorbildern richtet sich der 1598 aus farbig getöntem Sandstein mit Alabasterreliefs geschaffene Altar. In den Reliefs sind Szenen aus dem Alten und Neuen Testament dargestellt.
In unmittelbarer Nähe liegt das Schloß mit Park. In der zweiten Hälfte 18. Jh. wurde der eingeschossige, breitgelagerte Putzbau mit Mansarddach errichtet. Gegenüber entstand ein Wirtschaftshaus, das heutige Gemeindeamt. Im Park steht auf einer künstlichen Insel der rechteckige Backsteinturm der mittelalterlichen Burg.

Neides *(Niedysz)*, Kr. Greifenberg, 1321 als Camminer Dompfründegut erwähnt; im 16. Jh. im Besitz der Herren von Karnitz. Der Rittersitz war ein zweigeschossiger, verputzter Backsteinbau. Die Wände eines Eckzimmers im Obergeschoß, dem Spruchzimmer, waren 1679 mit einer Paneeltapete bemalt, im oberen Teil mit Sprüchen der Weisheit, zum Teil aus der Antike, mit Übersetzung und Erklärung bedeckt.

Gutshaus in Nemitz

Kirche in Netzbruch

Nemitz *(Niemica)*, Kr. Schlawe. Die St. Annakirche hatte 1219 Bischof Sigwin geweiht. Bischof Hermann stiftete 1267 die Pfarre, der er neun Dörfer und vier Hufen beifügte. Ein Stephanus de Nemitz übertrug 1277 das Patronat der Kirche dem Zisterzienserkloster Buckow.
Dem gotischen Back- und Feldsteinbau mit Turm fehlt der Chor; seine Ostwand unterbrechen zwei spitzbogige Fenster, den Giebel darüber gliedern schmale Blenden. Die Längswände stärken schmale Strebepfeiler.
Das Mittelbild des bemalten Renaissancealtars von 1626 ist ein Relief der Kreuzigung. Auf Veranlassung von Pastor Selchow und der Gemeinde wurde 1648 eine neue Kanzel geschaffen und auf Kosten des Rittmeisters von Natzmer bemalt. In den Füllungen zwischen freistehenden Ecksäulen sind in lebhaften Bewegungen die Evangelisten abgebildet. Das aus dem 17.–18. Jh. stammende Messingtaufbecken trägt ein Relief der Verkündigung Mariens. In N. wohnten 1939: 618 Menschen.

Nemitz *(Niemica)*, Kr. Cammin, 1364 erstmals mit seinen Besitzern Mattäus und Henning Steinwehr genannt. Bis 1769 blieb es in Familienbesitz. 1778 gelangte N. zum Amt Gülzow. Brenckenhoff und Gilly legten 1778–1780 die Brüche oberhalb der Wassermühle trocken und senkten den Wasser-

spiegel des Nemitzer und Zemliner Sees um vier Fuß (etwa 1,20—1,40 m), um neue Wiesen zu gewinnen.
Die Kirche St. Katharina war schon 1594 bezeugt; in der derzeitigen Form als Fachwerkbau ist sie ein Neubau von 1780 nach Entwürfen von David Gilly, sie steht auf einer Anhöhe am Dorfausgang. Den Turm mit geböschten und verbretterten Wänden überragt ein achteckiger Helm. Die sehr einfache Innenausstattung, ein Werk der ersten Hälfte 19. Jh., ist mit brauner Ölfarbe überzogen.
Die Gebäude des Rittergutes wurden 1781/82 ebenfalls nach D. Gillys Entwürfen errichtet.
1939 hatte das Gutsdorf 392 Bewohner.

Netzbruch *(Przynotecko),* Kr. Friedeberg, 1606 von Holländern gegründetes Dorf; es hat keine geschlossene Dorfform. Die Grundstücke wurden schachbrettartig aufgeteilt mit dem Gehöft in der Feldmark. Wohnhäuser, oft villenartig, und Hofgebäude sind weiträumig erbaut worden und zeugen vom Reichtum ihrer Besitzer. Auf einem Hügel errichtete man im 18. Jh. die Fachwerkkirche mit viereckigem Turm.
1939 lebten hier 961 Menschen.

Netze *(Noteć),* 366 km langer Fluß, entspringt auf dem Kujawischen Höhenrücken und fließt nach Norden, biegt bei Nakel nach Westen ins Urstromtal ab. Der Fluß erhält aus seinem 17240 qkm großen Einzugsgebiet eine regelmäßige Wasserzufuhr. Im Frühjahr wurde in alter Zeit die Talaue regelmäßig überschwemmt, und der Fluß lagerte Sinkstoffe

Kelche und Abendmahlskanne in Netzelkow

ab; daher scherzhaft als „Polnischer Nil" bezeichnet. Regulierungen konnten diese Überflutungen etwas eindämmen, zumal der größte Teil des Wassers der oberen Netze in den Bromberger Kanal geleitet wurde. Durch den Wasserverlust erhielt der Fluß oberhalb von Usch den Beinamen „träge" oder „stille" N. Die reichliche Wasserzufuhr durch → Küddow und → Drage erlaubte es, 1891 zwischen Usch und Kreuz in der „lebhaften" N. vier Stauwerke mit Schleusenanlagen zu bauen, die den Wasserstand für die Flußschiffahrt regulieren sollten. Nach 1905 kamen weitere sieben Stauwerke hinzu. Nach 1918 war dieser Teil der Netze Reichsgrenze, was die Be- und Entwäserungsprobleme nicht gerade verringerte.
Von Kreuz bis zur Mündung in die Warthe bei Zantoch wurde sie „freie" N. genannt.

Netzebruch *(Łęgi Notecki).* Das bis zu 10 km breite Netze-Urstromtal war für viele Jahrhunderte mit seinen Bruchwäldern und unzähligen Wasserläufen eine natürliche Grenzlandschaft, die nur an wenigen Stellen, wie Zantoch und → Driesen, überschritten werden konnte. Durch regelmäßige Frühjahrshochwasser sperrte sie sich einer Besiedlung. Im 16. und 17. Jh. siedelten die Einwanderer am Rande der Bruchlandschaft und versuchten, von ihren am Talrand angelegten Dörfern aus den Bruch zu nutzen. Nach den großzügigen Plänen des Geheimen Finanzrats Balthasar von Brenckenhoff setzte nach 1772 die Regulierung der Netze ein. Durchstiche, Begradigungen und Uferbefestigungen sollten den Fluß zähmen; Dämme und Gräben führten zur Entwässerung der Sumpflandschaft, Wiesen und Äcker wurden gewonnen und zahlreiche Neusiedler aus dem Südwesten Deutschlands fanden eine neue Heimat — bis 1945.

Netzelkow, Kr. Usedom-Wollin. Auf dem Gnitz auf → Usedom liegen in der Gemeinde Lütow Gut und Kirche N. 1358 waren die Lepels schon auf dem Gnitz, ihr Sitz war N.
Die Kirche ist ein turmloser Backsteinbau, über deren Giebel sich zwei Dachreiter erheben. In die

Westfassade ist ein schönes Portal mit schmiedeeisernen Beschlägen eingelassen. In der Kirche steht der einzige, vollkommen erhaltene mittelalterliche Taufstein (14. Jh.).
Auf dem Kirchhof hängen in einem Glockenstuhl zwei der wenigen mittelalterlichen Glocken der Insel, die größere, 14. Jh., mit dem Wappen der Lepel.
Wilhelm Meinhold (1797—1851), Pfarrer und Schriftsteller, „Die Bernsteinhexe".

Neuendorf *(Piaseczno)*, Kr. Greifenhagen, in einer Urkunde der Markgrafen von Brandenburg 1281 erstmals erwähnt. Die Kirche ist ein spätromanischer Granitquaderbau, 13. Jh., mit halbkreisförmiger Apsis und einer westlichen Turmhalle. 1851 wurde sie sehr rücksichtslos umgebaut. Nur die beiden kleinen Fenster in der westlichen Turmwand blieben unverändert. Das Innere überdeckt eine Balkendecke, die Apsis ist mit einer halben Kuppel eingewölbt. Der unproportionierte Turm stammt aus dem 18. Jh.
N. hatte 1939: 718 Bewohner.

Neuendorf *(Nowa Wieś Lęborska)*, Kr. Lauenburg. Im Kreis Lauenburg hatte der Deutsche Orden nur das in unmittelbarer Nähe zur Stadt gelegene N. gegründet. Schon in der Lauenburger Handfeste von 1341 wird das Dorf erwähnt; eine eigene Handfeste zu kulmischem Recht erhielt es 1349 vom Danziger Komtur Heinrich von Rechtir. Der getreue Hildebrand war Lokator; von den 100 Hufen des Dorflandes erhielt er zehn erbliche Freihufen und einen Kretzem (Gasthof) gegen Gebühr. Der Lauenburger Pfarrer erhielt sechs Freihufen mit der Verpflichtung, zweimal wöchentlich die Dorfbewohner in ihrer Kapelle geistlich zu versorgen. Aus dem Freischulzenhof wurde 1637—1657 ein Amtsvorwerk. Ernst und Helmut von Osterroth verkauften das 345 ha große Gut an die Pommersche Landgesellschaft, die es 1930 parzellierte und 21 Siedlerstellen einrichtete.
Die alte St. Katharinenkirche stand schon 1341. Nach der Reformation mußte sie 1641 an den Bischof von Kujawien zurückgegeben werden.

Kirche zu Neuendorf

1939 lebten in N.: 1642 Einwohner. 1983 Großgemeinde *(Gmina)* von 270,4 qkm Fläche mit 10223 Einwohnern.

Neuendorf *(Jarosławki)*, Kr. Naugard, Dörfchen, nahe dem Pogrimsee. Die Dorfkirche ist ein spätgotischer Findlingsbau mit hölzernem Turm, den eine barocke Haube bekrönt.
N. hatte 1939: 215 Bewohner.

Neuenkamp, Kr. Franzburg-Barth. Fürst Witzlaw I. von Rügen übergab 1231 dem Abt des Zisterzienserklosters Altenkamp (bei Kamp Lintfort) in der Nähe des heutigen → Franzburg den „Rosengarten der Hl. Maria" zur Gründung eines Klosters. Altenkamp entsandte 1233 einen Konvent zur Neugründung. Neben einer üppigen Ausstattung erhielt das Kloster das Recht, deutsche Siedler ins Land zu holen. Ende 13. Jh. Verlegung des Klosters an die Stelle der heutigen Stadt, Beginn des Baues der Kirche, etwa 80 m lang, und der Klosteranlage; zwischen 1330—1340 fertiggestellt. 1280 hatte das Kloster über 60 Mönche und 50 Konversen, so daß man gerne den Auftrag Witzlaws II. übernahm, 1296 auf → Hiddensee ein Tochterkloster zu gründen. Das Klosterdorf → Richtenberg wurde um 1350 zur Stadt erhoben. Durch Fehden, die auf dem Klostergebiet ausgefochten wurden, mußte N. sich verschulden und 1455 seine in Mecklenburg gelegenen Güter verkaufen. Trotzdem war es an der Gründung der Greifswalder Universität 1456 entschieden beteiligt und übertrug ihr das Patronatsrecht über die Kirchen in Tribsees und Tribom. Abt Johann Sasse, der 23 Jahre lang das Kloster leitete, konnte es wirtschaftlich sanieren. Der klösterliche Landbesitz war sehr groß, in etwa 90 Dörfern hatte es Land oder wirtschaftliche Privilegien. 1515 konnte es noch Boltenhagen südöstlich von Grimmen kaufen.

Nach dem Stralsunder Bildersturm 1525 ließ Herzog Georg die Kleinodien des Klosters in seine Residenz nach Wolgast überführen. 1535 Säkularisierung des Klosters, Umwandlung des Landbesitzes in eine herzogliche Domäne. Der Abt zog nach Stralsund in den Kampischen Hof, mußte aber bald die Stadt verlassen. Ein Prozeß vor dem Reichskammergericht gegen die Herzöge war langwierig und führte zu keinem Ergebnis. Allmählich verfielen die Klostergebäude. Augenzeugenberichte von 1561 erzählen, die Kirche sei „mehr denn halb niedergebrochen“. Herzog Bogislaw XIII. ließ in der Klosterruine 1578—1587 ein Schloß errichten, und nannte es → Franzburg. Der südliche Teil des Querhauses der Klosterkirche blieb erhalten; Ausbau zur Schloßkirche. 1587 Gründung der Stadt Franzburg um das Schloß, deren heutige Stadtkirche das Querschiff der alten Klosterkirche ist.

Herzog *Philipp* (1573—1618), bedeutender Förderer der Künste.

Neuenkirchen, Kr. Rügen, wohl schon 1168 als „Jamnow“ gegründet. 1380 hieß es in einer Urkunde: „Nyenkerke, quondam vocata Jamnow.“ 1492 wurde der Krug zur Hälfte dem Kloster in Bergen verkauft. Nach der Reformation kam dieser Teil in landesherrlichen Besitz und später an die Familie von Normann.

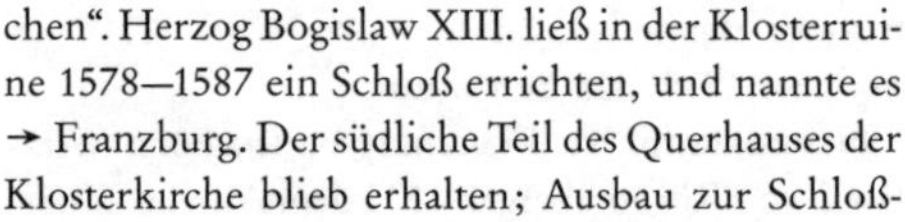

Neuenkirchen, Glockeninschrift (1367)

Pfarrhaus Neuenkirchen

In der ersten Hälfte 15. Jh. Errichtung der kreuzrippengewölbten Backsteinkirche; 1682 als dem hl. Franziskus geweiht bezeichnet. Der Altar mit Säulenaufbau von 1787 enthält Gemälde von etwa 1900. Die geschnitzte Kanzel von 1567 war ursprünglich für die Marienkirche in Bergen bestimmt. Bürgermeister Cracaeus stiftete sie 1775 der Kirche. Der fürstliche Landvogt Eccardus von Usedom und Ehefrau Judith stifteten 1636 und 1637 die Kastengestühle mit geschnitzten Rundbogenarkaden und Hermenpilastern.

1939 hatte N. 576 Bewohner.

Neuenkirchen, Kr. Greifswald. Die erste urkundliche Nachricht stammt von 1285, als Kloster Eldena das Patronat der Kirche in N. übertragen erhielt. 1298 erwarb das Kloster das ganze Dorf. 1634 kam das Dorf in den Besitz der Universität Greifswald.

Die Dorfkirche ist ein spätgotischer Backsteinbau, 15. Jh., mit einem kreuzgewölbten Chor aus dem 13. Jh. Den Ostgiebel gliedern fünf Gruppen von je zwei einfachen spitzbogigen Blenden und einer kleinen Kreuzblende. Die Gewände des spitzbogigen Portals in der Südwand sind mit glasierten Backsteinen verziert. Vom ursprünglichen Turm ist nur das Erdgeschoß erhalten, der Fachwerkoberbau wurde 1694 aufgesetzt. Im Turm stehen zwei Grabplatten aus Kalkstein, die eine mit Ritzzeichnung und Inschrift für den Mönch Jacobus Volquin, † 1378, die andere mit Wappen und Helmzier für Hermann von Wampen, † 1383, vermutlich aus der Klosterruine Eldena.

Restauration Kaiserlinde in Neuenkirchen

In den Zwickeln des östlichen Gewölbes im Schiff wurden 1969 Wandmalereien des 15. Jh. freigelegt, darunter zwei männliche Gestalten, wohl Narren oder Trunkenbolde, worauf die Inschriften „her den nap“ und „ghif her drinke“ hindeuten.
Alwine Wuthenow (1820–1908), plattdeutsche Dichterin.
1980 lebten hier 1300 Einwohner.

Neuhof *(Nowęcin)*, Kr. Lauenburg, Gutsdorf am Südufer des → Sarbsker Sees, dessen Besitzer schon 1373 die von Weiher waren. Hochmeister Winrich von Kniprode übergab Dietrich Weiher sehr weitgehende Privilegien in → Leba. Seit 1389 waren die Herren von Weiher Erbvögte von Leba und besaßen an der Mühlenbrücke ein Gut mit befestigtem Wohnsitz. Ende 15. Jh. gab Nikolaus von Weiher seinen Stadtsitz auf und erbaute sich am Sarbsker See ein Schloß, das mit Wall und Graben befestigt war. Der Ortsname N. tauchte erst 1569 auf. Der Besitz blieb bis 1781 in den Händen der Familie; über die von Somnitz-Charbrow gelangte er 1930 an die Pommersche Landgesellschaft, die das 1451 ha große Gut in 37 Siedlerstellen aufteilte.
Das Schloß war ein massiver Bau mit zwei Seitenflügeln. Sein ältester Teil war die Kapelle, „Jerusalem“ genannt. Der daran anschließende Ostflügel wurde in der frühen Renaissancezeit, 1567, erbaut. In einem der Räume waren früher die Wände mit Bibelsprüchen bedeckt. Der vordere Teil des Schlosses wurde 1909 durch einen Neubau ersetzt.
In dem Gutsdorf lebten 1939: 281 Einwohner.

Neuhöfen *(Nowe Dwory)*, Netzekreis. Anfang 17. Jh. ließen sich deutsche Siedler aus der Weichselniederung in N. nieder. Der Filehner Grundherr Johann Czarnkowski gründete 1601 „Newenhöwen“. Auf einer Anhöhe entstand 1615 die erste Dorfkirche. Bei einem Brand 1791 konnte man Teile der Einrichtung wie Altar, Kanzel, Gestühl und das bunte Glasfenster von 1615 retten und in die 1792 errichtete neue Fachwerkkirche übernehmen. Ihr Turm drohte zu kippen; so wurde er 1928 abgebrochen und 1929 in alter Form wieder aufgebaut.
Ein besonderer Tag war der 25. Juli, in der Kirchengemeinde alljährlich als „Brandtag“ in Erinnerung an den Kirchenbrand begangen.
Die Bauern betrieben hauptsächlich Viehzucht. Die Molkereigenossenschaft verarbeitete die Milch. N. hatte 1939: 566 Bewohner.

Neu Mecklenburg *(Zwierzyn)*, Kr. Friedeberg, Dorf am Nordrand des Netzebruchs im Stadtbruch der Stadt Friedeberg. Da die Friedeberger Bürgerschaft eine Urbarmachung ihres Bruches ablehnte, mußte sie 1765 ein Viertel ihrer Bruchwiesen ohne Entschädigung abtreten. Hier wurden N. M. mit Grundsau und Zwick gegründet. 80 Arbeiterfamilien, zum größten Teil aus Mecklenburg, erhielten je vier Morgen Wiesengrund und wurden in 40 Doppelhäusern im langgezogenen Straßendorf an-

Fackwerkkirche in Neuhöfen

Kirche in Neu Mecklenburg

gesiedelt. Joh. Martin Müller kam aus Polen; ihm wurde die Neumühle übergeben.
Die Fachwerkkirche mit Turm entstand 1767. Patron der Kirche war die Stadt Friedeberg. So hatte der Pfarrer bis in unsere Tage, wie zur Zeit des Lehnsrechts, die Pflicht, dem Rat der Stadt zum Jahreswechsel seine Glückwünsche zu überbringen; dafür hatte er nach altem Recht Anspruch auf einen Taler als Dank.
1939 lebten in N. M.: 1107 Einwohner. 1983 Großgemeinde *(Gmina)* von 101 qkm Fläche mit 4546 Einwohnern.

Neurese *(Unieradz)*, Kr. Kolberg-Körlin, Ort an der Spie, einem Zufluß des Kamper Sees; schon in prähistorischer Zeit besiedelt. Aus der jüngeren Bronzezeit (Periode IV) wurde einer der schönsten Gürtelbuckel gefunden. 1266 verkaufte Bischof Hermann von Cammin N. an das Kloster Dargun. Die Dorfkirche, ein Feldsteinbau mit halbkreisförmigem Ostschluß, steht zwischen hohen Bäumen auf dem Kirchhof. Der eingezogene Vierecksheim überragt den stark geböschten Holzturm. Im 19. Jh. erhielt die Kirche eine neue Innenausstattung. Im Chorfenster und in den Fenstern der Südwand waren Glasscheiben mit Wappen der Familie von Manteuffel und von Stojenthin eingesetzt, auf einem stand die Jahreszahl 1599.
N. hatte 1939: 323 Bewohner.

Neustettin *(Szczecinek)*, Kreisstadt auf einer ursprünglich 300 m breiten Landenge zwischen → Vilm- und → Streitzigsee in 136 m über NN auf dem → Pommerschen Landrücken. Der Verbindungsbach beider Seen, Niesedop, fließt durch die Stadt. Hier kreuzten sich der Markgrafenweg und die Salzstraße von Kolberg. Auf einer Insel im Streitzigsee lag ein wendischer Burgwall, auf dem später das Schloß entstand. Unter den Bodenfunden tauchte eine Bronzemünze des Diokletian (284—305 n. Chr.) auf.
In der ersten Hälfte 14. Jh. Anlage von Schloß und Stadt. 1310 erhielt sie lübisches Stadtrecht wie Stettin, daher der Name. Sie wurde als Grenzfeste von Herzog Wartislaw IV. gegen Waldemar von Brandenburg gebaut. Durch die günstige Lage war die Stadt nur mit Wall und Palisaden gesichert. 1356 suchte die Beulenpest N. heim. Die Herzöge Bogislaw V., Barnim IV. und Wartislaw V. gründeten als Dank für die Rettung und als Sühne das Augustiner-Eremitenkoster → Marienthron. Am 15. 9. 1423 fand der „große Tag von New Stettin" statt. Der nordische Unionskönig Erich, die Herzöge Otto II. und Kasimir von Pommern-Stettin, Wartislaw IX. und Barnim VII. von Pommern-Wolgast,

Kirche in Neurese

Bogislaw IX. von Pommern-Stolp, der Ordenshochmeister Paul von Rußdorf, der Ordenslandmeister von Livland u. a. kamen zu einer Konferenz zusammen, um polnische Übergriffe gegen den Deutschen Orden abzuwehren, nachdem dieser die Neumark erworben hatte.
Nach einem Stadtbrand 1583 wurden innerhalb der Stadt auf herzoglichen Befehl alle Scheunen abgebrochen. Auf eigene Kosten mußte die Bürgerschaft etwa 70 Scheunen auf dem St. Jürgensberg, dem sogenannten Scheunenberg, nördlich der Stadt neu erbauen—1848 brannten sie alle ab!
1591—1593 fand ein großer Hexenprozeß gegen Michael Woike wegen „verhexen von Bier, Gebrauch von Zauberbrief und Zauberpulver" statt. Im Verlauf des Prozesses wurde noch eine größere Anzahl von Frauen und Männern mitangeklagt. Woike erlag der Gefängnisbehandlung. Seine Frau und die des Bürgermeisters Quadejakob starben in der Folter, über 40 „Hexen" wurden noch verbrannt. Der Rat der Stadt stand auf Seiten Woikes mit dem nicht auszuräumenden Verdacht — Quellen bestätigten es —, daß der Prozeß durch planmäßige Verleumdung seitens des Schloßhauptmanns Jakob Kleist betrieben worden war.
Im 16. Jh. begann man, das waldreiche Umland systematisch zu besiedeln. In der ersten Hälfte 17. Jh. war das Schloß Witwensitz der pommerschen Herzöge. 1780 wurde der Wasserspiegel des Vilmsees abgesenkt. Der Streitzigsee wurde erst 1867 abgesenkt; dadurch lag das Schloß nicht mehr auf einer Insel. Nördlich der Stadt hat sich lange „der Kietz" erhalten: es gab sogar einen Eisenbahnhaltepunkt N.-Kietz, in dem ursprünglich wendische Fischer wohnten, die nicht Stadtbürger werden durften. 1945 wurde N. zu 35 v. H. zerstört.

Nikolaiturm in Neustettin

Blick auf das Rathaus in Neustettin

Die St. Nikolauskirche wird schon 1494 erwähnt; 1769 wegen Baufälligkeit abgebrochen, 1778 wieder aufgebaut und 1909 bis auf den Turm (Anfang 16. Jh.) abgetragen. Diesen hatte man schon 1579 mit Backsteinen aus dem Kloster Marienthron ausgebessert. 1913 wurde im Turm das Heimatmuseum eingerichtet; sein bedeutendstes Stück sind die Reste des 1600 von Jakob Funcke, Tischler und Maler aus Kolberg, gefertigten Altars der St. Nikolauskirche. Die neue Nikolaikirche von 1905 hatte einen 70 m hohen Turm.
Das Schloß hatte Herzog Ulrich 1619 wieder aufgebaut und ließ am Haupteingang das herzogliche pommersche Wappen anbringen. Es diente seiner Gemahling Hedwig von Braunschweig-Lüneburg als Witwensitz; mehrfach umgebaut, 1799 als Lan-

desarmenhaus und schließlich als provinziales Erziehungsheim verwendet. Der dazugehörige Schloßpark wurde 1954 wieder hergerichtet und für die Öffentlichkeit freigegeben.

Das älteste Gymnasium im östlichen Hinterpommern eröffnete am 8.10.1640 Herzogin Hedwig von Pommern; deshalb später „Fürstin-Hedwig-Gymnasium" genannt. Daneben hatte N. noch eine Landbauschule. Als Kreisstadt gab es neben der Kreisverwaltung ein Amtsgericht und eine Landwirtschaftskammer.

1878 wurde N. zum Eisenbahnknotenpunkt der Preußischen Ostbahn bzw. der Pommerschen Centralbahn mit der Eröffnung der Strecken Ruhnow—Tempelburg—N.—Schlochau, N.—Rummelsburg—Stolp—Stolpmünde und N.—Belgard. 1879 kam die Strecke N.—Schneidemühl—Posen hinzu. Bis ins 20. Jh. war N. eine Bierbrauerstadt. Im 18. und 19. Jh. gab es die Glockengießerei von Meyer und Schumacher. Unser Jahrhundert ließ Betriebe des Maschinenbaus, der Kunststeinherstellung, für Filzwaren, Zigarren-, Spiritus- und Seifenfabriken entstehen. Holz-, Getreide- und Viehhandel und Verarbeitung spielten eine bedeutende Rolle. Nach 1945 wurden die Betriebe wieder aufgebaut und ihnen noch Werke der Elektroindustrie hinzugefügt. Die Lage auf dem Baltischen Höhenrücken inmitten der Seenplatte machte N. zu einem Mittelpunkt des Fremdenverkehrs.

Lothar Bucher (1817—1892), Politiker und Parlamentarier, enger Vertrauter Bismarcks.

Paul Stubbe (1874—1950), Arzt und Maler.

Karl Rosenow (1873—1958), Heimatforscher, Gründer und Leiter des Rügenwalder Heimatmuseums

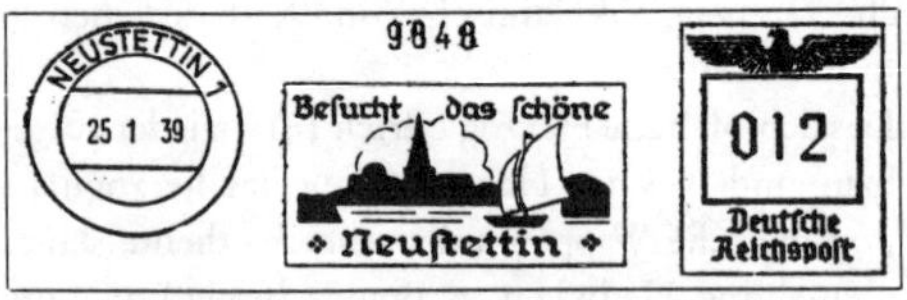

Poststempel aus Neustettin

Neuwarp, Marktplatz mit Rathaus

von 1917—1945; danach leitete er bis 1947 den Wiederaufbau unter polnischer Regie.

In N. wohnten 1939: 18689; 1983: 36919 Menschen.

Neustettiner Senke. Den → Pommerschen Landrücken durchzieht in der Gegend von Köslin—Kolberg in südöstlicher Richtung nach Neustettin hin eine 25—40 km breite orographische Senke. Er erreicht hier nur Höhen von etwa 150 m über NN, während er unmittelbar östlich und westlich davon 220 m und 230 m über NN erreicht. Diese Senke entwässern → Persante und → Radüe nach Nordwesten; jene hat ihr Quellgebiet südlicher als → Drage und → Küddow, die beide nach Süden hin entwässern. Der Ostrand der N. S. entlang der Linie Gollen—Steinberg (234 m) bildet eine deutlich hervortretende topographische Grenze. Östlich davon treten die höher gelegenen Gebiete näher an die Küstenzone heran; hier erst liegen die großen Strandseen und die größten Dünengebiete. Ebenso ragen hier die höchsten Erhebungen des vorpleistozänen Reliefs auf. Entlang der Linie Bornholm—Köslin—Bromberg, d.h. der Nordostgrenze der N. S., wird im voreiszeitlichen Gesteinsuntergrund das Ostdeutsch-Polnische Becken entlang einer Bruchlinie in zwei Teilbecken getrennt, wobei das östliche etwa 1000 m höher liegt. Westlich dieser Grenzlinie erstreckt sich das saxonische Schollenland und im

Niepars, Langhaus der Kirche

Gebiet der N. S. die „Hinterpommersche Staffelzone“, eine schmale, herzynisch streichende Zone (NW-SO Richtung), in der der Felsuntergrund im Eozän vertikal verschoben zu sein scheint: Absenkung in der N. S., Hebung in der westlich anschließenden Tempelburger Achse.

Neuwarp *(Nowe Warpno)*, Kr. Ueckermünde, liegt am Ostufer des → Warper Sees, einer Bucht im Süden des Haffs auf einer schmalen Halbinsel.
Herzog Bogislaw I. verlieh 1184 dem Kloster Grobe die Fischerei „in Werpene“, dem Warper See. 1267 erschien die Kirche zu „Warpna“ unter den Besitzungen des Klosters Grobe. Der Propst von St. Marien in Stettin erhielt 1286 die Gerichtsbarkeit in der Kirche von Warp verliehen. 1316 wird das Dorf Warp als alt genannt und 1352 erstmalig „civitas Nowa Warpe“. Das Patronat der Kirche wurde 1378 dem Kloster → Jasenitz übertragen. Die Stadtgründung ist nicht bezeugt, aber Herzog Joachim bestätigte 1442 der Stadt die Privilegien, besonders die hohe und niedere Gerichtsbarkeit.
Vom letzten der großen Stadtbrände von 1692 berichtet die Warper Chronik: „Peter Wahrlankens eheliches Weib habe durch Unachtsamkeit den Brand verschuldet, der neben vielen Häusern auch wieder Kirche und Rathaus und sämtliche Akten verzehrte“. Nach 1806 führte von N. aus der Dragoner Ungerland einen Privatkrieg gegen die Franzosen. 1945 wurde N. nachträglich polnischer Verwaltung unterstellt.
Die St. Marienkirche ist ein spätgotischer Backsteinbau mit Chor und Turm. Wahrscheinlich wurde sie nach 1442 errichtet. Die ehemals farbig bemalte Balkendecke ist überstrichen. Die Ausstattung kam nach dem Brand 1692 in die Kirche: ein barocker Altar mit einer Kreuzigungsgruppe zwischen gewundenen Säulen.
Der Fachwerkbau des Rathauses wurde 1697 auf dem Marktplatz errichtet. An die Westseite ist ein Turm mit barocker Spitze angebaut. 1928 wurde ihm ein Anbau angefügt.
1906 Eröffnung der Kleinbahn von Stöven nach N.; nach der Grenzziehung 1945 demontiert. Von wirtschaftlicher Bedeutung war nur die Fischerei. Eine Netzstrickerei und eine kleine Werft waren hierfür Zulieferbetriebe.
Wegen seiner abseitigen Lage besuchten N. häufig Maler. Professor Hartig aus Berlin wurde sogar zum Ehrenbürger der Stadt ernannt.
1939 hatte N.: 2056; 1983: 1287 Einwohner.

Neuwedell *(Drawno)*, Kr. Arnswalde. Die Stadt liegt auf einer Halbinsel in einem großen See, den die → Drage durchfließt. Durch einen Damm und eine Brücke wurde ein Übergang über den See nach Südosten geschaffen. Der südliche Teilsee hieß Gro-

Kirche zu Nipperwiese

Muschelfischer, Sonnenberge bei Nipperwiese

ßer, der östliche Blänkesee. 1313 entstand hier eine Burg der sieben Brüder von Wedell, nördlich davon breitete sich um 1315 ein Burgort aus, 1363 als „stad“ bezeichnet. Sie war von jeher eine Adelsstadt der von Wedell. Der Ordensvogt konnte 1421 nur mit Gewalt die Anerkennung der Lehnshoheit durchsetzen. 1433—1436 geriet sie unter polnische Hoheit. Die pommerschen Herzöge eroberten sie 1469. Polen versuchte nochmals 1657, sie zu gewinnen, mußte aber die Belagerung aufgeben. 1852 Abbruch der Stadtmauer bis auf Reste.

Von der Burg auf dem steil abfallenden Schloßberg sind nach der Zerstörung durch die Russen 1758 nur die Fundamente und geringe Reste der Außenmauern erhalten geblieben.

1692 Errichtung des schlichten kreuzförmigen Feldsteinbaus der Stadtkirche. Den Fachwerkturm schließt ein Zeltdach ab.

Mit der Eröffnung der Strecke Arnswalde—Kallies 1895 erhielt N. Eisenbahnanschluß.

Im 19. Jh. hatte N. eine beachtliche Tuchmacherei und sieben Ziegeleien; diese blieben erhalten, dazu kamen Betriebe der Holzverarbeitung. Sonst war es eine Ackerbürgerstadt, deren Bewohner auch ausgiebig Fischfang betrieben.

1939 hatte N.: 2673; 1983: 2172 Einwohner.

Niepars, Kr. Franzburg-Barth. Bereits im 13. Jh. errichtete man den aufwendigen Backsteinbau der Dorfkirche. Die Basilika mit Rechteckchor ist kreuzrippengewölbt. Allerdings wurden das südliche Seitenschiff abgetragen und die Öffnungen zugemauert. Die Ostwand ist von einem dreiteiligen Fenster durchbrochen, ihr Giebel durch sieben ansteigende Blenden gegliedert. Das nördliche Seitenschiff ist mit drei querstehenden Satteldächern gedeckt, desgleichen Sakristei und Vorhalle, so daß fünf spätgotische Giebel nebeneinanderstehen.

Aus der ersten Hälfte 18. Jh. stammt der hölzerne Altar mit geschnitzter Kreuzigungsgruppe.

N. hatte 1939: 781 Einwohner.

Nipperwiese *(Ognica),* Kr. Greifenhagen, Dorf in fruchtbarer Umgebung, wo die Oder die Grenze nach Pommern überfließt.

Die St. Katharinenkirche weihte 1373 Bischof Philipp von Cammin. Der verputzte Findlingsbau scheint den Bauformen nach erst nach 1600 entstanden zu sein. An der Westseite steht ein schlichter Fachwerkturm. Altar und Kanzel sind verbunden; der mittelalterliche Flügelaltar, erste Hälfte 16. Jh., ist über der Kanzel angebracht. Im Mittelschrein steht eine 1,25 m hohe Mutter Gottes zwischen je vier in zwei Reihen übereinander angeordneten Heiligen. In den Flügeln stehen Apostel. 1902 entdeckte man Reste von Wandmalereien, die nur zu einem geringen Teil erhalten werden konnten.

Die Bauern des Dorfes betrieben Gemüse- und Frühkartoffelanbau; diese erntete man um den 20. Juni; als Zweitfrucht nach den Kartoffeln Tabakanbau. Absatzmarkt war Stettin.

In N. wohnten 1939: 1363 Menschen.

Nobbin, Kr. Rügen. Der zu → Altenkirchen gehörende Wohnplatz ist bekannt durch sein „Hünen-

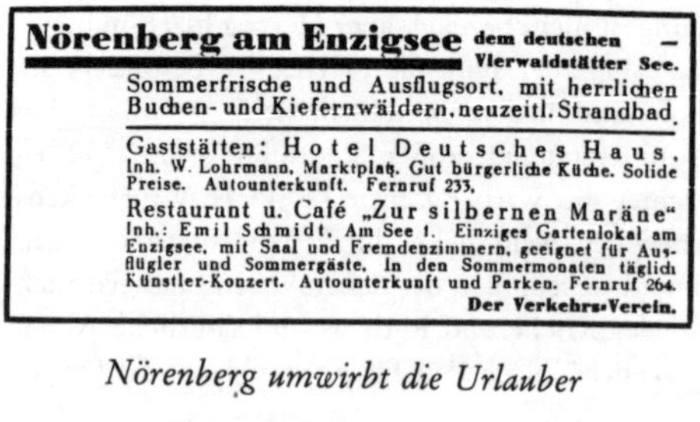

Nörenberg umwirbt die Urlauber

bett“, ein Großsteingrab am Steilhang zur Tromper Wiek. Zwei Steinreihen sind trapezförmig gesetzt. Am Südende stehen zwei mächtige Wächtersteine. Es wurde oft von Romantikern gemalt, so von C. D. Friedrich und C. G. Carus. 1250 bestätigte Papst Innozenz IV. dem Zisterzienserinnenkloster Bergen den Besitz von N.

Nörenberg *(Ińsko)*, Kr. Saatzig. Am südlichen Ufer des → Enzigsees, zwischen Grund- und Endmoräne im Norden und Westen und dem waldreichen Sander im Osten, liegt N., an dessen Stelle schon zwischen 1250 und 1300 eine deutsche Siedlung stand; 1300 als Stadt der Neumark bezeichnet. Damit die Stadtwehr zügiger gebaut werde, wurde den Bürgern 1338 auf fünf Jahre die Grundsteuer (Orbede) erlassen. Henning von Wedell erwarb 1354 die Stadt; sie blieb bis Mitte 17. Jh. im Besitz dieser Familie. 1372 erhielt sie die Erlaubnis, ein festes Haus zu errichten. Vor der Reformation beherbergte N. ein Dominikanerkloster, dessen Mönche dem Bischof von Cammin jährlich zwei Auerhähne für seine Tafel zu liefern hatten. Erst 1816 wurde N. mit dem Kr. Saatzig der Provinz Pommern zugeschlagen.
Von der Stadtmauer sind noch Reste auf der Südseite der Stadt erhalten. Die Stadtkirche ist ein Backsteinbau von 1860. Die alte Kirche war außer dem Turm noch gut erhalten; 1858 abgebrochen. Von dem ehemals Wedellschen Schloß blieben im Südosten der Stadt nur eine Schutthalde und Teile des Unterbaus mit Ecktürmen erhalten.
1895 erhielt N. Eisenbahnanschluß durch die Saatziger Bahnen. Von wirtschaftlicher Bedeutung war bis ins 20. Jh. der Krebsfang.
1939 lebten in N.: 3012; 1983: 1767 Menschen.

Hausurne aus Obliwitz

An der Oder

Nossendorf, Kr. Grimmen. Das Dorf war ein frühes Eigentum der Stadt Demmin. Mitte 19. Jh. wurden neben dem Kämmereigut noch zwei weitere Güter gebildet, in die die früheren Bauernhöfe (Bauernlegen!) eingingen. Die restlichen Ländereien der Kirche und der Pfarre bewirtschafteten Kleinpächter.
Die St. Marienkirche ist ein frühgotischer Feldsteinbau mit Turm. Im Chor blieb die alte Holztür der Sakramentsnische erhalten; darauf ist eine Kreuzigungsgruppe aus der zweiten Hälfte 14. Jh. gemalt. An der Wand steht die Grabplatte für den Wotenicker Pfarrer Gerhard von Linde: „Im Jahre des Herrn 1364 am Sabbat vor dem Fest des Apostels Jacobus wurde erschlagen Herr Gerhard von Lynden, Pfarrer in Wotenick, vor dem Altar während der Messe. Bittet Gott für seine Seele“. Die Namen der Mörder, Brasche, Albert und Eicke, sind in den Ecken eingemeißelt, der vierte fehlt. Der Geistliche ist in Ritzzeichnung dargestellt, neben ihm kleiner vier Bewaffnete.

N. hatte 1939: 1159 Bewohner.

Obliwitz *(Obliwice)*, Kr. Lauenburg, bestand schon in wendischer Zeit; 1374 vom Deutschen Orden umgegründet, Bau einer Kirche. Der Danziger Komtur Walpod von Bassenheim stellte um 1380 die Handfeste aus und verlieh dem „ehrsamen Mann Vicke“ vier Freihufen von 40 des Ortes. Das ehemalige Bauerndorf wird 1658 bereits als Gut, Amtsvorwerk, bezeichnet, auf dem sogar Bauern aus Garzigar ihren Dienst leisten mußten.
Bedeutsam ist der Ort durch den 1893 gemachten Fund einer Hausurne aus der Mitte 1. Jahrtausend v. Chr. Sie ruht auf vier gedrehten Füßen, hat einen rechteckigen Grundriß von 0,47 x 0,37 m und eine Höhe von 0,37 m. Auf einer Längsseite befindet sich die Türöffnung. Auf die Außenwände sind Stil und Riegel eingeritzt: ein Fachwerkbau. An der Tür war auch die Vorrichtung für einen Sperrbalken nachgestaltet. Diese Urne hat glücklicherweise den Krieg unbeschädigt überstanden.

Oder *(Odra)*. Am 1. 10. 949 wird die „Odera“ erstmals urkundlich genannt. Von ihren 903 km Länge und einem Einzugsgebiet von 124 671 qkm fällt nur der geringste Teil auf Pommern. Von seiner Quelle im Odergebirge 634 m über NN fließt sie durch die Mährische Pforte nach Nordwesten bis zur Mündung der Görlitzer Neiße, danach strömt sie in nördlicher Richtung und nimmt die Warthe mit der → Netze auf. Nach dem Durchbruch durch den Pommerschen Landrücken teilt sich der Strom nördlich von → Fiddichow, 84 km vor der Mündung, in zwei parallel laufende Arme, die Westoder, die durch Stettin, und die Ostoder, Große Reglitz, die durch den → Dammschen See fließt. Bis Stettin standen beide Oderteile durch mehrere kleine Arme in Verbindung. Auf Groß Stettiner Stadtgebiet wurden beide Arme Bestandteile des Hafens.
Der Abfluß des Dammschen Sees, in den die Ihna hineinfließt, vereinigt sich mit dem Weststrom, der kanalartig ausgebaut wurde, im Damasch. Durch die Jasenitzsche Fahrt im Westen, die Große Strewe in der Mitte und die Kleine Strewe fließt die Oder in das Papenwasser, das beim Leitholm, einer künstlichen Insel mit Elektrizitätswerk und Schiffahrtszeichen, in das → Stettiner oder Pommersche Haff übergeht. Dieses ist durch die Inseln → Usedom und → Wollin von der Ostsee abgetrennt, nur die → Peene, → Swine und → Dievenow stellen die Verbindung her.
Die mittlere Wasserführung bei Stettin beträgt 480 cbm/sec., bei mittlerem Hochwasser 1430 cbm/sec. und bei mittlerem Niedrigwasser 205 cbm/sec., eine Folge des trockeneren ostmitteleuropäischen Klimas.
Durch Kanalisationsarbeiten von 1905—1931 wurde der Strom in die beiden Arme getrennt, von denen der östliche, Stettin umgehende Arm, die Große Reglitz, die Hochwasser ableitet, während die Westoder als Schiffahrtsweg für den Großschiffahrtsweg Berlin—Stettin und nach Oberschlesien diente. Kähne von 1 000 t konnten bis Cosel fahren. Die Ufer der unteren Oder sind auf der Ostseite weitgehend Wiesenmoore mit Bruchwald, dahinter erstreckt sich die Gollnower Heide. Am Westufer begleitet den Fluß der malerische Rand der Warsower Hochfläche bis etwa Pölitz, dann folgen auch dort Wiesenmoore und dahinter weite Kiefernwaldungen.

Kirche zu Odermünde

Odergebiet ist nicht nur ein hydrographischer Sammelraum, sondern auch geopolitisch und ökonomisch ein Zentralraum, zu dem fast ganz Vorpommern und das westliche Hinterpommern hin tendiert. Dazu trifft hier die Ostsee, die mit der → Pommerschen Bucht tief ins Festland vorstößt, mit dem Tieflandstrom Oder zusammen. So können die nahen Ostseeländer mit großen Teilen des ostdeutschen Binnenlandes in engen Kontakt treten. Daraus erwächst dem ganzen Unterodergebiet die Funktion einer Mittlerlandschaft zwischen ganz Vor- und fast ganz Hinterpommern einerseits, dem ostdeutschen Binnenland und den Ostseeländern andererseits. Es wurde zu einem Konvergenzraum mit dem Zentralschnittpunkt Stettin. Die geopolitische Funktion dieses Raumes hat Auswirkungen auf den wirtschaftlichen Bereich. Die einmalig verkehrsgünstige Lage — Seeverkehr, Binnenschiffahrt und Landverkehr — begünstigte die Anlage von Industriezentren der eisenschaffenden, eisenverarbeitenden und chemischen Industrie, die die Kalklager verarbeiteten, der Keramischen-, der Textilindustrie, der Konfektion und der Schiffsausrüstung. Bis weit ins pommersche Hinterland wirkte sich der Einfluß von Banken und Handel aus.
1945 wurde dieser Zentralraum willkürlich zerschnitten und in eine Randlage gedrängt. Verhältnismäßig spät begann Polen, das Odergebiet zu fördern. Die westliche Seite auf dem Gebiet der DDR sank zu völliger Bedeutungslosigkeit herab.

Odermünde *(Szczecin Skolwin)*, Groß Stettin. 1286 erhielt das Domstift St. Marien in Stettin die geistliche Gerichtsbarkeit über die Kirche in „Scholwin". 1489 erwarb das Stift das ganze Dorf, dessen Patronat vorübergehend im 15. Jh. den Augustinermönchen in Jasenitz gehörte. Mit der Gründung des Papierwerks „Odermünde" erhielt das Angerdorf 1929 dessen Namen.
Die Dorfkirche ist ein Backsteinbau der zweiten Hälfte 16. Jh. mit Turm, dessen hölzernes Obergeschoß auf einem steinernen Unterbau ruht, den ein achteckiger Barockhelm überragt. Am Ostgiebel

Im Odertal

sind spitzbogige Blenden zu finden. Der Kanzelaltar stammte aus dem 18. Jh.
Das Papierwerk gehörte als Teil des Feldmühle-Konzerns zu den größten Papiererzeugern Deutschlands mit über 2000 Beschäftigten. 1925 wurde hier die größte Papiermaschine Europas in Betrieb genommen. 1930 betrug die tägliche Erzeugung 320 t Papier. 1953 teilweise Wiederaufnahme des Betriebs, nachdem die Russen 1945 sämtliche Maschinen demontiert hatten.

Odertal. Flußabwärts von Fiddichow—Gartz erstreckt sich das untere Odertal, ein mehrere Kilometer breites Schwemmland, auf beiden Seiten von hohen Steilrändern eingefaßt. Das sumpfige Wiesenland wird als Weide genutzt und ist vereinzelt mit Waldparzellen besetzt. Seit der Zeit Friedrichs des Großen wird diese Talaue nutzbar gemacht. Deiche mit Schleusen und Schöpfwerken lassen die Winterfluten mit ihrer Schlickfracht auf die Flächen, halten aber sommerliche Überschwemmungen fern. Es entstanden Wiesen mit hochwertigen Gräsern (2 m hoch) und Ländereien für Garten- und Gemüsebau. Die Talränder sind durch ihre Trockenheit (460—500 mm/Jahr Niederschlag) und ihre Nähe zu Stettin begünstigte Standorte. Auf den höhergelegenen Flächen des Kreises Greifenhagen liegen schwarzerdeähnliche Böden, die hohe Erträge bringen.
Um Greifenhagen liegt das Stettin versorgende Gemüseanbaugebiet mit seinen Kolonistendörfern.

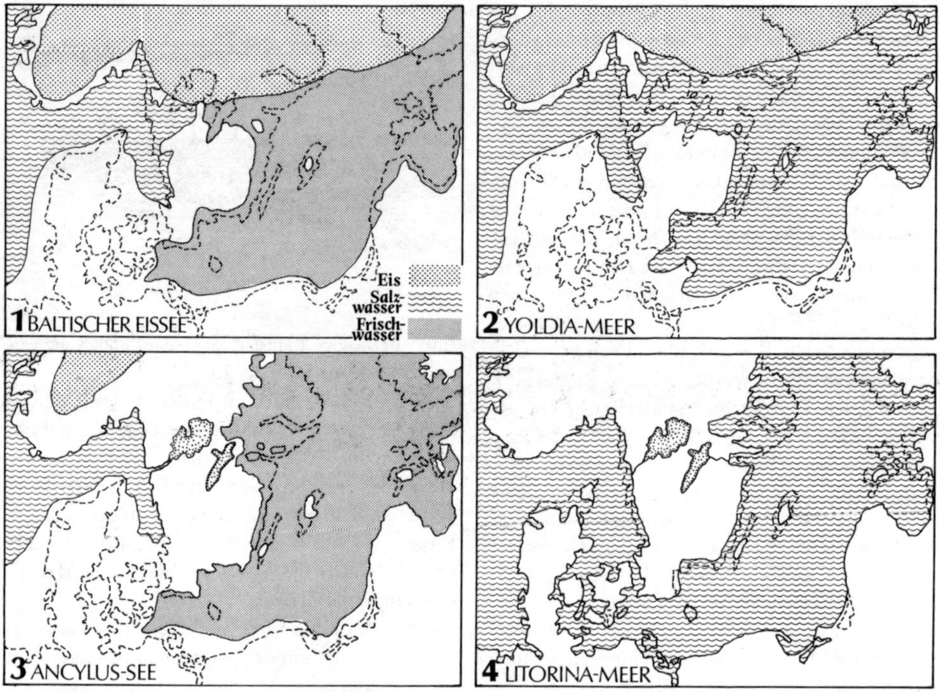

Nacheiszeitliche südliche Ostsee

Der Boden wurde sorgfältig entwässert; mit dem Spaten bearbeitet bringt er bis zu drei Ernten im Jahr. Dazu gibt es noch Treibhauskulturen für Frühgemüse. Hier lag das Hauptanbaugebiet für Tabak, dessen Anbaufläche vor 1939 zurückging. Nach 1945 wird rechts der Oder kein Tabak mehr angebaut, links der Oder, im Gebiet der DDR, betrieb man ihn weiterhin.

Ossecken *(Osieki Lęborskie)*, Kr. Lauenburg. 1284 gab es schon einen Kaplan von Osseck. Die Bischöfe von Kujawien besaßen ein Gut, einen größeren Wald und die Bernsteingerechtigkeit. 1566 verkauften sie ihren Besitz in O., Charbrow und Labenz an Ernst von Weiher. Er gelangte für 200 Jahre in den Besitz der Familie von Krockow.

Die Feldsteinkirche reicht bis ins Mittelalter zurück. Spätere Umbauten haben bauliche Einzelformen stark verwischt. Nach einem Brand 1726 wurde sie stark verändert wiederaufgebaut. Der Altar ist eine kräftige Barockschnitzerei. Eine Kalksteintaufe aus dem 16. Jh., mit derben Tierzeichnungen verziert, ahmt alte romanische Taufsteine nach.
Neben der mittelalterlichen Bernsteingrabung wurde um O. Braunkohle gefördert.

Ostsee *(Morze Bałtyckie)* mit einer Fläche von 0,42 Mio. qkm und einer mittleren Tiefe von 101 m ein fast gezeitenloses Nebenmeer des Atlantischen Ozeans, mit ihm nur durch die dänischen Belte, den Öresund, das Kattegat und den Skagerrak in Verbindung. So können die Flut- und Ebbeströme der

Nordsee nur bis in die Anfänge der Beltsee eindringen. Nach Osten hin verringert sich der Salzgehalt des Wassers. Am Eingang des Kattegat sind es noch etwa 30 v. T., am Darß 7 v. T. Nicht nur die Gezeiten machen sich in der O. kaum bemerkbar; auch zwischen Nord- und Ostsee findet ein nur recht bescheidener Wasseraustausch statt, zusätzlich behindert durch das sehr unruhige Bodenrelief.

Deshalb kann auch die O. viel stärker vereisen. Die Bodden sind fast jedes Jahr zumindest durch Treibeis blockiert. Das → Stettiner Haff ist fast alle Jahre von Dezember bis März zugefroren. 1323 gab es einen so kalten Winter, daß die O. zufror und für zehn Wochen Schlitten den Verkehr zwischen Dänemark, Lübeck und Danzig über das Eis aufrechterhielten.

Dieses Randmeer hängt in seiner Entstehung mit den nacheiszeitlichen Klimaveränderungen und tektonischen Bewegungen zusammen. Mit dem Ende des pommerschen Stadiums der Weichseleiszeit, etwa 14000 v. Chr., setzt diese Entwicklung ein.

Südlich des Inlandeises sammelten sich im Gebiet der südlichen O. die Schmelzwasser zum *Baltischen Eisstausee* (13000—8200 v. Chr.), einem Süßwassersee, dessen Südufer erheblich weiter nördlich als die derzeitige Küste lag. Durch das Rückschmelzen des Eises entstand in der Mittelschwedischen Senke ein Abfluß. Der Wasserspiegel glich sich dem des Weltmeeres an und sank. Ebenso drang Salzwasser in das Seegebiet und mit ihm eine die Kälte liebende Muschel, die Yoldia arctica, die dem Meer den Namen gab: *Yoldiameer,* 8000—7000 v. Chr. Gegen Ende dieser Periode erwärmte sich das Klima. In Norddeutschland begannen Birken-, Kiefernwälder und Flachmoore zu wachsen. Die Menschen hatten die Kulturstufe der mittleren Steinzeit erreicht. Spalterbeile aus Feuerstein sind hierfür charakteristisch; in Medewitz, Kr. Greifenberg, wurde eines gefunden. Der fennoskandische Schild und das Gebiet der dänischen Sunde begannen sich zu heben. Das Yoldiameer, vom Weltmeer abgeschnitten, begann sich zu einem Brack- und Süßwassersee zu verändern. Die kleine Napfschnecke Ancylus fluviatilis machte sich heimisch. Nach ihr wurde der *Ancylussee* (7000—5500 v. Chr.) benannt. Der Wasserstand des Sees lag etwa 10 m unter NN. Ein Moränenzug vom Darß zur Insel Falster, Stauwehr für das Yoldiameer, wurde jetzt durchbrochen; eine Flußrinne des Großen Belt bis zum Kattegat wurde ausgespült.

Um 5500 v. Chr. senkte sich das südliche Küstenland. Nach Messungen an der Stolpebank müssen es 32,50—35 m Höhenunterschied gewesen sein. Meerwasser drang wieder in den Ostseeraum und mit ihm die Meeresschnecke Litorina litorea, die dem *Litorinameer* (5500—2000 v. Chr.) den Namen gab. Ehemalige Höhengebiete wie Stolpebank, Oderbank oder Plantagenetgrund verschwanden etwa 6—8 m unter der Meeresoberfläche. Höhen wie Jasmund, Wittow, Dornbusch, Granitz, Mönchgut, Usedom und Wollin ragten als „Inselkerne" über den Meeresspiegel und bildeten Ausgangspunkte für die weitere Gestaltung der Inseln.

Das Klima in den Küstenregionen war feuchtwarm, Eichenmischwälder, Hasel, Ulmen und Linden konnten ihre optimalen Wachstumsbedingungen finden. Die älteren Hochmoortorfe entstanden. Der Mensch lebte in der mittleren und jüngeren Steinzeit, beginnend mit der „Kjökkenmöddinger"

Stranddistel Eryngium maritimum

Kirche zu Pammin

Kultur, benannt nach dem dänischen Wort für Küchenabfälle. Die Besiedlung war so dicht ans Meer gerückt, daß es im Laufe der Litorinazeit Siedlungsgebiete überflutete, so die Ellerbecker Gruppe in der Kieler Förde. In Kamp, Kr. Greifenberg, wurde ein verwandter Fund gemacht. Die Hünengräber auf Rügen stammen aus der mittleren Steinzeit. Der Feuersteinschlagplatz Lietzow ist bereits jungsteinzeitlich. Mit diesen Erzeugnissen wurde weiträumiger Handel getrieben.

Um 2000 v. Chr. hob sich das Gebiet der dänischen Inseln; dadurch sank der Zufluß an Salzwasser. Die Brackwasserschnecke Limnea ovata baltica gab dem *Limnäameer* (2000—700 v. Chr.) den Namen. Die Menschen standen auf der Kulturstufe der Bronze- und beginnenden Eisenzeit.

In einem wärmeren, feuchten Klima umsäumten Mischwälder aus Buchen und Eichen das Meer. Von Schonen und den dänischen Inseln breitete sich die Trichterbecherkultur bis über die Odermündung aus.

Im *Myameer* (700 v. Chr.—heute), nach der Sandklaffmuschel Mya arenaria benannt, stieg der Meeresspiegel um etwa 2 m an, was zu einer erneuten Zufuhr von Salzwasser führte. Das Klima wurde wieder feuchter und kühler.

Während der letzten 4000 Jahre wurde der heutige Küstenlauf weitgehend durch Abtragung und Anlandung durch das Meer gestaltet, was zum Teil historisch belegbar ist. Es entstanden Steilküsten und Kliffs, das abgestürzte Material wurde verdriftet, Strandwälle aufgeworfen, auf denen oberhalb der Wasserlinie der Wind Dünen zusammenwehte. Ständig werden die eiszeitlichen Inselkerne abgetragen und verkleinert, auf der anderen Seite bauen sich Nehrungen und Haken auf, die die alten Inselkerne miteinander verbinden, die Strandseen aber vom Meer abschnüren. Auf ihnen werden ganze Komplexe von Wanderdünen aufgeweht. Der Mensch versucht, durch Bau von Buhnen und Dämmen in die Abtragungsvorgänge einzugreifen; Dünen legt er durch Anpflanzen von Strandhafer und Aufforstung mit Kiefern fest.

Durch Baggern und Molenbau hemmt man die Anlandung, um Wasserstraßen zu den Häfen Stralsund, Greifswald, Swinemünde, Stettin, Kolberg und Stolpmünde offen zu halten.

Pammin *(Pomierzyn)*, Kr. Dramburg. Laut Landbuch war 1337 „Banin“ im Besitz der Bruthow (= Günthersberg).

Die heutige Kirche wurde erst 1869 mit einem nach Westen gerichteten gewölbten Altarraum aus gespaltenen Findlingen errichtet.

Aus dem Vorgängerbau hatten sich eine thronende Madonna mit Jesuskind (0,85 m hoch) und die 0,95 m hohe Schnitzfigur des hl. Jakobus des Älte-

Aus dem spätgotischen Altar in Pammin

Pansin, Neues Haus (1881)

ren aus Eichenholz erhalten. Von einem Flügelaltar (um 1500) stammen die Figuren des hl. Jakobus und des hl. Georg (0,90 m hoch), dazu aus den Flügeln elf Apostel und der hl. Christophorus. Diese Figuren sind auch in ihrer Fassung erhalten. In vier Kästen geordnet waren sie an den Wänden des Altarraums angebracht.
1939 lebten in P. 593 Einwohner.

Pammin *(Pomień)*, Kr. Arnswalde. In der Gemarkung des Gutsdorfes liegen zwei wendische Burgwälle. Seit dem 14. Jh. war P. im Besitz der Familie von Beneckendorf. 1637 brannten es die Schweden ab. Seit dem Wiederaufbau ist das Dorf streng nach Herren- und Bauernseite getrennt.
In P. wohnten 1939: 434 Einwohner.

Pansin *(Pęzino)*, Kr. Saatzig, Wasserburg, liegt am Zusammenfluß des Krampehl mit der „halben" oder „gestohlenen" Ihna auf einer Insel im Überschwemmungsgebiet.
In einer Stargarder Urkunde wird 1285 ein Ritter Rütger von P. als Zeuge genannt. 1357 lebte Ritter Hans von Borcke auf P., verkaufte es aber 1382 dem Johanniterorden. 1478 richtete der Orden in dem Schloß eine Komturei ein. 1493 verkaufte er den Besitz an den Ritter Heinrich von Borck; zwei Jahrhunderte lang im Familienbesitz. 1682 kaufte Peter Georg von Puttkamer P. und heiratete Eva Dilina, das einzige Kind des letzten Besitzers. P. blieb im Besitz dieser Familie bis 1945.
Während des Krieges hatte man sämtliche vorgeschichtlichen Fundakten des Stettiner Museums und ein Teil des Staatsarchivs ausgelagert. Das polnische Staatsarchiv suchte und fand hier das Stettiner; dadurch wurden auch die vorgeschichtlichen Akten gerettet.
Die Findlingskirche reicht bis ins Mittelalter zurück, aber Matzke III. von Borcke ließ sie 1566 umbauen und mit einem prächtigen Ostgiebel aus Backstein versehen; darin wird das mittelalterliche Maßwerk eigenwillig abgewandelt. Der alte Holzturm wich 1902 einem Massivbau nach Mulkenthiner Vorbild. Der Kanzelaltar mit glatten Säulen und den Wappen der von Borcke und von Puttkamer wurde Anfang 18. Jh. gefertigt.
Das Schloß ist die letzte erhaltene Wasserburg Pommerns. Von der mittelalterlichen Burg steht nur noch die Ruine des Bergfrieds. Das „Alte Haus" mit Backsteingiebel stammt von Mitte 16. Jh., während das „Neue Haus" als Renaissanceputzbau um 1600 entstand. An das Alte Haus fügte 1850–1855 der Erbauer der Nationalgalerie in Berlin, Strack, einen neugotischen Bau an. 1935 brannte ein großer Teil des Schlosses ab. Unersetzliche Kunstschätze gingen verloren. Das Alte Haus und der Anbau des

Pansin, goldener Siegelring

Schloß Parsow

19. Jh. fielen der Vernichtung anheim. 1937/38 Wiederaufbau; der reiche, nach der Außenseite umgestürzte Südgiebel konnte in alter Form wieder hergestellt werden. 1945 zogen die Verwaltung des großen Staatsgutes und eine öffentliche Bibliothek ein.
Das Schloßinventar ist als vernichtet anzusehen. Darunter befanden sich die berühmte Rose von Jericho, die Henning Borcke aus Palästina mitgebracht hatte, und die geheimnisvollen goldenen Ringe, die mit der Sage vom Glück der Familie verknüpft waren. Von den ursprünglich drei Ringen (womöglich aus dem 12. Jh., von Kreuzzügen mitgebracht) waren vor 1945 nur noch zwei völlig identische erhalten. Die Sage berichtet, daß beim Verlust des ersten Ringes ein Schloßflügel zerbarst, das Geschlecht der Besitzer ausstarb und das ganze Dorf niederbrannte. In der Ahnengalerie befand sich ein Bild der 1620 in Stettin als Hexe verbrannten Sidonie von Borcke.
P. hatte 1939: 669 Bewohner.

Panzerin *(Pęczerzyno),* Kr. Belgard. Die kleine Findlingskirche stammt aus der ersten Hälfte 16. Jh.; Ostgiebel aus Fachwerk, 17. Jh.
Der Altar ist noch aus mittelalterlichen Backsteinen gemauert. Der spätgotische Flügelaltar, um 1500, zeigt im Mittelschrein die Mutter Gottes mit dem Jesuskind zwischen Johannes dem Täufer und einem Bischof. In den Flügeln stehen die Figuren der Apostel mit ungewöhnlich großen Köpfen. Die Bilder der Flügelaußenseiten sind überstrichen worden. Anfang 17. Jh. wurde die schlichte Kanzel mit ihrer noch erhaltenen alten Bemalung aufgestellt. 1939 hatte P. 382 Einwohnber.

Parsow *(Parsowo),* Kr. Köslin; Herzog Barnim I. verlieh 1227 P. dem Prämonstratenserinnenkloster in Treptow. Bis 1658 gehörte das Dorf der Familie von Parsow; seit 1772 Besitz der von Gerlach.
Die Kirche aus dem 19. Jh. besaß drei Glocken; eine davon ist 1515, die andere 1659 gegossen worden.
Neben das alte „feste Haus" wurde 1782 der Mitteltrakt des Schlosses gebaut. Nach 1860 ließ Bogislaw von Gerlach einen Nordflügel im Tudorstil errichten; der Südflügel wurde 1910 errichtet. Beim Umbau von 1922 alle Bauteile einheitlich gestaltet.
Neben Meißner Porzellan und Delfter Fayencen war die Fideikommißbibliothek mit etwa 4000 Bänden Urkunden und Akten von Bedeutung. 1945 wurde die Bibliothek in großen Gruben vergraben und teilweise drei Tage lang in einem Backofen verheizt.
P. hatte 1939: 291 Bewohner.

Pasewalk, Kr. Ueckermünde. Am Innenrand der Endmoräne der Tollensestaffel liegt die Kleinstadt P. an der → Uecker.
In den Jahrbüchern des Klosters Pegau an der Elbe wird um 1150 bereits eine „Burg Posduwle in Pommernlande" erwähnt. Herzog Bogislaw I. bestätigte

Rathaus zu Pasewalk

1177 dem Kloster Grobe den Besitz der Kirche in P., den Herzog Ratibor I. ihm verliehen hatte. Bischof Konrad I. von Cammin nannte sie „die Kirche auf dem Marktplatz der Burg P." — die heutige St. Nikolaikirche in der wendischen Unterstadt; die Oberstadt mit der St. Marienkirche entstand erst 100 Jahre später. Vorübergehend gelangte P. 1214 in den Besitz der Markgrafen von Brandenburg. 1250 hatte P. Magdeburger Stadtrechte. Das Dominikanerkloster wurde 1272 in der Stadt gegründet. Erst 1276 ist P. als civitas bezeugt. 1354 erwarb Pommern die Stadt zurück. Zabel Schünemann, Pfarrer und Stadtschreiber, wurde 1367 auf Anstiftung des Rates und der Wollenweber wegen Betrugs vor der Kirche erschlagen und verbrannt. Der Papst belegte die Stadt mit dem Bann; sie konnte sich erst 1373 nach Zahlung einer Sühne von 2000 Gulden an den Bruder des Ermordeten und weiterer Sühnegaben befreien. 1408 werden das St. Georgshospital und 1426 das Hl. Geistspital als erste karitativen Einrichtungen der Stadt genannt. Die Stadt wurde stärker befestigt. Mauer und Tore sicherten sie, als 1445 Markgraf Friedrich II. von Brandenburg sie erfolglos belagerte; hinzu kam der Turm „Kiek in de Mark". Brandkatastrophen suchten P. öfters heim. 1615

Marienkirche in Pasewalk

»Kiek in de Mark« in Pasewalk

brannte der größere Teil der Unterstadt mit der Nikolaikirche ab. 1630 brannten kaiserliche Truppen unter Oberst Götze die Stadt bis auf die Nikolaikirche und einige Häuser nieder. 1702 legte ein großer Brand die Oberstadt und einen Teil der Unterstadt in Asche; 1720 ließ sie König Friedrich Wilhelm I. von Preußen wieder aufbauen. Bis ins 19. Jh. blieb die Stadtmauer die Stadtgrenze; erst dann kamen die Außenviertel hinzu. Im Alten Schützenhaus, in dem 1914—1918 ein Lazarett eingerichtet worden war, beschloß 1918 der Gefreite Adolf Hitler, Politiker zu werden. 1945 wurde die Innenstadt weitgehend zerstört. Die beiden Kirchen, die Mauertürme und die Hospitäler blieben erhalten. Die Nachkriegsbebauung hielt sich nicht mehr an den alten Stadtgrundriß. Seit 1952 ist P. Kreisstadt eines eigenen Kreises.

Die St. Marienkirche behielt von einem Granitquaderbau, 13. Jh., das untere Turmgeschoß. Von etwa 1330 bis Ende des Jh. wurde die dreischiffige Backsteinhallenkirche erbaut; an der Nordseite kam im 15. Jh. eine spätgotische achteckige Kapelle dazu. Nach den Verwüstungen des Dreißigjährigen und des Nordischen Krieges wurden 1734/35 neue Gewölbe eingezogen. 1795 erwarb die Kirchengemeinde Altar, Orgel und Beichtstühle aus dem Mariendom in Stettin. 1861—1863 wurden diese Kunstwerke, vor allem der Altar, mit folgender Begründung entfernt: „Seine Verzierungen waren mit viel Gold belegt, es war viel unerbauliche Schnitzerei daran, auch heidnische Kunst verwendet. Er stand mit der hehren Gothik der Kirche in keinem Einklang." 1984 stürzte der Turm teilweise ein. Ein Sturm deckte 1986 das Dach ab. Bei einem Versuch, die Turmreste zu sprengen, wurden die Westwand der Kirche mit der Orgelempore und die Orgel zerstört. Die St. Nikolaikirche ist in ihren ältesten Teilen ein Granitquaderbau, 13. Jh.; Ende 16. Jh. zu einer Hallenkirche mit Sterngewölben umgebaut. Während der Napoleonischen Kriege 1807 diente sie als Lager für schwedische Kriegsgefangene. Die Erneuerung von 1824 bis 1826 führte zu einem gründlichen Umbau. Von der alten Ausstattung ist nichts erhalten. Das barocke Rathaus von 1727 wurde 1945 vernichtet. Die Gebäude der beiden Hospitäler St. Spiritus (16. Jh.) und St. Georg (18. Jh.) dienen als Altenheime. Die beiden Stadttore, Prenzlauer- und Mühlentor, wurden um 1450 erbaut. Das Mühlentor, 26,50 m hoch, hat über der Durchfahrt sowohl auf der Stadt- als auch auf der Feldseite elf lange, schmale Blenden, darüber erhebt sich ein achteckiger Aufbau mit einer Pyramide. Der Pulverturm ist ein

Mühlentor in Pasewalk

Mordkreuz in Pasewalk

18,20 m hoher zylindrischer Backsteinbau mit einer 10 m hohen Pyramide. Der „Kiek in de Mark" wurde 1445 erbaut.

An der Pfarrkirche St. Marien gab es schon 1240 eine Lateinschule. Die reiche Bibliothek des Dominikanerklosters kam nach der Reformation nach St. Marien und ging wohl beim Stadtbrand 1630 zugrunde.

Während der Zeit des Eisenbahnbaus wurde P. zu einem Knotenpunkt: Berlin-Stettiner Eisenbahn 1863 mit der Strecke P.—Stettin; Angermünde—P.—Anklam; 1867 die Strecke P.—Strasburg.

Schon 1385 war P. durch sein berühmtes Starkbier „Pasanelle" weithin bekannt (bona cervisia Pasewalcensis). Die französischen Hugenotten führten den Tabakanbau ein. Im 20. Jh. beschränkte sich die Industrie auf eine Eisengießerei und eine Maschinenfabrik. P. ist Verwaltungs- und Handelsmittelpunkt.

Hugo Lemcke (1835—1925), Direktor des Stadtgymnasiums in Stettin, 50 Jahre lang Vorsitzender der Gesellschaft für Pommersche Geschichte und Altertumskunde. Provinzialkonservator, Herausgeber der „Bau- und Kunstdenkmäler der Provinz Pommern."

Bruno Müller-Linow (* 1909), Maler, 1936—1941 Dozent an der Hochschule für Lehrerbildung in

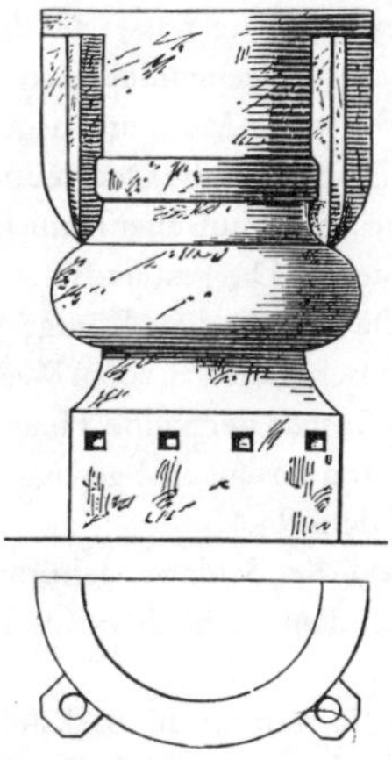

Taufstein der Kirche zu Patzig

Lauenburg; lebt in Darmstadt.
1939 lebten in P. 12089; 1985: 15881 Menschen.

Patzig, Kr. Rügen. Fürst Witzlaw I. bestätigte 1232 dem Benediktinerinnenkloster in Bergen die Schenkung von 1217 des Hofes „Pyask" durch seinen Vater Jaromar. Seit dem 14. Jh. war der Ort in mehrere Besitzanteile aufgeteilt.
Das Kirchspiel wird schon 1318 erwähnt, die St. Margarethenkirche 1392. Der heutige Bau besteht aus einem bis 1466 errichteten Chor mit Kreuzrippengewölben und einem späteren Schiff; der Turm war um 1500 erbaut worden.
1950 wurden im Chor Teile der womöglich noch vollständig erhaltenen Wandmalerei des 15. Jh. aufgedeckt. Mitte 15. Jh. wurde der Schnitzaltar der hl. Margarethe geschaffen. Neben der Heiligenfigur und in den Flügeln stehen die zwölf Apostel. Die Außenseiten der Flügel tragen Bilder der Margarethenlegende. Eine Kalksteingrabplatte für Petrus von P. († 1339) mit Ritzzeichnung ist aufgestellt.
P. hatte 1939: 431 Einwohner.

Peene, 126 km langer Küstenfluß in Vorpommern, Einzugsgebiet 5098 qkm. Quellflüsse sind die West-P., die bei Grubenhagen (40 m über NN) an der Randmoräne des Malchiner Zungenbeckens entspringt und nach 7 km den Malchiner See erreicht, die Ost-P., die in der Nähe von Kargow (etwa 80 m über NN) entspringt und ebenfalls den Malchiner See bei Malchin erreicht, und die Kleine-P., die aus einer Mulde bei Gnoien (35 m über NN) kommt und bei Neukalen in den → Kummerower See mündet. Bei Demmin kommt von Osten die 75 km lange Tollense und von Westen die 74 km lange Trebel in die P. Im weiteren Lauf, von Loitz nach Osten zu, fließt sie in einem vermoorten Schmelzwasserabflußtal des ehemaligen Haffstausees. 10 km östlich Anklam geht sie in den → Peenestrom über. Wegen ihrer Tiefe (2,80 m bei Demmin und 2,10 m bei Malchin) war sie schon frühzeitig schiffbar. Hierbei gab es Streitigkeiten; 1300 sicherte Fürst Witzlaw II. von Rügen der Stadt Demmin zu, daß bei Loitz die P. durch kein Wehr verbaut und die Demminer Schiffahrt nicht behindert werden darf. Schiffe bis 750 t können bis Anklam, solche bis 450 t nach Demmin und bis 200 t nach Malchin fahren; vorwiegend Zuckerrübentransporte.
Im flachen Mecklenburgisch-Pommerschen Grenztal verbinden Kanäle und Gräben dieses Flußgebiet mit dem der → Recknitz.

Peenemünde, Kr. Usedom-Wollin, altes Fischerdorf; am Peenestrom im Nordzipfel der Insel Usedom bewacht es den Zugang von der Ostsee zum Haff. Hier fand man einen Wikingerschatz mit mehreren goldenen Armringen aus dem 10. Jh. Urkundlich wird das Dorf erstmals um 1250 in einer Chronik genannt. 1282 gehörte es der Stadt Wolgast. Eine dort erbaute Schanze sollte den Peeneaus-

An der Peene

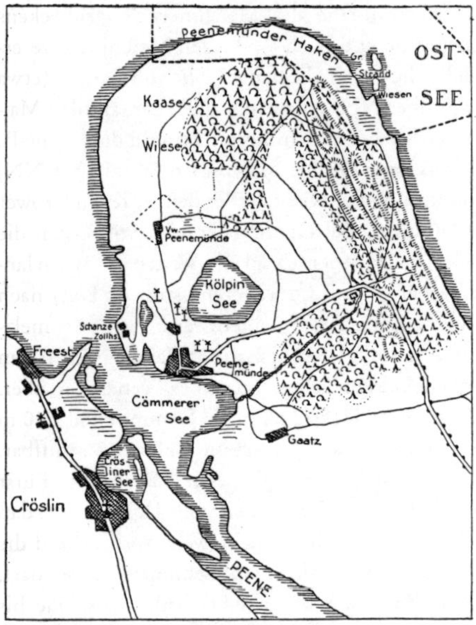

Naturschutzgebiet Peenemünder Haken

fluß sichern. 1628 tobten hier Kämpfe zwischen König Christian IV. von Dänemark und kaiserlichen Truppen. Am 26. 6. 1630 landete hier König Gustav Adolf mit seinen Invasionstruppen. In dem Naturschutzgebiet zwischen P. und Karlshagen wurde seit 1937 die Heeresversuchsanstalt für Raketenwaffen aufgebaut. W. Dornberger und Wernher von Braun entwickelten Raketentriebwerke für die V 1 und V 2. 1943 zerstörte ein britisch-amerikanischer Bombenangriff wichtige Teile der technischen Anlage. Nach 1945 blieb es weiterhin militärisches Sperrgebiet und wurde zu einem Marinestützpunkt der DDR ausgebaut.
Die Statistik von 1939 kennt nur den Heeresgutsbezirk P. mit 2334 Bewohnern; 1965 lebten hier 650 Einwohner.

Peenestrom, westlicher Mündungsarm der Oder zwischen Festland und Usedom, 42 km lang. Auf dem Weg zur Ostsee erweitert er sich zum vielverzweigten → Achterwasser auf der Insel Usedom und mündet bei Peenemünde in den Greifswalder Bodden. Vor seiner Mündung liegt die Insel → Ruden. Diese Einfahrt in die Odermündung spielte schon früh eine Rolle, muß aber heute hinter der → Swine zurückstehen. Das Festlandsufer war bis 1815 schwedisch; die preußischen Könige wollten verschiedenen Zollschikanen aus dem Wege gehen und forcierten den Ausbau der Swine. Heute spielen nur noch Wolgast und Lassan eine gewisse Rolle in der Schiffahrt auf dem P.

Peest *(Pieszcz),* Kr. Schlawe, gehörte 1335 Gerd von Below; seitdem verblieb es im Besitz dieser Familie.
Von Ende 15. Jh. stammt die Backsteinkirche mit großem Turm, aber ohne Chor. Ihr Ostgiebel ist mit Fialen und zahlreichen Spitzbogenblenden verziert, die sich am Satteldach des Turmes wiederholen. Unter der Kirche gibt es ein Gruftgewölbe der Familien von Krockow und von Below.
Der Renaissancealtar (17. Jh.) ist dreigeteilt: in der Mitte die Darstellung der Dreifaltigkeit, links Maria auf der Mondsichel, die Schlange zertretend, rechts Petrus mit dem Schlüssel. An einer Wand hingen eine Rüstung des 17. Jh., ein Degen, Sporen und zwei Fahnen, eine mit der Jahreszahl 1673. An einem Haken waren eine Flasche und zwei Hornringe unbekannter Bedeutung aufgehängt.

Sachsenhaus in Peenemünde

1939 lebten in P. 720 Menschen.

Penkun, Kr. Greifenhagen, Stadt auf der westlichen Abdachung des Randowplateaus zwischen Lanke-, Schloß- und Bürgesee, an der schmalsten Stelle des schwer passierbaren Randowtales, einer alten pommersch-märkischen Grenze.
An der Stelle des heutigen Schlosses lag ein mittel- bis spätwendischer Burgwall, auf der Insel im Schloßsee ein Burgwall aus älterer und jüngerer Wendenzeit. Die benachbarte Halbinsel hieß „die alte Stadt". 1240 wird erstmals das „Territorium Pinkun", womöglich ein wendischer Verwaltungsbezirk mit der Burg P. als Mittelpunkt, erwähnt. Einer Überlieferung nach soll P. schon 1190 Magdeburger Recht erhalten haben. Ein Wall aus Feldsteinen wurde um den Ort errichtet. Herzog Barnim I. verlieh 1261 dem Domkapitel von St. Peter (später St. Marien) in Stettin das Patronat der Kirche in P. Erstmals wird P. 1269 als Stadt bezeichnet. Pfarrer Frowin war hier 1281 tätig; 1285 war ein Rudolf Schultheiß der Stadt. Die Stadtmauer, teilweise doppelt, muß im 14. Jh. gebaut worden sein. 1468 belagerte Kurfürst Friedrich II. von Brandenburg P. vergeblich. Herzog Bogislaw X. gab Stadt und Schloß 1480 seinem Rat Werner von der Schulenburg als Dank für den zwischen ihm und Kurfürst Friedrich II. ausgehandelten Frieden zum Lehen. Auf einer Anhöhe im Nordwesten ließ Werner ein Schloß erbauen, das völlig verschwunden ist; 1580 durch ein zweites Schloß ersetzt. Joachim von der Schulenburg verkaufte 1614 Schloß und Stadt an Henning von der Osten; im Besitz dieser Familie blieb P. mit kurzer Unterbrechung bis ins 20. Jh. Während des Dreißigjährigen Krieges brannten die Kaiserlichen P. nieder. Um 1830 Abtragung der Stadtmauer bis auf geringe Reste. 1854 brannte über die Hälfte der Stadt ab. Anfang 20. Jh. dehnte sich P. vor dem Stadttor aus.

Kirche in Peest

Blick auf Penkun

Die 1854 abgebrannte alte Stadtkirche machte einem Neubau Platz. Das Schulenburgsche Schloß wurde 1480 auf dem Schloßberg errichtet, wo seit 1198 ein herzogliches Jagdhaus stand. Der noch bestehende Bau von 1580 ist ein dreiflügeliger Renaissancebau mit zwei achteckigen Türmen und einem zum See hin offenen Hof. Friedrich Wilhelm von der Osten legte an den Hängen um das Schloß, die bis dahin als Weinberg genutzt waren, einen Park an. 1945 blieb hier eines der ältesten Schlösser Pommerns erhalten. Reste von Deckenmalereien und mehrere Kamine aus der Bauzeit sind in dem von einer landwirtschaftlichen Produktionsgenossenschaft (LPG) genutzten Bau zu sehen.
1899 Bau einer Kleinbahn von Pommerensdorf über P. nach Kasekow; 1945 demontiert.
Wegen der strategisch wichtigen Lage erhielt P. 1320

Schloß Penkun

die Zollfreiheit im ganzen Land; wirtschaftlich zeigte das kaum Auswirkungen. Außer einem unbedeutenden Textilgewerbe und einer Strohhutfabrik blieb P. im wesentlichen Ackerbürgerstadt. Ihren einzigen größeren Waldbesitz ließ sie 1806 abholzen. 1906 fand der letzte Jahrmarkt in P. statt.
1939 lebten in P. 1844 Einwohner.

Persante *(Parsęta).* In einer sumpfigen Niederung des 1863 abgelassenen Persanzigsees auf dem Pommerschen Landrücken bei Neustettin in 137 m über NN entspringt die nach Nordwesten fließende, 165 km lange P. mit einem Einzugsgebiet von 3 145 qkm. In ihrem Oberlauf hat sie ein kräftiges Gefälle. Bei Wutzow und Woldisch Tychow verläßt sie die kuppige Grundmoräne; dort hat sie sich in die malerische Persanteschlucht 33 m tief eingeschnitten. Auf ihrem weiteren Lauf an Belgard vorbei nach Kolberg nimmt sie Damitz und → Radüe als Nebenflüsse auf. Torfmoore und Wiesen begleiteten ihren Unterlauf. Ihre Wasserenergie nutzen zahlreiche Mühlen und kleine Elektrizitätswerke aus. Das Mündungsstück bis Kolberg können kleinere Seeschiffe befahren.

Peterfitz *(Piotrowice Kołobrzeskie),* Kr. Kolberg-Körlin. 1276 befand sich „Petrekovitz" unter den Dörfern des Kolberger Domkapitels. 1319 verkaufte Lubbert Glasenapp das Dorf dem Domherrn Ludwig von Wida. 1915 wurde hier ein goldener Halsring aus dem skandinavischen Kulturraum gefunden: massiv, zu 722 Teilen aus Feingold, 1880 Gramm schwer. An der Schauseite ist er mit tiefgepunzten Halbmonden verziert und endet in zwei ziselierten Tierköpfen. Er überstand 1945 und kam auf Umwegen nach Lübeck.
P. hatte 1939: 725 Einwohner.

Petershagen, Kr. Greifenhagen. 1289 übertrugen die Herzöge Bogislaw IV., Barnim II. und Otto I. das halbe Dorf dem Kloster Gramzow in der Uckermark.
Die Kirche ist ein Granitquaderbau, 13. Jh.; vom abgeschrägten Quadersockel bis zur aus Granit gehauenen Viertelwulst des Traufgesimses sind es 22 Schichten aus sorgfältig behauenen Quadern. Die rundbogigen, schlanken Fenster sind nie verändert worden.
Die Renaissancekanzel war ursprünglich reich bemalt und vergoldet. Von einem Stiel ragen Putten vor, die den Korb tragen, an dem Christus und die Evangelisten in Nischen stehen. Eine mit Figuren besetzte, durchbrochene Pyramide bekrönt den

Kanzel in der Kirche zu Petershagen

Dorfkirche in Pflugrade

Schalldeckel; sie soll aus einer Berliner Kirche stammen. In den Fenstern gab es einige kleine gemalte Glasscheiben aus dem 17. Jh.
In P. lebten 1939: 428 Einwohner.

Petznick *(Piecnik),* Kr. Deutsch Krone. 1337 gehörte „Betznick" als Enklave zur Vogtei Güntersberg und blieb daher während der polnischen Zeit immer ein neumärkisches Dorf. Erst 1816 wurde es dem Kreis Deutsch Krone angegliedert; seit 1829 Rittergut.
Die evangelische Kirche aus dem 18. Jh. besaß eine Glocke von 1684.
Gute Mergelböden und auch Sandböden ermöglichten den Anbau von Weizen, Zuckerrüben, Roggen, Hafer und Saatkartoffeln.
1939 hatte P. 530 Bewohner.

Pflugrade *(Redło),* Kr. Naugard. 1490 wurde Johannes Wegener nach Präsentation durch die Herren von Mildenitz und die Grafen von Eberstein als Pfarrer in P. und Wangeritz eingeführt.
Die Dorfkirche ist ein spätgotischer Findlingsbau mit blendenverziertem Ostgiebel. Über dem Westgiebel erhebt sich der Turm.
Friedrich Lenz (1846—1930), Erbauer der Eisenbahnen in Pommern und in den deutschen Kolonien. Er schuf den Plan für den Stettiner Freihafen und das Kalksteinwerk in Zarnglaff.
P. hatte 1939: 363 Einwohner.

Pinnow, Kr. Greifswald; seit 1962 der Gemeinde Murchin angegliedert.
Auf einer Anhöhe liegt die gotische Dorfkirche ohne Chor. Ihren Ostgiebel lockern drei spitzbogige Blenden auf. Bedeutsam ist die 1,73 x 0,71 m große, vor dem Altar liegende Grabplatte mit der Inschrift: „Anno Domini 1553 Am 30 Tag Januari ist der edler und erendfester Nicholau von Klempz i God vorstorben." Unter einer Verzierung steht: „Magdalena Bonow sine nachgelassene Widfrau hat disen Stein legen lassen." Der Landrentmeister Niklaus von Klemptzen hatte 1550 die „Pomerania", eine Chronik des 16. Jh., als Neubearbeitung von Werken des Geschichtsschreibers Thomas Kantzow veröffentlicht.

Plathe *(Płoty),* Kr. Regenwalde, Kleinstadt am linken Regaufer an der alten Poststraße von Stettin nach Danzig. Der Fluß umfließt sie in einem Bogen und gewährt ihr von drei Seiten Schutz.
Ursprünglich lag hier wohl eine wendische Siedlung mit einer Burg. Arabische Münzen aus dem 10. Jh. wurden gefunden. Der an der unteren → Rega reich begüterte Dubslaw von Woedke verlieh 1277 der Stadt lübisches Recht, 160 Hufen Land und zwölfjährige Abgabefreiheit. Die beabsichtigte Stadtbefestigung wurde nie ausgeführt. Im Vierradener Vertrag von 1284 trat Herzog Bogislaw IV. die Stadt an die von Wedell ab. 1367 erwarben die Herren von der Osten P. Wedige von der Osten war 1577 gezwungen, die Stadt zum Teil an Hermann von

Rathaus zu Plathe

Schloßruine Plathe

Blücher zu verkaufen. Dieser übernahm die Burg, während Wedige von der Osten einige hundert Meter entfernt ein neues Scloß baute, das seine Nachkommen bis 1945 bewohnten. Beide Familien teilten sich 1580 die Herrschaft über die Stadt. 1587 hatte der Kleinschmied Jakob Ketelhudt beträchtliche Lohnforderungen an die Herren der Stadt, die sie nicht begleichen wollten. Daraufhin sagte er ihnen die offene Fehde an. Sie wurde wohl durch einen Vergleich wieder aufgehoben. 1731 heiratete Matthias Konrad von der Osten die letzte Erbin der von Blücher und vereinigte den Besitz in einer Hand. Erst Mitte 19. Jh. Bebauung der Körliner Straße. Nach dem Ersten Weltkrieg entstand die Vorstadtsiedlung.

Auf einer steil zur Rega abfallenden Anhöhe steht das dreigeschossige Wohnhaus des 1577 von Hermann von Blücher erbauten Blücherschlosses, dessen Räume überwölbt sind. In der „großen Stube" im Erdgeschoß trägt eine toskanische Säule das Gewölbe; ihr Kapitell ist mit vier Löwenköpfen verziert. Trotz des Schloßbrandes 1869 blieben etliche mit Renaissanceornamenten verzierte Türen und Wandschränke aus Eichenholz erhalten. Bis 1945 Ruine; danach von den Polen wiederhergestellt.

Das Ostenschloß hat Wedige von der Osten 1606—1618 mit einem dreigeschossigen Mittelbau und zwei niedrigeren, rechtwinklig anschließenden Seitenflügeln erbaut. Friedrich Wilhelm von der Osten († 1786) legte 1756 eine wertvolle Sammlung von Gobelins, Gemälden, Münzen und Büchern an. In seiner Münzsammlung befand sich die erste pommersche Goldprägung Bogislaws X. Die mit etwa 12 000 Bänden bestückte „Pommersche Bibliothek" war die größte Privatbibliothek Pommerns, eine Sammlung äußerst wertvoller Handschriften und Druckwerke zur Landesgeschichte. Nur Teile blieben nach 1945 erhalten und sind als Dependance des Stettiner Staatsarchivs im Blücherschloß untergebracht.

Die 1594 genannte St. Marienkirche brannte ab und wurde 1612 wiederaufgebaut. 1900—1904 wurde sie durch einen neugotischen Bau ersetzt.

1882 eröffnete die Preußische Staatsbahn die Strecke Altdamm—Gollnow—P.—Kolberg und 1909 die Strecke Regenwalde—P.—Gülzow.

1939 lebten in P. 3 646; 1983: 3 563 Einwohner.

Plöne *(Płonia)*. Im Berlinchener See auf dem Pommerschen Landrücken im Kreis Soldin entspringt der 79 km lange Fluß, Einzugsgebiet 1173 qkm. Auf seinem Lauf nach Nordwesten durchfließt er den Großen und Kleinen Plönesee,

Kanzel der ehem. Kirche in Plathe (1721)

den → Madüsee und mündet bei Altdamm in den → Dammschen See.
1176 wird der Fluß „Plona" erstmals urkundlich erwähnt. Die Kolbatzer Zisterziensermönche regulierten ihn und erhielten einen Schiffahrtsweg zur Odermündung. Noch um die Jahrhundertwende war 1 km des Mündungsgebietes der P. schiffbar.

Plöwen, Kr. Ueckermünde. In der Nähe des Dorfes liegen mitten im Sumpfgebiet zwei etwa 50 m voneinander entfernte Burgwälle.
1848 brannte die Kirche aus; 1851/52 wieder aufgebaut. Sie ist eine der besten Granitquaderbauten Pommerns aus dem 13. Jh. Das Südportal ist das reichste aller pommerschen Quaderkirchen, zweimal rechtwinklig abgestuft. Über einem wuchtigen, gerillten Kämpfer erhebt sich der Spitzbogen. Die Kanten der äußeren Stufe sind durch Rundstäbe, die der inneren durch eine Kehle gebrochen; darin erkennt man Ansätze von Knospen. Im Scheitel des äußeren Bogens ist eine gehörnte Maske angebracht. Die Quader über dem Sockel haben eine Schachbrettmusterung. Am Ostgiebel sind drei einteilige Blenden angebracht. 1852 Ausbau des Backsteinturmes.
In P. lebten 1939: 513 Bewohner.

Podejuch *(Podjuchy),* Groß Stettin. Auf wendischer Grundlage wurde das alte Dorf am Rande der Waldhöhen gebaut. Herzog Otto I. schenkte 1328 die „villa Podejuch" der Stadt Stettin, in deren Besitz es bis 1847 verblieb. Durch königlichen Befehl wurden 1752 Maulbeerbäume für die Seidenraupenzucht angepflanzt; 1895 ließ der Verschönerungsverein die Bäume entlang der Straße fällen und durch Linden ersetzen. 1868 brannte der größte Teil des Dorfes mit der Kirche von 1499 ab. 1939 wurde der Ort nach Groß Stettin eingemeindet.
1858/59 Eröffnung der Braunkohlengrube „Gottes Gnade", zwei unregelmäßig abgelagerte, aufgerichtete Flöze von 1—2 m Mächtigkeit. Wegen Unergiebigkeit mußte man die Grube bald aufgeben. Der Ziegeleibesitzer Ferdinand Didier stellte 1840 die ersten feuerfesten Schamotteerzeugnisse Pommerns her; Nachfolger führten den Betrieb bis zum Konkurs 1875 weiter. 1909 kaufte ihn die „Stettiner Chamottefabrik AG" auf. Ein großer Teil der P.er Einwohner pendelte zur Kunstseidenfabrik in Sydowsau aus.
1939: 9204 Einwohner.

Straßenbild aus Podejuch

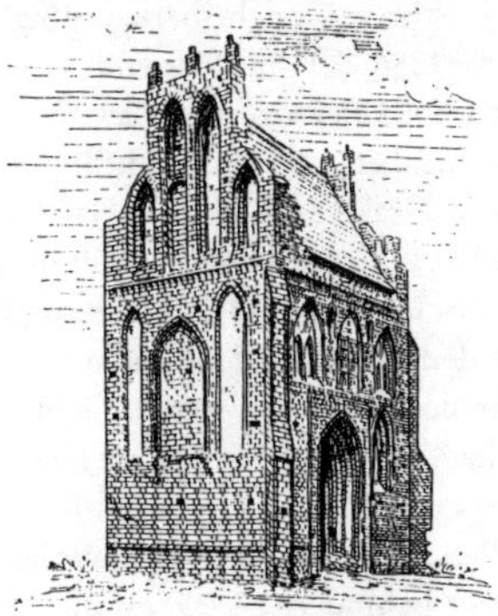

Kapellenruine in Pölitz

Pölitz *(Szczecin-Police),* Groß Stettin. Am Westrand des breiten Unterodertales, etwa 15 km nördlich Stettin, liegt die Stadt P.; wahrscheinlich ging sie aus einem wendischen Fischerdorf hervor. Um 1249 und 1254 war P. im Besitz eines Ritters Bartholomeus de Polliz. Herzog Barnim I. verlieh 1260 P. Magdeburger Stadtrecht. 1269 wurde die Marienkirche auf dem Marktplatz als Pfarrkirche bezeichnet. Die geistliche Gerichtsbarkeit über diese Kirche wurde 1286 der St. Marienkirche in Stettin übertragen. Die Herzöge Bogislaw IV., Barnim II. und Otto I. gaben 1292 die Stadt ihrem Marschall Ritter Otto Drake zum Lehen. Das Patronat der Kirche fiel 1299 an das St. Marienstift in Stettin. Ein bedeutsames Jahr war 1321, als Herzog Otto I. die Stadt mit dem Burgwall dem Rat von Stettin übereignete; in dessen Besitz verblieb sie bis 1808. 1510 brannte die Kirche ab; 1514 konnte sie Bischof Martin wieder einweihen. Seit dem 18. Jh. begann sich P. nach allen Seiten auszudehnen, was keine Befestigungsanlage behinderte. 1939 wurde P. nach Groß Stettin eingemeindet. Als wichtiger Standort der chemischen Industrie wurde P. 1945 zu 70 v. H. zerstört. Die Polen lösten 1946 P. aus Stettin heraus; es wurde Trabantenstadt mit kleinem Oderhafen und gleichzeitig Badeort.

Die St. Marienkirche, ein spätgotischer Backsteinbau, 15. Jh., war 1896 so baufällig, daß man sie abbrechen mußte. Von ihr blieb die kleine Marienkapelle auf dem Marktplatz stehen. Am Portal und an der Ost- und Südseite sind Friese aus schwarz glasierten Backsteinen zu sehen.

1898 wurde die Eisenbahnlinie Stettin—P.—Jasenitz eröffnet.

Im Mittelalter gab es in P. Hopfenanbau und Hopfenhandel, etwas Viehzucht und Fischerei. Als Ansätze einer Industrie könnte man die 17 Branntweinbrennereien von 1775 ansehen. Neben tonverarbeitenden Betrieben (Kachelofenfabrik) entstanden vor 1939 die Norddeutschen Hydrierwerke, die während des Zweiten Weltkrieges synthetisches Benzin herstellten und als kriegswichtiges Objekt unter Bombenangriffen zu leiden hatten. Zur Aufrechterhaltung der Produktion wurde ein Zweiglager des KZ Sachsenhausen eingerichtet. Nach der 70prozentigen Zerstörung des Werkes bauten die Polen ein großes Chemiewerk auf, das eine Mio. t Mineraldünger jährlich produzieren soll.

Vor der Eingemeindung hatte P. 1939: 6323; 1983: 28581 Einwohner.

Pollnow

Pollnitz *(Polnica)*, Kr. Schlochau, bereits 1344 urkundlich erwähnt. Der Deutsche Orden als Landesherr übergab die kleinen Freigüter den Landadligen. 1352 verlieh der Komtur Ludolf Hake dem Peter Dobrowoy und seinem jüngeren Bruder Maczey zu den vom Vater ererbten acht Hufen noch zwei dazu. Erst 1414 gelangte P. in den Besitz des Ordens, der es in ein Zinsdorf nach kulmischem Recht umwandelte. Im Schwedisch-Polnischen Krieg 1656—1660 fiel P. der Vernichtung anheim. Um 1840 siedelten Bauern auf ihrer Feldmark und verkauften die alten Gehöfte an Handwerker. Nach 1919 wurden der Gostuden- und Plittensee abgesenkt und das Schmidtchen trockengelegt.

Die katholische Dreifaltigkeitskirche hatte der Starost Latalski im 16. Jh. bauen lassen; 1790 als Fachwerkbau mit Schindeldach erneuert. Der große spitze Holzturm soll auf einen älteren Bau zurückgehen; er galt als der älteste des Landkreises.

Die meisten Dorfbewohner waren Kleinbesitzer, die sich als Wald- oder Gutsarbeiter verdingten. Für die umliegenden Ortschaften war P. ein Handwerkerzentrum. Weitere Gewerbebetriebe: zwei Sägewerke, zwei Mühlen und eine Betonsteinfabrik.

1939 lebten in P. 1211 Einwohner.

Pollnow *(Polanów)*, Kr. Schlawe, Kleinstadt im malerischen Tal der → Grabow, die nach Berichten von Micraelius auf den Deutschen Orden zurückgehen soll. Von diesem übernahm 1295 Graf Peter

Swenz von Neuenburg die Swenzonenburg mit der Siedlung. 1307 belehnten die Markgrafen von Brandenburg ihn und seine Söhne. Unter seinem Sohn Peter von Pollnow erhielt der Ort 1312 deutsches Stadtrecht. Bereits 1353 gehörten Schloß und Stadt zu den Tafelgütern des Camminer Bischofs. Herzog Bogislaw VIII. erhielt 1394 P. als Pfand, das Herzog Erich II. 1474 an die Familie Glasenapp übergab, die P. bis 1773 als adlige Mediatstadt behielt. 1736 brannte die Stadt mit der Kirche ab. Königliche Gnadengelder halfen beim Wiederaufbau. 1773 ging P. in den Besitz des Obersten Ernst von Wrangel über; mit der Einführung der preußischen Städteordnung wurde sie 1808 freie Stadt, die sich zu einem Luftkurort und Moorbad entwickelte. 1945 erlitt P. schwere Zerstörungen.

Seine große Zeit hatte P. im Mittelalter. Südlich der Stadt erhebt sich der Heilige Berg, auf dem eine Kapelle mit einem wundertätigen Gnadenbild der Mutter Gottes stand; daneben entsprang eine Quelle. 1385 war er offensichtlich ein bekannter Wallfahrtsort. 1485 hatte er die gleiche Bedeutung wie → Gollen und → Revekol. Noch 1544 war die Kapelle Tag und Nacht für die Pilger geöffnet, der letzte pommersche Wallfahrtsort, den Pilger noch aufsuchen konnten. Der Sage nach ließ eine Frau ihre kranke Ziege aus der wundertätigen Quelle trinken, die daraufhin versiegte. Mitte 16. Jh. wurden die Wallfahrten verboten.

Um 1850 entstand die heutige Stadtkirche unter Beibehaltung des alten Turmes; eine geschnitzte Rokokotaufe von 1745 blieb erhalten. Der barocke Altar steht seit 1910 in der Kirche von → Pritzig, Kr. Rummelsburg. Das Swenzonenschloß war bis 1489 Sitz eines Landvogteigerichts. Das langgestreckte Bauwerk wurde im Laufe der Zeiten sehr stark verändert. Nur eine ältere Eichentreppe aus dem 17./18. Jh. blieb erhalten.

1903 war P. mit Bublitz und 1921 mit Zollbrück durch Eisenbahnstrecken verbunden worden. Die Schlawer Bahnen—Klein- und Schmalspurbahn—wurden zwar 1897/98 erbaut, doch erst 1921—1934

Pollnow im Winter

voll in Betrieb genommen; sämtliche Bahnen jedoch nach 1945 demontiert.

Unternehmer verarbeiteten landwirtschaftliche Produkte der Umgebung; eine Landmaschinenfabrik belieferte die Bauernhöfe. Der vorhandenen Arbeitskräfte bediente sich die Kleiderfabrik Wille aus Berlin in ihrem Zweigwerk P.

P. hatte 1939: 3629; 1983: 2409 Einwohner.

Polzin, Bad *(Połczyn Zdrój)*, Kr. Belgard, Stahlmoorbad, umgeben von bis zu 202 m hohen Hügeln des Pommerschen Landrückens in einem Talkessel des Wugger- und Taubenbaches in der Neustettiner Senke. Neben einer wendischen Siedlung gründeten Benediktinermönche von Stolpe an der Peene im 13. Jh. ein deutsches Dorf, in dem nach 1290 ein Schloß gebaut wurde—vermutlich vom Templerorden. Nach 1312 kam es in den Besitz der Familien von Zozenow und von Glasenapp. Hasso von Wedell wurde 1320 Besitzer des Schlosses; 1335 gewährten ihm die Söhne Herzog Wartislaws IV. das Stadtrecht für seinen Anteil an P. 1374 war P. in den Besitz des Gerd von Manteuffel gelangt. Die Stadt erhielt einen Befestigungswall und das Wardiner und Jagertower Tor. Dietrich von Quitzow berannte 1408 vergeblich das Schloß. 1466 setzten sich im Schloß polnische Söldner fest; Herzog Erich II. konnte sie nur mit Mühe vertreiben. Später kam der Südflügel des Schlosses hinzu.

1688 entdeckte ein Schmied in der Nähe der Wugger

eine Quelle, die milchig-trübes Wasser—einen eisenhaltigen Säuerling—schüttete, das seinem Freund Linderung für seine Augenentzündung und Krampfadern brachte. Der Pastor machte die Heilkraft der Quelle bekannt. Um 1700 kamen viele Fremde in die Stadt. Ende 18. Jh. traf sogar Königin Luise ein; nach ihr ist die Kuranlage benannt worden. 1854 entstanden Marien- und Victoriabad.
Hans Hugo von Kleist-Retzow auf Kieckow, Oberpräsident der Rheinprovinz, gründete 1855 mit einigen Adligen das Johanniter-Krankenhaus. Seit 1857 ist P. auch Moorbad. Ischias und Gelenkrheumatismus werden behandelt. Nach 1945 wurde in dem kaum zerstörten P. der Badebetrieb wieder aufgenommen.
Von der schon 1418 erwähnten Kirche ist seit 1591 ihr Weihetitel „St. Marien" bekannt. Der gotische Backsteinbau wurde sehr oft und sehr stark umgebaut. Vom alten Turm aus Feldsteinen mit Mörtelputz sind nur noch die beiden unteren Geschosse erhalten. Den Altar verband man 1769 mit der Kanzel. An der Wand ist die Grabplatte aus Messingguß für Erasmus von Manteuffel angebracht. Der letzte katholische Bischof von Cammin, beigesetzt in der Gruft vor dem Altar, ist mit Mitra, Ornat und Stab in Lebensgröße dargestellt.
Das alte Manteuffelsche Schloß aus dem 13.—16. Jh. erhielt 1770 seine heutige Gestalt; um 1930 in ein Kinderheim umgewandelt.

Marienbad in Bad Polzin

Luisenbad in Bad Polzin

Die Kuranlagen mit Kurpark, mit „Rosen-", „Terrassen-" und „Alpengarten" stammen aus dem 19. Jh. 1896/97 Eröffnung der Eisenbahnstrecke Schivelbein—P., 1903 der Strecke Falkenburg—P. und P.—Bärwalde; dadurch erhielten die Kurgäste eine günstige Anfahrmöglichkeit.
Seit dem Mittelalter wirkte in P. eine Tuchmacherei. König Friedrich Wilhelm I. ließ den Schutzjuden Joachim Salomon ansiedeln, der die Wollmanufaktur ankurbeln sollte. Daneben entstanden eine Großbrauerei und eine Wurstfabrik. Die Mineralquellen aber beherrschten das Wirtschaftsleben der Stadt. 1938 zählte man 127082 Fremdenübernachtungen. Diese Entwicklung setzte sich nach 1945 fort.
Anton von Krockow (1714—1778), Generalleutnant. 1939 hatte P.: 6920; 1983: 8849 Bewohner.

Pommerensdorf *(Szczecin-Pomorzany)*, Groß Stettin. Das heutige Fabrikdorf ging aus einem Landgut Herzog Barnims I. hervor, der es 1253 der Stadt Stettin verkaufte; 1939 nach Groß Stettin eingemeindet.
Auf einem von zwei Schluchten begrenzten Sporn, der zur Oder steil abfällt, steht die kleine spätgotische Backsteinkirche mit Turm; bei der Belagerung Stettins von 1677 schwer beschädigt, nur der Turm blieb einigermaßen erhalten. Die Glockenstube aus Fachwerk trägt einen eingezogenen achteckigen

Pommerensdorf

Helm. Die geschnitzte Kanzel, 18. Jh., ist mit dem jüngeren Altar verbunden worden.
Den Kirchberg umgeben moderne Siedlungen, deren Bewohner in der Chemischen Fabrik ihr Auskommen finden.

Pommersche Bucht *(Zatoka Pomorska),* der Odermündung vorgelagerte Bucht der Ostsee, im Süden begrenzt von den Inseln → Usedom und → Wollin; dahinter erstreckt sich der ehemalige große Bodden, das Haff, mit den trocken gefallenen Gebieten des Haffstausees. Am Ende der Eiszeit entstand die Bucht als Zungenbecken des Odergletschers, das in der Litorinatransgression überflutet worden war. Die Südküste ist weitgehend eine Ausgleichsküste mit nacheiszeitlichen Dünenbildungen und einzelnen Kliffs, so bei Koserow auf Usedom und nordöstlich von Misdroy auf Wollin, an denen das Meer pleistozäne Endmoränenzüge abträgt.
Der winterliche Eisgang, zumal bei nördlich bis nordöstlichen Winden, behindert von Januar bis März die Schiffahrt sehr stark. Im Sommer herrscht entlang der Küste äußerst reger Badebetrieb in den Seebädern. Wichtigster Hafen der Bucht: → Swinemünde, Vorhafen Stettins.

Pommerscher Landrücken, in seiner gesamten Ausdehnung von der Elbe bis zur Memel auch Baltischer Landrücken genannt. Zwischen Oder und Weichsel erstreckt sich der pommersche Teil auf etwa 220 km Länge. Seine höchsten Erhebungen, wie Turmberg 331 m, → Schimmritzberg 256 m, Steinberg 234 m, Bullenberg 219 m, liegen in etwa im Hauptendmoränenwall der letzten Vereisung. Dabei verdankt der Landrücken diese Höhen keineswegs pleistozänen Aufschüttungen, sondern den Höhenzügen des Untergrundes. Diese Höhen sind in der letzten Zwischeneiszeit durch tektonische Hebungen entstanden und verwehrten dem Eis die weitere Wanderung südwärts.
Das Kernstück des Landrückens bildet der Hauptmoränenwall, an den sich im Norden die kuppige, auch „bucklige Welt“ genannte Grundmoräne anschließt; sie wiederum geht ohne ausgeprägte Grenze in die flache Grundmoräne über. Im Süden erstreckt sich die von Schmelzwasserrinnen durchfurchte Sanderlandschaft. Alle drei Landschaftsteile sind durchsetzt von zahllosen Seen. Lehmböden bedecken sehr häufig die Grundmoränen, Grundlage einer ertragreichen Landwirtschaft. In den Sandergebieten lagerten sich Kiese und Sande ab, vielfach mit Kiefernwäldern (Heide) bedeckt; dazwischen erstreckt sich Ackerland, das Saatzuchtbetriebe für Kartoffeln und Roggen nutzten.

Pommersche Seenplatte *(Pojezierze Pomorskie),* auch Pommersche Schweiz genannt; diese Platte

Gartenbau und Baumschule Pommerensdorf

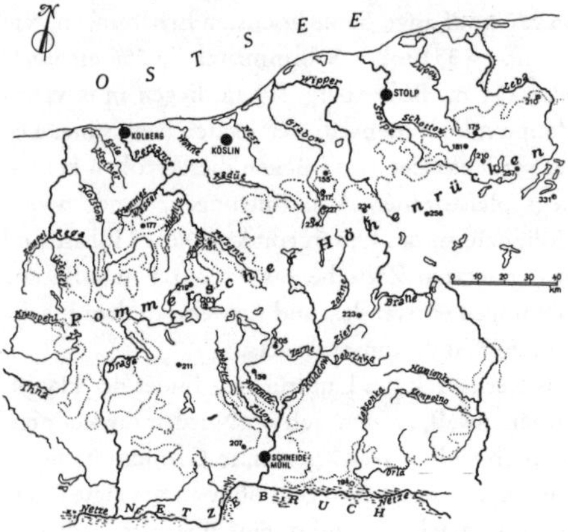

Pommerscher Landrücken

liegt auf dem Pommerschen Landrücken zwischen dem heute von Netze und Warthe durchflossenen Thorn-Eberswalder Urstromtal im Süden und der Küstenniederung im Norden. Nach Westen und Osten geht sie in die Mecklenburgische und Masurische Seenplatte über. Die zahllosen Seen sind nicht nur in dem bewegten Relief der kuppigen Grundmoräne und des Höhenrückens zu finden, sondern auch im Bereich der Sanderschuttkegel. In ihrer Form unterscheiden sie sich sehr: Im Bereich der Höhengebiete passen sich die Seen dem Gelände besser an und sind stärker gelappt als im Sandergebiet. Sie reihen sich aneinander und reichen weit in die Sandergebiete hinein. Mit großer Wahrscheinlichkeit liegen sie in unter dem Eis angelegten Schmelzwasserrinnen, die nachträglich beim Zurückschmelzen des Inlandeises stark deformiert wurden. Es gibt eine Vielzahl von Rinnenseen. Über 4100 von ihnen sind größer als 1 ha. Die größten sind der → Dratzigsee mit 18,6 qkm und 83 m Tiefe, der → Vilmsee mit 18,3 qkm, der → Große Lübbesee mit 14,9 qkm, 46 m tief und 13,5 km lang; der → Große Pielburger See mit 9,33 qkm, 54 m tief und 8,5 km lang; der → Große Böthinsee mit 8,7 qkm und 36 m Tiefe und der → Große Ziethener See mit 7,5 qkm und 30 m Tiefe.
Durch die meisten der größeren Seen ziehen Flüsse, die in diesem Gebiet entspringen. Zur Ostsee fließen der Grenzfluß Piasnitz, → Leba, → Lupow, → Wipper, → Persante und → Rega, während Schwarzwasser und → Brahe zur Weichsel, → Küddow und → Drage zur → Netze hin entwässern. Wirtschaftlich ist die bewaldete Seenplatte ein abgelegenes Gebiet, in dem größere Städte fehlen; es gibt kaum Industrie. Landwirtschaft betrieben vorwiegend große Güter. Vor dem Zweiten Weltkrieg wurde die Seenplatte allmählich dem Fremdenverkehr erschlossen. Nach 1945 begannen die Polen, diese Naturschönheiten touristisch zu nutzen.

Pommersches Urstromtal, erstreckt sich etwa 30—40 km von der Küste entfernt parallel zum Hauptendmoränenzug, ein Talgebiet, das von Lauenburg zum Haff und weiter bis Anklam reicht. Kennzeichen dieser Talung sind weite, überwiegend mit Wald besetzte Sandterrassen. Entgegen der früheren Vorstellung, es handle sich um ein einheitliches, durchgehendes Abflußtal der Schmelzwasser der letzten Eiszeit, bildeten sich hier vor dem Eisrand einzelne große Becken, Eisstauseen mit eigenen Abflußsystemen—Wipper/Stolpe-, Persante- und Regasystem—unabhängig voneinander. Diese Becken sind von annähernd nordsüdlich verlaufenden, mit Verengungen gekoppelten Schwellen im Talzug getrennt: den Eiswasserscheiden.

Gutshaus Ponickel

Becken und Schwellen gehen auf die verschiedene Art und Weise zurück, wie das Inlandeis an seinem Südrand zerfiel. Dort, wo das Eis schmolz oder durch glaziale und subglaziale Entwässerung in Toteisblöcke zerlegt wurde, die später abschmolzen, entstanden die Tiefengebiete. Da, wo noch mit der Eismasse verbundene Eisbarren weit nach Süden reichten, die sich erst viel später, von Westen und Osten her angegriffen, auflösten, blieben die Riegel in den Talungen zurück. Auch die nacheiszeitliche Entwässerung überschritt nicht diese Schwellen.

Das Abschmelzen des Eisrandes geschah keineswegs allmählich, vielmehr zerfiel die Eisfront ruckweise. Deshalb konnten sich die Eisstauseen nicht lange halten; sie wurden nach Norden auf ein niedrigeres Niveau verlegt. Dieser Vorgang wiederholte sich in Pommern vielleicht neun- bis zehnmal; allerdings lassen sich nur wenige Terrassen mit den dazugehörigen Eisstillständen verknüpfen, da die gleichzeitig entstandenen Terrassen aller Systeme nicht in gleicher Meereshöhe liegen; schließlich hatte sich das Eis über Höhen und Täler geschoben.

Die letzten Eisstauseen auf pommerschem Gebiet lagen bei Schlawe, Belgard, Greifenberg und im Haffstausee. Ehe diese Seen leerliefen, lagerten sich auf ihrem Boden größere Tonschichten ab wie im Rügenwalder Amt und im Weizacker.

Ponickel *(Ponikła),* Kr. Rummelsburg, liegt am Südrand des Trebliner Forstes, angelegt bei der großen Landnahme im 16. Jh. Erster Besitzer war Nikolaus Puttkamer auf Treblin. Auch im 19. Jh. blieb es ein reines Gutsdorf. 1928 kam es zur Gemeinde

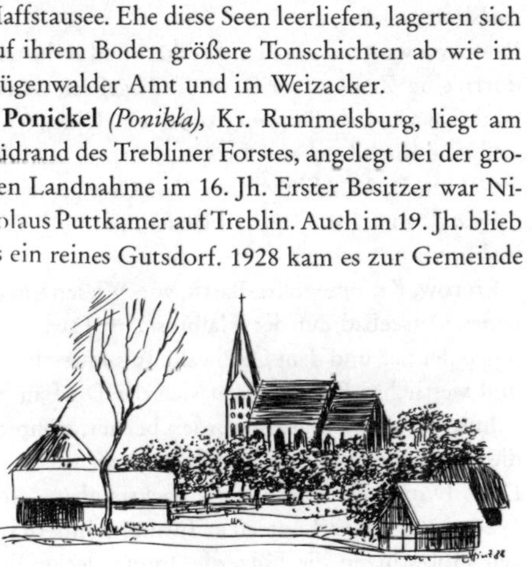

Dorfkirche Poseritz

Gutshaus in Pottlitz

Grünwalde-Saaben. 1937 erwarb der zeitweilige Boxweltmeister Max Schmeling das Gut. 1945 zerstört.

Poseritz, Kr. Rügen, 1313 als „Pozeritz" erstmals urkundlich genannt. Im 16. Jh. waren die Familien von Putbus, von Normann und das Pastorat Besitzer des Ortes.

Von der nach 1300 als dreischiffige Backsteinhalle begonnenen St. Marienkirche sind nur die westlichen Wandpfeiler erhalten; das einschiffige Langhaus wurde später mit Kreuzrippengewölben überspannt; der Chor noch im 14. Jh. angebaut; nach 1450 kam der Turm hinzu. Alle Geschosse sind mit Spitzbogen- und Kreisblenden gegliedert. Der achtseitige Helm stammt von 1580. Den Altar, 1703, zieren zwischen gewundenen Säulen die Figuren der Kreuzigung. Jacob Freese schuf 1755 die Kanzel mit eleganten Rocailleornamenten. Eine Kalksteintaufe, 14. Jh., mit Maßerkgliederung ist noch erhalten. P. hatte 1939: 938 Einwohner.

Pottlitz *(Potulice),* Kr. Flatow, Gutsdorf; dort fand man eine große Gesichtsurne mit flachem mützenförmigem Stöpseldeckel aus der Bronzezeit. Das Gesicht ist auf dem Bauchteil eingeritzt: große kreisförmige Augen und eine flache vertiefte Nase. 1325 gehörten Schloß und Dorf P. dem Mikolaj, Kastellan von Biechowo. Die späteren Besitzer, Familie Grzymala, die sich seit 1500 Potulicki nannten, verkauften ihre Liegenschaften an die Familie Grudzinski; 1753 gingen sie an den sächsischen Obersten Friedrich Wilhelm von Mehling über. Der spätere

Generalfeldmarschall Blücher heiratete die Tochter von Mehling. Bis 1890 war das Gut auf 1000 ha angewachsen.
Bekannt war die Gutsbrauerei, die die Stadt Flatow mit Bier versorgte; Pottlitzer Bier zogen sie eben anderen Bieren vor.
1939 lebten in P. 538 Bewohner.

Prechlau *(Przechlewo),* Kr. Schlochau, langgestrecktes Straßendorf mit der Funktion eines kleinen Marktfleckens im stadtarmen Nordosten des Kreises. Das Ortsbild hatte städtischen Charakter: Marktplatz, gepflasterte Straßen, dicht aneinander gebaute Häuser, Geschäfte mit Schaufenstern, eine Badeanstalt am Dorfsee.
1341 stellte Hochmeister Dietrich von Altenburg dem Titzold von Roneburg eine Handfeste aus, gemäß der er die 70 Hufen mit Bauern zu besetzen hatte. Da darin die Pfarrhufen fehlten, war wahrscheinlich eine Kirche vor der Zeit des Deutschen Ordens in P. gebaut worden. Der „dorfhere zcu Prechlow" wechselte 1350, Ulrich von Lichtenberg übernahm es. Später trat er in den Orden ein, wurde um 1372 Hauskomtur in Schlochau und um 1391 Pfleger von Baldenburg. Die Hussiten zerstörten 1433 das Dorf. Das Schulzengut wurde in polnischer Zeit aufgeteilt. 1737 zerstörte ein Orkan das Dorf. 1876 ließ sich Dr. Dunker als erster Arzt nieder; 1880 eröffnete Boie die Apotheke.

Bergstraße in Preußisch Friedland

Preußisch Friedland, Hexenturm am Mühlentor

Die St. Annakirche von 1720 muß schon zur Ordenszeit einen Vorgänger gehabt haben. Der Fachwerkbau mit Holzturm wurde 1898—1901 durch ein massives Querschiff erweitert.
Bereits 1653 gab es in P. eine Schule, jedoch fehlte dem Dorf der Lehrer.
1902 wurde die Eisenbahnstrecke Schlochau—P. in Betrieb genommen und bis Reinfeld im Kreis Rummelsburg verlängert.
P. war vorwiegend ein Handwerker- und Industriedorf; eine Zementfabrik, zwei Ziegeleien waren wichtige Gewerbebetriebe; sogar ein Uhrmacher und eine Buchdruckerei wirkten hier.
1939 hatte P.: 2028 Einwohner. 1983 Großgemeinde *(Gmina)* von 243,9 qkm Fläche mit 5875 Einwohnern.

Prerow, Kr. Franzburg-Barth, von Wiesen umgebenes Ostseebad auf der Halbinsel → Darß zwischen der See und dem Darßwald. In südwestlicher und westlicher Richtung hat sich das Dorf ausgedehnt. Die Dünenreffen wurden bebaut, während die versumpften Riegen unbebaut blieben.
Die Dorfkirche ist ein Backsteinbau von 1726—1728 mit verbrettertem Turm. Im Innern tragen Holzstützen die hölzerne Tonnendecke über dem „Mittelschiff". Der Stralsunder Meister Elias

Kirche in Pribbernow

Keßler schuf 1728 den schönen Kanzelaltar, auf dessen Schalldeckel Christus als Weltenrichter steht. Den Taufstein umgibt ein rundes Taufgehäuse, um 1740, von einem Flachdach bedeckt, auf dem Christus, der gute Hirte, steht.
Neben dem Fremdenverkehr spielt die Fischerei eine geringere Rolle.
In den Jahren 1911/12 kam *Erich Heckel* zum Malen nach P.
1939 lebten in P.: 1232; 1980: 1700 Menschen.

Preußisch Friedland *(Debrzno),* Kr. Schlochau, ehemalige Grenzstadt des Deutschen Ordens am hohen Nordufer der Dobrinka, dort, wo sie den Stadtsee verläßt. Der Nebenfluß der → Küddow bildete jahrhundertelang die Grenze zwischen Polen und dem Ordensstaat; danach war sie nur Kreisgrenze. 1346 erhielt ein gewisser Tylo vier Hufen Land „in campo Fredeland" vom Orden verliehen. Hochmeister Winrich von Kniprode verlieh 1354 dem Ort das kulmische Stadtrecht und stattete die Stadt mit 150 Hufen aus. Das Stadtgebiet gehörte ursprünglich zur ostpommerschen Kastellanei Ziethen und kam 1309 an den Orden.
Mit der Stadtgründung wurde sie Sitz eines Ordensvogtes, der in einem festen Haus wohnte. Wegen der unmittelbaren Grenze wurde P. F. sofort stark befestigt. 1461 belagerten es die Polen acht Tage lang ohne Erfolg. Nach dem Untergang des Ordensstaates kam P. F. 1466 an Polen. Zwölf Jahre mußten die Bürger warten, ehe der polnische König Stephan Batory die Privilegien der Stadt in einer in deutscher Sprache verfaßten Urkunde bestätigte. Um 1938 entstanden im Nordosten der Altstadt neue Siedlungen. 1945 wurde die Stadt zu 70 v. H. zerstört; noch nach 1955 hat man große Teile der Altstadt abgebrochen. Seit 1958 begann der Wiederaufbau.
Im Westen war noch ein Rest der Stadtmauer erhalten, in die Häuser teilweise eingebaut wurden. Am Mühlentor, das zur Dobrinka führte, steht noch die Ruine des Hexenturms.
Zur Ordenszeit stand schon die „Kirche unserer lieben Frau"; Pfarrer Lampertus war an ihr tätig. Sie brannte 1599 ab, wurde 1891 durch die jetzige massive ersetzt. 1887 wurde die evangelische Kirche mitten auf dem quadratischen Markt errichtet.
Für das Umland hatte P. F. größere zentralörtliche Funktionen: Höhere Schulen, ein Amtsgericht.
Verkehrsmäßig war P. F. abgeschnitten. Der nächste Bahnhof stand in → Linde, 5 km außerhalb der Stadt.
Seit dem Mittelalter Weiterverarbeitung landwirtschaftlicher Produkte der Umgebung. Das früher bedeutsame Tuchmachergewerbe ging seit 1820 allmählich ein. Eine Ziegelei arbeitete erfolgreich.

Dorfstraße in Prillwitz

Dorfkirche zu Pritzig

Die Bewohner waren aus Brandenburg zugewandert; ein größerer Teil kam aus dem Rheinland; in den letzten 100 Jahren feierte man in P. F. Karneval mit einem Rosenmontagszug.
Walter Gerth (* 1898), Landschaftsmaler.
1939 lebten in P. F.: 3842; 1983: 5112 Bewohner.

Pribbernow *(Przybiernów)*, Kr. Cammin, 1311 erstmals erwähnt, als der Ortspfarrer Paulus urkundlich als Zeuge genannt wird. 1321 war P. im Besitz der Camminer Bischöfe. Bertold von Bandelin war 1364 Vogt in P. 1500 löste das Domkapitel das Dorf aus dem von Flemmingschen Pfandbesitz ein. 1508 wurde die Mühle, genannt „Scherlinke", neu erbaut und dem Barth. Ruschenberg überlassen. 1786 wurde in P. das Gut Klamannswalde angelegt, das sich bis 1870 zu einem Rittergut entwickelte.
Auf dem von einer Findlingsmauer umgebenen Friedhof steht mitten im Dorf die St. Katharinenkirche mit einem Kirchturm aus Feldsteinen, 1554. Im Dreißigjährigen Krieg wurde sie bis auf die Außenmauern zerstört. 1679 begann der Wiederaufbau; 1689 erhielt der Turm einen Fachwerkoberbau mit geschwungener Spitze und der vom Kupferschmiedemeister Joh. Georg Brugler aus Hammer geschaffenen Wetterfahne aufgesetzt; 1741 erweitert. Reinhard Böck schuf 1712/13 den Altar mit einem Gethsemanebild zwischen gewundenen Säulen und die Kanzel mit Blattgehängen und Evangelistenbildern.

Am südlichen Dorfausgang stand eine Windmühle von 1837.
1939 lebten in P. 1423 Einwohner.

Priemhausen *(Przemocze)*, Kr. Naugard, 1269 als „Premuze" erstmals erwähnt. 1906 brannten fast alle stattlichen Giebelhäuser entlang der breiten Dorfstraße ab. Die Findlingskirche aus dem 15. Jh. blieb bei dieser Katastrophe verschont. Der Ostgiebel ist mit abgetreppten langen Blenden reich gegliedert. Das obere Geschoß des Turmes lockern zwei Reihen spitz- und rundbogiger Blenden auf. Über diesem massiven Bau erhebt sich ein hölzernes Obergeschoß mit schlankem, steilem Helm.
P. hatte 1939: 574 Einwohner.

Prillwitz *(Przelewice Pyrzyckie)*, Kr. Pyritz, ist das Dorf, in das 1802 die ersten Merinoschafe aus Spanien kamen; von hier aus fanden sie in allen preußischen Schafzuchtbetrieben Eingang.
Von den alten Bauformen der Dorfkirche, einem Granitquaderbau des 13. Jh., sind nur die Blenden des Ostgiebels erhalten und zwei Portale aus sauber behauenem Granit. Der Turm an der Westseite steht nur zur Hälfte frei.
Aus der ersten Hälfte 18. Jh. stammte der überladene barocke Kanzelaltar. Die spätmittelalterlichen Wandmalereien wurden zum größten Teil übertüncht, sie waren allzu unvollständig; nur eine Pietà

Östlicher Giebel der Kirche in Prohn

(0,75 x 0,70 m) blieb frei.
1939 lebten in P. 807 Menschen.

Pritzig *(Przytocko),* Kr. Rummelsburg, als Dorf „Pritzke" schon am Ausgang des Mittelalters erwähnt; alter Lettowscher Besitz. 1473 verkaufte Witzke Lettow zu P. das halbe Dorf an Witzke Lettow zu Schwirsen. 1692—1695 wurden nach einem regelrechten Gerichtsverfahren elf Personen als Hexen verurteilt und verbrannt. Im 17. Jh. nahm die Zahl der freien Bauernhöfe sehr stark ab.
Ein Dachturm überragt an der Westseite die Fachwerkkirche, 18. Jh. Der Kanzelaltar von Anfang 19. Jh. hatte ornamentale Seitenteile eines alten Altars und die Kanzelbrüstung aus der ersten Hälfte 18. Jh. Ein Hochrelief des Abendmahls und zwei Engel vom abgebrochenen Altar der Pfarrkirche in Pollnow, Kr. Schlawe, wurden um 1910 hierher überführt.
In P. lebten 1939: 352 Bewohner.

Prohn, Kr. Franzburg-Barth, in unmittelbarer

Wappentafel am Schloß Pudagla

Intarsien an der Pumptower Kirchenkanzel

Nähe einer ehemals wendischen Fürstenburg, etwa 2 km von der Prohner Wiek entfernt; 1242 als Kirchdorf erwähnt.
Die stattliche Backsteinkirche liegt wahrscheinlich im Bereich der alten Burg. Aus der Mitte 13. Jh. stammt der Chor mit einer Gruppe von drei Fenstern in der Ostwand; deren Gewände sind mit rot und dunkel glasierten Schichten gegliedert. Der darüberstehende Giebel ist mit zwei Reihen rund- und spitzbogiger Blenden versehen, die eine große Kreuzblende überragt. Schiff und Turm wurden im ersten Viertel 14. Jh. angebaut. Mitte 19. Jh. wurde dem bis zur Traufhöhe des Mittelschiffs erhaltenen alten Turm ein neuer vorgebaut. Im späten 14. Jh. erhielt das Schiff Kreuzrippengewölbe, im Chor wurde im späten 15. Jh. ein spätgotisches Netzgewölbe eingezogen; Einbau einer Orgelempore in den alten Turmraum.
Im Chorgewölbe entdeckte man Fresken aus der Erbauungszeit: eine Darstellung des Jüngsten Gerichts mit der Mutter Gottes und Johannes dem Täufer als Fürbitter. Die ehemalige Triumphkreuzgruppe des 15. Jh. fand ihren Platz hinter dem Altartisch. Von der barocken Ausstattung blieb die üppig mit Akanthus verzierte Kanzel von Elias Keßler aus Stralsund sowie ein Engel als Lesepult und ein großer schwebender Taufengel erhalten. An der Wand steht die Grabplatte des 1482 verstorbenen Radelef Beket; auf ihr ist eine Hansekogge eingeritzt, eine der ältesten Darstellungen dieses Schiffstyps.

1939 gab es in P. 568 Einwohner.

Pudagla, Kr. Usedom-Wollin. Auf dem schmalen Landstreifen zwischen → Achterwasser und Schmollensee lag am Fuß des Glaubensberges, einem 19 m hohen Moränenhügel, das 1309 von → Grobe hierher verlegte Prämonstratenserkloster. Das Dorf „Putglowe“ hatte Herzog Barnim I. bereits 1273 dem Kloster geschenkt. Das Kloster führte noch sehr lange den Namen Grobe; doch die übliche Bezeichnung war „Monasterium Uznamense“, später mit dem Zusatz „in Pudglowe“.
1368 wurde die Klosterkirche „zur Hl. Dreifaltigkeit“ geweiht.
Abt Heinrich Wittenburg (1394—1435) versuchte mit Reformen und durch Zerstörung der Goldenen Rose und des „wundertätigen“ Mechthildbildes dem ausufernden Aberglauben zu steuern. Aber seine Reformansätze gingen im folgenden Strudel der Reformation unter.
Um 1500 gehörte dem Kloster fast die ganze Insel; bei deren Erwerb hatte man selbst unsaubere Mittel nicht gescheut. Mit der Reformation 1535 fiel der Klosterbesitz an den pommerschen Herzog. Herzog Ernst Ludwig ließ 1574 im Klosterbezirk das Schloß P. für seine Mutter Maria von Sachsen errichten. Außer unbedeutenden Resten der Ringmauer blieb ein halbverfallenes Nebengebäude erhalten; möglicherweise war es die nach 1720 verfallene Kapelle, von der 1548 der Wolgaster Pfarrer Mayfisch berichtete. Vielleicht hat man in ihr Gemäuer 1910 das Brennereigebäude hineingebaut;

Theater in Putbus

Fleischwaren aus Pommern

zwei Spitzbogenjoche und andere Gewölbereste deuten in dem heute als Ruine dastehenden Gebäude darauf hin. Auf den Fundamenten des alten Klosterhauses entstand das heutige Schloß: ein zweigeschossiger, wenig gegliederter Putzbau mit einem kleinen runden Ecktürmchen an der Südostecke und einer überwölbten Wendeltreppe im Treppenvorbau auf der Rückseite. Über dem Haupteingang befindet sich ein großes pommersches Wappen aus Haustein von 1574. Heute sind im Schloß Wohnungen eingerichtet.
1939 lebten in P. 313 Menschen.

Pumptow *(Pomietów),* Kr. Pyritz. Das Weizackerdorf bestand schon 1491; Pfarrkirche und ein Pfarrer sind erwähnt.
Die Findlingskirche stammt von Ende 16. Jh., der Holzturm mit geböschten Wandungen und geschwungener Haube mit Wetterfahne jedoch aus dem Jahre 1697. Der Renaissancealtar trägt in tiefen Nischen Schnitzfiguren, in der Mitte eine Kreuzigung. Die gleichzeitig entstandene Kanzel zieren außergewöhnlich schöne, mehrfarbige und gebrannte Intarsieneinlagen; sogar die Ecksäulen tragen rautenförmige Intarsien.
1939 lebten in P. 247 Bewohner.

Pustow, Kr. Grimmen, Rittergut an der Schwinge, einem Nebenbach der Peene, gehörte bis 1780 der Familie von Scheele, die es an Rittmeister Philipp von Bauer verkaufte.
Das Herrenhaus entstand 1724 als schlichter Fachwerkbau mit einer von Holzsäulen gestützten Vorlaube; der Park ist nach französischem Muster ange-

legt. Im Dehio von 1980 wird dieses Herrenhaus überhaupt nicht erwähnt.
Im Park steht eine barocke Kapelle als Familiengruft von 1730. Der kleine Zentralbau, ein gestrecktes Achteck als Grundriß, mit Walmdach und hohem Dachreiter, war 1736 vollendet. Kanzelaltar, Patronatsloge und Gestühl sind noch ursprünglich. Eine Gedenktafel erinnert an den Erbauer E. C. von Scheele (1681—1745).
Im Gutsdorf lebten 1939: 240 Einwohner.

Putbus, Kr. Rügen, Residenzort des ehemals 330 qkm großen Fürstentums P. im Süden Rügens. Das Dorf „Podebuz" wird 1253 erwähnt, als Nicolai de Podebuz seine Tochter mit Stoislaw II. von Vilmnitz verheiratete. Ihre Söhne führten bereits den Namen „Putbus" und wohnten 1371 in einem „steinernen Haus" mit dazugehörigem Hof. 1483 teilte sich die Familie in eine dänische und eine rügensche Linie. Diese starb 1702 mit Ernst Ludwig II. aus; der Besitz ging auf die dänische Linie über.
Kaiser Karl VI. erhob 1727 Freiherr Malte I. Putbus in den deutschen Reichsgrafenstand. Wilhelm Malte gründete 1810 den Ort P. und richtete sechs Jahre später Bad Lauterbach ein. 1854 ging die Herrschaft in die Familie Wylich und Lettum über, von der es als Fideikommiß-Herrschaft an Freiherrn Malte von Veltheim gelangte, der sich als Turnierreiter einen Namen machte. Am 10. 2. 1945 starb er im KZ Sachsenhausen. 1960 wurde P. zur Stadt erhoben.
Mitten im 75 ha großen, von Peter Joseph Lenné angelegten Park mit seltenen Bäumen stand das Schloß, im Kern ein Wasserschloß des 16. Jh. J. G. Steinmeyer, Jugendfreund Schinkels, baute es 1825 um; nach einem Brand 1865 verändert wiederaufgebaut. Bedeutendste Anlage des norddeutschen Klassizismus. Nach dem Zweiten Weltkrieg verfiel es; 1960 gesprengt und abgetragen.
Die Schloßkirche, ursprünglich Kursalon, 1844—1846, wurde 1891/92 zur Kirche umgebaut. Den verputzten Backsteinbau wandelte man in eine Basilika um, den Anbau an der nördlichen Schmalseite gestaltete man zum dreigeschossigen Turm mit Portikus um. Das Mittelschiff ist durch Rundbogenarkaden mit den Seitenschiffen verbunden. In der Villa Löwenstein, einem eingeschossigen Giebelbau, hat Bismarck den Entwurf der Verfassung des Deutschen Reiches ausgearbeitet; seit 1958 Parkcafé.
In der Alleestraße entstand 1819—1821 der zweigeschossige Bau des Theaters mit vorgelagertem Portikus. Über den Eingangsportalen ist ein Stuckfries „Apoll und die Musen" angebracht. Der Zuschauerraum enthält zwei hufeisenförmige Ränge. Die Innenausstattung besteht größtenteils aus Holz, so die vergoldeten Palmetten auf rotem Samt an den Brüstungen, die radial angeordneten vergoldeten Zierleisten an der flach gewölbten Decke. Im Pädagogium, während des Dritten Reiches eine Nationalpolitische Erziehungsanstalt, befindet sich heute das Adolf-Diesterweg-Institut für Lehrerbildung. Im Park steht der langgestreckte Flügel der Orangerie mit verglasten Rundbogenarkaden von 1853.
Die Wohnhäuser der heutigen Stadt errichtete J. G. Steinmeyer an der Alleestraße, am Markt und am Circus als vorwiegend zweigeschossige Bauten; die

Das Auto hält Einzug in Putbus

in den Seitenstraßen gelegenen Handwerkerhäuser sind eingeschossig. Alle sind mit Putzquaderung, Lisenen und Pilastern gegliedert. Von 1818 bis Mitte des Jh. war P., trotz seiner Entfernung zum Meer, Luxusbad des Adels. Berühmte Badegäste: König Friedrich Wilhelm IV., Alexander von Humboldt. Nach 1945 wurde es in ein gewerkschaftliches Erholungszentrum umgewandelt.
Ein Kalksandsteinwerk, ein Futtermittelwerk, eine Druckerei und die Milchsammelstelle sind die wenigen gewerblichen Betriebe in P.
Alfred Biese (1856—1930), Literaturhistoriker und Pädagoge, zuletzt Gymnasialdirektor in Frankfurt a.M.
P. hatte 1939: 4167; durch Eingemeindungen 1985: 6100 Einwohner.

Pütte, Kr. Franzburg-Barth, seit 1962 nach Pantelitz eingemeindet. Witzlaw III. verkaufte 1285 den See von „Puten" dem Zisterzienserkloster Neuenkamp. 1348 war Hermann Preetz Pfarrer an der Dorfkirche, einem stattlichen Backsteinbau mit kreuzrippengewölbtem Chor, spätes 13. Jh. Das dreischiffige Langhaus erhielt erst 1866 seine Gewölbe. Der Turm ruht auf einem Feldsteinunterbau aus dem 15. Jh.; Backsteinobergeschoß und der achtseitige Helm wurden später aufgesetzt. Die Inneneinrichtung stammt von 1866. Zwei Grabsteine für G. Morder, † 1333, und P. Morder, † 1427, mit Ritzzeichnungen der Verstorbenen in Ritterrüstung sind von der ursprünglichen Ausstattung erhalten.
Neben der Kirche ist Ernst Moritz Arndts Lieblingsschwester, Charlotte Dorothea gen. Gottesgab, verehelichte Rassow, begraben.
P. hatte 1939: 373 Einwohner.

Grabplatte (1427) in der Kirche von Pütte

Schwerinsches Schloß in Putzar

Putzar, Kr. Anklam. Seit 1962 wieder selbständige Gemeinde am Putzarsee. Anfang 14. Jh. bereits erwähnt; 1505 Besitz der Familie Schwerin. 1576 erbaute Ulrich von Schwerin das Schloß, einen dreigeschossigen Putzbau. 1580 fügte Joachim von Schwerin ihm einen gleich großen Flügel an, der später verfiel und als Ruine erhalten ist. Beim Vergleich der Bauelemente zeigt sich, daß der „Joachimsbau" der ältere, der „Ulrichsbau" jünger sein muß; dieser dient heute als Lagerhaus.
Die Dorfkirche wurde aus Findlingen Mitte 16. Jh. von adligen Familien, die durch Bauernlegen reich geworden waren, errichtet. Über dem Westgiebel erhebt sich der Backsteinturm mit schlankem, achteckigem Helm. Die Balkendecke mit barocker ornamentaler Bemalung wurde im 18. Jh. eingezogen.

Kirche zu Putzig

Der barocke Kanzelaltar, 17. Jh., ist reich geschnitzt. In den Brüstungsfeldern sind Tafelbilder mit Szenen aus der Passion enthalten; Gestühl und Taufe ebenfalls reich geschnitzt und bunt bemalt. 1721 stiftete Daniel Wesenberg die von vier überlebensgroßen Mohrenfiguren getragene Orgelempore. Diese Figuren haben vermutlich früher den Sarkophag des Feldmarschalls Kurt Christoph von Schwerin in der Kirche in Wusseken getragen.
Walter Wadepuhl (1901—1968), Maler und Bildhauer, schuf 1962 das Elch-Standbild — Mahnmal für den deutschen Osten.

Pützerlin *(Poczernin)*, Kr. Saatzig, an der → Ihna gelegenes Dorf, schon 1309 erwähnt, als Herzog Otto I. mit dem Kloster Kolbatz die Grenze der Klosterheide festlegte.
Die spätgotische Findlingskirche hat einen nicht abgesetzten Chor, in dessen Wänden sich innen und außen Nischen befinden, eine davon durchgehend. Der 42 m hohe Turm besteht in den unteren Geschossen ebenfalls aus Findlingen mit Backsteinen am Portal und den langen, schmalen Spitzbogenblenden; der Oberbau wurde 1850 aus Holz errichtet.
Die Empore ist reich mit derben Schnitzereien aus dem 16. Jh. verziert. Die Innenseiten zweier Nischentüren sind mit roten und weißen Sternen auf blauem Grund im Mittelalter bemalt worden. Reste eines Schreinaltars, nämlich die bemalte Rückseite eines Flügels — ein Pilger, vor dem eine Jungfrau kniet und betet — sind erhalten.
In P. lebten 1939: 377 Bewohner.

Putzig *(Jędrzejewo)*, Netzekreis, am Nordrand des → Netzebruchs, 1586 von den vier Brüdern Czarnkowski gegründet. Der deutsche Schulze Johann Krüger erhielt den Auftrag, innerhalb sieben Jahren zehn Halbbauern anzusiedeln. Nach 1818 wuchs die Bevölkerung, viele ließen sich auf Abbauten in der Feldmark nieder, so daß dort dreimal so viele Menschen lebten wie im Dorf.
Die Holzkirche von 1790 mußte 1901 einem Backsteinbau weichen, der 1910 abbrannte. Die Turmuhr, für ein Dorf damals ungewöhnlich, besaß vier Zifferblätter nach allen Seiten hin.
P. hatte drei Schulen: die erste von 1830 an der Westseite, die zweite von 1870 auf dem Dorfanger, die dritte von 1908 ebenda; eine davon beherbergte die Gewerbeschule. P. war im Ortskern ein fast reines Handwerkerdorf; neben Tischlern, Schmieden, Schustern gab es einen Friseur.
1939 lebten in P. 1586 Bewohner.

Pyritz *(Pyrzyce)*, Kreisstadt, „pommersches Rothenburg" geistiger und wirtschaftlicher Mittelpunkt des Pyritzer → Weizackers. Die Stadt wurde

Eulenturm und Stettiner Tor in Pyritz

Mauritiuskirche in Pyritz

auf der Südostspitze einer von sumpfigen Wiesen umgebenen Erhebung (30,35 m über NN) am Mühlbach angelegt. Auf seiner Reise nach Pommern taufte hier 1124 Bischof Otto von Bamberg die ersten Pommern. Das wendische castrum P., 1140 genannt, lag an einem von nassen Wiesen umgebenen Bach und war 1186 Mittelpunkt der „terra P." Auch ein Tempel scheint dort gestanden zu haben. Neben dieser Burg entwickelte sich eine Siedlung: die Altstadt, deren Name 1385 gebräuchlich wurde. 1240 erschien ein Deutscher mit Namen Walther als herzoglicher Vogt von P.; 1248 wird eine „civitas" P. erwähnt. Diese deutsche Kolonie lag etwa 0,5 km westlich des Burgfleckens auf einer freien Höhe. Die Kirche von 1250 hatte das braunschweigische Kloster Wülfinghausen bei Hameln als Patron. 1256 kam das Patronat an die Altstädter Augustinerinnen. Dieser Ort war von Anfang an befestigt; schon 1253 wurde ein Graben um die Stadt gezogen, dem bis 1301 die Stadtmauer mit acht Türmen und 26 Wiekhäusern folgte. P. war Grenzstadt gegen Brandenburg.

Am Fuß der wendischen Burg gründete vor 1255 Herzogin Margarethe, zweite Gemahlin Barnims I., das Augustinerinnenkloster, das sie mit Nonnen des Klosters Wülfinghausen besetzen ließ. 1263 verlieh Herzog Barnim I. der deutschen Siedlung Magdeburger Stadtrecht, die Burg mit ihrem Flecken bestand bis 1279 neben der Stadt fort. 1281 wurde in der Stadt das Franziskanerkloster gegründet. Die wendische Burg wurde 1283 zerstört; erhalten blieb der Ort mit dem Kloster. Herzog Otto I. gründete vor 1344 das Hl. Geist-, das St. Peter-und-Paul-, das St. Nikolai- und das St. Gertrudhospital. 1460 brannte die ganze Stadt einschließlich Kirche ab. 1472 belagerten die Brandenburger P. erfolglos. Die Städte Stettin, Stargard, P., Gartz, Gollnow und Greifenhagen schlossen sich 1532 gegen die herzogliche Regierung zusammen wegen des „merklichen Abbruchs ihrer zeitlichen Nahrung".

Während des 16. Jh. kamen aus religiösen Gründen Schotten nach P., die mit nachfolgenden schottischen Geschäftsleuten eine ganze schottische Kolonie bildeten. Seit 1521 hielt Knipstro in der Stadtkirche reformatorische Predigten, und um 1531 führte Faustinus Blenn die Reformation durch. Im Dreißigjährigen Krieg wurde P. zwischen 1630 und 1637 fünfmal geplündert und dreimal in Brand gesetzt. 1724 wurde der Weizacker zum größten Teil im Kreis P. zusammengefaßt. Die Stadt wuchs und begann sich Mitte 18. Jh. vor das Bahner und Stettiner Tor auszudehnen. Der spätere König Friedrich Wilhelm IV. verbot 1830 der Stadt, die Stadtmauer ab-

Pyritz, Mauritiuskirche

zureißen. 1848 wurde das Landratsamt gebaut, und nach 1882 entstand das Bahnhofsviertel. Bau der Weinbergsiedlung im Nordosten Anfang 20. Jh.
1945 wurde P. zu 90 v.H. zerstört. Die Stadtmauer blieb erstaunlicherweise erhalten, nicht so die Tore. Seit 1958 begann der Wiederaufbau. Auf den neuen Freiflächen entstanden Wohnblocks.
Die Stadtmauer bestand vorwiegend aus Backstein, zum Teil aus Findlingen. Vor dem Krieg gab es den Eulenturm (heute fast unbeschädigt), den Mönchsturm, den Eisturm, den Pulverturm, von den Wiekhäusern den Palm- und Dornröschenturm. Ursprünglich hatte P. nur zwei Tore: das Stettiner Tor im Norden, der Unterbau war mit spitz-, rund- und flachbogigen Blenden gegliedert und hatte einen achteckigen Aufsatz mit vorgesetzten Rundtürmchen, es wurde 1945 zerstört; das Bahner Tor im Süden 1945 ebenfalls zerstört. Die Torruinen blieben stehen.
Die St. Mauritiuskirche ist ein Backsteinbau, dessen älteste Teile, das Mittelschiff des Chores, ins 14. Jh. zurückreichen. Langhaus und Westturm wurden im 15. Jh. erbaut, der Turm erhielt im 18. Jh. eine neue Haube. Im Turmunterbau in der Nord- und Südwand sind regelmäßig behauene Granitquader verbaut worden. Das Mittelschiff überragt die Seitenschiffe, hat aber keine Fenster im Obergaden und wird von reichen Sterngewölben überspannt. 1945 wurde die Kirche stark zerstört; wieder aufgebaut.
Das Gebäude des Franziskanerklosters entstand als zweigeschossiger, spätgotischer Backsteinbau, um

Ottobrunnen in Pyritz

Kirche in der Altstadt Pyritz, Ostseite

1496. Im Untergeschoß waren noch die ursprünglichen Kreuzgewölbe erhalten. 1928 wurde darin das Kreisheimatmuseum mit unschätzbaren Stücken der Bauernkultur des Weizackers eingerichtet. Bis auf ein Handwerkszeichen der Schuhmacher wurde 1945 alles vernichtet.
Vom Hl. Geisthospital ist die aus Feld- und Backstein errichtete Kirche erhalten. Das große Ostfenster reicht bis in den Dachraum hinein. Die Altstädter Klosterkirche, um 1250, hatte einen mit Blenden prachtvoll gegliederten Ostgiebel. Die Westseite überragte ein Dachreiter mit Barockhaube. Der Barockaltar von 1690 trug Tafelbilder aus der Passion. Eine Mosesfigur trug die gleichzeitig gefertigte Kanzel. 1945 brannte die Kirche bis auf die Außenmauern aus.
Schon 1256 wurde an der Stadtkirche eine Schule eingerichtet, die später in die Ratsschule überging. P. war schon damals Schulstadt. 1811 gab es bei 2856 Einwohnern neun Schulen mit elf Lehrern und 394 Schülern.
1882 mit der Strecke Stargard—P.—Küstrin an das Eisenbahnnetz angeschlossen. Kleinbahnen verbanden seit 1898 P. mit Greifenhagen und Plönzin.
Die intensive Landwirtschaft des Weizackers ließ P. schon sehr früh zu einem Mittelpunkt des Landhandels werden. 1320 hatten P.er Kaufleute völlige Zoll-

freiheit auf Swine und Peene. Dieser Handel bestimmte bis in die Gegenwart die Wirtschaft; Betriebe der Lebensmittel-, der Baustoffindustrie und des Landmaschinenbaus kamen hinzu.
Karl Friedrich August Gützlaw (1803—1851), ev. Missionar in China. Er verfaßte: „Journal of the Voyage Along the Coast of China“, 1834, deutsch 1835.
Otto Gerstenberg (1848—1935), Mathematiker und Versicherungskaufmann, schuf die vollständigste Sammlung der Grafik von Toulouse-Lautrec.
1939 lebten in P.: 11287; 1948: 800; 1983: 12068 Bewohner.

Quatzow *(Kwasowo)*, Kr. Schlawe. Im 13. Jh. war das ganze Gebiet dem Johanniterorden zur Erschließung übergeben worden. Seit 1590 gehörte das Gut mit Dorf den Herren von Brumme.
Das Herrenhaus ist ein breit gelagerter, schlichter, von einem großen Park umgebener Fachwerkbau unter großem Walmdach. Ende 19. Jh. erhielt er ein zweites Geschoß und einen turmartigen Anbau aufgesetzt. Das Haus blieb 1945 erhalten und dient als Wohnung für politische Funktionäre, das Gut wurde Staatsgut.
Auf einem Hügel steht die 1733 erbaute Kirche mit Turm, den Innenraum überspannt eine gewölbte Holzdecke, auf der die Geburt Christi gemalt ist. Kanzel und Altar waren zu einem äußerst üppigen Barockbauwerk zusammengefügt worden.
Das Gutsdorf hatte 1939: 498 Einwohner.

Herrenhaus in Quatzow

Raddatz, Kanzelaltar

Quilow, Kr. Greifswald. 1183 verlieh Herzog Bogislaw I. das zu Gützkow gehörende Gut dem Benediktinerkloster Stolpe. Herzog Philipp Julius verlieh das Patronat der Kirche 1609 an Christoph von Owstin und seine Nachfahren, die bis 1855 hier lebten.
Die Dorfkirche ist ein Feld- und Backsteinbau, in den Reste eines älteren Gebäudes eingebaut wurden. Der östliche Giebel scheint aus spätgotischer Zeit zu stammen. Der Glockenstuhl steht auf dem Kirchhof. Vor dem Altar liegt eine Grabplatte (2,19 x 1,20 m) von 1591 mit einem Flachrelief für Roloff von Owstin und Anna von Platen.
Das Schloß, Mitte 16. Jh., erhebt sich auf einer kreisrunden Insel inmitten von Naßwiesen. Vor der klaren Fassade des zweigeschossigen Baus steht ein Treppenturm, über dessen Hauptgesims ein achteckiger Fachwerkaufbau mit geschweifter Haube ruht. Über dem Gesims des Walmdachs stehen durch kräftige Gesimse und schlanke Halbsäulen gegliederte Zwerchgiebel. 1958 wurde das Schloß restauriert und darin Wohnungen eingerichtet.
1939 bildete Q. den Mittelpunkt einer Großgemeinde mit 1753 Einwohnern, seit 1963 nach Groß Polzin eingemeindet. 1980: 1050 Einwohner.

Quitzin, Kr. Grimmen, nach Lehmhagen eingemeindete Gutssiedlung am Nordrand des versumpften Trebeltales. In der Nähe wurde im Moränenge-

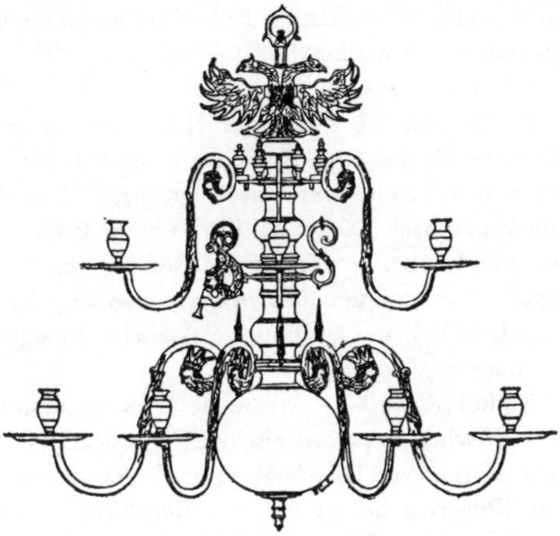

Kronleuchter aus Radduhn

biet ein Feuersteinlager gefunden, das wohl Händler der Steinzeit angelegt hatten. Die Herzöge Erich II. und Wartislaw X. schenkten 1457 das Gut dem Abt von Neuenkamp.
Das Gutshaus ließ Erasmus Küssow 1607 als dreigeschossigen Bau mit vorspringendem Mittelteil und eingeschossigen Flügeln erbauen. Über dem Mittelteil erhebt sich ein wappengeschmückter Dreiecksgiebel. Drei der Räume waren mit Gobelins ausgestattet. Nach 1945 wurde das Haus in Wohnungen aufgeteilt.

Quoltitz, Gemeinde Sagard, Kr. Rügen, 1318 „Koldatitze" genannt. 1485 kam es in den Besitz des Klosters Marienkrone in Stralsund; 1560 erwarb das St. Annen- und das Brigittenstift in Stralsund den Ort. Ende 18. Jh. wurden auch hier die Bauern gelegt und ein Gutsbetrieb eingerichtet.
Das Gutshaus, eingeschossiger verputzter Backsteinbau mit Mittelportal, wurde um 1800 errichtet. Zu seinen Seiten standen die Wirtschaftsgebäude aus Fachwerk.
Im 19. Jh. nahm auf dem Gutsgelände ein Kreidewerk den Betrieb auf. Große Teile des noch heute funktionstüchtigen Werkes stammen aus der Erbauungszeit; alle Leitungen für Wasser und Kreidemilch bestehen aus Holz.

Raakow *(Rakowo),* Kr. Arnswalde. Die Dorfkirche ist ein spätmittelalterlicher Feldsteinbau. Sie erhielt im 17. und 18. Jh. eine (Renaissance/Barock) Innenausstattung; davon ist nichts erhalten.
1939 wohnten in R. 278 Einwohner.

Radawnitz *(Radawnica),* Kr. Flatow, 1578 erstmals genannt. Bis 1719 gehörte es zur Herrschaft Flatow und gelangte 1866 in den Besitz des „Eisenbahnkönigs" Dr. Bethel Henry Stroußberg, der es bis zu seinem Konkurs 1875 hielt. Die katholische Kirche aus der Zeit nach 1578 war 1887 baufällig und machte einen Neubau erforderlich.
R. hatte 1939: 954 Einwohner.

Raddatz *(Radacz),* Kr. Neustettin, erstmals 1403 genannt. Es gehörte der Familie von Kleist.
Die Fachwerkkirche von 1744 mit einem quadratischen Westturm und achteckiger Haube barg eine Besonderheit: den barocken Prunkwagen des Polenkönigs Johann Sobieski, den Generalleutnant Henning Alexander von Kleist 1742 erworben hatte und zu einer Kanzel umarbeiten ließ. Auf 24 Bildtafeln, wovon 15 verstümmelt und zerschnitten waren, ist der Ruhm Johann Sobieskis verherrlicht. Wappen, Namenszüge „J. R." und allegorische Darstellungen sind Inhalt dieser Bilder, die italienische Hofkünstler geschaffen hatten. Heute befinden sich die Teile des Wagens im Stolper Museum.

Kirche in Radun

Propsteihof in Ralswiek

1939 lebten in R. 425 Bewohner.

Radduhn *(Raduń),* Kr. Greifenberg, 1309 durch Herzog Bogislaw IV. der Nikolaikirche des Prämonstratenserinnenklosters in Treptow überwiesen.
Die schlichte Findlingskirche mit unsicherer Datierung besitzt ein spitzbogiges Westportal und ein rundbogiges Südportal; Turm von 1852.
Die Balkendecke des Innenraumes bemalte Sigfried Hornung 1722 mit Bildern aus dem Leben Jesu. Aus etwa gleicher Zeit stammt der Kanzelaltar mit Schnitzfiguren Christi, Moses und Aaron am Kanzelkorb. Ein spätgotischer Schnitzaltar zeigt im Mittelfeld Johannes den Täufer und die beiden Marien. In den Flügeln stehen neun Heilige. Die Figuren sind farbig gefaßt und vergoldet. Auf den Flügelaußenseiten sind vier Szenen aus der Passion gemalt.

Radolin *(Radolin),* Netzekreis, am Schönlanker Mühlenfließ, etwa 1,5 km von der Netze entfernt. König August III. von Polen erteilte 1759 dem Grafen Andreas Radolinski das Privileg zur Gründung einer Stadt. 1764 erhielt R. ein sehr umfangreiches Privileg; trotzdem konnte es sich nicht gegen Schönlanke durchsetzen, blieb in seiner Entwicklung stehen und sank 1857 zur Landgemeinde herab. 1772 bestand der Ort aus etwa 50 Häusern, die zum größeren Teil Tuchmachern gehörten. Ein Brand im gleichen Jahr vernichtete die Stadt fast vollständig. Wirtschaftlich bedeutsam waren einst die sieben Jahrmärkte.
1939 hatte R. 554 Bewohner.

Radüe *(Radew),* wichtigster Nebenfluß der → Persante, die bei Groß Karzenburg auf dem Pommerschen Landrücken entspringt, nach Westen fließt und nach 100 km bei Körlin in die Persante einmündet. Bei → Nedlin und Roßnow wurden 1909—1911 bzw. um 1920 zwei Stauseen angelegt, um den Fluß zur Gewinnung elektrischer Energie zu nutzen.

Radun *(Raduń),* Kr. Arnswalde. Die Gegend um R. war schon in prähistorischer Zeit besiedelt; davon zeugen neun Hügelgräber; aus einem stammte die „Pilgerflasche von R.", eine Kugelkrucke mit seitlichem Standfuß. Am Steilufer des Sees lag ein wendischer Burgwall. Die Straße von Filehne über Hochzeit nach Arnswalde führte an der Burg vorbei. In der zweiten Hälfte 14. Jh. kaufte die Stadt Arnswalde die grundherrschaftlichen Rechte von den von Wedells auf, die hier bis 1319 saßen. Im Dreißigjährigen Krieg brannten die Schweden das Dorf mit der Kirche nieder.
Die Kirche ist ein sorgfältig ausgeführter Granitquaderbau des Mittelalters; reich mit Kreis- und Spitzbogenblenden gegliedert, in ihnen sind noch zusätzlich Maskenköpfe eingemauert.
1939 hatte R. 402 Einwohner.

Rakow, Kr. Grimmen, das Dorf erhielt 1232 das Kloster Doberan geschenkt. 1288 verglich sich das Kloster mit Ludwig Slavekesdorp um das Patronat der Kirche.
Die Corpus-Christi-Kirche ist ein Feldsteinbau, Mitte 13. Jh., mit Südwand des Schiffes und Westturm von vor 1437 aus Backstein. Der Chor besitzt einen dreiteiligen, mit Kreuzblende gegliederten Ostgiebel. Im Schiff wurden Reste spätgotischer Wandmalereien entdeckt. Der Altar ist mit Tafelbildern der Auferstehung und der Kreuzigung in der zweiten Hälfte 18. Jh. gefertigt worden.
In R. lebten 1939: 676 Bewohner.

Ralswiek, Kr. Rügen, wahrscheinlich vor 1168 eines der Verstecke der Familie Raleke und gehörte dem Swantewittempel auf → Arkona. Nach der Eroberung Rügens ging das Gut in den Besitz des Bistums Roskilde über und wurde kirchliches Verwaltungszentrum der Insel. 1480 wurde den geistlichen Landpröpsten die Verwaltung des Gutes entzogen und Laien übertragen. Als erster übernahm Henning von Norman das bischöfliche Lehen. 1536 kamen R. und alle anderen bischöflichen Besitzungen auf Rügen als erbliches Lehen in die Hand der Familie von Barnekow, die 1810 das Lehen in unmittelbares Eigentum umwandeln konnte.

Anfang 14. Jh. war der Propsteihof ein sehr breites Gebäude mit auffallendem Giebel, in dem der sogenannte „Bischofsroggen" lagerte. Christian von Barnekow baute in Verlängerung des Propsteihofes sein Herrenhaus an. Graf Douglas ließ sich 1890 auf einer Anhöhe über dem Hof ein neues Schloß mit zwei Ecktürmen an der Vorderfront errichten. Das Propsteigebäude wurde abgerissen und um 1900 durch einen Neubau ersetzt, der die Giebelgestaltung des Vorgängerbaus wieder aufnahm. Nach 1945 blieben die Gebäude erhalten. Im alten Schloß wurden Wohnungen eingerichtet; vor das neue Schloß kam nach 1959 eine Freilichtbühne für die „Rügenfestspiele".

R. hatte 1939: 290; 1980: 700 Einwohner.

Rambin, Kr. Rügen. Schon 1246 wurde „Rabyn" genannt. Fürst Witzlaw III. beglich 1319 seine Schulden bei Johann von Kiel aus seinen Gütern, u. a. aus dem Gasthof von R. Es war Mittelpunkt eines Bezirks und hatte wohl auch einen Burgwall. Im 14. Jh. teilten sich mehrere Besitzer in den Ort: der Herzog von Pommern, das Kloster St. Jürgen vor R., Hans zu R. und das Pastorat.

Um 1300 entstand der kreuzrippengewölbte Chor der Backsteinkirche, das Schiff kam erst in der zweiten Hälfte 14. Jh. dazu, das um 1700 Holztonnengewölbe erhielt. Vor der Priesterpforte mit aufgelegten Kompositpilastern war eine Vorhalle im Tudorstil angebaut worden. Über dem Westgiebel erhebt sich ein viereckiges Dachtürmchen mit achteckigem Helm. Der Altar von 1738, wahrscheinlich ein Werk Martin Beckers, zeigt in seiner Mitte ein Abendmahlsbild, eine Kopie nach P. P. Rubens. Die Kanzel mit ihrem Korb auf großen Voluten mit üppigem Akanthusschnitzwerk stammt von 1738. Vom Ursprungsbau ist noch die Kalksteintaufe, zweite Hälfte 13. Jh., mit einer in zehn Felder gegliederten halbkugligen Kuppa erhalten.

Außerhalb des Dorfes stiftete 1334 der Stralsunder Ratsherr Godeke von Wickede seinen Besitz für ein Leprosenheim mit einer St. Jürgenkapelle. Nach der Reformation wurde wohl das Schiff der Kapelle als Versammlungsraum genutzt. Der durch eine Wand abgetrennte Chor diente weiter als Gottesdienstraum, während Schiff und Klostergebäude in ein Altenheim umgewandelt wurden. Aus der Mitte 15. Jh. stammt der jetzige Backsteinbau; das Schiff wurde seit 1773 zu Wohnungen umgebaut. Die zum Kloster gehörenden Gebäude sind verschwunden; neue im 18. und 19. Jh. errichtet.

1939 hatte das Dorf: 1248; 1980: 1500 Bewohner.

Ramin, Kr. Ueckermünde. 1271 machte Ritter Otto von R. dem Zisterzienserinnenkloster in Stettin eine Schenkung.

Die Steine der Kirche, ein sehr sorgfältig ausgeführter Granitquaderbau, Mitte 13. Jh., sind nach ihrer Farbtönung zusammengefügt. Eine weit auseinandergezogene Dreifenstergruppe und Rundbogenblenden im Giebel betonen ihre östliche Giebel-

Kloster St. Jürgen in Rambin, Wohnhaus

Chor der Dorfkirche Ramin

wand. Fenster und Blenden sind mit Backsteinen eingefaßt. Das Traufgesims aus Holz ist mit Rankenwerk bemalt, das wohl aus der Bauzeit der Kirche stammt. Der Fachwerkturmaufsatz mit achteckigem Helm stammt von 1726.
R. hatte 1939: 593 Einwohner.

Randow, ehemaliger Landkreis mit 1350,5 qkm und einer Bevölkerung von 139061 Menschen (1939), lag um die Großstadt Stettin herum. Er umfaßte nach Westen und Süden das → Randower Hochland bis an die Randow. Nach Norden erstreckte er sich bis nördlich Jasenitz in die → Ueckermünder Heide hinein. Seine Ostgrenze griff über die Oder hinaus, schloß den Nordrand der → Buchheide, die Stadt → Altdamm mit dem → Dammschen See ein und gegenüber von Pölitz das Gebiet um Langenberg. Kreismittelpunkt war und blieb Stettin. Nachdem Stettin 1857 kreisfreie Stadt geworden war, gab es in den Dörfern entlang der Stadtgrenze große Wachstumsprobleme. Die Stadtbevölkerung überfremdete die Dörfer, eine Eingemeindung wurde immer drängender. Am 15.10.1939 wurde der Kreis aufgelöst. Altdamm, Pölitz und dreißig Dorfgemeinden mit dem Dammschen See kamen nach Groß Stettin. Die Nordhälfte mit 32 Gemeinden wurde dem Kreis Ueckermünde, die Südhälfte mit 39 Gemeinden dem Kreis Greifenhagen zugeschlagen. Zehn Gemeinden östlich der Oder erhielt der Kreis Naugard. Nach 1945 erstand der Kreis bis 1950 als „mecklenburgischer" Kreis R. mit Löcknitz als Kreisstadt. Danach wurde er in die Kreise Pasewalk und Angermünde eingegliedert.

Randower Hochfläche, im Osten vom Odertal, im Westen vom Tal der Randow und Welse begrenzt. Die flachwellige Geschiebemergelplatte dacht sich nach Norden allmählich ab, von etwa 50 m über NN auf etwa 30 m über NN. Die höchste Erhebung von 88 m liegt am Ostrand der Fläche. Das Randowtal, eine eiszeitliche Schmelzwasserrinne, später ein vermoorter Oderarm, begrenzt mit scharfem Rand die Hochfläche. Genauso steil bricht die Fläche zum Odertal ab, aber dieser Steilrand ist stärker von Furchen zerrissen. An der Basis dieser Wand liegt ein Quellhorizont, der die Geschiebe und Tone durchfeuchtet und zum Abrutschen bringt. In der Gegend zwischen Jasenitz und Ziegenort verschwindet der Rand unter Sanden des Haffstausees. An diesem Steilrand wurden Braunkohlevorkommen freigelegt; wegen ihrer Geringwertigkeit nicht genutzt.
Der Boden der Hochfläche besteht vorwiegend aus fruchtbarem Mergel, in dem öfter tertiäre Schollen angeschnitten werden. Sie gehört zu den fruchtbarsten Teilen Pommerns. Die Niederschläge sind etwas geringer, so daß auf diesen warmen Böden Zuckerrüben hervorragend gedeihen können. Intensiver Anbau von Weizen, Raps und Tabak.
Die Hochfläche ist seit Urzeiten dicht besiedelt. Entlang des Randowtales, das 1864 durch den Randow-Welse-Verband und 1905 durch den Randow-Regulierungsverband urbar gemacht wurde, sind zahlreiche Burgwälle zu finden, die Grenzfesten gewesen sein könnten. Entlang des Odersteilrandes wurden Wälle entdeckt, die bis in die Zeit der Lausitzer Kultur (750—500 v. Chr.) zurückreichen. Auf der Hochfläche fehlen Ortschaften. Das Land nutzten vorwiegend der Großgrundbesitz und wenige stattliche Bauerndörfer, die den heutigen kollektivierten Betrieben weichen mußten.

Ranzin, Kr. Greifswald. 1249 wird Pfarrer Hermanus genannt. Bei der Gebietsreform von 1928 verlor R. seine Selbständigkeit; 1962 wieder selbständige Gemeinde.
Die spätgotische Feldsteinkirche wurde wohl noch im 13. Jh. begonnen; ihren Ostgiebel gliedern Blenden. Aus gleicher Zeit stammt die Einwölbung des Chores mit Kreuzrippengewölben auf nach innen gezogenen Strebepfeilern. 1861 Errichtung des Westturms. Das Schiff überspannt eine Balkendecke. Die Familie Horn muß mit der Kirche stark verbunden gewesen sein. Für drei ihrer Mitglieder stehen hier Kalksteingrabplatten mit Wappen und Inschriften von 1315, 1357 und 1407. Ein silbervergoldeter Kelch aus der Spätrenaissance ist das Prunkstück der Kirche. 1968 wurden im Chor mittelalterliche Wand- und Gewölbemalereien, 14. Jh., freigelegt: an der Ostwand die Erschaffung der Welt, an der Nordseite die Erschaffung Evas, an der Südseite Sündenfall und Vertreibung aus dem Paradies.

Rappin, Kr. Rügen als „Repin" 1305 erstmals erwähnt. 1319 beglich Fürst Witzlaw III. seine Schulden bei Johann von Kiel mit den Einkünften der „taberna in villa Reppyn".
Der Chor der St. Andreaskirche wurde um 1300 erbaut, das breitere gotische Schiff mit Kreuzrippengewölben um 1400. Am Ost- und Westgiebel sind gestaffelte Blenden angebracht.
Der Altar von 1669 enthält in seinem dreigeschossigen Säulenaufbau mit reichem Knorpeldekor das Abendmahlsgemälde, eine seitenverkehrte Kopie nach P. P. Rubens. Die Kanzel von 1702 steht auf einem Posaunenengel. Die Kalksteintaufe aus der zweiten Hälfte 13. Jh. hat an der Kuppa zwölf Rundbogenfelder und vier gekrönte Köpfe. In den Fenstern gibt es zehn Wappenscheiben von um 1700. Auf zwei Kabinettscheiben sieht man in einen Kirchenraum, in dem drei Männer vor dem Altar stehen, ein vierter hält ihnen den Klingelbeutel vor! Ein eigentümlicher vergoldeter Kelch ist im Kirchenbesitz. Am oberen Rand umläuft ihn die kyrillische Inschrift: „Ein Geschenk ist dieser Kelch von des Herrn Awedik Sohn, dem Pan Chadskod Majirakentz und von der Gattin desselben, der Pan Warwar, der Tochter des Herrn Holo Biniaskoentz, welche ihn gaben wegen ihrer Seelen im Jahre 1097 Julius 20." Nach Gregorianischem Kalender: 1648. Der serbische Stifter blieb wohl nach dem Dreißigjährigen Krieg auf Rügen.
1939 lebten in R. 733 Einwohner.

Rarvin *(Rarwino),* Kr. Cammin. 1299 wird Gustlavus de Rarvyn genannt. Das Dorf erscheint erst 1380 in Urkunden. Der Wohnplatz Königsmühl gehörte zum ältesten Besitz der von Flemming.
Das Gutshaus ist ein Eichenfachwerkbau des 18. Jh. Die mittelalterliche Findlingskirche steht auf dem steil ansteigenden Friedhofshügel. Nach einem Brand 1803 wurde sie wiederaufgebaut, erhielt eine Flachdecke mit sichtbaren Balken und einen neuen Kanzelaltar.
In der Nähe des Dorfes wurde 1912 in umgelagerten tertiären grünen Sanden das größte Bernsteinstück (9 kg) gefunden.
208 Einwohner hatte 1939 das Dorf.

Rathsdamnitz *(Dębnica Kaszubska),* Kr. Stolp. Im 12. Jh. gegründet; kam 1514 in Besitz der Stadt Stolp. Die Backsteinkirche von 1584 erhielt um 1781–1786 einen Fachwerkanbau im Osten. Kanzel

Abendmahlskelch aus Rappin

Kirche in Rathsdamnitz

und Altar waren zu einer Einheit zusammengefaßt. Zwei verstümmelte Holzfiguren, eine davon die Mutter Gottes mit Jesuskind, stammen aus gotischer Zeit.

In R. errichtete die Varziner Papierfabrik AG einen Zweigbetrieb; wegen Absatzschwierigkeiten 1933 stillgelegt.

R. hatte 1939: 2844 Bewohner. 1983 Großgemeinde *(Gmina)* von 271,2 qkm Fläche mit 7623 Einwohnern.

Ratzebuhr *(Okonek),* Kr. Neustettin, Städtchen an der Zarne, einem Nebenflüßchen der → Küddow.

In der Gegend westlich R. soll um 1380 Herzog Wartislaw V. den letzten Auerochsen in Pommern erlegt haben. Die Hörner ließ er in Silber fassen und schenkte eins dem Camminer Dom. 1554 wurde R. auf Weisung Herzog Barnims XI. als herzogliches Amtsdorf angelegt. Der Ort erhielt 1592 die Marktgerechtigkeit für zwei, 1597 für drei Jahrmärkte. Im Zweiten Schwedisch-Polnischen Krieg wurde R. bis auf zwei Häuser niedergebrannt. Nach dem Wiederaufbau erhielt es 1663 eine zweite Kirche. Seit 1720 hatte es eine Akzisenstation (Finanzamt). König Friedrich II. erhob den Marktflecken 1754 zu einer Immediatstadt. Tuchmacher zur Hebung der Wirtschaft angesiedelt. Das Tiefe Bruch westlich der Stadt wurde 1781/82 trockengelegt und urbar gemacht.

Die St. Peterskirche, ein im 17. und 18. Jh. errichteter Fachwerkbau, wich 1854/55 einem Backsteinbau. Der geschnitzte Tauftisch, eine runde, von acht Voluten getragene Platte, um 1700, wurde in die neue Kirche übernommen.

Durch die Eröffnung der Strecke Posen—Schneidemühl—Neustettin der Preußischen Ostbahn 1879 wurde R. an das Bahnnetz angeschlossen.

R. war eine Tuchmacherstadt; 1818 wanderten allein 33 Tuchmacherfamilien nach Polen aus. In der Stadt blieben im 20. Jh. noch zwei Tuchfabriken erhalten; dazu kamen Baustoffbetriebe und eine Möbelfabrik. 1914 Gründung der Großversandgärtnerei P. Höltgen, größte Edelweißzüchterei Europas; nach 1945 in Winkel im Rheingau fortgeführt.

In R. lebten 1939: 2940; 1983: 3617 Einwohner.

Ravenstein *(Wapnica),* Kr. Saatzig. Auf Präsentation der von Güntersberg wurde 1492 N. Reddemer als Pfarrer in R. eingesetzt.

Die Dorfkirche, ein geputzter Granitquaderbau, 13. Jh., besitzt einen Turm aus Quadern; eine Laterne durchbricht seine Barockspitze.

Der barocke Altar ist aus verschiedenfarbigen Hölzern aufgebaut, sein Gebälk tragen gewundene Säulen, die ein wesentlich jüngeres Kreuzigungsbild einrahmen. Die von einem Engel getragene Kanzel

Stadtkirche in Ratzebuhr

stammt aus der gleichen Zeit und ist ebenso sorgfältig gearbeitet. In Muschelnischen am Korb stehen Figuren der Evangelisten, Treppentür und Schalldeckel sind mit Intarsien verziert. In die verschiedenfarbigen Hölzer der Renaissancegestühle sind Ornamente geschnitzt.
1939 hatte R. 819 Bewohner.

Recknitz. Für viele Jahrhunderte bildete der 111 km lange Küstenfluß die Grenze zwischen Pommern und Mecklenburg. Er entspringt bei Güstrow in Mecklenburg, fließt in nordöstlicher Richtung, biegt bei Bad Sülze ab, schlängelt sich in der 1 bis 3 km breiten vermoorten Schmelzwasserrinne des Grenztales nach Nordwesten und mündet zwischen Damgarten und Ribnitz in den Ribnitzer See, dem südlichsten Teil des Saaler Boddens. Das Einzugsgebiet des R. beträgt 704,6 qkm. Bei Bad Sülze verbindet der Prahm-Kanal das Flußgebiet der R. mit der Trebel, einem Nebenfluß der Peene. Bis zu Beginn unseres Jahrhunderts gab es hier Flußschiffahrt.

Reckow *(Rekowo)*, Kr. Greifenhagen, in der Nähe des Klosters Kolbatz, einziger Rundling des Kreises. Die Mitte des Dorfes bildet der runde Platz mit Kirche, zu dem es von außen nur eine Zufahrt gibt. Gehöfte umstehen ihn mit ihren radial angeordneten Gärten. 1173 wurde R. dem Zisterzienserkloster verliehen, 1255 war es neu besiedelt worden.
Die Fachwerkkirche war um 1800 mit barockem

Dorfstraße in Ravenstein

Kirche zu Reckow

Dachturm erbaut worden; hohe Bäume und eine Findlingsmauer umgaben sie. 1945 nutzten sie die Russen als Scheune und Pferdestall; schließlich war sie stark verfallen und mußte abgerissen werden. Die Kirchhofsmauer blieb erhalten.
1939 lebten in R. 157 Menschen.

Reddentin *(Redęcin)*, Kr. Schlawe, Gutsdorf, war seit etwa 1300 ununterbrochen Lehnsgut der Familie von Below. 1819 lebte hier Gustav von Below, Begründer der christlichen Erweckungsbewegung der „Belowianer".
Das Herrenhaus von 1834 geht teilweise auf einen Entwurf von Schinkel zurück. Den zweigeschossigen Mittelbau flankieren ein gleichhoher Saalbau und ein Wohnhaus mit Turmaufsatz. Der Gartensaal im Erdgeschoß war mit italienischen Landschaften auf belgischen Bildtapeten geschmückt. Im Treppenaufgang zeigten vier Wandgemälde Belowsche und R.er Geschichte. Nach 1945 diente das Haus teils als Kornspeicher, teils als Kindererholungsheim; 1973 gesprengt.
R. hatte 1939: 465 Bewohner.

Reetz *(Recz)*, Kr. Arnswalde. Auf einer Anhöhe östlich der oberen → Ihna, im Süden und Osten vom Bergmühlenfließ umflossen, liegt die ellipsenförmige Altstadt von R. Auf den umliegenden Höhen sind Reste von drei Burgwällen und viele Hünengräber gefunden worden, die auf eine dichte vor-

Gutshaus in Reddentin

geschichtliche Besiedlung hinweisen. In dem Winkel zwischen Ihna und Fließ lag eine pommersche Burg, 1269 erstmals genannt; 1296 bereits verfallen. Herzog Barnim I. gründete 1294 ein Zisterzienserinnenkloster, das 1296 seine Gebäude auf der Burgstelle, seitdem Klosterberg, erbaute. Südlich davon lag das wendische Burgdorf, der Kietz, mit elf Fischern und zwei Mühlen. Bis 1938 war es mit 18 Häusern und 100 Einwohnern eine selbständige Gemeinde geblieben. Etwas nordöstlich davon legten die Askanier um 1284 die Stadt zur Sicherung des Flußüberganges an; 1296 bereits als Stadt bezeichnet, die 1348 zur Vogtei Arnswalde gehörte. 1369 gelangte die Stadt als Pfand, von 1370 an als Lehen an die von Wedell zu Uchtenhagen, deren Mediatstadt sie bis in die zweite Hälfte 18. Jh. blieb. 1469 überrumpelten und verwüsteten die Pommern R. Das Kloster wurde 1537 aufgehoben, sein Besitz 1552 in ein kurfürstliches Amt umgewandelt. Abriß der Reste der Klostergebäude 1827. Im Dreißigjährigen Krieg wurde die Stadt 1637 ganz niedergebrannt. Anfang 18. Jh. Abtragung der Wälle vor der Stadtmauer, Aufteilung des Geländes in Gärten. 1945 brannte der größte Teil der Altstadt ab. Von der alten Stadtmauer und den Türmen sind beinahe alle Unterbauten erhalten. Das viereckige Arnswalder und das Neuwedeller Tor — dieses flankierten zwei halbrunde Türme — blieben erhalten.

Die St. Katharinenkirche, ein gotischer Hallenbau aus Backstein, ist nach einem Brand 1340—1355 vollendet worden. Chor und Mittelschiff haben schöne Sterngewölbe. Den Turm gliedern hohe schlanke Blenden, ein Walmdach schließt ihn ab. Der sehr üppige Spätrenaissancealtar von 1607/1611 enthält Teile eines gotischen Flügelaltars. Zwischen vergoldeten Säulen erblickt man das Hauptbild, die Kreuzigung. Bei einer Renovierung 1953—1955 wurden die neugotischen Zutaten der Einrichtung, so die Empore, entfernt.

Mit dem Bau der Strecke Kallies—Stolzenhagen 1895 erhielt R. seinen langersehnten Eisenbahnanschluß und einen Bahnhof 2 km nordöstlich der Stadt.

Der Handel mit landwirtschaftlichen Erzeugnissen und etwas Holzverarbeitung bildeten die wirtschaftliche Grundlage. Eine Besonderheit war der intensive Gartenbau auf Moorboden.

Daniel Cramer (1568—1637), Verfasser des Werkes „Große Pommersche Kirchen Chronikon" 1628.

3648 Einwohner lebten 1939, 2484 Einwohner 1983 in R.

Rega *(Rega)*, 199 km langer Fluß, entspringt im Ritzigsee in 146 m über NN in der Pommerschen Seenplatte. Auf ihrem Weg zur Mündung bei Deep fließt die R. zunächst nach Norden, biegt nördlich

Kirche in Reetz

von Nemmin nach Südwesten ab und gelangt an Schivelbein und Labes vorbei; hier macht sie einen weit ausholenden Bogen nach Nordwesten an Regenwalde vorbei. Von Ludwigshorst fließt sie an Plathe, Greifenberg und Treptow vorüber nach Norden in die Ostsee. Ihr gesamtes Einzugsgebiet umfaßt 2672 qkm.
An ihrem recht steilen Oberlauf treibt sie zahlreiche Mühlen an. Im Unterlauf dienen bei Lietzow der Regastausee und vor Greifenberg die Lebbiner Talsperre der Energiegewinnung.
Die alte Mündung lag bis ins 15. Jh. an der Westseite des Kamper Sees beim Dorf Regamünde, das zu einem Hafen für Treptow und Greifenberg ausgebaut worden war. Kolberger Kaufleute versuchten den Hafen zuzuschütten; einige Sturmfluten zerstörten ihn endgültig. 1457 verlegte die Stadt Treptow die Mündung in ihre heutige Lage. Ein Mündungshafen konnte sich nicht mehr entwickeln.

Regenthin *(Radęcin)*, Kr. Arnswalde, war schon in vorgeschichtlicher Zeit besiedelt. In eisenzeitlichen Gräbern (800 v. Chr.) wurden eiserne Messer, Haarzangen, Gürtelhaken, Schwanenhalsnadeln, Finger- und Ohrringe gefunden.
1305 schenkte Hasso von Wedell dem Kloster Marienwalde zehn Hufen in seinem Dorf R., um sich eine Grabstätte in der Klostergruft zu sichern und einen Meßaltar zu unterhalten. 1456 zerstörten polnische Truppen das Dorf und raubten es aus. Nach der Reformation kam R. zum Amt Marienwalde. Im Dorf gab es drei gesonderte Viertel, Enden genannt: das Förster-, das Schmiede- und das Kleine Ende. Die Dorfkirche ist ein Backsteinbau des 19. Jh.
In R. wohnten 1939: 851 Menschen.

Am Regatal

Regenwalde, Rathaus mit Stadtkirche

Regenwalde *(Resko);* Kreisstadt auf dem rechten Ufer der → Rega in der Nähe eines wendischen Burgwalles. In frühgeschichtlicher Zeit scheint R. eine gewisse Bedeutung im Überlandhandel gehabt zu haben. Zwei Münzfunde: in einer Urne 154 Silberdenare mit Bildnissen verschiedener römischer Kaiser und Kaiserinnen; weitere 50 Münzen lagen verstreut umher. Auf den meisten befand sich das Porträt des Kaisers Antonius Pius (138—161 n. Chr.). Der zweite Fund, eine in Ravenna geprägte Goldmünze, zeigt das Bild des Kaisers Glycerius (473—475 n. Chr.).
Auf dem wendischen Burgwall baute Herr Borcko eine neue Burg; erstmals 1295 erwähnt. Das daraus erwachsende Schloßgut blieb bis 1826 im Besitz der Familie von Borcke. Theoderich Horn aus Kolberg erhielt nach 1255 den Auftrag, hier eine Siedlung anzulegen, die um 1282 lübisches Stadtrecht erhielt. Sie gehörte den Familien von Borcke und von Vidante. 1365 verkauften die Vidante ihren Anteil an Herzog Bogislaw V., der ihn 1447 den von Borckes

zusätzlich zu ihrem 1385 erhaltenen Lehen übergab. R. gab dem Landkreis den Namen; die Kreisverwaltung amtierte jedoch in Labes. 1945 brannten die Russen fast die ganze Innenstadt ab.
Im Süden liegt ein 3,50 m hoher, begrünter Schutthügel, das ehemals Borckesche Schloß, von dem nur noch das Torhaus erhalten blieb. 1938 wurde darin das Kreisheimatmuseum eingerichtet; seine Bestände konnten 1945 gerettet werden.
Die St. Marienkirche, 1369 erstmals genannt, ist in ihrer heutigen Gestalt eine spätgotische dreischiffige Hallenkirche mit einschiffigem Chor, den Sterngewölbe überspannen. Mitte des 19. Jh. wurden das Mittelschiff eingewölbt und der 60 m hohe Turm erbaut. Unter dem Altar liegt die Gruft der Familie von Borcke. Der Hauptaltar ist eine aufwendige Barockschnitzerei. Nach 1945 kam der Altar aus → Grünhoff in die Kirche.
Die Regenwalder Kleinbahnen schlossen 1907 die Stadt an das Eisenbahnnetz an.
1843 gründete Prof. Dr. Karl Sprenger die erste hinterpommersche Fabrik für landwirtschaftliche Maschinen und Dampfkessel. Neben Beton- und Sägewerken blieb sie der wichtigste Industriebetrieb der Stadt.
1939 lebten in R.: 4802; 1983: 4137 Bewohner.

Reinberg, Kr. Grimmen, erstmals 1212 als Besitz Borantes, dem zweiten Sohn Fürst Jaromars I. genannt. Das Patronat der Kirche übertrug 1456 die

Blick über die Rega auf Regenwalde

Kirche zu Reinberg

Stadt Greifswald mit Genehmigung des Klosters Eldena auf ihre Universität.
Die St. Katharinenkirche besitzt einen quadratischen, kreuzrippengewölbten Chor aus Feldsteinen von Mitte 13. Jh. Außen schmückt ihn ein umlaufender Rundbogenfries aus glasierten Backsteinen. Den Ostgiebel gliedern ein steigender Bogenfries und spitzbogige, ansteigende Blenden. In der ersten Hälfte 14. Jh. wurde das Langhaus als dreischiffige Backsteinhalle errichtet. Den östlichen Giebel des Schiffes gliedern Wandpfeiler und Maßwerkblenden. Von dem gleichzeitig gebauten Turm ist nur noch das Untergeschoß erhalten. Für den späteren Oberbau nahm man Holz.
1975 wurden an Gewölben und Wänden des Chores Fresken des 14. Jh. entdeckt. An der Ostkappe des Gewölbes ist in monumentaler Größe Christus als thronender Weltenrichter mit den Wundmalen dargestellt. Von seinem Mund gehen die Lilie, Zeichen des Friedens, und das Schwert, Zeichen des Gerichtes, aus. In seinem Schoß hält er das Kreuz als Zeichen des Erlösungsopfers auf Golgatha. Zwei Engel zu seinen Füßen rufen mit ihren Posaunen die Toten aus den Gräbern zum Jüngsten Gericht.
An der Friedhofsmauer steht eine Mordwange aus

Fachwerkkirche zu Reinfeld-Hammer

Kalkstein, vermutlich für den 1452 in Stralsund zum Tode verurteilten Landvogt Raven Barnekow. Die Friedhofslinde war mit ihren 12,50 m Umfang der stärkste Baum Pommerns.
In R. lebten 1939: 559; 1980: 1300 Einwohner.

Reinfeld bei Barnow *(Barnowiec)*, Kr. Rummelsburg, 1527 im Lehnsbrief der von Puttkamer erstmals genannt. Die einzige Tochter Heinrichs von Puttkamer, Johanna, wurde 1847 Otto von Bismarcks Frau. Zu dieser Zeit war R. ein Mittelpunkt der Erweckungsbewegung. 1874 ging das Gut in Bismarcks Besitz über.
327 Bewohner hatte R. 1939.

Reinfeld-Hammer *(Słosinko)*, Kr. Rummelsburg, hatte im 14. Jh. der Deutsche Orden gegründet. Eine zweite Gründung mußte um 1563 erfolgen. Auf der Feldmark wurde nach 1566 ein Eisenhammer angelegt. 1590 waren bereits vier Hammerschmieden in Betrieb. Die Riecks ließen nach 1717 den Betrieb eingehen und machten daraus ein Gut. 1928 wurde R. mit dem Gutsbezirk Hammer zu einer Gemeinde vereinigt.
Auf einer Anhöhe außerhalb des Dorfes steht die nach 1600 erbaute Dorfkirche—älteste Fachwerkkirche des Kreises. Vor der Westseite erhebt sich ein niedriger Holzturm ohne Helm. Die Fenster sind in zwei Reihen, unter der Dachtraufe und dem unteren Riegel, angeordnet. An der Nordseite führt eine Außentreppe zu den Emporen in dem sehr niedrigen Kirchenraum; seine Eingangstür ist nur 1,50 m hoch.
Die Einrichtung stellten dörfliche Handwerker im 17. Jh. her. An den Altarwangen erblickt man derbes Rankenwerk mit stilisierten Blättern, in das ein Menschenkopf und eine Taube eingeflochten sind. An der Nordwand hing ein 1,02 m hohes Doppelkreuz, am oberen Querbalken weist eine Hand nach oben, am unteren hängt Christus, unter ihm Maria und Johannes. Die Empore der Herrschaft war von kundiger Hand gestaltet. Ihre Stifter waren „Casparus a Seyern, Anna Maria Massowen anno 1655."
1945/1946 abgebrochen.
R. hatte 1939: 568 Bewohner.

Reinkenhagen, Kr. Grimmen. Der Ort ist schon sehr alt, doch erst 1693 wird von einer Renovierung der Kirche berichtet; 1807 wurde die Kirche wieder verwüstet. Seit 1962 ist R. nach Miltzow eingemeindet.
Die Backsteinkirche wurde um 1300 errichtet. Ihr Ostgiebel ist reich mit Blenden gegliedert. An der Südseite wurde vor dem Portal eine Vorhalle gebaut, die einen mit glasierten Formsteinen verzierten Giebel trägt. Der Sakristeigiebel wurde ähnlich gestaltet. In das westlichste Joch des Langhauses wurde in spätgotischer Zeit ein Turm eingebaut, der erst 1914 sein jetziges Obergeschoß mit Laterne erhielt. Das Schiff hat Kreuzrippengewölbe. Aus der Werk-

Kirche in Reinkenhagen

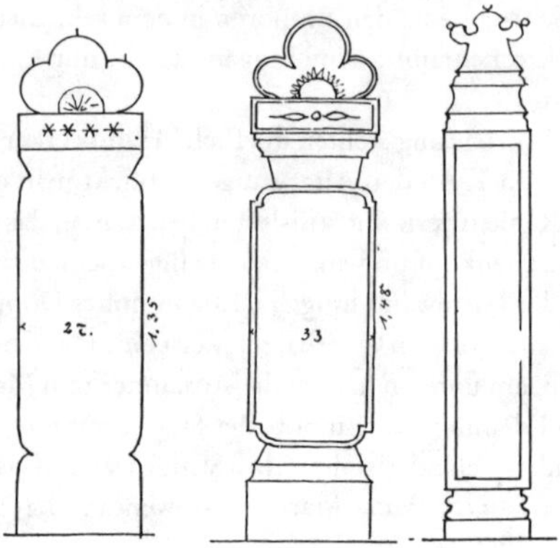

Hölzerne Grabwangen aus Rensekow

statt von Jakob Freese in Stralsund stammt der schlichte Altar von 1772.
1939 lebten in R. 494 Bewohner.

Rensekow *(Rzęskowo)*, Kr. Greifenberg, erstmals um 1380 als Camminer Dompfründegut genannt. Ein größerer Teil der Bauernhöfe waren fränkische Gehöfte.
Die Dorfkirche ist ein Findlingsbau des späten Mittelalters. Ihre Giebel waren mit rund- und spitzbogigen, geteilten und ungeteilten, in ihrem Grunde verputzten Blenden verziert worden. Der Turm mit geböschten Holzwandungen und achteckigem Helm ist vor das Langhaus gestellt.
Am Altar des 17. Jh. acht Schnitzfiguren eines spätmittelalterlichen Schreinaltars. Die Kanzel, aus verschiedenfarbigen Hölzern, soll aus der St. Marienkirche in Greifenberg stammen. Die Balkendecke wurde 1705 mit Arabesken bemalt. In den Fenstern gab es kleine Glasbilder, 1585 und 1587 von den von Ganske, von Plötz und von Woedtke gestiftet.
Auf dem Friedhof standen noch zu Beginn unseres Jahrhunderts hölzerne Grabwangen, 19. Jh.
R. hatte 1939: 271 Einwohner.

Retzin, Kr. Ueckermünde. 1295 wurden vier Hufen in R., die dem Bischof von Cammin gehörten, dem St. Marienstift in Stettin übergeben. Seit 1962 ist R. nach Ramin eingemeindet.
Die Granitquaderkirche aus dem 13. Jh. ist später verputzt worden. Der Ostgiebel mit drei Blenden ist ganz aus Quadern aufgemauert worden. Ähnlich wie in → Plöwen und → Gützlaffshagen fand man an einem Stein der Nordostecke in zwei Meter Höhe ein in den Granit gehauenes Schachbrettmuster. Backsteinturm im 19. Jh. angebaut.
Der Renaissancealtar von 1629 zeigt zwischen einer hölzernen Säulenarchitektur Schnitzfiguren der Himmelfahrt Christi als Mittelbild, umrahmt von den Evangelisten und Petrus und Paulus. Wappen der von Ramin und von Grevenitz liefern uns Hinweise auf Stifter.
1889/90 wurde das im Westen liegende Randow-Moor urbar gemacht. Am Talhang zum Bruch intensiver Tabakanbau.
R. hatte 1939: 223 Bewohner.

Retztow *(Redostowo)*, Kr. Naugard. In der Nähe des Stepenitzbaches am Ostrand der → Gollnower Heide liegt R., an dessen Dorfende nach Fanger zu die ehemalige Wolfsburg, ein Jagdschloß der Grafen von Eberstein, stand.
Die Fachwerkkirche, 17. Jh., hat an der Ostseite sechs kleine vermauerte Fenster. Das Rahmenholz darüber war mit Kerbschnitzereien verziert. Den geböschten Holzturm übersteigt ein geschindelter Helm.
Der spätgotische Flügelaltar, um 1500, hatte gut erhaltene Figuren der Mutter Gottes, des hl. Georg

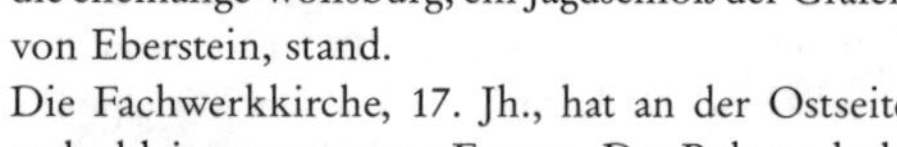

Kirchhofsportal in Retzin

und der hl. Katharina im Mittelfeld; in den Flügeln waren die Apostelfiguren aufgestellt. Um 1912 gelangte er in das Altertumsmuseum in Stettin. Die Brüstung der Orgelempore, besonders die Unterzugbalken, sind mit reicher Kerbschnitzerei verziert.
1939 lebten in R. 210 Menschen.

Revekol *(Rowokół),* 115 m hoher Hügel einer Stauchmoräne bei Schmolsin östlich des → Garder Sees, von der → Lupow östlich und nördlich umflossen—eine der markantesten Erhebungen an der hinterpommerschen Küste. Sein Name soll sich von dem lateinischen „reverendus collis" herleiten, wohl ein Hinweis auf seine mittelalterliche Bedeutung. 1435 wurde anläßlich einer Mordsühne eine Wallfahrt nach „Cussalin, Polnow und Revekol" vereinbart. Die Marienkapelle, wahrscheinlich früher erbaut, war Ziel zahlreicher Pilger. Mit ihrer Mutterkirche, der Stanislauskirche in Garde, gehörte sie dem Stolper Prämonstratenserinnenkloster.
Diese Kapelle war gleichzeitig Seezeichen. In einem Seebuch der zweiten Hälfte 15. Jh. war der R. für Schiffe von Bornholm nach Preußen erster Ansteuerungspunkt an der Küste. Der Garder See diente als Nothafen an diesem verhältnismäßig gefährlichen Küstenabschnitt.
Nach den Stolper Unruhen von 1525 wurde vor 1530 die Kapelle als Gnadenort aufgehoben, die Kapelle zerstört. Da etwa gleichzeitig die Küste stark

Kirche in Retztow

St. Nikolai und Kornbrennerei Richtenberg

versandete, war auch der See als Nothafen nicht mehr benutzbar, so daß die Kapelle als Seezeichen entbehrlich wurde. Die Familie Tessen aus Schmolsin eignete sich das Silber des Wallfahrtsortes im Wert von 300 Gulden an. 1821 wurden die Reste der Kapelle, 1837 ihre Fundamente als Baumaterial abgetragen. Auf dem Gipfel steht ein Aussichtsturm.

Ribbekardt *(Rybokarty),* Kr. Greifenberg, altes Camminer Dompfründegut.
Die mittelalterliche St. Bartholomäuskirche aus Findlingen hat einen Ostgiebel aus Backsteinen, der mit Rundblenden und kleinen Fialtürmchen verziert war. Den Fachwerkturm, um 1690, bekrönte eine Barockspitze.
Der Altar, um 1700, hatte ein Kreuzigungsgemälde als Mittelfeld, flankiert von den Figuren des Petrus und Paulus. Die Taufe von 1708 war einzigartig in Pommern: Zwei schwebende Engel hielten in je einer Hand einen Baldachin, in der anderen eine Holzschale, in der sich die Taufschale befand.
1939 hatte R. 376 Einwohner.

Richtenberg, Kr. Franzburg-Barth, Stadt am Nordufer des Richtenberger Sees, die wohl in der Niederung eine Wendensiedlung als Vorläufer hatte. 1231 war R. bereits Kirchdorf mit einem Salzwerk. 1297 war der Ort ein Flecken (oppidum) mit einem Markt auf der Anhöhe. 1351 wird erstmals der Rat der Stadt erwähnt. Bis 1535 war R. Mediatstadt des Klosters → Neuenkamp, danach Amtsstadt. 1728 brannte R. fast ganz ab. Einige Bürgerhäuser, Kirche und Pfarre blieben verschont. 1803 brannten fast alle Scheunen in der Stadt ab. Im 18. und 19. Jh. wanderten Schweden und Italiener in R. ein. Entlang der Stralsunder Chaussee und der Schulstraße dehnte sich die Stadt nach Osten aus. Nach dem Ersten Weltkrieg entstand der Stadtteil am Bahnhof.

Die St. Nikolauskirche geht in ihrem Feldsteinchor ins 13. Jh. zurück. Den Backsteingiebel zieren große Rundbogenblenden, darüber steht ein bis zur Giebelspitze reichendes Kreuz. Den Innenraum überspannt ein achtrippiges Kuppelgewölbe mit großem ringförmigem Schlußstein. Das dreischiffige Langhaus, eine Stufenhalle, und der Turm kamen im 15. Jh. hinzu.

Dekorative spätgotische Ausmalungen bedeckten die Wände des Langhauses. Am Fuß des Triumphbogens sind Petrus und Paulus gemalt. Die reich geschnitzte Kanzel, um 1700, ist an der Treppe und am Korb mit Gemälden aus der Passion und mit einem Kreuzigungsrelief verziert. Vor dem Altar liegen einige sehr alte Grabplatten, so für den Bürgermeister H. Sunnemann († 1491).

1900 wurde die Eisenbahn Stralsund—Franzburg eröffnet, wodurch R. Bahnanschluß erhielt.

Im Mittelalter war R. Handwerkerstadt mit geringem Ackerbau. Dafür gab es bis 1758 eine ertragbringende Saline. Im 18. und 19. Jh. entstanden Brauereien und Brennereien; die Branntweinbrennerei, die den berühmten „Richtenberger Korn" herstellte, blieb bis in unser Jahrhundert erhalten. Ihre Fabrikationsgebäude stehen mitten in der Stadt neben der Stadtkirche.

1939 lebten in R. 1925; 1965: 2800 Menschen.

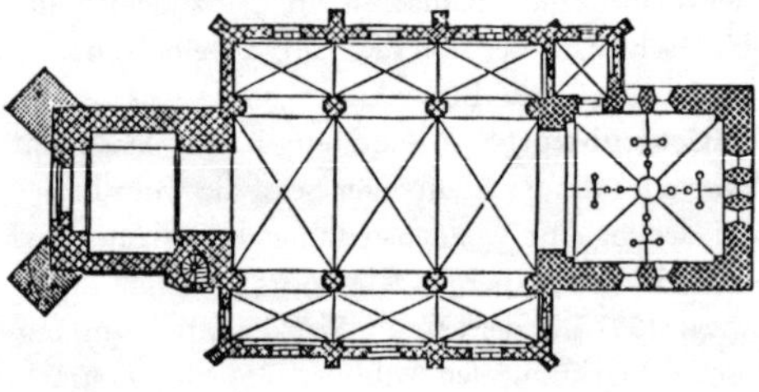

Grundriß der Kirche zu Richtenberg

Zeichnung von Paul Holz aus Riesenbrück

Riems, 28 qkm große Insel, liegt etwa 900 m vor der Küste bei Gristow, Kr. Greifswald; ihre höchste Erhebung reicht bis 7,80 m über NN. Sie trennt die Gristower Wiek gegen den Bodden. Der Kern der Insel ist pleistozänes Material einer Moränengabel, die von Eldena in einem flachen Bogen auf R. zuläuft und sich über den Mittelgrund in Richtung Zudar auf Rügen ausdehnt; daran haben sich holozäne Flächen angelagert. Durch Baggerungen und Einebnungen wurde die natürliche Oberfläche der Insel stark verändert. 1908 eröffnete hier der Mediziner Geheimrat Löffler die Serumproduktion gegen Tierseuchen. Der Kreistierarzt Dr. O. Waldmann begann 1920 den darniederliegenden Betrieb wieder aufzubauen. Heute ist die Insel eine große Forschungsanstalt und Produktionsstätte für Impfstoffe gegen Tierseuchen. Seit 1970 verbindet ein Damm die Insel mit dem Festland.

Riesenbrück, Kr. Ueckermünde, Moorkolonie in einem versumpften Seitental der Randow, angelegt in der Zeit des Amtes Königsholland (18. Jh.).

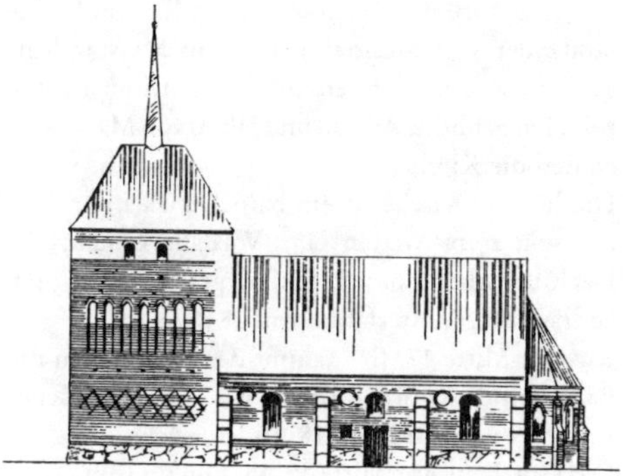

Kirche in Ristow

Paul Holz (1883—1938), bedeutender Zeichner. Lehrer an der Breslauer Kunstakamie, 1933 als politisch unzuverlässig entlassen. 1934 Zeichenlehrer an der Domschule in Schleswig.

Rieth, Kr. Ueckermünde, liegt am Südufer des → Warper Sees.
Die Kirche wurde 1731 ursprünglich als Fachwerkbau errichtet; ihre Mauern hat man später massiv unterfangen und verputzt. Den Dachturm aus Fachwerk überragt eine durchbrochene Barockspitze mit Wetterfahne. Der Innenraum trägt ein stukkiertes flaches Spiegelgewölbe. Die Mitte des Altars, 18. Jh., schmückt ein Relief aus Lindenholz: Christus übergibt Petrus die Schlüssel. Das Altargitter zeigt starke Anklänge an die Schnitzkunst am Hofe Ludwigs XIV.
R. hatte 1939: 406 Bewohner.

Ristow *(Rzyszczewo),* Kr. Schlawe. Henneke, Sohn des Ritters Gneomar Dobeschitz, besaß um 1300 die Dörfer R. und Järshagen. Seit 1304 nannte er sich Henneke von R.
Die Dorfkirche mit dem gewaltigen Turm entstand in spätgotischer Zeit aus Back- und Feldsteinen. Der polygonal geschlossene Chor ist eingewölbt, das Langhaus hat eine flache Holzdecke. Der Ostgiebel des Schiffes ist mit Rundblenden und darüberliegenden Kreisblenden gegliedert. Der Turm zeigt eine Rautenmusterung aus dunklen Backsteinbindern an seinen Wandflächen, darüber gliedern schlanke Blenden die Fläche. In die Westmauer sind Mühlsteine eingemauert.
Der Kanzelaltar trug Flachreliefs aus dem 16. Jh.: Christus vor Pilatus, Golgatha und die Taufe im Jordan.
In R. lebten 1939: 412 Einwohner.

Robe *(Roby),* Kr. Greifenberg, besaß vor 1945 noch eine Reihe fränkischer Vierkanthöfe. Es wird 1330 erstmals genannt.
Die spätgotische Findlingskirche St. Johannes Baptist hat einen mit Strebepfeilern umstellten Chor. Den Turm aus Holz übersteigt eine geschindelte Barockhaube.
Herzogin Sophie hat zum Andenken an ihren Gemahl Herzog Philipp II. 1654 der Kirche den reich gestalteten dreigeschossigen Renaissancealtar mit der Kreuzigung als Mittelbild geschenkt. Die hölzerne Taufe, ähnlich reich verziert, steht auf Rädern. Die Kirche besitzt ein 3 m hohes spätgotisches Kreuz mit überlebensgroßem Korpus. Nach mündlicher Überlieferung soll es aus der zerstörten Kirche von Regamünde stammen.

Vierkanthof aus Robe

Tauftisch aus der Kirche in Roggow

1939 wohnten in R. 461 Menschen.

Roggow A *(Rogowo)*, Kr. Regenwalde, an der Uckeley, einem Nebenbach der → Rega, mit einer Backsteinkirche von 1696. Sie gehört zu den ersten Kirchenbauten nach dem Dreißigjährigen Krieg. Im Osten ist sie dreiseitig geschlossen. Den Turm gliedern große rundbogige Blenden, ein Walmdach schließt ihn ab.

Der farbig bemalte Altar stammt aus der Bauzeit. Eine Figur in langwallenden Gewändern trägt die ebenfalls farbig gefaßte, reich geschnitzte Barockkanzel.

R. hatte 1939: 461 Einwohner.

Rogzow *(Rokosowo)*, Kr. Köslin, Dorf in reizvoller Umgebung am südlichen Abhang des → Gollen. 1284 verkaufte Dietrich von Belgard „Rokesouwe" dem Zisterzienserinnenkloster in Köslin. Bis in die 20er Jahre dieses Jahrhunderts stand noch das alte Gutshaus. Das Dorf war an das Kösliner Straßenbahn- und Omnibusnetz angeschlossen, der größte Teil der Häuser hing an der Kösliner Wasserleitung, einige sogar an deren Kanalisation. Zahlreiche Pensionäre zogen aus der Stadt in das schöne Dorf.

In R. lebten 1939: 2008 Bewohner.

Rohr *(Trzcinno)*, Kr. Rummelsburg. Seit dem 13. Jh. gehörten die Waldungen um R. zum Lehnsbesitz der von Massow. Jakob von Massow legte 1562 die Rodung für den Ort an: ein Rittersitz und zehn Bauernhöfe. Adrian und Jakob von Massow erbauten die Kirche.

Die heutige Kirche ist ein barocker Fachwerkbau, der später im Westen eine Vorhalle erhielt. Ein Dachtürmchen mit achteckiger geschindelter Spitze trägt eine Wetterfahne von 1846.

Aus der Mitte 17. Jh. stammt der Altaraufbau mit Band- und Knorpelornament. Die umlaufende Empore hat man Ende 18. Jh. eingebaut.

Das Gutshaus war Mitte 19. Jh. um- und ausgebaut worden. Zwei gedrungene, turmartige neugotische Eckflügel fassen den alten Mittelbau ein.

Nach 1857 gab es in R. eine ergiebige Bernsteingräberei.

1939 lebten in R. 412 Menschen.

Roloffshagen, Kr. Grimmen, Gut, 1939 nach Papenhagen eingemeindet. 1333 verkauften Ritter Heinrich von Rekentin und seine Söhne Heinrich, Burchard und Eckhard von ihrem Gut eine jährliche Rente.

Im Pfarrgarten liegen auf einer Insel die Fundamente einer Burg, auf denen ein jüngerer Fachwerkbau steht.

Die Giebel der Dorfkirche, ein frühgotischer Feldsteinbau mit Tür- und Fensterlaibungen aus Backstein, sind durch je zehn Blenden gegliedert. Den In-

Rörchen, Kapelle des Johanniterordens

nenraum überspannt ein Kreuzrippengewölbe.
Die reiche Einrichtung stammt vorwiegend aus dem 18. Jh. Der Kanzelaltar hat einen von Säulen flankierten, reich geschnitzten Kanzelkorb. Das nach beiden Seiten anschließende Gestühl trägt an seiner Brüstung allegorische Gemälde.

Rörchen *(Rurka)*, Kr. Greifenhagen, an der Röhrike, die an der Grenze Pommerns bei Nipperwiese in die Oder mündet, eines der südlichsten Dörfer des Kreises. 1234 verlieh Herzog Barnim I. das Land Bahn dem Templerorden, der an der Röhrike eine Niederlassung gründete, neben der 1244 das Dorf erstmals genannt wird. 1248 hielt sich Bischof Wilhelm von Cammin in R. auf und stellte einige Urkunden aus; vielleicht hat er dabei auch die Kapelle geweiht. Nach der Aufhebung des Ordens übergab 1312 Herzog Otto I. dessen pommersche Besitzungen dem Johanniterorden, der hier bis um 1380 seinen Komtursitz hatte. In einer Fehde, um 1377, eroberte die Stadt Königsberg/Nm. das Ordenshaus und zerstörte es bis auf die kleine Kapelle.
Auf dem Gutshof ist die zur Hälfte zerstörte Kapelle noch erhalten. 1874 zu einer Brennerei umgebaut, ihr östlicher Giebel abgebrochen, die Gewölbe ausgebrochen. Der Baurest besteht aus Granitquadern. Das Nordportal ist spitzbogig, die Fenster sind rundbogig; auf der Westseite befindet sich im Giebel ein größeres Rundfenster.

Wartturm in Rothenklempenow

Arndt-Turm auf dem Rugard

Die Dorfkirche ist ein turmloser Fachwerkbau. Ihr Kanzelaltar stammt aus dem 18. Jh.
R. zählte 1939: 322 Einwohner.

Roschütz *(Roszczyce)*, Kr. Lauenburg. 1348 verlieh der Danziger Komtur Gerhard von Stegen dem Bartus de Rossicz die Güter R. und Borkow zu Magdeburger Recht. 1438 übernahm es Lorenz von Krokow, gen. der Starke, Vogt in Lauenburg, bei dessen Nachkommen es bis 1815 blieb.
Generalmajor von Krokow ließ 1659 die Backsteinkirche errichten. Sie gehört zu den ersten nach dem Dreißigjährigen Krieg erbauten Steinkirchen. Der Turm geht über dem Dach in ein Achteck über, das eine stark überkragende Barockhaube bekrönt. Friese teilen ihn in drei ungleich hohe Geschosse. Die Einrichtungsstücke — Kanzel, Empore und Orgel der Spätrenaissance — stammen aus dem 1637 erbauten und 1870 abgetragenen Betsaal im alten Rathaus von Lauenburg. Ein Epitaph aus Holz, geschnitzt und farbig bemalt, trägt das Porträt, ein Ölbild, des Erbauers der Kirche, Graf Krokow.
Auf dem Boden des Roschützer Sees hatte sich eine mächtige Schicht schmierigen hellgrauen Seekalks abgelagert. Ihn hatte das Grundwasser aus einer in den See hineinragenden hügligen Halbinsel ausge-

spült und am Seegrund ausgefällt. Bis 1918 wurde der Kalk, nachdem der See trockengelegt worden war, abgebaut und als Düngekalk genutzt.
R. hatte 1939: 366 Bewohner.

Rothenklempenow, Kr. Ueckermünde. Am östlichen Rande des Randowbruches liegt der ehemalige Gutsort R., 1295 „castrum Klempenowe" genannt.
Von der Burg steht nur noch der Bergfried mit einem Unterbau aus Findlingen und einem zylindrischen Backsteinoberbau. Im Laufe der Jahrhunderte neigte er sich zu einem schiefen Turm.
1738 erbauten der schwedische General Georg von Eickstädt und seine Ehefrau Dorothea von Vieregg die barocke Dorfkirche. Der Bau wird durch seine elf hohen, schmalen Fenster zu einem lichten, hellen Kirchenraum. Über dem Westgiebel erhebt sich ein massiger Turm mit reicher Barockspitze. Über dem Südportal ist eine reich dekorierte Bau- und Widmungsinschrift mit Wappen angebracht.
1738 wurde der große Kanzelaltar mit aufwendigem Akanthusschnitzwerk am Kanzelkorb geschaffen. Zwei Säulen tragen einen Baldachin mit Wappentafeln. Gleichzeitig entstanden das kreisförmige Altargehege und die ehemalige Herrschaftsloge. Eine Grabplatte aus gotländischem Kalkstein trägt das barocke Wappen der Eickstädt-Peterswald.
1939 hatte R. 655 Einwohner.

Wissower Klinken auf Rügen

Rötzenhagen *(Boleszewo),* Kr. Schlawe. Die Fachwerkkirche gehört zu den ältesten Pommerns, um 1500. Der spätgotische Turm ist dagegen massiv. Unter dem Chor befindet sich ein Gewölbe.
Über einer gemauerten Mensa erhebt sich die Säulenarchitektur des Altaraufbaus (um 1600); in dessen Mitte steht eine Kreuzigungsgruppe aus einem älteren Altar (14.—15. Jh.). Auf einer kleinen verstümmelten Figur steht die kurz vor 1600 mit reicher Säulenarchitektur gefertigte, ursprünglich bemalte Kanzel.
1939 lebten in R. 483 Einwohner.

Rowe *(Rowy),* Kr. Stolp, Fischerdorf an der Mündung der → Lupow inmitten von Wiesen und dem Dünenwald, bestehend aus Groß und Klein R. Im Sommer 1927 siedelte sich hier der „Brücke-Maler" *Max Pechstein* an; in den folgenden Jahren verbrachte er wiederholt längere Sommeraufenthalte.
Noch 1938 lebten 26 hauptberufliche Fischer mit 16 Küstenfahrzeugen. Inzwischen wurde R. zu einem Badeort mit Ferienheimen, Campingplatz und Pfadfinderlager. Im Wald entstand eine große Ferienhaussiedlung.
1939 wohnten in R. 264 Menschen.

Ruden, 0,4 qkm große Insel, auf der Randschwelle des → Greifswalder Boddens vor der Küste → Usedoms; in Nord-Süd-Richtung etwa 2 km lang und im nördlichen Teil etwa 350 m breit. In ihrem Kern ist sie eine von meterhohen Dünen bedeckte Geschiebemergelplatte. Ein Schutzwald hält die Dünen fest, und Mauern schützen die Küste. Bis 1945 beherbergte sie eine Lotsenstation mit wenigen Lotsenfamilien; seitdem militärisches Sperrgebiet.
1939 gab es auf R. 24 Einwohner.

Rugard, Stauchmoräne, bis 91 m hoch, im Nordosten → Bergens. Auf seinem Gipfel lag ein wendischer Burgwall; Reste sind noch sichtbar: Hauptwall und Vorwall, der den ersten in einem Halbkreis nach Osten und Nordosten umschließt. Im Westen ist der Wall 10 m hoch. In ihm fand man zwischen 763 und 822 n. Chr. geprägte arabische

Münzen. Der R. war im 9. Jh. eine wendische Fürstenresidenz. 1258 wird der R. erstmals urkundlich erwähnt. Fürst Witzlaw III. verlieh 1285 und 1291 dem Benediktinerinnenkloster in Bergen die Kapelle auf dem R. 1306 gab es auch eine „parochia Rygharde“. Nach Witzlaws III. Tod, 1325, verlor die Burg ihre Bedeutung und verfiel, die Nonnen brachen die Kapelle ab.
1877 Errichtung des 26,70 m hohen Ernst-Moritz-Arndt-Turms auf dem Gipfel; Ausflugsziel der Bergener Bürger.

Rügen, größte deutsche Ostseeinsel mit 926,4 qkm, 800 bis 3000 m vor der vorpommerschen Küste. Um einen Inselkern, dem sogenannten Muttland, lagern sich, von Wieken und Bodden klar abgetrennt, die Halbinseln Wittow, Jasmund und Mönchgut, die auch wegen ihrer Höhe — Piekberg 161 m, Königsstuhl 117 m, Granitz 107 m — Hoch-Rügen genannt werden, im Gegensatz zum westlichen und südwestlichen Nieder-Rügen.
Der Untergrund der Insel besteht zum größten Teil aus Kreide des Obersenon (Oberkreide). Auf Jasmund und bei Arkona steht diese Kreide als Kliffe aus zerbrochenen, verschobenen, verbogenen, hochgeschobenen Schollen an der Küste an. Sie liegen auf einer tektonischen Hebungsachse, der Rügenachse, die sich vom Dornbusch zum Mönchgut erstreckt. Diese Hebungsvorgänge hatten schon vor der Weichseleiszeit stattgefunden. Während des letzten Eisvorstoßes verlief von hier nach Bornholm die Eisscheide zwischen Belt- und Odergletscher. Beim Zurückschmelzen und erneuten Gletschervorstößen wurde Hoch-R. von beiden Gletschern überformt, wobei der höchste Teil von Jasmund nur von Eis umgeben war.
Nach dem endgültigen Verschwinden des Eises auf R. lief die Entwicklung der Insel parallel mit derjenigen der → Ostsee, wobei in der Litorinatransgression die heutige Gestalt ihren Anfang nahm. Aus dem zurückgelassenen Grund- und Endmoränenmaterial und den Kreideblöcken entstand ein Archipel, an dem die abtragenden Kräfte des Meeres

Einkehr in Stubbenkammer

die Kliffküsten herausarbeiteten und das erworbene Material in Nehrungen zwischen den Kernen absetzten, so in der Schaabe, der Schmalen Heide, Baaber Heide und am großen Strand. Dazwischen greifen Bodden, Großer und Kleiner Jasmunder Bodden (60 bzw. 26 qkm) und Wieke tief in die Insel ein. Im feuchtwarmen Klima der Litorinazeit bedeckte Eichenmischwald die ganze Insel. Durch eine Klimaverschlechterung mußten die Eichen allmählich den Buchen weichen; sie machen heute den Reiz Jasmunds aus. Der Wald wurde weitgehend gerodet, Wittow beispielsweise ist waldfrei. Im Rahmen einer systematischen Forstwirtschaft wurden Nadelhölzer gepflanzt, besonders als Küstenschutz auf den Nehrungen. Dennoch sind nur 15 v. H. der Insel mit Wald bedeckt. In mehreren Natur- und Tierschutzgebieten werden botanische Besonderheiten wie Schmaler Streifenfarn, Moosglöckchen, Stechpalmen, Orchideen behütet.
Seit frühester Zeit ist die Insel besiedelt. Funde aus der Jungsteinzeit belegen es. Die Lietzow-Kultur gehört zur mittleren Steinzeit. Die Großsteingräber des Neolithikums zeugen von einer dichten Besiedlung; sie wurden weitgehend im 19. Jh. zerstört, ebenso die Hügelgräber der Bronzezeit. Während der Eisenzeit ging die Bevölkerungsdichte der germanischen Rugier zurück; nach der Völkerwanderungszeit, Anfang 7. Jh., hatten die wendischen Ranen die Insel besetzt. Zahlreiche mittelslawische Burgwälle sind erhalten geblieben. Auf Arkona unterhielten sie eines ihrer großen Heiligtümer. 1168 eroberte König Waldemar von Dänemark diese Tempelburg. Die rügischen Fürsten mußten fortan die dänische Oberlehnsherrschaft anerkennen,

Steinzeitliches Grab in Silvitz/Rügen

während das Bistum Roskilde die Bevölkerung christianisierte. Klostergründungen in Bergen und auf Hiddensee.
Dennoch änderte sich am ursprünglichen Siedlungsbild der Insel wenig. Die Burgen waren Mittelpunktsiedlungen, umgeben von Weilern mit ihren kleinen Blockfluren. Obwohl die Fürsten bis zum Tod Witzlaws III. 1325 eine Einwanderung deutscher Siedler förderten, blieb sie wegen der dichten einheimischen Bevölkerung gering. 1325 fiel die Insel an die Herzöge von Pommern und teilte das Schicksal des Herzogtums. Im Bild der dörflichen Siedlungen traten im 16. Jh. nachhaltige Veränderungen ein. Die Adelsgeschlechter erhielten neben dem Landbesitz die Gerichtsbarkeit; so hatten sie die Machtmittel, ihren Besitz auf Kosten der Bauern zu vergrößern. Nach dem Dreißigjährigen Krieg zogen die Gutsherren die meisten der wüst gewordenen Bauernhufen ein. Mitte 18. Jh. führten sie die persönliche Untertänigkeit, die Leibeigenschaft, ein. Zwischen 1770 und 1780 verschwanden 144 Dörfer. 1783 waren von 21254 Menschen in den Dörfern über 15000 leibeigen. Die 1806 aufgehobene Leibeigenschaft führte zu einem erneuten Wachstum der Güter. Der Boden wurde zum Spekulationsobjekt. Als R. 1815 zu Preußen kam, unternahm die Regierung 1886 vergebliche Versuche, Güter mit Hilfe des preußischen Ansiedlungsgesetzes aufzuteilen und aufzusiedeln. Das Reichserbhofgesetz von 1933 schrieb die bestehenden Zustände fest. 1939 befanden sich 73 v.H. der landwirtschaftlichen Gesamtfläche im Besitz von 194 Gutsbetrieben.

Nach 1945 entstanden mit der Bodenreform neue Bauerndörfer. Ein Teil der Güter lief als VEG mit Spezialisierung, so auf Saatzucht und Viehzucht, weiter. Die Kollektivierung von 1952—1960 führte zu großen Produktionseinheiten; Dörfer wurden zu Wohnsiedlungen. Dörfliche Kleinzentren mit etwa 5000 Einwohnern sollen die zentralen Funktionen wie Schulen, Kulturhäuser, Kaufhäuser, Handwerker, Krankenhäuser, Verwaltung übernehmen.
Neben den ländlichen Siedlungen gab es zahlreiche Flecken mit überörtlichen Funktionen wie Gingst, Trent, Sagard, Altenkirchen und Wiek. Stadtrechte hatte außer dem wenig bedeutsamen Garz (1316) nur Bergen (1613). Nach dem Zweiten Weltkrieg wuchs die Bedeutung einiger Orte, so daß sie Stadtrechte erhielten: Saßnitz (1957), Putbus (1960). Binz, Sellin und Göhren erhielten als Erholungsorte überregionale Bedeutung.
Jahrhundertelang behinderte Stralsund die wirtschaftliche Entwicklung der Insel; ihm stand das Recht zu, alle Ein- und Ausfuhren über seinen Hafen zu leiten. So blieb die Landwirtschaft Hauptwirtschaftszweig. Das Grundmoränengebiet Nieder-R. und Teile von Hoch-R. (etwa 56000 ha) sind fruchtbar; Anbau von Getreide, Kartoffeln, Futterpflanzen, Hackfrüchten, Zuckerrüben und Ölfrüchten. Die früher vorherrschende Gutswirtschaft machte volkseigenen Gütern (VEG) und 108 LPGs (landwirtschaftliche Produktionsgenossenschaften) Platz; es sind weitgehend vollmechanisierte Großbetriebe. Zudem wurde die Produktion regionalisiert; in Nieder-R. werden vorwiegend Kartoffeln, Getreide, Hülsenfrüchte und Klee angebaut; in Boldevitz Obst, in Gingst Saatgut, auf Arkona Feldgemüse, Rotenburg und Kluis sind Zentren der Schweinezucht; Samtens ist Standort der Pelztierzucht; Ummanz hat Milchviehzucht. In den letzten Jahrzehnten nahm die Rindviehhaltung stark zu (1967: 68,8 Stück Vieh/100 ha).
1967 waren in der Landwirtschaft 15,8 v.H., in der Industrie 18,5 v.H., im Handel und Verkehr 19,4 v.H. und in der Bauwirtschaft 6,2 v.H. aller

Berufstätigen beschäftigt.
Die Industrie verarbeitet hauptsächlich Produkte der Landwirtschaft. Neben Großbäckereien bestehen fleischverarbeitende Betriebe.
Die Kreide ist Grundlage etlicher Betriebe. Im Tagebau wurde sie gebrochen und in kleinen Einzelbetrieben weiterverarbeitet. Seit 1963 wurden diese Kleinbetriebe zu einem vollmechanisierten Gesamtwerk mit 450 Beschäftigten in Klementelvitz zusammengefaßt. Pro Jahr werden etwa 200000 t Kreide abgebaut und zu Schlämmkreide verarbeitet, unentbehrliches Zusatz- und Füllmaterial in vielen Industrieprodukten. Nur als Schulkreide ist sie nicht geeignet. Die grobkörnige Kreide, Grand, dient als Kunstdünger.
Die Fischerei ist im Fischereikombinat Saßnitz zusammengefaßt und besitzt neben der Fangflotte einen Betrieb zur Fischverarbeitung, in Dwasieden eine Fischmehlfabrik.
Seit 1909 ist R. Durchgangsgebiet für den Verkehr von Mitteldeutschland nach Schweden und seit 1986 in die UdSSR. Der Jahresumschlag im Fährhafen Saßnitz beträgt etwa 1,5 Mio t. Der neueste Fährhafen → Mukran hat seinen Betrieb aufgenommen.
Der Tourismus wurde mit zum wichtigsten Wirtschaftsfaktor R.s. Seit Beginn des Jahrhunderts wuchs die Zahl der Urlauber. Sellin besuchten schon um 1900 etwa 4000–5000 Gäste pro Jahr. Binz, Sellin, Göhren, Thiessow, Lohme, Glowe, Breege-Juliusruh u. a. sind zu Anziehungspunkten der Urlauber geworden. Pro Jahr kommen über 400000 Personen nach R. und halten sich etwa vierzehn Tage dort auf. Der Tagesverkehr bringt zusätzlich beträchtliche Besucherzahlen. Vertragshotels und Ferienheime versuchen vergeblich, die Besucherflut zu fassen. Riesige Campingplätze entstanden.

Einzellandschaften:

Bug: Bei Dranske ist der Haken mit dem Buger Hals, einer sturmflutgefährdeten Landenge, an Wittow angeschlossen. Buhnen schützen den Hals. Nadelwald, als Schutz vor Dünenverwehungen angepflanzt, bedeckt den Haken. Nach Süden hin wachsen Reffe und Riegen des Hakens ständig weiter. An der Südspitze des Bugs stand 1685 das „Wittower Posthaus" als erstes der Insel. Seit 1897 ist es aufgelassen. Davor lag ein kleiner Hafen, in dem 212 Jahre lang schwedische Postjachten bzw. Dampfer anlegten.
Granitz: Eine zerrissene Endmoränenstaffel des Odergletschers ist der Untergrund dieser südöstlichen Landschaft. Buchen- und Eichenwälder bedecken die Hügel; sie gehörten mit Binz und Sellin den Fürsten von Putbus, die auch ihr Jagdschloß bei → Binz „Granitz" nannten. Ein hohes, steiles Kliff fällt zwischen Binz und Sellin zum steinigen Ostseestrand ab. Der kleine, einsame „Schwarze See" ist von außerordentlicher Schönheit.
→ *Jasmund*
→ *Mönchgut*
Nieder-Rügen: Der größte Teil der Insel besteht aus

Rugiæ Adumbratio
Typica.

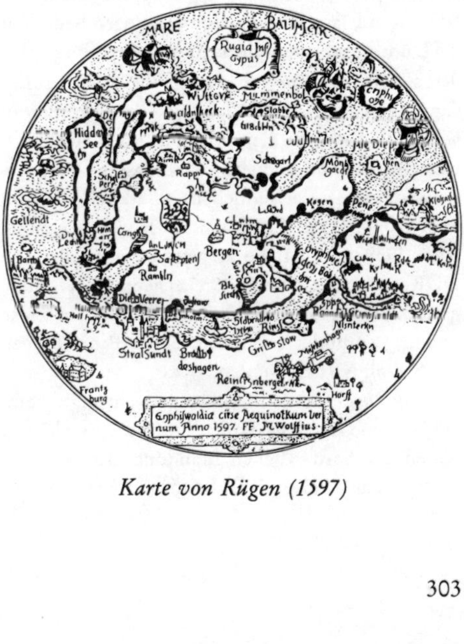

Karte von Rügen (1597)

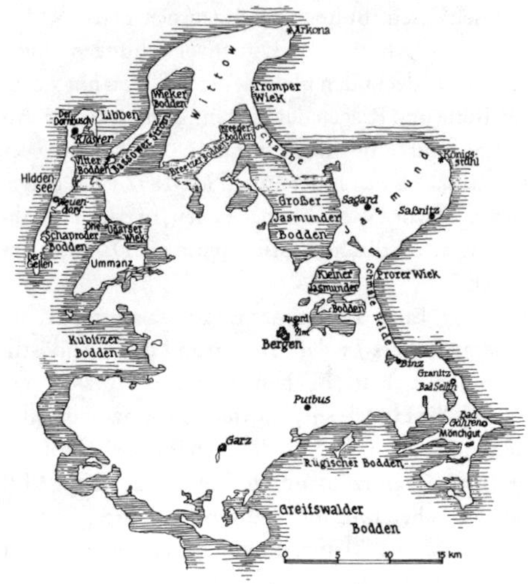

Insel Rügen

flachwelligen Grundmoränen, die im Westen die Boddenbinnenküste begrenzen. Hier liegt der landwirtschaftliche Kernraum der Insel.

Schaabe: Die girlandenartige Nehrung verbindet Wittow mit Jasmund. Kiefernwaldungen bedecken die Dünen und halten sie an dieser sturmflutgefährdeten Stelle fest. Die ganze Nehrung ist ein großer Campingplatz. Von Norden und Osten wurden in verhältnismäßig kurzem Zeitraum, kurz nach Christi Geburt, ungeheuere Sandmassen herangeschwemmt. An der südlichen Ansatzstelle begann man 1937/38 mit dem Bau eines großen Kriegshafens; 1939 wurden die Arbeiten eingestellt. Die DDR versuchte es 1952—1955 erneut, jedoch ohne großen Erfolg. Die Sandverdriftungen vor der Küste und im Jasmunder Bodden ließen das Projekt zu einer Sisyphusarbeit werden.

Schmale Heide. Diese 12 km lange Nehrung verbindet Jasmund mit der Granitz. Der Küstenverlauf ist wegen der nordöstlichen Brandung glatt. An der Boddenseite sind einige pleistozäne Kerne eingeschlossen. Kiefernbestände bedecken die Gelb- und Weißdünen. Im Norden liegen die etwa 35 ha großen Feuersteinfelder, die aus vierzehn etwa 2 km langen, 3 bis 3,50 m über dem Mittelwasser liegenden Feuersteinwällen bestehen. Möglicherweise wurden sie aus dem Kreideuntergrund bei Saßnitz ausgespült und hier aufgeworfen. Vielleicht kommen sie aus der Kreidescholle östlich Mukran, die zur Zeit der höchsten Litorinaüberflutung (1,50 m über dem heutigen Meeresspiegel) abgetragen wurde. Wacholder und Ilexbüsche stehen in diesen unter Naturschutz gestellten Feldern.

An der nördlichen Anschlußstelle der Nehrung liegt das kleine Fischerdorf Neumukran, das in den letzten Jahren als → Mukran neue Bedeutung erhielt.

Stubbenkammer → Jasmund

Wittow: Der nördlichste Inselkern ist durch den nördlichsten Punkt Pommerns, Kap → Arkona, bekannt. Die Geschiebemergelplatte, an deren Ostrand die Kreide ansteht, ist baumlos, und ihre fruchtbaren Böden waren ganz in Großgrundbesitz; heute bewirtschaften volkseigene Güter und LPGs W. Es gibt keine Badeorte an der See, nur am Bakenberg im Nordwesten liegt ein Campingplatz.

Rügendamm. Seit dem 13. Jh. war die Insel Rügen nur durch einen Fährbetrieb zwischen Stral-

Rathaus und Marienkirche in Rügenwalde

sund und Altefähr verbunden; von 1883 an mit einer Eisenbahnfähre. 1934 wurde mit dem Bau eines 2540 m langen Fahrdammes für Eisenbahn und Autos begonnen, am 5.10.1936 die feste Verkehrsverbindung für die Eisenbahn eröffnet. Zwischen dem Festland und der Insel Dänholm unterbricht die 133 m lange Ziegelgrabenbrücke den Damm; ihr Mittelteil, eine Klappbrücke von 29 m Länge, kann innerhalb zwei Minuten gehoben oder gesenkt werden. Zwischen Dänholm und Rügen steht die Strelasundbrücke mit elf Stützen in je 54 m Entfernung. 1937 wurde der Damm für den Straßenverkehr geöffnet. Erst 1947 begann man mit der Beseitigung der Kriegsschäden.

Rügenwalde *(Darłowo),* Kr. Schlawe, 3 km oberhalb der Wippermündung auf dem rechten Ufer des Flusses. Die Gegend um R. hieß in ältesten Zeiten „Terra Dirlowa". Auf dem Darlowberg, in unmittelbarer Stadtnähe, hatten die Swenzonen ihre Burg Dirlow gebaut, in deren Schutz die Fischersiedlung entstand. Fürst Witzlaw II. von Rügen war durch seine Mutter, Tochter Swantopolks II. von Pomerellen, in den Pfandbesitz des Landes Schlawe und der Kastellanei Dirlow gekommen. Wahrscheinlich

Schloß Rügenwalde

Am Hafen von Rügenwalde

gründete er 1270 die 1271 erstmals als „civitas" bezeichnete Stadt. 1277 verkaufte er sein Pfandrecht den Markgrafen Otto und Konrad von Brandenburg, die 1307 den Swenzonen den Lehnsbesitz der Schlösser R., Schlawe und Pollnow bestätigten.

1312 wurde die verfallene Stadt nach lübischem Recht neu gegründet. Rudolf von Colmaz, Johann Vredeland und drei weiteren Besetzern oblagen Wiederaufbau und Befestigung. 1327 kaufte die Stadt das Swenzonenschloß dem Jesko von Schlawe ab, um es abzureißen. 1333 wurden die adligen Besitzer der Stadt abgefunden, ihre Rechte und Freiheiten R. übertragen. Die Bedeutung der Stadt wuchs; so war sie von 1361 an Mitglied der Hanse. 1398 verlieh Herzog Bogislaw VIII. der Stadt sogar das Münzrecht.

Vor 1407 wurde zwischen Wipper und Grabow das 1394 in Körlin, Kr. Schlawe, gegründete Kartäuserkloster Marienkron erbaut. Seine Ländereien kamen 1535 an das Amt Rügenwalde. Der letzte Mönch, Henning, starb 1560 in R.

Als Folge der unruhigen Zeiten schlossen Stolp, Schlawe und R. 1418 ein Schutz- und Trutzbündnis zur Sicherung der Straßen. Das Herzogsschloß wurde von 1449 bis zu seinem Tode 1459 Sitz Herzog Erichs I. von Pommern. Die Löwenapotheke in R. geht auf das Jahr 1612 zurück. 1624 brannten an die

Rügenwalder Silberaltar

500 Häuser einschließlich der Kirche nieder. Das Schloß blieb bis 1653 Residenz der pommerschen Herzöge. 1760 plünderten die Russen R. 62mal aus. Während der Napoleonischen Kriege 1807—1813 blühte der Schmuggelhandel trotz Kontinentalsperre.

In der an der Küste gelegenen städtischen Kolonie Rügenwaldermünde, wo Hafenangestellte und Fischer wohnten, entstand 1814 Preußens erstes Ostseebad. 1840 trat die Stadt den Hafen an den Staat ab. 1936 Eingemeindung von Rügenwaldermünde nach R. Nach Südosten waren drei Vorstädte und vier Stadtrandsiedlungen entstanden. Vor 1939 entstand östlich der Mole der postalische Ort R. 3, ein Schießplatz für Eisenbahnartillerie.

Von der alten Stadtbefestigung ist neben dem *Steintor,* Anfang 15. Jh., noch ein größerer Teil der Mauer mit Wall erhalten. Auf den Grundmauern des alten *Swenzonenschlosses* errichteten die pommerschen Herzöge einen Neubau. Herzog Erich I. hatte daran den größten Anteil. Die mehrgeschossigen Gebäude umstanden den viereckigen Hof, von dem das Hohe Tor ins offene Land und das zweite in die Stadt führten. 1833 Abriß des Südflügels, die restlichen, im 17. Jh. stark veränderten Bauten nutzte man als Gerichtsgefängnis und Lagerräume. Erst im 20. Jh. Ausbau zum Kreisheimatmuseum. Den Zweiten Weltkrieg hat es unbeschädigt überstanden.

Die *St. Marienkirche,* spätes 14. Jh., ist eine spätgotische dreischiffige Basilika aus Backstein mit bis zur Westwand des Turmes vorgezogenen Seitenschiffen und dreiseitig geschlossenem Chor. Sterngewölbe überspannen sie. 1321 erstmals genannt. Ihr mächtiger Turm, 15. Jh., mit seinen 60 m Höhe diente als Seezeichen.

Berühmt war der Silberaltar aus Ebenholz mit 27 Platten, die Herzog Philipp II. der Schloßkirche gestiftet hatte. Der aus Braunschweig stammende Stettiner Hofgoldschmied Johann Körver († 1607), der Augsburger Goldschmied Christoph Lencker († 1613) und dessen Sohn Zacharias († 1612) schufen nach Vorlagen von Hendrick Goltzius und Augsburger Meistern die Silberreliefs. Die Witwe Herzog Bogislaws XIV., Elisabeth, ließ die Reliefs 1636 zum Silberaltar zusammenfügen; 1945 zerstört, einige Platten, zum Teil beschädigt, tauchten auf dem Schwarzmarkt in Warschau auf und wurden dem Museum in Stolp übergeben. In einer Nische sind drei herzogliche Sarkophage aufgestellt. In dem Kalksteinsarg ruht Herzog Erich I., rechts und links von ihm stehen die Zinnsärge der Herzoginnen Elisabeth von Schleswig Holstein († 1653) und Hedwig von Braunschweig-Lüneburg († 1650), Witwe Herzog Ulrichs († 1622). Die Kanzel, ein überreiches Renaissancekunstwerk von um 1700, ruht auf einer kleinen Engelsfigur.

Auf einem Hügel vor der Stadt ließ Herzog Erich um 1450 die zwölfeckige *Gertraudenkapelle* errichten. Den sechseckigen Hauptraum umfaßt der zwölfeckige, niedrigere Umgang; in seinen Wänden befinden sich die Fenster. Ein schönes Sterngewölbe überspannt den Mittelraum. Auf dem Zeltdach erhebt sich ein schlanker Dachreiter.

Aus der Schloßkirche stammen der kleine Altar und die prachtvolle Barockkanzel, Ende 16. Jh. Der ausladende Kanzelkorb steht auf einer Engelsfigur.

Ecksäulen betonen seine geschwungenen Ecken, in den Nischen befinden sich Bilder von Moses, David, Daniel, Elias und Elisäus. Die Kanzel wurde 1945 an ihrem Auslagerungsort in Tychow stark beschädigt; nach ihrer Restaurierung wieder zurückgebracht.
Seit 1333 gab es in R. eine Lateinschule und 1611 eine „Medleinschule".
Das Kreisheimatmuseum im Schloß wurde 1945 geplündert; so verschwand die Münzsammlung nach Rußland. Der heutige Bestand umfaßt Reste des deutschen Museums und stammt aus den Herrenhäusern der Umgebung.
Als Hafenstadt besaß R. ein Zoll-, Strand- und Lotsenamt.
Schon der Große Kurfürst ließ den Hafen ausbauen; während der Kontinentalsperre ein Mittelpunkt des Schmuggelhandels. Noch 1830 liefen ihn 140 Schiffe an. Die Reederei Hemptenmacher besaß (1879) 37 Segelschiffe und vier Dampfer. Die Stadt und seit 1840 der Staat bauten 1870 die Molen und entlang der Wipper den Binnenhafen aus. Der Anschluß an die Preußische Ostbahn 1878 erschloß dem Hafen das Hinterland. Dennoch ging seine Bedeutung ständig zurück. In den 20er und 30er Jahren wurden in R. im wesentlichen Getreide, Holz und Stückgut umgeschlagen; Vertiefung des Binnenhafens, so daß Schiffe von 3000 t einlaufen konnten. Güterumschlag 1965: 29000 t. Der Hafen wurde Fischereistandort für 26 Fischer mit 22 Küstenfahrzeugen. Eine Fischverwertungs- und eine Fischmehlfabrik verarbeiteten die Fänge.
Das älteste Gewerbegebäude ist die Schloßmühle, 1333 von den Stadtgründern an Frau Elisabeth Bahr und deren Sohn Peter verkauft. Später gelangte sie wieder in den Besitz der Herzöge; Einbau eines Elektrizitätswerkes.
R. ist zentraler Ort des Rügenwalder Amtes. Seine Industrie verarbeitet die Produkte des Umlandes in Fleisch- und Wurstfabriken. Weltberühmt sollten die R.er Würste und Spickgänse werden. Die Firma Carl Schiffmann war die älteste Wurstfabrik (etwa 1800). Später kamen Wilhelm Brandenburg, Carl Müller, Erich Plünsch u. a. hinzu. Ziegeleien, Sägewerke, eine Ofenfabrik, eine Bootswerft, eine Kugellagerfabrik, ein Fischereiausrüstungsbetrieb und nach 1945 eine Fabrik für Weihnachtsbaumschmuck spielen in der R.er Wirtschaft eine gewichtige Rolle.
Herzog Erich I. von Pommern, als Erich X. Unionskönig von Dänemark, Schweden und Norwegen von 1412 bis 1438, verlebte hier seine Jugend und von 1449 bis 1459 seinen Lebensabend.
Johannes Bugenhagen arbeitete 1534/35 die Pommersche Kirchenordnung aus.
August Koberstein (1797—1870), Literaturhistoriker.
Berthold Volz (1839—1899), Geograph und Historiker.
1939 lebten in R.: 8162; 1983: 13952 Einwohner.

Rügenwalder Amt, dehnt sich östlich des → Jamunder Sees aus; wegen seiner Fruchtbarkeit berühmt. Wipper und Grabow durchfließen die Küstenebene. → Buckower-, Vitter- und → Vietzker See begrenzen das „Amt" zur Ostsee. Nur östlich der Wipper erstreckt sich ein bis zu 72 m hoher Moränenzug in das Flachland.
Das R. A. entstand aus dem von den Herzögen geerbten Land Schlawe und Rügenwalde der Swenzonen und dem Land der ehemaligen Klöster Marienkron und Buckow, deren Güter, „Abtei", mit dem herzoglichen „Amt" vereinigt wurden. Zur

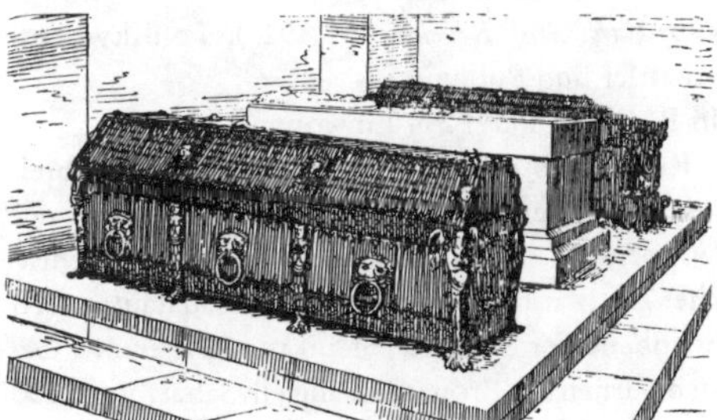

Fürstengruft in Rügenwalde

Rauchhaus im Rügenwalder Amt

Zeit Friedrichs des Großem umfaßte es 52 Dörfer, 14 Domänen, 36 000 Morgen Wald und drei Strandseen. Die Bauern waren seit Anbeginn frei auf ihrer Scholle, nur dem Herzog bzw. dem Kloster untertan; so konnte sich ein wohlhabendes, selbstbewußtes Bauerntum entwickeln. Grundlage war die hochentwickelte Landwirtschaft mit dem Anbau von Weizen, Zuckerrüben, Roggen und Kartoffeln. Diese Pflanzen dienten vorwiegend als Futter für die Fettviehzucht. Nicht nur Fettgänse, sondern auch Fettschweine und -kälber wurden hier gezüchtet und in den Fleisch- und Wurstfabriken → Rügenwaldes verarbeitet und exportiert.

Rumbske *(Rumsko)*, Kr. Stolp, Gutsdorf der Familie von Krockow. Das Gutshaus von 1847/48 wurde 1945 vernichtet.

Christian Graf Krockow (* 1927), Politikwissenschaftler und Publizist.

In R. lebten 1939: 294 Einwohner.

Rummelsburg *(Miastko)*, Kreisstadt in einer breiten Talmulde der Stüdnitz, einem Nebenfluß der Wipper, 120 m über NN. Bereits in frühgeschichtlicher Zeit war hier ein Siedlungsplatz; darauf weisen Steinbeile der Steinzeit, Steinkistengräber mit Gesichtsurnen der Bronzezeit und ein Schatz von 1200 vorwiegend arabischen und deutschen Münzen aus der Wendenzeit hin.

1333 wird Heinrich von Massow als „Herr von R." erwähnt. 1478 war ein Dorf R. im Lehnsbesitz der Massow. 1506 wird R. schon als „Stedeken" bezeichnet. Ende 16. Jh. wird ein von den Stadtherren ernannter Ratsherr erwähnt. Der Ort wuchs unregelmäßig. Die Bürger ertrotzten 1617 durch ein Urteil des Hofgerichts in Stettin das ihnen zustehende Stadtrecht; doch die Massows enthielten es ihnen vor. 1707 erging ein Urteil mit gleichem Ergebnis. Eine Feuersbrunst vernichtete 1719 R. bis auf zwei Häuser. Die Bürger kämpften um ihr Recht; erst eine Resolution König Friedrich Wilhelms I. von 1721 erzwang die Gründung der Stadt nach lübischem Recht. 1945 wurde R. zu 45 v.H. zerstört. Zwischen 1945 und 1955 vernichteten sieben große Brände weitere Teile der Stadt.

1730 Errichtung der evangelischen Stadtkirche als geputzter Backsteinbau. Anbau des Turms erst 1905; 1927 mit einer neubarocken Haube bedeckt. Der Kanzelaltar aus der Bauzeit wurde 1922 willkürlich farbig bemalt. Die Empore ruht auf Pfosten, die gleichzeitig das Dach tragen. Blüchers Gattin wurde hier beigesetzt.

1878 erreichte die Strecke Neustettin—Stolpmünde der Preußischen Ostbahn R.; 1902 Verbindung nach Schlochau über Prechlau, und 1909 nach Bütow; diese demontierten die Russen 1945.

Tuchfabrik Klatt in Rummelsburg

Wirtschaftlich war R. als Tuchmacherstadt bekannt. Die letzte Tuchfabrik von Klatt wird heute als Lederfabrik weitergeführt. Baustoffbetriebe, eine Maschinenfabrik und Wurstfabriken waren die wenigen Industriebetriebe der Stadt.
1939 hatte R.: 8516; 1983: 10589 Bewohner.

Ruschendorf *(Rusinowo),* Kr. Deutsch Krone, gehört mit seinen beiden Gütern zu den ältesten Orten des Kreises. Hier hatte 1303 der Markgraf von Brandenburg die Gründungsurkunde von Deutsch Krone ausgestellt. Zwölf Jahre lang lag der Ort wüst. Von 1615 bis 1630 kaufte die Familie von Wedell die Güter an, schuf Bauernhöfe aus ihnen und setzte einen Schulzen ein.
Mitten im Dorf steht die katholische Kirche, ein alter Holzbau mit 25 m hohem Turm aus dem 18. Jh. Die ältesten Glocken waren 1425 und 1504 gegossen worden.
Die Güter betrieben Kartoffel- und Roggensaatzucht; eine Stärkefabrik verarbeitete die Überschüsse.
1939 hatte das Dorf 328 Einwohner.

Saal, Kr. Franzburg-Barth, kurz vor dem Einfluß des Saaler Bachs in den Bodden; 1294 war dort ein Pfarrer Johannes tätig.
Das dreischiffige Hallenlanghaus der stattlichen frühgotischen Backsteinkirche, um 1300, überspan-

Markt mit Stadtkirche in Rummelsburg

Kirche zu Saal

nen Kreuzrippengewölbe; den fünfseitig geschlossenen Chor umstehen Strebepfeiler, während den Ostgiebel flache spitzbogige Blenden gliedern. Der Glockenturm steht frei auf dem Kirchhof.
1958 entdeckten Restauratoren am nordöstlichen Pfeiler dekorative Architekturmalereien. Die glatte Fläche ziert Maßwerk. Der Altar mit einem Ölbergrelief zwischen gedrehten Säulen stammt aus dem frühen 18. Jh. Die gleichzeitig geschnitzte Kanzel scheint aus derselben Werkstatt zu kommen. Ein Engel trägt den mit Reliefs aus dem Leben Christi verzierten Korb. Auf dem Schalldeckel erhebt sich Christus mit der Siegesfahne.
1939 lebten in S. 535 Bewohner.

Saatzig *(Szadzko),* Kr. Saatzig, Dorf mit Gut am Westufer des Saatziger Sees. Seine Gehöfte erinnern an die Weizackerhöfe.
Die jetzt verfallene Burg wurde schon 1336 als Grenzburg gegen Brandenburg und Polen den Herren von Steglitz als Lehen übergeben. Albrecht Achilles von Brandenburg überfiel die Burg 1480 und zerstörte sie. Rasch wieder aufgebaut, diente sie bis 1728 als Sitz der Amtsverwaltung; 1784 bereits verfallen und unbewohnt. Nach dem Brand von Jacobshagen 1781 nutzten Jacobshagener Bürger die Ruine als Steinbruch. Noch Anfang 19. Jh. gab es darin einzelne bewohnte Räume. Heute sind nur noch Kellerwände unter dem hohen Schutthügel inmitten von Wiesen geblieben. An der Kirchentür

von Jacobshagen hat sich noch eine Säulenbasis von S. erhalten.
Die Dorfkirche ist ein Back- und Feldsteinbau, etwa 1600. Den Fachwerkturm überragt eine Barockhaube mit offener Laterne.
Der Renaissancealtar von 1598 folgt der Form der mittelalterlichen Flügelaltäre; die Flügel sind jedoch unbeweglich. Das Mittelfeld zwischen den Figuren Adams und Evas füllt ein Tafelbild der Kreuzigung auf Silbergrund aus. Die Flügel tragen je zwei Gemälde aus dem Leben Jesu. Über einem breiten Gesims thront Christus mit der Weltkugel über der Pfingstgemeinde. In den Fenstern gab es elf runde Kabinettscheiben von 1598 mit verschiedenen Wappen.
Mit Rückgriff auf die Bedeutung im Mittelalter wurde der neue Landkreis Saatzig genannt; das Landratsamt verblieb in Stargard.
1939 hatte S. 550 Einwohner.

Sabes *(Zaborsko),* Kr. Pyritz, Dorf zwischen Plöne- und Madüsee; bereits 1173 an das Kloster Kolbatz gelangt.
Die Dorfkirche war ein Backsteinbau des Barocks von 1721. Der Ostgiebel war mit Voluten begrenzt und durch Blenden gegliedert. Den mit Blenden verzierten Turm krönte eine barocke Haube mit durchbrochener Laterne.
Eine mit biblischen Szenen bemalte Muldendecke

Schloß Saatzig

Dorfkirche zu Sabes

überspannte das Schiff. Der schwere Kanzelaltar von 1725 war typisch für den Weizacker; seinen reichgeschnitzten Kanzelkorb rahmten zwei Säulen ein, auf denen das Obergeschoß mit Schalldeckel ruhte. 1928 brannte dieses barocke Kleinod ab.
S. hatte 1939: 393 Einwohner.

Sabow *(Żabów),* Kr. Pyritz. Dietrich von Prescel stiftete 1327 fünf Hufen in S. für einen Altar in der Stettiner Marienkirche. 1540 wurde Bertram Plötz mit S. belehnt. Seit 1652 war das Dorf Besitz der Familie von Düringshofen.
Das Weizackerdorf besaß eine spätmittelalterliche Findlingskirche von 1569. 1899 Errichtung des Turms und eines Verlängerungsjoches nach Westen aus Feld- und Backstein. In die Nordwand war ein steinernes Wappen mit der Inschrift: „BARTRAM PLOTZE 1569“ eingemauert.
Aus dem barocken, mit reich geschnitztem Akanthusblattwerk überzogenen Kanzelaltar, treten die Gestalten Christi und der Evangelisten hervor: eine Stiftung der Familie von Düringshofen, Anfang 18. Jh.
1939 lebten in S. 396 Menschen.

Sagard, Kr. Rügen, Marktflecken, Mittelpunkt von → Jasmund. Straßen und Häuser bieten durch ihre enge Bebauung ein malerisches Ortsbild.

Das goldene Kruzifix aus Sabow

In unmittelbarer Nähe befand sich ein wendischer Burgwall, Mittelpunkt des Gardvogteibezirks Jasmund; vermutlich auch Tempelburg mit dem Standbild des wendischen Gottes Pizamar, das Bischof Absalom von Roskilde 1168 in der Stadt „Asund“ zerstören ließ.
In „Zagard“ bestätigte 1250 Papst Innozenz IV. dem Zisterzienserinnenkloster Bergen das Patronat der Kirche. Erster namentlich bekannter Pfarrer war 1299 Wobrutus. Im 16. Jh. gab es mehrere Braupfannen. 1757 wurde zwischen S. und Stralsund der erste regelmäßige staatliche Postdienst eingerichtet. 1794 richteten Dr. Moritz von Willich und sein Bruder, Pastor Ernst von Willich, hinter dem Pfarrhaus eine schwefeleisenhaltige Quelle als Kuranlage ein: erster Quellenbadeort auf Rügen. Nach anfänglichen Schwierigkeiten besuchten Wilhelm von Humboldt und Heinrich, Leopold und Ulrike von Kleist S. Mit der Besetzung Rügens durch die Franzosen verfiel diese Kureinrichtung.
Die St. Michaelskirche von 1250 ist ein spätromanischer Backsteinbau, von dem das Schiff mit seinen Fenstern und Blenden im Obergaden und dem Triumphbogen erhalten blieben. Um 1400 Erneuerung des Chors und Anbau des nördlichen Seitenschiffs. Ende 13. Jh. Errichtung des Westturms; Einwölbung des Langhauses um 1500. Elias Keßler schuf 1726/27 den Altar mit Heiligenfiguren und einem Kreuzigungsrelief in der Mitte.
Auf dem Friedhof stehen noch mehrere Grabwangen, erste Hälfte 19. Jh.
Südöstlich S. liegt der Dubberworth, größtes bronzezeitliche Hügelgrab der Insel, 12 m hoch, Umfang 50 m. Um dieses Grab ranken sich Sagen. Es sei das Grabmal einer Riesin gewesen, das ihr eine andere Riesin errichtet hatte. Eine andere berichtet, eine Riesin hätte sich in den Fürsten von Rügen verliebt. Da er ihren Heiratsantrag zurückwies, sammelte sie wütend ihre Kriegsleute und jagte ihm nach. Doch an die Lietzower Fähre gelangte sie zu spät: Der Fährmann hatte den Fürsten schon übergesetzt. Zornig lief sie zur Stubnitz zurück, lud sich ihre ungeheuere Schürze mit Steinen voll und lief nach Lietzow. Doch bei Sagard riß ihre Schürze entzwei, die Steine kollerten heraus und blieben bis heute dort liegen. Auf ihrem weiteren Weg verlor sie den Rest; die Hügel in der Nähe der Fähre zeugen davon. Als sie am Fährplatz ankam, war ihre Schürze leer.
S. hatte 1939: 2820; 1980: 2900 Bewohner.

Sammenthin *(Zamęcin)*, Kr. Arnswalde, wird 1282 als „Szamentin“ erstmals genannt.
Das Langhaus ohne Chor der Dorfkirche, ein Feldsteinbau des 15. Jh., wurde im 18. Jh. umgebaut. Den Turm, der älter zu sein scheint, bedeckt eine vierseitige Pyramide. Eine Balkendecke überspannt den Innenraum. Die sehr einfache Einrichtung stammt aus der Umbauzeit.
586 Einwohner hatte S. 1939.

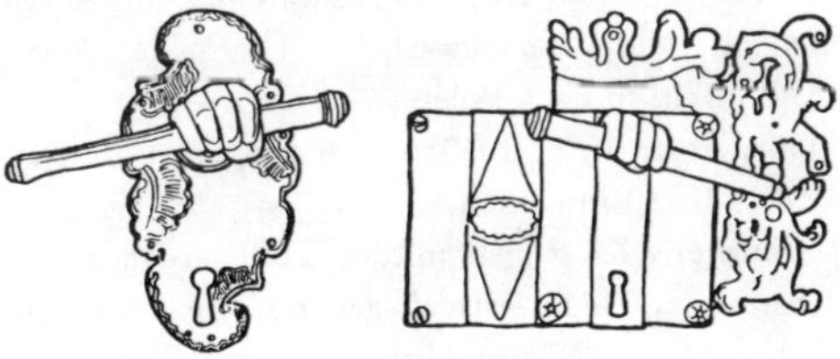

Türbeschläge des Pfarrhauses in Sagard

Die Brahe bei Sampohl

Sampohl *(Sąpolno)*, Kr. Schlochau, langgestrecktes Straßendorf am Lepzinbach. In einer vom Hochmeister Werner von Orseln 1326 ausgestellten Handfeste wird S. bereits genannt. Myroslaw de Conarin und seine Brüder, hier seit alters her erbgesessen, erhielten den Ort nach dem Tode ihres Vaters Stanoch Malowy de Conarin bestätigt. Bis 1688 blieb er im Besitz ihrer Nachfahren, den Konarskis. 1928 wurde das Gut parzelliert und mit katholischen Siedlern aus dem Rheinland aufgesiedelt; daher feierten die Dorfbewohner rheinischen Karneval.

Die alte 1640 abgebrannte und 1700 wiederaufgebaute Pfarrkirche mußte 1817 wegen Baufälligkeit abgebrochen werden. 1934 Einweihung der neuen katholischen Kirche. *Aloys Skierka* war bis 1945 letzter Lokalvikar.

Mittel- und kleinbäuerliche Betriebe kennzeichneten das Dorf. Eine Brennerei, Wassermühle, Betonwarenfabrik und eine Imkereiwarenhandlung waren die wichtigsten Gewerbebetriebe. Seit 1918 war S. Zollstation nach Polen.

1939 lebten in S. 1010; durch Eingemeindungen 1970: 2257 Einwohner.

Samtens, Kr. Rügen, mitten in Nieder-Rügen, als „Samtinsze" 1318 erstmals genannt. Bis ins 19. Jh. gehörte das Dorf zum Gut Plüggentin. Der zweite lutherische Geistliche, Nikolaus Göde (1608—1633), hinterließ neben einer „Stammlinie oder Genealogie der regierenden Herzöge von Pommern bis auf die Söhne Philipps I. und eine Ahnentafel der Söhne Philipps I." zwei von ihm gezeichnete Karten, eine von Rügen, die andere von ganz Pommern.

Kreuzrippengewölbe überspannen die Backsteinkirche von Anfang 15. Jh. 1703 erhielt sie ein Dachtürmchen aufgesetzt.

1935/36 wurden an der Ostwand Reste von Fresken, um 1450, entdeckt. Eine etwa 3 m hohe Christophorusfigur mit unterlebensgroßen Stifterfiguren bedeckt die Wand. Der ehemalige barocke Altar von 1770 ist nur in Resten erhalten. Ein Taufengel, um 1700, steht auf Akanthusvoluten.

1939 lebten in S. 994; 1980: 1500 Menschen.

Sandow *(Sądów)*, Kr. Pyritz, am Rande des weiten Tales der Faulen Ihna. 1279 erhielt Herzog Barnim I. das Dorf als Lehen vom Markgrafen Konrad von Brandenburg. 1282 befand es sich im Besitz des Zisterzienserklosters Kolbatz.

Blenden, Fenster und Portale der spätgotischen Dorfkirche, 16. Jh., ein Findlingsbau mit abgesetztem Turm, sind mit Backsteinen eingefaßt. Am Ostgiebel ist eine mächtige Kreuzblende ausgespart. Lange, rundbogige Blenden gliedern das Turmobergeschoß.

Der Renaissancealtar von 1609 ist bunt bemalt und

Altar in Sandow

reich vergoldet. Die Tafelbilder: Gott Vater, Grablegung, Kreuzigung und Abendmahl sind in Öl auf Kreidegrund gemalt. Kanzel, Taufe und Gestühl sind nach Weizackerart bunt bemalt. Die Kassettentäfelung der Wände und auch die Fensterlaibungen sind mit Bildern bedeckt.
S. hatte 1939: 390 Bewohner.

Sarbske *(Sarbsk),* Kr. Lauenburg. Südlich des → Sarbsker Sees liegt das bereits 1402 erwähnte Gut. Die Familie von Sarbski hielt ihren Besitz bis um 1800.
Die alte Kirche von 1598 stand oberhalb des Gutshofes mit herrlicher Aussicht auf den See. Sie war, einschließlich der alten Verglasung, ziemlich unverändert erhalten geblieben. Die Ausstattung war in etwas sparsamer Barockschnitzerei ausgeführt. 1924 abgebrochen, durch eine Feldsteinkirche ersetzt.

Sarbsker See *(Jezioro Sarbsko),* östlich Leba, östlichster pommerscher Strandsee mit einer Fläche von 6,77 qkm, einer größten Länge von 6,5 km und 1,1 km Breite. Seine größte Tiefe liegt bei 2,80 m. Ähnlich dem → Lebasee hat er in Längsrichtung eine tiefere Rinne (bis zu 3 m). Von Norden her schütten Sandmassen der Dünen den See allmählich zu. Der Chaustbach durchfließt den See und stellt eine Verbindung mit der → Leba her, so daß der See dorthin entwässern kann.

Sassen, Kr. Grimmen. In der Umgebung liegen einige steinzeitliche Dolmen.

Feldsteinkirche St. Nikolaus in Sassen

A. Böttchers Hotel in Saßnitz auf Rügen

Die St. Nikolauskirche besitzt einen frühgotischen Feldsteinchor, dessen Fenster- und Portallaibungen mit glasierten Backsteinen verziert sind. Das Schiff aus Backstein stammt aus dem 15. Jh. Der Westgiebel ist mit schlanken Maßwerkblenden versehen. Kräftige Schildbögen und Strebepfeiler sollten ein nicht ausgeführtes Gewölbe stützen. Von der ursprünglichen Einrichtung ist nur eine mittelalterliche Kalksteintaufe erhalten.
1939 lebten in S. 372 Bewohner.

Saßnitz, Kr. Rügen, zieht sich an der Südseite des großen Stubnitzwaldes terrassenförmig an den steilen Hängen der Halbinsel → Jasmund hinauf. Der heutige Ort entstand 1906 aus dem Fischerdorf S. und dem Bauerndorf Crampas. Dieses gehörte seit dem 15. Jh. bis 1576 dem Hause Putbus. Das Fischerdorf bestand 1686 aus zwölf Fischerkaten. Ab 1824 wurden beide Dörfer zu Seebädern; sie entwickelten sich zu Badeorten des Großbürgertums. Theodor Fontane sagte in „Effi Briest": „Nach Rügen reisen, heißt nach S. reisen." Als 1890 die deutsche Kaiserin nach S. kam, war der Durchbruch zum Weltbad geschafft. Seit der Mitte 19. Jh. wuchs S. sehr schnell in Richtung Dwasieden und Lanken. 1889—1896 wurde S. durch den Bau der 1430 m lan-

gen Mole Hafenort; 1891 erhielt er einen Eisenbahnanschluß nach Stralsund. 1909 Eröffnung der Eisenbahn-Fährverbindung S.—Trelleborg (Schweden). Der durchschnittliche Jahresumschlag des Hafens liegt bei etwa 1,4 Mio. t. Die Ostmole wurde bis auf 1640 m verlängert. 1929 entstand im Hafen eine Fischhalle. Der größte Betrieb ist heute das 1949 eingerichtete Fischkombinat mit 2000 Beschäftigten; es betreibt Heringsfang in der Nordsee. In einem eigenen Fischwerk und in der Fischmehlfabrik in S.-Dwasieden werden die Fänge sofort verarbeitet. Daneben ist der Hafen wichtiger Marinestützpunkt. 1962 entstand in S.-Klementelvitz das größte vollmechanisierte Kreidewerk Nordeuropas zur Herstellung von Schlämmkreide. Wegen seiner wachsenden Bedeutung als Industrieort wurde 1957 S. zur Stadt erhoben.
1939 lebten in S. 6359; 1985: 14374 Einwohner.

Saulin *(Salino),* Kr. Lauenburg, altes Dorf am Westufer des Sauliner Sees.
Ein gut erhaltener Burgwall nimmt eine Insel im See ein; in seiner Mitte liegt eine Erhebung, ähnlich der auf Arkona. Möglicherweise befand sich auf der Burg ein Heiligtum; das wäre mit ein Grund, daß S. schon sehr frühzeitig Mittelpunkt eines großen Kirchspiels wurde. Im 13. Jh. war S. sogar Zentrum einer Landschaft. 1268 wird ein Michael Praepositus de Saulin urkundlich erwähnt. Hochmeister Ludolph König schenkte 1344 Dorf und Pfarre dem Hl.-Geist-Hospital in Danzig. Um 1400 gab es heftige Streitigkeiten zwischen Bauern und Hospital wegen der Fischereirechte auf dem See. Auf unerklärliche Weise kam um 1500 das Dorf in den Besitz der Familie von Krockow; ein über hundertjähriger

Stöwer's Pension in Saßnitz-Ost

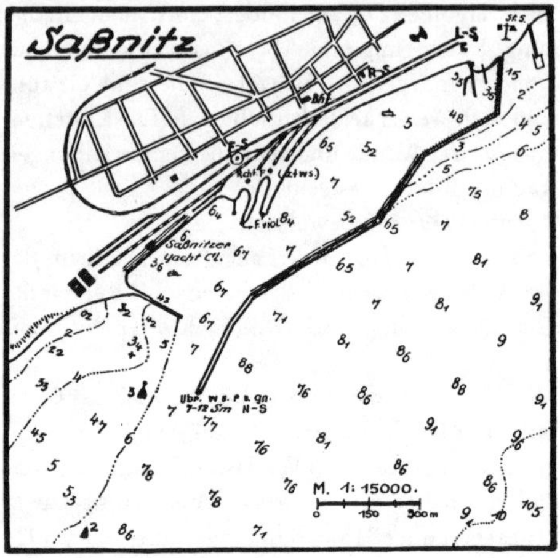

Hafen von Saßnitz auf Rügen

Prozeß vor geistlichen und weltlichen Gerichten war die Folge. Trotz großer Exkommunikation 1513 und ungünstigem Ausgang des Prozesses blieb S. bis ins 17. Jh. in den Händen der von Krockow. Im Inneren der Feldsteinkirche, erste Hälfte 19. Jh., sind beachtenswerte Schnitzereien von Paul Thiede, 1900, zu bewundern.
Das Gutshaus, ein hufeisenförmiger Fachwerkbau, stammt aus dem 18. Jh.
1939 lebten in S. 325 Menschen.

Schaprode, Kr. Rügen, Bauern- und Fischerdorf mit einem geschützten Hafen an der Westküste der Halbinsel Walung. Um 1160 landete hier König Waldemar I. von Dänemark. Fürst Jaromar I. übergab dem Kloster Bergen 1193 einen Ackerhof in „Szabroda". König Erich X. von Dänemark belehnte 1315 Fürst Witzlaw III. für ein Jahr mit „Slot oc land Scaprud". Im 16. Jh. war das Dorf im Besitz der Familie von der Osten.
Die Dorfkirche, St. Johannes evangelista, hat einen Chor aus der ersten Hälfte 13. Jh. mit halbrunder Apsis und kuppligem Kreuzgratgewölbe. Um Chor und Apsis läuft ein Bogenfries, dessen Konsolen

Dorfkirche zu Schaprode

zum Teil als bärtige Köpfe gestaltet sind. Die alten Rundbogenfenster sind nur noch in der Apsis erhalten. Nach 1450 wurde das Langhaus mit Spitzbogenfenstern und Kreuzrippengewölben angebaut. Die ursprünglichen Türflügel der Vorhalle und des Nordportals aus Eiche mit Eisenbeschlägen sind noch erhalten.
Um 1700 entstand in der Stralsunder Werkstatt von Thomas Phalert der zweigeschossige Altar mit gewundenen Säulen und Knorpelwerk. Eine Petrusfigur trägt die 1723 von Hans Broder, Stralsund, geschaffene Kanzel. Blattgehänge, Akanthuslaub mit Engelsköpfchen überziehen alle Teile. Kleine Tafelbilder mit Inschriften sind an Korb, Aufgang und Tür angebracht. Auch der Tauftisch, um 1725, stammt aus der Werkstatt Hans Broders. Vor seinem Schaft steht vollplastisch die Taufe im Jordan. Am nördlichen Dorfausgang steht eine Mordwange mit Kreuz und Inschrift für Reimar von Platen († 1368).
1939 lebten in Sch. 893; 1980: 1000 Einwohner.

Scheune *(Szczecin-Gumieńce)*, Groß Stettin. 1253 wird das Dorf „Orreum" (lat.: horreum = Speicher, Scheune) erstmals genannt. Herzog Otto I. gab 1300 das Dorf mit 66 Hufen dem Benediktinerprior von St. Jakobi in Stettin. 1939 nach Groß Stettin eingemeindet.
Die Findlingskirche des späten Mittelalters ist später verputzt worden. Am Ostgiebel ist ein von je zwei Spitzbogenblenden flankiertes Fenster vermauert, darüber eine Kreuzblende angebracht. Um 1800 wurde vor die Westseite ein Fachwerkturm mit einer schlanken achteckigen Spitze vorgebaut und anschließend verputzt. Von der Einrichtung waren nur noch eine Hängekrone von 1689, zwei bronzene Altarleuchter und eine Glocke von 1512 erhalten.

Schimmritzberg *(Siemierzycka).* Zwischen Reckow und Platenheim im Süden des Kreises Bütow erhebt sich auf der pommerschen Hauptendmoräne der bewaldete höchste Berg Pommerns mit 256 m über NN. Ein 40 m hoher Holzturm bietet eine großartige Aussicht auf die Seenplatte mit Großem und Kleinem Borresee an seinem Fuß.

Schivelbein *(Świdwin)*, Kr. Belgard, Kleinstadt auf dem östlichen Regaufer.
Zwei Sandinseln im Fluß ermöglichten einen leichten Übergang im Zuge der Salzstraße von Kolberg nach Polen. Auf der kleinen lag ein wendischer Burgwall; die Burgsiedlung Botenhagen lag am Nordufer des Flusses. Seit 1266 waren askanische Markgrafen Herren der Burg. Auf der größeren Insel siedelten sich Deutsche an. In einem Grenzvertrag zwischen Brandenburg und dem Bistum Cammin wird Sch. 1289 erstmals erwähnt; die Markgra-

Kirche in Scheune

Der Schimmritzberg

fen von Brandenburg kauften das Dorf.
Die Burg im Regasumpf erbaute wahrscheinlich der Templerorden. Vermutlich wurde Sch. 1296 das brandenburgische Stadtrecht verliehen. Wedego von Wedell kaufte 1319 die Stadt von den Markgrafen. Sein Enkel Hans, dominus de Schivelbein, trat 1384 Land und Stadt dem Deutschen Orden ab. Dieser wiederum verkaufte die gesamte Neumark 1455 an Friedrich II. von Brandenburg.
Außerhalb der Stadtmauer am linken Regaufer Gründung des Kartäuserklosters „Gottesfriede" 1447; 1540 säkularisiert und verkauft. Kloster und Kirche wurden abgebrochen. In Grenzkämpfen mit Pommern fand 1469 eine Schlacht gegen die Belgarder auf der Langenschen Heide statt. Johann von Küstrin vertauschte 1540 seine Güter im Sch.er Land gegen die Komturei Quartschen; so zog ein Johanniterkomtur in das Schloß ein. Gleichzeitig war er Landvogt für die Neumark. Erst 1808 wurde diese Komturei aufgelöst.
Der Dreißigjährige Krieg verwüstete die Stadt stark. 1689 vernichtete ein Stadtbrand Sch. Es dauerte bis 1728, ehe die Stadt wieder aufgebaut war. Wälle und Gräben wurden seit 1787 beseitigt. Sch. konnte sich so 1814 nach Nordosten ausdehnen. Die Neustadt wurde seit 1818 aufgebaut; 1895 Eingemeindung der ehemaligen Burgsiedlung Botenhagen. Bis 1932 war Sch. Kreisstadt eines selbständigen Landkreises; an den Kreis Belgard angeschlossen. Nach 1945 erhielt Sch. wieder einen eigenen Landkreis.
Die Sumpfburg an der Rega baute der Deutsche Orden aus. In ihrem Kern stammt sie aus dem 15. Jh. Im Norden des Hofes steht das ehemalige Hauptgebäude aus Findlingen; im 18. und 19. Jh. stark verändert. Die Gebäude an der Ost- und Westseite enthalten noch Reste mittelalterlicher Wehrmauern. Der Bergfried im Südwesten, erbaut um 1500, hat einen viereckigen Findlingsunterbau und einen zylindrischen Backsteinoberbau von 8,40 m Durchmesser; das geschweifte Kegeldach trägt eine Wetterfahne von 1702. An der Ost- und Südseite wurden die Flügel 1740 völlig umgebaut. Über dem Eingang zum Hof sind die Wappen des Johanniterordens, der von Wedell und des Grafen Wartensleben als Sandsteinreliefs angebracht. Nach 1945 beherbergte das Schloß eine Mechanikerschule; später wurde es Hotel- und Kulturzentrum.
Die St. Marienkirche wird bereits 1338 erwähnt; bis 1469 war sie eine dreischiffige Basilika aus Backstein. Sterngewölbe überspannen das Schiff. Der große Stadtbrand von 1689 vernichtete die ganze Einrichtung. Der neue Altar und die in Kolberg gefertigte Kanzel wurden 1695 aufgestellt. Der 1771 vom Blitz getroffene Turm erhielt 1773 einen Ba-

Ordensburg Schivelbein

rockhelm. 1881 wurde die Kirche neugotisch ausgebaut. Sie brannte 1945 aus, die Gewölbe stürzten ein; 1947—1950 wiederhergestellt.
Von der Stadtbefestigung von 1292 blieben der Backsteinbau des Steintores, erste Hälfte 14. Jh., und im Südwesten einige Stadtmauerreste erhalten.
1859 wurde Sch. durch die Hinterpommersche Eisenbahn mit der Strecke Stargard—Köslin an das Eisenbahnnetz angeschlossen. 1896/97 Bau der Strecke Sch.—Polzin.
Im Mittelalter war Sch. mit 74 Brauereien eine wichtige Braustadt; dazu kam der Durchgangshandel, vorwiegend mit Salz. Die Einführung der Biersteuer, 1535 und 1572, sowie die Befreiung der Ritterschaft von städtischen Zöllen 1572 vernichteten den Wohlstand der Stadt. Im 20. Jh. gibt es nur Lebensmittelindustrie, eine Maschinenfabrik und Baustoffbetriebe. Nach 1945 wurden ein Textilbetrieb und chemische Betriebe angesiedelt.
Rudolf Virchow (1821—1902), Arzt, weltbekannter Pathologe, Politiker, Geschichtsforscher seiner Vaterstadt.
1939 lebten in Sch. 9702; 1983: 14034 Einwohner.

Schlagenthin *(Sławęcin)*, Kr. Arnswalde, befand sich seit dem 14. Jh. im Besitz der Familie von Blankensee. Der Turm der Fachwerkkirche steht frei in

Pfarrkirche in Schivelbein

Schloß Schlagenthin

geringem Abstand vom Westgiebel. Das Patronatsgestühl war mit Säulen, Wappen und Inschriften des 18. Jh. verziert.
Das Gutshaus war im Tudorstil des 19. Jh. gehalten mit zwei flankierenden Türmen, der eine mit achteckigem Obergeschoß.
1939 lebten in Sch. 662 Einwohner.

Schlatkow, Kr. Greifswald. 1175 wurde „Sclathkovitz" dem Kloster Grobe geschenkt. 1254 erhielt Ritter Tammo das Dorf. Die Kirche wurde 1682 verwüstet, 1699 brannte sie aus. 1962 Sch. nach Schmatzin eingemeindet.
Die spätgotische Feldsteinkirche ist wohl 1406 erbaut worden. 1592 wird sie als der hl. Maria Magdalena geweiht bezeichnet. Ihr Ostgiebel ist mit spitzbogigen Blenden gegliedert. Die Portal- und Fensterrahmungen, Spätrenaissance, stammen von einem Umbau in der zweiten Hälfte 17. Jh. Westlich der Kirche wurde ein freistehender Glockenstuhl errichtet.
Die Einrichtung stammt aus dem 17. und 18. Jh. Die Kanzel ist reich mit Akanthusschnitzwerk verziert. Korb und Aufgang sind mit Tafelbildern bemalt, Szenen aus dem Alten und Neuen Testament. Auf dem Altar steht eine St. Michaelsfigur mit dem Drachen, womöglich aus einer süddeutschen Werkstatt, um 1600.

Schlawe *(Sławno)*. In einem breiten eiszeitlichen Tal, an der Mündung der Motze in die Wipper, befand sich ein Übergang und Kreuzungspunkt zweier alter Straßen. Hier wurde um 1200 eine deutsche

Kolonie angelegt, die 1317 von den Swenzonen Jesco de nova Zlawa, Petrus de Nuwenburg und Laurentius de Rugenwald lübisches Stadtrecht erhielt. In der Gründungsurkunde finden wir auch Bestimmungen über eine Schiffahrt auf der Wipper. 1320 war Konrad von Dorstadt Komtur des Johanniter-Ordenshauses in Sch.; der Orden war von → Alt Schlawe hierher umgezogen. Das Dorf Warschow wurde 1330 der Stadt übergeben. 1333 war eine Brücke zum Dorf gebaut worden. Die ersten urkundlich nachgewiesenen Bürgermeister waren Nikolaus Pruze und Nikolaus von Nemez 1342. Zu dieser Zeit war wohl auch das St. Georgshospital vor dem Kösliner Tor errichtet worden. Nach 1400 war die Stadt mit Mauern umgeben; die vier Tore (Stolper, Kösliner, Koppel- und Kamptor) waren um 1450 fertiggestellt. 1427 und 1471 schloß Sch. Schutzbündnisse, u. a. mit Stolp und Rügenwalde. Im 19. Jh. wurden Stadtmauer, Koppel- und Kamptor abgebrochen; die Stadt konnte sich fortan über den Mauergürtel hin ausdehnen. 1945 wurde Sch. zu 50 v. H. zerstört, das Zentrum um den Markt war völlig verschwunden. Die Marienkirche und die beiden Tore wurden wiederhergestellt.

Kösliner und Stolper Tor haben über den Durchfahrten von langen, schmalen Blenden gegliederte Wandflächen. Walmdächer bedecken die Tortürme. Die Stadtkirche St. Marien und St. Johannes, ist als dreischiffige Basilika mit massigem Turm erbaut

Schlawer Markt um 1870

Kösliner Tor zu Schlawe

worden. 1326 gehörte sie zur Johanniterniederlassung. Sterngewölbe schließen den Backsteinbau ab. Den Turm gliedern schlanke Spitzbogenblenden an der Nord- und Ostseite. 1934 wurde an den Gewölben alte figurative Bemalung freigelegt. Der Altar war ein reiches Werk der Renaissance, vollständig bemalt und vergoldet, um 1600. 1945 wurde die Kirche bis auf die Außenwände zerstört; bis 1950 wiederaufgebaut. Freilegung eines reich profilierten Portals in der Südwand des Chores.

1933 wurde ein Botanischer Garten mit 1500 verschiedenen Pflanzen angelegt, davon 300 Alpenpflanzen. Er hatte nur bis 1945 Bestand.

Der mittelalterlichen Handelsstraße folgte im 19. Jh. der Eisenbahnbau. 1869 Eröffnung der Strecke Köslin—Stolp der Hinterpommerschen Eisenbahn, 1878 der Strecke Zollbrück—Sch.—Rügenwalde der Preußischen Ostbahn. Die Strecke Sch.—Stolpmünde von 1911 wurde 1945 demontiert, desgleichen die Strecke Sch.—Pollnow von 1897 bis 1934 der Schlawer Bahn.

Im Mittelalter war Sch. ein rühriges Wirtschaftszentrum. Textilgewerbe und Brauereien waren neben der Heringsfischerei für die Stadt bedeutsam, so daß sie Anfang 15. Jh. Verbindung zur Hanse hatte.

Rundfunkpionier Hans Bredow

Wichtigster Betrieb sollte im 20. Jh. die modernste Fleischwarenfabrik W. Zyprieß werden. Daneben gab es Ziegeleien, eine Landmaschinen-, eine Stuhl-, eine Uniformfabrik, Färbereien, Gerbereien und ausgedehnten Getreide- und Viehhandel.
Franz Mehring (1846—1919), sozialdemokratischer Historiker, Schriftleiter der „Leipziger Volkszeitung" zusammen mit Rosa Luxemburg.
Hermann Kühn (1851—1935), preußischer Finanzminister 1914/15.
Hans Bredow (1879—1959), „Vater des Rundfunks", schuf ein deutsches Weltfunkverkehrsnetz.
Wilhelm Groß (1893—1974), Bildhauer.
Günter Machemehl (1911—1970), Maler.
1939 lebten in Sch.: 9708; 1983: 13385 Menschen.

Schlemmin, Kr. Franzburg-Barth, Gutsdorf, hat eine spätgotische Findlingskirche mit Turm. Der Innenraum wurde Ende 19. Jh. einheitlich neuromanisch umgestaltet, eine hölzerne Kassettendecke eingezogen und das Schiff ornamental ausgemalt. Ältestes Einrichtungsstück ist die nachträglich bemalte halbkugelförmige Kalksteintaufe. Der Altar lehnt sich stark an Formen des 13. Jh. an.
Mitte 19. Jh. wurde das Schloß als gotisierende Wasserburg errichtet; heute als Kindergarten genutzt. In Sch. lebten 1939: 326 Bewohner.

Schlochau *(Człuchów),* Stadt zwischen drei Seen, die alle Amtssee heißen. Hier führte der schon 1314 als „via Marchionis" bezeichnete Markgrafenweg vorbei. Um 1200 sollen wendische Flüchtlinge aus dem Netzebruch Sch. gegründet haben. Um 1312 kaufte der Deutsche Orden das Land Sch. vom Grafen Nikolaus von Ponitz für 250 Mark Silber und legte auf dem Schloßberg, einem fast ganz von Wasser umgebenen Werder, eine große Burg an und richtete 1332 eine Komturei ein. Die Burg war 1367 mit Hochschloß, drei Vorburgen und dem 52 m hohen Bergfried als zweitgrößte des Ordenslandes vollendet. Hochmeister Heinrich Dusemer verlieh 1348 dem Burgort Kulmer Stadtrecht.
Im Thorner Frieden 1466 fiel Sch. der polnischen Krone zu und wurde Starostei. Jetzt begann ein starker Zuzug von Juden, die sich am Neumarkt, später Judenmarkt, niederließen und eine Synagoge erbauten. Um 1550 trat die Stadtbevölkerung mit dem Starosten Latalski zum Protestantismus über, mußte aber 1609 Stadt- und Schloßkirche den Katholiken zurückgeben, obwohl es noch 1695 nur elf Katholiken in der Stadt gab.
Große Brände zerstörten wiederholt die Stadt. Nach den beiden Bränden von 1786 und 1793 erlaubte König Friedrich Wilhelm II. den Bürgern, ihre Häuser mit den Backsteinen der bis dahin gut erhaltenen Ordensburg zu erbauen. 1844 ordnete der Landrat an, die Hauptstraße sei zu beleuchten. Der Magistrat beschwerte sich bei der Regierung, allerdings ohne Erfolg; so brannte am 1. 10. 1844 die erste Straßenlaterne Schlochaus. Auf persönliche Veranlassung des Generalpostmeisters Stephan baute der Hotelbesitzer Janke 1892 das Postamt. Kaldau

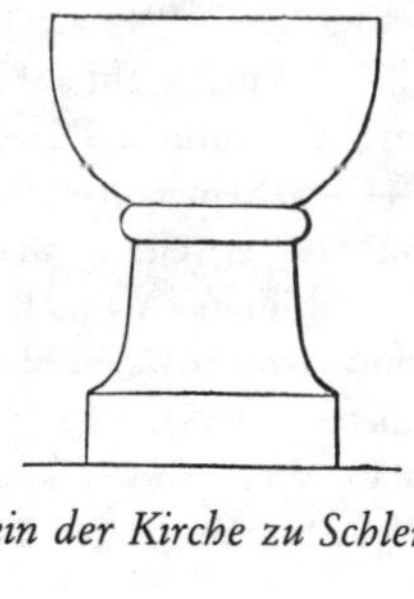

Taufstein der Kirche zu Schlemmin

Schloß zu Schlochau

wurde 1924 und Lindenberg 1928 eingemeindet. Am Ende des Zweiten Weltkrieges lag das Stadtzentrum in Trümmern. 45 v.H. von Sch. waren zerstört.

Von der Ordensburg blieb nur der mächtige Bergfried erhalten. Auf den Grundmauern der ehemaligen Schloßkirche wurde 1826—1828 die evangelische Kirche erbaut; nach 1945 als Theatersaal genutzt. Die St. Jakobikirche geht auf einen Schurzbohlenbau von 1209 zurück. Der Starost Jakob Weiher ließ 1644—1647 einen massiven Kirchenbau errichten; 1927/28 erweitert und umgebaut. Marienaltar, Kanzel, Taufstein und Beichtstühle, alles reich geschnitzt, von 1647, wurden in den Neubau übernommen.

Mit Volks- und Oberschulen war Sch. ein Bildungsmittelpunkt. Das Museum verlor 1945 sein Gebäude, aber Teile der Sammlungen konnten gerettet werden. In Sch. gab es die älteste Schützengilde, die bereits Hochmeister Winrich von Kniprode im 14. Jh. gegründet haben soll.

Die Preußische Ostbahn erreichte Sch. 1877 mit der Strecke Sch.—Konitz und 1878 von Tempelburg—Neustettin—Sch. 1902/03 wurde Sch. mit Rummelsburg verbunden.

Neben den Verwaltungsfunktionen einer Kreisstadt hatte Sch. nur eine bescheidene Nahrungsmittel- und Baustoffindustrie. Dazu kam noch die Marktfunktion für das Umland.

Erwin Hollstein (1892—1966), Maler und Grafiker. Sch. hatte 1939: 6029; 1983: 12482 Bewohner.

Schlönwitz *(Słonowice)*, Kr. Belgard. Die barocke Fachwerkkirche ohne Turm von 1737 steht unter alten mächtigen Bäumen auf einem von einer

Trockenmauer umgebenen Kirchhof.
Der Brauereibesitzer Hindenberg ersteigerte 1843 auf einer Aktion den Altar aus der St. Marienkirche von Köslin und schenkte ihn der Kirche. Der Altar war um 1700 geschnitzt worden und zeigt im Mittelbild die Kreuzigung. Die Kanzel von Anfang 17. Jh. trägt in ihren Füllungen fünf Apostelfiguren, die aus einem spätgotischen Schreinaltar stammen. An der Orgelempore sind fünf Holzreliefs von etwa 1600 angebracht, aus gleicher Zeit stammt eine 1,40 m hohe Figur des auferstandenen Christus; angeblich sollen diese Schnitzwerke aus der Wallfahrtskapelle am → Gollen hierher gekommen sein.
In Sch. lebten 1939: 594 Einwohner.

Schloppe *(Człopa)*, Kr. Deutsch Krone, liegt am Desselfließ, das sich hier zu einer Kette von Seen erweitert (Großer Mühlenteich, Kemminsee, Salmer See und Dypersee). Die über 20 m hohen nördlichen und südlichen Talhänge bieten der Stadt einen Wetterschutz.
Die alte Poststraße Berlin—Königsberg kreuzte hier die Königsstraße aus Polen nach Kolberg. Wendische Burgwälle (hinter dem Pfarrgarten und an der Desselmündung in den Kemminsee) beweisen eine frühgeschichtliche Besiedlung. Um 1000 soll nach einer Sage ein slawischer Häuptling in Sch. gesessen und als erster das Christentum angenommen haben. Bereits 1245 wird Sch. als Flecken erwähnt. In der Gründungsurkunde der Stadt Tütz 1341 wird auch Sch. genannt. Erst als Markgraf Ludwig der Römer die von Wedell mit Sch. belehnte, wird sie als Stadt bezeichnet.

Schlönwitz, Fachwerkkirche mit Glockenstuhl

Schloppe, kath. Stadtkirche

Markgraf Otto der Faule trat 1368 das Schlopper Land an Polen ab. Die Familie Czarnkowski gelangte in den Besitz der Stadt und unterhielt um 1400 eine ständige Haustruppe von 300 Mann, mit denen sie häufig in die Neumark einfiel und mit Tütz heftige Fehden ausfocht. Die Reformation wurde 1555 durchgeführt; 1618 mußten die Protestanten die Pfarrkirche herausgeben, ihr Prediger Fabian wurde vertrieben. 1594 wurde die neue katholische Kirche nach einem Stadtbrand von 1637 an der Westseite des Marktes errichtet. Daneben lag der Pfarrhof, gegen den sich 1664 das „Haberfeldtreiben" richtete, als 400 Bewaffnete einen Sturm auf das Pfarrgrundstück unternahmen. König Friedrich Wilhelm II. kaufte 1791 die Schlopper Herrschaft und schenkte sie seiner Mätresse Gräfin Lichtenau, die aber nach seinem Tode den Besitz herausgeben mußte.
Neben der Stadt gab es immer noch eine wendische Vorstadt, den „Kietz". Ab 1920 entstand zwischen der Altstadt und dem Bahnhof der neue Stadtteil,

der nach den Verwüstungen vom 29. 1. bis 3. 2. 1945 von Sch. erhalten blieb.
Die schlichte katholische Holzkirche mit hölzernem Glockenstuhl sowie die evangelische Kirche mitten auf dem Markt brannten 1945 ab.
1897 Eröffnung der Kleinbahnstrecke Kreuz—Sch.—Deutsch Krone. Die Stadt war ein gewerbliches Kleinzentrum für das Umland. Die Konservenfabrik „Grenzmark" übertraf Sägewerk, Baustoffbetrieb und Möbelfabrik an Bedeutung.
Sch. hatte 1939: 2986; 1983: 2355 Bewohner.

Schmarsow, Kr. Demmin. „Smarsowe" wurde 1249 zur St. Johanniskirche in Kartlow eingepfarrt. Die spätgotische Backsteinkirche entstand um 1400 ohne Turm. Ihren Westgiebel gliedern schlanke, spitzbogige Maßwerkblenden; ein Sterngewölbe überspannt den Chor. Von der alten Ausstattung ist nur ein Renaissancerelief aus farbig bemaltem Sandstein für den Erblandmarschall E. F. von Maltzahn (1571—1622) erhalten.
Das Gutshaus, eine zweigeschossige barocke Dreiflügelanlage, wurde 1796 erneuert; heute Sitz des Rates der Gemeinde.
1939 lebten in Sch. 319 Einwohner.

Schmelzdorf *(Siwkowice),* Kr. Regenwalde, Gutsdorf an der Zampel, etwa 1,5 km oberhalb ihrer Einmündung in den Regastausee.

Ostwand des Kirchenchores in Schmelzdorf

Schloß Schmenzin

Die Findlingskirche aus dem späten Mittelalter hat einen ungewöhnlich reich mit Blenden und Fialtürmchen verzierten Ostgiebel. 1903 wurde ein Turm angebaut. Erhalten ist noch die schlichte Renaissancekanzel, die auf einer auffallend starken Säule ruht.
1939 hatte Sch. 194 Bewohner.

Schmenzin *(Smęcino),* Kr. Belgard. Hier befand sich das alte Lehnsgut der Familie von Kleist. Ihr letzter Besitzer Ewald von Kleist, Vorsitzender des Hauptvereins der Konservativen, wurde im Zusammenhang mit dem 20. Juli 1944 am 9. April 1945 hingerichtet. Das Gut galt Mitte 19. Jh. mit seinen 32 Vorwerken als größtes Rittergut des Kreises.
Das Gutshaus mit einem turmartigen Mittelteil ließ Theodor von Kleist 1854—1856 erbauen. Graf Adolf von Kleist hat noch einen Flügel um 1870 angebaut; 1945 ausgeplündert, blieb aber stehen.
In Sch. lebten 1939: 726 Einwohner.

Schmirtenau *(Śmiardowo Krajeńskie),* Kr. Flatow. Auf dem sogenannten Hexenberg bei Sch. wurde 1932 ein großes Gräberfeld aus der frühesten Bronzezeit, um 1800 v. Chr., entdeckt. Ursprünglich waren es wohl 200—250 Grabstellen. Die länglichen Gräber hatten als Boden eine wannenförmige Steinpflasterung. Über den Toten lag auf einem Gerüst aus Holzknüppeln eine Steinpackung. Es gab keine Grabhügel. Als Beigaben wurden Dolche, Nadeln,

Kanzel in der Schmolsiner Kirche

Armreife aus Bronze, Becher und runde Schmuckscheiben aus Bernstein gefunden. Wegen der Fülle an Funden faßte man diese Kulturstufe zur „Schmirtenauer Gruppe" zusammen: die Nordgruppe der in Böhmen beheimateten „Aujetitzer Kultur".
Das heutige Dorf hatte 1939: 461 Einwohner.

Schmolsin *(Smołdzino)*, Kr. Stolp, großes Dorf am Fuß des → Revekol, von der → Lupow durchflossen; 1281 als „villa Smolino" dem Kloster Belbuck zum Bau eines Klosters bei der St. Nikolaikirche in Stolp überwiesen. 1282 wird es in einer Schenkungsurkunde des Herzogs Mestwin II. von Pomerellen an die Kirche von Groß Garde erwähnt. 1291 kam Sch. in den Besitz des Klosters Oliva. Um 1600 erhielt die verwitwete Herzogin Anna von Croy, Schwester Herzog Bogislaws XIV., die Sch.er Güter. 1777 wurde das Sch.er Bruch entwässert und urbar gemacht.
Als Sühne für das 1530 bei der Zerstörung der Kapelle am → Revekol geraubte Kirchensilber erbaute der Landrat und Hauptmann von Lauenburg S. Tessen 1582 eine Kapelle. 1632 mußte sie an anderer Stelle durch einen Neubau, den Herzogin Anna errichten ließ, ersetzt werden. Aus den für das Dach beschafften Kupferplatten ließ der Amtshauptmann von Zitzewitz zweckwidrig die Gefäße der Brennerei herstellen. 1874 erhielt die Kirche einen neuen Turm und zwei Querflügel.
Die flache Holzkassettendecke hatte der Stolper Maler Foxkirch mit 150 Gemälden biblischer Szenen bemalt. 49 Bilder sind noch in den Deckenfeldern erhalten. Der Altar von etwa 1630 ist ein barocker, farbig bemalter Passionsaltar mit einem neueren Ecce-Homo-Bild in der Mitte. In die Altarwangen sind die Bilder der Herzogin Anna und ihres Sohnes Herzog Ernst Bogislaw eingefügt.
Die Kanzel ruht auf einer Mosesfigur. In die Felder des Korbes sind Szenen aus dem Neuen Testament gemalt.
In der Kirche hing das Porträt des 1578 in Stolp geborenen Pastors Michael Pontanus (= Brüggemann latinisiert), der Luthers Katechismus, die Bußpsalmen Davids und die Passionsgeschichte in die kaschubische Sprache für die evangelischen Kaschuben übersetzt hatte.
Johann Gotthelf Lindner (1729—1776), Philosoph und Pädagoge. 1765 Professor der schönen Künste in Königsberg. 1772 wurde er Hofprediger.
1939 lebten in Sch. 1308 Bewohner. 1983 Großgemeinde *(Gmina)* von 257,2 qkm Fläche mit 3812 Einwohnern.

Schneidemühl *(Piła)*, Stadtkreis, etwa 10 km

Evangelische Stadtkirche zu Schneidemühl

Denkmal Friedrichs d. Gr. in Schneidemühl

oberhalb der Mündung der → Küddow in die → Netze auf einer flachen Bodenschwelle im Küddowtal und auf den Sanderterrassen westlich und östlich davon. Die nördlich und südlich der Stadt liegenden Moorgelände, Baggen, greifen teilweise in die Stadt hinein. Der Untergrund enthält Braunkohlenflöze, zwischen denen sehr stark wasserführend Sandschichten liegen. Das Wasser steht unter hohem Druck und führte bei einer Brunnenbohrung 1893 zu einer Katastrophe; zwanzig Häuser stürzten ein, fast der ganze Stadtteil wurde unterspült.

Sch. entstand gegenüber dem slawischen Fischerdorf Pila auf dem westlichen Ufer; bereits im 13. Jh. war es eine betriebsame deutsche Siedlung. Königin Hedwig soll 1380 ein erstes Stadtprivileg ausgestellt haben. 1456 wurde es erstmals „Snydemole" genannt; bis 1480 war es Mediatstadt der Familie Opalinski. Matthias Opalinski trat sie an König Kasimir IV. von Polen ab. 1506 und 1511 wird Sch. zwar als Stadt erwähnt, aber König Sigismund I. verlieh ihr 1513 Magdeburger Stadtrecht. 1605 schenkte König Sigismund III. sie mit der ganzen Starostei Usch-Sch. seiner Gemahlin Constantia, einer habsburgischen Prinzessin. Seitdem führte die Stadt eine goldene Krone im Wappen.

Nach einem Stadtbrand 1626 wurde der Stadtkern vom Alten Markt zum jetzt bebauten Neuen Markt verlegt. Gleichzeitig entstand das durch Graben und Palisaden umgebene Judenviertel um den Judenmarkt, später Wilhelmplatz. Allmählich entwickelten sich die drei Vorstädte: Überbrück oder Bromberger Vorstadt, poln. Samosz, am Ostufer, die Uscher Vorstadt oder Borkowo im Süden und der Stadtberg oder Berliner Vorstadt, poln. Pitronke, auf den westlichen Höhen.

1709 brach die Pest aus. Von deutscher Seite wurde entlang der Grenze ein Pestgraben ausgehoben. Nur nach besonderen Vorsichtsmaßnahmen durften Leute aus Polen über diese Grenze. Viel scheint er nicht geholfen zu haben. 1710 sollen nur sieben Menschen überlebt haben. Mit der ersten Polnischen Teilung kam Sch. 1772 an Preußen; von Napoleon 1807—1815 dem Herzogtum Warschau zugeschlagen. Seit 1914 ist Sch. kreisfreie Stadt. 1919 mußte auf heftigste Proteste der Bürgerschaft die bereits von den Alliierten beschlossene Abtretung an Polen wieder rückgängig gemacht werden.

Seit 1922 war Sch. Hauptstadt der Provinz Grenzmark Posen-Westpreußen. 1926—1929 gestalteten Professor Bonatz und Architekt Scholer aus Stuttgart das Stadtgebiet um den Pferdemarkt, später Danziger Platz, neu. Öffentliche Gebäude entstanden wie Regierung, Reichsdankhaus mit Landestheater und Küddowbrücke. 1938 wurde die Rumpfprovinz Grenzmark Posen-Westpreußen aufgelöst und zum größten Teil Pommern angegliedert.

1945 wurde in den Kämpfen um die Stadt 75 v.H. der Bausubstanz zerstört. Nach dem Krieg wurden noch ganze Viertel abgebrochen. Erst allmählich entstanden zwischen Markt und Stadtberg große Neubaublocks. Seit 1975 ist Sch. Hauptstadt eines neuen Verwaltungsbezirks.

Von den Bauwerken reicht die katholische St. Johanniskirche an der Küddow ins Jahr 1628 zurück. Das Mauerwerk des Chores stammte von einem spätgotischen Backsteinbau; die gewölbte Holzdecke des Schiffes ging, wie das untere Turmgeschoß, auf das Jahr 1775 zurück; 1945 zerstört. 1914 entstand die neubarocke Kirche zur Hl. Familie mit zwei Türmen. 1929/1930 erbaute H. Herkommer, Architekt der Frauenfriedenskirche in Frankfurt/M., die St. Antoniuskirche in „Überbrück". Das 7 m hohe Altarkreuz, von Berthold Müller, war aus Holz der alten Oberammergauer Passionsbühne, mit Bronzeplatten überzogen. Die evangelische Stadtkirche von 1822 auf dem Markt wurde 1945 abgebrochen.

Für die gesamte Südabdachung des Landrückens war Sch. kultureller Mittelpunkt. Neben den Schulen gab es eine Hochschule für Lehrerbildung. Eine wichtige Institution seit 1922 war das Grenzlandtheater. Die Universität Königsberg veranstaltete regelmäßige Hochschulwochen. Seit 1938 war hier ein Forschungsinstitut der Universität Berlin. Eine Zweigstelle des Geheimen Staatsarchivs kam hinzu, die Zentrale Grenzmarkbücherei wurde ausgebaut. Der Zeichenlehrer Liebig hatte durch eigene Ausgrabungen den Grundstock des Provinzialmuseums im Reichsdankhaus gelegt. 1945 wurde das Gebäude beschädigt, ein Teil der Sammlung konnte sichergestellt werden. 1919/20 Verlegung der Bromberger Bezirksregierung nach Sch.; damit auch die Handwerks-, Gewerbe- und Landwirtschaftskammer.

Die evangelische Kirche richtete 1924 ein Konsistorium ein, erst 1947 hob es die polnische Regierung auf. Die katholische Kirche schuf 1923 eine Apostolische Administratur in Tütz, die 1926 nach Sch. umzog und als „Freie Prälatur Sch." von Prälat Maximilian Kaller geführt wurde. Von 1931-1945 war Dr. Franz Hartz letzter deutscher Prälat mit bischöflicher Befugnis. 1972 hob der Hl. Stuhl die Prälatur auf. Prälat Dr. Hartz, die Kapitularvikare L. Polzin und W. Volkmann, die Apostolischen Visitatoren P. Snowadzki und Dr. W. Klemp sind seit 1945 mit der Seelsorge der Angehörigen der ehemaligen Prälatur in der Bundesrepublik Deutschland betraut.

An der Mündung der Küddow in die Netze schnitten sich zwei uralte Handelsstraßen: die eine von der Altmark zur Weichsel, die andere von Süden durch die Uscher Enge zur Ostsee; schon Otto von Bamberg benutzte sie auf seiner Missionsreise zu den Pomoranen. Die Eisenbahn folgte in etwa diesen alten Verkehrswegen. Die Preußische Ostbahn eröffnete 1851 die Strecke Kreuz—Sch.—Bromberg, 1871 die Strecke Sch.—Flatow und 1879 Posen—Sch.—Neustettin; 1881 von Sch. aus Deutsch Krone angeschlossen. Die neue Grenze von 1918 zog den Eisenbahnknotenpunkt schwer in Mitleidenschaft. Sch. wurde Hauptgrenzübergang nach Polen. Nach 1945 ist Sch. wieder wichtiger Straßen- und Eisenbahnknotenpunkt. Seit 1936 wurde von Sch. aus der Netzehafen Deutsch-Usch mit einem Jahresumschlag von 250 000 t ausgebaut.

In der Zeit von 1600 bis 1820 war die Tuchmacherei das bedeutendste Gewerbe. Danach konzentrierte sich zunächst das Gewerbe auf die Verarbeitung landwirtschaftlicher Produkte in Mühlen, Sägewerken, Möbelfabriken, einer Brauerei, einer Stärke- und Sirupfabrik. 1907 kamen das Eisenbahnausbesserungswerk, danach zwei landwirtschaftliche Ma-

Schneidemühl, Stadtansicht

Reichsdankhaus in Schneidemühl (1927–1929)

schinenfabriken, Ziegeleien, Zementwarenbetriebe hinzu. Im Ersten Weltkrieg entstand das „Albatros-Werk" für Flugzeugbau. Getreide-, Holz- und Lederhandel spielten eine Rolle. Nach 1945 wurde die Industrie auf alter landwirtschaftlicher Grundlage verstärkt aufgebaut. Seit 1958 sind fast alle Werke wieder tätig. Maschinen- und Traktorenbau, eine Metallgießerei, eine Waschmittel- und eine Glühlampenfabrik nahmen ihren Betrieb auf.

Bernhard Schulze (* 1915), Maler, seit 1972 ordentliches Mitglied der Akademie der Künste, Berlin, 1986 Lovis-Corinth-Preis der Künstlergilde; lebt in Köln.

Gerhard Quade (* 1931), Maler und Grafiker, lebt in Buxtehude.

In Sch. lebten 1939: 43 836; 1983: 64 624 Bewohner.

Schöneberg *(Krąpiel),* Kr. Saatzig. Die Dorfkirche ist der am weitesten östlich gelegene Granitquaderbau des 13. Jh. Ihr Ostgiebel ist mit rund-, spitzbogigen und Kreisblenden in zwei Reihen gegliedert. Neben dem breiten Ostfenster wurden zwei schlanke spitzbogige Fenster mit schlichtem Maßwerk vermauert. Der weniger sorgfältig ausgeführte Westgiebel trägt eine Wetterfahne mit der Jahreszahl 1524.

Die Innenausstattung stammt aus dem 19. Jh. Michael Schmidt stiftete 1752 die Taufkanne als Dank, daß er vor Schaden bewahrt worden war, als neben ihm ein Blitz zwei Pferde erschlug.

1939 lebten in Sch. 408 Einwohner.

Schönfeld *(Skórka),* Kr. Flatow, schon in der Eisenzeit besiedeltes Dorf an der Glumia. Der Schneidemühler Zeichenlehrer Liebig entdeckte eine eisenzeitliche Gesichtsurne bei einem Bauern in der Pferdefutterkiste, die dieser als Hafermaß benutzte. Die Dorfkirche hatte die älsteste Glocke mit deutscher Inschrift von 1594. In kleinen Frakturbuchstaben stand: „Lobet den Herrn mit Cymbeln, lobet ihn mit wohlklingenden Cymbeln." Die Kirche wurde 1945 bei den Kämpfen um Sch. zerstört, ist aber wieder aufgebaut worden.

In der Auerbachhütte an der Glumia stand der letzte noch tätige Eisenhammer Ostdeutschlands. Zwei unterschlächtige Wasserräder trieben zwei Hämmer — geschützte Kulturdenkmäler — an, die der Herstellung von Pflugscharen dienten.

Um 1970 sind hier Erdölbohrungen niedergebracht worden. Sch. wurde Hauptfördergebiet für die Schneidemühler Erdölbetriebe.

1939 hatte Sch. 643 Bewohner.

Schöningen *(Kamieniec),* Kr. Greifenhagen. In der Nähe des Dorfes, am Rande des Randower Plateaus zum Odertal, liegt die prähistorische Burg in 40 m über NN auf einem inselartigen Plateaustück, das nach allen Seiten steil abfällt. Der Rand der Fläche ist um etwa 2 m künstlich aufgeschüttet worden. Am Nordrand erhebt sich ein 100 m langer Wall; östlich davon kommt der einzige Zufahrtsweg auf das Plateau. Ursprünglich war der Wall eine Holz-Erde-Mauer. An ihrer Innenseite wurde eine aus Steinen zusammengesetzte Herdstelle aufgedeckt. An mehreren Stellen in der Burg fand man Scherben

Glumiabrücke in Schönfeld

der Lausitzer Kultur, also aus der jüngsten Bronzezeit (etwa 750—500 v. Chr.). Diese Burg gehört zu einer Kette von Burgen entlang des Oderrandes; ihren nördlichsten Punkt erreichte sie in Stettin. Die Erbauer dieser Anlagen waren staatsartig und militärisch straff organisierte Nordillyrer, die sich aus dem Binnenland einen Korridor zur Ostsee geschaffen hatten und ihn zu verteidigen wußten. Die Burg von Sch. war die größte der Kette. Aus nicht erklärbaren Gründen zogen die Illyrer nach Süden ab und überließen ihr Gebiet Kelten und Germanen, die ihnen zögernd folgten.

1300 übergab Herzog Otto I. der Stettiner St. Jakobikirche den Zehnt aus Sch. Die Dorfkirche wird 1490 als Filialkirche von Schillersdorf genannt.

Der frühgotische Granitquaderbau (13. Jh.) ist weitgehend erhalten. Im Westen ist ihr ein breiter Turmunterbau vorgelagert. Der Ostgiebel wurde bis zum First aus Quadern gemauert und mit einer Kreisblende verziert. Der Turmunterbau erhielt 1707 ein Fachwerk-Obergeschoß mit stumpfer Haube aufgesetzt. Das Langhaus überspannt eine elliptische Holztonne. Die Inneneinrichtung stammt aus dem 18. Jh. Über dem Portal in der Südwand wurden Reste einer früheren Ausmalung freigelegt, so ein Wappen der Mellin.

Sch. hatte 1939: 345 Einwohner.

Schönlanke *(Trzcianka),* Netzekreis, Kreisstadt am Mühlenfließ, einem Nebenbach der Netze.

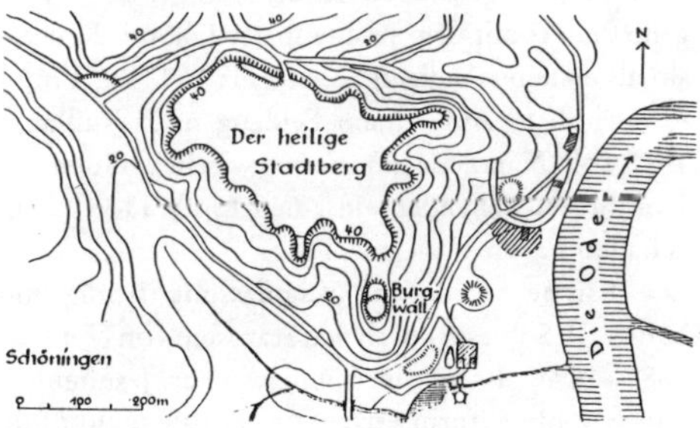

Der heilige Stadtberg in Schöningen

Schönlanke, kath. Dreifaltigkeitskirche

Ursprünglich befand sich auf dem Stadtgelände ein Gut der Herrschaft Behle und ein 1586 gegründetes Schulzendorf. 1671 entstand zwischen beiden der Marktflecken, schon 1679 als „Städtchen" bezeichnet; erst 1731 erhielt er Magdeburger Stadtrecht von König August II. von Polen. Das erste Judenprivileg 1739 förderte einen stärkeren Zuzug der Juden, die rasch den ganzen Wollhandel übernahmen. Bis 1755 blieb Sch. Mediatstadt der Herrschaft Czarnikau-Behle, erwarb danach selber die Grundherrschaft. 1762 Anlage einer Neustadt. 1905 wurden das Dorf Sch. und 1925 Gut „Amt Sch." in die Stadt eingemeindet; 1919 zur Kreisstadt des aus Resten der Kreise Filehne und Czarnikau gebildeten Netzekreises erhoben.

Die evangelische Kirche war 1843—1847 im Schinkelstil am Marktplatz erbaut worden. König Friedrich Wilhelm IV. hatte die Baukosten fast vollständig getragen. 1945 brannte sie ab; danach abgetragen. 1914—1916 wurde die katholische Dreifaltigkeitskirche als neubarocker Bau mit 48 m hohem Turm errichtet. Aus ihrem Vorgängerbau stammen drei Altäre.

Die Eisenbahnstrecke Kreuz—Sch.—Schneidemühl—Bromberg der Preußischen Ostbahn wurde 1851 eröffnet.

Bis 1888 war Sch. bedeutendste Tuchmacherstadt des Netzedistrikts. 1816 gab es noch 200 Webstühle. Seit 1682 bestand ein Schuhmachergewerk. 1864 gründete der Schuhmachermeister Stegemann den Vorschußverein. Nach seinem Tode leitete seine Tochter Emmeline die Kasse weiter. 1900 wurde sie als erste Bankdirektorin Deutschlands bezeichnet. Sägewerke und Holzverarbeitungsbetriebe, Zigarren- und Zigarettenfabriken, eine Teppichknüpferei und eine Netzfabrik waren die wichtigsten Gewerbebetriebe. Vor 1933 gab es noch eine Matzefabrik (ungesäuertes Passahbrot der Juden). Nach 1945 Gründung einer staatlichen Maschinenstation, Brauerei und Druckerei. Getreide-, Vieh- und Holzhandel hatten in Sch. seit jeher Bedeutung.
Gerhard Stöck (1910—1985), Sportler. Bei der Olympiade 1936 gewann er im Speerwurf die Goldmedaille, im Kugelstoßen die Bronzemedaille.
Sch. hatte 1939: 9429; 1983: 13659 Bewohner.

Schönwerder *(Ziemomyśl)*, Kr. Pyritz, 1278 erstmals urkundlich erwähnt. Nachfolger des verstorbenen Pfarrers Antonius Tornow wurde 1492 Petrus Hartwich auf Präsentation der von Blankensee. Die Granitquaderkirche (20 Schichten) wurde im 13. Jh. in sorgfältigster Arbeit errichtet. Am Ostgiebel ist über fünf einteiligen spitzbogigen Blenden eine ziemlich breite Kreuzblende ausgespart. Portale und Fenster haben noch die ursprünglich sauber bearbeiteten Granitgewände. Der Dachturm mit

Bahnhof von Schönlanke

Gnadenbild von Schrotz

steilem Helm erhebt sich über dem mit sieben Blenden gegliederten Westgiebel.
Der Kanzelaltar ist ein bunt bemalter, mit zahlreichen Wappen versehener Barockbau. In den Fenstern gab es kleine, bunt bemalte Scheiben mit Wappen der Blankensee von 1608.
Sch. hatte 1939: 643 Einwohner.

Schrotz *(Skrzatusz)*, Kr. Deutsch Krone, Wallfahrtsort am Nordwesthang des Dombrowa (207 m), nordöstlich des Gutssees.
Um 1400 gründete die Starostei das Dorf Deutsch Krone. Die Bauern genossen dieselben Rechte wie die Bürger der Stadt. Neben dem Dorf Anlage des 42 kulmische Hufen großen Gutes, größtes im Deutsch Kroner Land, auf dem 1660 eine eigene Starostei Neuhof geschaffen wurde. 1658 wurde Sch. eigene Pfarrei mit dem Jesuitenpater Jakobus Kruenski als erstem ständigen Seelsorger; 1697 zur Propstei erhoben. Auf seinem Feldzug nach Rußland 1812 soll Napoleon an einer zwischen Gut und Dombrowa stehenden einsamen Linde Heerschau gehalten haben.
Die Kirche wurde auf Veranlassung König Johanns III. Sobieski durch den Starosten von Neuhof 1687—1694 als massiver italienischer Jesuitenbarockbau ohne Turm errichtet, der Innenraum mit erst 1919/20 wieder freigelegten Fresken ausgemalt.

Turm der Dorfkirche zu Schulzenhagen

Mittelpunkt der Kirche ist der riesige Barockaltar mit einer Pietà als Gnadenbild. Zwischen 1655 und 1660 war die Holzstatue, erste Hälfte 15. Jh., von Schweden aus einer Kirche in der Tützer Gegend geraubt und in den Dorfteich geworfen worden. Ein Schneidemühler Töpfer fand sie und brachte sie nach Sch., wo sie einen Platz in der damaligen alten Holzkirche erhielt. Im 17. und 18. Jh. wurde Sch. zu einem häufig aufgesuchten Wallfahrtsort. Die Kirche mit dem Gnadenbild hat 1945 gut überstanden. 1939 lebten in Sch. 1155 Bewohner.

Schulzenhagen *(Śmiechów)*, Kr. Köslin, liegt an der Wonne, die bei Lasselme in die Ostsee mündet. Die Dorfkirche, 13. Jh., ist mit ihrem runden Chorschluß aus Feldstein erbaut, der Turm besteht aus Backstein. Den Innenraum überdeckt eine flache Holzdecke mit sichtbaren Balken. Die Flächen zwischen den Balken sind im 17. oder 18. Jh. bemalt worden, so im Chor das Jüngste Gericht. Der Altar wurde Mitte 17. Jh. mit der Kanzel zusammengefügt. In den Nischen des Kanzelkorbes, 1668, stehen Figuren der Apostel. Der ganze Altar mit reichen Schnitzereien erhebt sich bis an die Decke.
Sch. hatte 1939: 335 Einwohner.

Schwachenwalde *(Chłopowo)*, Kr. Arnswalde, Dorf am Kloppsee; schon in vorgeschichtlicher Zeit besiedelt. Im See entdeckte man Pfahlstellungen von möglichen Pfahlbauten. Bedeutsamer ist der bronzezeitliche Hortfund: Schwert, zwei Lanzenspitzen, sieben Messer, neun Tüllenbeile und Ringe. Sch. kam 1363 an das Kloster → Marienwalde und gehörte nach der Reformation zum kurfürstlichen Amt Marienwalde.
Um die Jahrhundertwende wurde die Dorfkirche erbaut. In ihr stand ein gut erhaltener spätgotischer Flügelaltar, um 1500, aus einem Vorgängerbau. Vor einem gemusterten Goldhintergrund standen sechs große Schnitzfiguren: St. Anna selbdritt und Heilige im Mittelfeld, in den Flügeln die zwölf Apostel und weitere Heilige. Die Rückseiten der Flügel sind mit Szenen aus dem Leben Jesu bemalt. 1945 blieb er nur teilweise erhalten.
In Sch. lebten 1939: 795 Einwohner.

Schwanenbeck *(Suchanówko)*, Kr. Saatzig. Hier hatten sich einige geschlossene fränkische Hofanlagen des 18. Jh. erhalten. Erstmals 1487 in einer Urkunde genannt. 1494 ernannte der Johanniter-Ordensmeister Henricus Wolkow zum Pfarrer des Dorfes.
Ein Unwetter vernichtete am 7.7.1745 die ganze Ernte. Am 7.7.1775 tobte ein noch größeres Unwetter; diesen Tag beging die Bevölkerung bis 1945 als Buß- und Bettag.
Die Granitquaderkirche, 13. Jh., wies in der Ostwand drei schlanke Fenster auf. Der später angebaute Turm trug einen hölzernen Oberbau, den eine Ba-

Kanzel der Pfarrkirche zu Schwanenbeck

Schwanteshagen, Ostgiebel der Kirche

rockspitze überragte. Die Inneneinrichtung, Ende 16. Jh., war erhalten geblieben. Die Mitte des reich geschnitzten Renaissancealtars füllte ein Abendmahlbild aus. Ähnlich verziert waren Kanzel und Taufe. An der Orgelempore waren die zwölf Ölgemälde in den Füllungen übermalt worden. Bei den Kämpfen um Sch. fiel die Kirche der Vernichtung anheim.
1939 hatte Sch. 552 Einwohner.

Schwanteshagen *(Świętoszewo),* Kr. Cammin. Die Gegend um das Rittergut Sch. war bereits in frühgeschichtlicher Zeit besiedelt. Ein großes Gräberfeld aus der jüngeren Bronzezeit ist aufgedeckt worden. Auf einer sandigen Erhebung waren in unregelmäßigen Abständen Urnen teils frei im Sand, teils in Steinpackungen beigesetzt worden. In ihren Formen zeigten die Urnen Einflüsse der Lausitzer Kultur. Sehr spärlich waren die Grabbeigaben.
1375 verkaufte Arnold Köller auf Schloß Siegelkow eine Rente im Dorf Sch., einem alten Lehen der von Köller.
Die Kirche ist ein Findlingsbau mit Holzturm. Die beiden Giebel bestehen aus Fachwerk, dessen Gefache mit Backsteinen in verschiedenen Mustern gefüllt sind. Unterhalb des Ostgiebels nimmt eine Reihe von sieben Fenstern fast die ganze Breite der Wand ein. Den Fachwerkturm überragt ein achteckiger Helm.
1933 wurden an der Nordwand Reste gotischer Fresken (Jüngstes Gericht) freigelegt, aber wieder überstrichen. Im Altar, etwa 1700, steht eine Mutter Gottes mit Jesuskind von Mitte 15. Jh. Ein bärtiger Mann, der seine Hände auf die Oberschenkel stützt, trägt die 1622 gestiftete Kanzel.
In dem zur Gemeinde gehörenden Wohnplatz Siegelkow waren in einem steinzeitlichen Hügelgrab eine Lochaxt und ein Feuersteinmesser gefunden worden. Die Burg S. zerstörte 1170 König Waldemar I. von Dänemark. Westlich S. stand im Bruch des Gubenbachs eine Burg der von Köller; 1428 Sitz des bei Cammin erschlagenen Henning von Köller. Heute zeugt nur ein 15 m hoher Hügel im trockengelegten Bruch von ihr.
1939 lebten in Sch. 290 Bewohner.

Schwellin *(Świelino),* Kr. Köslin, Gutsdorf, gehörte bis 1766 der Familie von Kleist.
Die spätgotische Findlingskirche war um 1500 erbaut worden. In der ersten Hälfte 16. Jh. wurde der Turm aus Feld- und Backstein angebaut und mit einer Barockspitze bekrönt. Um 1840 Erweiterung des Schiffes nach Osten, mit einer Altarnische geschlossen. Die Einrichtung kam mit der Erweiterung in die Kirche, nur die Glocke hatte 1648 der

Schwellin, Dorfkirche

Lothringer Franz Dubois eigens dafür gegossen.
Eine Kalkbrennerei verarbeitete in der Nähe anstehende Wiesenkalke.
Sch. hatte 1939: 342 Einwohner.

Schwendt *(Święte)*, Kr. Saatzig. An der Krampehl liegt Sch. mit einer spätmittelalterlichen, heute verputzten Findlingskirche; Ostgiebel mit Blenden gegliedert. Der spätgotische Altar enthält in seinem Mittelschrein die Schnitzfiguren der Mutter Gottes, der hl. Anna und des hl. Christophorus, auf den Flügeln sind Figuren der Apostel zu sehen. Die Kirche war die einzige in Pommern ohne Kanzel.
In Sch. lebten 1939: 248 Einwohner.

Schwente *(Święta)*, Kr. Flatow, als „Szwyanta" 1491 erstmals genannt. Bis etwa 1725 hatte das Dorf vorwiegend polnische Einwohner, bis 1751 auch einen polnischen Schulzen. Die Flatower Grundherren siedelten nach 1721 deutsche Bauern an, denen sie einen deutschen Freischulzen gaben. Bis 1751 hatte das Dorf zwei Schulzen; es bestand also, rechtlich gesehen, aus zwei Dörfern. Danach ging das polnische Freischulzenamt in deutsche Hände über. Die beiden Güter wurden parzelliert.
1853 lebte noch der rüstige 101 Jahre alte Veteran Jakow Wrzeszcz.

Schwerinsburg, Denkmal Graf Schwerin

Schloß Schwerinsburg

Eine Kirche erhielt Sch. erst 1985.
Ein Vorlaubenhaus kaufte um 1980 der Staat auf und richtete es als Heimatmuseum ein.
In Sch. gab es zwei Ziegeleien, eine Molkerei und eine massive Windmühle.
1939 hatte Sch. 1194 Bewohner.

Schwerinsburg, Kr. Anklam. Im Grafenwinkel erbaute sich 1720—1738 Generalmajor Curt Christoph von Schwerin in Kummerow eine eigene Residenz; bei einem Besuch König Friedrich Wilhelms I. in Sch. umbenannt. Bis 1945 blieb das Schloß im Besitz der Familie.
Das zweigeschossige, dreiflügelige Barockschloß hatten italienische Künstler und Handwerker errichtet. Vom weiten Schloßhof mit dem 1790 von Heinrich Bettkober geschaffenen Denkmal des Erbauers führte eine breite Freitreppe in die Eingangshalle im Mittelbau, über der sich der bis unters Dach wölbende „Himmelssaal" mit Stuckornamenten und lebensgroßen Bildern der Königsfamilie befand. Im linken Seitenflügel waren die Wirtschaftsräume und im rechten die Kapelle untergebracht. Zur barocken Ausstattung gehörten Gobelins in vier Räumen und Bilder von Pesne, der sich hier oft aufgehalten und gemalt hatte. Am 1.5.1945 brannten Schloß, Hofgebäude und einige Häuser des Dorfes vollständig nieder; gerettet wurde außer Teilen des Stettiner Staatsarchivs nichts; nur die Außenmauern blieben stehen. Bis auf eine Mauerecke mit Storchennest abgebrochen.

Schwessow *(Świeszewo)*, Kr. Greifenberg. Die Fachwerkkirche von 1696 erhielt später an beiden

Seiten kleine Kapellen. An der Westwand wurde auf Wandvorlagen der Turm mit achteckiger Spitze gebaut. Unmittelbar unter der Traufe liegen die Fenster. Der Altar ist ein schlichter, mit glatten Rundsäulen versehener Barockbau. Am barocken Patronatsgestühl und den beiden Emporen sind Wappen u. a. der von Tessen, von Kameke und von Blankenburg angebracht.
Im Dorf lebten 1939: 470 Einwohner.

Schwirsen *(Świerzno)*, Kr. Cammin; seit Anfang 14. Jh. Flemmingsches Lehen. 1716 vereinigte Reichsgraf Bogislaw Bodo von Flemming die drei verschiedenen Linien gehörenden Anteile. 1734 kam der Besitz durch Erbschaft an die von Wartensleben.
B. B. von Flemming ließ 1730 das Herrenhaus als dreiflügeligen symmetrischen Fachwerkbau vom Zimmermann Johann Andreas Hase aus Stargard erbauen. Mittelbau und Westflügel waren die Wohngebäude; der Saal mit einem hölzernen Spiegelgewölbe reichte im Mittelbau bis in den Dachstuhl. 1728 wurde dieser Raum mit Figuren und Ornamenten ausgemalt. Im Ostflügel waren die Stallungen untergebracht. Nach 1945 verfiel das Haus, erst Mitte der 70er Jahre begann man mit Sicherungsarbeiten. Das Verwalterhaus, ein zweigeschossiger Fachwerkbau von 1660, war vor 1716 Herrenhaus des Flemmingschen Anteils I.
Baumeister Christian Krone errichtete 1681 die

Schwessow, Fachwerkkirche von 1696

Kirche zu Schwolow

Fachwerkkirche; sie mußte 1708 nach Westen und 1727 nach Osten verlängert werden. Den mit Brettern verschalten Dachturm bekrönt eine geschwungene Haube über einem Achteckgeschoß.
Die Flachdecke wurde erst 1938 eingezogen. Der Kanzelaltar von 1727 ist sehr einfach gehalten; zweietagige, bemalte Emporen rahmen ihn ein. Auf der Mitte der Brüstung der Altarschranke war die Taufschale aufgestellt. In der Gruft stand der Kalksteinsarkophag des Bogislaw Bodo von Flemming. 1939 hatte das Gutsdorf 378 Bewohner.

Schwolow *(Swołowo)*, Kr. Stolp. 1240 schenkte Herzog Swantopolk von Pomerellen dem Johanniterorden das Dorf „Zolow", vielleicht Sch., zumal es im Besitz der Johanniterkomturei Stolp war.
Die Kirche, ein Backsteinbau mit Turm, 14./15. Jh., erhielt in neuerer Zeit einen polygonalen Choranbau. Der Turm besitzt ein doppeltes, mit Ziegeln und Schindeln gedecktes Zeltdach. Das Innere mit flacher Holzdecke ist schmucklos.
Sch. hatte 1939: 315 Einwohner.

See Buckow *(Bukowo Morskie)*, Kr. Schlawe. Am

See Buckow, Kreuzigungsrelief

→ Buckower See liegt der Ort, in dem die Zisterzienserabtei „Buckow" stand. 1252 stiftete Herzog Swantopolk II. von Pomerellen das Kloster Buckow und überwies das Dorf dem Kloster Dargun. Bischof Hermann von Cammin weihte es 1253; der Konvent hatte sich wohl erst 1260 in B. niedergelassen. Der Besitz des Klosters lag hauptsächlich zwischen Rügenwalde und Schlawe. Zahlreiche Dörfer und wüste Orte, etwa 40 sind namentlich genannt, der → Buckower und der → Streitzigsee gehörten den Zisterziensern. 1535 dankte Heinrich Kresse, der letzte Abt, ab; der Klosterbesitz wurde mit dem herzoglichen Amt Rügenwalde vereinigt.
Die Mönche hatten Sümpfe trockengelegt, wüste Orte besiedelt und deutsche Kolonisten ins Land geholt. Der deutsche Konvent bemühte sich um ein gutes Verhältnis zu den Pomoranen. Altbewohner und Neusiedler wurden rechtlich völlig gleich behandelt. Die alten Ortsnamen ließ man bestehen.
Die Klostergebäude sind nach der Reformation restlos verschwunden. Sie lagen im Bereich der heutigen Dorfkirche, die schon zur Klosterzeit Pfarrkirche war.
Der Backsteinbau wurde in der ersten Hälfte 14. Jh. als dreischiffige Hallenkirche mit breiterem Chor an den mächtigen älteren Turm mit niedrigem Helm angebaut. Chor und Mittelschiff tragen Sterngewölbe. In der Mittelwand des Chores befand sich ein Sandsteinrelief mit einer Kreuzigungsdarstellung aus dem frühen 14. Jh. (heute im Stolper Museum).
Abt Heinrich Kresse hatte den umfangreichen spätgotischen Flügelaltar gestiftet. Im Mittelschrein stehen Schnitzfiguren dreier Heiliger, in den Flügeln die der Apostel und Heiligen. Diese Flügel sind mit einem Paar weiterer Flügel verschließbar. Diese und die Rückseiten der ersten sind mit Bildern aus dem Leben Jesu im Stil Lukas Cranachs bemalt. Ein einzigartiges Werk gotischer Holzschnitzkunst war der 1476 von Pater Burkard ausgeführte Abtsstuhl. Die Vorderwand ist dreigeteilt mit Eck- und Zwischenfialen, zwischen die Flachbögen mit reichem Maßwerk eingesetzt sind. In der Mitte befindet sich eine Tür; Brüstungen schließen die Seitenöffnungen. Das ganze, farbig gefaßt, krönt eine Wimperge. Der Stuhl war dem Stettiner Landesmuseum übergeben worden. Eine vollständig bemalte Renaissancekanzel stammte von Anfang 17. Jh.
1939 lebten in S. 408 Bewohner.

Seefeld *(Grzędzice)*, Kr. Saatzig; 1248 bei einem Tausch von Landbesitz zwischen Herzog Barnim I. und Bischof Wilhelm von Cammin erstmals urkundlich erwähnt.
Die Dorfkirche ist ein Findlingsbau des späten Mit-

Findlingskirche in Seefeld

Dorfkirche zu Seelow

telalters. Der Turm mit langen Blenden erhielt 1819 ein niedriges Zeltdach.
Im Innern fand man 1910 eine Fülle von Wandmalereien des 15. Jh. Die ganze Kirche war ausgemalt. Den unteren Teil der Bilder umschließt ein gemaltes Fischnetz, darüber stehen Apostel und Heilige mit ihren Attributen. Im Chor stößt der hl. Georg dem Drachen die Lanze in den Rachen. Neben der Kanzel steht ein riesiger Christophorus. Zahlreiche Weihekreuze bezeugen häufige Bischofsbesuche. Über dieser bunten Bilderfolge zieht sich unter der flachen Decke an der Ost- und Südwand in einer Reihe von dreizehn Bildern die Passion Christi entlang. Die Personen sind flächenhaft auf der Bildfläche verteilt, die Proportionen entsprechen der inhaltlichen Bedeutung der Figuren: Christus ist immer der Größte. Nach 1945 wurden diese Fresken sorgfältig restauriert.
1939 lebten in S. 1164 Einwohner.

Seelow *(Żelewo)*, Kr. Greifenhagen. Am westlichen Hochufer des → Madüsees liegt das Dorf, aus dem 1180 Bischof Konrad I. von Cammin dem Kloster Kolbatz den Zehnten überließ. 1238 verkaufte Herzog Barnim I. das Dorf dem Zisterzienserkloster.
Die Gehöfte bestanden größtenteils aus Fachwerk, sind aber nach 1945 zum Teil verfallen und verschwunden.
Neben der Kirche stand bis 1945 die alte „heilige" Linde, auch Eselslinde genannt; an ihr banden, einer Sage nach, die Kolbatzer Mönche ihre Reitesel fest, wenn sie in der Kirche die Messe lasen.
Ende 17. Jh. wurde die heutige Fachwerkkirche mit ihrem freistehenden Turm errichtet. Der Altar von 1698 ist nur noch in seinen seitlichen barocken Schnitzereien erhalten. Die Kanzel aus Eichenholz ist mit Intarsien verziert. In die Füllungen an der Empore sind biblische Szenen aus Seefahrt und Fischerei gemalt.
S. hatte 1939: 245 Einwohner.

Sellin *(Zielin)*, Kr. Greifenberg, war Dompfründegut des Bistums Cammin. 1322 wurde das Patronat der Kirche der Kantorei in Cammin verliehen. Die St. Laurentiuskirche ist ein mittelalterlicher Findlingsbau. Ein Turm aus Backstein wurde 1906 angebaut, der Altarraum dreiseitig erweitert. An der beseitigten Ostwand stand im Putz: „AN.DNI.1384." Bei diesem Umbau wurden mittelalterliche Fresken freigelegt, meist Bruchstücke; ein 1,45 x 1,45 m großes umrahmtes Bild, das Jesus als Gärtner mit Spaten in der Hand und Maria Magdalena zeigt, blieb erhalten. Der Altar ist ein spätba-

Semlow, Grabdenkmal Adam von Behr und Frau

rockes, farbig bemaltes Schnitzwerk. Die Predella zeigt ein Abendmahl mit Schnitzfiguren. Eine farbige Kabinettscheibe stiftete Jürgen Kronn 1597. In S. lebten 1939: 132 Bewohner.

Sellin, Kr. Rügen, Seebad zwischen Ostsee und Selliner See, abgeschirmt durch den Laubwald der Granitz. Jenseits des Waldes liegt der Sandstrand. 1295 gehörte das Dorf zum Besitz der Familie Putbus, die es 1470 dem Kloster Eldena verkaufte. Um 1880 entstand aus dem kleinen Fischerdorf ein Badeort, der sich bald zu einem beliebten Familienbad entwickelte. Schon um 1900 kamen jährlich 4000 bis 5000 Gäste.
1896 wurde die Kleinbahn Putbus—Binz nach S. und Altefähr verlängert und um 1899 nach Göhren weitergeführt; das förderte den Fremdenverkehr. Nach 1945 versucht man die alten Villen zu erhalten, oft vergeblich. Die berühmte Seebrücke mußte abgerissen werden. Heute konzentriert sich das Badeleben auf den Südstrand.
S. hatte 1939: 1205 Einwohner.

Semlow, Kr. Franzburg-Barth, 1398 als Besitz des Ritters Johann Bere genannt; erst Ende 14. Jh. Hauptsitz der Familie Behr, die diesen Besitz bis 1945 behielt.
Anfang 19. Jh. erbaute der kaiserliche Kammerherr Carl von Behre-Negendonk das schlichte klassizistische Schloß, an das sein Sohn Ulrich ein mit Turm gekröntes Gewächshaus anbaute.

Mordkreuz von Sommersdorf

Sommin, Fachwerkkirche

Den Chor der Dorfkirche, Feldsteinbau aus der ersten Hälfte 13. Jh., überspannt ein kuppliges Kreuzgratgewölbe. Der Turm hat ein rundbogiges Portal. Einmalig ist die 1861 durchgeführte, spätnazarenische Ausmalung des Schiffs durch Carl Julius Milde. An der Decke thront in dem zentralen Medaillon Christus Pantokrator auf dem Regenbogen. In kleinen Medaillons sind Brustbilder der Apostel und mehrerer Engel zu sehen. Zwischen den Fenstern und an der Ostwand sitzen die sieben Erzengel. Darunter sind in architektonischem Rahmen alttestamentarische Szenen gemalt.
Den zweigeschossigen Altar mit einer vollplastischen Kreuzigungsgruppe zwischen Moses und Aaron schuf Elias Keßler 1723.
Recht aufwendig sind die Grabdenkmäler für Adam von Behr († 1599) und Frau († 1612) und für seinen Sohn Christoph von Behr († 1638) und Frau; darauf sind die Verstorbenen in Lebensgröße aus feinkörnigem Sandstein gehauen.
Die Friedhofskapelle birgt einen großen Schnitzaltar, Mitte 15. Jh.; ursprünglich stand er in Deyelsdorf, Kr. Demmin. Die Mitte bildet die Krönung Mariens, umstellt von 24 Heiligen in zwei Reihen. In der Predella sind die Büsten der vier Kirchenväter aufgestellt.

In S. lebten 1939: 764 Einwohner.

Simmatzig *(Smardzko),* Kr. Belgard, als „Symanczke" erstmals 1376 urkundlich genannt.
Auf einem steil ansteigenden Hügel steht, von Bäumen umgeben, die Fachwerkkirche mit Dachreiter und Wetterfahne von 1717. Sie sieht aus, als wäre sie am Reißbrett entworfen worden. Es gibt keinerlei Abweichungen der Hölzer. Das Innere hingegen ist recht schmucklos.
1939 lebten in S. 431 Bewohner.

Sommersdorf, Kr. Greifenhagen, im 13. Jh. Besitz der Familie von Insleue oder Insleben. 1276 verlieh Herzog Barnim I. dem Augustinerkloster in Gobelenhagen, später Jasenitz, das Patronat der Kirche in „Samerstorp". 1939 kam S. in den Kreis Greifenhagen.
An der Kirchhofsmauer steht eine 1,90 m hohe und 0,67 m breite Mordwange aus gotländischem Kalkstein. Oben hat sie vier viertelkreisförmige Durchbrechungen, die ein griechisches Kreuz bilden, auf dem der Korpus eingeritzt ist. In gotischen Minuskeln ist der Text ausgegründet: „Im Jahre 1423 wurde Hinrik von Ramin von den Bauern in Wartin erschlagen."
Die Kirche ist oft und viel umgebaut worden. Unter dickem Kalkputz ist nur der Granitquaderbau zu erkennen.
S. hatte 1939: 373 Bewohner.

Windmühle bei Sorenbohm

Sommin *(Somino),* Kr. Bütow, südlichstes Dorf des Kreises am Nordufer des 4,6 qkm großen Somminer Sees, der schon 1311 in einer Grenzbeschreibung genannt wird. In der Bernsdorfer Kirchenmatrikel von 1607 hieß das Dorf „bey dem Sommyn". Lange blieb S. eine deutsche Sprachinsel in kaschubischer Umgebung. 1920 mußten etwa 258 ha mit dem kaschubischen Ortsteil an Polen abgetreten werden.
Auf einer Anhöhe steht die 1755—1757 vom Amtszimmermeister Westphal aus Bütow als Schurzholzbau mit Fachwerkturm errichtete Kirche. Das ganze Gebäude ist seit 1783 mit Schindeln bekleidet. Über dem Schiff ruht eine bemalte Flachdecke. Altar und Kanzel stammen aus dem um 1705 erbauten Vorgängerbau. Zwischen korinthischen Säulen zeigt das Mittelbild des Altars den Gekreuzigten. Die Seitenwangen sind mit Knorpelwerk verziert.
1939 hatte S. 422 Einwohner.

Sorenbohm *(Sarbinowo),* Kr. Köslin, Bauerndorf dicht an der Ostsee, wie Reepel sagt: „Freibad vom Zimmer aus." Dieser Küstenabschnitt war ständig winterlichen Sturmfluten ausgesetzt, die die Vordüne völlig abtrugen. Eine 1200 m lange Ufermauer schützt den Ort vor Überflutungen und gab ihm eine gepflegte Strandpromenade.
Im 13. Jh. entstand „Surebom". 1309 gab Ritter Lubbert Glasenapp an, ihm habe das Kloster Dargun zwei Hägerhufen in S. auf Lebenszeit verliehen.
Die Dorfkirche von 1856 ist ein Nachfolgebau eines älteren, baufälligen Gotteshauses. Eine Glocke und ein farbiges Glasfenster davon kamen in den Neubau, einzelne Fensterteile wurden nicht fachgerecht zusammengesetzt. Ein Wappen und eine Unterschrift beziehen sich auf Bischof Martin Carith von Cammin; die Verglasung stammt also von Anfang 16. Jh.
S. hatte 1939: 677 Bewohner.

Spantekow, Kr. Anklam. Am Ostende des Ortes liegt inmitten einer sumpfigen Wiese auf einem aufgeworfenen Hügel ein wendischer Burgwall, auf dem das Schloß Sp. erbaut wurde. 1389 belehnte

Kloster Stolpe die von Schwerin mit Sp.; bald danach wird ein „castrum Sp." erwähnt. Graf Ulrich von Schwerin und seine Frau Anna von Arnim erbauten 1558—1567 das heutige Wasserschloß, das die Kaiserlichen im Dreißigjährigen Krieg nicht erobern konnten. 1677 nahm der Große Kurfürst das Schloß ein und ließ die Türme und andere Mauerbefestigungen sprengen. König Friedrich Wilhelm I. zog 1720 Sp. als Staatseigentum ein. Ein hundertjähriger Prozeß endete 1833 mit einem Sieg der Grafen von Schwerin. 1939 waren mehrere Dörfer zur Großgemeinde Sp. zusammengefaßt.

Das Schloß war das erste Renaissancebauwerk in Pommern. Es stellt den Übergang von der Burg zur Festung mit Wallanlagen und Kasematten dar. An der Dorfseite ist die Festung über einen schmalen Damm zu erreichen. Hier sichern Bastionen und Kasematten, die mit 4 m hohen Erdaufschüttungen bedeckt sind, den gewundenen Torweg, der zum viereckigen Hof führt. Über dem Tor ist ein Hochrelief des Erbauerpaares eingemauert. Den Hof umgeben unterkellerte Wohn- und Wirtschaftsgebäude, an seiner Nordseite liegen Reste der „alten Burg", ein Mauerhalbkreis von etwa 40 m Durchmesser. 1908 wurden das Wirtschaftshaus und der Remter restauriert. Seit 1945 wird Sp. als Altersheim genutzt.

Die Dorfkirche ist ein stark veränderter spätgotischer Findlingsbau mit einem Fachwerkturm mit Barockhaube. Der Altaraufsatz aus der zweiten Hälfte 17. Jh. zeigt eine von spiraligen, mit Weinlaub umrankten Säulen eingefaßte Kreuzigungsgruppe im Mittelfeld. Im Fenster hinter dem Altar erblickt man kleine Glasmalereien von 1635.

Johann Christoph Adelung (1732—1806), deutscher Sprachmeister und Oberbibliothekar in Dresden.

In der Großgemeinde lebten 1939: 2414; 1980: 1200 Menschen.

Speck *(Mosty)*, Kr. Naugard. Schon um 1080 wird ein Ort gleichen Namens am Niederrhein genannt; die Siedler könnten von dort hergekommen sein. Die Findlingskirche besitzt einen Turm mit massi-

Spantekow, Schloßeingang

vem Untergeschoß und einem hölzernen Oberbau von 1721. Ende 19. Jh. Anbau einer Apsis und einer Vorhalle mit Backsteinen. Für den neuen Altar wurden Teile eines älteren Barockaltars wiederverwendet, so das Kreuz und die Predella mit Abendmahl. Einige Barockfiguren an der Empore aufgestellt.

Das Gutshaus ist ein neuzeitlicher Bau in einem schönen alten Park.

Sp. hatte 1939: 303 Bewohner.

Spyker, Kr. Rügen, besteht nur aus dem Schloß und den Wirtschaftsgebäuden und gehört zur Gemeinde Glowe.

Nach 1318 besaß die Stralsunder Familie von Culpen Sp. Um 1400 heiratete Ursula von Kulpen den Hermann von Jasmund; Sp. blieb im Besitz dieser Familie bis 1649. Der schwedische Feldmarschall C. G. von Wrangel erhielt das Gut als erledigtes Lehen. 1817 kam es in die Hände der Fürsten Putbus.

1650 erbaute der Feldmarschall das Schloß, einen dreigeschossigen Backsteinbau mit vier von welschen Hauben bedeckten Ecktürmen. Im Obergeschoß finden sich noch zwei Räume mit gut erhaltenen Stuckdecken. In großen Medaillons, umrahmt von pflanzlichen und figürlichen Ornamenten, sind in fast vollplastischer Darstellung das Parisurteil sowie Perseus und Andromeda von Antonius Lohr und Nils Eriksson gestaltet.

Von der ursprünglich großen Parkanlage ist nichts mehr vorhanden.

Standemin *(Stanomino)*, Kr. Belgard, liegt am Nonnenbach, einem Nebenbach der → Persante. Im Mittelalter besaßen die Dominikaner aus Stolp hier einen Hof. 1591 Anlegung der Pfarrmatrikel. Der letzte Besitzer von St., Vollrath von Braunschweig, am 17.7.1944 als Widerstandskämpfer hingerichtet.
Die Dorfkirche wurde 1750/51 an einen Backsteinturm von 1572 angebaut. Ihr Altar besteht aus Marmor, Anfang 17. Jh., wahrscheinlich angefertigt von einem Nürnberger Meister. Die Mitte ziert ein Relief „Christus am Kreuz", in Muschelnischen an den Seiten stehen Heiligenfiguren in teilweise vergoldeten Gewändern. Die Kanzel aus dem beginnenden 18. Jh. ist mit Barockarabesken, Blumengewinden und Blattwerk verziert.
In St. lebten 1939: 209 Einwohner.

Stargard *(Stargard Szczeciński)*, Stadt am Nordrand des → Weizackers zu beiden Seiten der → Ihna, an einer der wenigen Übergangsstellen des im Mittelalter schwer passierbaren Ihnatales.
Bereits 1140 wird ein „castrum Stargord" erwähnt. Vor 1187 besaß der Johanniterorden in St. ein Grundstück in der Nähe der späteren St. Johanniskirche. In den Waldungen von St. erhielt 1212/13 das Kloster Kolbatz das Recht zum Holzfällen. Neben der Burg und der Wendensiedlung entstand die

Schloß Spyker

Rathaus in Stargard

deutsche Siedlung, die bereits 1229 mit dem Bau einer Wehr mit drei größeren Türmen, drei Landtoren und einem Wassertor begann. 1243 oder 1253 erhielt St. Magdeburger Stadtrecht, das 1292 in lübisches umgewandelt wurde. 1292 Abbruch der alten Burg im Nordosten.
Am linken Ihnaufer entwickelte sich um den Markt die Oberstadt, während zwischen Ihna und Ihnaarm die Unterstadt entstand; beide wurden mit sechs Brücken verbunden. Seit 1363 war St. Mitglied der Hanse und beteiligte sich am Krieg gegen König Waldemar III. von Dänemark, 1369 und 1394 am Kampf gegen die Vitalienbrüder. Trotz gemeinsamer Hansemitgliedschaft überfiel 1428 die Stettiner Bürgerwehr St. und plünderte es aus.
Die Herzöge Bogislaw VIII. und Bogislaw IX. residierten vorzugsweise in St. Wegen der Ihnaschifffahrt wurde zwischen 1454 und 1460 mit Stettin eine Fehde ausgetragen. Wiederholt trat St. Schutz- und Landfriedensbündnissen gegen Straßenräuber und Mordbrenner bei. Der frühere Franziskanermönch Johann Knipstrow aus Pyritz verkündete 1524 in St. die Lehre Luthers.
1635 wurde der größte Teil der mittelalterlichen Häuser durch Feuer vernichtet. Von 1648 bis 1720 war St. Hauptstadt des brandenburgischen Hinter-

Mühlentor zu Stargard

pommerns. Aus Frankreich wanderten um 1670 Hugenotten ein. Von 1700 an wuchs die Stadt über den mittelalterlichen ummauerten Bereich hinaus. So entstanden die Luisenvorstadt im Norden und Osten, Werder und Wiek im Süden, die Friedrich-Wilhelm- und Jobst-Vorstadt im Norden und Nordwesten. Seit 1783 gab es wieder eine katholische Gemeinde.

1901 war die Bevölkerung auf 25000 angewachsen, St. schied aus dem Kr. Saatzig aus und wurde Stadtkreis. Die Kreisbehörde des Landkreises blieb in St. Neue Behörden wie Land- und Amtsgericht siedelten sich an. Nach 1918 entstanden weitere Stadtrandsiedlungen.

Im März 1945 vernichtete ein Luftangriff viele alte Bürgerhäuser. Der Stadtteil um die Mühlengasse brannte völlig ab. Als die Polen die Stadt übernahmen, waren 70 v.H. der Bausubstanz zerstört. Seit den 50er Jahren begann der Wiederaufbau.

Mittelpunkt der Hansestadt war das *Rathaus* am Marktplatz, Mitte 16. Jh., dessen Westgiebel mit einem Netz spätestgotischen Putzmaßwerks überzogen ist. Um die Fenster sind Vorhangbögen angebracht. Der Ostgiebel ist einfach barock gehalten. Danebenstehende Alte Wache aus dem 18. Jh.

In unmittelbarer Nähe steht die bereits 1350 vollendete *St. Marienkirche*, größte Backsteinkirche Pommerns. Die ursprüngliche Hallenkirche wurde Anfang 15. Jh. zu einer Basilika umgebaut, beginnend mit dem mächtigen Umgangschor, der Hinrich Brunsberg zugeschrieben wird. Bemerkenswert im Chor ist auch das Triforium zwischen den Chorarkaden und den Obergadenfestern—einzigartig in der norddeutschen Backsteinarchitektur. Die Strebepfeiler wurden nach innen gezogen und gaben Raum für Kapellen und Emporen. Um 1500 Erweiterung des Langhauses; seine Höhe beträgt 30 m. Nach dem Brand von 1635 wurden die Sterngewölbe des Hochschiffes erneuert. Die ursprüngliche Doppelturmanlage erhielt im 15. und 16. Jh. ihre mittleren Geschosse. Der Nordturm wurde mit Zinnenkranz, Ecktürmchen und Achteckgeschoß zu Ende gebaut und 1723 mit einer durchbrochenen Barockhaube bekrönt; er erreicht eine Höhe von 84 m.

Marienkirche in Stargard

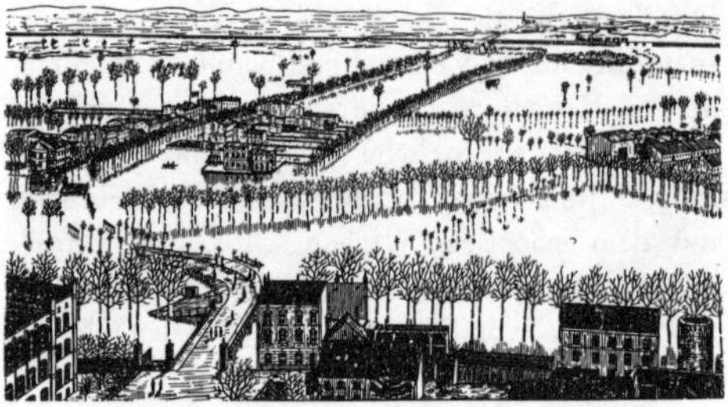

Überschwemmung von 1888 in Stargard

Dekorative Malerei betonte die Gewölbe. In den Kapellen und der Sakristei fanden sich spätgotische figürliche Fresken, darunter ein Erbärmdebild (Christus als Schmerzensmann) und musizierende Engel. Die alte Inneinrichtung fehlt vollständig. Ein 1695 aufgestellter großer Hauptaltar wurde 1819 zerstört. Die Renaissancekanzel von 1683 ist bemerkenswert. Die 1945 schwer beschädigte Kirche wurde seit 1960 wiederaufgebaut und ist völlig hergestellt. Eine der früheren Kirchenglocken befindet sich in Nördlingen.
Der Johanniterorden erbaute sich im 13. Jh. die *St. Johanniskirche;* zwischen 1429 und 1464 Ausbau zu einer dreischiffigen Hallenkirche. Der Turm wurde 1408 begonnen, erhielt 1892 mit seinem neuen Helm eine Höhe von 99 m. Das Langhaus hat Sterngewölbe, die Seitenschiffe Kreuz- und die Kapellen haben Netz- und Zellengewölbe.
Zentrum der Kirche ist der spätgotische Schreinaltar mit doppelten Flügeln. Die Schnitzfiguren des thronenden Christus und der Mutter Gottes bilden die Mitte; auf vier Reliefs ist die Geschichte Johannes des Täufers dargestellt. In den weiteren Ansichten der Flügel sind 32 kleine Heiligenfiguren und eine Kreuzigungsgruppe aufgestellt. 1945 wurden die Figuren zerstört; nur die gemalten Flügel blieben verschont und befinden sich im Stettiner Museum.
Von den Bürgerhäusern blieb neben dem Pyritzer Tor das *Brüggemannsche Haus* erhalten; heute beherbergt es eine Bibliothek. Das Haus *Große Mühlengasse 8* besitzt ein Portal mit buntglasierten Backsteinen aus dem 15. Jh.
Die Stadtwehr aus Findlingen und Backstein blieb großenteils erhalten, ebenso das *Pyritzer* und das *Walltor,* dieses mit Vorhangbögen, 16. Jh., und geputztem Giebel mit Sgraffitos in den Blenden, 17. Jh. Die einzige zweitürmige Toranlage in Pommern, das *Mühlentor,* überspannt den Stadtarm der Ihna. Ein großer gotischer Bogen verbindet beide Türme und ließ kleine Schiffe in den Hafen der Stadt hindurch. Unweit des Johannistores steht der 34 m hohe Turm *Rotes Meer* von 1513, nach einem Tümpel „Am roten Meer" genannt. In einem Fußgängerdurchgang kann man auch heute noch trockenen Fußes das Rote Meer durchschreiten. Der zylindrische Oberbau ist mit schwarz glasierten Bindern rautenförmig gemustert.
Schon 1329 besaß St. eine öffentliche Schule. An den beiden Kirchen entstanden im 16. Jh. Pfarrschulen. 1633 stiftete Bürgermeister Gröning das Gröningsche Kollegium; 1714 zum akademischen Gymnasium erhoben, existierte es bis 1945. 1908 wurde ein Heimatmuseum eingerichtet; 1945 völlig vernichtet. Die erste Zeitung war „Die Musterung", 1771/72.

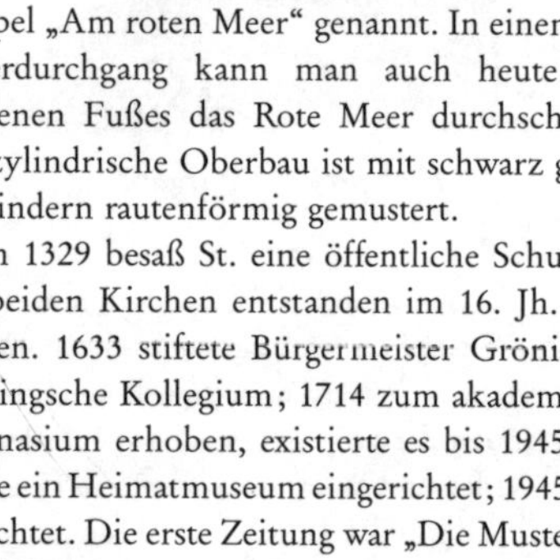

Am Walltor in Stargard

Die Berlin-Stettiner Eisenbahn erreichte St. als zweite größere Stadt Pommerns 1846. Ihr weiterer Ausbau als St.-Posensche Eisenbahn nach Kreuz 1847/48 verband St. mit der Preußischen Ostbahn. Die Hinterpommersche Eisenbahn nahm hier ihren Ausgang, als 1859 die Strecke St.—Körlin gebaut wurde; 1870 nach Danzig verlängert.

Im Mittelalter war St. stark am land- und seewärtigen Getreidehandel beteiligt. Die Hansetage wurden seit 1363 regelmäßig beschickt. Der Dreißigjährige Krieg wirkte sich verheerend aus. 1644 mußte die Stadt ihre Zahlungsunfähigkeit erklären.

Das 1859 in Betrieb genommene Reichsbahn-Ausbesserungswerk brachte der städtischen Bauwirtschaft neue Impulse. Landwirtschaftliche Verarbeitungsbetriebe: Mühlen, Landmaschinenbau, ergänzt durch eine Seifen- (seit 1947 wieder in Betrieb) und eine Möbelfabrik. Weithin bekannt wurde die Likörfabrik „Mampe", über die Theodor Fontane den Vers schrieb:

„Davos oder Nizza, oder Sylt oder Föhr —
oder bloß auch Mampes Magenlikör."

Hans Lukas von Cranach (1855—1929), seit 1894 Burghauptmann der Wartburg, seit 1907 Mitarbeiter am Wartburgwerk.

Martin Wehrmann (1861—1937), pommerscher Landeshistoriker, 1921—1926 Direktor des Gröningschen Gymnasiums.

Pyritzer Tor in Stargard

Pfarrkirche zu Stargordt

St. hatte 1939: 37762; 1983: 63344 Bewohner.

Stargordt *(Starogard Łobeski)*, Kr. Regenwalde. Südwestlich des Dorfes liegt in einer Wiesenniederung der Rega ein alter wendischer Burgwall. Seit dem 12. Jh. gehörten Gut und Dorf der Familie von Borcke.

1717—1720 ließ Generalfeldmarschall Adrian Bernhard Graf von Borcke sein Schloß durch einen holländischen Baumeister errichten; es zählte zu den schönsten Barockbauten Pommerns. Der zweigeschossige Putzbau mit Mansardendach wies einen breiten Ziergiebel an der Langseite auf. Der Seitenflügel in gleichem Stil kam 1743 hinzu. Beachtenswert war die freischwebende Eichentreppe, die beide Geschosse verband. Neben einer Ahnengalerie (20 Porträts) bedeutende Gobelinsammlung, Anfang 18. Jh., mit Darstellungen der antiken Sagenwelt in Anlehnung an Ovids Metamorphosen. 1945 brannten die Russen das Schloß mit seiner wertvollen Einrichtung nieder.

Die Dorfkirche von 1579 war eine der seltenen Fachwerkkirchen des 16. Jh., der Turm ist erst 1908

angebaut worden. Die Fenster reichen bis an das Rahmenholz. Die Zimmerleute verzierten die Träger der Empore spiralig.
Neben der Kirche stand der Fachwerkbau des Pfarrhauses von 1576/77.
Das Borckesche Gut hatte eine Größe von 1537 ha. 1939 lebten in St. 629 Einwohner.

Starkow, Kr. Franzburg-Barth. Im Dorf an der Barthe verlieh Fürst Witzlaw I. von Rügen 1242 dem Magister Iwan von St. das Patronat der zu erbauenden Kirche.
Der Backsteinbau der Basilika St. Jürgen entstand 1242. Seine Fenster im Obergaden sind zweiteilig und rundbogig. Die Portale in der Nord- und Südwand haben Gewände aus wechselnden roten und schwarzen Glasursteinen. Um 1300 wurde der Chor mit fünfseitigem Schluß und großen spitzbogigen Fenstern angebaut. Unter dem Hauptgesims befindet sich ein Spitzbogenfries aus glasierten Backsteinen. Kreuzrippengewölbe umspannen Langhaus und Chor, die Seitenschiffe haben Bretterdecken.
1928 nach Altenhagen eingemeindet.

Starsen *(Starzno),* Kr. Schlochau, wohl schon vor 1310 vorhandenes Straßendorf am Südufer des Starsener Sees an der Grenze zum Kr. Rummelsburg. 1564 wird eine „villa deserta Starzno" erwähnt, in der der Schlochauer Starost Latalski dem Schulzen

Langhaus der Kirche zu Starkow

Schurzholzhaus in Stegers

Peter Konewka 40 Hufen mit dem Auftrag, Bauern anzusiedeln, übergab. 1928 wurde das Rittergut Engsee mit dem Dorf vereinigt. Seit 1957 gehört St. zum Kr. Rummelsburg.
Die St. Nikolauskirche ist aus Holz erbaut und mit Schindeln gedeckt. Sie soll bis in pomerellische Zeiten zurückreichen.
Schon vor 1800 besaß das Dorf eine Schule. Organist Prill aus Flötenstein versah 25 Jahre lang den Schuldienst in Schlafrock, Zipfelmütze, Holzpantoffeln und einer langen Pfeife im Mund. Während des Unterrichts spann er auch oder strickte Strümpfe. Kein Schulrat verirrte sich in diese Einöde. Seinen seminaristisch vorgebildeten Nachfolger Hinz brachte diese Einsamkeit um den Verstand, im zweiten Jahr nahm er sich im See das Leben.
St. hatte 1939: 250 Bewohner.

Stegers *(Rzeczenica),* Kr. Schlochau, am Südrand der Schlochauer Heide; seine Umgebung war schon in frühgeschichtlicher Zeit besiedelt. 1889 Depotfund aus der mittleren Bronzezeit (1550—1200 v. Chr.), darunter eine Bronzescheibenfibel.
Komtur Heinrich von Grobitz stellte 1376 Nickel Steger eine Handfeste zu kulmischem Recht aus und übergab ihm 83 Hufen für die Gründung eines Dorfes. Der Hussiteneinfall 1433 und die Nordischen Kriege haben das Dorf schwer in Mitleidenschaft gezogen. 1690 entstand eine Schule; Adam Klemp und sein Sohn Peter lehrten jahrzehntelang in ihrem

Blick über den Dorfsee auf Steinau

Haus. 1945 fanden in einem Blutbad 40 Menschen den Tod.
Die erste Schurzholzkirche von 1595 wurde 1874 abgerissen und 1876 durch einen Neubau ersetzt. Bei der Ausbesserung des Turms (1904) wehte der Sturm den Turmhelm auf das Kirchendach.
Vor 1945 standen in St. noch zahlreiche Schurzholzhäuser.
Bis 1865 wurde eine mäßig erfolgreiche Bernsteingräberei betrieben. Im 20. Jh. siedelten sich trotz fehlender Eisenbahnverbindung ein Sägewerk, eine Zementfabrik, eine Molkerei und eine Mühle an. Für die umliegenden Dörfer war St. ein Unterzentrum, in dem sogar ein Uhrmacher und ein Fotohändler ihre Geschäfte hatten.
1939 lebten in St. 1972; 1983 in der Großgemeinde (274,9 qkm) 3760 Einwohner.

Steinau *(Głubczyn),* Kr. Flatow, als „Glupczyn" 1384 genannt.
Das Gutshaus wurde um 1810 erbaut.
1588 stiftete der Abt in Blesen, Andreas von Koscielec, Erbherr von St. und Stahren, die katholische Kirche. Eine Glocke von 1613 trug die Inschrift: „Godt der Here schop mi, Joachim Karstedt ghodt mi der hilligen dre Faldischeidt. Godt si gelavet in Ewigkeit."
St. hatte 1939: 504 Einwohner.

Steinhagen, Kr. Franzburg-Barth, lag auf dem Gebiet der Zisterzienserabtei Neuenkamp. Der Abt war wohl der Patron der Dorfkirche. Bischof Gottfried von Schwerin gab 1300 der Kirche zwei Hufen Land.
St. besitzt eine stattliche Backsteinkirche aus dem späten 13. Jh. An der Nordseite wurde sie um ein Seitenschiff erweitert. Je ein Satteldach bedeckt Haupt- und Seitenschiff, beide kreuzrippengewölbt. Wohl im 15. Jh. wurde der Turm angebaut. Auf dem Altar steht jetzt eine hölzerne Triumphkreuzgruppe, Anfang 16. Jh. Aus der zweiten Hälfte 17. Jh. stammt die geschnitzte Kanzel, an deren Korb und Treppe Bilder aus der Passion Christi gemalt sind. Ein Holzepitaph für das Ehepaar von Klinkowström, † 1663 und 1676, zeigt neben den Porträts Bilder der Kreuzabnahme und der Grablegung.
513 Einwohner lebten 1939 in St.

Steinmark *(Sławianowo),* Kr. Flatow. Am Steinmarker See liegt das schon 1496 genannte „Slawyanowo". 1498 war ein Johannes Besitzer des Dorfes, nach dem er sich „Slawianowski" nannte. 1715 gewann der Pfarrer in der Lotterie einen hohen Geldbetrag, kaufte im gleichen Jahr und 1721 zwei Glocken und schenkte sie der Gemeinde. Die St. Jakobuskirche von 1653 war ein Holzbau mit einer Barbarakapelle. Die Schnitzfigur der Heiligen trug ein goldenes Kleid mit silbernen Blumen.
Die jetzige Fachwerkkirche stammt von 1806. 1858

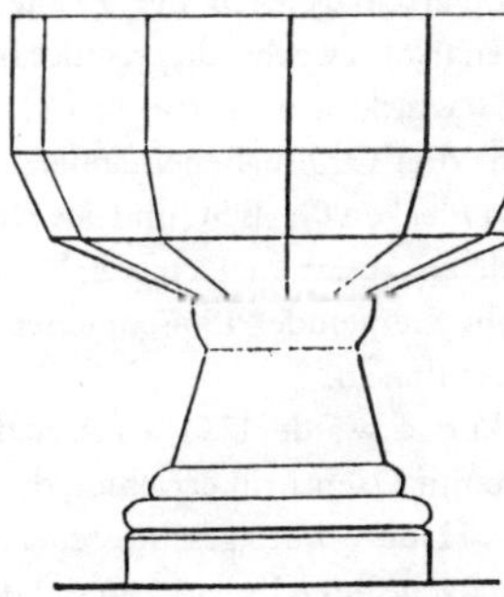

Taufstein in der Kirche zu Steinhagen

Fachwerkkirche zu Steinmark

wurden in einem Glockenstuhl fünf Glocken aufgehängt; die älteste von 1613 überstand den Zweiten Weltkrieg. Das gesamte Kircheninventar einschließlich Meßwein wurde 1945 gerettet.
1939 hatte St. 339 Bewohner.

Stepenitz *(Stepnica),* Kr. Cammin. Kurz vor der Mündung des Gubenbaches bzw. Stepenitzbaches in das Papenwasser liegt das 1278 dem Gottfried von Breslau von Herzog Barnim I. verliehene Dorf. 1366 schenkten die Brüder Timmo, Dietrich und Henning von Flemming dem Stettiner Zisterzienserinnenkloster das Gut St. Nach der Reformation kam Groß St. an das herzogliche Amt Alten-Stettin. 1721 wird St. als „Städtlein" bezeichnet. 1750 wurde der letzte Bär in Pommern, vor St. im Wasser schwimmend, erschlagen. In der zweiten Hälfte 18. Jh. wurden in St. zwei bis drei seetüchtige Schiffe gebaut. 1870 wurde St. Marktflecken. Damals gab es mindestens drei Orte nebeneinander: das Dorf Groß St., den Flecken Groß St. und das Dorf Klein St. Alle bildeten zusammen eine halb ländliche, halb städtische Gemeinde; 1936 zu einer einzigen zusammengeschlossen.
Die Fischerkirche wurde 1741 als kreuzförmiger Fachwerkbau mit Dachturm errichtet, den eine geschwungene Haube mit geschlossener Laterne krönt. Im flachgedeckten Innenraum stand ein Kanzelaltar, um 1740.
1903 wurde die Greifenberger Kleinbahn von Gülzow nach St. gebaut. Dadurch erhielt der Fischer-, Handwerker- und Marktort zusätzlich die Funktion eines Umschlagplatzes für die Produkte des Zarnglaffer Kalkwerkes.
Drei große Sägewerke verarbeiten das Holz der Gollnower Heide. Der Hafften lieferte einer Ziegelei den Rohstoff. Die Fischer hatten zwei Häfen. In den 30er Jahren wurde am Papenwasser sogar ein Strand für die Badegäste aus Stettin aufgespült.
Im 19. Jh. kamen viele berühmte Seefahrer aus und um St., so Kapitän *Robert Hilgendorff* (1852—1936), Kommodore der damals größten Segelschiffsreederei der Welt, F. Laeisz in Hamburg. 62mal hatte er Kap Hoorn umsegelt.
St. zählte 1939: 2830 Bewohner. 1983 Großgemeinde *(Gmina)* von 292,8 qkm Fläche mit 4346 Einwohnern.

Stettin *(Szczecin).* Die Hauptstadt der Provinz Pommern liegt auf dem Westufer der unteren Oder, die nach ihrem Durchbruch durch den Baltischen Höhenzug eine Niederung von fast 8 km Breite einnimmt. Hier gab es die letzte Möglichkeit, das von Westoder und Reglitz durchflossene Tal zu überqueren. Die Stadt zieht sich aus dem Odertal den Rand der Randower Hochfläche hinauf. Die ersten nach-

Dorfkirche in Stepenitz

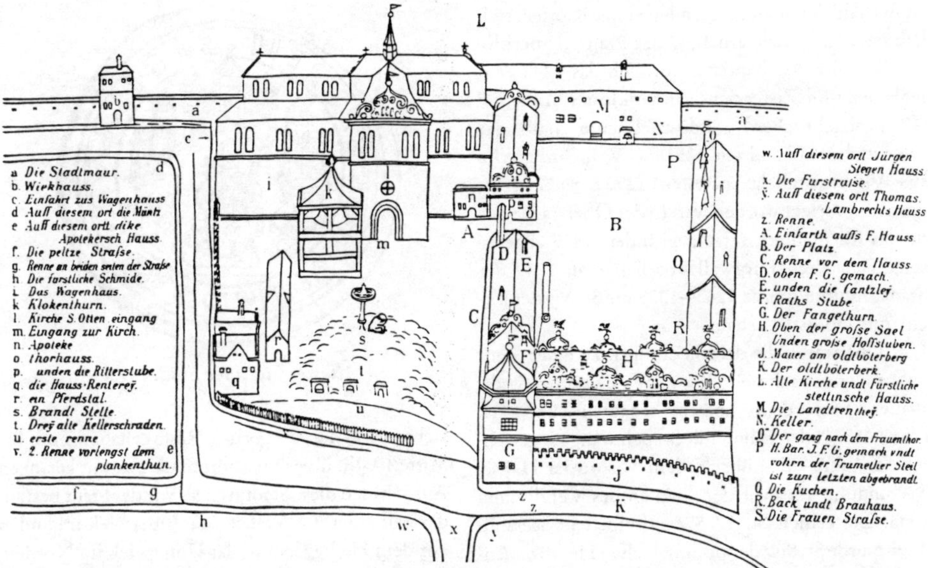

Stettin. Schloß vor 1577. Vogelschauansicht von Süden nach einer Zeichnung von 1607. In: Hugo Lemcke, Die Bau- und Kunstdenkmäler Stettin: Léon Saunier, 1909, und Martin Wehrmann, Geschichte der Stadt Stettin, Stettin: Léon Saunier, 1911

Stettiner Schloß

weislichen Siedlungstätigkeiten liegen auf dem Gelände der Burg bzw. des Greifenschlosses. Als Endpunkt einer Burgenreihe entlang des Odertals stand hier eine Höhenburg der Lausitzer Kultur (etwa 750—500 v. Chr., also die jüngste Bronzezeit). In der frühen Eisenzeit, um 5. Jh. v. Chr., gab es eine germanische Nachfolgesiedlung; im 8. und 9. Jh. n. Chr. von einer wendischen Fischer- und Handwerkersiedlung abgelöst. Bei einem Vorstoß nach Norden eroberten die Polen 1091 die pomoranische Burg St., die frühere Höhenburg, damals schon Fürstensitz, aber erst 1107 urkundlich bezeugt. Beim ersten Besuch Bischof Ottos von Bamberg 1124 lag zwischen Burgwall und Strom die alte Wendensiedlung Kessin mit dem späteren Krautmarkt. Durch Zuwanderung entwickelten sich zwei deutsche Marktsiedlungen: die erste südlich von Kessin am Fluß, Unter- bzw. Altstadt als Kauf- und Seeleutesiedlung bis 1260. Mittelpunkt war der spätere Heumarkt mit dem alten Rathaus und der St. Nikolaikirche. Die zweite, Ober- bzw. Neustadt, lag westlich davon, zunächst eine Siedlung von Grundbesitzern um den Roßmarkt und die St. Jakobikirche, 1180—1187.

Aus der Reihe der zahllosen Neusiedler trat 1187 der Kaufmann Beringer aus Franken durch seine Stiftung der St. Jakobikirche hervor.

Um 1190 baute König Knut VI. von Dänemark die 1173 eroberte „Burstaborg“ (dänischer Name der Stettiner Burg) wieder auf. Herzog Barnim I. unterstellte 1237 die Wendensiedlung, „oppidum Stetin“, der Gerichtsbarkeit der deutschen Unterstadt. 1243 verlieh er der gesamten Siedlung Magdeburger Stadtrecht.

Außerhalb der Stadt entstanden einige Klöster: südlich der Unterstadt um 1240 das Franziskanerkloster St. Johannes baptista, nördlich das 1243 erstmals genannte Zisterzienserinnenkloster Marienttal (1904 abgebrochen). Südöstlich, unterhalb der Oberstadt, entstand vor 1253 das Wilhelmitenkloster Wilhelmstal, das spätestens 1290 nach Gartz an der Oder verlegt worden war. In der Oberstadt wurde das Karmeliterkloster gegründet (1839 abgerissen). Den alten Burgwall überließ man 1249 der Stadt; auf ihm wurde 1263—1335 die St. Marienkirche mit Domstift erbaut.

Um 1263 waren die drei Siedlungen zu einer Stadt zusammengewachsen. 1283 wurde zwischen Stadtmauer und dem später erbauten Bollwerk (1550—1570) der Hafen mit Stapelzwang eingerichtet. St. nahm mit Lübeck, dem Vorort der Hanse, Verbindung auf. Mit den Städten des Wendischen Quartiers erhielt St. 1278 Zollfreiheit in Seeland. 1295 wurde St. Sitz der pommerschen Herzöge. Anfang 14. Jh. wurde die Stadt nach Süden bis einschließlich dem Franziskanerkloster erweitert.

Auf dem ehemaligen Burgwall baute Herzog Barnim III. 1346 ein „Steinhaus", entgegen den Zusagen Herzog Barnims I., hier keine Burg zu bauen. Zwischen 1275 und 1325 wurde die Stadtbefestigung er-

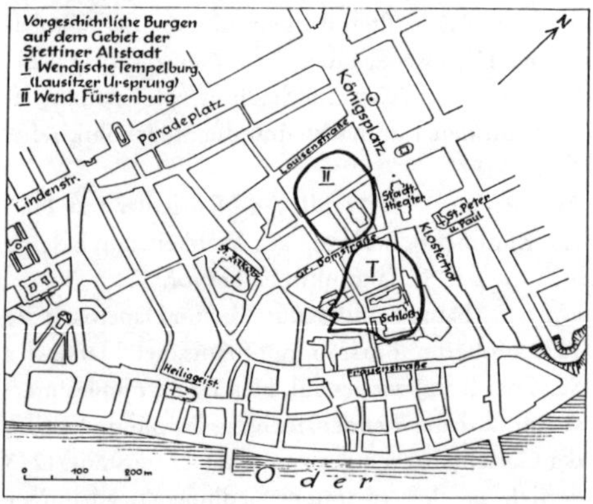

Wendische Tempel- und Fürstenburg zu Stettin

Ältestes Stettiner Stadtsiegel

richtet, von der nur geringe Reste erhalten sind. Bis Mitte 19. Jh. überschritt die Stadt nur mit geringen Ausnahmen diese Stadtgrenze. Vor der Stadt bestanden seit jeher die Wieken: das Oberwiek im Süden vor dem Heiliggeisttor, das Unterwiek im Norden, vom Uferstreifen und Höhenrand bis gegen den Wiekenberg, dann die Lastadie, seit 1298 so genannt, ein Viertel von Speichern, Höfen und Schuppen auf dem anderen Oderufer. Seit 1283 führte die Lange Brücke unterhalb der 1903 erbauten Hansabrücke hinüber, die später durch die Küter-, dann Baumbrücke Entlastung erhielt.

Außerhalb des Stadtwalles lag im Norden die vor 1300 erbaute St. Peter-und-Paul-Kirche. Im 14. Jh. setzte die Stadt ihre vorsichtige Hansepolitik fort: Vorteile zu genießen und Streitigkeiten zu vermeiden. In der Politik gegen die Herzöge glückte St. 1467 eine Erweiterung seiner Privilegien, zumal das Herzogshaus bei der Stadt tief in der Kreide stand. Doch Herzog Bogislaw X. begann die städtischen Freiheiten einzuschränken. 1482 wurde St. zum Landschoß herangezogen, einer herzoglichen Vermögenssteuer. Seit 1491 ist die Stadt ständige herzogliche Residenz. Die Verbindung zur Hanse lockerte sich allmählich. Nach 1534 erhoffte sich St. eine größere Unabhängigkeit vom Landesherrn, scheiterte aber sowohl bei Herzog Johann Friedrich als auch bei Herzog Philipp II., der sogar beim finanziellen Zusammenbruch der Stadt, als Spätfolge des Konkurses des Handelshauses Loitz (1572), 1612 ordnend eingreifen mußte. Seit 1571 lag St. in ständigem Streit um das Stapelrecht mit Frankfurt/Oder.

Im Dreißigjährigen Krieg blieb St. zunächst verschont, bis 1630 die Stadt den Schweden übergeben werden mußte und König Gustav Adolf in der Oderburg, dem ehemaligen Kartäuserkloster Gottesgnaden (1360), Quartier bezog. Außerhalb der mittelalterlichen Stadtwehr entstanden Erdwälle; dabei wurde die alte „Herrenfreiheit", das Zisterzienserinnenkloster und ein Teil des Unterwiek einbezogen. 1637 starb Herzog Bogislaw XIV., letzter Pommernherzog in St. Bis 1654 stand sein Sarg vergessen in einem Raum des Schlosses, ehe er in der Schloßkirche beigesetzt wurde.

Im Westfälischen Frieden kam St. an Schweden. Der Große Kurfürst belagerte St. 1676 und 1677, konnte es am 26./27.12.1677 besetzen, aber nur bis zum Frieden von St. Germain 1679. Erst im Stockholmer Frieden 1720 konnte König Friedrich Wilhelm I. die Stadt endgültig für Preußen erlangen. Die pommersche Kriegs- und Domänenkammer wurde 1723, das Hofgericht 1739 und das Konsistorium 1738 in St. eingerichtet.

Von 1724 bis 1740 Ausbau zur stärksten Festung; dafür verschwand die gesamte mittelalterliche Befestigung. Die Stadt gestaltete man völlig neu, baute das Schloß vereinfacht wieder auf, schüttete den Stadtgraben zu und legte Plätze an. Durch den Aus-

Stettiner Schloß von der Oder aus

Stettiner Schloß

bau der → Swine 1740 wurde St. zum wichtigsten Hafen Preußens. 1806 wurde St. kampflos 800 französischen Reitern übergeben. Die Regierungsbehörden mußten wegen der französischen Besatzung bis 1814 nach Stargard ausgelagert werden.
Danach entwickelte sich St. zu einem wichtigen Verwaltungs- und Wirtschaftsmittelpunkt. 1823 mit städtischer Garantie Gründung der ersten Sparkasse. Durch Verlegung der Festungswerke nach Süden versuchte man 1845 die Stadt als Festung zu erhalten; 1845—1870 entstand die „Neustadt", rechts der Oder breitete sich die Silberwiese aus, die seit 1853 durch eine Brücke vom Eisenbahnbollwerk mit der Stadt verbunden ist. Die erste Wasserleitung stammt von 1856. Nach der Entfernung der Festungsanlagen 1873 konnte sich die Stadt nach Westen und Nordwesten ausdehnen. Nach Entwürfen des Pariser Architekten Haussmann Anlage ausgedehnter Wohnviertel mit breiten Boulevards. Die Vorstädte Pommerensdorfer Anlage, Torney, Friedenshof, Petrihof und Grünhof wurden ausgebaut. 1900 Eingemeindung der Vororte → Grabow, Bredow und Nemitz, 1911 Brausfelde, Neuwestend, Eckerberg, Schwarzow und Zabelsdorf. Mit der Schaffung Groß Stettins 1939 wurde die Stadt nach Berlin und Hamburg mit 461 qkm zur flächenmäßig drittgrößten Stadt Deutschlands. Dafür Auflösung des Kreises → Randow; die Städte → Altdamm und → Pölitz, die Dörfer → Züllchow, Brunn, Gotzlow, Frauendorf, → Stolzenhagen, → Odermünde, Messenthin, Zedlitzfelde, Neuendorf, Buchholz, Warsow, Alt Leese, Wussow, Polchow, Völschendorf, Krekow, → Möhringen, Stöven, Carow, → Scheune, → Pommerensdorf, → Güstow, Klein Reinkendorf, Mandelkow, Curow, Pritzlow, → Hohenzahden, Niederzahden, → Podejuch, → Finkenwalde, der Forstbezirk → Buchheide und der → Dammsche See kamen nach St. Der Kreis Greifenhagen trat → Sydowsaue, → Hökendorf, → Buchholz-Hohenkrug und → Mühlenbeck ab. Vom Kreis Naugard erhielt St. Franzhausen und → Augustwalde.
Während des Zweiten Weltkrieges wurde St. zu 60 v.H. zerstört; die Altstadt nach 1945 größtenteils eingeebnet. Große Backsteinmengen aus den Trümmern gingen nach Warschau. Bei der Besetzung durch die Russen setzte Marschall Schukow einen deutschen Kommunisten ein, um die Verwaltung zu organisieren; am 5.7.1945 setzten ihn die Polen ab. Die Ausweisung der Bevölkerung begann; 1948 lebten nur noch 440 Deutsche in der Stadt.
Seit etwa 1954 begann der Wiederaufbau, der sie

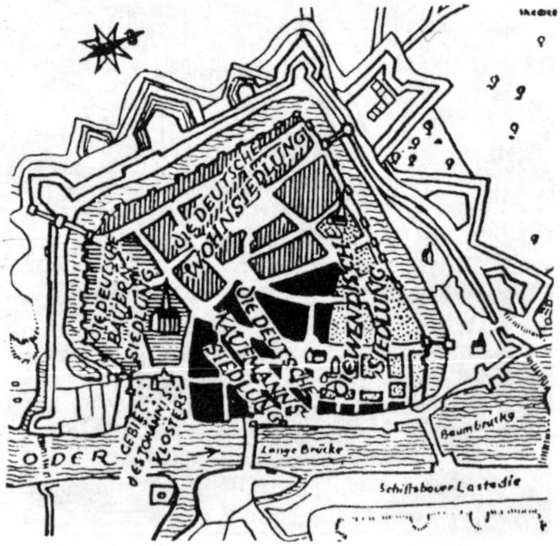

Stettin, deutsche und wendische Siedlung

zum größten Seehafen und zu einer der großen Industriestädte Polens machte.

Herzogsschloß: Herzog Barnim III. begann 1346 mit dem Bau des Schlosses auf dem alten wendischen Burgwall, daneben entstand die Kirche St. Otto als herzogliche Begräbniskirche. Herzog Bogislaw X. erweiterte diesen Bau 1503 um den Südflügel mit Uhrenturm. Fünf quergestellte und reich verzierte Giebel hoben ihn stark hervor. Bemerkenswert waren die drei Remter. Herzog Barnim IX. errichtete 1538 entlang der Oderseite den langen Ostflügel. Herzog Johann Friedrich ließ den alten Barnimsbau mit der St. Ottenkirche abreißen und erbaute 1577 den Nord- und Westflügel; in jenen wurde die älteste protestantische Kirche, die Schloßkirche, mit zweigeschossig umlaufender Empore eingebaut. Der jüngste Bauteil ist der sogenannte „Philippsbau", den Herzog Philipp II. errichten ließ, um seine große Kunstsammlung aufzunehmen; darin befanden sich der Pommersche Kunstschrank und die Lubinsche Karte von Pommern.

Nach den schweren Schäden bei der Belagerung 1677 wurde das Schloß wiederauf- und umgebaut. 1945 brannte es völlig aus.

Beim Wiederaufbau wurde der Ostflügel in seinen

St. Jakobi zu Stettin

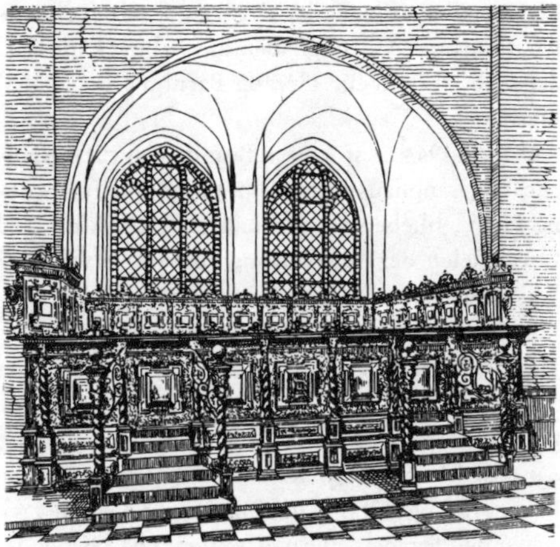

Ratsgestühl aus St. Jakobi in Stettin

Renaissanceformen (vor 1677) rekonstruiert. Der Bogislawbau erhielt ein Theater. Die Räume des Nordflügels dienen auch heute Repräsentationszwecken. Die Schloßkirche verlor ihre Inneneinrichtung, den Renaissancealtar von Johann Baptist Perino aus Florenz und das Holzepitaph für Bogislaw X. von 1565. Der Raum dient in seiner ursprünglichen Form als Konzertsaal. Auch der Philippsbau ist wiedererstanden. Die Särge der Herzöge und anderer Familienmitglieder sind in einem Gewölbe an der Ostseite des Schlosses aufgestellt.

Nach dem Abbruch der St. Marienkirche 1831 wurde die *St. Jakobikirche* Hauptkirche der Stadt, ein spätgotischer Hallenbau mit einem Chor, der fast genauso groß wie das Langhaus ist. Der ursprüngliche zweitürmige Bau erhielt 1456—1503 einen Mittelturm. Bei Belagerungen wurde die Kirche immer wieder beschädigt. Die mittelalterliche Einrichtung mit 52 Altären war schon im 17. Jh. untergegangen. 1709 wurde der Altar von Erhard Löffler als zweigeschossiger Bau aus Holz geschaffen; Orgel 1699 nach einem Entwurf von Matthäus Schurich aus Dresden erbaut. An ihr wirkte Carl Loewe 43 Jahre lang. Nach seinem Tode 1869 mauerte man sein

Herz in einem Pfeiler der Orgel ein. Aus der ehemaligen Kartause Gottesgnaden in Grabow kam 1904 der Gedenkstein für Herzog Barnim III. († 1368) hierher.

Am 17. 8. 1944 zerstörte ein Bombenangriff die Kirche. Das Langhaus stürzte ein; Chor und Turm, ohne Helm, blieben zwar erhalten, doch Altar und Orgel fielen der Vernichtung anheim. Nach 1945 Wiederaufbau der Kirche, ein kleiner gotischer Altar aus dem Kloster Kolbatz wurde aufgestellt.

Der Chorbau der *Franziskanerkirche St. Johannes der Täufer* stammt von 1300—1350. Das Langhaus, eine gotische dreischiffige Halle mit Sterngewölben im Mittelschiff, wurde in der zweiten Hälfte 14. Jh. erbaut; Anfang 15. Jh. um niedrige Kapellen zwischen den Strebepfeilern erweitert. Die Giebel des Langhauses sind reich mit Blenden gegliedert, zumal der Westgiebel mit neun Fialen, Spitzbogenblenden und gemauertem Maßwerk. Die dazugehörigen Klostergebäude wurden 1862 abgebrochen. Ohne größere Schäden überstand St. Johannes das Jahr 1945.

Wohl an der Stelle, an der Otto von Bamberg die erste Kirche geweiht hatte, wurde im 15. Jh. der neue gotische Backsteinbau der Kirche *St. Peter und Paul* errichtet; 1677—1683 einschiffig umgebaut, eine bogenförmige Holzdecke eingezogen. Besonders reich

St.-Peter-und-Paulskirche zu Stettin

Johanniskirche in Stettin

ist das Westportal gegliedert. An den nach innen gezogenen Strebepfeilern sind Nischen für Statuen angebracht, deren Konsolen aus sehr realistisch und individuell gestalteten Terrakottaköpfen bestehen. Ein Schreinaltar von Anfang 16. Jh. ist auch heute noch Mitte der Kirche.

Von den übrigen mittelalterlichen Bauten ist wenig erhalten, so der *Loitzenhof*, erste Hälfte 16. Jh., mit Treppenturm und spätgotischen Maßwerkblenden aus Putz. Im 17. Jh. war er Besitz der Schweizer Familie Dubendorf, die dort ihre Zuckerbäckerei hatte; vor 1945 verwahrlost und von Armen bewohnt. Nach der völligen Zerstörung 1956 als Oberschule der Schönen Künste wiederaufgebaut.

Am Heumarkt steht das *alte Rathaus* von vor 1240; nach 1677 als barocker Putzbau aufgebaut, 1972 rekonstruiert, nachdem unter dem Putz der gotische Kern zum Vorschein kam. Der Schaugiebel wurde frei in alten Proportionen neu gestaltet. Der Ratskeller mit Sterngewölben wird gastronomisch genutzt; im Haus ist die stadtgeschichtliche Abteilung des Nationalmuseums untergebracht.

Seit 1720 wurde St. umfangreich ausgebaut. Bedeutsame Bauwerke sind das Landeshaus von 1725 bis 1727, worin das Pommersche Landesmuseum un-

Reste mittelalterlicher Wehrbauten Stettins

tergebracht war. Abraham Dubendorf errichtete 1729—1732 die von einem wasserspeienden schwarzen Adler gekrönten *Wasserspiele auf dem Roßmarkt.* Von den 10 km entfernten Warsower Höhen wurde eigens eine Wasserleitung gelegt; sie lieferte gleichzeitig der Stadt täglich 500 l Wasser. Adolf Menzel hat diese Sehenswürdigkeit gezeichnet. Dazu gehören noch das *Berliner* und das *Königstor* der preußischen Festung von G. C. Walrave. Hofbildhauer Damart hat ihre Schauseiten plastisch gestaltet.

Im 20. Jh. entstanden weitere große öffentliche Gebäude, darunter die vom Berliner Baurat Jürgen Kröger erbaute *Bugenhagenkirche*, 1906—1909, mit ihrem 65,50 m hohen Turm. Sie bot 1500 Personen Platz. Interessant waren ihre modernen farbigen Glasfenster. Als gartengestalterische Einmaligkeit galt der *Hauptfriedhof*, begonnen 1900. Direktor Hannig hatte dort eine Sammlung alter pommerscher Grabmäler zusammengetragen.

Repräsentativstes Bauunternehmen war die 1907 von Oberbürgermeister Haken auf dem Fort Leopold am Hafen errichtete 500 m breite und 19 m hohe *Hakenterrasse.* Rampen, Treppen, Beleuchtungstürme und Pavillons gliederten die Anlage. Bekrönt wurde sie von dem Städtischen Museum (1913), dem Regierungsgebäude (1911), der Landesversicherungsanstalt (1905) und dem Landesfinanzamt (1921), lauter Neurenaissancebauten in Back- und Sandstein.

Als ehemalige Residenzstadt war St. Verwaltungs- und Kulturmittelpunkt. Die Hauptstadt der Provinz und des Regierungsbezirks vereinigte viele Behörden, darunter Oberlandes-, Land- und Amtsgericht, Reichsbahn- und Oberpostdirektion, Reichsbankhauptstelle, Seeamt, Industrie- und Handelskammer (1926), Handwerks- und Gewerbekammer, dazu zahlreiche Versicherungen wie die älteste Privatversicherung „Preußische National Versicherungs Ges. in St.", 1845, die Stettiner Rückversicherungs AG, 1879.

Schon 1264 gab es beim Domkapitel St. Marien eine Lateinschule; vor 1277 war eine an St. Jakobi eröffnet worden. Nach sächsischem Muster schuf man aus den säkularisierten Stiften St. Otto und St. Marien 1543 eine Fürstenschule mit akademischem Lehrbetrieb; als Marienstiftsgymnasium weitergeführt. 1732 Gründung des Schinmeyerschen Seminars als erstes staatlich genehmigtes Lehrerseminar in Preußen. Mit dem Zuwachs an Industrie erhiel-

Berliner Tor in Stettin

Hakenterrasse in Stettin

ten die Staatsbauschule für Technik, die Lehranstalt für Maschinenwesen, 1900, und die Seefahrtsschule, seit 1789, Bedeutung. Nach 1945 kamen eine Technische und eine Landwirtschaftliche Hochschule, eine Medizinische Akademie, eine Marineschule, eine Schule für Seefischerei und eine Kunsthochschule hinzu.

Das von Stettiner Kaufleuten erbaute Stadttheater, eröffnete 1849 mit Goethes „Egmont“. Ihm folgten drei weitere Theater. 1905 nahm die Stadtbücherei ihren Betrieb auf, sie hatte 1939 einen Bestand von 235000 Bänden. Heute besitzt sie 800000 Bücher, davon etwa 300000 deutschsprachige. Das 1827 gegründete Staatsarchiv blieb an seinen Auslagerungsorten u. a. → Schwerinsburg, → Pansin weitgehend erhalten. Die 1824 gegründete Gesellschaft für pommersche Geschichte und Altertumskunde legte mit ihrer Sammlung den Grund für das Pommersche Landesmuseum (1928). Seit 1857 gab es noch das Kunst- und Gewerbemuseum der Stadt. Nach 1945 wurden die Museen neu geordnet. Die Antikensammlung mußte an das Nationalmuseum Warschau abgegeben werden. Die Reste des Kolberger und Neustettiner Museums kamen nach St. Im früheren Ständehaus öffnete 1948 das neue Museum seine Pforten. Teile des Museums für Kunst gelangten über Coburg an die Stiftung Pommern in Kiel.

Der Prediger an St. Peter und Paul, Georg Rhete, gründete 1577 die nach ihm benannte Buchdruckerei, die bis 1945 als Hessenlandsche Buchdruckerei weiterbestand; dort war 1618 die große Pommernkarte von Eilhardus Lubinus gedruckt worden.

Als erste Zeitung erschien 1705/1707 der „Stettinsche Relations Postillon“; um 1724 die „Stettinsche Ordinäre Postzeitung“. In den 20er Jahren nahm ein Rundfunksender seinen Betrieb auf; nach 1945 weiterbetrieben und um eine Fernsehstation ergänzt.

Seit 1972 ist St. katholischer Bischofssitz mit St. Jakobi als Kathedrale.

Im nordostdeutschen Verkehrsnetz nahm St. eine wichtige Brückenfunktion ein. Die 1843 nach Berlin und 1846 nach Stargard erbaute Eisenbahn der Berlin-Stettiner-Eisenbahngesellschaft überschritt hier die Oder noch vor der Preußischen Ostbahn. Auf der Oder nahm 1826 die „Kronprinzessin Elisabeth“ als erstes Dampfschiff einen regelmäßigen Linienverkehr nach Swinemünde auf. 1874 eröffnete der Baltische Lloyd mit den Postdampfern „Ernst Moritz Arndt“, „Franklin“, „Humboldt“ und „Washington“ die direkte Verbindung St.—New Yorck. St. war mit seinem Vorhafen Swinemünde seit 1848 durch eine Telegraphenleitung verbunden. Innerstädtisch fuhr 1879 die erste Straßenbahn mit Pferdeantrieb. In den 30er Jahren war am Damm-

schen See ein Land- und Wasserflugplatz entstanden; nach 1945 kam ein Flughafen in der Nähe Gollnows hinzu.
Die wirtschaftliche Bedeutung der Stadt beruhte seit dem Mittelalter auf ihrem Hafen. Das Stapelrecht von 1283 ließ die Stadt erstarken. Ständige Streitereien mit Frankfurt/Oder von 1572 bis 1592 versperrten Stettiner Kaufleuten die Oder als Handelsweg ins Hinterland. Der Zusammenbruch des Handelshauses Loitz 1572 und die Grenzziehung nach dem Dreißigjährigen Krieg ließ die Bedeutung St.s sinken. Nach 1720 und dem Ausbau der Swinefahrt 1747 und 1790 stieg der Handel sprunghaft an; durch die Kontinentalsperre von 1806 brach er zusammen.
Nach 1813 wuchs der St.er Hafen. Die Reederei besaß 319 Schiffe (1872). 1898 Eröffnung des Freihafens. Der Ausbau des Großschiffahrtsweges nach Berlin 1914 und 1934 erschloß das Hinterland. Industrie- (1917) und Reihenwerderhafen (1919) waren weitere Ausbaustationen. Die Kaianlage der sieben Hafenbecken hatten eine Länge von 26 km (1938). 160 Kräne und acht Einrichtungen für den Massengüterumschlag, drei Getreidesilos, umfangreiche Tanklager und 173 000 qkm überdachte Lagerflächen (1938) machten St. zum drittgrößten deutschen Hafen mit einem Umschlag an Massen- und Stückgütern von 8,3 Mio. t (1938). Die Werften sicherten allen Schiffsarten ausreichende Reparaturmöglichkeiten. Warenströme flossen vorwiegend in die nordischen und baltischen Länder, nach England und Spanien.

Schwimmdock der Nüske-Werft in Stettin

Großgetreidespeicher im Stettiner Hafen

Durch die Grenzziehung von 1945 wurde die Verbindung in den märkisch-sächsischen Raum abgeschnitten. Erst 1948 waren die gröbsten Kriegsschäden beseitigt. Inzwischen ist St. mit einem Güterumschlag von 24 Mio. t (1976) zum größten Handelshafen der Ostsee aufgestiegen. 1948 Schaffung eines tschechoslowakischen Freihafens.
Die Hafenstadt entwickelte sich zu einem wichtigen verkehrsorientierten Industriestandort. Erster größerer Betrieb war die 1817 gegründete Pommersche Provinzialzuckersiederei. 1851 gründeten die Ingenieure Fürchtenicht und Brock in Bredow die Vulkanwerft, erste deutsche Werft für Eisenschiffbau; dort lief 1852 der Dampfer „Dievenow“ vom Stapel. 1871 Bau der ersten Panzerfregatte „Preußen“ und 1902 des Doppelschrauben-Schnelldampfers „Kaiser Wilhelm II.“. 1928 mußte der „Vulkan“ seinen Hauptbetrieb einstellen; 1938 wurde die Werft wiederaufgebaut. Als weitere Schiffbaustätte kamen noch die Oderwerke dazu. Das Jahr 1853 brachte neben der Gründung der ersten deutschen Portlandzementfabrik noch eine technische Kurio-

sität. Gegen Eintrittsgeld konnten Interessierte die erste amerikanische Nähmaschine bewundern.

In schneller Folge entstanden Industriebetriebe mannigfacher Art. Die Hütte Kraft verarbeitete schwedisches Eisenerz mit Hilfe schlesischer Steinkohle. Eisenhoch- und Brückenbau waren ihre Abnehmer, ebenso das Stoewer Autowerk, in dem 1930 der erste deutsche Wagen mit Frontantrieb, der V 5, vom Band lief. Näh- und Schreibmaschinenbau siedelte sich an. Große Bedeutung erlangte die Ölindustrie, die zunächst einheimische Ölfrüchte verarbeitete. Neben Kraftfutter und pflanzlichen Ölen stellte sie Kerzen, Seife und Margarine her. Auf dem Holzreichtum beruhte die Zellulose- und Papierherstellung (Feldmühle). Die chemische Industrie verarbeitete zunächst den Kreidekalk zu Düngekalk, später wurden Phosphatdünger, Kunststoffe, Lacke und Farben hergestellt. Ziegeleien, keramische Industrie und Zementwerke verarbeiteten sowohl den Ton des Haffstausees als auch die Kalklager der Umgebung. Das nahe → Weizackergebiet und das → Odertal lieferten die Rohstoffe einer reichen Nahrungs- und Genußmittelindustrie. Auf dem Textilsektor war St. in der Herrenbekleidung bis 1914 in Deutschland führend. Jüngste Industrien waren die Elektrobetriebe und das große Hydrierwerk bei Pölitz, das synthetisches Benzin herstellte. Nach 1945 ist ein größerer Teil dieser Betriebe wieder in Gang gesetzt worden. Auch die Werften erlangten wieder Bedeutung.

Dienemann-Modehaus in Stettin

FELDMÜHLE,
PAPIER-UND ZELLSTOFFWERKE AKTIENGESELLSCHAFT

STETTIN
Königstor 6

Werke in **Odermünde** und **Hohenkrug** bei Stettin, **Liebau** in Schlesien, **Reisholz** bei Düsseldorf, **Flensburg**, **Uetersen** in Holstein, **Arnsberg** in Westfalen (Ruhrwerke). – Ferner die Koholyt-Werke in **Sackheim** und **Cosse** bei Königsberg i. Pr., **Hillegossen** bei Bielefeld, **Lülsdorf** a. Rh., **Wesseling** a. Rh. und **Oberlahnstein** a. Rh.

Gesamtproduktion des Konzerns täglich ca. 875000 kg Papier und Kartons, 610000 kg Zellstoff und zahlreiche chemische Produkte

ERZEUGNISSE:

Druckpapiere / Tapeten-Rohpapier / Zellstoffpapiere / Cellulose-Seidenpapiere / Pergamyn und Pergament-Ersatz / Echt Pergament, Hochfeine und feine holzfreie und holzhaltige Papiere / Normalpapiere / Krepppapiere / Holzkarton / Graukarton / Chromoersatzkarton, Postkartenkarton / Schmirgel- und Schleifpapiere / Schleiftuche, Sulfitzellstoff / Spiritus / Chlorkalk / Kaliumchlorat / Chlorkalciumlauge / Ätzkali / Kalilauge / Ätznatron, Natronlauge / Chlor, flüssig / Salzsäure, Bleichlauge / Elektrokorund

FELDMÜHLE SPECIAL-BANK-POST
mit dem Wasserzeichen

ist das vornehme und repräsentative Geschäfts- und Privatpapier.

Das neueste Erzeugnis, die durchsichtige Viscosehaut

„HELIOZELL"

ist das ideale Verpackungsmittel und das vornehmste Ausstattungsmittel für alle Branchen.

Reklame vor 50 Jahren: Inserat der Feldmühle aus der Zeit, als Odermünde und Hohenkrug noch nicht Stadtteile von Stettin waren.

Der Feldmühle-Konzern in Stettin

Hinrich Brunsberg (* um 1400 in St.), Baumeister.

Hans Loytz († 1539), Kaufmann, von 1525 bis 1539 Bürgermeister in St.

Georg Cracow (1525—1575), Geheimer Hofgerichtsrat des Kurfürsten August von Sachsen; mit einer Tochter Bugenhagens verheiratet. Er starb eingekerkert in der Pleißenburg.

Johann Georg Ebeling (1637—1676), Musiker, von 1668 bis 1676 Professor der Musik am Pädagogium in St., vertonte Lieder von Paul Gerhard.

Paul von Fuchs (1640—1704), Minister des Großen Kurfürsten.

Sophie von Anhalt-Zerbst (1729—1796), als Katharina II. Zarin von Rußland.

David Gilly (1748—1808), Baumeister, 1782—1788

Baudirektor von Pommern in St.

Sophie von Württemberg (1759—1828), als Maria Feodorowna Gemahlin des Zaren Paul I.

Johann August Sack (1764—1831), 1816—1831 Oberpräsident von Pommern.

Friedrich Carl von Wrangel (1784—1877), Generalfeldmarschall.

Ludwig Giesebrecht (1792—1873), Dichter und Geschichtsschreiber. 1817—1866 Gymnasialprofessor in St.

Carl Loewe (1796—1869), Organist an St. Jakobi, Balladenkomponist, 1821—1866 Musikdirektor in St.

Franz Kugler (1808—1858), Kunsthistoriker, Historiker, Dichter. Verfasser der „Kunstgeschichte Pommerns".

Hermann Graßmann (1809—1877), Mathematiker und Sprachforscher, „Grundlagen der Vektorrechnung".

Robert Prutz (1816—1872), Dichter und Literaturhistoriker, Herausgeber der „Hallischen Jahrbücher".

Adolf Pompe (1831—1889), Theologe, Dichter des Pommernliedes.

Anton Dohrn (1840—1905), Zoologe, Begründer der Zoologischen Station Neapel.

Otto Gierke (1841—1921), Rechtsgelehrter, besonders für Genossenschaftsrecht.

Hans Hoffmann (1848—1909), Dichter des „pommerschen Gemüts", Generalsekretär der deutschen Schillerstiftung in Weimar.

Karl Ludwig Schleich (1859—1922), Arzt und Schriftsteller, Entdecker der Lokalanästhesie, Verfasser „Besonnte Vergangenheit", 1921.

Martin Wehrmann (1861—1937), Geschichtsforscher: „Geschichte von Pommern" 1919/21. Direktor des Grönigschen Gymnasiums in Stargard.

Leon Jessel (1871—1942), Operettenkomponist: „Schwarzwaldmädel", 1917.

Rudolf Lewy (1875—1944), Maler, Matisseschüler.

Alfred Döblin (1878—1957), Arzt und Dichter: „Alexanderplatz".

Walter Riezler (1878—1965), 1910—1933 Direktor des Städtischen Museums St.

Bartold Axendorpf (1888—1946), Maler, † nach dem Kriege im KZ Buchenwald.

Heinrich George (1893—1946), Schauspieler, † nach dem Kriege im KZ Sachsenhausen.

Egon Engelin (1896—1967), Maler und Grafiker, in „das neue Pommern".

Georg Rosenbauer (1899—1966), Architekt, 1923—1934 Leiter der Kunstgewerbeschule, Erbauer der Stettiner Ölwerke AG, 1923.

Brunnen auf dem Roßmarkt in Stettin

Stettinischer Intelligentz - Zettel.

No. 83. Freytag den 16. October, 1789.

1. AVERTISSEMENTS.

Da Seine Königliche Majestät Allerhöchst Selbst zu befehlen geruhet, daß von Stund an, der jetzige freye Kornhandel vor der Hand gänzlich eingestellet; und außer der bereits verbothenen Ausfuhre des Magazinmäßigen Getreydes an Roggen, Gerste und Hafer, wobey es unveränderlich verbleibet, auch die bishero nachgelaßene Ausfuhre des Weitzens, der Erbsen und des Maltzes, sofort eingestellet, und bis auf weitere Ordre nicht mehr gestattet werden soll; so wird solches und daß gegen die Contravenienten,

Stettinischer Intelligenz-Zettel

Adolf Diestelkamp (1900—1955), seit 1933 Staatsarchivrat in St., Herausgeber der Baltischen Studien von 1933 bis 1941.

Julo Levin (1911—1943), Maler und Grafiker, in „das neue pommern" und „Junges Rheinland", nach KZ Auschwitz deportiert.

Wilhelm Ohm (1905—1965), Maler und Städtebauer, seit 1950 Direktor der Ingenieurschule für Bauwesen in Hamburg.

Mac Zimmermann (* 1912), surrealistischer Maler, lebt in München.

Bernhard Heiliger (* 1915), Bildhauer, 1949 Professor an der Hochschule für bildende Künste Berlin.

St. hatte 1939: 374017; 1983: 389220 Einwohner.

Stettiner Haff *(Zalew Szczeciński)*, auch Oder- und Pommersches Haff genannt, größter Bodden der Ostsee, mit allen Nebengewässern 903 qkm groß, etwa 4 m tief mit einer Ost-West Ausdehnung von 52 km, in Nord-Süd-Richtung zwischen Ziegenort—Lebbin von 22 km. Westlich einer Linie Altwarp—Swinekanal ist das Kleine Haff, östlich mit → Warper See das Große Haff. Neben der → Oder münden die → Ücker, Zanow und → Peene in das Haff. Zwischen den das St. H. zur Ostsee abschließenden Inseln stellen die Peene, → Swine und → Dievenow die Verbindung zum Meer her.

Das St. H. entstand in der Spät- und Postglazialzeit. Das Haff, die Ueckermünder Heide und das untere Odertal waren ein Zungenbecken des Odergletschers. Bei seinem Abschmelzen bis in den Raum nördlich der beiden Oderinseln entstand zwischen Eisrand und Endmoräne ein an Umfang und Tiefe wechselnder Eisstausee, der sogenannte Haffstausee. Darin sammelte sich nicht nur Schmelzwasser, sondern das Wasser von Weichsel, Warthe und Oder, das zunächst über den Landgraben nach Nordwesten abfloß; später über die Peene und schließlich über Ziese—Strelasund. Um das Haff liegen Terrassen in 25 m über NN, 10—20 m über NN und 5—8 m über NN, die den Stillstandsphasen mit den genannten Abflüssen entsprechen. Die auf ihnen abgelagerten feinen Sande lassen sich bis nach Stargard feststellen. Der jüngste Abfluß erfolgte durch die noch bestehende Swinepforte.

Die heutige Küste entstand im Verlauf der Litorinatransgression und der Nachlitorinazeit. Die pleistozänen Inselkerne wurden durch Haken und Nehrungen zu den beiden Inseln → Usedom und → Wollin vereinigt, wobei sich in der Swinepforte ein Einströmdelta auf der Haffseite bildete. Die Ufer sind bis auf einige Ausnahmen im Holozän entstanden. Bei → Lebbin, auf Usedom und in der → Ueckermünder Heide tritt pleistozänes Material als Kliffküste ans Haff. Im Süden und Osten treten bei Neuwarp und Köpitz Haffdünen auf.
Im Laufe der Geschichte wurden die drei Mündungsarme unterschiedlich genutzt. Die Dievenow hatte geringe Bedeutung, deshalb wurde auch der Bischofssitz von Wollin im Süden in das weniger bedrohte Cammin im Norden verlegt. Im Mittelalter war die Swine Hauptzufahrtsweg nach Stettin. Mit der Besetzung Pommerns durch die Schweden wurde die Peene Hauptschiffahrtsweg. Seit 1720, als

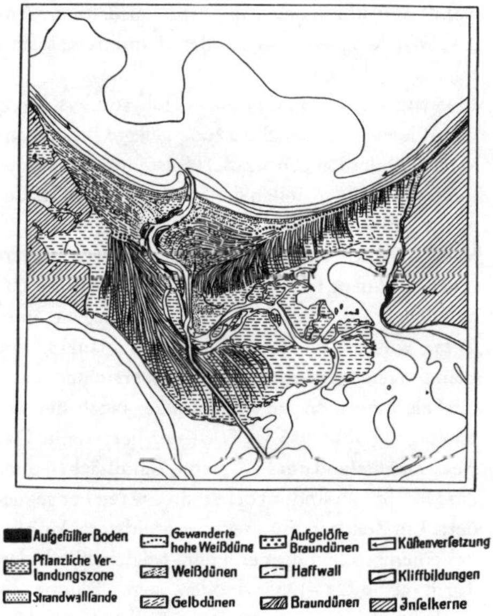

Verlandung der Swinepforte II

Mittelpommern an Preußen kam, wurde die Swine wieder ausgebaut. 1880 wurde die → Kaiserfahrt durch Usedom gebaut und eine Fahrrinne durch das Haff bis auf 9 m vertieft. Ständiges Baggern hält sie auf ihrer Solltiefe. Im Winter, an durchschnittlich 59 Tagen, müssen Eisbrecher die Rinne offen halten. Auf dem Haff gab es eine ausgiebige Fischerei auf Aale, Plötze, Blei, Barsch, Zander und Hecht; sie erbrachte durchschnittlich einen Ertrag von 3670 t jährlich. Nach 1945 kam das Große Haff mit einem Teil von Usedom unter polnische Verwaltung.

Stolp *(Słupsk)*, am Nordrand des Baltischen Höhenrückens, am linken Ufer der → Stolpe angelegte, später kreisfreie Stadt, häufig wegen ihres Charmes einer Großstadt „Klein Paris" genannt.
Das Stolper Land kam 1273 an Herzog Mestwin II. von Pomerellen, der einen Lehnsvertrag mit den Markgrafen von Brandenburg schloß. Auf dem rechten Stolpeufer bestand 1236 eine Burg, in deren Schutz sich ein Flecken entwickelte. 1276 bestand auf dem linken Ufer eine deutsche Kolonie mit einer St. Nikolauskirche; um 1280 dem Prämonstratenserinnenkloster, einer Tochtergründung von → Belbuck, überlassen. 1278 gründeten Danziger

Dominikaner ein Kloster an der Stadtmauer. 1310 erhielt St. von Markgraf Waldemar von Brandenburg lübisches Stadtrecht und 200 Hufen Land. 1316 kam das Land an die Herzöge von Pommern, die es 1329 dem Deutschen Orden verpfändeten. Die Stadt erhielt im 14. Jh. eine Befestigung, gründete 1337 den stadteigenen Seehafen → Stolpmünde und konnte sich 1341 aus der Verpfändung selber auslösen. 1382 wurde St. Mitglied der Hanse. Zusammen mit → Schlawe und → Rügenwalde schloß St. 1418 ein Schutz- und Trutzbündnis zur Sicherung der Straßen; mehrfach erfolgreich auch gegen den Landesherrn, den Deutschen Orden, Danzig und die Hanse eingesetzt. Wirtschaftlich bedeutsam wurde die um 1480 gegründete Bernsteindreherzunft.

Im 14. bis 16. Jh. Residenzstadt eines selbständigen pommerschen Herzogtums. 1507 begann Herzog Bogislaw X., sich ein großes Schloß zu bauen, das erst sein Urenkel fertigstellte. Trotz gegenteiliger Versprechen lag es innerhalb der Stadtmauer. Die aristokratische Stadtverfassung schloß die Bürger von der Mitverantwortung fast aus. Im Gefolge reformatorischer Predigten von Peter Suawe und Christian Ketelhot im Jahre 1522 führte 1524 eine Rebellion zur Einsetzung eines 24köpfigen Bürgerausschusses, der in einem herzoglichen Vergleich bald an Bedeutung verlor. 1552 erklärte St. seinen Austritt aus der Hanse. Im 19. Jh. Abriß der Stadtwehr; nun konnte sich die Stadt ausdehnen. Am 1. 4. 1904 Ausgliederung aus dem Landkreis; fortan eigener Stadtkreis.

1945 wurde St. zu 35 v. H. zerstört, besonders durch von Russen nach der Besetzung gelegte Brände am Markt, an der Langen Straße, Holstentor- und Neutorstraße sowie in Teilen der Töpferstadt. Weite Bereiche sind inzwischen wieder bebaut worden.

Von der Stadtbefestigung sind neben einigen Mauerresten und dem Hexenturm das Neue Tor und das Mühlentor erhalten. Das südöstlich gelegene *Mühlentor* wurde um 1400 als hohes, schlankes, mit Blenden reich gegliedertes Bauwerk errichtet. Seine Giebelschrägen tragen Fialaufsätze. Nach der Beschädigung von 1945 ist es wieder hergestellt. Das *Neue Tor* entstand um 1500; seine Wandflächen über der Durchfahrt sind auf der Stadtseite reicher gegliedert. Ein Zeltdach mit metallverkleidetem Aufbau, der einen geschwungenen Helm trägt, schließt den Turm ab. 1724—1755 wurden seine Räume als Zucht- und Spinnhaus genutzt. Nach 1945 war hier das Stadtmuseum untergebracht.

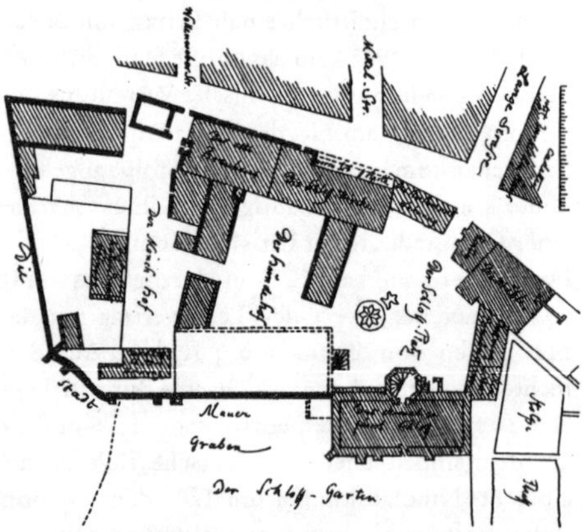

Ehemals fürstliches Haus zu Stolp

Marienkirche zu Stolp

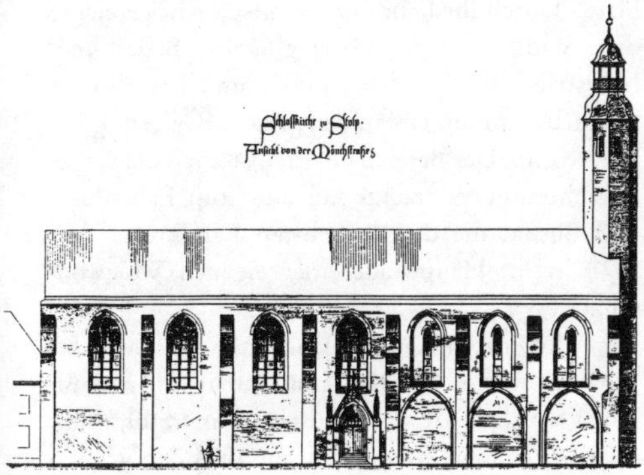

Schloßkirche zu Stolp

Mitte der Stadt ist die *St. Marienkirche,* eine dreischiffige Basilika, nach 1477 als spätgotischer Backsteinbau errichtet; schöne Sterngewölbe überspannen Mittelschiff und Chor. Der wenig gegliederte Turm trug bis 1945 eine Barockspitze.

Die ursprüngliche Ausstattung wurde großenteils 1525 bei einem Bildersturm zerschlagen; erhalten blieb eine lebensgroße bemalte Kreuzigungsgruppe aus Holz, um 1520, die süddeutschen Einfluß zeigt. In der Barockzeit entstand der Hochaltar als üppiges Bauwerk. Nach schweren Schäden von 1945 wurde die Kirche weitgehend wiederhergestellt.

Die *Schloßkirche* ist die ehemalige Kirche des 1278 gestifteten Dominikanerklosters. Der überkommene Bau wurde im 15. Jh. errichtet. 1534 nahm sie Rentmeister Ambrosius Vormann in Besitz und zerstörte die Ausstattung. Um 1600 ließ Herzogin Erdmuth sie renovieren; 1620 als St. Johanneskirche eingeweiht. Mit ihrem überschlanken Turm ist sie ein einschiffiger Backsteinbau mit äußeren Strebepfeilern und Sterngewölben. Die Ostwand besitzt ein großes fünfteiliges Fenster, der Giebel darüber ist mit drei Spitzbogenblenden und Kreisblenden verziert. Der Turm weist ein viereckiges Unter- und ein achteckiges Obergeschoß auf, das mit einer Barockhaube abschließt.

Den Altar von 1602 schmückt ein mächtiger Barockaufbau. Ein bärtiger Mann trägt die Barockkanzel; ihr Korb ist reich bemalt. An der Nord- und Südwand befinden sich die Epitaphien für Herzogin Anna von Croy († 1660), Tochter Herzog Bogislaws XIII., und für ihren Sohn, Herzog Ernst Bogislaw von Croy († 1684).

Die Kirche überstand 1945 recht gut und gehört heute dem Dominikanerorden.

Die *St. Nikolaikirche* entstand nach 1311, als die Prämonstratenserinnen in der Stadt einen Platz für ihren Klosterneubau erhielten. In der Reformation beschloß man, das Nonnenkloster beizubehalten. 1560 der herzoglichen Domäne zugeschlagen. 1771 kam die Kirche in den Besitz der Stadt, die in ihr eine Ratsarmenschule einrichtete und das Schiff in drei Geschosse einteilte.

1492 wurde eine Vikarie an der Hospitalkapelle „extra muros“ gestiftet. Das achteckige Gebäude der *St. Georgskapelle* besitzt ein Dach in Form einer geschwungenen welschen Haube mit Laternenaufsatz. Vermutlich wurden bei einem Brand 1681 die Gewölbe zerstört; jetzt Flachdecke aus Holz.

Das alte Schloß lag auf dem alten wendischen Burg-

Grabmal Ernst Bogislaws von Croy in Stolp

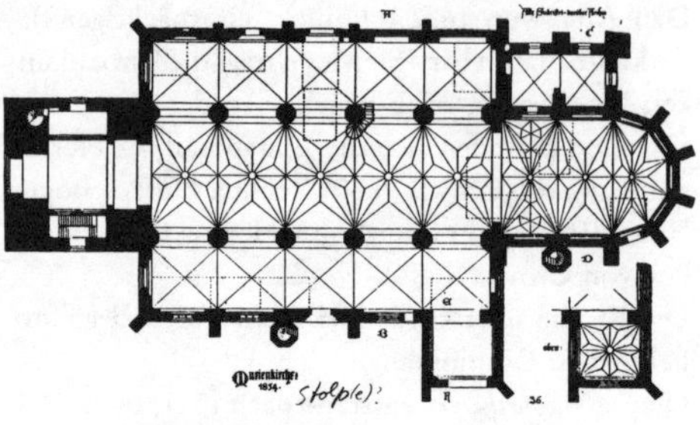

Stolp, Marienkirche, Grundriß

wall und war noch bis ins 16. Jh. bewohnbar. Die Schloßkapelle „St. Mariae in castro“ war den Prämonstratenserinnen übergeben worden. 1507 begann Herzog Bogislaw X. auf dem Mühlenhof in der Stadt sein neues *Herzogsschloß* zu bauen, Ende 16. Jh. bezog es Herzog Johann Friedrich in seinen Neubau mit ein. Um 1600 war es Witwensitz seiner Gattin Herzogin Erdmuth. An der Nordseite des Baues wurde im 16. Jh. ein achtseitiges, zu einem Turm ausgebautes Treppenhaus vorgebaut. Das verputzte schlichte Haus blieb bis nach 1945 unbeachtet; zeitweise diente es als Landwehrzeughaus und Getreidespeicher. Nachdem 1951 das vierte Stockwerk, 19. Jh., abgetragen worden war, wurde es so restauriert, wie es Herzog Johann Friedrich ausgebaut hatte. Seit 1965 ist darin ein beachtenswertes kunsthistorisches Museum eingerichtet.
Schon vor der Reformation gab es eine Klosterschule; nach 1534 als Ratsschule weitergeführt. St. entwickelte sich zu einer Schulstadt mit drei Gymnasien, Fachschulen und Höherer Handelsschule. Auch nach 1945 gibt es Oberschulen, ein medizinisches Lyzeum und eine Pädagogische Hochschule. Das Heimatmuseum, zuerst im Neuen Tor eingerichtet, hat nach 1965 größere Räumlichkeiten im Herzogsschloß bezogen.
Archiv und Stadttheater halfen dabei, St. zu einem geistigen Mittelpunkt Hinterpommerns zu machen. 1825 erschien erstmals das „Stolper Wochenblatt“. Durch ihr Land- und Amtsgericht erreichte die Stadt weitere überregionale Bedeutung. Industrie- und Handelskammer und Preußisches Kulturbauamt umfaßten den ganzen Regierungsbezirk Köslin. Der Bereich des Preußischen Gewerbeaufsichtsamtes erstreckte sich auf Stolp, Lauenburg und Bütow, die drei östlichsten Landkreise. Seit 1975 ist St. Hauptstadt einer eigenen Wojewodschaft.
Die Hinterpommersche Eisenbahn verband St. 1869 mit Köslin und 1870 mit Danzig, die Preußische Ostbahn 1878 mit Neustettin und Stolpmünde. Kleinbahnen erschlossen seit 1894 den großen Landkreis; nach 1945 demontiert. Seit 1926 besaß St. einen Flughafen mit täglicher Flugverbindung Berlin—Stettin—St.—Danzig—Königsberg.
Ein Ereignis besonderer Art war die Landung General Nobiles mit seinem Zeppelin im Mai 1928 auf seinem Flug zum Nordpol.
St.s wirtschaftliche Entwicklung bestimmten der Hafen Stolpmünde und die alte Handelsstraße nach Danzig. Wichtiger Wirtschaftsfaktor seit etwa 1480 war die Bernsteinverarbeitung, wobei die Massenherstellung von Perlen den Hauptanteil des weltweiten Exports ausmachte; 1780 waren Smyrna und Aleppo Ausfuhrorte für den Ostmittelmeerraum.

Mühlentor in Stolp

Kunstwerke wurden nur auf Einzelbestellung geliefert. 1929 siedelte das Gewerbe nach Königsberg über und wurde den staatlichen Bernsteinwerken angegliedert.
Die Produkte des Umlandes lieferten Rohstoffe für die Holzverarbeitung und die Möbelfabrik. Berühmt war die Molkerei, die ihren Markenkäse „Stolper Jungchen" in alle Welt verschickte; 1928 verließen 4,43 Mio Stück das Werk. Brauereien, Fischverarbeitung und eine Bonbonfabrik sind weitere Betriebe der Nahrungsmittelindustrie. Die Metallverarbeitung stellt Landmaschinen und Schiffsgeräte her. Obwohl 30 v.H. der Industrieanlagen 1945 zerstört waren, ging der Wiederaufbau rasch vonstatten. 1947 begann man am Ort mit der Möbelfabrikation, eine Schuhfabrik wurde gegründet. Schiffsgeräte und Landmaschinen werden wieder hergestellt.
Herzog Bogislaw X. (1474—1523) vereinigte die pommerschen Herzogtümer.
Wilhelm Sebastian von Belling (1710—1779), General, seit 1763 in St.
David Ruhnke (1723—1798), Altsprachler und Altertumswissenschaftler, † in Leiden.
Thomas Heinrich Gadebusch (1736—1804), Historiker: „Pommersches Archiv der Wissenschaften und des Geschmacks."

Stolp, Neues Tor, Stadtseite

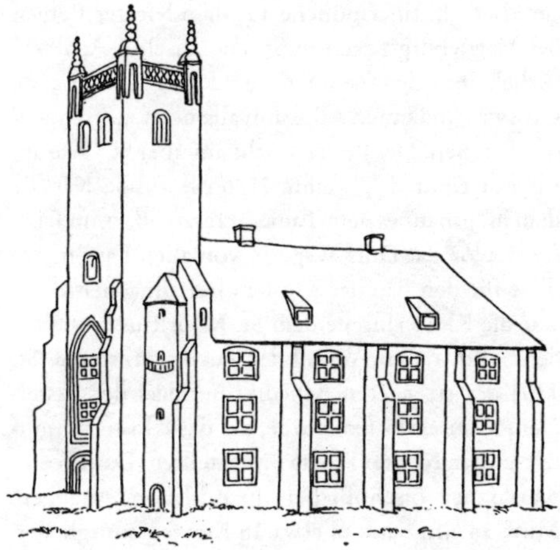

Stolp, ehem. Klosterkirche (Armenschule)

Gebhard Leberecht von Blücher (1742—1819), General, 1763—1772 und 1787—1792 in St.
Christian Ludwig Mursinna (1744—1823), Arzt, erster Operateur des grauen Stars.
Wilhelm Dames (1821—1898), Geologe.
Otto von Kameke (1826—1899), Maler; Motive aus Oberbayern, Tirol, der Schweiz.
Heinrich von Stephan (1831—1897), Generalpostmeister des Deutschen Reiches. Schöpfer des Weltpostvereins, Erfinder der Postkarte.
Erwin Bumke (1874—1945), Jurist, Präsident des Reichsgerichts 1929.
Oswald Bumke (1877—1950), Psychiater und Neurologe.
Siegfried Gliewe (1902—1982), Schriftsteller.
Heinz Theuerjahr (* 1913), Bildhauer, 1971 Ostbayerischer Kulturpreis.
1939 lebten in St.: 48060; 1983: 90557 Einwohner.

Stolpe, Kr. Anklam. Etwa 10 km westlich von Anklam gründeten Fürst Ratibor I. von Pommern und Bischof Adalbert von Cammin am Südufer der → Peene 1153 das erste Kloster Pommerns. Hier hatte 1135 (?) ein heidnischer Untertan Ratibors Bruder, Herzog Wartislaw I., den Bekenner, erschlagen. Benediktinermönche aus dem Kloster Bergen bei Magdeburg zogen in St. ein. Bischof Adalbert verlieh ihm den Zehnten aus dem ganzen Lande Groswin und unterstellte ihm alle noch zu erbauenden Kirchen. Der Besitz wuchs auf über 90 Orte an. Bischof Konrad I. weihte 1176 die runde Kapelle dem hl. Johannes dem Täufer. Herzog Barnim I. befreite 1267 das Dorf Wegezin von allen Lasten, um diese für den Bau des Klosters freizumachen. 1291 war die Klosterkirche dem St. Mauritius geweiht. Sehr bald trat ein Verfall der Zucht ein, so daß St. 1304 der strengeren Benediktinerregel der Zisterzienser unterworfen wurde, die das Kloster unmittelbar dem Kloster Pforta unterstellten. Das Kloster wurde der bischöflichen Jurisdiktion entzogen. Mitte 14. Jh. hatte es etwa 15 Konventsmitglieder. An der Gründung der Greifswalder Universität 1456 war Abt Johann maßgeblich beteiligt. Dennoch begann der wirtschaftliche Verfall; es wird von Geldnot und Anleihen berichtet. 1534 wurde es aufgehoben, die Güter in herzogliche Kammergüter umgewandelt. 1637 wurden die Gebäude in den Kämpfen zwischen schwedischen und kaiserlichen Truppen durch Brand zerstört. Die runde Kapelle soll noch 1654 gestanden haben.

Von der nicht sehr großen Kirche sind nur klägliche Reste übriggeblieben. Ein aus Feldsteinen tonnengewölbter Raum blieb erhalten. Bei Grabungen 1960 erkannte man, daß es sich um den Unterbau des Turmes der Klosterkirche handelt. Von ihm führen vier Rundbogenarkaden nach Osten in das basilikale Langhaus. Die Fundamente des Chors wurden 1959/60 ergraben. Diese Ruine ist das älteste bauliche Zeugnis der Glaubensverbreitung in Pommern. Die verschwundene Rundkapelle war wohl der erste Steinbau Pommerns.

Reste der Klosterkirche in Stolpe

Stolpmünde, vom Hafen aus gesehen

Nach der Zerstörung der Klosterkirche wurde ein turmloses Kirchengebäude als Gedenkstätte errichtet; 1893 durch die Wartislawkirche ersetzt. In der Eingangshalle steht die Inschrift: „Der erste christliche Pommernherzog Wartislaw I. wurde um seines Glaubens willen ermordet in Stolpe an der Peene 1136".

Stolpe *(Słupia)*. In der Moränenlandschaft der Pommerschen Seenplatte, in der Nähe von Sierakowitz, entspringt in 177 m über NN im Stolper See der 137 m lange Küstenfluß; schon 1278 als „fluvius Slupa" erstmals genannt. Auf ihrem Wege nach Westen bildet die St. teilweise die Grenze der beiden Kreise Bütow und Stolp. Bei Grünhof nimmt sie die Bütow auf, bei Barnow die Kamenz; hier biegt ihr Lauf nach Norden und fließt in einem Bogen nach Nordwesten. Erst kurz vor Stolp verläßt sie die weiten Waldgebiete. In Stolpmünde mündet sie in die Ostsee.

Das starke Gefälle von 3 v.H. im Oberlauf führte zum Bau von Waserkraftwerken. 1912 entstand das Glambockwerk; 1920 durch die Bütowtalsperre bei

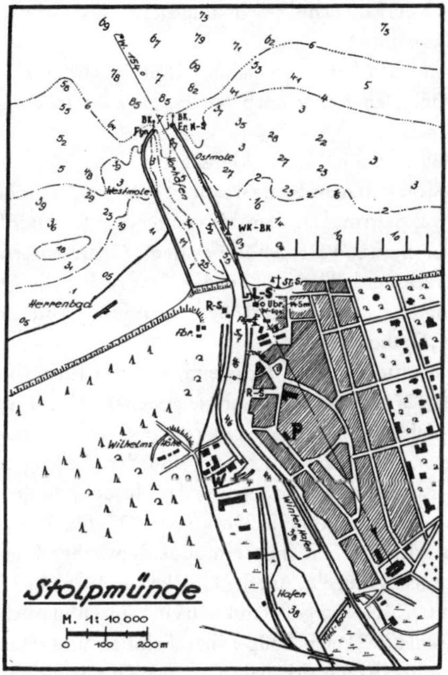

Plan von Stolpmünde

Grünhof ergänzt. 1923 produzierte es 10,5 Mio. kWh. 1924 kamen das Werk Klaushof und 1926 Werk Krien hinzu. Sie konnten bald nach 1945 ihren Betrieb wieder aufnehmen.

Stolpmünde *(Ustka),* Kr. Stolp, nach 1945 zur Stadt erhobene Gemeinde mit Hafen und Seebad, an der Mündung der Stolpe in die Ostsee.

1337 verkaufte Jesco von Schlawe den Ort „Stolpesmunde" und das zwischen Stolp und St. gelegene Stück der Stolpe an die Stadt Stolp.

Die 1356 den Hl. Johannes dem Täufer und Nikolaus geweihte Kirche ersetzte ein Neubau des 19. Jh. Ein geschnitztes, bemaltes Kreuz und der barocke Kanzelaltar wurden übernommen.

Der Hafen ermöglichte den Beitritt Stolps zur Hanse. Bedeutend war der Heringshandel mit Schonen. Aus Kolberg und Lübeck führte man vorwiegend Salz ein. 1831 trat die Stadt Stolp den Hafen an den preußischen Staat ab, der ihn um 1900 großzügig ausbaute und die 500 m lange Mole errichtete. Neben einer Funktion als Handelshafen war St. vorwiegend Fischereihafen mit 80 Fischkuttern. Eine Fischkonservenfabrik und eine Fischräucherei verarbeiteten die Fänge. Wichtigste Zulieferbetriebe waren die Eisfabrik und zwei Kutterwerften.

Mit dem Hafen verbunden waren Lotsen- und Rettungsstation, Zollamt und die Vizekonsulate von Schweden und Dänemark. 1878 erhielt St. durch die Preußische Ostbahn Anschluß an das Eisenbahnnetz. Der Ort blieb während des Zweiten Weltkrieges unzerstört. Eine Kutterwerft nahm nach 1945 ihren Betrieb auf, ebenso die Fischverarbeitungsbetriebe. Seit 1820 ist St. Ostseebad, heute staatliches Arbeitererholungsbad.

In St. lebten 1939: 4739; 1983: 16 192 Bewohner.

Stoltenhagen, Kr. Grimmen. 1291 wird St. in einer Grenzfestsetzung mit dem Kloster Neuenkamp genannt. 1297 werden die Kirche und 1320 ein Vizepfarrer Johann genannt.

Die Feldsteinkirche St. Marien, Mitte 13. Jh., hat einen quadratischen Chor mit kuppelförmigem Kreuzrippengewölbe. Die Rippen stehen auf Maskenkonsolen. Den Ostgiebel ziert eine große Kreuzblende und ein ährenförmiges Backsteinmuster. Im 17. Jh. kam ein freistehender Glockenstuhl

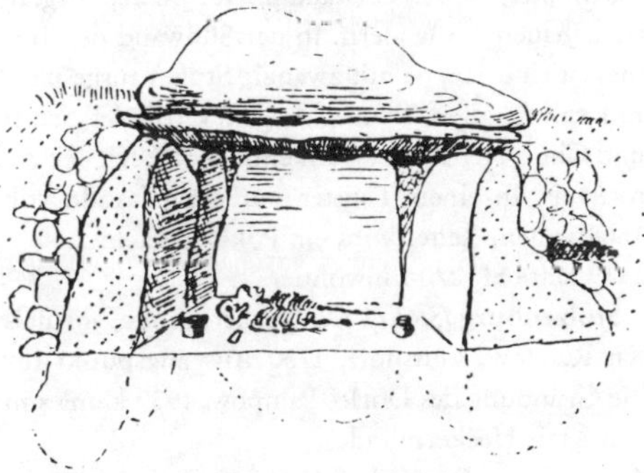

Hünengrab bei Stolzenburg

Stolzenhagen-Kratzwieck

hinzu. Die Türschwelle des Westportals besteht aus einer Altarplatte aus Abtshagen.
Die Kanzel, erste Hälfte 18. Jh., trägt am reichgeschnitzten Korb Evangelistenfiguren und am Schalldeckel herumtollende Putten. Vermutlich stammt sie aus der Werkstatt Elias Keßlers in Stralsund.
St. hatte 1939: 330 Bewohner.

Stolzenburg, Kr. Ueckermünde, 1962 nach Schönwalde eingemeindet.
Aus der Bronzezeit fand man ein 0,55 m langes, 3 cm breites Bronzeschwert mit angenietetem Griff. Auf dem Darschkow, auch Schloßberg genannt, erhebt sich ein hoher wendischer Burgwall.
Der Granitquaderbau der Dorfkirche mit Chor und Turmuntergeschoß entstand im 13. Jh. aus sorgfältig behauenen Quadern. In der Südwand des Turmes ist eine Treppe mit zwanzig Stufen ausgespart. Ein spitzbogiger Triumphbogen verbindet Schiff und Chor. Der Altar ist ein einfaches Werk der Barockzeit. In einem Fenster war ein Glasbild von 1668; einem Reiter wird ein Pokal gereicht.
1939 hatte St. 220 Einwohner.

Stolzenburg *(Stolec),* Kr. Ueckermünde, vormals Kr. Randow; Gutsdorf, 1730 Ausgangspunkt für die Gründung des Dorfes Pampow. 1939 kam es in den Kreis Ueckermünde.
J. Berndt von Ramin ließ 1731—1735 die Backsteinkirche erbauen. Über ihrem Dach erhebt sich der Fachwerkturm mit geschwungener Haube und zwei Laternen.
Den barocken Kanzelaltar schuf Erhard Löffler 1735. Den Kanzelkorb flankieren zwei mächtige Engel.
1939 lebten in St. 287 Menschen.

Stolzenhagen-Kratzwieck *(Szczecin-Glinki),* Groß Stettin. Seit dem Mittelalter war St. kirchlicher Besitz: 1286 gehörte es dem Zisterzienserinnenkloster in Stettin, 1346 dem Domstift zu St. Otten, Stettin, und 1361 dem Kartäuserkloster in → Grabow.
Die mittelalterliche Backsteinkirche mit Turm wurde 1727 um zwei Querschiffe erweitert. Der Turm erhielt ein hölzernes Obergeschoß mit Barockhelm. Der Altar mit einem Bild der Kreuzigung zwischen den Schnitzfiguren des Moses und Johannes des Täufers ist ein Werk von 1727. Die Kanzel aus gleicher Zeit trägt ein apokalyptischer Engel mit sechs Flügeln. Auf der Glocke von 1685, die Lorentz Köckeritz goß, fand sich eine aufschlußreiche Inschrift: „Peter Krüger der Schulze und Hans Lembke haben dritthalb Centner Gut von dieser Glocke im Feld wiedergefunden." Während der gro-

Mordstein Peter Kamekes in Strachmin

ßen Belagerung von Stettin war sie wohl dort versteckt worden.
Mitteloligozäne Glimmersande in der Umgebung Kratzwiecks lieferten hervorragenden Formsand für die Eisenverhüttung. 1895 entstand in verkehrsgünstiger Lage an der Westoder die Hütte „Kraft" mit drei Hochöfen; eine Eisenportlandzementfabrik und eine Kokerei mit Teer- und Ammoniakfabrik schlossen sich an. Die Kupferhütte stellte Elektrolytkupfer her. Das gewonnene Roheisen ging vorwiegend in die Ueckermünder Eisenindustrie zur Weiterverarbeitung. 1947 wurde wieder der erste Hochofen angeblasen.

Strachmin *(Strachomino),* Kr. Köslin, erstmals als „Strachemyn" 1301 genannt. Das Kolberger Domkapitel verkaufte 1316 seine zehn Hufen und seine Einkünfte aus dem Krug, der Mühle und den Hühnern für jährlich 25 Mark dem Thessaurus von St. Bis 1788 war St. Lehnsbesitz der Familie von Kameke. 1793 kam es in die Hände der Familie von Blankenburg.
Die mittelalterliche St. Laurentiuskirche war ein Massivbau mit einem Holzturm; ihren östlichen Stufengiebel am Langhaus und den Südanbau zierten Blenden und Fialen.
Der geschnitzte Flügelaltar zeigt im Mittelfeld die Figuren der Mutter Gottes, eines Bischofs und eines Heiligen ohne Attribute. In den Flügeln stehen je vier Figuren in zwei Geschossen.
Nach 1945 wurde die Kirche abgebrochen und der Altar ins Stolper Museum gebracht.
An einem Mühlenteich lag das barocke Herrenhaus,

Kirchenstadt Stralsund

Koggensiegel der Stadt Stralsund

das bis ins 19. Jh. ein Wallgraben umgab. 1854 Anbau eines Südflügels; den Graben schüttete man zu. St. hatte 1939: 353 Bewohner.

Stralsund, kreisfreie Stadt am → Strelasund, liegt auf einem kleinen, 12 m hohen Moränenhügel, den auf der Landseite aufgestaute Teiche umgeben. Nur drei Dämme, der Knieper, Tribseeser und Frankendamm, verbinden die Stadt mit dem Festland.
In der heutigen Frankenvorstadt lag wohl das Fischer- und Fährdorf „Stralow", neben dem sich um 1208 deutsche Kolonisten niederließen. 1230 Gründung der Stadt; Fürst Witzlaw I. von Rügen verlieh ihr 1234 lübisches Recht. Die Lübecker überfielen 1249 die neue Stadt, in der sie eine Rivalin ahnten.
Am Rande der Altstadt wurden die beiden Bettelmönchsklöster der Franziskaner 1254 und der Dominikaner 1251 gegründet, und an drei Seiten erweiterte man die Altstadt um einen schmalen Streifen; um 1250 begann man mit dem Bau des Rathauses. Südlich der Altstadt Anlage der Neustadt mit dem Neuen Markt um 1256. Nach einem Stadtbrand von 1271, der beide getrennten Stadtteile zerstörte, entschloß sich der Rat zum Bau einer gemeinsamen Stadtmauer mit sechs Wasser- und vier Landtoren. Schnell blühte die Stadt auf. 1283 werden sechs Kirchen genannt, 1284 die Häuser aus Stein bewun-

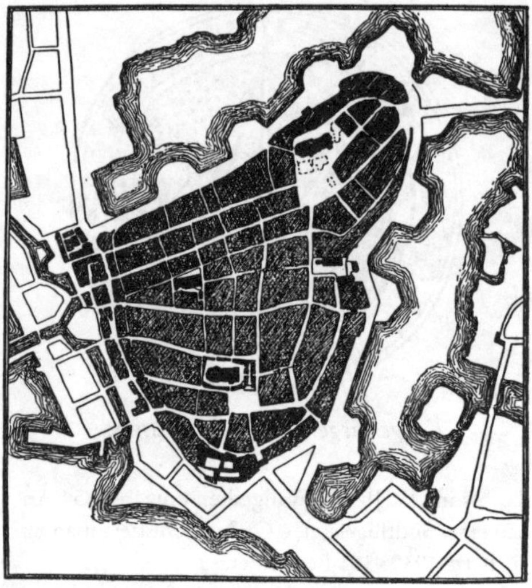

Grundriß von Stralsund

dernd erwähnt. 1298 stand bereits die St. Marienkirche in der Neustadt. 1303 liefen die ersten St.er Koggen „Skindewin“ und „Stultenberg“ in einen englischen Hafen ein.
1293 schloß St. mit Lübeck, Rostock, Wismar und Greifswald ein Schutzbündnis; es bildete die Grundlage des Hansebundes der sogenannten wendischen Städte. Die Rügenschen Fürsten versuchten mit Unterstützung des Königs von Dänemark und anderer Fürsten, das zunehmende Selbständigkeitsstreben der Stadt zu brechen. In der Schlacht im Hainholz von 1316 konnten die Bürger das Belagerungsheer überlisten und viele Fürsten gefangennehmen. Die damit errungene völlige Unabhängigkeit konnte St. bis 1612 mit großer Zähigkeit verteidigen. Im Krieg der Hanse gegen Dänemark von 1361 bis 1370 war neben Lübeck der St.er Bürgermeister Bertram Wulflam die treibende Kraft. Der Frieden von St. 1370 bestätigte der Hanse alle Privilegien.
Jenseits der Teiche siedelten in der Franken-, Tribseer und Knieper Vorstadt die St.er Ackerbürger.

Sehr früh faßte die Reformation in St. Fuß. 1525 ersetzten ihre Anhänger die katholische Mehrheit im Rat. In einem Kirchen- und Klostersturm wurden unzählige Kunstwerke zusammengeschleppt und im Garten des Katharinenklosters in einem tiefen Loch vergraben, „damit nicht mehr Abgötterei oder Mißbrauch damit getrieben werde.“
Herzog Bogislaw X. versuchte im 16. Jh. die Unabhängigkeit der Stadt einzuschränken; aber erst Herzog Philipp Julius gelang es, 1612 St. in seine Gewalt zu bringen. 1627 mußten die Herzöge ganz Pommern der kaiserlichen Armee öffnen; nur St. konnte mit dänischer und schwedischer Hilfe der Belagerung Wallensteins widerstehen. Vor den drei Landtoren wurden die ersten Außenwerke angelegt. Wallenstein wollte 1628 St. nehmen, „und wenn es mit Ketten an den Himmel geschmiedet wäre“; doch der Verlust von 12000 Mann ließ ihn die Belagerung abbrechen. Nach dem Dreißigjährigen Krieg behielten die Schweden die Stadt. Der Große Kurfürst Friedrich Wilhelm versuchte sein Recht durchzusetzen und eroberte 1678 St. Durch Beschuß über die Hälfte der Wohnhäuser zerstört.
Nach dem Frieden von St. Germain legten die Schweden 1680 im Vorgelände der Stadt Festungswerke an, an denen sie bis ins 18. Jh. weiterbauten. Im Nordischen Krieg verteidigte König Karl XII.

Rathaus zu Stralsund

von Schweden die Stadt mehrere Monate lang, mußte aber 1715 kapitulieren. Für die nächsten fünf Jahre gelangte St. in dänischen Besitz. Jedoch im Frieden zu Frederiksborg von 1720 fiel die Stadt an die Schweden zurück; diese bauten ihre Festungsanlagen weiter. 1770 explodierte das Pulver im Köpkenturm und zerstörte viele benachbarte Häuser.

In den Napoleonischen Kriegen eroberten französische Truppen die Festung 1807 und schleiften sie 1808/09. Im Mai 1809 hatte Ferdinand von Schill St. mit seinen Freischaren besetzt; dänische und holländische Truppen erstürmten sie. In der Fährstraße fiel von Schill; die Stelle kennzeichnete später eine Platte im Bürgersteig. 1810 kam St. wieder an Schweden zurück. Im Frieden von Kiel 1814 erklärte sich Schweden bereit, seine deutschen Besitzungen an Dänemark abzutreten. In weiteren Verträgen 1815 mit Dänemark und Schweden kam St. mit ganz Neuvorpommern an Preußen. Sofort wurde die Festungsanlage ausgebaut, jedoch 1873 die Festung aufgehoben, ihre Wälle in Anlagen umgewandelt und die Stadt aus dem Landkreis Franzburg als eigener Stadtkreis ausgegliedert. St. dehnte sich nach Süden in ein Industrie-, nach Westen und Nordwesten in Wohnviertel aus. 1944 zerstörte ein

Marienkirche zu Stralsund

Richard Seewald: Stralsund, Nikolaikirche

Bombenangriff die Innenstadt erheblich, u. a. Semlower Tor und Johanniskloster. Nördlich der Stadt entstand nach 1945 ein neues Stadtviertel.

Von der Stadtmauer, 13. und frühes 14. Jh. erhielten sich Teile mit Wiekhäusern. Das *Küter Tor* von 1446 ist ein sehr schlichter Bau; das *Knieper Tor* dagegen ist reich mit Blenden und einem glasierten Maßwerkfries verziert. Das *Semlower Tor* mit Renaissancegiebel von 1599 wurde um 1960 abgetragen.

Das *Rathaus* verkörpert einen der schönsten Profanbauten der Backsteingotik. Sein Kern sind zwei zum Markt hin giebelständige Häuser von 1278; dazwischen liegt ein Hof. Im 15. Jh. wurden beide Häuser durch einen monumentalen Querbau mit zweischiffiger, kreuzrippengewölbter Laube im Erdgeschoß und Repräsentationsräumen im Obergeschoß, Löwenscher Saal, verbunden. Diesen Bau krönt eine Schauwand, die höher ist als beide Untergeschosse zusammen. Sieben kräftig profilierte Pfeilervorlagen bilden das tragende Gerüst, die Wandfelder dazwischen sind mit je zwei hohen rundbogigen Blenden gegliedert, über denen sich große kreisförmige Öffnungen mit Maßwerkrosen befinden; sie schließen mit krabbenbesetzten Wimpergen ab. Glasursteine gestalten die ganze Fassade noch kostbarer. Einige der Innenräume besitzen Stuckdecken von Anfang 18. Jh.

Die *St. Nikolaikirche* ist die älteste Pfarrkirche und Kirche des Rates; mit dem Bau wurde um 1270, in Anlehnung an die und in Konkurrenz zur Lübecker St. Marienkirche, als Backsteinbasilika mit Doppeltürmen begonnen. Anfang 14. Jh. war wohl der Kapellenkranz fertiggestellt, dem das Langhaus bis Mitte des Jahrhunderts folgte. Der Westbau bezog einen älteren Turm mit ein; 1366 vollendet. Er besitzt einen ungegliederten Unterbau; dafür sind die Obergeschosse in nahezu gleicher Weise mit Maßwerkblenden verziert. Zwischen den Türmen liegt ein reich profiliertes Portal, darüber ein großes Fenster. Die spitzen Helme zerstörte 1662 ein Brand.

Stralsund, Nikolaikirche, Grabplatte Hovener

Der Südturm erhielt 1667 eine barocke Haube. Die Strebepfeiler treten mit offenen Bögen über den Seitenschiffen und dem Kapellenkranz hervor. Kreuzrippengewölbe überspannen das 29 m hohe Mittelschiff. An den Chor, der reich mit Bündelpfeilern und Kapitellfriesen gestaltet ist, schließt sich eine kleine spätgotische Taufkapelle mit reichem Sterngewölbe, 15. Jh., an.

1890—1894 und 1909 legte man Fresken aus dem ersten Drittel 14. Jh. bis 15. Jh. an Pfeilern, Arkaden und Gewölbezwickeln frei. An die Pfeiler wurden um 1370 Figuren gemalt. An die Wände zu den Seitenschiffkapellen sind große Bilder gemalt: Wurzel Jesse, Kreuzigung (um 1335), Auferstehung, Christophorus.

Viele mittelalterliche Altäre sind erhalten geblieben, so der unter niederländischem Einfluß Ende 15. Jh. geschaffene, 6,70 m breite Hochaltar, dessen Mittelschrein eine vielfigurige bewegte Kreuzigung birgt. In den Flügeln sind sechs Reliefs mit turbulenten Szenen der Passion angebracht; ihre Außenseiten sind stark beschädigt. Der Schneider-Altar, Ende 15. Jh., besitzt ein geteiltes Mittelfeld: oben den Gnadenstuhl, unten die Mutter Gottes mit Jesuskind auf ihrem Schoß. In den Flügeln fehlen die Figuren, aber die Außenseiten tragen zwölf farbkräftige Passionsbilder. Junge-Altar, zweites Viertel 15. Jh., eine Stiftung der Familie Junge. Unter reichem Baldachin eine gekrönte Mutter Gottes mit Kind, sie gehört zu den „schönen Madonnen". Bergenfahrer-Altar, um 1500, dessen Innenschrein ein Hochrelief der Kreuzigung einnimmt. Die erste Wandlung der Flügel zeigt acht Szenen aus dem Marienleben. Riemer-Altar, Mitte 15. Jh., aus einer Rostocker Werkstatt. Darstellung der mystischen Kreuzigung Christi durch die Tugenden. In den erhaltenen Innenflügeln sitzen acht Figuren: jeweils ein Prophet, mit einem Heiligen disputierend. Bürgermeister-Altar, 1500 und 1516 von den Bürgermeistern Henning Mörder und Sabel Oseborn gestiftet; sein Mittelbild stellt eine Kreuzabnahme vor geschnitztem Landschaftshintergrund dar. Die erste

Wandlung der Flügel zeigt Bilder aus dem Marienleben.
Unter den zahlreichen Einzelwerken sind bemerkenswert: Taufstein, Ende 13. Jh., mit Tieren, Pflanzen und Kreisen verzierte Kuppa; Astronomische Uhr von Nikolaus Lilienfeld (1394); die Chorschranken, Anfang 15. Jh., unten Fachwerk, darüber schmiedeeisernes Rautengitter; Reste des Nowgorodfahrer-Gestühls, zweite Hälfte 14. Jh., mit der Darstellung einer Eichhörnchenjagd. Den Hauptaltar von 1708 schuf Andres Schlüter; in seiner Mitte umgeben Engel das Auge Gottes. Die Kanzel, 1611, besteht aus Sandstein, Marmor und Alabaster. Eine Mosesfigur trägt den reich verzierten Korb. Daneben gibt es etliche Grabplatten von Bürgermeistern und Ratsherren.
St. Marien, die Pfarrkirche der Neustadt, wird schon 1298 erwähnt; der heutige Bau entstand jedoch von 1382/84 bis 1473. Die Zunft der Gewandschneider förderte diese Kirche außerordentlich, da sie die Kirche des Rates übertreffen wollte. Sie ist eine gotische Backsteinbasilika mit Querhaus und mächtigem Westturm. Ihre Außenwände sind völlig flächig und ungegliedert. Die Strebepfeiler sind nach innen verlegt; daher ist der Kapellenumgang am Chor von außen nicht sichtbar. Den einzigen Schmuck des Außenbaus bildet ein glasierter Fries hängender Kreuzblumen am Obergaden und über der Vierung ein hoher barocker Dachreiter. 1416 begann man mit den Arbeiten am Westbau. Über einem stark ausladenden Querbau mit überdimensionalen Fensteröffnungen erhebt sich der mächtige, von Ecktürmen flankierte Turm. Über dem Langhausdach geht er in ein Achteck über, überragt von einer 1708 errichteten Barockhaube.
In den Arkadenbögen und Gewölben legte man 1940 Reste gotischer Fresken frei. Französische Besatzungstruppen nutzten die Kirche als Magazin; ihre Inneneinrichtung wurde danach zerstört. Neben zahlreichen Grabsteinen blieb die Orgel von 1653—1659, letztes Werk des Orgelbauers Friedrich Stellwag, erhalten. Der Prospekt ist in niederländischem Knorpelstil mit zahlreichen Schnitzfiguren gestaltet.

Jakobikirche in Stralsund

Die *Apolloniakapelle* wurde 1416 an der Südseite des Westbaus der Marienkirche als Sühne für die Verbrennung dreier Geistlicher auf dem Neuen Markt im Jahre 1407 errichtet: ein kleiner Achteckbau mit Pyramidendach und achtrippigem Gewölbe.
St. Jakobikirche, die dritte Pfarrkirche, wird 1303 erwähnt; ursprünglich Hallenkirche, später in eine dreischiffige Basilika umgewandelt. Ihre Wände sind glatt, ohne sichtbare Strebepfeiler, mit großen Fenstern, die reiches Maßwerk haben. Über der Ostwand ragt der mit Blenden gegliederte Giebel auf, darüber erhebt sich ein barocker Dachreiter. Der Turm besitzt über dem Portal ein großes sechsteiliges Fenster. Ein achteckiges, von vier Ecktürmen umstelltes Geschoß mit Geschweiftem Barockdach überragt die nächsten beiden blendenverzierten Geschosse. 1944 wurde die Kirche durch Bomben schwer beschädigt.
Erhalten geblieben sind der Dreifaltigkeitsaltar, Anfang 16. Jh., in dessen Mittelschrein ein Gnadenstuhl steht. Die erste Wandlung der Flügel zeigt acht Bilder aus dem Leben der hl. Anna und dem Ma-

rienleben; der Altar der Hl. Sippe, Anfang 16. Jh., dessen Flügel vier Reliefs aus dem Marienleben tragen. Der Hochaltar von 1786 bis 1788 ist ein zweigeschossiger Säulenbau mit Gemälden von Johann Heinrich Tischbein.

Dominikanerkloster St. Katharina, gegründet 1251, größte Klosteranlage Norddeutschlands; Chor der dreischiffigen Hallenkirche 1287 geweiht, Langhaus 1317 beendet. Der Chor besitzt zwischen den schmalen Strebepfeilern zweiteilige Fenster, darüber eine in Fischgrätenmuster gemauerte Wand. Das Schiff ist mit Kreuzrippengewölben eingedeckt. In der türlosen Westwand beleuchten drei Fenster den Innenraum. In den Klostergebäuden liegen zwei Kreuzgänge, 15. Jh. Nach der Säkularisierung dienten sie als Schule und Waisenhaus; deshalb blieben sie mit ihren Säulen und Gewölben erhalten. Seit 1924 befindet sich das Städtische Museum in diesen Räumen.

Franziskanerkloster St. Johannes der Täufer, gegründet 1254. Das Schiff der dreischiffigen Hallenkirche, frühes 14. Jh., brannte 1624; danach als kreuzgangartiger Hof eingerichtet. Der erhalten gebliebene Chor wurde 1944 vernichtet. Seit dem 17. Jh. befindet sich in den Klostergebäuden das Städtische Krankenhaus; in den gewölbten Räumen fanden sich Reste von Fresken des 15. Jh. Im 18. Jh. entstanden rings um das Kloster zahlreiche zweigeschossige

Am Flotthafen in Stralsund

Am Heiliggeistkanal in Stralsund

Fachwerkhäuschen, die sich reizvoll um mehrere Höfe gruppieren. Seit 1960 restauriert man diese Bauteile; das Stadtarchiv soll sie beziehen.

Heilig-Geist-Spital vor der Stadtmauer, um 1256 gegründet und 1325 an seinen heutigen Platz verlegt; von der gotischen Anlage ist nur die dreischiffige Hallenkirche erhalten, über deren Westgiebel sich ein barocker Dachreiter erhebt. Ein Sterngewölbe überspannt den Altarraum. Aus der zweiten Hälfte 18. Jh. stammt ein barocker Altar mit der Himmelfahrt als Mittelbild. An die Ostseite der Kirche schließt sich der 1643 erneuerte Spitalbau an; er erhielt an der Hofseite von Säulen getragene Galerien. Durch ein Tor ist der langgestreckte eingeschossige Bau des Elendenhauses, 1637—1641, zu erreichen. Nach Süden stehen ein- und zweigeschossige Fachwerkhäuser, 18. und 19. Jh. Heute dient dieses Gotteshaus als Pfarrkirche.

Daneben besitzt St. noch alte gotische, Renaissance- und Barock-Wohnhäuser. In der Franken-, Bade-, Semlower-, Fähr-, Mönch- und Mühlenstraße haben sich geschlossene Häusergruppen erhalten. Am Markt steht das Mitte 15. Jh. erbaute *Wulflamhaus,* dessen ursprünglicher Giebel vom Rathaus beeinflußt war; heute ist er gestaffelt. In der Marienstraße

Wulflamhaus in Stralsund

erblickt man die *Scheele-Apotheke* mit spätbarocker Fassade; früher Gasthauskirche St. Antonius von 1407, umgebaut 1783.

Die Lateinschule von St. Jakobi ist 1302 nachgewiesen. Sie war Ausgang der Schulstadt St., heute höhere Schulen, Fachschulen für Medizin und Landwirtschaft.

Das Stralsundische Museum für Vorpommern und Rügen wurde schon 1859 gegründet; seit 1924 im Dominikanerkloster: Hiddenseer Goldschmuck, erste St.er Spielkarten von 1765. 1951 Eröffnung des meereskundlichen Museums in der Kirche.

Seit 1834 gibt es ein Stadttheater; seit 1914 spielt es im neuen Haus: Pflege der kulturellen Beziehungen zwischen St. und Schweden. Stadtbücherei und Archiv ergänzen die Funktionen der Stadt als Bildungszentrum. Schon sehr früh war St. Zeitungsort. Älteste, hier gedruckte Blätter: „Extracta aller einkommenden Nouvellen" 1687, „Stralsundischer Relations Courier" von 1689 bis 1756.

Nach 1945 hat St. wieder einen Landkreis erhalten; das hat die Stadt als Verwaltungsort aufgewertet.

Seit dem Mittelalter ist St. wichtiger Verkehrsknotenpunkt in Vorpommern. Seine Lage im Strelasund erwies sich für einen Hafen als äußerst günstig. Die Inseln Rügen und Dänholm boten Schutz vor Stürmen und plötzlichen Angriffen. Schon 1240 erhielt St. die Zollfreiheit im Fürstentum Rügen. Sein Handelsgebiet erweiterte sich um den ganzen Ostseeraum bis nach England, Flandern und Frankreich. Über St. lief fast der gesamte Handel in den skandinavischen Raum; im 16. Jh. begann er zurückzugehen. Seit 1630 gab es fast nur noch den Handel mit Schweden.

Der Dreißigjährige Krieg und territoriale Veränderungen brachten den Niedergang. Ende 18. Jh. begann sich der Handel zu beleben; große Wasserbauten im Hafen waren erforderlich, denn Dampfschiffe mit größerem Tiefgang lösten die Segelschiffe ab. 1824 fuhr das Post- und Fährschiff „Adler" als erstes Dampfschiff auf der Ostsee von St. nach Ystad. Nach 1945 ist St. drittgrößter Seehafen der DDR mit einem Umschlag von 796 000 t (1975); nur Küstenmotorschiffe können ihn anlaufen.

St. wurde wichtigster Durchgangsort für den Landverkehr in Nord-Süd-Richtung. Schon im 13. Jh. führte eine Fähre von St. nach → Altefähr auf Rügen. Durch die Eisenbahnbauten 1863 nach Anklam—Berlin, 1878 Nordbahn nach Berlin, 1888

Kütertor in Stralsund

Dorfkirche zu Stramehl

nach Rostock—Hamburg, 1891 nach Saßnitz wurde dieser Verkehr gewichtiger; die Eisenbahnfähre Saßnitz—Trelleborg verstärkte diese Entwicklung. Der Bau des neuen Rügendammes, 1936, leitete den gesamten Straßenverkehr über St. nach Rügen.
Als Industriestandort wurde St. durch seine Fayencefabrik, 1757, bekannt; sie verarbeitete Ton aus Hiddensee. 1765 begründete Johann Caspar Kern die Spielkartenherstellung. Zwei weitere Betriebe entstanden, die sich 1872 zur Vereinigten St.er Spielkartenfabriken AG zusammenschlossen; 1931 ist die Produktion in das thüringische Altenburg abgewandert. 1879 gründete Leonhard Tietz ein Kurz- und Weißwarengeschäft, aus dem sich der Kaufhofkonzern entwickelte. Die Werft mit etwa 7000 Beschäftigten stellt zum Teil für die Tropen geeignete Fischereifahrzeuge her. Eine Maschinen- und eine Konservenfabrik stehen in enger Verbindung mit dem Hafen. Holzverarbeitung (Polstermöbel) und Bauindustrie kommt überörtliche Bedeutung zu.
Bertram Wulflam (1364—1392), Bürgermeister.
Christian Ketelhodt (1492—1546), 1523 als Reformator in St. tätig.
Johannes Aepinus (1499—1553), 1525—1529 Rektor und Verfasser der ersten protestantischen Schulordnung Pommerns.
Thomas Kantzow (1505?—1542), schrieb die erste deutsche Chronik Pommerns.
Lambert Steinwich (1571—1629), 1601 Syndikus, seit 1616 Bürgermeister, Verteidiger gegen Wallenstein.
Philipp Johann Tabbert (1677—1747), seit 1706 von Strahlenberg, Offizier, Kartograph Sibiriens.
Karl Wilhelm Scheele (1742—1786), Apotheker und Chemiker, Entdecker von Chlor, Mangan, Barium und Sauerstoff.
Friedrich Christian Mohnike (1781—1841), seit 1810 Pfarrer in St., Geschichts- und Sprachforscher.
Hermann Burmeister (1807—1892), Naturforscher, Entomologe, † in Buenos Aires.
Henry Vahl (1897—1977), Schauspieler im Ohnsorg-Theater, Hamburg.
1939 hatte St. 49295; 1985: 75480 Einwohner.

Stramehl *(Strzmiele),* Kr. Regenwalde, 1288 von Wulf von Borcke als deutsche Stadt „Wulfsberg" mit lübischem Recht gegründet. Sie ging nach etwa einem Jahrhundert ein, als 1393 der Deutsche Orden das Schloß eroberte und zerstörte. Seitdem bestand der Ort als Dorf weiter. 1319 stiftete Pfarrer Zachow in Regenwalde zehn Mark für den Bau der St. Andreaskirche. 1539 wurde hier Sidonie von Borcke geboren.
Die Backsteinkirche von 1722 besitzt einen achteckigen Turm mit niedriger Haube, der gerade das Kirchendach überragt. Das Innere ist schlicht und schmucklos; 1990 eine Ruine.
Neben der Kirche stand im Wiesengelände das barocke Gutshaus mit Mansardendach des 1042 ha großen Gutes; errichtet auf den Grundmauern eines älteren Gebäudes. Wall und Graben umgaben es noch 1784.
St. hatte 1939: 406 Einwohner.

Streckenthin *(Strzekęcino),* Kr. Köslin. 1278 erhielt das Zisterzienserinnenkloster in Köslin den Zehnten aus St.; 1338 gelangte das ganze Dorf in seinen Besitz.
Das alte von Kamekesche Gut war im Laufe der Zeit auf über 5000 ha angewachsen. 1906 hatte der Besitzer begonnen, planmäßig Kartoffeln zu züchten und Saatgut zu produzieren. In den 20er und 30er Jahren wurde die Saatzucht auf weitere Betriebe aus-

gedehnt. Das Unternehmen entwickelte sich zu einem der bedeutendsten Pflanzenzuchtbetriebe in Deutschland und erwarb internationale Anerkennung. Nach dem Zweiten Weltkrieg setzte die Kartoffelzucht von Kameke in Böstlingen und Windeby ihre Tradition fort.
1939 lebten in St. 407 Bewohner.

Streitz *(Strzeżenice)*, Kr. Köslin, Dorf am Streitzseebach. Bischof Hermann von Cammin übergab Feldmark und Zehnt des Dorfes dem Kloster Dargun. Bis 1847 war es ein Lehen der Familie Schmeling.
Die Dorfkirche war 1879 stark modernisiert worden; nur der durch Blenden reich gegliederte Turm hat sein ursprüngliches Aussehen behalten. Ein mit Zinnen gekrönter Staffelgiebel mit runden Öffnungen überragte ihn auf seiner Westseite.
Aus der ersten Hälfte 17. Jh. stammte die prächtige Renaissancekanzel; sie ruhte auf einem Pfeiler mit Löwenkopf und Flachornamenten. Besonders reich waren die ganz von der Fläche des Kanzelkorbes gelösten Verzierungen.
Beim Abzug der Roten Armee 1946 wurde die Kirche angezündet und brannte aus.
Paul Dahlke (1904—1984), Filmschauspieler.
1939 hatte St. 286 Bewohner.

Streitzigsee *(Jezioro Trzesiecko)*, erstreckt sich südwestlich Neustettin in 135 m über NN; 2,93 qkm großer, 4,7 km langer und 0,9 km breiter Rinnensee mit einer größten Tiefe von 14 m. Ihn umgeben Moränenhügel, die ihn bis etwa 30 m überragen, im Süden der Mönchs- oder Klosterberg bei → Marienthron mit 147 m über NN, auf dem das Augustiner-Eremitenkloster lag.
Im März 1684 färbten mikroskopisch kleine Lebewesen den ganzen See rot. 1867 wurde der Seespiegel um 4,5 Fuß (etwa 1,50 m) gesenkt; dadurch fielen zwei der früheren Ausflüsse zum Vilmsee trocken; nur der Niesedoppbach blieb übrig. Auf dem See wird Fischerei betrieben.

Strelasund, etwa 25 km lang; trennt die Insel Rügen vom Festland. Seine durchschnittliche Breite liegt bei 2 km. Er war eine in der Litorinazeit überflutete Geländesenke; wo noch Geschiebemergel an das Ufer treten, bilden sie Steilufer von 15 bis 20 m Höhe. Der Sund, der die Gellenbucht über den Kubitzer Bodden im Nordwesten mit dem → Greifswalder Bodden in Südosten verbindet, ist eine bis zu 16 m tiefe, flußartig gewundene Hauptrinne und dient als Schiffszufahrt nach → Stralsund. Küstenversatz am Bock und am Südende Hiddensees drohen ständig den St. zuzuschütten.

Stretzin *(Strzeczona)*, Kr. Schlochau. Der größte Teil der Bauernhöfe liegt außerhalb der Dorflage auf Abbauten.
Hochmeister Dietrich von Altenburg übergab St. 1340 an die sechs Brüder Schindemann. Sie erhielten weitgehende Rechte wie hohe Gerichtsbarkeit, Mühlen- und Marktgerechtigkeit. 1433 zerstörten Hussiten St. 1466 kam das größte Ordensgut in königlich-polnische Hand.
1348 soll in St. schon eine Kirche gestanden haben. Die gegenwärtige St. Laurentiuskirche, ein einschiffiger Fachwerkbau mit aufgesetztem Holzturm, entstand 1672; ihre barocke Haube mit Wetterfahne stammt von 1792.
1939 lebten in St. 904 Einwohner.

Strohsdorf *(Stróżewo)*, Kr. Pyritz, Dorf zwischen Plöne- und Madüsee. 1224 schenkte Herzog Bogislaws I. Gemahlin Anastasia das Dorf „Ztrosewo“

Streitzigsee

Dorfkirche in Stuchow

dem Prämonstratenserinnenkloster in Treptow. Ihr Enkel, Herzog Barnim I., übereignete es dem Pyritzer Augustinerinnenkloster.
1704 wurde die bis dahin stehende Kirche als baufällig abgetragen, obwohl der Turm erst 1689 errichtet worden war; 1715 neu in Fachwerk erstellt. Turm von 1771/72.
Die Decke, eine elliptische Holztonne, war reich mit alttestamentarischen Szenen und Ornamenten bemalt. Den barocken Altar schufen der Tischler Jakob Eichler und der Maler Jakob Wildenberger 1663; zahlreiche Engel und Engelsköpfchen waren daran angebracht. Die Mitte zwischen Säulen füllt ein Tafelbild der Kreuzigung aus.
Bis 1895 besaß St. das älteste, 1695 erbaute Bauernhaus des Kreises; das Stettiner Museum konnte noch ein genaues Modell des Innenausbaus fertigen.
In St. lebten 1939: 436 Bewohner.

Stuchow *(Stuchowo)*, Kr. Cammin, schon in vorgeschichtlicher Zeit besiedeltes Dorf. Aus der Eisenzeit, 3.—4. Jh. v. Chr., wurde ein Grab der jüngeren Kaiserzeit gefunden; das Gesicht des Verstorbenen war mit einer Bronzeschale zugedeckt. Silberfibeln, ein silberner Halsring, eine halbkuglige Silberdose dienten als Grabbeigaben.
1313 wird ein Henning von St. genannt. Herzog Wartislaw IV. verlieh 1318 dem Henning von Behr auf St. das Dorf Zitzmar. Nachfolger der von Behr waren seit 1490 die von Plötz, denen das Rittergut bis 1945 gehörte.
In den südlichen Flügel des Gutshauses, einem zweigeschossigen Putzbau von 1888, waren Reste eines älteren Wohnhauses eingebaut.
Die Kirche, ein mittelalterlicher Findlingsbau auf einem Hügel im Dorf, brannte 1654 ab; 1655 wieder aufgebaut, erhielt es 1770 einen neuen Fachwerkturm mit achteckigem Helm.
Der Altar von etwa 1670 wurde 1937 verbrannt. Die achteckige Kanzel von 1882 besaß einen Schalldeckel von 1668. Im Schiff hing ein 1,15 m großer Taufengel aus dem 18. Jh.
Die Einwohnerzahl betrug 1939: 439.

Stüdnitz *(Studzienice)*, Kr. Bütow, Dorf am Nordende des 7 km langen Stüdnitzer Sees, in dem es bis zum Dorfbrand 1937 noch einen größeren Bestand an Schurzholzbauten gab. Seitdem hat sich der Bestand auf wenige Häuser verringert; erhalten hat sich der Hof des Dominik von Gostomski, um 1770, mit Wohnhaus, Stall und Scheune, aus Hölzern der 1765 abgebrochenen Kirche errichtet.
Seit frühester Zeit bestand St. aus zwei Dörfern: „Studenicz der Herren", nachmals königlich St. auf der Nordseite der Dorfstraße, und „Panen Studenicz", später Adlig St. auf der Südseite. 1335 verlieh Komtur Otto dem August Harmann ein Viertel des

Stüdnitz, Schrotholzhaus

Dorfes und der Güter in „Panen studenicz". Heinrich von Plaue verlieh 1412 Bartke von Gustkow das volle Gut mit 30 Hufen. Herzog Franz stellte 1607 Lehnsbriefe für sieben Freie aus.
Die Schurzholzkirche St. Trinitatis mit verschaltem Fachwerkturm war um 1765 errichtet worden. Das Bütower Schuhmachergewerk hatte den Altar gestiftet. Am 18. 1. 1937 brannte die vorletzte Schurzholzkirche des Kreises ab.
Otto Hinz (1903—1945?), Volksschullehrer und Heimatforscher; das Manuskript „Atlas des Kreises Bütow" ist seit 1945 verschollen.
Dr. Johannes Hinz (* 1905), letzter in Pommern verbliebener deutscher katholischer Pfarrer der Freien Prälatur Schneidemühl.
1939 lebten in St. 302 Bewohner. 1983 Großgemeinde *(Gmina)* von 176 qkm Fläche mit 2835 Einwohnern.

Suckow *(Żukowo)*, Kr. Saatzig, Dorf am Nordrand des Ihnatales, bereits 1269 unter den Besitzungen des Johanniterordens aufgeführt.
Die Findlingskirche des späten Mittelalters besitzt einen Turm, den ein wohlgeformter Barockhelm krönt.
In der Ostwand hinter dem Altar befindet sich eine mit einer Eichentür verschlossene Nische. Auf der

Dorfkirche Suckow, Kr. Schlawe

Oberförsterei Suckow, Kr. Schlawe

Innenfläche dieser Tür ist ein spätmittelalterliches Temperabild auf Kreidegrund gemalt: der blutende Christus. 1715 wurde die Kanzel über einen spätgotischen Flügelaltar gesetzt. Im Mittelschrein stehen die Schnitzfiguren der Hl. Georg, Anna und Johannes des Täufers.
S. hatte 1939: 503 Einwohner.

Suckow *(Żukowo Sławieńskie)*, Kr. Schlawe. In Dorfnähe liegen Hünengräber aus dem zweiten Jahrtausend v. Chr. Das größte, leider geöffnet, hatte einen ovalen Grundriß von 25 x 15 m. Der Eingang auf der Westseite war aus großen, ein- bis zweiseitig plangeschliffenen Findlingen gebaut. Die Wände der Grabkammer waren stellenweise 2,50 m hoch. Vermutlich war es das Grab eines Häuptlings. 1205 schenkte Herzog Swantopolk II. von Pomerellen das Dorf Bischof Sigwin von Cammin.
Die spätgotische Dorfkirche wurde aus Back- und Feldsteinen erbaut; der wohl ältere Turm trug einen barocken Helm.
Die Einrichtung stifteten weitgehend der Schloßhauptmann Adam von Podewils und seine Gemahlin. Von der alten Kirche blieb ein spätgotischer Flügelaltar mit der Mutter Gottes in einem Strahlenkranz in der Mitte und je sechs Heiligenfiguren in zwei Reihen in den Flügeln erhalten. Der barocke Altar von 1686 mit gewundenen, umrankten Säulen zeigte eine Kreuzigungsgruppe im Mittelfeld. Er war weiß angemalt, die Kanten waren in Gold abge-

setzt. Die Kanzel von etwa 1700 schmücken ornamentale und figürliche Reliefs; sie war schwarzweiß und in Gold gefaßt. Auf der Empore, 18. Jh., die den Altar einrahmt, ist der Orgelprospekt ein barockes Prachtstück. Das riesige Epitaph für Oberst Ernst Bogislaw von Podewils, † 1718, war mit Genien, Waffentrophäen, Wappen, Reliefs und der Büste des Verstorbenen überreich verziert.
Heinrich von Podewils (1695—1760), Staatsminister König Friedrich Wilhelms I. und Friedrichs des Großen.
1939 hatte S. 674 Einwohner.

Swine *(Świna)*, mittlerer Mündungsarm der → Oder in die → Ostsee zwischen den Inseln → Usedom und → Wollin, etwa 22 km lang und 200 bis 300 m breit. Über die S. fließen etwa 75 v.H. des Haffwassers ab; seit 1720 Hauptschiffahrtsweg nach → Stettin. Durch ihr sehr geringes Gefälle kann bei Nordstürmen das Ostseewasser in das Haff einströmen; dadurch bildete sich an der Haffseite der Insel Usedom ein Einströmdelta, an das jährlich etwa 1 bis 2 m Land angeschwemmt wird.
1874—1880 wurde durch den Südteil der Insel Usedom die → Kaiserfahrt gegraben, die den Swineschiffahrtsweg auf 16,3 km verkürzte. Durch ständiges Baggern wird die Fahrtiefe von 15 m aufrechterhalten.

Leuchtturm Osternothhafen bei Swinemünde

Abendmahlskelch aus Swinemünde

An der Mündung der S. in die Ostsee liegt auf Usedom der Stettiner Vorhafen → Swinemünde, auf der Insel Wollin Ostswine, Heimathafen der Hochseefischerei und Endstation der Eisenbahnlinie nach Stettin.

Swinemünde *(Świnoujście)*, Kr. Usedom-Wollin, Hafen- und Kreisstadt auf dem linken Swineufer an der Nordostecke der Insel Usedom, durch einen Dünenwall von der Ostsee abgeschirmt.
Schon 1181 stand in dieser verkehrsgünstigen Lage eine Schutzburg. 1230 gab es hier eine herzogliche Fähre zwischen Usedom und Wollin. Der Hafen wird 1297 erstmals genannt. 1336 bestand bereits eine Kirche. S. war neben der herzoglichen Zollstelle zur Lotsensiedlung geworden. Unter Wallenstein wurde zur Sicherung des Swineübergangs eine Schanze angelegt. Nach 1648 ließen die Schweden die Swine versanden; die Peene war fortan Hauptwasserstraße. 1720 erhielt Schweden sogar das Recht, die Stettiner Schiffahrt in Wolgast zu verzollen. Friedrich Wilhelm I. beschloß, den Swinehafen wieder zu eröffnen; seit 1729 wurde die Swine für größere Schiffe ausgebaggert; Friedrich der Große führte 1780 das Werk zu Ende.
1743 wird der entstehende Ort S. genannt; 1746

zum preußischen Seehafen erklärt. Die Ortslage bestand 1750 aus einer etwa 1000 m langen Hauptstraße entlang der Swine und einigen Querstraßen. Die vermessenen Hausstellen in der 1763 gegründeten Stadt wurden bis etwa 1840 Siedlern unentgeltlich überlassen. Nach 1800 wuchs S. über die engen Grenzen hinaus. Seit 1890 entstand am Strand ein neuer Stadtteil: S.-Bad.

1945 wurde das mit Flüchtlingen überfüllte S. in einem Luftangriff zu etwa 55 v.H. zerstört. Die Opfer, über 25000 Tote, sind am Golm begraben. Bis 1956 blieb S. unter sowjetischer Militärverwaltung; danach kam es an Polen. 1973 wurden → Misdroy und der Naturpark Wollin der Stadt eingegliedert. Die städtischen Bauten stammen weitgehend aus dem 18. und 19. Jh. Die Kirche von 1790 ist ein nüchterner Zweckbau, der 1881 einen Turm mit steiler Spitze erhielt. Die Adler-Apotheke — das Fontane-Haus — wurde 1955 abgerissen.

Als Kreisstadt des Landkreises Usedom-Wollin besaß sie neben den Verwaltungsstellen auch höhere Schulen und ein 1945 vernichtetes Heimatmuseum. Zentrum der Stadt war und ist der Hafen. Seit etwa 1780 hatte S. eine eigene Handelsflotte. Während des amerikanischen Unabhängigkeitskrieges,

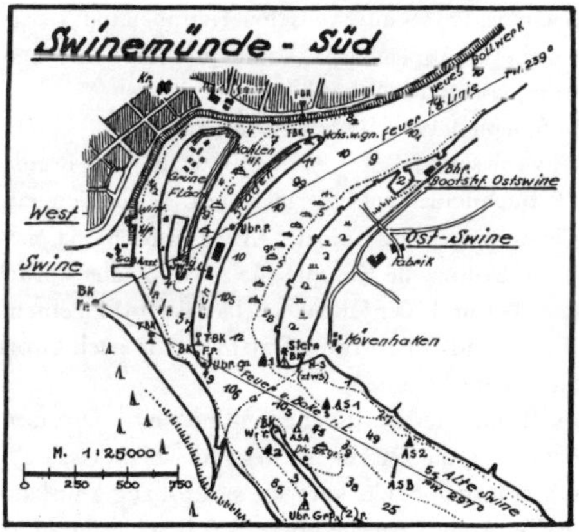

Swinemünde Süd

Heidelandschaft bei Sydow

1773—1784, und des Englisch-Französischen Krieges, 1801—1805, blühte der Hafen auf; die Kontinentalsperre, 1806—1812, unterbrach diesen Aufschwung. Der Schmuggelhandel begann, bei dem F. W. Krause als „König von S." Millionen verdiente. Einen letzten Aufschwung erlebte S. im Krimkrieg 1851—1856, als fast der gesamte russische Seehandel über S. lief. Seit 1829 wurden die Hafenmolen gebaut: Die Ostmole hatte eine Länge von 1500 m, die Westmole von 1100 m. Der 70 m hohe Leuchtturm stammt von 1858. Mit der Vertiefung der Swine verlagerte sich der Hafenverkehr allmählich nach Stettin, besonders seit 1826, als das erste Dampfschiff in S. anlegte. Für die schwindende Seefahrt förderte Oberpräsident Sack seit 1825 den Seebäderverkehr. S. wurde zum Vorhafen Stettins; in Osternothhafen, auf dem Wolliner Ufer, entstand der Kriegsflottenstützpunkt.

Gegen Ende des Jahrhunderts wurde S. an das Eisenbahnnetz angeschlossen; 1876 baute die Berlin-Stettiner Eisenbahn die Strecke Ducherow—S.; von Osten her entstand 1892 die Strecke von Wietstock nach Wollin, die bis 1901 zur Fähre Ostswine hin verlängert wurde. Nach 1945 wurde die Hauptstrecke nach Ducherow demontiert, die Bahnhöfe in S. stillgelegt. Nur Ostswine wurde ausgebaut.

Seit 1927 gab es in S. einen Flughafen.

Der Fremdenverkehr wuchs, zumal 1895 noch ein Solebad hinzukam. 1938 verzeichnete S. 435046 Übernachtungen.

Die Industrie stand seit eh und je in engem Zusammenhang mit dem Hafen. Werkstätten für Bootsbau

und Schiffsreparatur konzentrieren sich auf dem gegenüberliegenden Ufer, in Ostswine und Osternothhafen. Die Fischverarbeitung mit Kühlanlagen und Konservenfabrik hat nach 1945 durch den Ausbau des Hochseefischereiunternehmens „Odra" Bedeutung erlangt. S. ist heute größter Fischereihafen Polens und ein wichtiges Einpendlerzentrum der Insel Wollin. Seit 1968 wurde in Ostswine ein großer Kohlenumschlaghafen ausgebaut, während der Osternothhafen weiterhin Marinestützpunkt blieb.
Karl Robert Klempin (1816—1874), Geschichtsforscher, Herausgeber des ersten Bandes des „Pommerschen Urkundenbuches".
Adalbert Holtz (* 1905), Buchhändler, Historiker, Archivar.
Von 1827—1832 lebte *Theodor Fontane* in S. und berichtet darüber in „Meine Kinderjahre"; sein Vater erwarb 1827 die Adler-Apotheke.
S. hatte 1939: 26593; 1983 durch Eingemeindungen 49637 Einwohner.

Sydow *(Żydowo)*, Kr. Schlawe, großes Handwerkerdorf 170 m über NN.
Den viereckigen Turm der Fachwerkkirche, etwa 18. Jh., ziert ein achteckiger Helm.
Der Altartisch ist gemauert; an Stelle des Aufbaus ist nur die Kanzel aufgestellt. Die Orgel, 18. Jh., soll

Kirche in Sydowsaue

Tantower Kirche, Eickstedtscher Grabstein

aus Pollnow stammen, der Prospekt wurde bei ihrer Aufstellung „angepaßt", also verstümmelt.
Seit 1865 wuchs in S. das Gewerbe der Sensenschmiede. Noch bis 1945 gab es sieben selbständige Betriebe. 1971 wurde zwischen Kamin- und Niedersee ein Pumpspeicherwerk mit einer jährlichen Leistung von 150 MW gebaut.
In S. lebten 1939: 1428 Bewohner.

Sydowsaue *(Żydowce)*, Groß Stettin. Am Rande der Buchheide zum Odertal legte 1747 der Generalpächter des Amtes Kolbatz, Kriegsrat Richard Christoph Sydow, die Kolonie für zwölf Siedler an. In den 20er und 30er Jahren wuchs das Dorf zu einem Wohn- und Villenvorort Stettins; 1939 nach Groß Stettin eingemeindet.
Zu Beginn des 20. Jh. entstand hier eine Kunstseidenfabrik, die 1902 in den Besitz der Handelsgesellschaft Jordan & Co. kam, die sie großzügig ausbaute. Zeitweise hatte sie über 2000 Beschäftigte. Die Firma baute eine Wohnsiedlung für Arbeiter und

Fachwerkkirche in Tarnowke

Angestellte. Die Anlagen wurden 1945 zu 90 v.H. demontiert. Nach der Übergabe 1946 an Polen begann mit Ausrüstungen aus Mitteldeutschland der Wiederaufbau. 1948 waren wieder 1000 Arbeiter beschäftigt.

Tankow *(Danków)*, Kr. Friedeberg, liegt am Tankower See am Ausfluß des Zorbenfließ. Der Ort wird 1300 genannt. Hier stellten Markgraf Konrad von Brandenburg und sein Sohn Waldemar 1303 die Stadturkunde von → Kallies aus. Markgraf Ludwig hielt sich oft zur Jagd in T. auf und verlieh ihm vor 1343 das Stadtrecht. 1351 erhielt Betkin von der Osten Stadt und Schloß; bereits 1352 gelangte es in Amtspflege an den Frankfurter Goldschmied Bruno Lange.
Der Markgraf überließ 1353 den Bürgern die Seen mit der Auflage, ihm von jedem Fischzug den dritten Fisch abzuliefern. Markgraf Johann gab 1391 Schloß und Stadt Otto von Kittlitz zum Lehen; der Deutschordensvogt Balduin Stahl wollte dies nicht anerkennen. Bis 1452 kämpfte die Familie darum. 1465—1803 war T. Besitz des Burchard von Papstein und seiner Nachfahren. Joachim von Papstein berichtete 1608 über T.: „vor alters ein Flecken gewesen, jetziger Zeit aber kein Marktrecht darinnen gebrauchet." T. sank zum Dorf herab. Eine Stadtmauer hat es nie besessen. Die Dorfkirche wurde 1871 errichtet.

In T. lebten 1939: 207 Bewohner.

Tantow, Kr. Greifenhagen. Auf der → Randower Hochfläche liegt das 1255 erstmals genannte Dorf: Bischof Hermann von Cammin verlieh dem Zisterzienserinnenkloster in Stettin den Zehnten aus T. 1261 wurde das Patronat über die Kirche dem Stift St. Peter und Paul in Stettin übergeben; aber 1280 ging es auf das Stettiner Domstift St. Marien über. Die geistliche Gerichtsbarkeit wurde 1286 dem Propst von T. übertragen. Bis 1815 war T. jahrhundertelang eine brandenburgische Enklave.
Die Kirche, ein Putzbau ohne Turm, 1856, erhielt 1868 aus der Kirche von Jasenitz die Grabplatte des Ritters Hans von Eickstedt, † 1594, und seiner Frau Ermgard von Quintzow. Die Figuren der Verstorbenen sind in Flachrelief dargestellt, die Wappen farbig bemalt, die Buchstaben vergoldet.
1847 wurde an der Strecke der Berlin-Stettiner Eisenbahn von 1843 der Bahnhof erbaut, ältester in Pommern. Heute ist er Grenzbahnhof für ein einziges durchgehendes Zugpaar Berlin—Stettin.
1939 lebten in T. 994 Einwohner.

Tarnowke *(Tarnówka)*, Kr. Flatow. 1549 wurde die Gründungsurkunde für das Dorf ausgestellt, nachdem der Ort durch kriegerische Ereignisse hierher verlegt werden mußte. Von 1609 bis 1631 war T.

Fachwerkkirche in Techlipp

Fachwerkhaus aus Tempelburg

Stadt; ihr erster Bürgermeister hieß Jandecke. Die überlieferten Akten waren überschrieben: „Wir Bürgermeister und Rat der Stadt T." Jedoch waren beide des Schreibens unkundig; so mußte der Prediger Samuel Koikow, von 1617 bis 1631 der Schulmeister Walter, die Protokolle verfassen und auch unterschreiben. In polnischen Urkunden wird T. immer als deutsches Dorf bezeichnet, auch in dem Befehl von 1732, die protestantische Kirche abzureißen.
Die erste Kirche von 1582 machte nach dem Brand 1702 einem Neubau Platz; 1732 abgebrochen. Der Fachwerkneubau mit Schindeldach und verbrettertem Turm stammt von 1773. Eine Inschrift deutet ihr Schicksal an: „Durch blinden Eifer sank ich nieder 1732, mit Gottes Hilfe steh ich wieder 1773."
T. besaß die älteste Schule im Kreis. Von 1617 bis 1631 wirkte an ihr der Lehrer Walter. Die zum Ort gehörende Tarnowker Mühle wurde um 1890 zu einer Pappenfabrik ausgebaut. 1940 ging sie an die Papier und Pappe AG in Berlin über.
1939 lebten in T.: 1547 Einwohner. 1983 Großgemeinde *(Gmina)* von 132,2 qkm Fläche mit 3392 Einwohnern.

Techlipp *(Ciecholub)*, Kr. Rummelsburg, 1477 erstmals urkundlich erwähntes Dorf. 1478 verkaufte Mickes Zitzewitz die eine Dorfhälfte an Peter Krümmel in Schlawe, die andere an seinen Vetter in Beßwitz, Jannewitz und Varzin. Der Pastor beklagte sich über die Zitzewitz, die um 1565 die Kirche erbaut hätten, ihre Förderung aber der Kirche in Treten zukommen ließen. Im 17. Jh. setzte in T. das Bauernlegen ein. 1655 gab es im Dorf noch vierzehn Bauern, im 18. Jh. war es nur noch einer, und 1829 wurde T. zu einer reinen Gutsgemeinde.
Auf einem mit Buchen bestandenen Hügel ragt die Fachwerkkirche, um 1565, auf; um 1911 umgebaut, vor der Westseite erhielt sie ein Türmchen. Altar und Kanzel waren zu einem Kanzelaltar verbunden worden, 1911 wieder getrennt. Das Mittelfeld, eine Kreuzigung, rahmten vier mit Weinlaub umwundene Säulen. In die Füllungen der sechsseitigen Taufe waren allegorische Landschaften gemalt. Die Südempore wurde 1911 beseitigt, ihre bemalten Brüstungen dienen als Wandtäfelung. 1989 wegen Baufälligkeit abgebrochen.
T. hatte 1939: 187 Einwohner.

Tempelburg *(Czaplinek)*, Kr. Neustettin, auf einer etwa 500 m breiten See-Enge zwischen → Dratzig- und Zepplinsee, 140 m über NN; bis zu 200 m über NN hohe Moränenhügel der Pommerschen Seenplatte umgeben den Ort.
Vorläufer war die wendische Siedlung Czaplin. Der Templerorden erwarb vor 1286 das Land T. von Herzog Przemislaw II. von Polen und erbaute vor 1291 die „Tempelborch". Nach Auflösung des Ordens 1312 übertrug der Papst den Besitz dem Johanniterorden, jedoch besetzten die askanischen Markgrafen von Brandenburg das Land und verliehen es um 1334 den Rittern Wiskinus von Vorbeck und Hermann Rode. Zwischen 1291 und 1334 muß die Stadtgründung zu Magdeburger Recht erfolgt sein. Erst 1345 gaben sie das Land dem Johanniterorden

Stadtkirche Tempelburg, Baldachin

unter brandenburgischer Lehnshoheit. Markgraf Otto der Faule trat diese Hoheit 1368 an Polen ab. 1407 erstürmten die Polen in den Kämpfen zwischen Brandenburg, Polen und dem Deutschen Orden die „Tempelborch“ und die Feste Draheim. Bis 1657 wurde das Land T. zur polnischen Starostei Draheim.

Im Dreißigjährigen Krieg blieben einige Schweden in T. 1625 wurden evangelische Gottesdienste verboten, der Pfarrer vertrieben. Im Bromberger Vertrag 1657 erwarb Kurfürst Friedrich Wilhelm von Brandenburg die Starostei Draheim als Pfandbesitz; es blieb in preußischem Besitz. Um 1700 ließ sich in T. eine Kolonie schottischer Händler nieder. Nach einem Stadtbrand 1725 erhielt T. seine regelmäßige Anlage. Der Rat weigerte sich, die abgebrannte katholische Kirche wieder aufzubauen. Die turmlose Kirche St. Trinitatis wurde 1753 aus Findlingen errichtet. Den Innenraum überspannt eine geputzte, 1896 bemalte Balkendecke.

Die Ausstattung stammt aus dem späten Barock. Vor der Ostwand steht eine holzgeschnitzte Schranke, die die Sakristei verbirgt. Vor dem Hochaltar befindet sich eine sechseckige Kommunionbank, an deren Ecken gewundene Säulen ein Gebälk, auf dem Engel stehen, tragen. Durch die niedrige Decke ist der Altar kaum zu sehen. An den Seiten stehen noch zwei barocke Seitenaltäre.

Evangelische Kirche 1830 nach Plänen von Schinkel an der Ostseite des Marktes errichtet und neu eingerichtet; der prächtige Kanzelaltar der Vorgängerkirche wurde nach Herzberg, Kr. Dramburg, abgegeben.

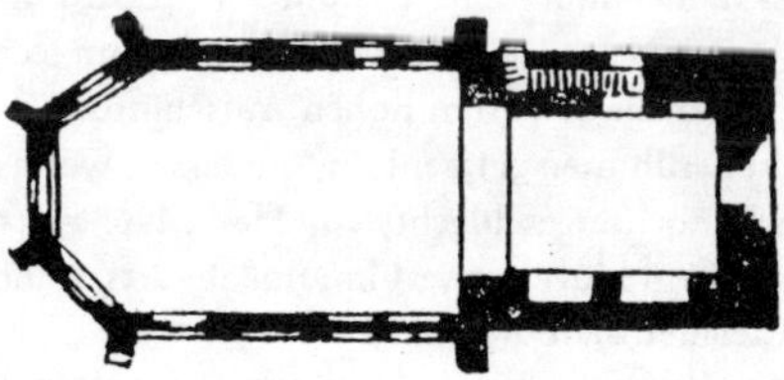

Kirche in Tessin, Grundriß

Blick von Klein Zicker auf Thiessow

Als 1877/78 die Pommersche Centralbahn ihre Strecke von Ruhnow über T. nach Neustettin und Schlochau baute, lehnte die Bürgerschaft es ab, Land für einen Bahnhof zu geben. Deshalb liegt er 3 km südlich der Stadt. Die 1908 gebaute Strecke T.–Jastrow wurde nach 1945 abgerissen.

Um 1500 war T. eine aufblühende Handwerkerstadt mit Tuchmachern, Glashütten, Eisenhämmern und Kalköfen. Der Dreißigjährige Krieg zerstörte alles. König Friedrich der Große versuchte das Gewerbe zu fördern. Der Dratzigsee wurde abgesenkt, um Wiesen und Ackerland zu schaffen. T. blieb hauptsächlich Ackerbürgerstadt. Ziegeleien, Sägewerke verarbeiteten die Rohstoffe des Umlandes. Maschinen- und Kraftfahrzeug-Reparaturbetriebe, ein Kalksandsteinwerk und eine Lederfabrik wurden zu den wichtigsten Industriebetrieben. Nach 1945 Einrichtung eines Maschinenkombinats.

Emil Palleske (1823–1880), Schillerforscher und gefeierter Vortragskünstler.

T. hatte 1939: 5121; 1983: 6129 Bewohner.

Tessin *(Cieszyn)*, Kr. Köslin. Herzog Barnim I. verlieh 1227 „Tessic“ dem Prämonstratenserinnenkloster Marienbusch in Treptow.

Die Kirche wird erst 1562 genannt: ein Backsteinbau mit gewaltigem Westturm und dreiseitigem Chorschluß. Ihr Turm mit sehr dicken Mauern hat kleine Fenster und spitzbogige Blenden. Den barocken Altar mit einer Kreuzigungsgruppe als Mit-

te umrahmen zwei Heiligenfiguren. Die Schnitzfiguren scheinen aus dem späten Mittelalter zu stammen. Die Taufe datiert von 1640.
Das Rittergut, Tessin A und Tessin B hatten 1939: 199 Einwohner.

Thiessow, Kr. Rügen, altes Fischer- und Lotsendorf am südlichsten Ende der Halbinsel → Mönchgut auf → Rügen.
Das Zisterzienserkloster → Eldena kaufte 1360 „Tyzow" mit der Insel „Zicker" von der Familie von Bonow. 1632 wurde T. die Lotsenpflicht für Schiffe, die in den → Greifswalder Bodden fahren wollten, übertragen. Eine Lotsenstation bestand 1830—1943; 1962 Neueinrichtung. Seit dem 19. Jh. entwickelte es sich zu einem Fremdenverkehrsort. T. hat einen Ost- und einen Weststrand.
1980 hatte T. 550 Einwohner.

Tollense, 75 km langer rechter Nebenfluß der → Peene, entspringt bei Prillwitz in Mecklenburg, fließt nach Norden durch den 11 km langen und 2 km breiten Tollensesee, durch Altentreptow und biegt bei Klempenow nach Nordwesten in das Tal des Landgrabens, der Trebel und Recknitz ab. Bei Demmin mündet sie in die Peene.

Tollense-Winkel, Gebiet zwischen Augraben und Tollense bzw. bis zum südwestlich-nordöstlich verlaufenden Teil des Landgrabens: eine von Talzügen durchschnittene Hochfläche. Sie ist eine höher gelegene Scholle, in der voreiszeitliche Schichten emporragen. Bei Seltz und Golchen treten Salzquellen zu Tage. In der Umgebung von → Altentreptow gibt es Kreidegruben; tertiäre Tone werden abge-

Thiessow

FREIBAD liegt auf der südlich. Spitze der rügenschen Halbinsel Mönchgut, im Schutze des bewaldeten Vorgebirges „Südperd", fast ganz v. Meere umschlung. Wegen seiner stillen Abgeschiedenheit wird es immer mehr von solch. Gäst. aufgesucht, die für eine Zeitlang das nervenaufreib. Hasten u. Jagen der Großstadt mit ursprüngl. Natur vertauschen wollen. Die Lage Thiessows inmitt. des weiten brausend. Meeres macht dieses Ostseebad zu einem Luftkurort ersten Ranges. Die Pensionspreise sind der Zeit entsprech. preiswert und sind in der Vor- und Nachsaison noch ermäßigt. — Verbindung mit Dampfer direkt über Greifswald bzw. über Stettin, Anschluß mit Motorboot direkt bis nach Thiessow! Man verlange Auskunft durch die Verkehrsbüros u. die
Badeverwaltung Thiessow auf Rügen. |87

Besucht das Thiessower Freibad!

Hüttenwerk Torgelow

baut. Die Stadt Altentreptow ist Mittelpunkt dieser Landschaft.

Tolz *(Tolcz),* Kr. Saatzig, alter Lehnsbesitz der Familie von Wedell am Gehringsbach. Die von Wedell verkauften das Gut 1782 an Hauptmann Daniel Gustav von Werner.
Das Herrenhaus, 18. Jh., ist ein eingeschossiger Bau unter hohem Walmdach. Eine Freitreppe und ein Dreiecksgiebel über der Tür betonen die Mitte des Hauses; 1835 einschließlich der Gutsgebäude umgebaut.
Die Dorfkirche ist ein Findlingsbau mit einem blendengeschmückten Ostgiebel; in ihr sind spätgotische Schnitzfiguren aus einem Flügelaltar erhalten, so die Mutter Gottes und der Hl. Joseph. Die 1486 gegossene Glocke trug die Inschrift: „ave maria gracia plena".
1939 lebten in T. 182 Einwohner.

Torgelow, Kr. Ueckermünde, ältester pommerscher Industrieort mitten in der → Ueckermünder Heide an der → Uecker.
1281 stellten Herzog Otto IV. und Markgraf Konrad von Brandenburg eine Urkunde im „castro Torgelow" aus. Neben der Ueckerbrücke sind am rechten Flußufer die etwa 6 m hohen Aufschüttungen der einst berühmten „Hasenburg" zu sehen, Wohnstatt des Raubrittergeschlechts von Hase; 1465 zerstört. Auf einem Hügel, etwa 4 km flußabwärts, stand im Mittelalter die Burg Alt T.
T. wurde im 18. Jh. als Holländerei angelegt. 1727 wurden hier Kartoffeln angebaut. Die Kirche von T.

Ruinen der Hasenburg bei Torgelow

ist ein Backsteinbau des 19. Jh. Die Gesamtanlage des ehemals königlichen Hüttenwerks aus dem 18. Jh. hatte sich bis vor 1945 erhalten und sollte als Industriedenkmal geschützt werden. Seit 1945 ist T. Stadt.

Seit urdenklichen Zeiten sind die Raseneisenerzlager bei T. bekannt. Dicht unter dem Wiesenboden lagen die schwarzbraunen, bröckeligen Klumpen des Eisensteins, Fuchs genannt, mit einem Eisengehalt bis zu 40 v. H. Am 5. 3. 1754 stellte Friedrich der Große die Gründungsurkunde für ein Hüttenwerk aus. Im selben Jahr nahm die „Hütte Vollgold" ihren Betrieb auf. Im Anschluß an dieses Werk wurde in der Uecker eine Stauanlage mit Schiffahrtsschleuse gebaut. Im 19. Jh. war das Raseneisenerzlager erschöpft; die Rohstoffe mußten eingeführt werden. Es entwickelten sich eine Eisengießerei und verarbeitende Industrie. 1944/45 gab es in T. sieben Werke mit etwa 900 Beschäftigten; nach 1945 zu einem VEB (volkseigenen Betrieb) zusammengefaßt. Die Eisengießerei arbeitet vorwiegend für den Schiffbau; Maschinenbau und ein Blechbearbeitungswerk sind weitere Abnehmer. Nahrungsmittelbetriebe, Möbelherstellung und Kleinchemiewerke haben überörtliche Bedeutung erlangt.

Walter Mentzel (1899—1978), Staatsrat, Landrat von Eckernförde, Vorsitzender des Stiftungsrates Stiftung Pommerns.

T. hatte 1939: 7301; durch Eingemeindungen 1985: 14050 Bewohner.

Trantow, Kr. Grimmen, Dorf mit einer spätgotischen Backsteinkirche, die einheitlich mit Strebepfeilern umstellt ist, ihr fehlt ein Gewölbe. Um 1800 nach Westen erweitert; über dem Giebel erhielt sie einen Dachturm mit geschwungener Haube. Das Altargemälde, das Pfingstwunder, stammt aus dem 17. Jh. Aus der Zeit um 1400 kommen zwei spätmittelalterliche Schnitzfiguren.

Auf dem Friedhof steht das Grabmal Ludwig Nikolaus Arndts, † 1808, Vater Ernst Moritz Arndts.

Das Dorf hatte 1939: 492 Einwohner.

Trebenow *(Trzebianowo),* Kr. Cammin. Beim Gutsdorf T. wurde ein frühgeschichtlicher Münzfund gemacht, der neben 2,75 kg Bruchmünzen 128 arabische (überwiegend Samaniden), zwei wolgabulgarische sowie eine Münze Karls III., des Dicken (876—887), in Köln geprägt, umfaßte. Erstmalig wird 1300 ein Hermann de Trebenow als Zeuge genannt. Kurd Flemming war 1477 erbgesessen auf T.; der Ort blieb bis 1766 in der Familie.

Das Gutshaus wurde Ende 18. Jh. mit zweigeschossigem Mittelbau errichtet; eingeschossige Seitenflügel kurz nach 1800 angebaut. In der Mittelachse liegt das Hauptportal, dem sich ein durchgehender Flur anschließt. An der Rückseite schloß sich ein englischer Park an.

In T. lebten 1939: 130 Bewohner.

Trebitsch *(Trzebicz),* Kr. Friedeberg, am Südrand des → Netzebruchs an der → Netze.

1440 weigerten sich die Bewohner von T. und der

Schloß Trebenow

Netzebrücke in Trebitsch

Nachbardörfer, dem Deutschen Orden Zinsen zu zahlen, auf die Polen Anspruch erhob. Der Ordensvogt überfiel T., äscherte es ein und nahm die Widerspenstigen gefangen. 1758 brannten Russen das Dorf nieder. 1850 gingen bei einem Dorfbrand 98 Gebäude in Flammen auf; drei Bewohner kamen dabei um.

1879 wurde die neugotische Dorfkirche erbaut.

Ein Sägewerk verarbeitete das Holz der südlich T. gelegenen Waldungen.

1939 hatte T. 1534 Einwohner.

Treblin *(Trzebielino),* Kr. Rummelsburg. Der Marktflecken T. war seit dem Mittelalter Besitz der Familie von Puttkamer. Vor 1599 wurde auf dem „Czitz" der „Neue Hof" und später eine Schäferei angelegt. In der zweiten Hälfte 17. Jh. wurde T. an die von der Goltz verpfändet; sie errichteten mehrere kleine Vorwerke.

Mit dem Bau der Backsteinkirche begann Generalfeldmarschall von der Goltz 1688; seine Witwe Eva Elisabeth geb. von Massow und sein Sohn Georg Kaspar Freiherr von der Goltz vollendeten sie 1691. Vor der Westseite wurde der Turm mit rundbogig geöffneter Vorhalle errichtet; Mitte 18. Jh. erhielt er ein geschweiftes Dach und eine schlanke zwiebelförmige Spitze.

Altar, Kanzel und Herrschaftsgestühl stammen aus der Bauzeit; eigens dafür berufene städtische Handwerker schnitzten sie. Reiches Knorpelwerk mit Menschenköpfen, Tiermasken und Ornamenten überziehen sie. Im 18. Jh. wurden Altar und Kanzel zum Kanzelaltar zusammengesetzt.

T. hatte 1939: 1206 Bewohner. 1983 Großgemeinde *(Gmina)* von 225,5 qkm Fläche mit 3470 Einwohnern.

Trent, Kr. Rügen, als „Turent" schon 1311 genannt. Zwischen 1560 und 1570 wurde vor dem Ort eine St. Jürgenkapelle abgebrochen.

Die St. Katharinenkirche wird 1348 erstmals genannt; aus dieser Zeit scheint der kreuzrippengewölbte Backsteinchor zu stammen. Ende 15. Jh. wurde das Langhaus als dreischiffige spätgotische Halle errichtet. Der Turm, wohl aus gleicher Zeit, erhielt 1602 eine geschweifte Haube mit Laterne. Mitte der Kirche ist der 1752 von Michael Müller aus Stralsund gefertigte ausladende barocke Altar; Moses und Aaron rahmen das Kreuz in der Mitte ein. Hier treten schon Rocailledekors auf. Die Kanzel, Anfang 17. Jh., ist mit Bildern der Evangelisten versehen. An der Granittaufe, um 1300, sind noch Reste ihrer früheren Bemalung zu finden. Eine Sakramentsnische in der Nordostecke des Chores ist um 1440 mit weißen Sternen auf blauem Grund ausgemalt worden.

Seit 1945 wird T. zu einem dörflichen Mittelzentrum für die umliegenden Siedlungen ausgebaut.

1939 lebten hier: 1005; 1980: 1500 Menschen.

Dorfkirche zu Trent

Treptow an der Rega *(Trzebiatów)*, Kr. Greifenberg, mittelalterliche Stadt, etwa 10 km flußaufwärts auf einem von der → Rega umflossenen Hügel.

Der wendische Flecken, Bollenburg, 1180, lag zwischen den Regaarmen, ursprünglich unterhalb eines Burgwalls. Auf dem westlichen Ufer, auf einem Geschiebemergelrücken, wurde die neue Stadt angelegt. 1180 wurde nördlich davon die Prämonstratenserabtei → Belbuck und 1224 südlich das Prämonstratenserinnenkloster → „Marienbusch" gegründet. Die Herzöge Barnim I. und Bogislaw IV. bezeugten 1277 in Ueckermünde ihre Gründungsabsicht für T. nach lübischem Recht. 1285/87 wurde das Kloster Marienbusch auf den Burgplatz der Stadt verlegt. Die sich um den großen Marktplatz entwickelnde Stadt erhielt um 1300 eine Stadtmauer mit Graben. In dieser Zeit muß T. der Hanse beigetreten sein; um 1450 trat es wieder aus. Wiederholt gab es schwere Streitigkeiten, so 1449 mit Greifenberg um die freie Schiffahrt auf der Rega, die T. jederzeit sperren konnte. An der Mündung der Rega legte die Stadt den Hafen Regamünde an; 1456 zerstört.

Johann Bugenhagen wurde 1504 an der durch ihn berühmten Lateinschule Rektor. Von hier nahm die Reformation in Pommern ihren Ausgang, als der Landtag sie 1534 beschlossen hatte. Die beiden Klöster wurden aufgelöst. Während des Dreißigjährigen Krieges plünderten Kaiserliche T. Seit der Übernahme der Stadt durch Brandenburg Garnisonsstadt. Von 1850 an dehnte sich T. entlang der Ausfallstraßen strahlenförmig aus; seit 1920 Bau zahlreicher Stadtrandsiedlungen. Im Süden der

Schinkel: Stadt und Schloß Treptow a. d. Rega

Rind- und Schweine-Schlächterei

Wurstfabrik mit elektrischem Betrieb

Versand-Geschäft

Robert Klähr,

Fernruf Nr. 253. **Treptow a. R.** Kolbergerstr. 27.

Gegründet 1824.

Zweiggeschäft in Ost-Deep.

Würste aus Treptow

Stadt entstanden 1901 und 1936 Kasernen. 1945 wurde T. zu 45 v. H. zerstört.

St. Marien, gotische Hallenkirche, zwischen 1303 und 1370 erbaut. Ältester Teil ist der Chor, wohl von 1328. Ihr dreischiffiges Langhaus wurde in den Seitenschiffen zur Front des 90 m hohen Turmes vorgezogen. Die Schiffe erhielten nachträglich Sterngewölbe. Am Triumphbogen wurden Reste der mittelalterlichen Ausmalung aufgedeckt.

Von der ursprünglichen Ausstattung sind nur kümmerliche Reste erhalten, so die Seitenwangen eines Innungsgestühls aus Eichenholz (Mitte 16. Jh.), die in den Seitenschiffen aufgehängt sind. Dazu kommt die Grabplatte aus Kalkstein von 1382 für Arnold Krampehl, seine Ehefrau Mechtildis und deren Kinder Johannes und Margareta. Die alten Glocken, die 7,2 t schwere „Maria", 1515 und „Gabriel", 1399, haben den Krieg überstanden.

Heilig-Geist-Kapelle, spätgotischer Backsteinbau mit reichem Blendengiebel; darin wurde der Überlieferung nach vom Landtag am 13. 12. 1534 die Reformation beschlossen. Heute wird sie von griechisch-unierten Ukrainern genutzt. Gertraudenkapelle, ein spätmittelalterlicher Bau, dient als Begräbniskapelle am Friedhof. In der Kolberger Vorstadt steht noch die Georgenkapelle, ein spätgotischer Backsteinbau.

Das Schloß steht an der Stelle der wendischen Burg. 1287 war hier das Prämonstratenserinnenkloster Marienbusch erbaut worden. 1618 wurde es Witwensitz für Sophia von Holstein, Gattin Herzog Philipps II. 1658 gelangte es in den Besitz des Großen Kurfürsten und wurde „Kurfürstlicher Küchenhof" genannt. 1694 erneuert, verfiel aber bald; 1750 vom Chef des Dragonerregiments Alt Württemberg, Herzog Friedrich Eugen von Württemberg, als klassizistischer Bau errichtet.
Rathaus, nach 1679 erbaut, 1710 erneuert. An der Westseite wurde die Mauer des gotischen Rathauses freigelegt; zu sehen sind drei Spitzbogenarkaden mit glasierten Backsteinen. Von der mittelalterlichen Stadtwehr sind noch Reste der Mauer erhalten und der Grützturm, ein zylindrischer Backsteinbau mit 4 m Durchmesser.
Schon 1328 wird in T. „die große Gelehrtenschule" erwähnt. Nach 1500 genoß sie durch Rektor Bugenhagen einen bedeutenden Ruf; sogar Ausländer besuchten sie. Aus ihr ging das Gymnasium „Bugenhagenschule" hervor. Seit 1913 besaß T. ein Kreisheimatmuseum; Gebäude und Bestände 1945 größtenteils vernichtet. Die wertvollsten Stücke, u. a. die große Stadtansicht, transportierten die Sowjets ab. 1988 hing dieses Bild wieder im Rathaus. T. ist seit 1882 Station der Eisenbahnstrecke Altdamm—Gollnow—T.—Kolberg. Die 1906 erbaute Strecke

Schinkel: Brücke in Treptow a. d. Rega

Schinkel: Marienkirche in Treptow a. d. Rega

T.-Cammin wurde 1945 demontiert. Die Greifenberger Kleinbahnen blieben noch bis 1977 in Betrieb.
Die wirtschaftliche Bedeutung der Stadt im Mittelalter war wesentlich größer. Seit 1287 hatte sie freie Schiffahrt auf der Rega. Innerhalb der pommerschen Landesgrenzen genoß sie Zollfreiheit. Handel wurde mit Lübeck, Stralsund, Danzig, Riga und Gotland getrieben. Davon hat sich nichts erhalten können. Seit dem 19. Jh. entstanden Silberwaren-, Seifen-, Holzverarbeitungs-, Zucker- und Baustofffabriken. 1925 wurde an Stelle der abgebrochenen Wassermühle ein kleines Elektrizitätswerk errichtet. Nach 1945 erbohrte man in der Umgebung Erdgas.
König Friedrich von Württemberg (1754—1816), geboren in T.
Ludwig Friedrich Kämtz (1811—1867), Physiker, Meteorologe, 1865 Direktor des physikalischen Zentralobservatoriums in Petersburg.
Johann Gustav Droysen (1808—1884), Historiker, Abgeordneter der Schleswig-Holsteiner in der Nationalversammlung in der Paulskirche in Frankfurt a. M.; „Geschichte des Hellenismus", 1836—1843.
Ulrich Hildebrand (1870—1940), Kirchenmusiker.
T. hatte 1939: 10184; 1983: 9095 Bewohner.

Treten *(Dretyń)*, Kr. Rummelsburg, erstmals 1478 erwähnt als erster Ort jenseits der Wipper in der großen Waldwüstung. Besitzer waren Henning Massow, sein Bruder Micke und seine Vettern Ewald, Thomas und Klaus, alle aus Bartin. 1590 wa-

Marienkirche Treptow, Grabplatte Krampehl

ren von den Bauernhöfen bereits sechs wüst; zu einem Rittergut zusammengelegt.
Auf einer größeren Anhöhe steht die spätgotische Backsteinkirche, um 1500. Am Ostgiebel sind in einer Reihe acht Spitzbogenblenden angeordnet; die Fläche darüber ist ungegliedert.
Das Schiff hat für eine Dorfkirche dieser Zeit die ungewöhnliche Breite von 10,70 m; Stützen mußten die Flachdecke tragen, die den Raum in drei Schiffe unterteilten. Anfang 18. Jh. wurde die Kirche durchgreifend umgebaut, im Innern erhielt sie eine umlaufende Empore. Der Kanzelaltar, Ende 18. Jh., wirkte recht bescheiden. 1945 wurde die Kirche zerstört.
An der Westseite der Durchgangsstraße von Rummelsburg nach Stolp steht ein eingeschossiger, 22 m langer Fachwerkbau aus dem 16. Jh. Lange Jahre diente er als Poststation; früher ist er wohl Zollstation gewesen. Bis 1931 gehörte das Haus dem preußischen Staat; es steht unter Denkmalschutz.
Otto Kuske (1886–1945), Maler, leitendes Mitglied des Pommerschen Künstlerbundes.
In T. lebten 1939: 844 Menschen.

Tribohm, Kr. Franzburg-Barth. 1272 erhielt das Zisterzienserkloster Neuenkamp das Patronat der Kirche von Fürst Witzlaw II. 1456 gab das Kloster die Pfarre der Universität Greifswald. 1939 war Gut T. schon nach Arenshagen eingemeindet.
Die Kirche St. Katharina wird schon 1272 genannt; aus dieser Zeit stammt der bis zur Giebelspitze aufgemauerte Feldsteinbau mit rundbogigen Fensteröffnungen. In der Ostwand des etwas schmaleren Chores befindet sich zwischen zwei rundbogigen Schlitzfenstern ein kleines Rundfenster. Der verbretterte, geböschte Westturm ist eine Zutat des 18. Jh.
Den Innenraum überspannt eine ornamental bemalte Bretterdecke. Der Altar, 1745, ist ein mehrgeschossiger Säulenaufbau mit geschnitzter Predella und allegorischen Figuren. Das Altarbild wurde 1846 zugefügt. Aus gleicher Zeit stammt die Kanzel mit vollplastischen Figuren der Evangelisten.

Tribsees, Kr. Grimmen, 1136 genannter Sitz der wendischen Kastellanei „terra Tribuses“ am linken Ufer der Trebel, etwa 3 km vom pommersch-mecklenburgischen Grenzgraben entfernt, auf einer von Sumpfwiesen umgebenen Fläche. Östlich der Stadt, bei Siemersdorf, sind noch Reste des Burgwalls zu sehen. Am Übergang über die Trebel war eine Burg der Fürsten von Rügen angelegt worden, an deren Ostseite sich die Stadt erstreckt. Papst Innozenz II. verfügte 1140, die Burg T. dem Bistum Wollin zuzuordnen. 1166 verwüsteten die Dänen das ganze Land

Altes Posthaus in Treten

Panorama von Tribsees

T. 1232–1242 war Jaroslaw, Sohn Fürst Witzlaws I. von Rügen, Geistlicher in T. Das Kirchenpatronat wurde 1245 dem Zisterzienserkloster Neuenkamp übergeben.

1267 war T. bereits deutsche Stadt nach lübischem Recht. Sie hatte einen Rat und einen Stadtvogt mit der großen Gerichtsbarkeit. Bei der Gründung der Greifswalder Universität 1456 verlieh der Abt von Neuenkamp das Patronat an die Hochschule. Herzogin Margarete, Witwe Herzog Georgs, erhielt 1533 Amt und Stadt als Wittum. 1659 und 1676 eroberte der Große Kurfürst T., mußte jedoch die Stadt den Schweden wieder zurückgeben. Bis nach 1696 war die mittelalterliche Stadtbefestigung mit Mauer, Wall und Graben vollständig erhalten. Ein Stadtbrand 1707 ließ nur drei Häuser und von der Kirche Außenmauern und Pfeiler stehen. Nach 1815 wurde die Stadtmauer zum Teil niedergelegt; nach Osten, am Mühlenberg, gab es die erste Stadterweiterung.

Die Stadtkirche, St. Thomas von Canterbury, ist weitgehend ein frühgotischer Backsteinbau. Im Untergeschoß des Turmes und in der nördlichen Langhauswand haben sich Reste eines Baus aus dem zweiten Viertel 13. Jh. erhalten. Die dreischiffige Halle des Langhauses ist ein Bau des 14. Jh., ebenso das spätgotische, blendengegliederte oberste Turmgeschoß mit Zeltdach.

Von der alten Ausstattung stammt der prachtvolle Schnitzaltar, zweites Viertel 15. Jh., aus einer Rostocker Werkstatt. Das Mittelbild, ein Relief, stellt die Sakramentsmühle dar, ein in Mecklenburg häufig anzutreffendes Motiv. Die Evangelisten als Symbole schütten ihre Schriften in den Trichter einer Mühle, die seitlich stehenden Apostel leiten Wasser zu, im unteren Teil verehren die vier Kirchenväter Christus, das fleischgewordene Sakrament. Über allem thront Christus, der Weltenrichter. In den Flügeln sind acht Passionsreliefs angebracht. Im südlichen Choranbau stehen Teile der Kanzel von 1577, 1702 aus der St. Jakobikirche in Lübeck angekauft.

Das Stralsunder bzw. Mühlentor ist auf der Feldseite mit einer Blendenreihe und blendengegliedertem Staffelgiebel versehen, die Stadtseite ist dagegen schmucklos; ähnlich ist das Grimmener bzw. Steintor gestaltet. Seine Stadtseite erhielt im 17. Jh. durch viertelkreisförmige Abschlüsse am Giebel ein neues Gesicht.

Obwohl die Trebel im Mittelalter schiffbar war, war der Handel in T. nie bedeutend. Die Industrie beschränkt sich auf den Bedarf der Umgebung: Baugewerbe, Holzverarbeitung, Maschinenfabrik und Landwirtschaft. Die 1895 eröffnete Kleinbahnverbindung wurde nach 1945 demontiert.

Johanna Louise Oelpke, Fritz Reuters Mutter, wurde hier 1789 geboren.

Mühlentor in Tribsees

Tribseeser Anzeiger

Veröffentlichungsblatt für amtliche Bekanntmachungen u. Polizei-Verordnungen der Stadt Tribsees

Erscheint wöchentlich dreimal: Dienstag, Donnerstag und Sonnabend. Der Bezugspreis beträgt monatlich frei Haus oder durch die Post (ohne Bestellgeld) 1.— Reichsmark. Bestellungen nehmen entgegen: alle Postanstalten, jeder Landbriefträger, unsere Boten und die Geschäftsstelle dieser Zeitung.

Anzeigenpreis für die siebengespaltene Petitzeile oder deren Raum 15 Reichspfennig, die Reklamezeile 35 Reichspfennig. Anzeigen-Annahme bis 10 Uhr vormittags am Tage der Ausgabe. — Mitteilungen von örtlichem Interesse erbeten. Für telefonische oder undeutlich geschriebene Anzeigen keine Gewähr.

Im Falle höherer Gewalt, Streiks, Aussperrung, Betriebsstörung hat der Bezieher keinen Anspruch auf Lieferung der Zeitung oder Rückzahlung des Bezugspreises

Nr. 153 Fernruf 134 Donnerstag, den 22. Dezember 1932 52. Jahrgang

Gut informiert mit dem Tribseeser Anzeiger

Louis Douzette (1834—1924), Maler.
Heinrich Bandlow (1855—1933), plattdeutscher Schriftsteller: „In 'n Posthus".
1939 hatte T. 3545; 1973: 4200 Einwohner.

Tribsow *(Trzebieszewo Kamieńskie),* Kr. Cammin. Am Südrand des früheren Camminer Bruchs bei T. liegt das östlichste Vorkommen der Cenomankreide, ein weißer, zu Zement verarbeiteter Mergel. Erstmals wird der Ort 1331 als Stammsitz der Familie von Witte erwähnt, 1429 war Eggert von Brüsewitz Besitzer. Zwischen 1520 und 1663 ging der Anteil der Brüsewitz in den Besitz der Stadt Cammin über, die 1655 auch die Ländereien der von Witte erworben hatte.

Evangelische Kirche zu Tribsow

Die Kirche ist wohl 1466 gegründet worden. Die Wände sind aus Backstein, das Obergeschoß des Turmes aus Eichenfachwerk; darüber erhebt sich ein Achteckhelm. 1897 wurde die Kirche durchgreifend erneuert. Die Einrichtung ist neugotisch. Es gab vier Glasscheiben mit Wappen der von Witte, 1690, eine Mutter-Gottes-Statue, Ende 15. Jh., und vier barocke Evangelistenfiguren, Ende 17. Jh., an der Kanzelbrüstung.
T. hatte 1939: 435 Bewohner.

Trieglaff *(Trzygłów),* Kr. Greifenberg. In wendischer Zeit stand hier ein Heiligtum des Triglav. An der Opferstätte wurde im 13. Jh. die St. Elisabethkirche erbaut. Das Dorf gehörte dem Bistum Cammin und war dem Ritter Siegfried Lode aus dem Weserland zur Besiedlung verliehen worden. Die Lodes verschwanden im 14. Jh. Adolf Ferdinand von Thadden (1796—1882) kaufte 1812 das Gut. Mit der Union der protestantischen Kirchen in Preußen wurde T. zu einem Sammelpunkt amtsenthobener lutherischer Pastoren. Aus der Erweckungsbewegung heraus erneuerte sich die evangelische Kirche. Seit 1829 gab es die berühmten T.er Konferenzen. Mit dem pommerschen Adel wurde auch Otto von Bismarck in seiner Abneigung gegen das ev. Staatskirchentum beeinflußt. 1844 lernte er hier seine spä-

tere Frau, Johanna von Puttkamer, kennen.
Das Herrenhaus, ein Fachwerkbau, 17. Jh., ließ Henning Christian von Mellin zu einem Barockbau umbauen, dem Adolf Ferdinand von Thadden einen Saalbau für seine Konferenzen anfügte. Adolf von Thadden-Trieglaff baute um die Jahrhundertwende ein neues repräsentatives Schloß. Das alte Gutshaus blieb bis 1945 bestehen; nur der Haupttrakt ist noch erhalten. Das neue Schloß diente dem Verwalter des polnischen Staatsguts als Wohnsitz.
Die St. Elisabethkirche, 1328 genannt, war ein spätmittelalterlicher Back- und Feldsteinbau. Ihr sehr hoher Holzturm trug einen achteckigen Helm. An den Ecken standen starke Stützpfeiler.
An der inneren Ostwand war ein 1,40 m hoher, spitzgiebeliger Tabernakel vorgebaut. Der Barockaltar hatte gewundene Säulen und Schnitzfiguren der beiden Schächer. Das Kreuz war jünger. Die Kanzel, ebenfalls barock, ruhte auf einer Engelsfigur. Vor dem Altar hing ein schwebender Taufengel mit flatternden Gewändern. 1949 sprengten abziehende Russen die Kirche.
Elisabeth von Oertzen (1860—1929), Schriftstellerin: „Entenrike und andere pommersche Geschichten", 1901.
1939 lebten in T. 388 Bewohner.

Turow, Kr. Grimmen. Das Gut befand sich lange im Besitz der ausgestorbenen Familie Bonow; seit

Schloß Trieglaff

Tütz, Kirchturm

1962 nach Glewitz eingemeindet.
Im versumpften Nebentälchen des Ibitzgrabens liegt das Wasserschloß mit Park; es geht auf eine Burg des 12. Jh. zurück. Der Hauptteil des Baus wurde im 16. Jh. errichtet. Drei zweigeschossige Flügel umschließen einen engen Hof. Vom früheren Bau ist noch ein Raum im Erdgeschoß mit Mittelstütze und Flachbogengewölbe erhalten. Seine Wände sind mit bemalten Stofftapeten, frühes 19. Jh., bespannt. Der Festsaal hat eine schöne Stuckdecke, erste Hälfte 18. Jh. Das Schloß wird heute als Erholungsheim genutzt.
1939 hatte T. 387 Bewohner.

Tütz *(Tuczno)*, Kr. Deutsch Krone, an einen Berghang gelehntes Städtchen zwischen Tütz-, Schloß- und Lüptowsee, die das Ruhnowfließ verbindet.
Aus dem 7. Jh. wurde hier das „Möhringer Schwert" aus Bronze gefunden. Von 1000 bis gegen Ende 13. Jh. gehörte das Land um T. zu Polen. 1250 eroberten es die Margrafen von Brandenburg und verliehen es der Familie von Wedell. 1306 war T. bereits eine Mediatstadt der Herren von Wedell; Stadtprivileg in pommerschem Plattdeutsch abgefaßt. Die Brüder Ritter Ludwig und Jungherr Lambrecht von Wedell stellten 1331 ein neues Stadtprivileg nach

Schloß Tütz

Magdeburger Recht aus. 1364 plünderten Polen die Stadt; 1368 fiel T. mit dem Deutsch Kroner Land an Polen. 1375–1391 gelangte das Kroner Land in den Besitz Herzog Kasimirs III. von Pommern.

Als der Deutsche Orden 1402 die Neumark besetzte, betrachtete er T. als neumärkische Stadt. Polen fielen häufig vom T.er Schloß aus in die Neumark ein; umgekehrt belagerten 1409 die Ordensritter die Stadt und eroberten sie. 1458 besetzten Söldner des Ordens T. erneut. 1546 Durchführung der Reformation; den katholischen Pfarrer Poley vertrieb man. 1593 kehrte Christoph von Wedell zum katholischen Glauben zurück und begann mit der Gegenreformation. Ein elfjähriger Religionskrieg zwischen Bürgerschaft und Grundherr begann. Bürgermeister Georg Ulrich und Ratsmann Simon Hanczke wurden 1596 hingerichtet. Nach Beendigung dieses Streites wanderte ein Teil der Protestanten in die Neumark. Die Dreiviertelstadt war katholisch, die Viertelstadt des evangelischen Zweiges der von Wedell blieb protestantisch. In dieser Zeit wanderten viele Schlesier in T. ein. Ein verheerender Stadtbrand vernichtete 1834 fast die ganze Stadt einschließlich beider Kirchen und der Synagoge. 32 Menschen kamen in den Flammen um. 1867 bauten Graue Schwestern das Kloster „St. Elisabeth"; sie betreuten später das Krankenhaus. 1893 erwarb die Hannoversche Klosterkammer die Herrschaft T.

Im Schloß wurde 1920 die Erzbischöfliche Delegatur für die deutsch verbliebenen Teile der Diözesen Kulm und Gnesen eingerichtet; 1927 übersiedelte sie als Apostolische Administratur nach Schneidemühl. Ohne Kampfhandlungen besetzten 1945 die Russen T. und brannten Innenstadt und Schloß nieder. Schloß und katholische Kirche wurden schnell wieder aufgebaut.

Die katholische Kirche „Maria Himmelfahrt" ist ein spätgotischer Backsteinbau, um 1395; möglicherweise hatte er einen Vorgängerbau von 1065. Gewölbe aus dem 16. Jh. überspannen die dreischiffige Hallenkirche. Der Turm wurde 1728 angebaut. Die Altäre stammen aus der Barockzeit, das Gnadenbild von Anfang 16. Jh.

Das auf einem Höhenzug gelegene, von drei Seiten mit Wassergräben umgebene Schloß entstand 1338–1631; dieser Renaissancebau diente für lange Zeit der Familie von Wedell als Sitz. Im 20. Jh. wurde darin das Caritaskrankenhaus eingerichtet. Nach 1945 Wiederaufbau; dient heute dem polnischen Architektenbund als Ferienheim.

Im Mittelalter führte die alte „Königsstraße" von Kolberg nach Polen durch T. 1888 verband die Eisenbahn T. mit Deutsch Krone, 1895 mit Stargard. Die Wirtschaft der Stadt beschränkte sich auf die Landwirtschaft. In den 30er Jahren wurde T. Luftkurort.

T. hatte 1939: 2748; 1983: 1941 Einwohner.

Tützpatz, Kr. Demmin, altes Lehen der Familie

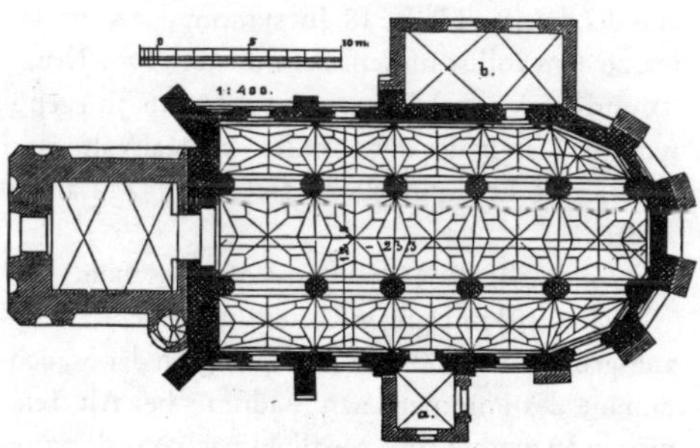

Tütz, Grundriß der katholischen Kirche

Schloß Tützpatz

von Maltzahn, die es nach dem Siebenjährigen Krieg veräußern mußte.

Das Gutshaus ist ein schöner eingeschossiger Barockbau von 1779; nach einem Brand 1908 restauriert. Ein zweigeschossiger Mittelrisalit mit segmentbogigem Giebel und plastischem Wappenschmuck betont die Mitte des Baus. 1945 blieben Schloß und Park erhalten, das Inventar wurde vernichtet. Gegenwärtig ist hier ein Institut für Agrarökonomie untergebracht.

Die Kirche ist ein großer, später verputzter, spätgotischer Findlingsbau, 15. Jh., mit Fachwerkdachturm. Der Chor trägt ein Sterngewölbe; das gleich breite Schiff hingegen überdeckt eine Balkendecke. Aus der zweiten Hälfte 18. Jh. stammt der Kanzelaltar, zu dem volkstümliche Schnitzwerke wie Kruzifix und die Apostel Petrus und Paulus, 16. Jh., gehören. Für Mitglieder der Familie von Maltzahn sind zwei große Epitaphien von 1692 und 1742 aufgestellt.

In T. lebten 1939: 432; 1980: 800 Menschen.

Uecker. 103 km langer Küstenfluß mit einem Einzugsgebiet von 2200 qkm, entspringt in der Stauchmoräne des Pommerschen Stadiums bei Alt Temmen in 69 m über NN. Sie fließt nach Norden zum Zungenbecken der Uecker, kommt dabei durch den 7,5 qkm großen und 21,5 m tiefen Ober-Ueckersee, den 11,3 qkm großen, 18,3 m tiefen Unter-Ueckersee, verläßt diesen bei Prenzlau und windet sich durch das breite Zungenbecken an Pasewalk vorbei zum Oderhaff bei Ueckermünde. Auf ihrem Weg nimmt sie die Bäche Strom, Quillow, Köhntopbach und Beke von links und die Randow von rechts auf. Von der Mündung bis Pasewalk wurde sie 1800 kanalisiert, aber die Kähne (250 t) fuhren nur bis → Torgelow, um Roheisen für die Hütte heranzuschaffen und Backsteine abzutransportieren. Heute hat die U. ihre Bedeutung als Binnenwasserstraße verloren.

Ueckermünde, Kreisstadt auf einer Erhebung auf dem westlichen Ufer der Uecker, 2 km von der Mündung ins Haff entfernt.

Schon 1178 fand hier ein Landtag statt, wahrscheinlich in einem fürstlichen Wohnsitz. 1223 wird „Ucramund" erstmals urkundlich genannt. Herzog Barnim I. verlieh 1242 dem Kloster Grobe auf Usedom das Patronat der Kirche; anscheinend gab es zwei Kirchen, jeweils für die deutsche und die wendische Bevölkerung. 1260 gründete Herzog Barnim I. das Augustiner Chorherrenkloster; 1276 nach Gobelenhagen und 1329 nach Jasenitz verlegt. Um 1260 muß auch U. lübisches Stadtrecht verlie-

Schloßturm in Ueckermünde

hen worden sein. Der ausgedehnte Stadtbesitz umfaßte weitgehend nur Waldland. 1270 übergab Herzog Barnim I. das Patronat über die St. Nikolaikirche dem Augustinerkloster. Erstmals wird U. 1276 als „civitas“ bezeichnet, die an der alten Küstenstraße lag. Die Burg, 1284 genannt, später das Schloß, war Ausgangspunkt herzoglicher Jagden in der → Ueckermünder Heide.
Kurfürst Friedrich II. von Brandenburg belagerte 1469 U. vergeblich. Ein Mönch des Jasenitzer Klosters bediente das große Geschütz der Verteidiger. Man glaubte, er stünde mit dem Teufel im Bunde und habe von ihm Kugeln, die ihr Ziel nicht verfehlen konnten. So soll er eines Tages dem Kurfürsten beim Mahl den Eßtisch mit den aufgetragenen Speisen weggeschossen haben.
1473 brannte die ganze Stadt ab. Herzog Philipp I. baute die Burg 1546 zu einem prächtigen Renaissanceschloß aus. Der letzte Schwedensturm im Dreißigjährigen Krieg, 1638, war für die Stadt eine Katastrophe; sie ging in Flammen auf. 1648 hatten von den 328 Bürgern der Vorkriegsbevölkerung acht Männer und sieben Witwen überlebt. In der weiteren Stadtentwicklung, von 1648 unter Schweden und von 1715 unter Preußen, nahmen Schiffbau und Schiffahrt einen wichtigen Platz ein. Als Kreisstadt stand U. in ständiger Konkurrenz zu Pasewalk. Nach 1945 erhielt Pasewalk einen eigenen Landkreis.
Den im Kern mittelalterlichen Bau des Schlosses ließ Herzog Philipp 1546—1551 als vierflügelige Anlage erneuern; erst 1920 bis auf den Südflügel mit Treppenturm und dem Rest des älteren Bergfrieds

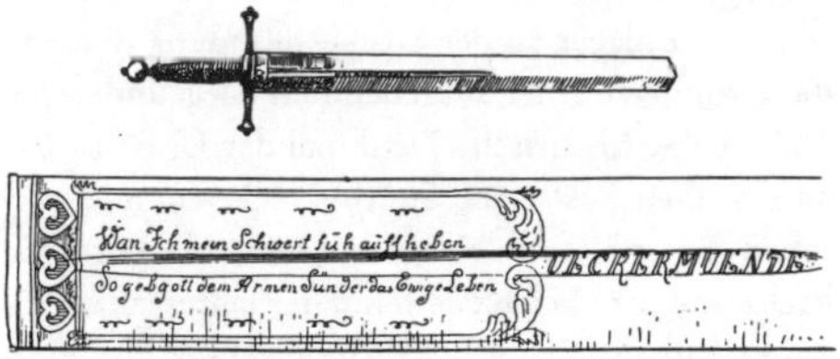

Richtschwert aus Ueckermünde

In der Ueckermünder Heide

abgetragen. Den Außenbau gliedert im Obergeschoß Maßwerk um die rechteckigen Fenster. Über dem Turmportal mit reicher Stabwerkeinfassung befindet sich ein Sandsteinrelief des Wappens Herzog Philipps I. von 1546. Im Untergeschoß sind noch einige Räume mit Kreuz- und Netzgewölbe erhalten. Bis 1945 waren im Schloß Büros der Stadtverwaltung untergebracht; nach dem Zweiten Weltkrieg zog noch das Heimatmuseum in diesen Bau. Die zuerst dem hl. Nikolaus geweihte St. Marienkirche, ein nach 1473 errichteter spätgotischer Bau, wurde 1753 wegen Baufälligkeit abgebrochen. Von einem um 1500 gefertigten Altar sind elf lebensvolle Figurengruppen aus Eichenholz erhalten, die Szenen aus der Passion darstellen; früher waren sie farbig gefaßt. 1775 wurden sie für den Neubau verworfen und dem Stettiner Museum überlassen. 1752—1766 entstand die neue Kirche als Putzbau; 1863 erhielt sie einen neugotischen Backsteinturm. Der Kanzelaltar von 1775 ist ein aufwendiges, mit Figuren der Evangelisten ausgestattetes Werk des

Rokoko, dessen geschwungene Rückwand Säulen gliedern. Fast um den gesamten Innenraum laufen in zwei Geschossen übereinander Emporen.
Als Kreisstadt war U. Verwaltungs- und Schulmittelpunkt geworden.
Die Schiffahrt spielte bis zum Aufkommen der Dampfschiffe eine gewisse Rolle. 1857 umsegelte das Ueckermünder Schiff „Mathilde" von Liverpool über Sidney und Amerika den ganzen Erdball. Nur der Fischfang konnte sich halten. Von wirtschaftlicher Bedeutung wurde die 1871 beginnende Nutzung der Taltone in Ziegeleien. 1879 fand man in einer Grube ein 1,375 kg schweres Bernsteinstück. In Verbindung mit Torgelow entstanden fünf Eisengießereien an der Uecker. Holzverarbeitungsbetriebe sind immer noch wichtig. In den letzten Jahrzehnten belebte der Fremdenverkehr die Wirtschaft.
U. hatte 1939: 8771; 1985: 12378 Einwohner.

Ueckermünder Heide, mit etwa 1550 qkm das größte zusammenhängende Waldgebiet zwischen Oder und Peene, dem Haffufer und dem Randower Hochland. Das einförmige, niedrige Flachland besteht im Untergrund aus Sandmassen der alten eiszeitlichen Haffterrassen, auf denen sich am Haffrand mächtige Tondecken (0,5—4 m) ablagerten. Weite Gebiete bestehen aus sumpfigen Niederungen mit Torflagern und unfruchtbaren Sandflächen. Nach Süden zu begrenzt die Endmoränenstaffel um Pasewalk die Heide.
Das Urwaldgebiet widersetzte sich lange einer Besiedlung und blieb vorwiegend das Jagdgebiet der Pommernherzöge. Noch im 16. Jh. berichtet ein

Am Kölpinsee auf Usedom

Hünengrab bei Lütow auf Usedom

Chronist von wilden Pferden in der Heide; Herzog Bogislaws X. berühmter Leibhengst stammte von ihnen ab. Am Rande siedelten sich Adlige, so in Vogelsang und Rothenklempenow, und Bauern an. Der Wald wurde ausgeholzt und überweidet, so daß er verkümmerte. Erst König Friedrich Wilhelm I. und Friedrich der Große begannen ihn urbar zu machen. Die versumpften Niederungen von Uecker, Zarow und Randow wurden trockengelegt; um Ferdinandshof entstand das Amt → Königsholland als erste Kolonie. Seit 1720 begann hier die planmäßige Forstwirtschaft. Reiner Kiefernwald herrscht vor; dennoch gibt es auch größere Bezirke mit Buchenmischwald. An tiefen Stellen liegen noch zahlreiche Brüche und Moore, die teilweise als Weiden dienen. Trotz dieser großen Kultivierungsarbeiten ist die U. H. recht dünn besiedelt. Alte Ortschaften sind nur an ihrem Rand zu finden. Die Raseneisenerzlager haben in Torgelow und Eggesin zwei heute noch bedeutsame Industriesiedlungen entstehen lassen. Die reichen Tonlager an der Ueckermündung bildeten die Grundlage einer ausgedehnten Ziegelindustrie. Das einzige historische Denkmal der U. H. ist das an der alten Poststraße Stettin-Ueckermünde zwischen Entepöl und Hintersee stehende Barnimskreuz und der Gedenkstein mit der Jahreszahl 1295. Ritter Vidante von Muckervitz erschlug hier Herzog Barnim II. und seinen Getreuen Hans von

Usedom-Wolliner Kuchenformen

Clempenow aus Eifersucht. Das große Holzkreuz wurde immer wieder erneuert.

Ummanz, bereits 1240 „Umanz" genannte Insel vor der Westküste → Rügens, 19,7 qkm groß und flach. Ursprünglich gehörte sie zum landesherrlichen Besitz; im 14. Jh. mehrmals verpfändet.
Ihr Untergrund besteht aus Grundmoränenmaterial: unzählige Sölle und kleine, mit Teichen ausgefüllte Vertiefungen dort, wo nach der Eiszeit verschüttete Toteisblöcke lagen und schmolzen, unterbrechen die Oberfläche. Wiesen bedecken die Insel weitgehend, was die Rinderhaltung begünstigt. Nach der Auflösung des Großgrundbesitzes 1945 wurde U. in der Landwirtschaftsplanung zum Grünlandgebiet für die Milchviehzucht bestimmt.

Usedom *(Uznam),* 445 qkm große Insel im Odermündungsbereich zwischen → Peenestrom und → Swine; in ihrem nordwestlichen Teil besteht sie aus Halbinseln und schmalen Inselbrücken, im südöstlichen gliedern sie Binnenseen und Senken. Die Außenküste zur Ostsee ist eine ausgeprägte Ausgleichsküste; zum Haff hin löst sie sich durch tiefe Bodden wie → Achterwasser und Krumminer Wiek auf. Im Südosten wechseln Kliff- und Flachküstenabschnitte entsprechend der welligen Moränenlandschaft. In diesem Teil der Insel liegen auch die größten Höhen: Golm, 59 m, Zirowberg, 58,60 m. Der Streckelsberg, mit 60,10 m höchste Erhebung, liegt weit nach Nordwesten vorgeschoben bei Koserow.

Dieser unruhige Bau der Insel ist durch ihre geologische Herkunft bedingt. Die Insel entstand eigentlich in der Eiszeit; in ihrem Untergrund liegen jedoch Kreideschichten, die im Golm zu Tage treten, sonst aber erbohrt sind. Dazu kommen noch Solquellen, die auf Zechsteinablagerungen hinweisen, so bei Heringsdorf. Der gesamte Odermündungsraum ist ein altes Senkungsgebiet, in dem der pleistozäne Eisstrom sich südwärts bewegte. Der späteiszeitliche Odergletscher hat im wesentlichen vier Endmoränenzüge auf U. zurückgelassen; die Ostsee gestaltete sie um. Im Nordwesten liegen die pleistozänen Inselkerne, Endmoränenreste bei Peenemünde, Karlshagen, Wolgast-Ort der Gnitz, bei Zinnowitz-Zempin, Koserow-Loddin und die Ückeritzer Hochfläche. Zwischen ihnen lagen Fluttore, die im Laufe der Litorinaüberflutung durch Sandverfrachtung aus Westen und Osten zugesetzt wurden; eine Ausnahme bildet die etwa 1,75 km breite Swine-Pforte, die als Oderausfluß nicht zusammenwachsen konnte.
Zahllose Dünenzüge begleiten die Pforte zum Haff

Insel Usedom

St. Marienkirche in Usedom

hin und bilden dort mit Haken und Sandfächern ein Rücklaufdelta ins Haff. Marine Abtragung hat die Küsten stellenweise weit zurückverlegt und die dahinter liegenden Senken angeschnitten. Das Fluttor bei Koserow schloß eine nur 330 m breite, häufig vom Meer durchbrochene Sandbarre. Gleichzeitig führte die Strömung von Westen und Osten Sand zu und verbreiterte den Strand; durch Molenbauten in Swinemünde begünstigt, entstehen beiderseits der Rinne submarine Haken.

Einzelne Siedlungsspuren finden sich schon in vorgeschichtlicher Zeit. Die ersten Nachrichten über die Insel tauchen um 1115 bei Saxo Grammaticus auf, der die Kastellanei Uznam zusammen mit der Siedlung gleichen Namens erwähnt. Im 13. Jh. veränderte die Einwanderung deutscher Siedler das Siedlungsgefüge der Insel. Im Südosten wurde dem Kloster → Stolpe der Grund und Boden verliehen. Die Mitte der Insel kam bis auf kleine Adelsbesitzungen in die Hände des Klosters → Pudagla; dadurch größter Grundeigentümer auf der Insel. Im Nordwesten hatte das 1303 gegründete Zisterzienserinnenkloster → Krummin Besitzungen.

Nach der Reformation kamen die Klosterländereien in herzogliche Hände. Von 1648 bis 1720 gehörte U. zu Schweden; die Siedlungs- und Wirtschaftsstruktur änderte sich nachhaltig. Aus Kloster- bzw. herzoglichen Amtshöfen mit selbständigen Bauern wurden Gutsbetriebe mit abhängigen Landarbeitern. Mitte 18. Jh. begann unter Preußen eine Binnenkolonisierung, die mit der Trockenlegung der Niederungen, besonders des Thurbruchs einherging; das freie Bauerntum zog daraus Nutzen. Bis Mitte 19. Jh. war die Landwirtschaft Haupterwerbsquelle der Usedomer, die Fischerei dagegen meist Nebenerwerb. Erst heute wird Küsten- und Hochseefischerei hauptberuflich betrieben. In den 50er Jahren faßte man wirtschaftliche Betriebe zu Landwirtschaftlichen Produktionsgenossenschaften (LPGs) zusammen; sie bewirtschafteten die Äcker vollmechanisiert und richteten sich mit ihren Produkten auf den Tourismus aus.

Seit dem 19. Jh. gilt der Fremdenverkehr als wichtigster Bestandteil der Wirtschaft. Die ersten Gäste kamen 1823 nach Swinemünde und 1825 in die Fischersiedlung Heringsdorf. Badeverkehr begann in → Koserow 1846, → Zinnowitz 1851, → Ahlbeck 1852, Zempin 1895, Karlshagen 1896, → Bansin und Kölpinsee 1897, Ückeritz und Trassenheide um 1900. Einige Seebäder sind mittelalterliche Gründungen, wie Zinnowitz als Tzys; die meisten sind jünger. Sie lehnen sich an Orte an, die auf der Bin-

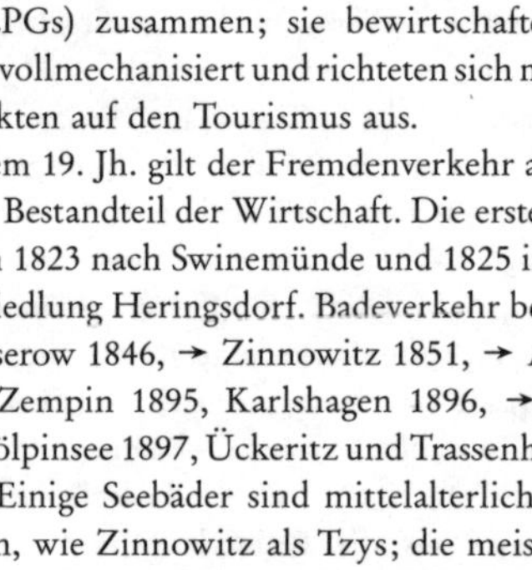

Anklamer Tor in Usedom

nenseite am Haff, Achterwasser oder an Seen lagen, von denen aus die Reihen der Fremdenheime zum Außenstrand wuchsen. Um den Touristenstrom zu bewältigen, baute man die Eisenbahn Ducherow—Swinemünde; 1894 nach Heringsdorf, 1911 zur Wolgaster Fähre hin ausgebaut. Die zweigleisige Hauptbahn Ducherow—Swinemünde wurde nach 1945 demontiert. 1927 Eröffnung einer Fluglinie von Berlin nach Swinemünde.

	Urlauber	
	1910	1964
Alhbeck	20376	56681
Bansin	7571	48125
Heringsdorf	15030	59601
Karlshagen	1845	13547
Koserow	2418	10863
Koddin-Kölpinsee	170	20288
Trassenheide	169	24452
Ückeritz	904	26518
Zempin	1138	16224
Zinnowitz	8665	57217

Usedom, Gedächtnisstein eines Fürstenpaares

Herrenhaus in Vahnerow

Die Kreisstadt Swinemünde wurde nach 1945 mit einem Landstreifen von 90,8 qkm an Polen abgetreten. Der heutige Verkehrsstrom nach U. geht hauptsächlich von Wolgast aus, obwohl die Zecheriner Klappbrücke seit 1957 wieder benutzbar ist.

Usedom, Kr. Usedom-Wollin, Stadt auf dem südwestlichen Zipfel der Insel auf einer Anhöhe der Landenge zwischen Peenestrom und Usedomer See. 1115—1119 zerstörten Dänen die „urbs Osna". 1127 hielt Bischof Otto von Bamberg in der „civitas Uznoim" einen Landtag ab; Herzog Wartislaw I. und seine Adligen beschlossen dort die Einführung des Christentums. 1159 ist ein Markt und ein Krug bei der Burg Uznam bezeugt. Der heutige Schloßberg trug einen wendischen Burgwall, Mittelpunkt der schon 946 erwähnten Provinz Wanzlow. Südlich vor der Burg lag am See der wendische Ort mit der von Otto von Bamberg errichteten Kirche. Außerhalb, im Ortsteil → Grobe, um 1250 Anlage des Prämonstratenserklosters; bald auf den Marienberg verlegt. 1254 ersetzten deutsche Vögte die wendischen Kastellane der Burg. In der Zeit von 1160 bis um 1180 war U. Bischofssitz.

1298 mit lübischem Recht zur Stadt erhoben. Auf der Burgstelle Errichtung eines herzoglichen Schlosses; es diente um 1420 Herzogin Agnes, Gemahlin Herzog Wartislaws VIII., als Witwensitz. Nach Streitigkeiten mit der Stadt räumte Herzogin

Agnes 1426 das Schloß. 1475 brannte die Stadt völlig ab. Das Schloß wurde noch 1524 als Witwensitz genannt; 1779 war es nicht mehr vorhanden. Im 18. und 19. Jh. entstanden die Swinemünder, Anklamer und Bahnhofsvorstadt. Von den drei Stadttoren ist nur das Anklamer Tor, 1481, erhalten. Im 19. Jh. ging die zentrale Stellung U. auf Swinemünde über; heute nimmt sie Wolgast ein.

Die St. Marienkirche wurde erst 1337 gegründet, denn die erste Pfarrkirche war die St. Paulskirche von 1254; 1809 abgebrochen. Die Backsteinhallenkirche wurde 1891 renoviert; dabei mußte man die Fundamente teilweise erneuern. Nur die neu verblendete Nordseite ist vom alten Bau erhalten; die Annahme, es handle sich um die Klosterkirche Grobe, ist deshalb nicht nachprüfbar.

Der alte Schnitzaltar mit vier Flügeln aus dem 16. Jh. kam ins Stettiner Altertumsmuseum. Die noch vorhandenen, reich geschnitzten Altarschranken stammen von 1745, sie zeigen Wappen der Familien von Massow und von Alemann. Eine Grabplatte mit Wappenrelief des Barther Bürgermeisters Otto Volcmar, † 1694, ist noch vorhanden.

Außerhalb der Stadt wurde 1927 ein Erinnerungskreuz an die Einführung des Christentums aufgestellt.

Straßen- wie Eisenbahnverkehr liefen ursprünglich über U. 1848—1852 wurde die Straße von der Zecheriner Fähre nach Swinemünde gebaut, 1867 die Eisenbahnstrecke Ducherow—Swinemünde. 1931 entstand die Zecheriner Straßenbrücke; 1945 gesprengt, seit 1957 tut sie als Klappbrücke ihren Dienst.

Schloß Varzin

Verchen, Klosterkirche

Noch 1539 war der gesamte Handel auf Usedom in U. konzentriert, nachdem die Stadt 1524 die Braurechte für die Insel erworben hatte. 1726 besaß U. sechzehn Brauereien. Mit dem wirtschaftlichen Wachstum Swinemündes verlor U. allmählich an Bedeutung. Neben dem Handel mit landwirtschaftlichen Produkten und Fisch gibt es hier Holzverarbeitung, ein agrochemisches Werk, eine Molkerei und Metallverarbeitung. Jüngst eröffnete eine volkskundlich orientierte Teppichknüpferei ihren Betrieb.

1939 lebten in U. 1604; nach Eingemeindungen 1973: 2800 Einwohner.

Utzedel, Kr. Demmin. Fürst Wartislaw III. bestätigte 1248 dem Kloster Dargun den Besitz des Dorfes „Usathlin“.

Die Dorfkirche ist ein bis zum Giebel aufgemauerter Quaderbau, Mitte 13. Jh. Portal und Fenster sind mit Backsteinen eingefaßt. Den Ostgiebel ziert eine große, von Spitzbogenblenden begleitete Kreuzblende.

Verchen, Ostseite des Chorbaus der Kirche

Das Gutshaus entstand um 1800 als eingeschossiger Putzbau mit Krüppelwalmdach; seine Mitte betont ein dreiachsiger Risalit mit Halbrundgiebel; nach 1945 in Wohnungen aufgeteilt.
U. hatte 1939: 405 Bewohner.

Vahnerow *(Waniorowo)*, Kr. Greifenberg. Im 13. Jh. wurde der Gutshof der von der Weser stammenden Familie von Lode als Gülzower Burglehen vom Camminer Domkapitel übergeben. Seit etwa 1370 war es den von Mellin als Afterlehen der Grafen von Eberstein-Naugard übertragen worden. 1910 kam es in den Besitz der von Thadden-Trieglaff
Gerhard von Thadden erbaute im italienischen Villenstil das Gutshaus, umgeben von einem schönen Park. Nach 1945 diente es der landwirtschaftlichen Verwaltung.

Varzin *(Warcino)*, Kr. Rummelsburg, erstmals 1485 im Lehnsbrief von Heinrich Zitzewitz erwähnter Ort; er blieb Familienbesitz bis 1736. 1867 kaufte es Otto von Bismarck und erbaute 1868 die → Hammermühle, eine Papiermühle. 1894 starb hier die Fürstin Johanna von Bismarck.
Das Herrenhaus, um 1700, besteht aus zwei rechtwinklig zueinander stehenden Flügeln; an den rechten Flügel wurde 1874 der Fürstenbau angefügt. Das Gebäude blieb 1945 erhalten; sein Archiv wurde nach Danzig gebracht und in V. eine Forstschule eingerichtet.
1939 lebten in V. 746 Einwohner.

Velgast, Kr. Franzburg-Barth, Dorf an einem Endmoränenzug der letzten Vereisung, der mit der Bezeichnung „Velgaster Staffel" ein Eisrückschmelzstadium kennzeichnet.
Die Dorfkirche ist ein Backsteinbau, 15. Jh., mit einem schönen Westgiebel, der fünf spitzbogige Maßwerkblenden zeigt. Den Innenraum überwölben Kreuzrippen. Die Konsolen, auf denen die Rippen aufsitzen, sind als Köpfe, Tauben, Vierfüßler oder Affen ausgebildet. Der hölzerne Kanzelaltar stammt aus dem 18. Jh.
V. hatte 1939: 1091 Bewohner.

Vellin *(Wielin)*, Kr. Schlawe. Die Fachwerkkirche, Ende 17. Jh., besitzt über dem Westgiebel einen Dachturm. Altar, Kanzel und Ostempore zeigen reiches Schnitzwerk aus der Bauzeit – eine Stiftung des Adels. Sie weisen Ähnlichkeit mit Barockarbeiten aus Danzig auf.
Das Herrenhaus entstand ebenfalls in der Barockzeit.
1939 hatte V. 201 Einwohner.

Verchen, Kr. Demmin, Fischer- und Bauerndorf

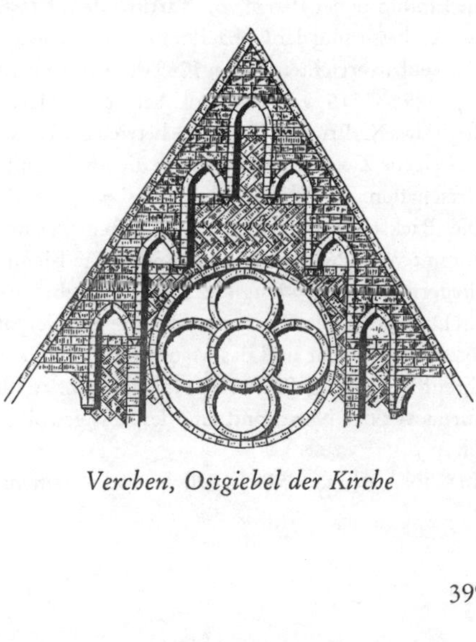

Verchen, Ostgiebel der Kirche

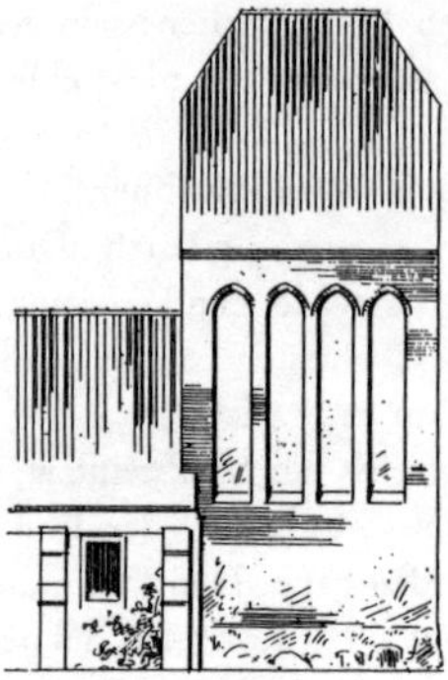

Vessin, Nordseite der Kirche

am Nordufer des → Kummerower Sees.
Ende 12. Jh. Gründung eines Benediktinerinnenklosters auf dem Marienberg bei → Altentreptow. Bischof Sigwin von Cammin stellte 1191—1194 die Bestätigungsurkunde aus. Recht bald wurde es in das nahe Klatzow verlegt, von wo die Nonnen 1245 auf den Marienwerder bei V. umzogen. Das Kloster war der Jungfrau Maria, dem Evangelisten Johannes und der hl. Elisabeth geweiht. Es erwarb das Dorf V. mit seiner vom Ritter Janeke gegründeten St. Katharinenkirche. Herzog Barnim I. überwies 1265 die Einkünfte der Pfarre von Kartlow dem Kloster zur Ausbesserung der Gebäude; in V. wurde jedoch ein Neubau errichtet, in den 1269 der Konvent einzog. 1494—1516 war Elisabeth, Schwester Herzog Bogislaws X., Priorin. Im 13. Jh. betrieb das Kloster eine eigene Ziegelei und belieferte die umliegenden Ortschaften.
Die Backsteinkirche mit spitzbogigen Fenstern stammt von 1269. Spitz- und rundbogige Blenden gliedern Ost- und Westgiebel. Am Ostgiebel, den das Dach des Choranbaus verstellt, ist eine Vierpaßrosette angebracht und das Mauerwerk der Fläche ährenförmig ausgeführt. Im 15. Jh. Anbau des Turms vor der Nordwand und des sterngewölbten Chores.
Im Chor legte man 1969 figürliche und ornamentale Wandmalereien frei. An der Ostwand des Schiffes entdeckte man eine Darstellung der Erschaffung Evas, zweite Hälfte 16. Jh. Der spätgotische Flügelaltar von 1420, eine Stiftung der Priorin Elisabeth, ist nur noch in seinem Mittelschrein erhalten; er zeigt eine geschnitzte Verkündigungsgruppe aus einer Lübecker Werkstatt. 1955 wurden am bemalten Hintergrund musizierende Engel freigelegt. Eine früher über der Verkündigung vorhandene Dreifaltigkeitsgruppe wurde entfernt und steht im Pfarrhaus.
Bedeutsamer sind die Glasmalereien der fünf dreiteiligen Fenster des Chors, drittes Viertel 15. Jh.; 1862 erheblich ergänzt und in den drei östlichen Fenstern zusammengestellt. Unter baldachinartiger Architektur ist im Mittelfenster eine Kreuzigungsgruppe zu sehen. Im rechten Fenster steht die hl. Anna zwischen Petrus und Paulus. Im Gewand des hl. Petrus erkennt man das Wappen der Priorin Behr, die seit 1461 dem Kloster vorstand. Im linken Fenster steht die Mutter Gottes zwischen Johannes dem Täufer und dem hl. Christophorus.
Das Gutshaus ist ein zweigeschossiger Putzbau von etwa 1700; heute wird es als Schule genutzt.
1939 lebten in V. 549; 1965: 600 Menschen.

Versin *(Wierszyno)*, Kr. Rummelsburg; seit seiner ersten Nennung um 1380 blieb es im Besitz der von Puttkamer bis 1945. Franz Johann Ulrich von Puttkamer erbaute um 1806 das Herrenhaus, einen schlichten, langgestreckten Bau mit mächtigem Walmdach. Mittelrisalite betonen die beiden Frontseiten. 1945 wurde das Haus niedergebrannt, der ausgedehnte Park verwüstet.
V. hatte 1939: 543 Bewohner.

Vessin *(Wieszyno)*, Kr. Stolp. Herzog Mestwin II. von Pomerellen verlieh Peter, dem Sohn des Grafen Glabuna, halb V.
Unter alten Bäumen auf dem Friedhof steht die Dorfkirche, ein spätgotischer Backsteinbau ohne Chor. Rundblenden zwischen und neben den Fenstern gliedern die Fläche der Ostwand. Im Giebeldreieck befinden sich einfache Langblenden. Der

Turm hat auf der Westseite eine hohe Spitzbogenblende, in der das Portal sitzt. Rundbogenblenden gliedern die Innenwände. Unter dem Ostteil befindet sich ein Gruftgewölbe.
Der gemauerte Altar besitzt einen barocken Aufbau. Im Mittelfeld ist ein Bild aus dem 19. Jh. Die Kanzel mit Wandtäfelung und Schalldeckel stammt aus der Mitte 17. Jh. In den Fenstern zeigten farbige Kabinettscheiben die Wappen der Massow, Bandemer, Wodtke und Collrepp.
In V. lebten 1939: 296 Einwohner.

Vietzker See *(Jezioro Wicko).* Grundmoränensee in unmittelbarer Nähe der Ostsee, Fläche 11,25 qkm. Mitten durch den See geht von der vorspringenden Halbinsel bei Vietzke über den großen Stein zum Vietzker Strand eine Endmoräne, die sich noch in die Ostsee als Steinzug fortsetzt. Das östliche Becken ist 5,30 m, das westliche 4,50 m tief; in dieses fließt der Klosterbach. Die Nehrung ist über 1 km breit; auf ihr liegen zwei Wanderdünen. Der Ausfluß zur Ostsee, die Glawnitz, hat ein etwas über 1 km langes richtiges Flußbett; Meerwasser gelangt nur selten bis in den See.

Vilm, 0,96 qkm große Insel im → Greifswalder Bodden, etwa 1 km vor der Südküste → Rügens, besteht aus zwei gestauchten pleistozänen Kernen, dem Großen und Kleinen V.; eine Nehrung verbindet sie. Am Nordrand entstand ein Haken. Höchste Höhen: im Großen V. 37,50 m über NN, auf dem Kleinen V. 21,30 m über NN. Das Ufer ist steil, der Strand sehr blockreich. Vermutlich wurde die Insel in der Sturmflut von 1304 von Rügen getrennt.
Ein naturbelassener Buchenwald bedeckt V.; dort stehen 300—400 Jahre alte Buchen und auch Eichen. Seeadler horsten darin. Menschen siedelten auf V. schon in der Steinzeit. Die Insel wurde früher auch landwirtschaftlich genutzt. Heute steht V. unter Naturschutz.

Vilmnitz, Kr. Rügen, Ende 12. Jh. Sitz Stoislaws, des Bruders Fürst Jaromars I. Hier stellte Fürst Jaromar II. 1260 Urkunden aus. 1396 gehörte V. der Familie Putbus. Der Stralsunder Bürger Alf Graverode erwarb 1443 Dorf und Gut, doch kauften die von Putbus beide bis Ende 15. Jh. zurück. 1928 wurde V. nach Putbus eingemeindet.
Chor und Sakristei von St. Maria Magdalena, der Backsteinkirche, gehen auf Mitte 13. Jh. zurück. Ein Rundbogenfries mit glasierten Backsteinen umläuft sie. Die Laibung des Südportals besteht aus glasierten und unglasierten Backsteinen. Im 15. Jh. wurde das Schiff gebaut, im späten 15. Jh. der dreigeschossige Turm.
Der Altar und vier aufwendige Epitaphien der Familie Putbus aus Bernburger Sandstein, 1601 bis 1603, stammen vermutlich aus einer Magdeburger Werkstatt. Der Altar ist ein viergeschossiger architektonischer Bau mit Reliefs des Abendmahls, der Kreuzigung, von Christus mit Maria Magdalena und der Himmelfahrt. Hans Broder aus Stralsund schuf 1708/09 die Kanzel; eine Mosesfigur trägt deren mit dichtem Akanthuslaub überzogenen Korb. Unter dem Chor stehen in der Gruft 27 prächtig verzierte Särge der Familie Putbus.

Vilmsee *(Jezioro Wielimie),* 18,3 qkm großer, 6 m tiefer Grundmoränensee nördlich Neustettin in 133 m über NN. Durch seine Lage auf dem Pommerschen Landrücken erhielt er eine stark zerlappte Form und sehr viele Inseln mit einer Gesamtfläche von 127 ha. Die → Küddow durchfließt ihn. 1778 wurde der Wasserspiegel um neun Fuß (etwa

Am Strand in Vilm

Vilmnitz, Kenotaph Erdmanns von Putbus

2,25—3 m) abgesenkt; dadurch gewann man 4000 Morgen Wiese. Seit 1941 besteht auf dem Großen Werder eine Fischbrutanstalt. In Horngut, am See, verarbeitete ein Kalkwerk den Seekalk.

Virchow *(Wierzchowo)*, Kr. Dramburg, um 1300 mit deutschem Recht gegründet. Pfarrer Otto tho Virche schrieb 1333 die Gründungsurkunde der Stadt Falkenburg. 1490 erhielt die Familie von Borcke in ihrem Lehnsbrief einige Anteile in V. Im und um das Dorf fanden vom 1.3. bis 3.3.1945 schwere Abwehrkämpfe statt.
Die große Backsteinkirche trat 1890 als Nachfolgerin an die Stelle der abgebrochenen Fachwerkkirche. Sie besaß ein Seitenschiff mit einem davor gestellten hohen Turm. Aus der alten Kirche war der 1612 von einem Mönch geschnitzte Altar übernommen worden. In drei Feldern waren Abendmahl, Kreuzigung und Kreuzabnahme als Reliefs gestaltet.
V. wurde 1900 an die Eisenbahnstrecke Kallies—Falkenburg angeschlossen und erhielt eine Kleinbahnverbindung nach Deutsch Krone; somit besaß es zwei Bahnhöfe. Ziegeleien, Mühlen und eine Maschinenreparaturwerkstatt ließen das Dorf zu einem Versorgungsmittelpunkt werden.
V. hatte 1939: 1391 Bewohner. 1983 Großgemeinde *(Gmina)* von 236,7 qkm Fläche mit 4617 Einwohnern.

Vitt, Kr. Rügen, malerisches Fischerdorf mit strohgedeckten Häusern und einem kleinen, durch Damm und Ufermauer geschützten Hafen, in einer Liete (Strandschlucht) südlich Kap Arkona.
Im 13. und 14. Jh. fanden hier Heringsmärkte statt. Nach der Reformation gehörte es zu den herzoglichen Domänen auf Rügen. Heute ist V. ein Wohnplatz der Gemeinde Puttgarten.
1806 ließ L. T. Kosegarten die Strandkapelle erbauen, um darin bei schlechtem Wetter Strandgottesdienste abhalten zu können. Sie ist ein kleiner achtseitiger, verputzter Feldsteinbau mit flachem Zeltdach, dreiteiligen Spitzbogenfenstern und gewölbtem Innenraum.
An der Westwand steht der Kanzelaltar aus Sandstein, 1882. 1970 wurde in ihr eine Kopie des Bildes von Ph. O. Runge „Christus geht auf dem Meer und rettet den sinkenden Petrus“ aufgehängt. Das Original, heute in der Hamburger Kunsthalle, war für diese Kapelle gemalt worden.

Vitte, Kr. Rügen, erstmals 1513 urkundlich erwähnt, im Flachland der Insel → Hiddensee. 1532

Virchow, Breiter Stein

standen hier schon 24 Fischerkaten. Im 19. Jh. wuchs der Ort durch den zunehmenden Badeverkehr. Südlich des Dorfes, heute Verwaltungsmittelpunkt der Insel, entstanden Feriensiedlungen für ein Suhler und ein Stralsunder Werk.
Aus dem 18. Jh. stammt das Mittelflurhaus „Haus Gau" mit rohrgedecktem Walmdach. Die „Blaue Scheune", ein niederdeutsches rohrgedecktes Hallenhaus, Mitte 19. Jh., wurde zu einem Künstleratelier umgebaut.
1960 wurde die Fischereiproduktionsgenossenschaft (FPG) Swantewitt gegründet, die Heringsfang betrieb. Seit 1969 sind alle Fischer der Insel zur FPG Hiddensee zusammengeschlossen. Der Tourismus bringt mehr als 30000 Besucher pro Jahr.
V. hatte 1980: 750 Einwohner.

Voigdehagen, Stadt Stralsund. Im Mittelalter war die Dorfkirche Mutterkirche der Stralsunder Pfarrkirchen. Vor 1939 wurde V. nach Stralsund eingemeindet.
Die bereits 1303 erwähnte Kirche wird 1523 als „leve Maria von der Vogedehagen" bezeichnet; ein Backsteinbau, erste Hälfte 15. Jh., in den behauene Feldsteine verbaut wurden.
Der hölzerne zweigeschossige Altaraufsatz mit gewundenen Säulen entstand 1698. Das Hauptfeld füllt eine geschnitzte Kreuzigungsgruppe aus, darüber ist die Auferstehung dargestellt. In die reich geschnitzten Wangen sind Reliefs von Gethsemane und der Geißelung Jesu eingefügt worden. Die klassizistische Kanzel, erste Hälfte 17. Jh., mit reich ge-

Vitt bei Arkona

Völschow, Kirchhofsportal

schnitztem Schalldeckel, trägt als Reliefs einen Gnadenstuhl und die vier Evangelisten.

Voigtshagen *(Wojtaszyce)*, Kr. Naugard. Das Dorf besitzt eine Kirche aus der Renaissancezeit, nach 1660, deren Ostwand aus Findlingen in alter Form erhalten blieb. Vier Reihen rundbogiger, durch Gesimse getrennter Blenden bauen das Giebeldreieck auf, das in der Spitze eine Kreisblende trägt. Flachgiebel decken jedes Geschoß in seinen nach oben freien Teilen ab. Oben steht eine Wetterfahne von 1764. Das Südportal zieren Pilaster, Gesimse und Voluten aus Putz. Der hölzerne Turm mit geböschten Wandungen besitzt einen stark überkragenden Achteckhelm.
In V. lebten 1939: 439 Einwohner.

Völschow, Kr. Demmin, Dorf, 1249 zur St. Johanniskirche in Kartlow eingepfarrt und 1269 von Herzog Barnim II. dem Benediktinerinnenkloster Verchen geschenkt. Herzog Bogislaw X. präsentierte 1490 Joachim Köller, um ihn als Vikar in „Volzkow" einzusetzen.
Die Dorfkirche ist ein spätgotischer Back- und Feldsteinbau mit eingezogenem Chor und Turm. Der Ostgiebel trägt eine Kreuzblende, rund- und spitzbogige Blenden. Der zweijochige Chor ist kreuzrippengewölbt, das Schiff hat eine Flachdecke. Der Turm wurde im 19. Jh. angebaut.
Der Altar, Anfang 18. Jh., reich geschnitzt, trägt Tafelbilder des Abendmahls, der Kreuzigung und von Gethsemane. Ein älterer Altarschrein aus der Renaissancezeit, der aus dieser Kirche stammen soll, stand im Gutshaus in Wietzow.
1939 lebten in V. 485 Bewohner.

Vorbruch *(Łęgowo),* Kr. Friedeberg. Am Nordrand des → Netzebruchs liegt das 1606 unter Kurfürst Joachim Friedrich von Brandenburg von holländischen Siedlern erbaute und 1763 nach der Trockenlegung des Bruchs nach Osten erweiterte Dorf; es lag abseits der Landstraße Altkarbe—Vordamm, die Gehöfte der „Holländer-Gutsbesitzer", wie sich die Bauern nannten, standen auf Landstreifen, die sich von den Wiesen über die Eisenbahnlinie und Landstraße bis in die Hügelkette erstreckten. Nur ein Kirchen- und Schulstieg verband die Gehöfte; eine Dorfstraße gab es nicht. Zu den einzelnen Gehöften führten Zufahrten von der Landstraße.

Die Kirche war 1900 aus Backstein mit einem hohen spitzen Turm erbaut worden; daneben standen um einen großen Schulplatz die drei Schulhäuser des Dorfes: das aus der Zeit König Friedrich Wilhelms I., das von 1835 und das von 1914.

1939 wohnten in V. 623 Einwohner.

Vordamm *(Nowe Drezdenko),* Kr. Friedeberg, Bahnhofsvorort von → Driesen am nördlichen Ufer der Netze an der Ostbahn. Die Tonlager der Umgebung begünstigten die Entstehung einer umfangreichen keramischen Industrie. 1923 wurde die „Märkische Steingutfabrik GmbH" großzügig ausgebaut. Die nahen Wälder lieferten dem Sägewerk und einer Streichholzfabrik den Rohstoff. V. war

Dorfstraße mit Kirche in Vordamm

Schnitzaltar zu Waase auf Ummanz

auch ein wichtiger Holzmarkt.

1939 hatte V. 1918 Bewohner.

Vorland, Kr. Grimmen. An der Kirche war 1324 ein Heinrich als Priester tätig. 1762 brannte das Dorf ab; dabei wurde auch der Kirchturm zerstört. 1939 war V. bereits nach Splietsdorf eingemeindet. Die Dorfkirche, zweite Hälfte 13. Jh., hat einen Feldsteinchor mit Kreuzgratgewölbe und einer Dreifenstergruppe in der Ostwand. Der Ostgiebel zeigt über deutschem Band eine reiche Blendengliederung, überragt von einem gemauerten Kreuz. Das Schiff aus Backstein mit Kreuzrippengewölbe ist jünger. Am Triumphbogen fand man spätmittelalterliche Fresken: Christus als Weltenrichter und die zwölf Apostel. Von der alten Einrichtung ist eine frühgotische Kalksteintaufe und der Wappengrabstein für Hans Rekentin, † 1577, erhalten.

Vorwerk, Kr. Demmin. Nahe beim Dorf an der → Tollense liegt am Talrand ein großer wendischer Burgwall. Die Wälle sind bogenförmig um einen Hof gelegt und bis etwa 4 m Höhe erhalten. 789 war hier vermutlich der Sitz des Wilzenkönigs Dragowit.

Das Dorf hatte 1939: 407 Einwohner.

Waase auf Ummanz, Kr. Rügen. An der Südkü-

Schild an Kronleuchter in Waase

ste der Insel → Ummanz, gegenüber der Halbinsel Lieschow auf Rügen, liegt W. mit seiner vor 1322 entstandenen Kirche. Die Bauern wurden um 1630 gelegt, ihr Land dem Gut Ummanz Hof zugeschlagen. W. war seitdem Häuslerdorf, in dem sich in zunehmendem Maße Handwerker niederließen. 1694 wohnten hier neben dem Krüger zwei Weber und ein Schneider.

Die St. Marienkirche stammt aus der zweiten Hälfte 15. Jh. Den rechteckigen Backsteinchor überspannen tief ansetzende Kreuzrippengewölbe. Sakristei und Westwand bestehen aus Backstein; die Wände des Schiffes wurden um 1600 in Fachwerk erneuert. Die Flachdecke ist mit barockem Rankenwerk bemalt. Über dem blendengegliederten Westgiebel erhebt sich ein Dachreiter, 18. Jh.

Am Chorgewölbe und am Triumphbogen wurden 1934 Wandmalereien aus der Zeit um 1470 freigelegt: lineares Rankenwerk mit Stifterpaar, Christophorus, Christus als Weltenrichter, hinter der Mutter Gottes sieht man das himmlische Jerusalem, hinter dem hl. Johannes den Höllenrachen.

Das Prunkstück ist der um 1520 in einer Antwerpener Werkstatt hergestellte große brabantische Schnitzaltar. Ursprünglich war er für eine Kirche in England bestellt. In seinen drei unteren Feldern sind Reliefs der Priesterweihe und des Todes des hl. Thomas Beckett von Canterbury sowie der Schwur König Heinrichs II. eingefügt. Nach der Verfemung des ermordeten Heiligen durch König Heinrich VIII. konnte der Altar nicht mehr in England aufgestellt werden. Stralsunder Kaufleute erwarben ihn für die Nikolaikirche, doch wurde er in der Hl.-Geist-Kirche aufgestellt und 1708 nach W., das dem Hl.-Geist-Spital gehörte, gebracht. Das Mittelfeld zeigt figurenreiche Reliefs der Kreuztragung, Kreuzigung und Beweinung Christi, die geöffneten Flügel sind mit Tafelbildern der Passion versehen. Die Außenseiten tragen Bilder aus dem Alten Testament.

In den Fenstern sind zehn Wappenscheiben Stralsunder Ratsherren von 1697 eingefügt. Der Bronzeleuchter, 15. Jh., trägt in der Mitte ein Tabernakel mit der Mutter Gottes und dem Jesuskind, umgeben von Engeln.

Waldow *(Wałdowo)*, Kr. Rummelsburg, gehörte nach einem Grenzvergleich von 1428 zu den Gütern des Arnold von Waldow und den Söhnen seines Bruders in Schlochau. Wahrscheinlich kam W. nach dem Thorner Frieden in den Besitz der von Puttkamer. Das Dorf wurde erst nach 1558 mit zehn Bauern auf zehn Hufen gegründet. 1628 wurden diese Hufen noch versteuert, obwohl die Bauern bereits vorher gelegt worden waren.

Kanzelaltar aus Waldow

Fahne der Stammkameradschaft Wangerin 1786

Hoch über der → Wipper, die sich durch eine tiefe Schlucht drängt, steht zwischen alten Bäumen die Fachwerkkirche von 1716; ihr Dachturm besitzt eine achteckige Spitze über dem Westgiebel. In den sehr engen Gefachen sind die Fenster in zwei Reihen eingesetzt. Es gab einen West- und einen Osteingang für alle Kirchenbesucher. Altar, Kanzel und Taufe wurden um 1717 geschaffen. Um 1865 wurden die ringsum laufende Empore eingebaut und die Kanzel in der Ostempore mit dem Altar vereinigt. W. hatte 1939: 511 Bewohner.

Wangerin *(Węgorzyno)*, Kr. Regenwalde, Kleinstadt in einem Talkessel im Pommerschen Landrücken; östlich W. erstreckt sich der Wangeriner See, westlich die Seewiesen; bis etwa 1800 bildeten sie den Polchower See.

Mitten in der Stadt, am heutigen Marktplatz, war ein wendischer Burgwall. 1348 trat W. als Residenz der Familie von Borcke in Erscheinung mit Henningus Borcke de Wangerin, der seinen Stammsitz auf dem Burgwall errichtete. W. blieb Mediatstadt der von Borcke und war mit lübischem Stadtrecht versehen worden. Die Bewidmung hat vor 1460 stattgefunden. 1593 brannte die Stadt völlig nieder. 1786 wurde die älteste Kriegerkameradschaft Deutschlands gegründet, als sich 40 Veteranen des friderizianischen Füsilier-Regiments Nr. 36 zur Pflege soldatischer Tugenden in der „Militärischen Schützenbruderschaft von 1786“ zusammenschlossen.

Um 1920 dehnte sich W. auf den Springberg, an der Labeser, Ruhnower und Nörenberger Chaussee mit Stadtrandsiedlungen aus.

Das Borckesche Schloß war ein stattlicher zweigeschossiger Fachwerkbau mit zwei Seitenflügeln aus dem 17./18. Jh.; 1945 zerstört.

Die St. Katharinenkirche, ein Findlingsbau, 15. Jh., wurde nach dem Stadtbrand 1593 wieder ausgebaut. Auf dem Dach erhob sich ein etwa 40 m hoher Fachwerkturm mit Barockspitze. 1945 brannte sie ab. Auf den alten Grundmauern wurde erst 1959 ein Neubau ohne Turm errichtet.

1877/78 erhielt W. durch die Pommersche Centralbahn Eisenbahnanschluß; vorher gab es nur Frachtwagenverkehr bis Stargard und Stettin. Landwirtschaft und Viehzucht prägten die Wirtschaft. 1925 lag der gesamte Getreidehandel in jüdischen Händen. Eine Maschinenfabrik, drei Bauhöfe und Ziegeleien waren die wichtigsten Gewerbebetriebe. 1939 lebten in W.: 3454; 1983: 2230 Bewohner.

Warnitz, Südportal des Turmes

Wardin *(Wardyń)*, Kr. Arnswalde, seit dem 14. Jh. im Besitz der Familie von Beneckendorf. In der Dorflage gab es eine Herren- und eine Bauernseite. Die Dorfkirche war aus Backsteinen im alten großen Klosterformat errichtet worden. In der Südwand gab es Rundmarken, sogenannte Büßernäpfchen.
W. hatte 1939: 341 Einwohner.

Warnitz *(Warnice)*, Kr. Pyritz. 1305 verkaufte Herzog Otto I. dem Bischof Heinrich von Wacholz von Cammin den Ort. Günter von Billerbek stiftete 1490 eine Almosenrente für die Pfarrkirche.
Die Kirche ist ein spätgotischer Findlingsbau, dessen Fenster, Portale und Blenden mit Backstein eingefaßt sind. Der Ostgiebel ist durch Spitz-, Rund- und Viertelkreisblenden gegliedert; auf der Schräge saßen gut erhaltene Kantenblumen. Der Turm ist wenig gegliedert und besitzt einen überaus schlanken, achteckigen Helm. An den Innenwänden befinden sich große rundbogige Wandnischen.
Die Kanzel von 1620 trug am Schalldeckel das Bild eines Bischofs. Aus dem 17. Jh. stammt die achteckige bemalte Taufe aus Eichenholz. Von einem spätgotischen Altarschrein sind einige Schnitzfigu-

Dorfkirche in Wartin

ren erhalten: eine Hl. Maria, 1,00 m hoch, eine hl. Katharina, 0,95 m hoch, eine Mater dolorosa, 0,55 m hoch.
In W. lebten 1939: 713 Bewohner. 1983 Großgemeinde *(Gmina)* von 85,9 qkm Fläche mit 3585 Einwohnern.

Pestbild in der Kirche zu Warsin

Warper See *(Jezioro Nowowarpieńskie)*, im südlichen Stettiner Haff; 5 km lange und ebenso breite Bucht mit einer schmalen Einfahrt, an deren Westseite das Dorf → Altwarp liegt. Die sich hinter dem Dorf erstreckende Halbinsel bedecken kuppige, mit dichtem Hochwald bestandene Dünen bis zu 33 m Höhe (Moritzberg). Auf der Ostseite schiebt sich eine Halbinsel in den See; an deren Spitze liegt abseits allen Verkehrs das Fischerstädtchen → Neuwarp. Am Südufer breiten sich die Fischerdörfer Albrechtsdorf und → Rieth aus. Von hier aus wurde vorwiegend Haffischerei betrieben. Seit 1945 verläuft die Oder-Neiße-Grenze durch den See; Altwarp kam zur DDR, Neuwarp zu Polen.

Warsin *(Warszyn)*, Kr. Pyritz, an der Strehle, einem Nebenflüßchen der Plöne; 1236 schenkte Herzog Wladislaw von Polen das Dorf dem Zisterzienserkloster Kolbatz. Die Granitquaderkirche, 13. Jh., besitzt in ihrer Form noch unversehrt aus der Entstehungszeit erhaltene Portale und Fenster. Die Blenden des Ostgiebels sind mit Backsteinen eingefaßt und in ihrem Grund verputzt. Über dem

Westgiebel erhebt sich ein verschalter Fachwerkturm mit einer geschwungenen Spitze; Wetterfahne von 1769. Die 1525 gegossene Glocke trug die eigenwillige Inschrift: „Ich heis die Eule. Wer mich hast, der habe Dreuse und Beule." (wer mich haßt, der habe Drüse und Beule.)
Über einer Steinmensa erhebt sich der Kanzelaltar von etwa 1730. Ionische Säulen tragen das Gebälk, darüber, in einem von Strahlen umgebenen Wolkenkreis, ist der Name Gottes in hebräischer Schrift zu lesen.
In der Kirchhofsmauer befindet sich ein Portal aus Back- und Feldsteinen; sieben Fialtürmchen krönen es. Die zum Teil zugemauerte rundbogige Durchfahrt liegt in einer Kleeblatt-Spitzbogennische. Weitere Blenden, mehrschichtige deutsche Bänder und ein Putzfries gliedern das Portal, das zu den eigenwilligsten des Kreises gehört.
1939 hatte W. 352 Bewohner.

Warsin-Vogelsang, Kr. Ueckermünde. In der Landgemeinde liegt das alte wendische Gut Vogelsang, mit dessen einer Hälfte im 13. Jh. die Vidante belehnt waren. Die andere Hälfte gehörte den Mukerwitz, aus deren Familie Anfang 13. Jh. mehrere Brüder das Gut besaßen. Wieweit dies zwei verschiedene Familien waren, scheint zweifelhaft. Eine Nachricht von 1295 besagt, daß ein Ritter Vidante von Muckerwitz auf Vogelsang Herzog Barnim II. aus Eifersucht erschlagen hatte. Gegen Ende 16. Jh. starb dieses Geschlecht aus.

Glockenstuhl und Tor in Weitenhagen

Das zweigeschossige Schloß krönten Zinnen. Es besaß eine große Bibliothek und wertvolle Münz-, Waffen- und Gemmensammlungen.
Die Bewohner von W. betrieben Fischerei und Kleinschiffahrt. Die Ziegeleien des Dorfes verarbeiten den Haffton.
In W. lebten 1939: 654 Einwohner.

Wartekow *(Wartkowo),* Kr. Kolberg-Körlin. W. wurde 1260 nach Groß Jestin eingepfarrt. 1266 erhielt das Domkapitel in Kolberg von Bischof Hermann den Zehnten aus „Wartchowe". Die Fachwerkkirche ließ Friedrich der Große um 1770 aus seiner Privatschatulle erbauen. Sie ist äußerst schlicht, ihren einzigen Schmuck bilden die Zopfornamente am Kanzelaltar.
W. hatte 1939: 413 Bewohner.

Wartenberg *(Parsów),* Kr. Pyritz. Herzog Barnim I. übergab 1255 „Parsow" dem Zisterzienserkloster Kolbatz.
Die Findlingskirche aus dem späten Mittelalter hatte einen halbrund geschlossenen Backsteinchor. Der Turm trug einen hölzernen Oberbau mit Barockhaube von 1738. Nach dem Brand von 1939 traten unter dem Anstrich Reste mittelalterlicher Wandmalereien zutage, die die Nord-, Süd- und Westwand bedeckten. Die Beschädigungen der Bilder schienen so stark zu sein, daß eine Restaurierung während des Krieges unterblieb.
Von einem spätgotischen Altarschrein waren die Flügel und die Schnitzfiguren der zwölf Apostel, der Mutter Gottes, des Evangelisten Johannes und ein Kruzifix bis 1939 erhalten.
In W. lebten 1939: 558 Bewohner.

Wartin, Kr. Greifenhagen, Dorf auf der → Randower Hochfläche, ursprünglich Lehnsgut der Familie von Blankenburg. Von 1704 bis 1785 besaß es Joachim Bernd von der Osten. Die Deutsche Gesellschaft für innere Kolonisation in Berlin-Dahlem kaufte 1928 das Rittergut auf und siedelte 94 Bauern an. 1939 kam W. an den Kreis Greifenhagen.
In der zweiten Hälfte 13. Jh. entstand die Kirche aus sorgfältig geschichteten Quadern. Der breitere

Turm erhielt Ende 17. Jh. einen verbretterten Oberbau mit einer zum Spitzhelm gezogenen Haube. Den Kanzelaltar, Anfang 18. Jh., überzog reich geschnitztes Akanthuslaub. Mit Puttenköpfchen verziert ist der Kanzelkorb.
Das Gutshaus ist ein schlichter zweigeschossiger Bau mit zwei vorgesetzten Flügeln, 18. Jh. Im 19. Jh. wurden auf das barocke Mansardendach neugotische Ecktürmchen mit Zinnenbekrönung aufgesetzt. Nach 1933 war hier eine Gau-Führerschule eingerichtet worden.
Das Dorf hatte 1939: 696 Einwohner.

Weitenhagen *(Wytowno)*, Kr. Stolp. Im etwa 4 km von der Ostsee entfernten Dorf wurde im 17. Jh. an einen gotischen Backsteinturm das Fachwerkschiff der Kirche angebaut.
Im Innern steht ein nachträglich zusammengesetzter Kanzelaltar. Aus einem Vorgängerbau ist eine eigentümliche Christusstatue mit Buch und Mantel von etwa 1450 erhalten. Nur die Dornenkrone und das Lendentuch weisen bei dieser Figur eines kraftvollen Mannes mit gepflegtem Haupthaar, gelocktem Vollbart, ohne sonstige Leidensspuren auf Christus hin.
Die Einwohnerzahl betrug 1939: 458.

Weizacker *(Nizina Pyrzycka)*. Der Name dieser Landschaft erschien erstmals im Buch „De Pomeranorum regione et gente“, 1574 des Peter Kistmacher, der sich „Chelopoeus“ nannte. Landschaftlich zerfällt der W. in zwei ungleiche Teile, den größeren zwischen → Buchheide und → Madüsee und den kleineren östlich → Pyritz, an der Grenze der Neumark. Der geologische Untergrund besteht fast einheitlich aus tonigen Sedimenten eines Gletscherstausees, uber denen Lößschichten abgesetzt wurden: ein tiefgründiger, äußerst fruchtbarer Boden. Schon drei Jahre nach ihrer Ansiedlung in → Kolbatz erschlossen 1176 die Zisterzienser diese Landschaft. Aus der Altmark wurden Bauern angesiedelt. 1355 besaßen die Mönche in den Kreisen Pyritz und Greifenhagen 49 Dörfer. Nach der Reformation kam der Klosterbesitz in die Hände der

Schmerzensmann aus Weitenhagen

Herzöge, die ihn als Amt Kolbatz verwalteten. 1616 wurde dieses mit dem Amt Pyritz zu einem Kreis zusammengelegt; 1724 in die Kreise Greifenhagen und Pyritz aufgespalten.
Die keinem Gutsherrn untertanen Nachfahren der Siedler schufen im Laufe der Jahrhunderte ein einheitliches bäuerliches Kulturgebiet. Höfe und Häuser wurden in einer fränkisch-niedersächsisch-ostdeutschen Mischform angelegt und gebaut. Neben den Dörfern entstanden große Scheunenviertel, um den Weizenreichtum zu lagern. Die Dorfkirchen, zum Teil Granitquaderbauten, wurden besonders im 17. Jh. verschönert, ein Zeichen wirtschaftlichen Aufschwungs und großer geistiger Eigenständigkeit. Schnitzereien und farbenfrohe Blumenornamente bedecken Decken, Altäre und Kanzeln.
Der alte, schöne Hausrat ist fast ganz verschwunden, die im Pyritzer Museum aufbewahrten Stücke fielen dem Krieg zum Opfer. Bis in unser Jahrhundert trug man hier noch die berühmte Weizacker Tracht: die Männer unter einem rotgefütterten, dunkelblauen oder grünen Schoßrock gelbe Wildlederkniehosen und blaue Tuchwesten. Zum Kirchgang setzten sie einen hohen schwarzen Zylinder auf. Die Frauen trugen mehrere dicht gefältelte dunkle Röcke, darüber eine bunte Seidenschürze. Die Strümpfe waren rot oder blau, versehen mit

Plattstickerei. Um die Schultern legten sie mehrere farbige Seidentücher und steckten deren Zipfel in das Mieder. Die Hauben mit Backenbändern hatten Bandschleifen, die auf Brust und Rücken fielen.
Wirtschaftlicher und geistiger Mittelpunkt dieser Landschaft war das mit „pommersches Rothenburg“ bezeichnete Städtchen → Pyritz. Hier wurde der gesamte landwirtschaftliche Handel, hauptsächlich mit Stettin, abgewickelt.

Werben *(Wierzbno)*, Kr. Pyritz, am südöstlichen Ufer des → Madüsees: schachbrettartiger Grundriß, kleiner Marktplatz.
Mit seinem alten wendischen Namen „Grindiz“ wird das Dorf 1186 bei einer Grenzbeschreibung des Klosters Kolbatz erstmals genannt. 1220 hatte es bereits einen deutschen Schultheiß Arnold, genannt vicus. 1234 befand sich W. im Besitz des Ritters Matthäus de Grindiz; Johannes de Vico war Ortspfarrer. Erstmals erschien der Name W. 1266. 1300 war W. eine Stadt der Camminer Bischöfe, die sie 1321 an das Kloster Kolbatz verkauften. Ein St.-Jürgen-Hospital wird 1474 erwähnt. Magdeburger Stadtrecht wurde W. 1564 von Herzog Barnim XI. bestätigt; doch auf der Lubinschen Karte von 1618 war W. wieder ein Dorf. 1780 brannte es fast ganz ab.
Die Findlingskirche aus dem 13. Jh. besitzt einen Back- und Feldsteinturm, bekrönt mit vier Ecktürmchen aus neuerer Zeit. Den Ostgiebel gliedern sieben Spitzbogenblenden.

Tracht aus dem Pyritzen Weizacker

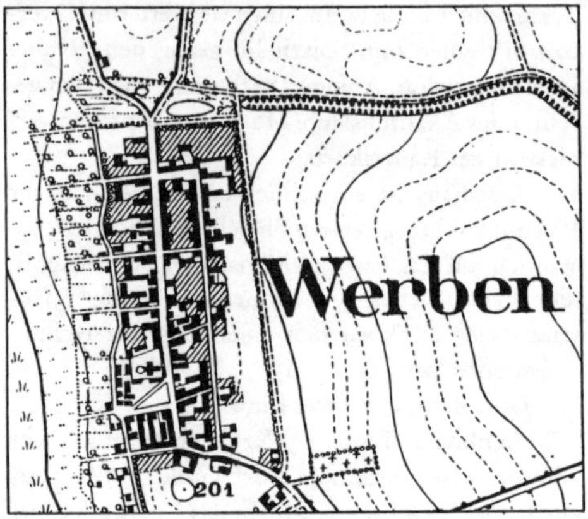

Dorfanlage von Werben

Ein völlig bemaltes Muldengewölbe überspannt den Innenraum. Auf der flachen Mitte sind neun mit gemaltem, ornamentalem Rahmen eingefaßte Ölbilder zu sehen, so die Ausgießung des Hl. Geistes und das Sonnenauge, Symbol Gottvaters, am elliptischen Rand sechs kleinere Bilder aus dem Alten und Neuen Testament. Selbstbewußt signierte der Maler: „Johann Christian Thiessen pinxit 1738“. An der Herstellung des großen barocken Kanzelaltars von 1788 war auch der Werbener Tischlergeselle Köckeritz beteiligt. Als Einmaligkeit galt der geschlossene Kirchenstuhl von 1696, den Peter Fuchs, Kirchenvorsteher und Gerichtsverwalter, und seine Frau Catharina Ballstaden gestiftet hatten. Alle Füllungen hatte G. Pasche bemalt; vier Bilder auf der Rückwand beziehen sich auf Frauen. Er dürfte mit das beste bürgerliche Gestühl in Pommern sein. Dem Geistlichen von Hohen Zahden, Johann von Regenwalde, wurde hier 1364 eine Grabplatte aus Kalkstein gesetzt. Nach 1945 ging die Einrichtung verloren.
In W. lebten 1939: 585 Einwohner.

Wieck, Stadt Greifswald, Stranddorf mit einem

Grabplatte in Wieck

kleinen Fischerhafen an der Dänischen Wiek am Greifswalder Bodden; unter Denkmalschutz gestellt. Herzog Wartislaw III. von Demmin bestätigte 1248 dem Zisterzienserkloster Eldena den Besitz von „Wicus ante claustrum". 1285 wurde dem Kloster das Patronat der Kirche von Dänisch W. verliehen; 1634 der Greifswalder Universität übertragen. 1887 Erbauung der hölzernen Klappbrücke über den Ryck. 1939 Eingemeindung des Seebades nach Greifswald.

Die ursprüngliche mittelalterliche Kirche wurde 1882/83 durch einen neugotischen Backsteinbau mit hohem Turm ersetzt. Der Altar, Anfang 17. Jh., der ausschließlich aus Tafelbildern besteht, stammt aus der alten Kirche. Die Mitte zeigt das Abendmahl, die Flügel Bilder mit Bezug auf das Meer. Das gemalte Wappen der Bergen- und Schonenfahrer weist auf die Stifter dieses Kunstwerks hin.

Im Ort gibt es einige Mittelflurhäuser, zweite Hälfte 18. Jh., und ein niederdeutsches Hallenhaus von Ende 17. Jh., dazu einige „Kapitänshäuser", 19. Jh.

Wiek, Kr. Rügen, liegt mit Hafen auf der Halbinsel Wittow am Wieker Bodden.

In wendischer Zeit war das 1165 genannte „Vikr" Burgwall und vermutlich auch Handelsmittelpunkt. Das Zisterzienserinnenkloster Bergen erwarb 1352 einige Anteile in W. vom Ritter Johann von Kiel und seinen Söhnen. 1532 besaßen die Familien von der Lancken 39 Katen, die von Krakevitz einen Hof, das Kloster Bergen elf Höfe und acht Katen, die Kirche einen Hof und eine Mühle: ein deutlicher Hinweis auf die Bedeutung des Ortes. 1662 legten die Kaiserlichen W. in Schutt und Asche. 1819 war W. wieder größtes Dorf auf Rügen, dessen Hafen 1890 ausgebaut wurde.

Der Chor der turmlosen, dreischiffigen Backsteinhallenkirche St. Georg wurde um 1400 erbaut; der mit seinen Spitzbogenblenden reich gegliederte Westgiebel des Langhauses, um 1450, erinnert an den Giebel der St. Marienkirche in Greifswald. Im 17. Jh. erhielt der Westgiebel einen kleinen Dachreiter aufgesetzt. Kreuzrippengewölbe überspannen Chor und Schiffe. Hier wurden kleine Reste spätmittelalterlicher Gewölbemalerei freigelegt.

Auf einem Triumphbalken wurde um 1826 eine Triumphkreuzgruppe zusammengestellt, deren Kreuz um 1300 geschnitzt worden war, eine der ältesten monumentalen Darstellungen des Gekreuzigten in diesem Gebiet. Die Figuren der Mutter Gottes und des Evangelisten Johannes sind wohl im 15.

Ostgiebel der St. Georgskirche in Wieck

Wierschutzin, kath. Kirche

Jh. geschaffen worden.
Aus der ersten Hälfte 15. Jh. stammt die aus Holz geschnitzte lebensgroße Gruppe des hl. Georg in höfischer Turniertracht zu Pferd, einziges erhalten gebliebenes mittelalterliches Bildwerk dieser Art in Vorpommern. Seine Rechte ist verlorengegangen, während er in der Linken die ebenfalls vergangenen Zügel hielt. 1927 wurden Beine und Ohren seines Pferdes erneuert.
W. hatte 1939: 2470 Einwohner.

Wierschutzin *(Wierzchucino)*, Kr. Lauenburg, Guts- und Bauerndorf am Bychower Bach, der in den Zarnowitzer See fließt. Die Gehöfte liegen am nördlichen und südlichen Talrand, die Bachaue bildet den Dorfanger.
Im 13. Jh. schenkte Herzog Swantopolk II. von Pomerellen das Dorf dem Zisterzienserinnenkloster in Zarnowitz. Seit 1279 gab es mit Sicherheit das Klostergut; 1773 ging es in staatliche Verwaltung über, 1833 säkularisiert. Bis 1784 war W. rein katholisch. Die katholische Kirche ist 1929 erbaut worden.
In geringer Tiefe wurden zwei Braunkohleflöze erbohrt, aber nicht abgebaut. In W. gab es neben Bauern neunzehn Fischer.
1939 hatte W. 1113 Bewohner.

Wildberg, Kr. Demmin. Am Kastorfer See bei W. liegt ein dreiteiliger wendischer Burgwall des 7.—9. Jh. 1249 befand sich „Wilberghe“ unter den Besitzungen des Klosters Reinfeld. 1308 wurde die Pfarre dem Archidiakonat Stolpe zugewiesen.
In die Ostwand des Backsteinchors der Dorfkirche, 13. Jh., sind drei schlanke Spitzbogenfenster eingefügt. Im Giebel wird eine große Kreuzblende von Spitzbogenblenden eingerahmt und von einem aufsteigenden Rundbogenfries eingefaßt. Den Innenraum überdeckt das kuppelförmige Kreuzrippengewölbe. Das Langhaus aus Feld- und Backstein wurde im 16. Jh. angebaut. Im 18. Jh. wurde der Turm aus verschaltem Fachwerk mit geböschten Wandungen vor die Westwand gesetzt und mit einer barocken Haube bedeckt. Der Renaissancealtar von 1612 ist ein zweigeschossiger Säulenbau mit Seitenstücken.
W. hatte 1939: 410 Einwohner.

Wildenbruch *(Swobnica)*, Kr. Greifenhagen, Hauptort der „Lande W.“ zwischen Griepen- und Langem See. Herzog Barnim I. verlieh 1234 die Herrschaft dem Templerorden, der hier einen Komturssitz hatte. Nachdem Papst Clemens V. den Orden aufgelöst hatte, übergab Herzog Otto I. 1312 das gesamte Gebiet dem Johanniterorden, der hier 1377 ein Schloß baute. In einer Fehde mit der Stadt Königsberg/Nm. wurde der Komturssitz in → Rörchen zerstört; 1382 in das sichere W. verlegt. W.

Östlicher Giebel der Kirche zu Wildberg

blieb bis 1648 in Ordensbesitz. Erst 1680 kam es zur brandenburgischen Markgrafschaft Schwedt. Die zweite Gemahlin des Großen Kurfürsten, Dorothea von Holstein, kaufte W. für 120000 Taler. 1788 ging es in die Hände des königlichen Hauses von Preußen über. Die illegitimen Kinder des Prinzen Louis Ferdinand übernahmen es und nannten sich „von Wildenbruch". Bis 1945 war es königliches Hofkammergut.
Anlage des Komtursitzes auf einer Insel im Schloßsee; der mächtige Bergfried steht noch. Von dem dreigeschossigen massigen, im 18. Jh. zum Jagdschloß der Markgrafen von Schwedt umgebauten Hauptschloß sind Vorschloß und Bastei verschwunden. In einem Seitenflügel war das Priorat untergebracht, später auch „die Schule" genannt, vielleicht weil der evangelische Komtur Martin von Wedell neun Kinder hatte. Das Schloß blieb 1945 erhalten; Inneneinrichtung vernichtet. In zunehmendem Maße verfällt W. Die Granitquaderkirche des 13. Jh. brannte 1902 ab.
1939 lebten in W. 926 Einwohner.

Wilhelmine *(Wilkowice)*, Kr. Schlawe, 1742 angelegte friderizianische Kolonie am Südrand des Wippertales. Ihren Namen erhielt sie nach der Schwester des Königs. Die aus der Pfalz eingewanderten Siedler bewahrten bis 1945 ihre sprachlichen Besonderheiten.
W. hatte 1939: 355 Bewohner.

Wintershagen *(Grabno)*, Kr. Stolp, erhielt die Familie von Kranckspar im 15. Jh. vom Kloster Belbuck zum Lehen. Später verkaufte sie das Gut mit Einwilligung des Abtes Stanislaus an Georg von Rahmel.
Nach einem Ablaßbrief von 1356 war die Back- und Feldsteinkirche den Hl. Johannes dem Täufer und Nikolaus geweiht. Der mittelalterliche Bau wurde vielfach verändert. Über dem Westportal im Turm gab es Reste einer rot aufgemalten Inschrift aus dem 17. Jh. Unter dem Schiff befindet sich ein Gruftgewölbe. Den Barockaltar bildet ein zweigeschossiger Säulenbau mit Tafelbildern der Kreuzigung als Mitte und der Auferstehung als Oberteil. In der Predella sind die Wappen der Familien von Winterfeld und von Krummel gemalt.
In W. lebten 1939: 162 Bewohner.

Schloß Wildenbruch

Fachwerkhaus in Wilhelmine

Wipper *(Wieprza)*, 115 km langer Kustenfluß, der auf dem Pommerschen Landrücken bei Kremerbruch, Kr. Rummelsburg, in etwa 154 m über NN entspringt. Bis Schlawe fließt die Wipper durch Waldgebiete in nordwestlicher Richtung, danach wendet sie sich nach Norden und biegt östlich von Wilhelmine nach Westen ab. Zwischen Rügenwalde und Rügenwaldermünde nimmt sie kurz vor ihrer Mündung in die Ostsee die → Grabow auf.
Ihr Einzugsgebiet beträgt 2150 qkm. Reichliche Niederschläge bewirken einen gleichmäßigen Wasserabfluß; noch im 19. Jh. war der Unterlauf flößbar. Mühlen und kleine Elektrizitätswerke, so bei Beßwitz, nutzen das Gefälle von 3 v. T. des Ober-

laufs. Heute ist nur der Unterlauf zwischen Rügenwalde und dem eingemeindeten Rügenwaldermünde für Küstenschiffe befahrbar.

Wischower Kirche *(Wyszkowo)*, Kr. Greifenberg, etwa 2 km südlich → Treptow in der Nähe der Rega; Pfarrkirche gleichzeitig für Gummin und Lewezow. 1180 wurde W. dem Kloster → Belbuck verliehen, war aber schon Ende 12. Jh. eine Wüstung. Herzogin Anastasia, Witwe Herzog Bogislaws I., überwies 1224 dem Kloster Belbuck die Burg Treptow und mehrere Dörfer zum Unterhalt eines noch zu gründenden Nonnenklosters. Aber erst zehn Jahre später konnte Abt Otto von Belbuck aus „Bethlehem", einem Schwesterkloster des Prämonstratenserklosters „Mariengarde" in Friesland, Nonnen für die Neugründung herbeiholen. Auf der Wüstung W. Anlage des Klosters „Marienbusch". 1235 stand schon die St. Maria, St. Nikolaus und Allerheiligen geweihte Klosterkirche. Um 1286 verlegten die Nonnen ihr Kloster auf die Treptower Burg und erhielten die Nikolaikirche als Klosterkirche. Von den Klosterbauten ist nichts mehr erhalten.

Die kurze Zeit später durch ein niedrigeres Langhaus erweiterte Backsteinkirche stammt aus dem 15. Jh.; da nach der Reformation nicht mehr benötigt, stellte der zum Gottesdienst kommende Pfarrer darin seine Pferde ab. Von der Einrichtung blieben ein spätbarocker Kanzelaltar, ein granitenes Weihwasserbecken und ein Kreuz mit lebensgroßem Korpus erhalten; dieses stand im Treptower

Wischower Kirche

Dorfkirche in Wismar

Heimatmuseum. Nach dem Fortgang der Prämonstratenserinnen besuchten viele Pilger, besonders Fischer, die Kirche als Marienwallfahrtsort; vor dem Gnadenbild suchten vor allem Gelähmte Heilung. J. Bugenhagen berichtet als erster von diesen Wallfahrten. Er dürfte schon zu Beginn der reformatorischen Bewegung für die Beseitigung des Gnadenbildes gesorgt haben. Heute steht sie nicht mehr.

Wismar *(Wyszomierz)*, Kr. Naugard. 1490 wurde nach Präsentation durch Graf Ludwig von Eberstein Heinrich Wedege zum Pfarrer von W. ernannt. Die einschiffige spätgotische Findlingskirche, 14. Jh., besitzt einen sorgfältig ausgeführten Ostgiebel mit zweiteiligen Blenden und Scheitelkreisen. Der Turm mit geböschten Wandungen und achteckigem, stark überkragendem Helm ist aus Eichenholz gezimmert. Von der früheren Ausstattung war nur die Granittaufe aus dem Mittelalter erhalten.

1939 lebten in W. 535 Bewohner.

Woedtke *(Wódka)*, Kr. Lauenburg. Auf dem Gut fand man zwei Hausurnen, die in Stettin den Krieg unbeschädigt überstanden.

Anfang 18. Jh. erwarb die Familie von Rexin dieses Gut. 1734 erbaute General Michael Ernst von Rexin das Herrenhaus; seinen eingeschossigen Mittelbau

Woitzel, Hochaltar

flankieren zwei niedrigere Seitenflügel mit Wirtschaftsräumen.

Woitzel *(Wysiedle)*, Kr. Regenwalde. Das Gut ging 1689 aus dem Besitz der Familie von Borcke in den der von Podewils über.

Die Dorfkirche, etwa 1600, ist ein verputzter Backsteinbau mit vereinzelten Findlingen; im Osten dreiseitig geschlossen; über der mittleren Seite erhebt sich ein Renaissancegiebel. Der Holzturm ist im Untergeschoß geböscht, während das Obergeschoß senkrechte Wände aufweist; er schließt mit einem Achteckhelm ab. Aus dem 18. Jh. stammt ein Gruftanbau mit Fachwerkgiebel.

Die Einrichtung ist ungewöhnlich gut. Den aus verschiedenen alten Teilen zusammengesetzten Altar stiftete Henning von Borcke. Der Schrein in der Mitte, um 1510, zeigt, getrennt durch ein stark ausladendes Gesims, unten das Tafelbild des Abendmahls, oben vor gepunztem Goldgrund eine geschnitzte, farbig gefaßte Kreuzigungsgruppe. Die Flügel, um 1590, enthalten Schnitzfiguren aus der Kindheit Jesu. Der umfassende Renaissanceaufsatz entstand um 1620. Die Taufe von 1623 ist aus Holz geschnitzt und farbig bemalt; ein Pelikan krönt sie.

Das Gutshaus, 16./17. Jh., besteht aus zwei rechtwinklig zueinander stehenden Flügeln mit reich gegliederten Giebeln. Spätere Anbauten haben den Bau stark entstellt.

1939 lebten in W. 286 Einwohner.

Wojenthin *(Wojęcino)*, Kr. Köslin, Rittergut, bis 1796 im Besitz der Familie von Bonin.

Zu beiden Seiten der Gutskirche, einem verputzten Backsteinbau, Anfang 17. Jh., mit Turm, unter Schleppdach je eine Herrschaftsloge angebaut. Die Ausstattung stammt aus der Bauzeit. Der Altar mit Knorpelwerk und einer geschnitzten Kreuzigungsgruppe war Mitte 17. Jh. gefertigt worden. Ein kräftiger Baumstamm trug den Kanzelkorb.

Woldenberg *(Dobiegniew)*, Kr. Friedeberg, Stadt am Südufer des Großen Sees, den hier das Merenthiner Fließ verläßt.

1250 schenkte der Polenherzog den Herrensitz des Ritters von Osten mit der Siedlung „Dubegneve“ dem Zisterzienserinnenkloster Ovinsk bei Posen. Die deutsche Stadt entstand aus wilder Wurzel, wahrscheinlich 1293 von den Askaniern angelegt. Vier Markgrafen schlossen 1303 in „Dubegnek“ einen Vertrag mit Bischof Heinrich von Wacholz von Cammin. 1313 wird W. als Stadt mit Brandenburger Recht genannt. Der deutsche Name „Waldinborg“ taucht erst 1333 auf. Während der Herrschaft des Deutschen Ordens von 1402—1452 zerstörten Hussiten 1433 die Stadt. Seit 1455 war W. brandenburgische Immediatstadt. Nach einem großen Stadtbrand von 1710 Wiederaufbau nach einem neuen Plan; die ersten Wohnhäuser entstanden vor dem Obertor. Im 19. Jh. Stadterweiterung nach Südwesten zum Bahnhof hin. 1945 wurde die Innenstadt nach der Besetzung niedergebrannt (85 v. H.).

Woldenberg, Am Markt

Blick auf die Stadtkirche in Woldenberg

Die Backsteinkirche ist ein spätgotischer Hallenbau, 15. Jh., mit Turm von 1652. Am Südportal sind an Stelle des Kämpfers glasierte Tonplatten mit Reliefs phantastischer Gestalten eingemauert. Am Ost- und Westgiebel haben sich Reste von Friesen aus Platten erhalten, die denen in → Dramburg ähneln. Anbau des Chors im 16. Jh. Einrichtung aus dem 19. Jh.
Von der Stadtbefestigung ist ein Rest mit Turm erhalten geblieben.
Schon 1505 gab es einen Schulmeister. Gründung der städtischen Lateinschule erst nach der Reformation. Die Funktion als Schulort blieb W. erhalten; es wurde auch Gerichtssitz.
Seit dem Mittelalter Kreuzungspunkt der alten Handelsstraßen von Küstrin über Hochzeit nach Preußen und von Stettin nach Posen; in dieser Richtung verläuft die 1847 eröffnete Strecke der Stargard-Posener Eisenbahn; 1848 nach Kreuz bzw. Wronken an der Warthe verlängert.
Landwirtschaft und Handel mit Polen bestimmten das Wirtschaftsleben. Bis 1847 arbeitete in W. eine Papiermühle. Öl- und Mahlmühlen und Ziegeleien nahmen im 20. Jh. ihren Betrieb auf. Nach 1945 Einrichtung einer staatlichen Fleischzentrale.
1939 lebten in W. 5226; 1983: 2825 Bewohner.

Wolgast, Kr. Greifswald, am Westufer des → Peenestroms auf einer welligen Hochfläche, der Wolgaster Insel, von Ziese, Grämitz und Peene umschlossen. Der westlichste Oderausfluß hat hier mit 260 m seine engste Stelle.
Zur Zeit Kaiser Heinrichs I. (919—936) wird W. erstmals urkundlich erwähnt. 1123 eroberte Herzog Wartislaw I. von Pommern den wendischen Burg- und Marktflecken und verlieh ihm Wappen und Stadtrecht. Auf seiner zweiten Missionsreise kam Bischof Otto von Bamberg nach W. und zerstörte den Tempel des Gerowit. Der Papst unterstellte die junge Pfarrei 1140 dem pommerschen Bistum. Deutsches Stadtrecht erhielt W. schon 1259; erst die Verleihung lübischen Stadtrechts 1282 durch Herzog Bogislaw IV. ließ es gleichrangig mit den anderen Städten erscheinen.
1295 bis 1465 war W. Residenzstadt der Wolgaster Linie der Pommernherzöge, danach wieder 1532—1625. An Stelle der alten, auf einer Insel gelegenen Burg bauten die Herzöge 1330 ein neues festes Schloß. Stadtbrände 1512 und 1557 verwüsteten Stadt und Schloß. Herzog Ernst Ludwig vollendete den Wiederaufbau des Schlosses und ließ durch Hans Fitzken aus Wismar eine Wasserleitung von der Ziese zum Schloß bauen. Eine eigene Münze richtete der Herzog 1585 ein.
Während des Dreißigjährigen Krieges verbrannten Dänen die Stadt; Wallenstein ließ sie erobern und plündern. 1633 wurde von hier aus die Leiche König Gustav Adolfs nach Schweden überführt. Bei der

St. Peter zu Wolgast, vom Markt aus

Belagerung und Eroberung von W. durch den Großen Kurfürsten 1675 wurden Stadt und Schloß teilweise zerschossen. Im Nordischen Krieg zerstörten die Russen W., nur sieben Häuser blieben stehen. Die schwedische Regierung verkaufte 1798 der Stadt die Schloßruine als Steinbruch; letzte Reste 1848/49 abgetragen.

Mit den Vorstädten Kronwiek, Fischerwiek, Bauwiek und Neustadt dehnte sich W. vor den Stadtmauern nach Süden aus. Stadtrandsiedlungen kamen in den 20er Jahren hinzu. Auf der Schloßinsel ließen sich Industriebetriebe nieder. An der Stelle des Schlosses entstand 1843 ein Kornspeicher; einige wenige Reste des alten Herzogsschlosses in den Bau einbezogen. 1962 wurde W. Kreisstadt eines eigenen Kreises, zu dem die Insel Usedom gehört.

Die St. *Peterskirche* ist ein gotischer dreischiffiger Hallenbau von 1343. In erster Linie war sie als Hof- und Mausoleumskirche der Pommernherzöge gedacht. Die Seitenschiffe sind bis zur Westfront des Turmes vorgezogen. Ihr Mittelschiff überragt die Seitenschiffe, besitzt jedoch keine Fenster im Obergaden. Mehrfach durch Brände beschädigt; nach dem letzten von 1920 erhielt der Turm ein niedriges Zeltdach. Teils überspannen Stern-, teils Kreuzrippengewölbe die Schiffe. Im Chorumgang wurden 1942 Wandmalereien freigelegt, so ein übergroßer Christophorus in satten Farben, Anfang 16. Jh.; in den Gewölben dekorative Malereien. Vor dem Altar

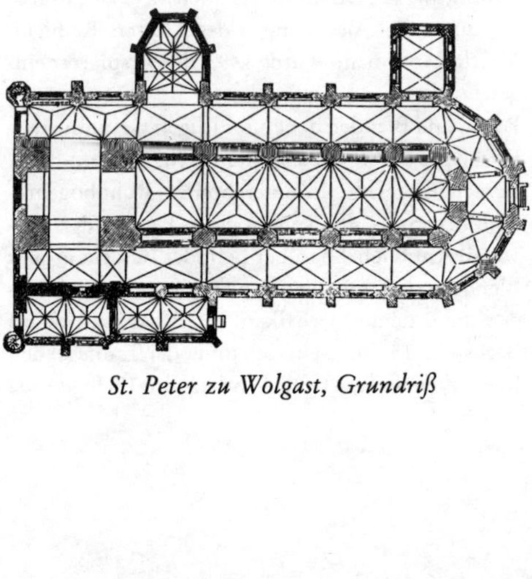

St. Peter zu Wolgast, Grundriß

Hochwasser in Wolgast

führt eine Falltür in die Gruft, in der, einmalig in Pommern, die Sarkophage von Philipp I., Ernst Ludwig und Philipp Julius, den Herzögen des zweiten Wolgaster Herzogtums, ihren Platz seit über 400 Jahren behalten durften.

Aus der Gertraudenkapelle stammt die Brüstung der Empore. Caspar Sigmund Köppe hat darauf 1700 in freier Nachgestaltung der Holzschnitte von Hans Holbein einen Totentanz gemalt. Von dem Altar aus Mönchow, Kr. Usedom-Wollin, stammen die in der Taufkapelle nach 1945 aufgestellten fünfzehn spätgotischen Schnitzfiguren, um 1500, so die Mutter Gottes und zwei Bischofsfiguren. An der Südwand des Chores steht der Gerowitstein; er zeigt in Umrißzeichnung einen Mann mit Lanze. Im Turmfundament ist ein Bildstein mit einem Mann eingemauert. Das Prunkepitaph für Herzog Philipp I. goß Wolff Hilger aus Freiberg 1560 in Messing.

Die *Gertraudenkapelle*, ein spätgotischer Zwölfeckbau aus Backstein, ließ Herzog Bogislaw X. nach der Rückkehr von seiner Pilgerfahrt ins Heilige Land 1496 errichten. Auf einer Mittelsäule ruht das Sterngewölbe. Ein Türmchen mit schlanker Spitze überragt das Pyramidendach.

Die Westwand der Friedhofskapelle *St. Jürgen*, 15. Jh., ein flachgedeckter Backsteinbau, ist mit Blenden versehen.

Das *Rathaus* von 1512 hat seine heutige Gestalt seit

1718—1724. Davor erzählen zehn Bronzereliefs am Brunnen von 1938 die 800jährige Stadtgeschichte. Von den alten Wohnhäusern blieb der Fachwerkbau, die sogenannte *Kaffeemühle*, von Anfang 17. Jh. erhalten; er beherbergt das Heimatmuseum.
W. ist eine alte Schulstadt; erste Schule 1537 gegründet.
Daneben erfüllte die Stadt vielfältige Verwaltungsaufgaben, besonders nach 1945 als Kreisstadt, als sie auch ein Kreisgericht erhielt.
Die Stadt am Peenestrom war in schwedischer Zeit Zollstation für den Schiffsverkehr von und nach Stettin. Mit dem Ausbau Swinemündes sank allmählich ihre Bedeutung. Über die 1934 erbaute und 1950 wiederhergestellte Klappbrücke führt eine Straße nach Usedom. 1863 baute die Berlin-Stettiner Eisenbahn die Strecke Züssow—W.; erst 1911 kam die Eisenbahnstrecke W.er Fähre—Heringsdorf hinzu. Nach der Demontage der Strecke Ducherow—Swinemünde läuft fast der gesamte Touristenstrom zu den Ostseebädern auf Usedom über W. Bis heute beherrscht die Schiffahrt die Wirtschaft. Anfang 19. Jh. waren hier 86 Schiffe, darunter 52 Seeschiffe beheimatet; mit ihnen betrieb man vorwiegend Getreidehandel bis nach Amerika und Indien.
Im 19. Jh. wurden ein Gußstahlwerk, eine Zementfabrik, Holzverarbeitungs-, Nahrungs- und Futtermittelbetriebe errichtet. Nach 1945 Aufbau der Peenewerft für Fischerei- und Küstenmotorschiffe, etwa 3000 Beschäftigte.
Johann Knipstro (1497—1556), 1535—1556 Generalsuperintendent des Landes W.
Thomas Kantzow (1531—1542), Geheimschreiber der herzoglichen Kanzlei in W. Verfasser der „Pomerania“.
Johann Philipp Palthen (1672—1710), Historiker und Sprachforscher.
Ludwig Gotthard Kosegarten (1758—1813), Dichter, 1785—1792 Rektor der W.er Stadtschule.
Philipp Otto Runge (1777—1810), Maler der Romantik, Schriftsteller: „Farbkugel“ 1809, „Von dem Fischer un syner Fru.“
Theodor Marsson (1816—1892), Botaniker und Geologe, Apotheker in W.
Willy Stöwer (1864—1931), Marinemaler.
W. hatte 1939: 7752; 1985: 16966 Bewohner.

Philipp Otto Runge: Spielende Kätzchen

Kirche zu Wolkow

Wolkow, Kr. Demmin, erschien 1249 als „Wolcowe“ unter den Besitzungen des Klosters Reinfeld. Martin Hovemann wurde 1493 als Ortspfarrer eingesetzt.
Portal und Blenden der einschiffigen Granitquaderkirche aus der zweiten Hälfte 13. Jh. sind mit Backsteinen eingefaßt. In einer breiten Rundbogennische liegen die drei spitzbogigen Fenster der Ostwand. Am Giebel darüber befindet sich ein großes Blendenkreuz mit vier rundbogigen Doppelblenden unter dem Querbalken. Ein Zickzackfries aus Backstein, 15. Jh., zieht sich unter der Traufe an den Langseiten und am Giebel entlang. Im 18. Jh. wurde

Steilküste auf Wollin

an der Westwand ein Fachwerkbau mit kleinem Turm und barocker Haube vorgebaut. Der Altar stammt von 1736. Ein beschädigter spätmittelalterlicher Altarschrein, der auf dem Mittelbild die Mutter Gottes und in den Flügeln die Apostel zeigt, war erhalten geblieben.
W. hatte 1939: 284 Einwohner.

Wollin *(Wolin)*, 247,8 qkm große Insel, im östlichen Teil des Odermündungsbereiches zwischen → Swine und → Dievenow; etwa 25 km lang und 20 km breit.
Zwischen Swine und dem Höhenrand von Misdroy nach Lebbin erstreckt sich ein aus Dünen aufgebautes Tiefland in der einstigen Swinepforte. Östlich davon liegt das waldbedeckte Höhengebiet mit dem Gosanberg, 95 m, dem Geweberg, 115 m, der Marienhöhe, 102 m. Je weiter wir nach Osten kommen, desto niedriger wird die Insel; die Wälder treten zurück, Äcker und Wiesen nehmen ihren Platz ein. Dieses sehr hügelige Gebiet durchzieht eine Seenrinne von Warnow bis Kolzow. Die Außenküste ist zum größeren Teil eine Kliffküste.
Der Untergrund ähnelt dem → Usedoms. Entlang der Ostseeküste erstreckt sich ein Gebiet unterschiedlicher Stauchmoränen, dem sich nach Südosten eine Grundmoränenfläche anschließt. Den südlichen Inselrand begleitet eine doppelwellige Endmoräne. Zwischen Misdroy und Lebbin biegt die Stauchmoräne nach Süden ab; darin sind zahlreiche Kreideschollen eingepreßt, so bei Swinhöft, am Jordansee, bei Kalkofen, Stengow und Lebbin. Die drei letztgenannten werden wirtschaftlich ausgebeutet. Westlich des Moränengebietes schließt sich das nacheiszeitlich aufgebaute, mit Haken und Vermoorungsflächen erfüllte und teilweise von Dünen bedeckte Mündungsgebiet der Swine an.
W. war schon sehr frühzeitig besiedelt, zumal im Bereich der Grundmoränen. An der Dievenow lag auf dem Stadtgebiet von W. eine frühgeschichtliche Großsiedlung der Wikinger aus der Zeit zwischen 900 und 1200 n. Chr.; daran knüpfen sich wohl die Wikingersage von Jomsborg und die Vinetasage. Von dem späteren W. führte eine Landstraße am Alten Krug von Misdroy vorbei zur bereits 1230 bezeugten herzoglichen Fähre nach Swinemünde. Diesen Weg nahmen auch die Heere des Dreißigjährigen Krieges. Nach 1720 kam W. an Preußen, es begann eine lange, ruhigere Zeit.

Tuckerpartie im Wolliner Haff

Blick über die Dievenow auf Wollin

Auf den Geschiebeflächen der Grundmoränen entwickelte sich eine intensive Landwirtschaft mit Weizen- und Zuckerrübenanbau von Bauerndörfern und Rittergütern aus. Die Gutsflächen umfaßten höchstens ein Drittel der landwirtschaftlichen Nutzfläche. Die Stein-Hardenbergsche Reform hat hier das freie Bauerntum gefördert. Der Südrand der Insel besteht vorwiegend aus Wiesen und Weideflächen.

Die Fischerei konzentrierte sich vorwiegend auf die Stadt W., auf Pritter und → Lebbin; daneben gab es kleinere Fischerdörfer, die sich allmählich zu Badeorten wandelten, so Pritter, → Misdroy, Neuendorf, Heidebrink und Westdievenow.

Misdroy und Dievenow zählten 1938: 413 000 bzw. 23 900 Fremdenübernachtungen. Im Gegensatz zu Usedom spielte auf W. der Fremdenverkehr keine bedeutende Rolle. Zu seiner Förderung wurde 1960 das Endmoränengebiet, eine Fläche von 47 qkm, mit seinen Buchenwäldern, in denen zahlreiche Vogelarten, so der Seeadler, ihre Brutstätten haben, zum Nationalpark erklärt.

Wollin *(Wolin)*, Kr. Usedom-Wollin, Stadt im Südosten der Insel an der → Dievenow, dort, wo zwei Inseln einen Übergang zum Festland erleichtern. W. dehnt sich auf einem Os in nordsüdlicher Richtung aus; von dem Inselhinterland ist es durch große Moore getrennt.

Diese Siedlungslage ist schon seit Ende der Steinzeit von Menschen genutzt worden. Planmäßige Ausgrabungen von 1934 bis 1944 und seit 1952 durch die Polen erforschten eine Siedlung von 4 km Länge entlang der Dievenow, vom Galgenberg im Süden bis zum Silberberg im Norden: eine 980 erstmals genannte wikingisch-wendische Handelsstadt, im 12. Jh. das historische Julin, wichtigstes Handels- und Wirtschaftszentrum an der Südküste der Ostsee. Unter der heutigen Altstadt wurde das alte Zentrum unter 6—8 m Ruinenschutt ergraben.

Zwischen 900 und 1200 wurde die Stadt etwa 15mal zerstört und wieder aufgebaut. Die nördlichen Stadtteile waren zeitweise stark befestigt. Otto von Bamberg setzte hier mit seiner Mission ein. Er gründete die St. Adalberts- und die St. Wenzeslauskirche und errichtete 1124 das Bistum, das Papst Innozenz II. 1140 bestätigte. Dauernde Einfälle der Dänen erzwangen 1160 eine Verlegung des Bistums nach → Usedom und 1188 nach → Cammin. Der Däneneinfall 1184 vernichtete die Stadt so gründlich, daß danach, als sich die Handelswege verlagerten, nur ein wendisches Fischerdorf entstehen konnte. Die Sage legte die Stadt „Vineta“ hierhin. Herzog Barnim I. verlieh W. 1277 lübisches Stadtrecht.

Eine St. Georgs- und eine St. Nikolaikirche werden 1288 genannt und das Patronat dem neugegründeten Zisterzienserinnenkloster verliehen. Das Kloster entstand auf dem „Burgwall“; 1306 in die Stadt verlegt, nach der Reformation abgerissen, die letzten Reste verschwanden 1867. Außerhalb der Stadt war eine St. Michaelskirche erbaut worden.

Zusammen mit Kolberg bekämpfte 1394 W. die Vitalienbrüder. Im 16. Jh. hatte die Stadt kaum 300—400 Bürger. Die Kaiserlichen brannten 1628 die besetzte Stadt ab. Für die Wiederherstellung der zerstörten Kirchen spendeten Oberfeldherr Tilly und seine Offiziere namhafte Summen. Die 1659 zerstörte St. Michaelskirche wurde nicht wieder aufgebaut.

Im 19. Jh. Abriß der mittelalterlichen Stadtwehr mit den Toren, auf der Landseite einer Mauer, an der Dievenow ein Palisadenzaun; Gräben wurden zugeschüttet und als Gärten vergeben. Eingemeindung der Wiek im Süden. Bei der Union der protestantischen Kirchen 1821 entstanden nach sehr starkem Widerstand in W. zwei altlutherische Gemeinden. 1945 wurde W. zu 90 v. H. zerstört. Der Wiederaufbau begann erst 1956; seitdem Kreisstadt.

Die St. Georgskirche war ein spätmittelalterlicher einschiffiger Bau, 1861 vollständig erneuert; nur der alte Turm blieb erhalten. Die Kanzel hatten Schiffer und Fischer der Wiek gestiftet; Hans Schumacher schnitzte sie aus Ahorn- und Nußbaumholz.

Die St. Nikolaikirche war eine dreischiffige spätgotische Hallenkirche mit gedrungenem Turm. Beim Stadtbrand 1628 hat die Kirche sehr gelitten; 1860 wurde sie zum Teil von Grund auf erneuert.

Den stattlichen barocken Altar, Ende 17. Jh., hatte der Seidenhändler Joachim Wolter testamentarisch gestiftet. Sein Mittelbild, die „Erlösung der Menschheit durch das Blut Christi“, umrahmten je zwei spiralig gewundene Säulen. Die Renaissancekanzel, deren Korb Moses trug, hatten 1637 Anna Sophia Barkow, Ehefrau des Wolliner Bürgermeisters Jakob Schultze, und Anna Linnenbek, Ehefrau des Stettiner Kämmerers Sachtleben, gestiftet. Beide Kirchen wurden 1945 völlig zerstört.

Das Zisterzienserinnenkloster erhielt 1317 das Recht, Küster und Lehrer an der Stadtschule einzusetzen; es dürfte eine der ältesten Schulen Pommerns gewesen sein. W. blieb weiterhin Schulstadt. Die frühgeschichtlichen Exponate des Heimatmuseums gingen nach 1945 in verschiedene Museen.

W. erfreut sich einer günstigen Verkehrslage. Schon 1124 wird eine große Holzbrücke über die Dievenow bezeugt, ein Vorgänger der heutigen Straßenbrücke. Die Schiffahrt spielte früher eine viel größere Rolle, war aber durch die Versandung der Dievenow stark behindert. Die Eisenbahnstrecke Gollnow—W. wurde 1892 eröffnet und 1899/1900 zur Fähre in Ostswine verlängert. W. blieb trotz seiner Lage nur eine Fischerstadt. Eine Kutterwerft belieferte die Fischer. Fischräuchereien, -verarbeitung und -handel sind heute noch die wichtigsten Gewerbe. Jetzt sind die Fischer in einer Fischereigenossenschaft zusammengeschlossen.

Johann Bugenhagen (1485—1558), Reformator und Vertrauter Luthers, Übersetzer der 1534 in Lübeck gedruckten Lutherbibel ins Plattdeutsche. Dr. Pomeranus genannt.

Gustav Malkewitz (1861—1924), Buchdrucker, Zeitungsverleger, Politiker, 1903—1924 Mitglied des Reichstages.

Gertrud Meissner (1895—1985), Leiterin der mikrobiologischen Abteilung des Forschungsinstituts Borstel in Breslau, Einführung der Chemotherapie bei Tuberkulosekranken.

W. hatte 1939: 4800; 1983: 3667 Bewohner.

Woltin *(Weltyń)*, Kr. Greifenhagen, Dorf an der Nordspitze des Woltiner Sees; besteht aus zwei Ortsteilen: dem in ovalem Grundriß gebauten wendischen Kern und der rechteckigen Kolonialsiedlung. Vor 1212 kam das Dorf in den Besitz des Zisterzienserklosters → Kolbatz, das es 1255 zur Stadt mit Marktrecht erhob. Herzog Barnim I. ent-

Wollin, Georgenkirche: Intarsie der Kanzel

Kate in Woltin

zog ihm 1283 dieses Recht zu Gunsten seiner neuen Stadt Greifenhagen; trotzdem bis 1789 Siegel mit der Umschrift „Secr. Burgens. in Woltin" benutzt. Das Patronat wurde 1299 der St. Marienkirche in Stettin übertragen.
Die St. Katharinenkirche ist ein spätmittelalterlicher Findlingsbau mit Turm. 1690 erhielt der Turm ein durch verschiedene Blenden gegliedertes Backsteinobergeschoß. Der gemauerte Altartisch ist aus der Hauptachse verschoben; darauf ruht ein zierlicher Barockkanzelaltar von Ende 17. Jh. Neben dem Altar war eine 1,35 m hohe Engelsfigur aufgestellt, früher wohl Kanzelträger.
1939 lebten in W. 950 Einwohner.

Wopersnow *(Oparzno)*, Kr. Belgard. 1811 wurde im Dorf beim Bau eines Brunnens eine 23,50 cm hohe Bronzefigur eines in voller Rüstung schreitenden Knaben, Genius des Mars, aus der mittleren römischen Kaiserzeit gefunden. Wahrscheinlich stammte sie aus Gallien oder dem Rheinland. Das Original ist verschollen, ein Gipsabguß befand sich in den Staatlichen Museen in Berlin.
Seit dem Mittelalter hatte W. eine Holzkirche, die 1722 abbrannte. 1723 wurde der barocke Neubau aus unbearbeiteten Findlingen errichtet. Über der 1912 umgebauten Westseite erhebt sich ein Dachturm mit achteckiger schlanker Spitze.
W. hatte 1939: 429 Bewohner.

Wotenik, Kr. Grimmen, altes wendisches Fischerdorf am Nordrand des Trebeltales. Schon um 1150 muß es eine größere Bedeutung gehabt haben. 1171 gab es hier schon deutsche Siedler. Herzog Kasimir I. von Demmin überließ es mit drei Nachbardörfern Heinrich dem Löwen, der sie dem Bischof von Schwerin übergab; dieser wiederum schenkte sie dem Darguner Zisterzienserkloster. 1356 ermordeten Bauern den Pfarrer Gerhard von Linde am Altar der Kirche. Seine Grabplatte steht in der → Nossendorfer Kirche. 1645 konnten in W. keine Truppen einquartiert werden, da es im Dorf weder einen Pächter noch einen Bauern gab.
Die St. Nikolaikirche hat einen frühgotischen Chor aus Backstein mit einem kuppeligen Kreuzrippengewölbe. Blenden flankieren das breite Fenster in der Ostwand. Am Giebel darüber befindet sich eine größere Kreuzblende. Das Schiff aus dem 15./16. Jh. ist ein Feldsteinbau mit Kreuzrippengewölbe. Erst im 18. Jh. wurde der Turm erbaut.
Das Gutshaus ist ein eingeschossiger Putzbau mit einem zweigeschossigen Mittelrisalit von etwa 1840; nach 1945 zu Wohnungen umgebaut.
1939 lebten in W. 260 Einwohner.

Wurchow *(Wierzchowo)*, Kr. Neustettin, zwischen Dorf- und Virchowsee. In der Nähe gibt es die Findlingsgruppe „Schwinawer". Der Sage nach war hier ein Schweinehirt mit seiner Herde zu Stein verwandelt worden. Im Tal zwischen beiden Seen lag

Blick über den See auf Wurchow

ein alter wendischer Burgwall, der auch im Mittelalter bewohnt gewesen sein muß. In seiner Nähe stehen riesige Taxusbäume als Reste eines Schloßparks. In W. lebten 1939: 1110 Bewohner. 1983 Großgemeinde *(Gmina)* von 236,7 qkm Fläche mit 4617 Einwohnern.

Wusseken, Kr. Anklam. Herzog Barnim I. bestätigte 1242 dem Kloster Stolpe eine Schenkung zum Bau der St. Georgs- und St. Adalbertkirche in „Wocek". 1243 wurde die Pfarrei W. gegründet. Ritter Heinrich von W. verzichtete 1296 auf das Kirchenpatronat zu Gunsten des Klosters Stolpe. Die Brüder Henning und Hans von Kaseken gaben der Kirche St. Georg, St. Maria und dem Rosenkranz in W. ein Stück Ackerland. 1659 stürzte der Kirchturm ein. 1962 war W. nach Sarnow eingemeindet worden.

Der Chor der Kirche ist ein kreuzgewölbter Quaderbau, 13. Jh.; in seiner Ostwand sind zwei stilisierte Menschenköpfe aus Stein eingemauert. Das flachgedeckte Langhaus stammt von 1742. Den über der Westwand aufsteigenden Fachwerkturm mit barockem Helm und Laterne erbaute Kurt Christoph von Schwerin; er ist mit seinen beiden

Wusseken, Kirche und Graf Schwerin

Dorfkirche zu Wussow

Frauen in der Gruft beigesetzt. Ein barocker Kanzelaltar füllt den Chor. In W. soll ein Nonnenkloster bestanden haben, doch scheint es sich eher um eine Grania, einen Wirtschaftshof, gehandelt zu haben.

Wusseken *(Osieki Koszalińskie),* Kr. Köslin, schon 1336 genanntes Dorf am Ostufer des → Jamunder Sees, das bis 1730 der Familie von Bulgrin gehörte. Seit 1390 war W. zu einem Wallfahrtsort durch das „Wunder von Wusseken" geworden. Bei einer Kirchenvisitation war viel Volk zusammengeströmt. Als die Frau des Schweinehirten vor der Edelfrau des Schlosses zur Kommunion ging, stieß diese die arme Frau beiseite. Dabei traf sie den Arm des Priesters, der gerade die Hostie reichen wollte. Sie fiel ihm aus der Hand. Als er sie aufhob, verkündete er, daß sie blute. Die Edelfrau gelobte eine Wallfahrt nach Rom, von der sie nicht mehr heimkehrte. Die blutende Hostie wurde jedes Jahr zu Fronleichnam zur Anbetung in der Kirche aufgestellt. Als sie sich als wundertätig erwies, kamen zahllose Pilger nach W.

Die ehemalige Kapelle, Mitte 13. Jh., bildet den heutigen sterngewölbten Chor der Dorfkirche; um 1400 Erweiterung um das dreischiffige, flachgedeckte Langhaus. Am Turm sind über dem Portal drei große Mühlsteine symmetrisch eingemauert.

Am reichen Renaissancealtar von 1616 umrahmen aufwendige Säulen und Gebälk die Kreuzigungsgruppe in der Mitte. Auf dem Gebälk stand die Widmungsinschrift: „Zu diesem Altar hat Barbara Bulgrin, Wolf Podewils zu Schinz erbssene Witwe 50 Gulden vorehret anno 1616". Die Kanzel von 1672, reich geschnitzt, mit Apostelfiguren in den Füllungen, war 1701 bemalt worden. Bis ins 20. Jh. konnte man in der Kirche noch das Sakramentshäuschen sehen, in dem die blutende Hostie bis zur Reformation aufbewahrt worden war.
W. hatte 1939: 373 Einwohner.

Wussow *(Osowo)*, Kr. Rummelsburg. Das Dorf war alter Besitz der Familie von Lettow und kirchlicher Mittelpunkt des Kolonialgebietes zwischen → Grabow und → Wipper. 1523 gab es in W. noch keinen Rittersitz.
Die Findlingskirche, um 1500, erhebt sich auf einem Hügel, an dessen Aufgang ein mittelalterlicher Weihwasserstein aus Granit steht. Der Turm besitzt ein Zeltdach, das in eine schlanke achteckige, zwiebelförmige Spitze übergeht. Die Wetterfahne von 1711 stammt von dem durchgreifenden Umbau. Den fünfseitigen Ostschluß trennt eine hohe gitterartige Schranke vom Schiff ab; in deren Mitte steht der Kanzelaltar von 1734. Er wurde in der Barockzeit geschnitzt und weiß und schwarz bemalt. Herzogin Anna von Croy schenkte 1637 der Kirche einen Kronleuchter aus Messingguß.
Die Einwohnerzahl betrug 1939: 610.

Taufengel in Wusterhanse

Dorfkirche in Wusterwitz, Kr. Dramburg

Wusterbarth *(Ostre Bardo)*, Kr. Belgard. Zabel Balzer von Wolde und seine Gattin Sophia Juliana von Glasenapp stifteten 1693/94 die Fachwerkkirche des Gutsdorfes. 1869 wurde der baufällige Turm durch einen massiven ersetzt. Der barocke Altar mit der anschließenden Empore stammt aus der Bauzeit. Zwischen gewundenen Säulen steht das Mittelbild, eine Ölbergszene, allerdings von 1932.
Bernhard Trittelvitz (1879—1969), Dichter in rügenscher Mundart.
In W. lebten 1939: 482 Einwohner.

Wusterhanse *(Ostrowąsy)*, Kr. Neustettin, alter Zastrowscher Besitz am Gänsebach, einem Nebenbach der Persante; bereits im Mittelalter gegründet. Die kleine turmlose Fachwerkkirche von 1728 steht auf einem von einer Trockenmauer umgebenen Kirchhof; an ihr wachsen Maulbeerbäume aus der Zeit Friedrichs des Großen.
Die barocke Innenausstattung von 1730 ist noch erhalten. In der Mitte des Altars ist Christus am Ölberg, im Obergeschoß Gottvater zu sehen. Am Kanzelaufgang stehen Figuren von Jakob mit der Himmelsleiter, an der Brüstung Christus und die Evangelisten; Tür und Rückwand gingen 1945 verloren. Die Flächen von Altar und Kanzel sind in Schwarz

Orgel in Wusterwitz, Kr. Schlawe

gehalten, die reichen Schnitzereien und Figuren weiß und gold bemalt.
Im Gut W. wurden Merinofleischschafe gezüchtet. W. hatte 1939: 558 Bewohner.

Wusterhusen, Kr. Greifswald, Mittelpunkt des Landes Wustrow auf einer höhergelegenen Geschiebeinsel nördlich der Ziese, auf deren höchstgelegenem Punkt, 48 m über NN, die weithin sichtbare Kirche steht; im 13. Jh. vom Kloster Eldena aus besiedelt. 1230 hatte W. schon einen Pfarrer Servatius. 1271 weihte der Camminer Bischof Hermann von Gleichen die Kirche. Seit 1928 ist ganz Wustrow zur Großgemeinde W. zusammengefaßt; seit 1962 ist W. wieder selbständig.
Von der alten Granitquaderkirche, 13. Jh., sind nur noch die Längswände des Chors geblieben. Anfang 15. Jh. entstand die dreischiffige Halle mit dem 53 m hohen Turm und dem polygonalen Chorschluß; Kreuzrippengewölbe überspannen Chor und Langhaus. Im Dreißigjährigen Krieg stürzte das nördliche Seitenschiff ein; bald danach ohne Gewölbe erneuert. 1972 wurden im Chor Wandmalereien des 13. Jh. und am Gewölbe des 15. Jh. freigelegt, so die hl. Gertrud von Nivelles, Christophorus, die Hl. Drei Könige, Christus als Weltenrichter. Der spätgotische Schnitzaltar mit zwei Flügelpaaren von Anfang 16. Jh. wurde in ein farbenprächtiges, reich geschnitztes barockes Rahmenwerk gestellt. An die Stelle der ursprünglichen Mitte, eine Krönung Mariens, trat eine Kreuzigungsgruppe. Nach der Restaurierung des Altars 1974 wurden die Tafelbilder der Flügel wieder sichtbar; sie zeigen Szenen aus dem Marienleben. Den Kanzelkorb, erste Hälfte 17. Jh., trägt eine Figur des Moses mit den Gesetzestafeln; als Kopfpolster dient ihm ein ionisches Kapitell. An der Granittaufe aus dem 13. Jh. sind an der Kuppa vier männliche Masken gehauen. Die Großgemeinde hatte 1939: 2926; das Dorf 1965: 665 Einwohner.

Wusterwitz *(Ostrowice)*, Kr. Dramburg. Auf dem Fuchsberg, in Dorfnähe, entdeckte man Steinkistengräber der Stein- und Bronzezeit mit Grabbeigaben.
Im Lehnsbrief der von Borcke wird W. 1499 erwähnt. 1652 bezog der Dorfkrug sein Bier aus Dramburg. Das Gut wurde 1892 aufgeteilt. Am 4.3.1945 besetzten Russen das Dorf.
Auf einer Anhöhe steht die aus Findlingen errichtete Barockkirche mit halbrundem Ostschluß. Über der Westseite erhebt sich ein Fachwerkdachturm mit achteckiger Spitze. Nach der Bauinschrift haben sie Klaus Ernst von Horn und seine Frau Eleonora Elisabeth von Kleist 1697 erbaut.
Ein großer barocker Altar, um 1700, mit dem Gekreuzigten im ovalen Mittelfeld, beherrscht den

Fachwerkkirche in Wutzig

Zachan, Kirchturm der Stadtkirche

Raum. Figuren der Hoffnung und des Glaubens tragen das Gebälk. Neben dem Altar hängt ein Trophäenepitaph für den 1739 verstorbenen Ernst von Ungar.
Molkerei, Mühle und ein Sägewerk waren die wichtigen Gewerbebetriebe des Dorfes, in dem sogar die Spar- und Darlehnskasse eine Zweigniederlassung erhielt.
1834 wirkte hier der Erweckungsprediger Gustav Knak, Dichter der Lieder „Wenn Gottes Winde wehn" und „Laß mich gehen" (1846).
1939 hatte W. 543 Einwohner. 1983 Großgemeinde *(Gmina)* von 150,4 qkm Fläche mit 2771 Einwohnern.

Wusterwitz *(Ostrowiec Sławieński)*, Kr. Schlawe, Dorf an der Westspitze des W.er Sees; 1664 erwarb es der Schloßhauptmann Adam von Podewils aus Krangen von den von Below. Mitte 19. Jh. Auflösung des Podewilsschen Besitzes; Restgut um 1930 aufgesiedelt.
Die mittelalterliche Dorfkirche ließ Adam von Podewils 1664 umbauen. Sein Sohn vervollständigte die Kirche 1702. Ein neuer Backsteinturm mit Turmuhr und welscher Haube kam hinzu. Seit 1650 gab es ein Gruftgewölbe der von Below und von Podewils.
Der Altar aus dem 17. Jh. nahm die Formen eines mittelalterlichen Flügelaltars auf. Die Tafelbilder zeigen in der Mitte Christus am Kreuz, in den Flügeln die Opferung Isaaks und die Erhöhung der ehernen Schlange durch Moses. Ein schwerer Wolkenhimmel mit Engeln krönt den Altar.
An der reich geschnitzten Kanzel sind einige eigenwillige Tafelbilder zu sehen: Ein gelähmtes Mädchen bewegt sich auf einem Rollbrett vorwärts; es begegnet einem Engel und unterhält sich mit ihm. Eine ausnehmend schöne Arbeit ist die Orgelempore mit dem schwungvoll geschnitzten Orgelprospekt.
Der Epitaph des Adam von Podewils ist erhalten geblieben.
1939 hatte W. 757 Einwohner.

Wutzig *(Osiek Drawski)*, Kr. Dramburg; bereits 1333 urkundlich genannt. 1499 wird es im Lehnsbrief der von Borcke aufgeführt. Das große Dorf zählte 24 Bauern, als Polen es 1657 plünderten und verbrannten. 1838 kaufte Wilhelm von Flotow das Gut. Sein Sohn Friedrich Ferdinand Adolph von Flotow schrieb hier 1847 einen Teil der Oper „Martha". 1927 Auflösung des Gutsbezirks.
Auf einem Hügel entstand 1686 die Fachwerkkirche. Vor der Westseite steht ein Holzturm, errichtet mit einer geschindelten Haube von 1691 vom Baumeister M. Daniel Möller. Der Altartisch ist gemauert, der Aufsatz von 1679 reich mit Knorpelwerk versehen. Eine spätere Inschrift nennt den Maler, „Jean Frédéric de la Roi, peintre à Arnswalde."
Die Einwohnerzahl betrug 1939: 506.

Zachan *(Suchań)*, Kr. Saatzig. In einer sanftgewellten Hügellandschaft liegt die 1269 genannte „villa Zukan". 1295 gehörte Z. zu den ersten Besitzungen des Johanniterordens in Pommern, der hier ein festes Schloß baute und vor 1312 einen Komturssitz einrichtete. Erst 1487 wird der Ort als „Städtchen" vor dem Schloß bezeichnet, erhielt jedoch kein Stadtrecht; es galt die Pommersche Bauernordnung. Auch vom Grundriß blieb der Dorfanger bis in unsere Zeit erhalten. Der Hofmarschall Wolf

Borcke erwarb Z. 1545. Von 1654 bis 1709 war die Stadt im Besitz der Familie von Schwerin. 1827 wurde die Staatsdomäne aufgelöst und parzelliert. Aus den Gutsresten erwuchs 1856 eine in die Stadt eingemeindete Kolonie.

Auf dem Anger steht die Kirche, ein spätmittelalterlicher Findlingsbau mit Turm. Der Ostgiebel ist blendengegliedert mit einem kleinen Kreuz unter dem First. Den Turm überragt eine stumpfe Barockhaube. In der Wetterfahne steht „David Schulz Ambtmann 1696". Der Renaissancealtar von 1618 ist etwa 4 m hoch und farbig bemalt. Predella, Mittelbild und Bild im Obergeschoß sind Hochreliefs.

Verkehrsmäßig war Z. nur durch eine Omnibuslinie mit Stargard verbunden. Die Eisenbahnstrecke führte in 4 km Entfernung an der Stadt vorbei.

Neben dem Ackerbau war bis in unser Jahrhundert hinein die Leineweberei das Hauptgewerbe; letzter Webermeister: August Schmidt, 1831—1920. Neben dem Handel mit landwirtschaftlichen Produkten waren ein Sägewerk und eine Brauerei die einzigen größeren Gewerbebetriebe.

1939 lebten in Z. 1302; 1983: 1224 Bewohner.

Zanow *(Sianów)*, Kr. Schlawe, schon 1335 als Burgflecken Peters von Pollnow, Enkel des Swenzo von Danzig, erwähnte Stadt im Tal der Pollnitz, am Osthang des → Gollen; durch lustige Schwänke bekannt. Peter von Pollnow verlieh dem Flecken 1343 lübisches Stadtrecht. Seit 1372 gehörte Z. den Herzögen, die sie 1400 zur Vogteistadt machten. An der Westgrenze des Schlawer Landes sperrte sie am Gollen die alte Handelsstraße von Köslin nach Danzig. Kösliner Kaufleute überfielen 1480 Z. und nahmen im Schloß Herzog Bogislaw X. gefangen. 1483 verkaufte dieser Schloß und Stadt an Jürgen Kleist. 1662 wurde sie Amtsstadt: eine zum → Rügenwalder Amt gehörende Mediatstadt.

An Stelle einer alten gotischen Kirche wurde im 18. Jh. die heutige als Fachwerkbau mit polygonalem Chorschluß errichtet. In die Wange der Turmtreppe war das Jahr 1679 eingeschnitten. Der Altar war mit der 1632 geschaffenen Kanzel verbunden worden. Ein reich geschnitzter Portalbau mit Treppenbrüstung, auf der Heiligenfiguren standen, führte zur Kanzel hinauf.

1869 Eröffnung der Eisenbahnstrecke der Hinterpommerschen Eisenbahn, die dem Verlauf der alten Handelsroute folgte.

1848 gründete Kommerzienrat Kolbe auf dem Gelände der verfallenen Burg die Norddeutsche Zündholz Aktiengesellschaft, die älteste deutsche Zündwarenfabrik, gleichzeitig die größte Deutschlands. Daneben gab es eine Fabrik für landwirtschaftliche Maschinen, die Papierfabrik „Hammer" und eine Brauerei.

Z. hatte 1939: 3050; 1983: 5111 Einwohner.

Zarben *(Sarbia)*, Kr. Greifenberg, am Kreiherbach, der in den Kamper See fließt; bereits 1291 ist die Pfarrei „Cerben" urkundlich erwähnt. Um 1310 schenkte Ritter Stabberin der Pfarrei einen Wald zum Bau der Kirche. Als erster Pfarrer wird 1328 Lambert erwähnt, sein Nachfolger war 1337 Eberhard. 1837 gründete Gustav Knak in Z. einen Missionsverein, einen der in Pommern entstandenen Hilfsvereine der Berliner Missionsgesellschaft.

Die St. Katharinenkirche ist ein spätgotischer Back- und Feldsteinbau (1594); 1885 um ein Querschiff erweitert. Der alte Teil besteht aus einer dreischiffi-

Dorfkirche in Zanow

Hölzerne Grabwange aus Zarben

gen, kreuzgewölbten Hallenkirche, deren Seitenschiffe um den Chorraum herumgeführt sind; der Turm mit Untergeschoß aus Findlingen und einem hölzernen Obergeschoß kam später hinzu. Von der alten Ausstattung hatten sich eine romanische Granittaufe mit achteckiger Kuppa und Schnitzfiguren einer spätgotischen Triumphkreuzgruppe erhalten. In Z. wohnten 1939: 437 Einwohner.

Zarnekow, Kr. Greifswald, seit 1962 nach → Karlsburg eingemeindet.
Die Kirche ist ein Feldsteinbau aus der zweiten Hälfte 13. Jh., dessen Giebel, Portal- und Fenstergewände aus Backstein bestehen. Den Ostgiebel gliedern fünf zweiteilige, spitzbogige Blenden. Der Turm ist ein Neubau von Ende 19. Jh.
Der gemauerte Altar von 1622 besitzt ein Retabel aus Sandstein, dessen Mitte ein sehr bewegtes, von Engelsfiguren flankiertes Relief des Abendmahls ausfüllt. Ein mit Gold- und Silberfäden gesticktes Kaselkreuz, 15. Jh., ist seit 1612 auf einem Antependium befestigt.

Zarnglaff *(Czarnogłowy),* Kr. Cammin, in der Nähe des Völzer Baches; schon um 1380 erwähnt. 1870 war es ein großes Bauerndorf.
Im Untergrund steht hier eine Kalkscholle des Malm, oberes Jura, an, die schon 1759 den Rohstoff zum Kalkbrennen lieferte. 1901 erwarb die neugegründete Gesellschaft „Pommersche Kalksteinwerke" die Nutzungsrechte um Z. 1902 entstand eine Fabrik. Eine Kleinbahn verband 1903 Z. mit Stepenitz und Gülzow. Das Werk diente der Erzeugung von Roh- und Düngekalk; daneben Aufbau einer land- und forstwirtschaftlichen Versuchsanstalt. Z. war größter Düngekalkproduzent Deutschlands; 25 v.H. des Bedarfs deckte dieses Werk. 1921 wurde hier Europas erster, 85 t schwerer Elektrobagger in Betrieb genommen; er fuhr auf Fahrbändern, nicht auf Gleisen. Die Jahresproduktion lag 1941 bei über 600000 t Kalkstein. Nach 1945 wurde die Produktion wieder aufgenommen; 1967 ist der Betrieb eingestellt worden.
1939 lebten in Z. 926 Bewohner.

Zartzig *(Strachocin),* Kr. Saatzig, Dorf am Krampehl; 1229 von Herzog Barnim I. dem Johanniterorden bestätigt. Der Orden erhielt die Erlaubnis, Deutsche anzusiedeln.
Die Dorfkirche ist ein Findlingsbau, dessen Steine so regelmäßig geschichtet sind, daß sie an einen Quaderbau erinnern. Der Holzturm weist geböschte Wände auf und besitzt eine viereckige Haube.
Im oberen Feld des Altars, eine gute Barockschnitzerei, 18. Jh., zeigt ein Tafelbild das Damaskuserlebnis des hl. Paulus. Die Kanzel mit flachen Reliefs am Korb ruht auf einer mit Weinlaub umwundenen Säule. Der Tischler M. Johann Schmidt hat sie 1712 gefertigt.
Die Einwohnerzahl betrug 1939: 400.

Dorfkirche in Zebbin

Zatten *(Zatom)*, Kr. Arnswalde, auf drei Seiten von Wald umgebenes Bauerndorf; erst 1601 mit 24 Hufen gegründet und dem Amt Marienwalde unterstellt. Der Turm der schlichten Fachwerkkirche steht frei in geringem Abstand vom Westgiebel.
1939 hatte Z. 412 Einwohner.

Zebbin *(Sibin)*, Kr. Cammin. In der Nähe des Dorfes an der Dievenow wurde ein römischer Münzschatz von 26 Bronzemünzen gefunden, die Constantin den Großen (306—337), seine Mutter Helena (in Trier geprägt) und Constantin II. (337—340) zeigen. Die Dorfkirche wurde 1288 in der Gründungsurkunde des Zisterzienserinnenklosters in Wollin genannt. 1311 gab es einen Herrn Hermannus de Sibin. Seit 1500 gehörte das Dorf den von Flemming; es hatte 1756 zwei Rittergüter. Die Dorfkirche auf dem Anger ist ein Back- und Feldsteinbau von etwa 1500. Der Turm mußte 1594 abgebrochen werden; erst 1749 durch einen Neubau ersetzt. Der Altar mit spiralig gewundenen Säulen, die das Mittelbild, ein vollplastisches Kruzifix vor einem gemalten Nachtstück, flankieren, ist ein Werk von 1752. 1896 wurde der ganze Aufsatz bemalt. 1945 brannte die Kirche bis auf die Außenmauern aus; inzwischen ist sie ohne Turm wieder aufgebaut.

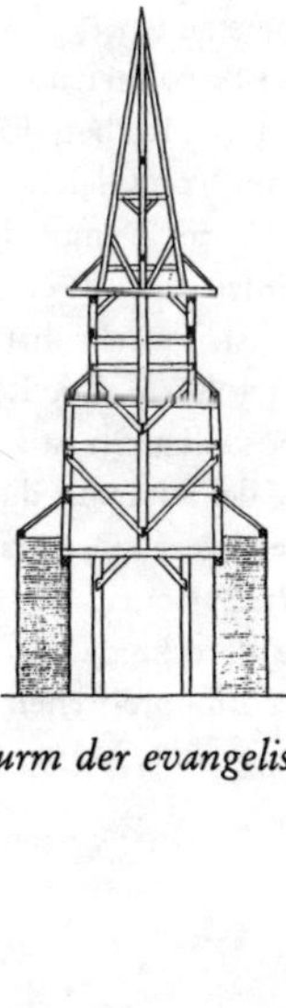

Zebbin, Turm der evangelischen Kirche

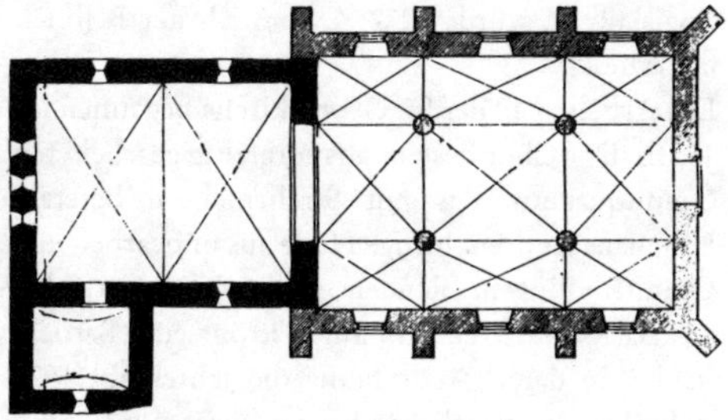

Zedlin, Grundriß der Pfarrkirche

Südlich des Dorfes stand eine Bockwindmühle, erste Hälfte 19. Jh.
Z. hatte 1939: 260 Bewohner.

Zeblin *(Cybulino)*, Kr. Köslin, Rittergut mit Park und Kapelle am Rande des Radüetales. Schon in frühgeschichtlicher Zeit wurde hier gesiedelt. In Z. scheint das einzige Frühlatènegrab (100 v. — 500 n. Chr.) mit Mützenurne in Pommern gefunden worden zu sein. Bis in das 16. Jh. gehörte das Gut der Familie Knuth, die es der Familie von Kleist verkaufte.
Die Kapelle, ein achteckiger Fachwerkbau von 1662, bedeckt ein hohes Zeltdach mit niedrigem Aufsatz und Spitze. Die Einrichtung stammt aus der Bauzeit. Hinter dem Altar steht die Kanzel, an beiden Seiten von einer Empore flankiert. Die Fenster sind je ein Gefach groß und liegen unter dem oberen Rahmenholz.
Christian Ewald von Kleist (1715—1759), Offizier und Dichter, Freund Lessings, Vorbild für dessen Major Tellheim in „Minna von Barnhelm".

Zedlin *(Sadlno)*, Kr. Greifenberg, Dorf südöstlich des Eiersberger Sees, aus dem bereits 1194 ein Dobeslaus de Sadlen als Zeuge bei einer Schenkung des Dorfes Buggentin an den Kolberger Mariendom genannt wird. Herzogin Anastasia überwies 1224 Z. dem Kloster Belbuck für den Unterhalt des Prämonstratenserinnenklosters Marienbusch in Treptow. In einem Vergleich der Herzöge Barnim I. und

Bogislaw IV. wurde 1277 Z. dem Kloster Belbuck überwiesen.
Die Arbeiten an der St. Georgskirche begannen im 13. Jh. Der Chor besteht aus sorgfältig gearbeiteten Granitquadern, das mit Strebepfeilern besetzte Langhaus als dreischiffige Halle aus unbearbeiteten Granitfindlingen. Blenden gliedern den Ostgiebel aus Backstein. Den Holzturm krönt eine Barockhaube, in deren Wetterfahne die Jahreszahl 1622 steht. Vor dem westlichen Eingang liegt eine Granitplatte als Trittstufe; an deren einem Ende erblickt man das Relief eines langhaarigen Menschenkopfes. Herkunft und Alter sind ungeklärt. 1945 blieb die Kirche erhalten.
1939 wohnten in Z. 551 Einwohner.

Zemlin *(Samlino)*, Kr. Cammin. Das Gutsdorf taucht erstmals 1303 im Namen des Dethlevus Semelyn auf. Das Dorf wird 1321 genannt. 1373 verkaufte Henning Wusseken dem Camminer Bischof Philipp von Rehberg und dem Domkapitel ein Viertel des Dorfes. Jürgen Dietrich Steinwehr verkaufte 1652 seinen Lehnsanteil an Z. dem Herzog Bogislaw von Croy. 1778 gehörte ganz Z. der Familie von Puttkamer. 1922 und 1937 Aufteilung der 247 ha Fläche des Gutes auf sechs Neusiedlerstellen.

Zemlin, Torhaus des Hofes Chinnow

Zernin

Die alte Fachwerkkirche mußte 1784 einem Neubau weichen. Über dem Westgiebel erhebt sich ein Fachwerkturm mit verschalter Achtecklaterne.
Der geschnitzte Kanzelkorb des Kanzelaltars stammt aus der Zeit um 1700, die Altarumrahmung um 1800. Aus der Zeit vor 1500 hat sich ein spätgotischer Schnitzaltar erhalten. Im Mittelschrein steht eine hl. Anna selbdritt, umrahmt vom hl. Georg und hl. Martin, alle 0,80 m hoch; in den Seitenflügeln zwölf Apostel (nur elf vorhanden), alle 0,40 m hoch. 1940 nach alten Farbresten neu gefaßt. Er hat auch 1945 gut überstanden.
Z. hatte 1939: 465 Bewohner.

Zernin *(Czernin)*, Kr. Kolberg-Körlin. 1281 weihte Bischof Hermann von Gleichen die Dorfkirche in „Cernin"; die Dörfer Damgard, Pustar, Tramm und Coykow wurden nach Z. eingepfarrt.
Die gotische Backsteinkirche hat einen massigen blendengegliederten Turm. Die Renaissancekanzel mit gemalten Apostelfiguren ist an der Wand befestigt. In der Mitte des Altars ist die Darstellung des Abendmahls wiedergegeben, gerahmt von einem plastisch verzierten Kranz; diesen umgibt eine kühn geschnitzte viereckige Umrahmung aus Rankenwerk. Auf der Empore stehen zwei meterhohe Holzfiguren: die gekrönte Mutter Gottes mit Jesus-

Schloß Zezenow

kind, das in einem Buch liest und die hl. Katharina mit dem Rad.
In Z. lebten 1939: 577 Bewohner.

Zerrin *(Sierżno)*, Kr. Bütow, 1387 erstmals erwähntes Dorf um „das Gemeindebruch". Jakob von Rynach, Ordenspfleger in Bütow, verlieh 1400—1445 Lorenz Woller das Schulzenamt mit fünf Freihufen. Um 1620 entstand auf wüsten Bauernhöfen der Amtsackerhof; 1921 teilweise parzelliert. Das Gutshaus ist ein Bau von 1922.
Paul Grawitz (1850—1932), Pathologe, Erforscher krankheitserregender Pilze; nach ihm sind „Grawitzscher Nierentumor" und „Grawitzsche Schlummerzellen" benannt.
1939 hatte Z. 453 Einwohner.

Zezenow *(Cecenowo)*, Kr. Stolp, Gutsdorf auf einer Stauchmoräne am Südrand des Lebamoores. Es wurde 1252—1258 von Herzog Swantopolk II. von Pomerellen mitsamt dem Lachswehr dem Kloster Suckow verliehen. Ewald von Masson kaufte Z. 1510 vom Kloster; bis 1777 im Besitz dieser Familie. Seit 1795 gehörte das Dorf der Familie von Zitzewitz, dessen letzten Besitzer, Wilhelm Sigfried Otto Martin von Zitzewitz, 1946 die Polen vertrieben. 1945 diente das Dorf als Internierungslager; innerhalb sechs Monaten starben hier fast 500 Menschen an Hunger und Seuchen.
Das Gutshaus entstand 1812—1814 als eingeschossiger Bau mit Mansardendach. 1858 und 1868 erhielt es Anbauten. Das Haus blieb 1945 erhalten und wurde nach jahrelangem Verfall zu Wohnungen umgebaut; Einrichtung von Kindergarten und Gemeinschaftsräumen.
1939 lebten in Z. 553 Bewohner.

Ziegenort *(Trebież)*, Kr. Ueckermünde, Fischer- und Badeort am Südufer des → Stettiner Haffs zwischen Wiesen und riesigen Waldungen.
1280 verlieh Herzog Bogislaw IV. „Zegenhort" dem Stettiner Bürger Gottfried von Breslau. Dieser alte Name zeigt, daß Z. sich von den „Zegen", den kleinen Fischen im Haff, ableitet.
Die Kirche ist ein barocker Putzbau mit einem Turm, der ein Fachwerkobergeschoß besitzt. Die Wetterfahne trägt die Jahreszahl 1745. Kanzel und Altar waren verbunden.
Das Pfarrhaus und das sogenannte Kapitänshaus waren schlichte Barockbauten.
Seit 1860 besteht eine regelmäßige Dampferverbindung mit Stettin; 1910 Verbindung der Stettiner Vorortbahn von Jasenitz nach Z. Im Hafen wurde Holz aus der → Ueckermünder Heide verschifft.
Z. hatte 1939: 2664 Bewohner.

Ziethen, Kr. Greifswald, Dorf am Nordrand des Peenetales. Bischof Konrad III. von Salzwedel verlieh 1237 das Patronat der Kirche in „Citin" dem Kloster Stolpe, das es 1304 wieder abgab. 1250 war Hermann Pfarrer in Z. 1257 Einweihung der St. Marienkirche. Seit 1962 ist Z. eine selbständige Gemeinde.
Die Kirche entstand im zweiten Drittel 13. Jh. aus sorgfältig geschichteten Feldsteinen; später wurde der Chor abgerissen. Der Triumphbogen dient als

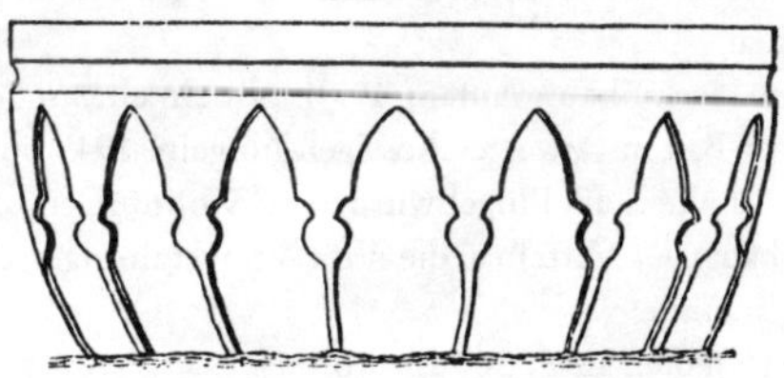

Taufstein in der Kirche zu Ziethen

Herrenhaus in Zimmerhausen

Altarnische. Der gotische Turm, dessen Unter- und Mittelgeschoß durch einen starken Absatz getrennt sind, besitzt keine Blendengliederung. Das Glockengeschoß mit Zeltdach wurde viel später aufgesetzt. Von der Einrichtung ist eine Kalksteintaufe in Kelchform mit sechzehn spitzbogigen Blenden von Mitte 13. Jh. erhalten.

Zimmerhausen *(Mechowo Łobeskie)*, Kr. Regenwalde. Die Kirche des Gutsdorfes wird 1493 als Tochterkirche von Trieglaff genannt. Henning Dionysius Ludwig von Blankenburg erwarb 1801 das Rittergut; bis 1945 Familienbesitz. Moritz von Blankenburg gehörte mit seinem Jugendfreund Otto von Bismarck und dessen Schwiegervater Heinrich von Puttkamer zum Kreis des „Auferweckten Adels" um seinen Schwiegervater Adolf von Thadden-Trieglaff.

Die Findlingskirche, 16. Jh., besitzt einen Turm mit hölzernem Obergeschoß. Der Altaraufsatz, 18. Jh., ist einheitlich überstrichen. In den Brüstungsfeldern des Kanzelkorbes stehen Figuren der Evangelisten.

Das Herrenhaus, Anfang 19. Jh., ist ein eingeschossiger Bau mit zweigeschossigen Flügeln. 1945 blieb es erhalten, die Flügel wurden zu Wohnungen umgebaut; der Mittelbau dient für Veranstaltungen der Gemeinde.

1939 lebten in Z. 560 Einwohner.

Zingst, Kr. Franzburg-Barth, großes Dorf und Ostseebad auf dem gleichnamigen Teil der Halbinsel → Darß-Z. weit verstreut an einem Naturschutzgebiet.

Die Langhauswände der Kirche, 1862 als einschiffiger Backsteinbau errichtet, unterbrechen zwei übereinanderliegende Fensterreihen.

Ein Heimatmuseum zeigt die Lebenswelt der früheren Z.er Fischer.

Fischerei und Fremdenverkehr bestimmen das Gesicht der Wirtschaft. Allein 1963 kamen 36992 Urlauber nach Z.; der Fremdenverkehr weist steigende Tendenz auf.

Die Einwohnerzahl betrug 1939: 2166; 1974: 3100.

Zinnowitz, Kr. Usedom-Wollin, Seebad im Nordteil der Insel → Usedom; es gehörte unter dem Namen „Titz" 1309 zum Zisterzienserinnenkloster Krummin. 1638 wurde das Dorf zerstört.

1496 wurde die Marienkapelle eine Wallfahrtsstätte; seit 1581 gibt es von ihr keine Berichte mehr. 1750 Gründung des neuen Kolonistendorfs; seit 1850 entstand davor eine Hotel- und Villenstadt am Strand, vorzugsweise besucht von Berlinern. Eine 400 m lange Landungsbrücke mit Restaurant wurde errichtet. Nach 1945 kam zwischen Z. und Karlshagen ein Ferienheim der Industriegewerkschaft Wismut mit etwa 1000 Betten hinzu. Dieses Seebad hat durchaus städtischen Charakter, in dem das Dienstleistungsgewerbe vorherrscht. 1964 kamen 57217 Urlauber nach Z.

Zinnowitz, von der Seebrücke aus

1939 lebten in Z. 2980; 1973: 4500 Bewohner.

Zippnow *(Sypniewo)*, Kr. Deutsch Krone; das Dorf erstreckt sich 2 km lang quer über die Plietnitz. 1570 veranlaßte der Starost Andreas Gorka den Deutsch Kroner Bürgermeister Horn, Z. neu zu gründen und mit deutschen Bauern zu besiedeln. 1589 wurde eine Wassermühle gebaut. Der Müller hatte im Fluß das Recht zur freien Fischerei. Im Dreißigjährigen Krieg plünderten die Kaiserlichen den Ort; da Z. auf polnischem Gebiet lag, klagten die Bauern vor Gericht in Deutsch Krone. Die schuldigen kaiserlichen Unterführer mußten sich mit den Bauern gütlich einigen. An der Brücke über die Plietnitz durften die Zippnower einen erst 1863 abgeschafften Brückenzoll erheben.
Die katholische Kirche von 1669 mußte 1835—1837 einem Neubau weichen.
Bereits 1640 gab es in Z. eine Schule. Molkerei, Mühle und das Sägewerk waren die wichtigsten Gewerbebetriebe des Dorfes.
Falkenberg († 1903), Geistlicher, Schriftleiter der „Germania" in Berlin, die gegen Bismarcks Kulturkampf opponierte. 14 Jahre lang Propst in Schrotz, Gründer des Schrotzer Raiffeisenvereins.
Z. hatte 1939: 1985 Einwohner.

Zirchow *(Sierakowo Słupskie)*, Kr. Stolp. Die spät-

Kirche in Zirchow, Kr. Usedom-Wollin

Grabwangen auf dem Friedhof zu Zirkow

gotische Dorfkirche ist ein Back- und Feldsteinbau, 14. Jh., und gehört zu den ältesten Baudenkmälern des Kreises. Den Ostgiebel gliedern lange Blenden; ihren mächtigen Turm hingegen lockern nur in seinem Oberteil, der gegenüber dem Untergeschoß kräftig zurücktritt, zahlreiche schlanke Spitzbogenblenden auf. Das Schiff ist vollständig mit Emporen verbaut.
Der Altar mit dem Kreuzigungsbild stammt, ebenso wie die vom Orgelbauer Völkner aus Dünnow, Kr. Stolp, gebaute Orgel, aus dem 19. Jh. In den Fenstern gab es einige Glasbilder von 1617.
1939 lebten in Z. 259 Bewohner.

Zirchow, Kr. Usedom-Wollin, Dorf am Südrand des Thurbruches. Herzog Bogislaw IV. bestätigte 1305 dem Zisterzienserkloster → Stolpe den Besitz des Dorfes „Circhowe", es kam aber 1417 auf Betreiben des Abtes Heinrich zum Kloster → Pudagla.
Die Kirche St. Jakob ist ein Granitquaderbau, 13. Jh., von 16 Schichten; Ostgiebel und Turm im Spätmittelalter angebaut. Der Unterbau des Turmes besteht aus Findlingen und ist mit Blenden gegliedert, der Oberbau besitzt einen achteckigen Holzaufsatz mit Spitzhelm. An der Südwand wurden 1958 bescheidene Reste spätgotischer Wandmalerei (Geißelung Christi) entdeckt.
Z. hatte 1939: 693 Einwohner.

Zirkow, Kr. Rügen, südlich des Kleinen Jasmunder Boddens; bereits 1313 war in „Seracowe" ein Pfarrer Burchard tätig. Einen Dorfkrug gab es

schon 1335. Henning von Putbus verkaufte 1364 seine Rechte am Dorf Cyrcowe dem Zisterzienserinnenkloster → Bergen. 1532 waren der Bischof von Roskilde, die Familie von Putbus und die Familie Wusseken Besitzer des Dorfes.
Im Ort haben sich noch eingeschossige Fachwerkhäuser mit Rohrdach erhalten.
Die Kirche, St. Johannes dem Täufer geweiht, ist ein spätgotischer Backsteinbau, erste Hälfte 15. Jh. Kreuzrippengewölbe überspannen Chor und Schiff. Der Turm besitzt einen achtseitigen schlanken Helm. 1948 wurden Reste spätgotischer Gewölbemalerei freigelegt. Der Kanzelaltar, ein strenger Aufbau mit Doppelsäulen, kommt aus dem 18. Jh., desgleichen der schwebende Taufengel, der Orgelprospekt und beide Beichtstühle.
Auf dem Friedhof stehen noch etwa 60 Grabstellen aus der Zeit von 1787 bis 1885.
In Z. lebten 1939: 684 Bewohner.

Zirkwitz *(Cerkwica)*, Kr. Greifenberg. 1270 wird das Dorf „Szirkwitz" erstmals urkundlich genannt, als der Pleban Albertus als Zeuge beim Verkauf der Rega an das Kloster Belbuck auftrat. 1287 wurde in Z. eine Urkunde über die Schenkung des Dorfes Dresow an das Prämonstratenserinnenkloster in Treptow ausgestellt.
Die Kirche ist ein spätgotischer Backsteinbau mit hohem Turm, 15. Jh. Spitzbogen- und Kreisblenden

Dorfkirche in Zirkwitz

Allee bei Zizow

gliedern den Ostgiebel. Der Altar ist ein zweigeschossiger, säulengetragener Barockbau des Bildschnitzers Martin Edleber, 1678. „Christian Basche Mahler aus Trebtow" hat 1681 die Passionsbilder gemalt. Neben einem meterhohen großen, geschnitzten und bemalten Taufengel gab es noch einen zweiten schwebenden Friedensengel.
Z. hatte 1939: 511 Bewohner.

Zitzmar *(Ciećmierz)*, Kr. Greifenberg, Dorf, das 1318 Herzog Wartislaw IV. dem Henning Behr auf Stuchow verlieh.
Die Kirche ist ein kleiner turmloser Fachwerkbau von 1604, den wohl Hans Bollmann gezimmert hatte. Der spätgotische Flügelaltar ist einer der ältesten Pommerns. Im Mittelfeld stehen die Schnitzfiguren Christi und Mariens. Unter ihnen erblickt man eine Anbetung der Hl. Drei Könige, eingerahmt von vier Heiligenfiguren. In den Flügeln stehen die Figuren der Apostel, die Spruchbänder mit ihren Namen halten. Über dem Altar hängt das einzige Gabelkreuz Pommerns aus dem 15. Jh. Alle Holzwerke der Kirche, außer Altar und Kreuz, sind grau in grau mit Ranken, Lilien, Tulpen und anderen Blumen bemalt.
1939 hatte Z. 197 Einwohner.

Zizow *(Cisowo)*, Kr. Schlawe, 1370 genanntes Dorf, 2 km von der Ostsee entfernt; Jakobus Keykow war dort Pfarrer. 1378 verkauften Wedege und

Zühlsdorf, Dorf mit Kirche

Borante von Rügenwalde und Heinrich Döring mit Frau Margarethe ihre Anteile an Z. der Stadt Rügenwalde. In den folgenden Jahren erwarb die Stadt weitere Teile des Dorfes, so 1387 den Hof des Kreuzfahrers Gottschalk Bruwer für 200 Mark sundisch.
Die gotische Dorfkirche ist ein Backsteinbau mit Turm, ihren Westgiebel gliedern Blenden, die der jüngere Turm verstellt. Der Altar ist ein figurenreich geschnitztes Werk der Renaissance, 17. Jh. Die Figur Johannes des Täufers trägt die Kanzel von 1665. An der Brüstung sind zwischen freistehenden runden Säulen die Figuren der Evangelisten aufgestellt.
Z. hatte 1939: 524 Bewohner.

Zuchen *(Sucha Koszalińska),* Kr. Köslin. Das Gutsdorf war bis 1741 im Besitz der Familie von Heydebreck.
Die Dorfkirche, ein Massivbau mit Turm, besitzt einen reich gegliederten Ostgiebel. Altar und Kanzel stammen aus dem Mittelalter; das Mittelbild des Altars zeigt die Hl. Dreifaltigkeit.
Das massive Gutshaus ließ um 1687 Bogislaw von Schwerin, Kurfürstlich Brandenburgischer General-Wachtmeister und Gouverneur der Feste Kolberg, erbauen.
In Z. lebten 1939: 392 Einwohner.

Zudar, Kr. Rügen, an der Wurzel der rügischen Halbinsel bereits 1241 als „Tzudor" genannt. Herzog Wartislaw IV. verpfändete und belehnte Ritter Henning von Putbus mit dem Kirchspiel „Szder". Im 17. Jh. war Z. unter mehrere Besitzer aufgeteilt. Die Backsteinkirche St. Laurentius, um 1343 erbaut, erhielt etwas später ihren Chor; er ist, wie das Schiff, um 1400, kreuzrippenüberwölbt. Der verbretterte Turm wurde im 17. Jh. angefügt. Hans Broder baute den Altar 1707 mit gewundenen Säulen. Die Gemälde — das Mittelbild stellt das heilige Abendmahl dar — malte 1726 Jo Pieron.
Z. hatte 1939: 698 Bewohner.

Zühlsdorf *(Suliszewo Choszczeńskie),* Kr. Arnswalde. In der Nähe des Dorfes liegen auf dem Schloßberg Reste einer Burg.
Die Kirche ist ein Findlingsbau, 15. Jh., mit einem Backsteinturm; ihren Ostgiebel schmücken einfache Blenden. Der Altar von 1680 und die Taufe von 1650 sind schlichte Werke der Renaissancezeit.
1939 lebten in Z. 658 Einwohner.

Züllchow *(Szczeczin-Żelechowa),* Groß Stettin. 1156 gehörte „Zelechoa" zu den Gründungsgeschenken des Prämonstratenserklosters Grobe. 1939 eingemeindeter Vorort an der Westoder im Norden der Stadt.
Der Kaufmann Karl Gotthilf Tilebein baute sich 1809/10 ein Haus; später zweimal erweitert. Bis zum Zweiten Weltkrieg war die erlesene Ausstattung aus der Bauzeit erhalten, ein seltenes Beispiel großbürgerlicher Wohnkultur des frühen 19. Jh.

St. Marien in Züllchow

Buckelfibel von Zwilipp

1944 zerstörte ein Bombenangriff das Haus.
1852 Gründung der „Stettiner Portland Zement Fabrik“ in Z., eine der ersten in Deutschland. Sie verarbeitete die Kreide der östlichen Scholle in der Buchheide. Auf dem Gelände der „Stettiner Ölwerke AG“ errichtete Gregor Rosenbauer umfangreiche Fabrikbauten.
1939 hatte Z. 9075 Einwohner.

Züssow, Kr. Greifswald. Die Großgemeinde Z. wurde 1962 aufgelöst.
Die Feldsteinkirche stammt von Ende 14. Jh. Der im 18. Jh. zerstörte Turm wurde nicht wieder aufgebaut.
Die Mitte des spätgotischen Flügelaltars füllte von 1699 bis 1946 ein qualitätsvolles Tafelbild „Ecce Homo“ aus; durch eine neue geschnitzte Kreuzigungsgruppe ersetzt. In den Flügeln stehen noch die alten Apostelfiguren. Spätgotisches Rankenwerk schließt die Felder der Flügel nach oben ab.
Aus der ersten Hälfte 17. Jh. stammen sechzehn ovale Kabinettscheiben; sie sind in der Tür der Sakristei zusammengefaßt. Ihre Inhalte sind Christus, die Mutter Gottes, die Apostel, Jakobs Kampf mit dem Engel und Szenen aus dem Alltagsleben.
Die Großgemeinde hatte 1939: 3382 Bewohner.

Zwilipp *(Świelubie),* Kr. Kolberg-Körlin. 1897 wurde bei Z. ein „Wikingergrab“ aus der Wendenzeit gefunden. Das Hauptfundstück dieses Brandgrabes ist eine wikingische ovale Schalenfibel, die einzige südlich der Ostsee. Das Dorf „Suelube“ wurde 1159 erstmals urkundlich genannt, als die Herzöge Bogislaw I. und Kasimir I. es dem Kloster Grobe-Pudagla verliehen. Vor 1449 im Besitz des Benediktinerinnenklosters Kolberg/Altstadt.
Die Kirche mit Chor und jüngerem gotischem Findlingsturm stammt aus dem 13. Jh. Rundbogige Blenden gliedern unten die Innenwände; an der Südwand befinden sich darüber kleinere spitzbogige Reste einer alten Bemalung.
In der Nacht vom 5./6.6.1945 brannte sie nach einem Blitzschlag ab.
Die Einwohnerzahl betrug 1939: 372.

PROVINZ POMMERN

Wohnbevölkerung am 7. Mai 1939

Regierungsbezirk Stettin

Stadtkreise:

Greifswald	33669

Stargard i. Pom.	37762

Stettin	374017

Stralsund	49295

Landkreise:

Anklam	39335

Anklam, Stadt	19682
Boldekow	2021
Borckenfriede	1647
Bugewitz	2005
Ducherow	3779
Krien	3262
Medow	1644
Pelsin	2881
Spantekow	2414

Cammin i. Pom.	45198

Altsarnow	679
Amalienhof	340
Bandesow	99
Basenthin	360
Batzlaff	181
Baumgarten	226
Benz	386
Böck	259
Brendemühl	257
Bresow	224
Bünnewitz	301
Büssenthin	156
Cammin i. Pom., Stadt	6016
Dargsow	112
Deuthin	89
Dievenow	1587
Dischenhagen	540
Dobberphul	225
Dorphagen	436
Drewitz	156
Dünow	173
Düssin	246
Flacke	177
Fritzow	514
Ganserin	478
Gaulitz	262
Gieskow	124
Görke	323
Grabow	168
Grambow	172
Granzow	109
Gristow	333
Groß Justin	616
Gülzow, Flecken	1932
Hagen	688
Hammer	136
Harmsdorf	89
Henkenhagen	347
Hermannsthal	464

Hohenbrück	151
Holzhagen	84
Immenhof	62
Jassow am Haff	258
Jassow b. Cammin	421
Kahlen	231
Kambz	165
Kantreck	478
Kartlow	316
Klein Justin	333
Klemmen	598
Klötzin	211
Knurrbusch	199
Köpitz	732
Köselitz	231
Kretlow	219
Kucklow	244
Kummin	311
Kunow	161
Laatzig	307
Lanke	200
Ludwigsbau	39
Lüchenthin	89
Lüttkenhagen	145
Marquardsmühl	48
Medewitz	266
Mokratz	81
Moratz	380
Morgow	185
Nemitz	392
Neusarnow	381
Nitznow	167
Paatzig	271
Paulsdorf	458
Poberow	367
Polchow	92
Pribbernow	1 423
Rackitt	216
Raddack	225
Ramsberg	106
Rarvin	208
Ravenhorst	152
Reckow	243
Redlinsfelde	34
Revenow	250

Ribbertow	90
Riebitz	153
Rißnow	461
Sabessow	279
Sager	486
Scharchow	151
Schinchow	141
Schnatow	227
Schützendorf	201
Schwantefitz	134
Schwanteshagen	290
Schwenz	262
Schwirsen	378
Soltin	141
Stäwen	237
Stepenitz	2 830
Stresow	207
Stuchow	439
Tessin	612
Tetzlaffshagen	219
Tonnebuhr	291
Trebenow	130
Tribsow	435
Walddievenow	289
Weckow	336
Wietstock	538
Wildenhagen	240
Woistenthin	320
Wustermitz	473
Zarnglaff	926
Zartenthin	183
Zebbin	260
Zemlin	465
Zoldekow	264

Demmin	53 017
Altenhagen	442
Altentreptow, Stadt	5 282
Alt Kentzlin	193
Alt Tellin	517
Bartow	547
Beggerow	284
Borrentin	324
Breest	137
Buchar	165
Burow	242
Daberkow	444
Demmin, Stadt	15 534
Eugenienberg	70
Flughafen Tutow	1 577
Fouquettin	61
Ganschendorf	554
Gatschow	172
Glendelin	173
Gnevkow	290
Gnevzow	144
Golchen	582
Grammentin	567
Grapzow	291
Grischow	439
Groß Below	186
Groß Teetzleben	364
Groß Toitin	227
Gültz	508
Hasseldorf	132
Hohenbollentin	257
Hohenbrünzow	294
Hohenmocker	399
Jagetzow	394
Japzow	303
Jarmen, Stadt	3 644
Kartlow	416
Kaslin	269
Kessin	169
Klatzow	205
Klein Teetzleben	192
Klempenow	182
Kletzin	288
Kölln	334
Kruckow	205
Krusemarkshagen	104

Kummerow	326
Lebbin	65
Leistenow	277
Letzin	423
Leuschentin	186
Lindenberg	273
Loickenzin	144
Meesiger	423
Metschow	311
Miltitzwalde	56
Moltzahn	346
Müssentin	156
Neu Kentzlin	186
Neu Tellin	37
Peeselin	166
Pensin	584
Pentz	355
Piestlin	254
Plötz	342
Pripsleben	244
Pritzenow	129
Reinberg	240
Rosemarsow	313
Sanzkow	328
Schmarsow	319
Schönfeld	318
Seltz	210
Siedenbollentin	791
Siedenbrünzow	250
Siedenbüssow	174
Sommersdorf	382
Sophienhof	255
Teusin	256
Törpin	480
Trittelwitz	305
Tützpatz	432
Utzedel	405
Vanselow	196
Verchen	549
Völschow	485
Vorwerk	407
Weltzin	362
Werder	471
Wildberg	410
Wolkow	284
Wüstenfelde	212
Zarrenthin	512
Zemmin	285

Franzburg-Barth (Sitz: Barth)	50 858

Ahrenshagen	974
Ahrenshoop	248
Altenhagen	380
Altenpleen	209
Bartelshagen	470
Barth, Stadt	10 219
Bodstedt	421
Born	1 041
Bresewitz (= Bresevitz)	241
Buchholz	456
Buschenhagen	358
Damgarten, Stadt	3 928
Daskow	627
Diwitz	664
Drechow	488
Eixen	791
Franzburg, Stadt	1 961
Fuhlendorf	476
Grenzin	235
Groß Kordshagen	552
Groß Mohrdorf	737
Gruel	163
Grün Kordshagen	212
Gunz	287
Hermannshagen, Dorf	101
Hermannshagen, Haide	142
Hermannshof	181
Hugoldsdorf	339
Jakobsdorf	589
Karnin	227
Kavelsdorf	348
Kenz	381
Klausdorf	326
Kramerhof	1 038
Krummenhagen	157
Kückenhagen	137
Küstrow	299
Kummerow	336
Langendamm	412
Langenhanshagen	495
Lassentin	253
Lendershagen	322
Lüdershagen	882
Lüssow	268
Martensdorf	253
Michaelsdorf	229
Millienhagen	252
Müggenburg	97
Negast	397
Neubauhof	126
Neuendorf	393
Niepars	781
Öbelitz	275
Pantelitz	480
Papenhagen	392
Preetz	448
Prerow	1 232
Prohn	568
Pruchten	485
Pütte	373
Redebas	533
Richtenberg, Stadt	1 925
Saal	535
Saatel	250
Schlemmin	326
Schuenhagen	157
Semlow	764
Steinhagen	513
Tempel	186
Trinwillershagen	237
Velgast	1 091
Weitenhagen	459
Wendorf	486
Wieck	815
Wiepkenhagen	263
Zingst	2 166

Greifenhagen	68 036
Bahn, Stadt	2 884
Barnimslow	340
Bartikow	235
Bayershöhe	140
Belkow	319
Binow	604
Blumberg	460
Borin	493
Brenkenhofswalde	188
Brünken	678
Brusenfelde	354
Buddenbrock	238
Damitzow	305
Dobberphul	267
Ferdinandstein	625
Fiddichow, Stadt	2 495
Friedrichsthal i. Pom.	212
Garden	293
Gartz a./Oder, Stadt	3 950
Gebersdorf	280
Geesow	446
Glasow	434
Gornow	221
Greifenhagen, Stadt	9 484
Groß Schönfeld	508
Grünz	370
Heidchen	137
Heinrichsdorf	396
Hofdamm	270
Hohenholz	211
Hohenreinkendorf	623
Hohenselchow	825
Jädersdorf	317
Jägersfelde	122
Jamikow	174
Jeseritz	548
Karolinenhorst	389
Kasekow	766
Kehrberg	629
Kladow	258
Klebow	476
Klein Möllen	276
Klein Schönfeld	426
Klein Zarnow	149
Kolbatz	357
Kolbitzow	642
Kolow	226
Kortenhagen	385
Krackow	756
Kranzfelde	265
Kronheide	640
Kublank	629
Kummerow	258
Kunow	325
Kunow [fr. Kr. Randow]	441
Ladenthin	278
Langenhagen	205
Lebehn	268
Liebenow	690
Linde	453
Lindow	611
Luckow	450
Marienthal	814
Marwitz	458
Mescherin	692
Mönchkappe	473
Moritzfelde	808
Nadrensee	415
Neuendorf	718
Neumark	918
Neu Zarnow	582
Nipperwiese	1 363
Pakulent	352
Pargow	394
Penkun, Stadt	1 844
Petershagen	428
Pinnow	661
Pomellen	255
Reckow	157
Retzowsfelde	811
Roderbeck	376
Rörchen	322
Rohrsdorf	294
Rosenfelde	195
Rosow	490
Schillersdorf	329
Schmellenthin	188
Schönfeld	376
Schöningen	345
Schönow	311
Seelow	245
Selchow	716
Sinzlow	779
Sommersdorf	373
Spaldingsfelde	137
Stecklin	415
Steinwehr	325
Storkow	267
Stresow	427
Tantow	994
Thänsdorf	388
Uchtdorf	808
Wartin	696
Wierow	140
Wildenbruch	926
Wintersfelde	454
Wollin	476
Woltersdorf	409
Woltersdorf [fr. Kr. Randow]	549
Woltin	950

Greifswald	39 041
Gützkow, Stadt	2 671
Hanshagen	1 752
Katzow	2 595
Kröslin	2 583
Kuntzow	2 402

Landhagen	3189
Lassan, Stadt	2017
Lentschow	1967
Oie	19
Quilow	1753
Rubkow	2817
Ruden	24
Weitenhagen	1192
Wolgast, Stadt	7752
Wusterhusen	2926
Züssow	3382

Grimmen	41805
Abtshagen	625
Angerode	274
Bartmannshagen	516
Beestland	219
Behnkendorf	192
Behnkenhagen	228
Brandshagen	870
Bremerhagen	156
Bretwisch	399
Deyelsdorf	712
Düvier	751
Elmenhorst	1053
Frätow	213
Glewitz	505
Görmin	923
Grammendorf	716
Gransebieth	803
Gremersdorf	305
Griebenow	874
Grimmen, Stadt	5926
Gristow	607
Groß Bisdorf	220

Groß Zarnewanz	192
Hildebrandshagen	185
Horst	709
Jargenow	237
Jeeser	307
Jessin	221
Kandelin	352
Klein Zarnewanz	74
Klevenow	428
Landsdorf	193
Loitz, Stadt	5107
Mannhagen	170
Mesekenhagen	363
Miltzow	585
Müggenwalde	360
Mühlenkamp	92
Neuendorf	491
Nossendorf	1150
Papenhagen	421
Poggendorf	347
Pustow	240
Rakow	676
Reinberg	559
Reinkenhagen	494
Rekentin	189
Rodde	210
Sassen	372
Seedorf	304
Segebadenhau	389
Siemersdorf	353
Sievertshagen	374
Splietsdorf	398
Stahlbrode	265
Stoltenhagen	330
Trantow	492
Tribsees, Stadt	3545
Turow	387
Vorbein	357
Wendisch Baggendorf	490
Wittenhagen	446
Wotenick	260
Wüstenfelde	393
Zarnekla	132
Zarrendorf	973
Zarrenthin	156

Naugard	61316
Arnimswalde	409
Barenbruch	330
Barfußdorf	386
Bergland	286
Bernhagen	495
Birkenwalde	105
Birkenwerder	98
Blankenfelde	142
Braunsberg	399
Breitenfelde	301
Buddendorf	163
Burow	247
Christinenberg	1554
Daarz	405
Daber, Stadt	2528
Damerfitz	152
Damerow	407
Diedrichsdorf	318
Döringshagen	235
Dorotheenhof	129
Düsterbeck	272
Eberstein	158
Eichenwalde	474
Falkenberg	349
Fanger	464
Farbezin	368
Franzfelde	104
Freiheide	240
Friedrichsberg	395
Friedrichsdorf	143
Fürstenflagge	200
Glewitz	197
Glietzig	166
Gollnow, Stadt	13740
Gollnowshagen	300
Gräfenbrück	68

Gräwenhagen	257
Groß Benz	350
Großenhagen	234
Groß Leistikow	158
Groß Sabow	345
Groß Wachlin	161
Hackenwalde	713
Hermelsdorf	412
Hindenburg	466
Hinzendorf	747
Hohen Schönau	334
Hornskrug	76
Ihnamünde	138
Immenthal	170
Jakobsdorf	250
Jarchlin	487
Karlsbach	255
Karlshof	197
Kartzig	439
Kattenhof	295
Kicker	296
Klein Leistikow	159
Klein Sabow	196
Klein Wachlin	193
Korkenhagen	237
Kramonsdorf	239
Kriewitz	326
Külz	248
Langenberg	315
Langkafel	233
Lübzin	1 440
Lüttkenhagen	231
Marsdorf	310
Maskow	180
Massow, Stadt	3 828
Matzdorf	159
Minten	162
Münchendorf	341
Münsterberg	75
Naugard, Stadt	8 148
Neuendorf b. Massow	215
Neu Langkafel	159
Neu Massow	80
Oberhof	185
Pagenkopf	351
Parlin	393
Pflugrade	363
Plantikow	322
Priemhausen	574
Puddenzig	182
Resehl	315
Retztow	210
Rosenow	290
Rothenfier	417
Schloissin	159
Schnittriege	186
Schönhagen	250
Schönwalde	336
Schwabach	186
Schwankenheim	148
Schwarzow	267
Speck	303
Stevenhagen	212
Strelowhagen	364
Trechel	292
Trutzlatz	240
Voigtshagen	439
Walsleben	343
Wangeritz	194
Weitenhagen	335
Wilhelmsfelde	138
Wißmar	535
Wittenfelde	223
Wolchow	278
Wolfshorst	151
Wussow	278
Zampelhagen	170
Zickerke	466
Zimmermannshorst	238

Pyritz 47752

Alt Falkenberg	333
Alt Grape	314
Alt Prilipp	460
Babbin	350
Barnimskunow	658
Beelitz	579
Beyersdorf	653
Billerbeck	359
Blankensee	315
Blumberg	354
Brallentin	538
Brederlow	181
Briesen	234
Brietzig	766
Damnitz	590
Dobberphul	346
Dölitz i. Pom.	1783
Eichelshagen	187
Falkenberg	358
Friedrichshof	115
Friedrichsthal i. Pom.	314
Fürstensee	347
Giesenthal-Raumersaue	424
Gottberg	356
Groß Latzkow	260
Groß Möllen	442
Groß Rischow	297
Groß Schönfeld	488
Groß Zarnow	299
Hohenwalde	276
Horst	406
Isinger	525
Jagow	312
Klein Rischow	214
Klemmen	203
Kloxin	432
Klücken	318
Klützow	1 193
Köselitz	755
Kollin	602
Kossin	411
Kremzow	419
Krüssow	617
Leine	359
Lettnin	734
Libbehne	337

Löllhöfel	47
Loist	351
Lübtow	206
Luisenhof	251
Marienwerder	421
Möllendorf	148
Moscherin	390
Naulin	387
Neu Falkenberg	75
Neu Grape	309
Neu Prilipp	165
Petznick	602
Plönzig	541
Prillwitz	807
Pumptow	247
Pyritz, Stadt	11 287
Rackitt	265
Reichenbach	380
Repenow	185
Repplin	545
Rosenfelde	180
Sabes	393
Sabow	396
Sallentin	524
Sandow	390
Schellin	493
Schlötenitz	467
Schöningen	128
Schönow	828
Schönwerder	643
Schützenaue	144
Schwochow	539
Strebelow	238
Strohsdorf	436
Suckow a. d. Plöne	408
Warnitz	713
Warsin	352
Wartenberg	558
Werben	585
Wittichow	664
Wobbermin	246

Rügen 59 125
(Sitz: Bergen auf Rügen)

Altefähr	999
Altenkirchen	896
Altensien	165
Alt Reddevitz	255
Baabe	542
Bergen auf Rügen, Stadt	6 366
Binz	2 222
Bobbin (Rügen)	976
Boldevitz	270
Breege	821
Buschvitz	213
Dranske	1 719
Dreschvitz	948
Dubnitz	163
Gager	145
Garz auf Rügen, Stadt	2 493
Gingst	1 477
Göhren	1 222
Granitz	312
Groß Kubitz	312
Groß Schoritz	227
Groß Zicker	203
Gustow	640
Hiddensee	1 112
Jarkvitz	218
Karnitz	234
Karow	217
Kasnevitz	198
Klein Zicker	121
Kluis	548
Krakvitz	356
Lieschow	251
Lietzow	387
Lohme	1 146
Lubkow	675
Middelhagen	313
Neuenkirchen	576
Neu Reddevitz	161
Parchtitz	252
Patzig	431
Poseritz	938
Putbus	4 167
Puttgarten	308
Ralswiek	290
Rambin	1 248
Rappin	738
Sagard	2 820
Samtens	994
Saßnitz	6 359
Schaprode	894
Seedorf	263
Sehlen	1 142
Sellin	1 205
Swantow	421
Thesenvitz	476
Thießow	255
Trent	1 005
Ummanz	355
Wiek	2 470
Zirkow, Dorf	684
Zudar	698
Zühlitz	308

Saatzig 43 019
(Sitz: Stargard i. Pom.)

Albertinenhof	146
Alt Damerow	398
Altenwedel	524
Altheide	86
Alt Storkow	545
Ball	917
Barskewitz-Gollin	361

Beweringen	525
Braunsforth	360
Bruchhausen	163
Brüsewitz	543
Buchholz	321
Büche	403
Butow	393
Dahlow	334
Dingelsberg	103
Falkenwalde	285
Freienwalde i. Pom., Stadt	3406
Friedrichsfelde	138
Gabbert	207
Goldbeck	366
Gräbnitzfelde	168
Grassee	346
Groß Mellen	359
Groß Schlatikow	234
Groß Silber	304
Güntersberg	516
Hansfelde	531
Jacobshagen, Stadt	1777
Jakobsdorf	415
Kannenberg	461
Karkow	265
Karlsthal	220
Kashagen	216
Kempendorf	222
Kietzig	271
Kitzerow	221
Klein Lienichen	347
Klein Schlatikow	155
Klein Spiegel	242
Klempin	534
Konstantinopel	129
Kremmin	281
Kunow a./Straße	807
Langenhagen	496
Lenz	708
Lübow	168
Marienfließ	1031
Marienhagen	243
Moderow	290
Müggenhall	265
Mulkenthin	370
Neu Damerow	289
Nörenberg, Stadt	3012
Pansin	669
Pegelow	527
Pützerlin	377
Rahnwerder	67
Ravenstein	819
Rehwinkel	545
Roggow	145
Rossow	136
Saarow	414
Saatzig	550
Sassenburg	302
Sassenhagen	572
Schönebeck	448
Schöneberg	408
Schwanenbeck	552
Schwendt	248
Seefeld	1164
Silbersdorf-Woltersdorf	300
Steinhöfel-Nöblin	463
Stolzenhagen	281
Storkow	160
Sukow a./Ihna	530
Temnick	467
Tolz	182
Tornow	344
Trampke	231
Treptow	253
Uchtenhagen	481
Vehlingsdorf	267
Voßberg	371
Wedellsdorf	16
Wudarge	298
Wulkow	258
Zachan, Stadt	1302
Zadelow	292
Zamzow	305
Zanthier-Sadelberg	180
Zarnikow	226
Zartzig	400
Zehrten	269
Zeinicke	534
Ziegenhagen	249

Ueckermünde	79347
Ahlbeck	982
Althagen	324
Altwarp	552
Armenheide	202
Aschersleben	149
Bellin	747
BellingS372	
Bismark	386
Blankensee	582
Blumenthal	333
Boblin	253
Böck	451
Boock	1013
Daber	591
Dargitz	305
Dorotheenwalde	66
Eggesin	3142
Eichhof	758
Falkenwalde	988
Ferdinandshof	1327
Friedrichshagen	130
Gegensee	340
Glashütte	371
Gorkow	136
Grambin	624
Grambow	417
Günnitz	190
Gumnitz, Holländerei	42
Hagen	653
Hammer, Amt Jasenitz	468
Hammer, Amt Ueckermünde	769
Heinrichsruh	374
Heinrichswalde	754
Hintersee	862
Hoppenwalde	703
Jasenitz	3480

Jatznick	1593
Karpin	112
Koblentz	513
Königsfelde	626
Köstin	177
Krugsdorf	102
Laack	209
Lienken	81
Liepe	155
Liepgarten	1185
Löcknitz	2676
Luckow	796
Meiersberg-Schlabrendorf	796
Mewegen	657
Mönkebude	1019
Müggenburg	136
Mützelburg	269
Nassenheide	240
Neuenkirchen	723
Neuenkruger Revier	537
Neuwarp, Stadt	2056
Pampow	556
Pasewalk, Stadt	12089
Plöwen	513
Ramin	593
Retzin	223
Rieth	406
Rothemühl	674
Rothenburg	143
Rothenklempenow	655
Sandförde	427
Schönwalde	227
Schwennenz	357
Sonnenberg	197
Sprengersfelde	137
Stolzenburg	220
Stolzenburg [fr. Kr. Randow]	287
Torgelow	7301
Torgelow, Holländerei	471
Trestin	396
Ueckermünde, Stadt	8771
Viereck	540
Vogelsang	654
Wahrlang	589
Waldeshöhe	298
Wamlitz	333
Wilhelmsburg	279
Wilhelmsdorf	495
Ziegenort	2664

G e m e i n d e f r e i e G r u n d s t ü c k e (G u t s b e z i r k e)

Ferdinandshof, Remonteamt	374

Usedom-Wollin (Sitz: Swinemünde)	77236

Ahlbeck (Seebad)	4110
Amtswiek	100
Balm	162
Bannemin	317
Bansin	401
Bansin, Seebad	932
Benz	376
Bossin	81
Dannenberg	507
Dargebanz	604
Dargen	143
Darsewitz	87
Garz	497
Gellenthin	109
Gneventhin	54
Görke	200
Gothen	82
Groß Mokratz	193
Grüssow	94
Gummlin	196
Heidebrink	473
Heringsdorf, Seebad	2027
Jarmbow	193
Kamminke	748
Karlshagen a. U.	583
Karnin a. U.	315
Karzig	57
Kaseburg	1258
Katschow	277
Klein Mokratz	143
Kodram	559
Körtenthin	152
Kolzow	749
Korswandt	344
Koserow	1072
Krummin	138
Lauen	22
Lebbin	2269
Liepe	208
Loddin	574
Lüskow	213
Lütow	351
Mahlzow	150
Mellenthin	225
Misdroy	4145
Mölschow	144
Morgenitz	411
Neeberg	122
Neppermin	345
Neuendorf a.d. Insel Wollin	390
Neuhof, Insel Usedom	745
Neverow	33
Paske	34
Plötzin	163
Prätenow	109
Pritter	1341
Pudagla	313
Quilitz	80
Rankwitz	251
Reckow	44
Reestow	74
Reetzow	246
Rehberg	759
Sallenthin	213
Sauzin	227
Sellin	219

Soldemin	87
Stoben	121
Stolpe	261
Suckow	146
Swinemünde, Stadt	26593
Tonnin	162
Trassenheide	526
Ückeritz	705
Ulrichshorst	266
Usedom, Stadt	1604
Warnow	457
Warthe	244
Welzin	157
West Dievenow	668
Wolgasterfähre	58
Wollin, Stadt	4800
Wollmirstädt	108
Zecherin im Usedomer Winkel	206
Zecherin im Wolgaster Ort	107
Zempin	691
Zinnowitz	2980
Zirchow	693
Zirzlaff	358
Zünz	151

Gemeindefreie Grundstücke (Gutsbezirke)

Peenemünde, Heeresgutsbez.	2334

Regierungsbezirk Köslin

Stadtkreise:

Köslin 31937

Kolberg 33580

Stolp 48060

Landkreise:

Belgard (Persante) 77062

Alt Lülfitz	220
Alt Sanskow	275
Alt Schlage	253
Arnhausen	736
Ballenberg	280
Balsdrey	176
Battin	417
Belgard (Persante), Stadt	14801
Berkenow	260
Boissin	472
Bolkow	286
Boltenhagen	232
Bramstädt	712
Briesen	354
Brunow	242
Brutzen	613
Buchhorst	209
Bulgrin	614
Burzlaff	309
Buslar	375
Butzke	311
Damen	522
Damerow	435
Darkow	307
Denzin	324
Döbel	212
Dohnafelde	243
Drenow	263
Dubberow	665
Eichenfelde (Pom.)	284
Gauerkow	153
Glötzin	176
Grössin	407
Groß Panknin	64
Groß Rambin	770
Groß Satspe	305

Groß Tychow	2019
Grüssow	377
Gumtow	153
Hohenwardin	424
Jagertow	235
Kamissow	246
Karsbaum	329
Kartlow	100
Kavelsberg	207
Kieckow	448
Klein Panknin	41
Klein Rambin	227
Klein Satspe	167
Klempin	195
Klemzow	187
Klötzin	342
Klützkow	405
Kösternitz	321
Kollatz	805
Kowalk	535
Kreitzig	210
Kussenow	200
Langen	556
Lankow	261
Lasbeck	326
Latzig	219
Leckow	401
Lenzen	725
Liepz	120
Lutzig	349
Mandelatz	136
Meseritz	157
Muttrin	306
Naffin	224
Natztow	155
Nelep	544
Nemmin	239
Neu Buckow	626
Neu Lülfitz	173
Neu Sanskow	185
Panzerin	382
Podewils	607
Polchlep	201
Polzin, Bad, Stadt	6920
Poplow	712

Pribslaff	313
Pumlow	427
Pustchow	488
Quisbernow	231
Rarfin	376
Redel	625
Redlin	383
Reinfeld	589
Repzin	535
Retzin	452
Ristow	167
Ritzig	392
Röhlshof	244
Roggow	708
Rostin	229
Rützenhagen	669
Sager	177
Schinz	326
Schivelbein, Stadt	9702
Schlennin	190
Schlenzig	310
Schlönwitz	594
Schmenzin	726
Semerow	309
Siedkow	277
Silesen	361
Simmatzig	431
Standemin	209
Technow	391
Teschenbusch	146
Tietzow	221
Venzlaffshagen	229
Vietzow	387
Völzkow	176
Vorbruch	119
Vorwerk	573
Warnin	616
Wartenstein	223
Wopersnow	429
Wussow	142
Wusterbarth	482
Wutzow	564
Zadtkow	646
Zarnefanz	265
Zietlow	237

Ziezeneff	404
Zuchen	200
Zwirnitz	198

Bütow	27308
Adolfsheide	234
Bernsdorf	752
Borntuchen	646
Buchwalde	218
Bütow, Stadt	9713
Damerkow	423
Dampen	183
Damsdorf	854
Franzwalde	337
Friedrichssee	127
Gersdorf	300
Gramenz	158
Gröbenzin	168
Groß Massowitz	271
Groß Pomeiske	644
Groß Tuchen	1002
Grünenwalde	226
Gustkow	711
Hirschfelde (Pom.)	170
Hygendorf	594
Jassen	295
Kathkow	375
Klein Massowitz	186
Klein Pomeiske	447
Klein Tuchen	362
Klößen	205
Kniprode	339
Kroßnow	346
Mangwitz	368
Meddersin	278
Moddrow	511
Morgenstern	431
Neuendorf	116

Neuhütten	153
Petersdorf	145
Platenheim	281
Radensfelde	840
Reckow	573
Rudolfswalde	269
Sommin	422
Sonnenwalde	180
Strussow	215
Stüdnitz	302
Tangen	291
Treuenfelde	319
Ulrichsdorf (Pom.)	273
Wusseken	283
Zemmen	319
Zerrin	453

Greifenberg i. Pom.	46 210

Arnsberg	361
Barckow	246
Batzwitz	472
Behlkow	399
Borntin	130
Broitz	855
Dadow	124
Dargislaff	551
Darsow	234
Deep	1 566
Deutsch Pribbernow	337
Dresow	317
Dummadel	337
Eiersberg	196
Glansee	401
Görke, Kr. Greifenberg i. Pom.	246
Grandshagen	97
Greifenberg i. Pom., Stadt	10 426
Groß Zapplin	319
Gützelfitz	251
Gützlaffshagen	560
Gummin	268
Gumminshof	165
Gumtow	452
Hagenow	393
Hoff	200
Hohen Drosedow	169
Holm	127
Horst (Seebad)	800
Jatzel	196
Kamp-Wustrow	123
Karnitz	477
Kirchhagen	352
Klätkow	372
Klein Zapplin	263
Koldemanz	307
Kukahn	267
Langenhagen	652
Lensin	277
Lewetzow	299
Loppnow	205
Lübsow	198
Medewitz	171
Mittelhagen	327
Muddelmow	237
Ninikow	117
Parpart	393
Prust	166
Pustchow	53
Rensekow	271
Rensin	167
Rewahl	415
Ribbekardt	376
Robe	461
Rottnow	241
Rütznow	351
Schellin	215
Schleffin	380
Schmalentin	203
Schruptow	131
Schwessow	470
Sellin	132
Streckentin	272
Treptow a./Rega, Stadt	10 184
Tressin	242
Triebs	548
Trieglaff	388
Vockenhagen	85
Völschenhagen	133
Voigtshagen	475
Wangerin	142
Wendisch Pribbernow	373
Wittenfelde	104
Woedtke	381
Zamow	193
Zarben	437
Zedlin	551
Zimdarse	282
Zirkwitz	511
Zitzmar	197

Gemeindefrei Grundstücke (Gutsbezirke)

Neuhof, Remonteamt	243
Sukowshof, Remonteamt	205

Köslin	46 165

Ackerhof	173
Alt Banzin	438
Alt Belz	641
Augustin	170
Barzlin	230
Bast	469
Bauerhufen	172
Biziker	575
Bublitz, Stadt	6 147
Dargen	470

Datjow	324
Deep	120
Dörsenthin	288
Drawehn	1221
Dubbertech	652
Funkenhagen	483
Gerfin	223
Gieskow	229
Gohrband	152
Goldbeck	227
Gollendorf	614
Großmöllen	978
Güdenhagen	575
Gust	948
Hohenfelde	434
Jamund	765
Jatzthum	278
Kaltenhagen	307
Klannin	444
Kleinmöllen	330
Kleist	174
Kluß	109
Konikow	641
Kordeshagen	1263
Kothlow	171
Krampe	228
Kratzig	416
Krettmin	201
Kurow	785
Kurscwanz	194
Laase	98
Labus	103
Lassehne	561
Latzig	272
Lubow	59
Lüptow	73
Manow	365
Maskow	223
Mersin	260
Meyringen	124
Mocker	282
Nedlin	584
Nest	636
Neu Banzin	297
Neudorf	445
Neuenhagen	187
Neu Griebnitz	327
Neuklenz	327
Parnow	558
Parsow	291
Plümenhagen	167
Pobanz	302
Poppenhagen	245
Porst	837
Puddemsdorf	42
Reckow	568
Repkow	229
Rogzow	2008
Roßnow	393
Schreitstaken	82
Schübben	402
Schulzenhagen	335
Schwellin	342
Schwemmin	265
Schwerinsthal	181
Schwessin	1091
Seeger	456
Seidel	857
Sorenbohm	677
Steglin	236
Strachmin	353
Streckenthin	407
Streitz	286
Strippow	396
Tessin	199
Thunow	383
Timmenhagen	262
Todenhagen	470
Ubedel	383
Vangerow	435
Varchmin	399
Varchminshagen	210
Warnin	253
Wisbuhr	528
Wolfshagen	220
Wusseken	373
Zerrehne	252
Zetthun	242
Zewelin	645
Zuchen	392

Gemeindefreie Grundstücke (Gutsbezirke)

Koppelsberg, Forst	31

Kolberg-Körlin (Sitz: Kolberg)	38748

Altbork	365
Alt Tramm	410
Alt Werder	248
Baldekow	298
Bartin	200
Bodenhagen	571
Bogenthin	188
Büssow	277
Bullenwinkel	127
Damgardt	260
Damitz	411
Dassow	421
Degow	1167
Drenow	529
Drosedow	694
Eickstedtswalde	228
Fritzow	368
Gandelin	330
Ganzkow	261
Garchen	300
Garrin	930
Gervin	559
Gribow	342
Groß Jestin	2361
Henkenhagen	1681
Jaasde	338
Jarchow	181
Karvin	514

Kerstin	405
Klein Jestin	174
Kölpin	696
Körlin a./Pers., Stadt	3421
Kolberger Deep	323
Kowanz	402
Leikow	421
Lestin	458
Lübchow	270
Mallnow	552
Mechenthin	143
Mohrow	151
Moitzelfitz	525
Naugard	220
Necknin	132
Nehmer	318
Nessin	411
Neubork	148
Neurese	323
Neu Tramm	116
Neu Werder	92
Peterfitz	725
Petersfelde	319
Petershagen	445
Pobloth	426
Poldemin	143
Prettmin	320
Quetzin	430
Rabuhn	582
Ramelow	402
Reselkow	843
Rogzow	516
Roman	680
Rossenthin	184
Rützow	399
Rüwolsdorf	540
Schleps	256
Schötzow	248
Schwedt	466
Seefeld	287
Sellnow	475
Semmerow	220
Simötzel	1141
Spie	224
Sternin	829
Stöckow	352
Stolzenberg	1414
Wartekow	413
Wobrow	260
Zernin	577
Zwilipp	372

Lauenburg i. Pom.	62287

Althammer	382
Belgard	331
Bergensin	167
Bismark	409
Bochow	172
Borkow	464
Bresin	421
Buckowin	512
Bychow	357
Chinow	380
Degendorf	580
Freist, Kr. Lauenburg i. Pom.	595
Gans	244
Garzigar	642
Gerhardshöhe	248
Gnewin	872
Goddentow	462
Gotendorf	598
Groß Boschpol	361
Groß Damerkow	202
Groß Jannewitz	934
Groß Massow	420
Groß Schwichow	211
Hammerfelde	185
Hohenfelde	294
Hohenwaldheim	335
Jatzkow	216
Kamelow	335
Kattschow	297
Kerschkow	620
Klein Boschpol	297
Klein Damerkow	176
Klein Jannewitz	274
Klein Massow	404
Klein Schwichow	218
Kniewenbruch	267
Kolkau	230
Koppalin	167
Koppenow	579
Krahnsfelde	165
Krampe	612
Krampkewitz	236
Kurow	291
Labehn	763
Labenz	391
Labuhn	567
Landechow	296
Lantow	576
Lanz	817
Lauenburg i. Pom., Stadt	19108
Leba, Stadt	2846
Lischnitz	498
Lowitz	204
Lüblow	417
Lübtow	128
Luggewiese	1131
Mackensen	545
Mallschütz	233
Mersin	231
Nawitz	228
Neuendorf	1642
Neuhof	281
Osseck	125
Paretz	152
Perlin	316
Poppow	281
Prüssau	406
Pusitz	140
Rauschendorf	230
Reckow	284
Rettkewitz	494

Rieben	436
Roschütz	366
Roslasin	852
Sarsen	184
Sassin	719
Saulin	325
Saulinke	256
Schimmerwitz	776
Schlaischow	312
Schlochow	193
Schluschow	173
Schönehr	456
Schwartow	804
Schweslin	461
Sellnow	113
Spechtshagen	322
Speck	245
Strellentin	319
Tadden	365
Tauenzin	566
Uhlingen	300
Vietzig	686
Villkow	327
Wierschutzin	1 113
Wittenberg	278
Wobensin	223
Wunneschin	289
Wussow	284
Zackenzin	339
Zewitz	713

Regenwalde	49 232
(Sitz: Labes)	
Aalkist	174
Alt Döberitz	243
Altenfließ	157
Bernsdorf	174
Blankenhagen	312
Bonin	270
Christinenhof	303
Daberkow	152
Dorotheenthal	201
Dorow	240
Dübzow	219
Elvershagen	324
Fier	214
Friedrichsgnade	294
Gardin	247
Geiglitz	449
Gerdshagen	231
Gienow	307
Glietzig	251
Groß Borckenhagen	365
Groß Raddow	315
Haseleu	203
Henkenhagen	293
Heydebreck	274
Horst	301
Justemin	281
Justin	197
Kankelfitz	163
Karnitz	303
Karolinenhof	258
Karow	309
Klaushagen	455
Klein Raddow	330
Kratzig	289
Kümken	198
Kummerow	283
Kutzer	366
Labes, Stadt	7 322
Labuhn	530
Lasbeck	428
Lessenthin	275
Lietzow	196
Lowin	472
Ludwigshorst	359
Mackfitz	77
Maldewin	640
Meesow	465
Mellen	235
Muddelmow	256
Muhlendorf	338
Natelfitz	314
Natzmersdorf	213
Neuenhagen	398
Neuhof	102
Neukirchen	260
Neu Natelfitz	202
Neu Schönwalde	547
Niederhagen	361
Ornshagen	217
Paatzig	170
Piepenburg	209
Piepenhagen	176
Piepstock	139
Pinnow	605
Plathe, Stadt	3 646
Polchow	724
Premslaff	275
Prütznow	216
Reckow	251
Regenwalde, Stadt	4 802
Rienow	301
Roggow A	461
Roggow B	218
Rosenfelde	273
Rosenow	286
Ruhnow	488
Saagen	233
Sallmow	336
Schmelzdorf	194
Schöneu	257
Schönwalde	377
Schwerin	303
Silligsdorf	556
Stargordt	629
Stramehl	406
Tarnow	101
Teschendorf	390
Unheim	108
Wangerin, Stadt	3 454
Wangerin B	165
Winningen	259
Wisbu	394
Witzmitz	556
Woitzel	286

Woldenburg	128
Wolkow	213
Wurow	353
Zachow	287
Zeitlitz	444
Zimmerhausen	560
Zowen	342
Zozenow	243
Zülzefitz	255

Rummelsburg i. Pom.	40 174

Alt Kolziglow	1 475
Barkotzen	256
Bartin	959
Barvin	532
Beßwitz	465
Bial	138
Börnen	350
Brotzen	199
Brünnow	436
Darsekow	212
Dulzig	344
Falkenhagen	581
Franzdorf	191
Friedrichshuld	210
Gadgen	260
Georgendorf	285
Gewiesen	370
Gloddow	216
Groß Karzenburg	571
Groß Schwirsen	542
Groß Volz	242
Grünwalde-Saaben	421
Gumenz	487
Hammermühle	2 169
Heinrichsdorf	132
Hölkewiese	330
Julienhof	299
Kaffzig	303
Kamnitz	358
Karlswalde	230
Klein Karzenburg	354
Klein Schwirsen	246
Klein Volz	293
Kremerbruch	851
Lindenbusch	161
Lubben	191
Misdow	630
Missow	180
Neufeld	309
Neu Kolziglow	333
Papenzin	221
Plötzig	328
Poberow	363
Pritzig	352
Puddiger	412
Püstow	282
Reetz	275
Reinfeld	327
Reinfeld-Hammer	568
Reinwasser	531
Rohr	412
Rummelsburg i. Pom., Stadt	8 516
Schwessin	507
Seehof	134
Seelitz	258
Selberg B	222
Sellin	480
Starkow	399
Steinau	157
Techlipp	187
Treblin	1 206
Treten	844
Turzig	294
Varzin	746
Versin	543
Viartlum	290
Waldow	511
Wobeser	371
Woblanse	675
Wocknin	347
Wussow	610
Zettin	434
Zollbrück	910
Zuckers	351

Schlawe i. Pom.	77 520

Abtshagen	519
Alt Bewersdorf	369
Altenhagen	584
Alt Järshagen	667
Alt Krakow	383
Alt Kuddezow	340
Alt Kugelwitz	375
Alt Paalow	262
Alt Schlawe	852
Alt Warschow	1 186
Alt Zowen	452
Balenthin	117
Barzwitz	472
Beelkow	379
Besow	541
Böbbelin	129
Bosens	313
Breitenberg	333
Buckow (Pom.)	540
Büssow	242
Bussin	332
Coccejendorf	319
Damerow	601
Damshagen	567
Deutsch Puddiger	252
Deutschrode	106
Dörsenthin	150
Drenzig	215
Eventin	541
Franzen	641
Freetz	900

Friedensdorf	199
Gerbin	327
Göritz	431
Görshagen	253
Groß Schlönwitz	404
Grupenhagen	508
Gutzmin	348
Jannewitz	730
Jatzingen	548
Jershöft	327
Kannin	257
Karnkewitz	479
Karwitz	694
Karzin	188
Klein Runow	234
Köpnitz	178
Körlin	286
Kösternitz	435
Kopahn	222
Krangen	374
Krolow	418
Krolowstrand	320
Kuhtz	249
Kummerzin	168
Kusserow	425
Lantow	339
Lanzig	365
Latzig	250
Leikow	456
Malchow	807
Marienthal	162
Marsow	381
Martinshagen	240
Masselwitz	234
Meitzow	136
Natzlaff	358
Natzmershagen	408
Nemitz	618
Neu Bewersdorf	403
Neuenhagen, Abtei	569
Neuenhagen, Amt	204
Neu Järshagen	273
Neu Kuddezow	127
Neu Kugelwitz	267
Neu Paalow	285
Neu Warschow	250
Neuwasser	321
Neu Zowen	355
Nitzlin	379
Notzkow	430
Palzwitz	156
Panknin	418
Parpart	413
Peest	720
Pennekow	701
Pirbstow	421
Pollnow, Stadt	3 629
Preetz	341
Pustamin	706
Quäsdow	450
Quatzow	498
Ratteick	295
Reblin	369
Reddentin	465
Ristow	412
Rötzenhagen	483
Rotzog	249
Rügenwalde, Stadt	8 162
Rützenhagen	409
Rußhagen	251
Sackshöhe	228
Scheddin	208
Schlackow	256
Schlawe i. Pom., Stadt	9 708
Schlawin	862
Schmarsow	247
Schönenberg	119
Schöningswalde	150
Schwarzin	267
See Buckow	408
See Suckow	86
Segenthin	278
Sellberg	113
Sellen	172
Söllnitz	222
Soltikow	683
Steglin	274
Steinort	498
Stemnitz	619
Suckow	674
Sydow	1 428
Thyn	111
Tychow	593
Varbelow	120
Vellin	201
Vietzkerstrand	311
Vitte	93
Wandhagen	493
Wieck	701
Wiesenthal	338
Wilhelmine	355
Wusseken	203
Wusterwitz	757
Zanow, Stadt	3 050
Ziegnitz	294
Zillmitz	327
Zirchow	419
Zitzmin	434
Zizow	524

Stolp	82 287
Adlig Kublitz	493
Alt Damerow	385
Alt Gutzmerow	149
Alt Jugelow	349
Arnshagen	362
Bandsechow	305
Beckel	319
Bedlin	198
Benzin	420
Bewersdorf	295
Birkow	781
Bornzin	509
Brackenberg	237

Buchenstein	337
Budow	574
Bukau (Pom.)	179
Daber	238
Damerkow	195
Dammen	498
Dargeröse	372
Darsin	442
Darsow	386
Dresow	155
Dünnow	685
Dumröse	321
Flinkow	734
Freist	484
Gaffert	312
Gallensow	379
Gambin	579
Gatz	296
Giesebitz	644
Glowitz	1272
Gohren	653
Granzin	258
Grapitz	274
Groß Brüskow	608
Groß Dübsow	308
Großendorf	553
Groß Gansen	546
Groß Garde	1310
Groß Gluschen	362
Groß Machmin	411
Groß Nossin	794
Groß Podel	402
Groß Rakitt	314
Groß Runow	490
Groß Silkow	231
Groß Strellin	331
Grünhagen	93
Grumbkow	359
Gumbin	423
Hebrondamnitz	717
Hermannshöhe	139
Hohenlinde (Pom.)	122
Hohenstein	379
Holzkathen	841
Horst	521
Jerskewitz	319
Jeseritz	343
Karstnitz	291
Karwen	531
Karzin	368
Klein Brüskow	143
Klein Gansen	407
Klein Garde	473
Klein Gluschen	319
Klein Machmin	434
Klein Nossin	244
Klein Podel	470
Klein Rakitt	171
Klein Silkow	238
Klein Strellin	247
Klenzin	426
Kleschinz	465
Klucken	660
Kose	793
Kottow	375
Krampe	344
Krien	426
Kriwan	221
Krussen	319
Kublitz	1236
Kulsow	457
Kunsow	402
Labehn	328
Labüssow	397
Labuhn	528
Langeböse	658
Lankwitz	167
Lessaken	70
Liepen	94
Lindow	171
Loitz	91
Lojow	369
Lossin	346
Ludwigslust	172
Lübzow	308
Lüllemin	313
Lupow	740
Mahnwitz	232
Malzkow	418
Mellin	381
Mickrow	458
Muddel	194
Mühlental (Pom.)	225
Mützenow	393
Muttrin	748
Neitzkow	301
Nesekow	213
Neu Damerow	175
Neu Gutzmerow	169
Neu Jugelow	455
Neurakitt	406
Nippoglense	361
Plassenberg	437
Plassew	295
Poblotz	760
Podewilshausen	290
Poganitz	192
Pottangow	647
Puttkamerhof	113
Quackenburg	431
Ramnitz	425
Rathsdamnitz	2844
Reitz	209
Rexin	332
Ritzow	1005
Roggatz	245
Rotten	81
Rowe	264
Rowen	263
Rumbske	294
Ruschütz	506
Sageritz	499
Saleske	967
Sanskow	193
Scharsow	236
Schierwens	260
Schlochow	67
Schmaatz	593
Schmolsin	1308
Schöneichen	410
Schönwalde	274
Schorin	222
Schurow	474
Schwarz Damerkow	686
Schwerinshöhe	616

Schwetzkow	271
Schwolow	315
Selesen	391
Sochow	332
Sorchow	310
Stantin	183
Starkow	520
Starnitz	531
Steinfurt	160
Steinwald	198
Stohentin	376
Stojentin	475
Stolpmünde	4739
Stresow	277
Strickershagen	378
Überlauf	413
Ulrichsfelde	198
Vargow	171
Varzmin	141
Veddin	593
Velsow	264
Vessin	296
Vieschen	341
Vietkow	281
Vilgelow	204
Virchenzin	556
Vixow	299
Warbelin	272
Warbelow	376
Weitenhagen	458
Wintershagen	162
Wittbeck	271
Wittstock	117
Wobesde	733
Wollin	451
Wundichow	306
Wutzkow	278
Zechlin	178
Zedlin	221
Zemmin	414
Zezenow	553
Zietzen	460
Zipkow	386
Zirchow	259
Zitzewitz	515

Regierungsbezirk Grenzmark Posen-Westpreußen

Stadtkreis:

Schneidemühl 43836

Landkreise:

Arnswalde 44064

Althütte	458
Alt Klücken	391
Arnswalde, Stadt	12725
Augustwalde	103
Berkenbrügge	675
Bernsee	882
Bußberg	172
Diebelbruch	227
Friedenau	169
Fürstenau	522
Glambeck	265
Göhren	239
Granow	640
Hagelfelde	176
Hassendorf	374
Heidekavel	126
Helpe	352
Hertelsaue	76
Hitzdorf	576
Hochzeit	445
Jägersburg	168
Klein Silber	499
Klosterfelde	597
Kölpin	203
Kölzig	397
Kranzin	786
Kratznick	117
Kürtow	759
Lämmersdorf	274
Langenfuhr	284
Lenzenbruch	123
Liebenow	437
Marienwalde	1290
Marzelle	124
Mienken	646
Mürbenfelde	66
Nantikow	348
Nemischhof	144
Neu Klücken	152
Neu Stüdnitz	231
Neuwedell, Stadt	2673
Pammin	434
Plagow	482
Raakow	278
Radun	402
Reetz Nm., Stadt	3648
Regenthin	851
Reierort	180
Rietzig	446
Röstenberg	131
Rohrbeck	408
Sammenthin	586
Schlagenthin	662
Schönfeld	310
Schwachenwalde	795
Schwerinsfeld	346
Sellnow	719

Silberberg	373
Sophienhof	286
Spechtsdorf	327
Steinberg	307
Steinbusch	204
Stolzenfelde	252
Syringe	90
Wardin	341
Wiesenwerder	58
Zägensdorf	167
Zatten	412
Zühlsdorf	658

Deutsch Krone	69 699

Alt Lobitz	369
Appelwerder	279
Arnsfelde	652
Betkenhammer	285
Bevilsthal	162
Birkholz	88
Borkendorf	335
Breitenstein	572
Briesenitz	918
Brotzen	923
Brunk	281
Buchholz	237
Dammlang	364
Deutsch Krone, Stadt	13 359
Doderlage	175
Dolfusbruch	62
Drahnow	349
Dyck	571
Eckartsberge	217
Eichfier	874
Flathe	173
Freudenfier	1 227
Gollin	214
Gramattenbrück	91
Groß Wittenberg	392
Groß Zacharin	273
Hansfelde	265
Harmelsdorf	620
Hasenberg	357
Haugsdorf	106
Henkendorf	475
Hoffstädt	668
Hohenstein	325
Jagdhaus	349
Jagolitz	268
Jastrow, Stadt	5 693
Kappe	255
Karlsruhe	205
Kattun	459
Kegelsmühl	249
Keßburg	291
Klausdorf	907
Klawittersdorf	263
Klein Nakel	537
Klein Wittenberg	287
Knakendorf	752
Königsgnade	304
Koschütz	1 260
Kramske	448
Krummfließ	370
Latzig	292
Lebehnke	1 231
Lubsdorf	383
Lüben	572
Machlin	557
Märkisch Friedland, Stadt	2 707
Marthe	359
Marzdorf	519
Mehlgast	366
Mellentin	630
Neugolz	450
Neuhof	237
Neu Lebehnke	115
Neu Zippnow	162
Petznick	530
Plietnitz	427
Plötzmin	142
Prellwitz	348
Preußendorf	298
Prochnow	258
Quiram	431
Rederitz	1 454
Riege	355
Rose	1 000
Rosenfelde	962
Ruschendorf	328
Sagemühl	404
Salm	249
Schloppe, Stadt	2 986
Schönow	398
Schrotz	1 155
Schulzendorf	502
Seegenfelde	395
Springberg	366
Stabitz	323
Stibbe	420
Strahlenberg	242
Stranz	690
Trebbin	404
Tütz, Stadt	2 748
Wissulke	361
Wittkow	764
Wordel	86
Zadow	211
Zechendorf	370
Zippnow	1 985
Zützer	377

Dramburg	43 383

Alt Körtnitz	383
Alt Stüdnitz	361
Alt Wuhrow	302
Annaberg	274
Balster	397

Baumgarten	407
Birkholz	370
Born	298
Dalow	190
Denzig	433
Deutsch Fuhlbeck	193
Dietersdorf	648
Dolgen	384
Dramburg, Stadt	7973
Eichenberg	44
Falkenburg i. Pom., Stadt	8453
Friedrichsdorf	310
Friedrichshorst	136
Gersdorf	329
Giesen	418
Golz	188
Groß Grünow	233
Groß Linichen	688
Groß Sabin	672
Groß Spiegel	402
Grünberg	238
Güntershagen	500
Gutsdorf	464
Herzberg	310
Hundskopf	451
Jakobsdorf	412
Janikow	391
Kallies, Stadt	4016
Karwitz	142
Kietz	1204
Klausdorf	101
Klebow	388
Klein Mellen	363
Klein Sabin	460
Köntopf	458
Labenz	711
Neuhof	278
Neu Laatzig	159
Nuthagen	340
Pammin	593
Pritten	314
Rützow	531
Sarranzig	443
Schilde	331
Schönfeld	259
Stöwen	372
Teschendorf	323
Virchow	1391
Welschenburg	146
Wildforth	294
Woltersdorf	301
Wusterwitz	543
Wutzig	506
Zetzin	207
Zuchow	324
Zülshagen	629

Flatow	39211
Adlig Landeck	857
Aspenau	477
Augustendorf	216
Battrow	373
Blankwitt	512
Böck	164
Buschdorf (Kr. Flatow)	1171
Conradsfelde	260
Deutsch Fier	306
Dobrin	853
Espenhagen	321
Flatow, Stadt	7457
Friedrichsbruch	82
Glumen	704
Gresonse	227
Groß Butzig	374
Groß Friedrichsberg	435
Grunau	985
Gursen	779
Hammer	181
Hohenfier	252
Kappe	320
Karlsdorf	124
Kietz	556
Kirschdorf	133
Klein Butzig	331
Klein Friedrichsberg	34
Kleschin	315
Kölpin	558
Königsdorf	490
Krojanke, Stadt	3180
Krummenfließ	405
Kujan	205
Lanken	856
Lessendorf	68
Linde	1613
Lugetal	668
Mittel Friedrichsberg	92
Neu Battrow	279
Neu Butzig	314
Neu Grunau	335
Neuhof	387
Petzin	482
Posenberg	165
Pottlitz	538
Preußenfeld	537
Proch	140
Radawnitz	954
Ruden	397
Sakollnow	415
Schmirdau	330
Schmirtenau	461
Schönfeld	613
Schwente	1194
Seedorf (Grenzmark)	344
Seefelde	280
Steinau	504
Steinmark	339
Stewnitz	449
Straßfurt	138
Tarnowke	1547
Treuenheide	274
Wengerz	169
Wilhelmsbruch	308
Wilhelmssee	171
Wittenburg	161
Wonzow	166
Ziskau	356

Friedeberg Nm.	51 772
Aarhorst	209
Alt Beelitz	668
Altenfließ	536
Alt Gurkowschbruch	783
Altkarbe	3 012
Birkbruch	196
Birkholz	511
Blumenfelde	359
Brand	301
Brandsheide	111
Braunsfelde	367
Breitenstein	389
Breitenwerder	311
Brenkenhofsbruch	345
Brenkenhofswalde	287
Buchwerder	238
Büssow	511
Dolgen	148
Dragebruch	831
Driesen, Stadt	5 478
Erbenswunsch	149
Eschbruch	582
Falkenstein	280
Franzthal	320
Friedeberg Nm., Stadt	5 869
Friedebergschbruch	611
Friedrichsdorf	492
Geilenfelde	265
Gottschimm	1 268
Gottschimmerbruch	797
Grapow	87
Gurkow	1 189
Guscht	557
Guschterbruch	260
Guschterholländer	579
Haferwiese	661
Hammer	225
Hermsdorf	192
Hohenkarzig	486
Lauchstädt	367
Lichtenow	487
Liependorf	123
Lubiath	478
Machern	132
Mansfelde	451
Marienthal	272
Mehrenthin	386
Modderwiese	674
Mückenburg	330
Netzbruch	961
Neu Anspach	585
Neu Dessau	220
Neu Erbach	430
Neu Gurkowschbruch	158
Neukarbe	323
Neu Mecklenburg	1 107
Neuteich	359
Neu Ulm	292
Pehlitz	149
Rohrsdorf	256
Salzkossäthen	147
Schlanow	542
Schönfeld	190
Schönrade	385
Schüttenburg	213
Seegenfelde	183
Steinhöfel	164
Tankow	207
Trebitsch	1 543
Vorbruch	632
Vordamm	1 918
Wildenow	368
Woldenberg Nm., Stadt	5 226
Wolgast	277
Wugarten	466
Wutzig	295

G e m e i n d e f r e i e G r u n d s t ü c k e (G u t s b e z i r k e)

Lubiathfließ, Forst	16

Netzekreis (Sitz: Schönlanke)	39 178
Ascherbude	301
Behle	1 330
Buchwerder	311
Corda	213
Dragefeld	120
Ehrbardorf	274
Eichberg	375
Filehne	722
Fissahn	320
Floth	249
Follstein	517
Fratzig	117
Glashütte	457
Gornitz	470
Groß Drensen	905
Groß Kotten	308
Groß Lubs	371
Grünfier	468
Hammer	1 276
Hansfelde	220
Hüttchen	135
Ivenbusch	450
Karlshorst	91
Karolina	647
Kienwerder	223
Klein Drensen	447
Klein Lubs	280
Kottenhammer	195
Kreuz (Ostbahn), Stadt	4 922
Küddowtal	485
Lemnitz	448
Ludwigsdorf	135
Marienbusch	365
Mariendorf	157
Minettenruh	86
Mischke	50

Neu Behle	513
Neudorf	439
Neuhöfen	566
Niekosken	769
Putzig	1 586
Putzighauland	504
Radolin	554
Radosiew	260
Runau	568
Scharnikau	164
Schönlanke, Stadt	9 429
Selchow	499
Selchowhammer	581
Sophienberg	393
Stieglitz	977
Stöwen	736
Straduhn	400
Theerofen	231
Theresia	202
Usch Hauland	496
Usch (Netzekreis)	193
Wiesental	530
Zaskerhütte	143

Neustettin	83 794

Alt Draheim	367
Altenwalde	541
Althütten	250
Alt Koprieben	222
Alt Liepenfier	589
Alt Priebkow	433
Alt Valm	1 540
Auenfelde	114
Bärwalde i. Pom., Stadt	3 009
Bahrenberg	29
Bahrenbusch	420
Balfanz	390
Barkenbrügge	138
Bernsdorf	419
Bewerdick	180
Bischofthum	228
Blumenwerder	255
Borntin	346
Briesen	113
Buchwald	282
Burghof	229
Burzen	325
Dieck	204
Dolgen	88
Drensch	418
Dummerfitz	214
Eichenberge	187
Eichkamp	164
Eschenriege	569
Eulenburg	403
Flackenheide	427
Flacksee	123
Flederborn	561
Galow	491
Gellen	278
Gellin	529
Glasenapp	300
Graben	38
Grabunz	508
Gramenz	1 367
Grenzneuhof	198
Groß Born	56
Groß Dallenthin	353
Groß Hertzberg	331
Groß Krössin	960
Groß Küdde	1 134
Groß Schwarzsee	536
Groß Zemmin	93
Grünewald	762
Grumsdorf	426
Hammer b. Zicker	67
Hasenfier	649
Heinrichsdorf	577
Hochfelde	139
Hütten b. Gellin	554
Juchow	581
Kalenberg	100
Kasimirshof	194
Klaushagen	678
Klein Dallenthin	195
Klein Küdde	587
Klein Schwarzsee	315
Klein Zacharin	75
Klingbeck	260
Klöpperfier	247
Klotzen	314
Kölpin	553
Krangen	940
Kucherow	255
Kussow	316
Labenz	106
Lanzen	207
Lehmaningen	39
Linde	624
Linow	93
Lottin	1 591
Lubow	1 120
Lucknitz	850
Lübgust	469
Lümzow	453
Marienwalde	175
Mossin	560
Naseband	593
Naßglienke	174
Neblin	160
Nemmin	164
Neudorf	303
Neu Draheim	63
Neugönne	167
Neu Koprieben	117
Neu Liepenfier	244
Neustettin, Stadt	18 689
Neu Valm	239
Neu Wuhrow	924
Osterfelde	382
Patzig	310
Persanzig	1 104
Pielburg	440
Pinnow	669
Pöhlen	804
Prössin	73
Rackow	481

Raddatz	425
Ratzebuhr, Stadt	2940
Ravensberg	274
Reppow	329
Sassenburg	484
Scharpenort	151
Schmalzenthin	146
Schmidtenthin	102
Schneidemühl b. Zicker	144
Soltnitz	1491
Sparsee	673
Steinforth	200
Stepen	335
Storkow	573
Streitzig	440
Tempelburg, Stadt	5121
Thurow	798
Trabehn	425
Trocken Glienke	197
Vangerow	370
Villnow	174
Wallachsee	355
Warlang	433
Westgönne	98
Wilhelmshorst	171
Wuckel	118
Wulfflatzke	569
Wurchow	1110
Wusterhanse	558
Zamborst	413
Zechendorf	357
Zemmin	204
Zicker	576
Zuch	300
Zülkenhagen	620

Schlochau	55110
Bärenwalde	449
Baldenburg, Stadt	2292
Barkenfelde	808
Bergelau	317
Bischofswalde	797
Bölzig	705
Breitenfelde	345
Briesnitz	320
Buchholz	690
Christfelde	571
Damerau	413
Damnitz	544
Darsen	79
Demmin	155
Deutsch Briesen	385
Dickhof	364
Domslaff	514
Eickfier	912
Eisenbrück	358
Eisenhammer	288
Elsenau	388
Falkenwalde	376
Fernheide	275
Firchau	618
Flötenstein	1843
Förstenau	693
Geglenfelde	179
Grabau	595
Groß Jenznick	833
Groß Peterkau	655
Groß Wittfelde	505
Hammerstein, Stadt	4363
Hansfelde	490
Heinrichswalde	915
Klausfelde	213
Kramsk	537
Krummensee	427
Landeck i. Westpr., Stadt	1010
Lanken	374
Lichtenhagen	707
Lissau	544
Loosen	208
Marienfelde	473
Mossin	625
Neuguth	466
Neuhof	167
Niesewanz	475
Pagdanzig	170
Pagelkau	480
Penkuhl	620
Peterswalde	609
Platzig	287
Pollnitz	1211
Prechlau	2028
Prechlauermühl	192
Preußisch Friedland, Stadt	3842
Prützenwalde	485
Richenwalde	213
Richnau	673
Rittersberg	86
Rosenfelde	441
Ruthenberg	432
Sampohl	1010
Schlochau, Stadt	6029
Schönau	495
Schönberg	197
Semnitz	68
Starsen	250
Stegers	1972
Steinborn	539
Steinforth	209
Stolzenfelde	351
Stremlau	179
Stretzin	904
Wehnershof	609
Woltersdorf	322

WICHTIGE QUELLEN

Abtshagen, Werner:	Geschichte der Stadt Anklam. Anklam 1941
Arnold, U.:	Bericht über die Exkursion der Rheinischen Friedrich-Wilhelms-Universität Bonn nach Stettin und Hinterpommern im SS 1986. Manuskript 1987
Bahr, E.:	Ostpommern 1945—55, Frankfurt/Main—Berlin 1957
Baedeker, K.:	Nordost-Deutschland. Leipzig 1914
Baier, G.:	Die Denkmale des Kreises Greifswald. Leipzig 1973
Baier-Faber-Hollmann:	Deutsche Demokratische Republik, Geschichte und Kunst. Köln 1977
Bajcar, A.:	Polen, Reiseführer. Warschau 1971
Bergan, R.:	Inventar der Bau- und Kunstdenkmäler in der Provinz Brandenburg. Berlin 1885
Blanke, A.:	Aus vergangenen Tagen des Kreises Schlochau. Schlochau 1936
Böttger-Lemke, von Haselberg-Kohte:	Die Baudenkmäler der Provinz Pommern. Stettin 1881—1934
Bronisch, G.:	Kreis Bütow. Stettin 1939
Bronisch, G.:	Kreis Cammin Land. Stettin 1939
Buske-Baier:	Dorfkirchen in der Landeskirche Greifswald. Berlin 1984
Creutzberg, N.:	Landschaften des Deutschen Nordostens. Breslau 1931
Cronberg-Köhler, von:	Netzekreis. Berlin 1932
Deecke, W.:	Landeskunde von Pommern. Leipzig 1912
Dehio, G.:	Handbuch der Deutschen Kunstdenkmäler, 2. Bd., Nordostdeutschland. Berlin 1922
Dehio, G.:	Handbuch der Deutschen Kunstdenkmäler, Die Bezirke Neubrandenburg, Rostock, Schwerin. München—Berlin 1980
Drescher, Fr.:	Der Kreis Franzburg-Barth. Magdeburg 1933
Flemming-Benz, H. von:	Der Kreis Cammin. Würzburg 1970
—	Führer durch Westpreußen. Danzig 1913
Gellert:	Grundzüge der physikalischen Geographie von Deutschland. Berlin 1958
Gerhard, J.:	Pommern. Berlin 1958
Gischel-Lüdtke:	Ostmark. Berlin 1927
Goerke, O.:	Der Kreis Flatow. Flatow 1918
—	Grieben Reiseführer, Rügen. Berlin 1938
—	Grieben Reiseführer, DDR, Nördlicher Teil. München 1981
Halbfaß, W.:	Beiträge zur Kenntnis der Pommerschen Seen. P. M. Erg. H. 136, 1901
Hantke, M.:	Der Kreis Ueckermünde. Pasewalk 1914
Hartnack, W.:	Pommern. Kitzingen o. J.
—	Heimatbuch für den Kreis Flatow. 1971
—	Heimatbuch Lauenburg/Pommern. Gummersbach 1967
—	Das pommersche Heimatbuch. Berlin 1926

Heinrich, G.: Handbuch der historischen Stätten Deutschlands, Bd. 10, Berlin und Brandenburg. Stuttgart 1973
Heyden, H.: Kirchengeschichte Pommerns, Köln 1957
Hoogeweg, H.: Die Stifter und Klöster der Provinz Pommern, Stettin 1924/25
Hopf: Historisch-Genealogischer Atlas. Gotha 1858
Keyser, E.: Deutsches Städtebuch, Bd. 1. Stuttgart 1939
Kohte: Kunstdenkmäler der Provinz Posen, Bd. 4. Berlin 1897
Kuhn, W.: Die deutsche Ostsiedlung in der Neuzeit. 2 Bde. Köln 1955/57
Marzahn, W.: Die Zisterzienser in Pommern. Leer 1981
Müller, P.: Der Netzekreis. Husum 1968
Ohle-Baier: Die Kunstdenkmale des Kreises Rügen. Leipzig 1963
Pfeilsdorff: Heimatbuch des Kreises Deutsch Krone. Deutsch Krone 1922
Plenge, E.: Heimatbuch für den Kreis Grimmen. Sulingen 1968
— Polska, Informativ Encyclopediczny, Warschau 1986
— Pommern Fibel. Hamburg o. J.
Reepel, M.: Pommern. Stettin 1938
Reepel, M.: Ostpommern. Stettin 1938
Rogge-Stelter: Der Kreis Neustettin. Würzburg 1972
Rolfs, P. A.: Die Insel Usedom. Berlin 1933
Rolfs, P. A.: Die Insel Wollin. Berlin 1933
— Der Kreis Rummelsburg. Stettin 1938
Ruprecht, K.: Deutsch Krone, Stadt und Kreis. Bad Essen 1981
Ruprecht, K.: Der Landkreis Dramburg. Segeberg 1976
Sante-Ploetz: Reich und Länder, 2 Bde. Würzburg 1964/71
Scharf, H. W.: Eisenbahnen zwischen Oder und Weichsel. Freiburg 1981
Schmitz, H. J.: Bollwerk Schneidemühl. Schneidemühl 1937
Schmitz-Frase: Landeskunde der Grenzmark Posen-Westpreußen. Berlin 1929
Schulz, H.: Pommersche Dorfkirchen östlich der Oder. Herford 1963
Schumacher, W.: Der Kreis Arnswalde und seine Besiedlung. Berlin 1958
Schumacher, W.: Der Kreis Arnswalde. Arnswalde 1932
Schwenkler, F.: Köslin. Lübeck 1966
Sieber, H.: Schlösser und Herrensitze in Pommern. Frankfurt/M. 1959
Staberock, R.: Der Kreis Kolberg-Körlin. Bad Oldesloe 1968
— Stettin und Umgebung. Stettin 1910
Stuhlfath, W.: Randow, Ein Heimatbuch. Magdeburg 1933
Tietze, W.: Westermann Lexikon der Geographie, 4 Bde. Braunschweig 1968—70
Treu: Geschichte der Stadt Friedeberg. Friedeberg 1909
Uecker, F.: Die Provinz Pommern. 1935
Ullrich, H.: Das Schicksal der Bau- und Kunstdenkmäler in den Ostgebieten des Deutschen Reiches und im Gebiet von Danzig. Bonn—Berlin 1963
Vollack, M.: Der Kreis Schlawe. Husum 1986
Vollack-Lemke: Der Kreis Schlochau. Kiel 1974
Wachholz-Borcke: Heimatbuch des Kreises Regenwalde. Bielefeld 1970
Wegener, W.: Genealogische Tafeln zur mitteleuropäischen Geschichte. Göttingen 1962/69

Weise, E.: Handbuch der historischen Stätten, Bd. 14, Ost- und Westpreußen. Stuttgart 1966
Wehrmann, M.: Geschichte von Pommern. Gotha 1919/21
Wehrmann, M.: Geschichte von Land und Stadt Greifenberg. Greifenberg 1927
Wolber, K.: Landeskunde des Kreises Greifenhagen. Stettin 1927
Woldstedt, P.: Das Eiszeitalter. Stuttgart 1958
Woldstedt, P.: Norddeutschland und angrenzende Gebiete im Eiszeitalter. 1950
Zöller, A.: Die Geschichte des Misdroyer Erbkruges. Berlin 1940

Zeitschriften:

Baltische Studien N. F.
Pommern
Unser Pommernland
Pommersche Zeitung

BILDNACHWEIS

G. Becker: 159 re; H. Blau: 192 re; Ernst R. Döring: 14, 17, 22, 23, 25, 80, 81a, b, 153 re, 252, 270 li, 304 li; Heinz Bennert: 353 li, 410 li; Ph. Gaillard: 160 re, 332 re; Grube: 157 re; Karl Hanke: 39, 183 li; Max Hantke: 215 re, 382 re; Paul Holz: 296 re; R. Krampe: 75, 87 li, 65 re, 163 li, 182 re, 248 li, 251, 291 li, 340 re, 377 re, 393 re, 420; Max Kühn: 38, 82 li, 180 re, 181 li, 279 re, 318 li, 365 li, 388 li, 392 li; Richard Lorke: 308 li; Lüdecke: 280 li; H. Maletzke: 396 li; Franz Müller: 168 li; Müller-Kaempff: 79 re; Max Pechstein: 209 re; PZ-Archiv: 172 li, 324; Rehlender: 622 re; Philipp Otto Runge: 418 li; M. Saltzmann: 143 re; Karl Friedrich Schinkel: 385 li, 386 li, re; C. Chr. Schmidt: 352; Franz Schütt: 40 li, 111 re; Franz Theo Schütt: 357 re, 419 re; R. Seewald: 41 li, 367 re; Inge Steuer: 159 li, 395 li; Tarnogrocki: 364 li; Gerhard Töpper: 261 li; H. Troschel: 135 li; Hans-Jürgen Wiedenhöft: 223 li; Bruno Zastrow: 156 re; Johannes Hinz: 337 Zeichnungen; restliche Zeichnungen: Verlag.

POMMERSCHE ERDKUNDLICHE NAMEN
Gebiete unter polnischer Verwaltung
(polnisch-deutsch)

Bagicz — Bodenhagen
Banie — Bahn
Barcino — Bartin
Bardy — Bartin
Barkowo — Barkenfelde
Barnowiec — Reinfeld b. Barnow
Barwice — Bärwalde
Barzowice — Barzwitz
Baszewice — Batzwitz
Biała — Behle
Biała Ińska — Ball
Białoboki — Belbuck
Białogard — Belgard
Białogarda — Belgard
Białowąs — Balfanz
Biały Bór — Baldenburg
Biały Zdrój — Balster
Bierzwnik — Marienwalde
Bińcze — Bärenwalde
Binowo — Binow
Biskupnica — Bischofwalde
Błękwit — Blankwitt
Błotno — Jakobsdorf
Bobolice — Bublitz
Bobrowniki — Bewersdorf
Bodzęcin — Basenthin
Boleszewo — Rötzenhagen
Bonin — Bonin
Borkowo Wielkie — Groß Borkenhagen
Borne — Groß Born
Borzytuchom — Borntuchen
Bożanka — Friedrichshuld
Bożepole Wielkie — Groß Boschpol
Brda — Brahe
Breń — Bernsee
Broczyna — Brotzen
Brokęcino — Bahrenbusch
Brzesko — Brietzig
Brzezie — Eickfier
Brzeźnica Krajeńska — Briesenitz
Buczek — Buchholz
Buczek Mały — Klein Butzig
Buczek Wielki — Groß Butzig
Budzistowo — Altstadt
Buk (Kamieński) — Böck
Buk (Szczeciński) — Böck
Bukowina — Buckowin
Bukowo Morskie — See Buckow
Bytów — Bütow
Cecenowo — Zezenow
Cerkwica — Zirkwitz
Charbrowo — Degendorf
Charnowo — Arnshagen
Chełm Drezdenecki — Holm
Chłopowo — Schwachenwalde
Chłopy — Bauerhufen
Chocielewko — Mackensen
Chociwel — Freienwalde
Choszczno — Arnswalde
Chrząszczewska Wyspa — Gristow (Insel)
Ciecholub — Techlipp
Ciećmierz — Zitzmar
Cieszyn — Tessin
Cisowo — Zizow
Cybulino — Zeblin
Czaplinek — Tempelburg
Czarne — Hammerstein
Czarnogłowy — Zarnglaff
Czarnówko — Klein Zarnow
Czernice — Königsdorf
Czernin — Zernin
Człopa — Schloppe
Człuchów — Schlochau
Dąbie — Altdamm
Dąbie — Eichenberge
Dąbkowice — Damkerort
Dąbrowa — Damerow
Dąbrowa Człuchowska — Damerau
Dąbrowica — Dummerfitz
Dalewo — Dahlow

Damnica — Hebrondamnitz
Danków — Tankow
Dargosław — Dargislaff
Darłowo — Rügenwalde
Darskowo — Friedrichsdorf
Dębce — Eichwerder
Dębica — Damnitz
Dębnica Kaszubska — Rathsdamnitz
Dębogóra — Eichberg
Debrzno — Preußisch Friedland
Dębsko (Pomorskie) — Denzig
Długie — Langenhagen
Długołęka — Langkafel
Dobiegniew — Woldenberg
Dobiesław — Abtshagen
Dobieszewo — Dübzow
Dobieszewo (Słupskie) — Groß Dübsow
Dobra — Daber
Dobra (Szczecińska) — Daber
Dobropole — Dobberphul
Dobrzany — Jacobshagen
Dołgie — Dolgen
Dolice (Stargardzkie) — Konstantinopel
Domasławice — Damshagen
Dominikowo — Mienken
Drawa — Drage
Drawno — Neuwedell
Drawsko Pomorskie — Dramburg
Dretyń — Treten
Drezdenko — Driesen
Drzewiany — Drawehn
Duninowo — Dünnow
Dzierzążno Wielkie — Groß Drensen
Dziki — Dieck
Dzisna — Dischenhagen
Dziwna — Dievenow
Dziwnów — Dievenow
Folsztyn — Follstein
Garczegórze — Garzigar
Gardna Wielka — Groß Garde
Gardno — Garden
Gąski — Funkenhagen
Gawroniec — Gersdorf
Gieczynek — Hansfelde
Ględowo — Lichtenhagen
Główczyce — Glowitz
Głubczyn — Steinau
Golczewo — Gülzow
Goleniów — Gollnow
Gorawino — Gervin
Góra Chełmska — Gollen
Góry Bukowe — Buchheide
Górecko — Alt Gurkowschbruch
Górki — Gurkow
Górzyca — Görke
Gościm — Gottschimm
Gościno — Groß Jestin
Gosław — Gützlaffshagen
Gostkowo — Gustkow
Gostomia — Arnsfelde
Gostyń — Groß Justin
Grabno — Wintershagen
Grabowa — Grabow
Grabowo — Grabow
Granowo — Granow
Gryfice — Greifenberg
Gryfino — Greifenhagen
Grzędzice (Stargardzkie) — Seefeld
Grzmiąca — Gramenz
Gurda — Küddow
Herbutowo — Ehrbardorf
Ina — Ihna
Ińsko — Nörenberg
Iwięcino — Eventin
Jagniątkowo — Groß Weckow
Jamno — Jamund
Jankowo (Pomorskie) — Janikow
Janowice — Groß Jannewitz
Jarchlino — Jarchlin
Jarosławiec — Jershöft
Jarosławki — Neuendorf
Jarszewko — Jassow
Jasień — Jassen
Jasienica — Jasenitz
Jastrowie — Jastrow
Jędrzejewo — Putzig
Jemielno — Gemel
Jezioro Betyń — Großer Böthinsee
Jezioro Bukowo — Buckower See
Jezioro Dąbie — Dammscher See

Jezioro Drawsko — Dratzigsee
Jezioro Gardno — Garder See
Jezioro Ińsko — Enzigsee
Jezioro Jamno — Jamunder See
Jezioro Jasień — Jassener See
Jezioro Łebsko — Lebasee
Jezioro Lubie — Großer Lübbesee
Jezioro Miedwie — Madüsee
Jezioro Nowowarpieńskie — Warper See
Jezioro Pile — Großer Pielburgsee
Jezioro Sarbsko — Sarbsker See
Jezioro Szczytno — Großer Ziethener See
Jezioro Trzesiecko — Streitzigsee
Jezioro Wicko — Vietzker See
Jezioro Wielimie — Vilmsee
Kalisz Pomorski — Kallies
Kamieniec — Schöningen
Kamień Pomorski — Cammin
Kanał Piastowski — Kaiserfahrt
Karlino — Körlin
Karnice (Gryfickie) — Karnitz
Karścino — Kerstin
Karsibór — Kaseburg
Karsina — Karzin
Karwin — Hammer
Karzniczka — Deutsch Karstnitz
Kępa — Kamp
Kiczarowo — Kitzerow
Kiełpin — Kölpin
Kiełpino — Kölpin
Kiełpino — Kölpin
Klępczewo — Klemzow
Klęskowo — Hökendorf
Kłodzino — Klötzin
Kłopotowo — Klaptow
Klucz — Klütz
Kluczewo — Klützow
Kluki — Klucken
Koczała — Flötenstein
Kołbacz — Kolbatz
Kołbaskowo — Kolbitzow
Kołczewo — Kolzow
Kołczygłowy — Alt Kolziglow
Kołobrzeg — Kolberg
Kołowo — Kolow
Konarzewo — Kniephof
Koniewo — Kunow
Kopaniewo — Koppenow
Kopice — Köpitz
Korytowo — Kürtow
Koszalin — Köslin
Koszyce — Koschütz
Kozielice — Köselitz
Kozielice — Köselitz
Krąg — Krangen
Krajenka — Krojanke
Krąpiel — Schöneberg
Kraśnik Koszaliński — Kratzig
Krępa Kaszubska — Krampe
Krępcewo — Kremzow
Krępice — Hammermühle
Krępsk — Kramsk
Krosino — Krössinsee
Krupy — Grupenhagen
Krzemieniewo — Krummensee
Krzywin — Kehrberg
Krzyż — Kreuz
Kujan — Kujan
Kulice — Külz
Kunowo — Kunow a. d. Straße
Kusowo — Kussow
Kuźnica Czarnkowska — Hammer
Kwasowo — Quatzow
Łabędzie — Labenz
Łacka Góra — Lontzkedüne
Łącko — Lanzig
Łagiewniki — Elvershagen
Łąkie — Lanken
Łasin (Koszaliński) — Lassehne
Laski Wałeckie — Latzig
Laskowo — Groß Latzkow
Łeba — Leba
Łeba — Leba
Lębork — Lauenburg
Łęczyca (Pomorska) — Lenz
Lędyczek — Landeck
Łęgi Noteckie — Netzebruch
Łęgowo — Vorbruch
Łękno — Bast
Lekowo — Leckow

Letnin — Lettnin
Lewno — Lauen
Licheń — Lichtenow
Linie — Leine
Linówko — Klein Lienichen
Lipie — Arnhausen
Lipinki — Jägersburg
Lipka — Linde
Łobez — Labes
Łosośnica — Lasbeck
Łozice — Loist
Lubczyna — Lübzin
Lubiana (Pyrzycka) — Alt Libbehne
Lubiatowo — Lübtow
Lubieszewo — Lübsow
Lubin — Lebbin
Lubowidz — Luggewiese
Ługowina — Grünhoff
Łupawa — Lupow
Łupawa — Lupow
Malechowo — Malchow
Małkocin — Mulkenthin
Marcinkowice — Marzdorf
Marianowo — Marienfließ
Martew — Marthe
Maszewo — Massow
Mechowo — Dorphagen
Mechowo (Łobeskie) — Zimmerhausen
Mechowo (Pyrzyckie) — Megow
Miastko — Rummelsburg
Międzyzdroje — Misdroy
Mielęcin (Wałeckie) — Mellentin
Mielenko Drawskie — Klein Mellen
Mielno Koszalińskie — Großmöllen
Mielno Stargardzkie — Groß Mellen
Mierzęcin — Mehrenthin
Mierzyn — Möringen
Mikorowo — Mickrow
Mirosławiec — Märkisch Friedland
Morze Bałtyckie — Ostsee
Morzyca — Blumberg
Mosty — Speck
Możdżanowo — Mützenow
Mrzeżyno — Deep
Mydlita — Buchwalde
Nastazin — Hermelsdorf
Nieborowo — Isinger
Niedalino — Nedlin
Niedysz — Neides
Niemica — Nemitz
Niemica — Nemitz
Niemierze — Nehmer
Niechorze — Horst Seebad
Niezabyszewo — Damsdorf
Nizina Pyrzycka — Weizacker
Noteć — Netze
Nowa Wieś Lęborska — Neuendorf
Nowęcin — Neuhof
Nowe Drezdenko — Vordamm
Nowe Dwory — Neuhöfen
Nowe Warpno — Neuwarp
Nowielin — Naulin
Nowogard — Naugard
Obliwice — Obliwitz
Obryta — Groß Schönfeld
Odra — Oder
Ognica — Nipperwiese
Okonek — Ratzebuhr
Olszanowo — Elsenau
Oparzno — Wopersnow
Osiek Drawski — Wutzig
Osieki Koszalińskie — Wusseken
Osieki (Lęborskie) — Osseken
Osówka — Espenhagen
Osowo — Wussow
Ostre Bardo — Wusterbarth
Ostrowąsy — Wusterhanse
Ostrowice — Wusterwitz
Ostrowiec Sławieński — Wusterwitz
Parsęta — Persante
Parsów — Wartenberg
Parsowo — Parsow
Pęczerzyno — Panzerin
Pęzino — Pansin
Piaseczno — Neuendorf
Piecnik — Petznick
Pieszcz — Peest
Pietrzykowo — Groß Peterkau
Piła — Schneidemühl
Piotrowice Kołobrzeskie — Peterfitz

Płonia — Plöne
Płoty — Plathe
Poczernin — Pützerlin
Podgaje — Flederborn
Podgórki — Deutsch Puddiger
Podjuchy — Podejuch
Podlesie — Friedrichswalde
Pojezierze Pomorskie — Pommersche Seenplatte
Polanów — Pollnow
Połczyn Zdrój — Polzin, Bad
Police — Pölitz
Polnica — Pollnitz
Pomień — Pammin
Pomierzyn — Pammin
Pomietów — Pumptow
Pomysk Wielki — Groß Pomeiske
Ponikła — Ponickel
Popielewice — Groß Poplow
Potulice — Pottlitz
Pradolina Łeba-Redy — Leba-Rheda-Urstromtal
Przeborowo — Friedrichsdorf
Przechlewo — Prechlau
Przelewice (Pyrzyckie) — Prillwitz
Przemocze — Priemhausen
Przybiernów — Pribbernow
Przyłęg — Altenfließ
Przynotecko — Netzbruch
Przytocko — Pritzig
Przywodzie — Fürstensee
Puszcza Goleniówska — Gollnower Heide
Pyrzyce — Pyritz
Radacz — Raddatz
Radawnica — Radawnitz
Radęcin — Regenthin
Radew — Radüe
Radolin — Radolin
Radowo Wielkie — Groß Raddow
Raduń — Radduhn
Raduń — Radun
Rakowo — Raakow
Rarwino — Rarvin
Recz — Reetz
Redęcin — Reddentin
Redło — Pflugrade
Redostowo — Retztow
Rega — Rega
Rekowo — Reckow
Resko — Regenwalde
Roby — Robe
Rogowo — Roggow A
Rokosowo — Rogzow
Roszczyce — Roschütz
Rowokół — Revekol
Rowy — Rowe
Rudki — Hoffstädt
Rumsko — Rumbske
Rurka — Rörchen
Rusinowo — Ruschendorf
Rybokarty — Ribbekardt
Rzeczenica — Stegers
Rzeczyca Wielka — Groß Reetz
Rzędziny — Nassenheide
Rzęskowo — Rensekow
Rzyszczewo — Ristow
Sadlno — Zedlin
Sądów — Sandow
Salino — Saulin
Samlino — Zemlin
Sąpolno — Sampohl
Sarbia — Zarben
Sarbinowo — Sorenbohm
Sarbsk — Sarbske
Sępolno Wielkie — Groß Karzenburg
Siadło Górne — Hohenzahden
Sianów — Zanow
Sibin — Zebbin
Sicko — Altenwedel
Siemczyno — Heinrichsdorf
Siemierzycka — Schimmritzberg
Sierakowo Słupskie — Zirchow
Sierżno — Zerrin
Siwkowice — Schmelzdorf
Skórka — Schönfeld
Skrzatusz — Schrotz
Sławęcin — Schlagenthin
Sławianowo — Steinmark
Sławno — Schlawe
Sławsko — Alt Schlawe
Słonowice — Schlönwitz
Słosinko — Reinfeld-Hammer

Słupia — Stolpe
Słupsk — Stolp
Smardzko — Simmatzig
Smęcino — Schmenzin
Śmiardowo Krajeńskie — Schmirtenau
Śmiechów — Schulzenhagen
Śmierdnica — Mühlenbeck
Smołdzino — Schmolsin
Sokolniki — Falkenberg
Somino — Sommin
Sośniczanka — Herzberg
Sowno — Hinzendorf
Stanomino — Standemin
Stara Studnica — Alt Stüdnitz
Stara Wiśniewka — Lugetal
Stare Chrapowo — Alt Grape
Stare Dębno — Damen
Stare Drawsko — Alt Draheim
Stare Gronowo — Grunau
Stare Kurowo — Altkarbe
Stare Ludzicko — Lutzig
Stare Osieczno — Hochzeit
Stargard Szczeciński — Stargard
Starogard (Łobeski) — Stargordt
Stary Jarosław — Alt Järshagen
Stary Kraków — Alt Krakow
Starzno — Starsen
Stepnica — Stepenitz
Stolec — Stolzenburg
Strachocin — Zartzig
Strachomino — Strachmin
Stróżewo — Strohsdorf
Struga — Hohenkrug
Strzeczona — Stretzin
Strzekęcino — Streckenthin
Strzelce Krajeńskie — Friedeberg
Strzelino — Groß Strellin
Strzeżenice — Streitz
Strzmiele — Stramehl
Stuchowo — Stuchow
Studzienice — Stüdnitz
Sucha Koszalińska — Zuchen
Suchań — Zachan
Suchanówko — Schwanenbeck
Sulino — Goldbeck
Suliszewo (Choszczeńskie) — Zühlsdorf
Świątki — Marienthron
Świdwin — Schivelbein
Świelino — Schwellin
Świelubie — Zwilipp
Świerzno — Schwirsen
Świerzno — Groß Schwirsen
Świeszewo — Schwessow
Święta — Schwente
Święte — Schwendt
Świętoszewo — Schwanteshagen
Świna — Swine
Świnoujście — Swinemünde
Swobnica — Wildenbruch
Swołowo — Schwolow
Sypniewo — Zippnow
Szadzko — Saatzig
Szczecin — Stettin
Szczecinek — Neustettin
Szczecin-Glinki — Stolzenhagen-Kratzwieck
Szczecin-Grabowo — Grabow
Szczecin-Gumience — Scheune
Szczecin-Pomorzany — Pommerensdorf
Szczecin-Skolwin — Odermünde
Szczecin-Żelechowa — Züllchow
Szczeczin-Ustowo — Güstow
Szwecja — Freudenfier
Tarnówka — Tarnowke
Tatynia — Hagen
Tetyń — Beyersdorf
Tolcz — Tolz
Toporczyk — Langhof
Trzcianka — Schönlanke
Trzcinno — Rohr
Trzebianowo — Trebenow
Trzebiatów — Treptow a. d. Rega
Trzebicz — Trebitsch
Trzebielino — Treblin
Trzebieszewo Kamieńskie — Tribsow
Trzebież — Ziegenort
Trzęsacz — Hoff
Trzygłów — Trieglaff
Tuchomie — Groß Tuchen
Tuczno — Tütz
Tychowo — Groß Tychow

Ugoszcz — Bernsdorf
Unieradz — Neurese
Ustka — Stolpmünde
Ustronie Morskie — Henkenhagen
Uznam — Usedom/Insel
Wałcz — Deutsch Krone
Wałdowo — Waldow
Waniorowo — Vahnerow
Wapnica — Ravenstein
Warcino — Varzin
Wardyń — Wardin
Warnice — Warnitz
Warszyn — Warsin
Wartkowo — Wartekow
Węgorzyno — Wangerin
Wełtyń — Woltin
Widuchowa — Fiddichow
Wielboki — Deutsch Fuhlbeck
Wieleń (północny) — Deutsch Filehne
Wielgowo — Augustwalde
Wielin — Vellin
Wieprza — Wipper
Wierszyno — Versin
Wierzbno — Werben
Wierzchowo — Virchow
Wierzchowo — Wurchow
Wierzchowo (Człuchowskie) — Firchau
Wierzchucino — Wierschutzin
Wieszyno — Vessin
Wilkowice — Wilhelmine
Wódka — Woedtke
Wojęcino — Wojenthin
Wojtaszyce — Voigtshagen
Wolin — Wollin/Insel
Wolin — Wollin
Wołowe Lasy — Eichfier
Wrzosowo — Fritzow
Wrzosowo — Fritzow
Wysiedle — Woitzel
Wyszkowo — Wischower Kirche
Wyszomierz — Wismar
Wytowno — Weitenhagen
Zaborsko — Sabes
Żabów — Sabow
Zakrzewo — Buschdorf
Zalew Szczeciński — Stettiner Haff
Załęże — Marienwerder
Zamęcin — Sammenthin
Zatoka Pomorska — Pommersche Bucht
Zatom — Zatten
Zdroje — Finkenwalde
Żelewo — Seelow
Zielin — Sellin
Ziemomyśl — Schönwerder
Złocieniec — Falkenburg
Złotów — Flatow
Żółwin — Friedebergschbruch
Żukowo — Suckow
Żukowo (Sławieńskie) — Suckow
Zwierzyn — Neu Mecklenburg
Żydowce — Sydowsau
Żydowo — Sydow

Historische Landkarte

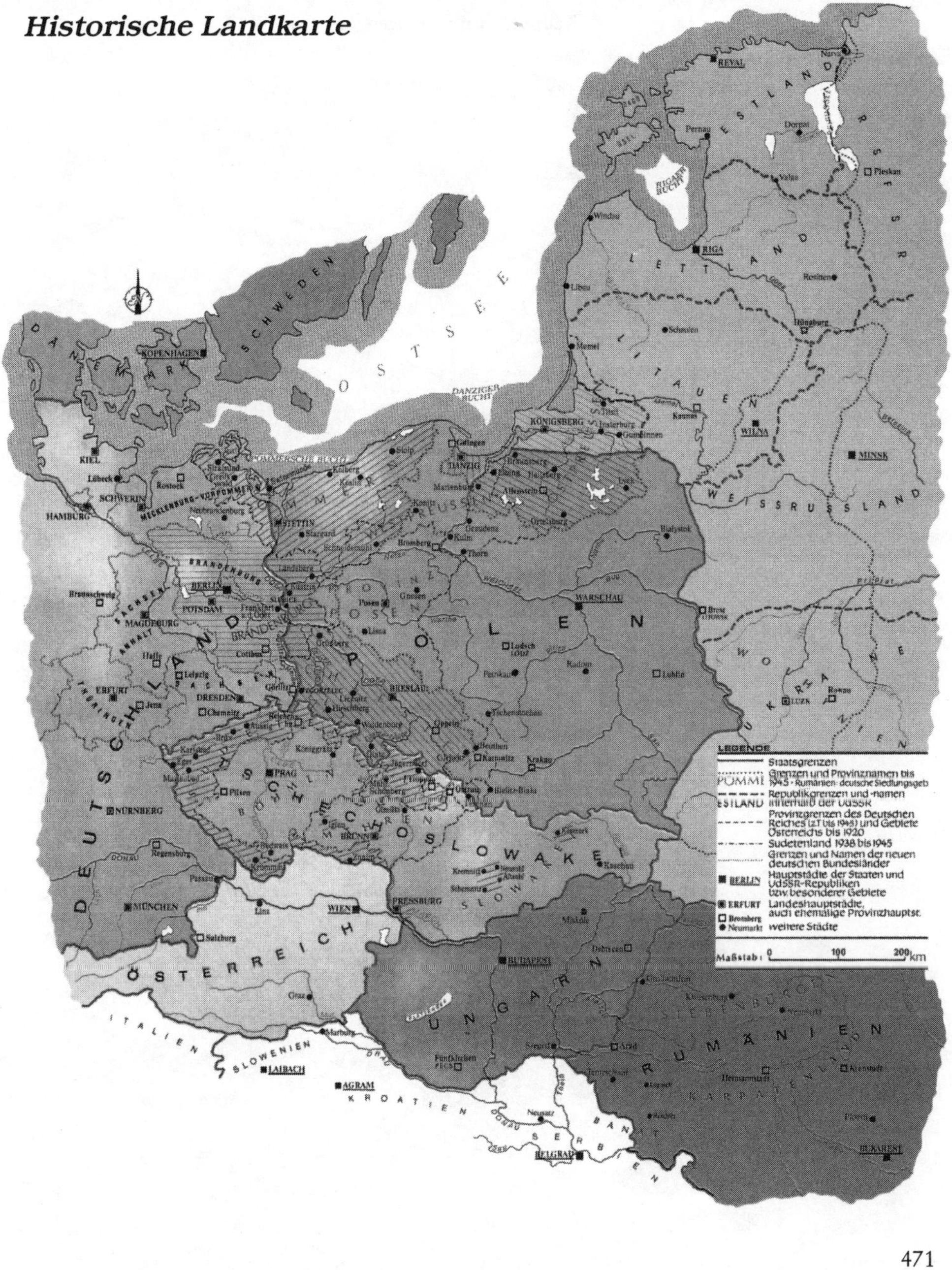

Raum für Eintragungen

Raum für Eintragungen

Raum für Eintragungen

Raum für Eintragungen

Raum für Eintragungen

Raum für Eintragungen

Raum für Eintragungen

Raum für Eintragungen

Raum für Eintragungen

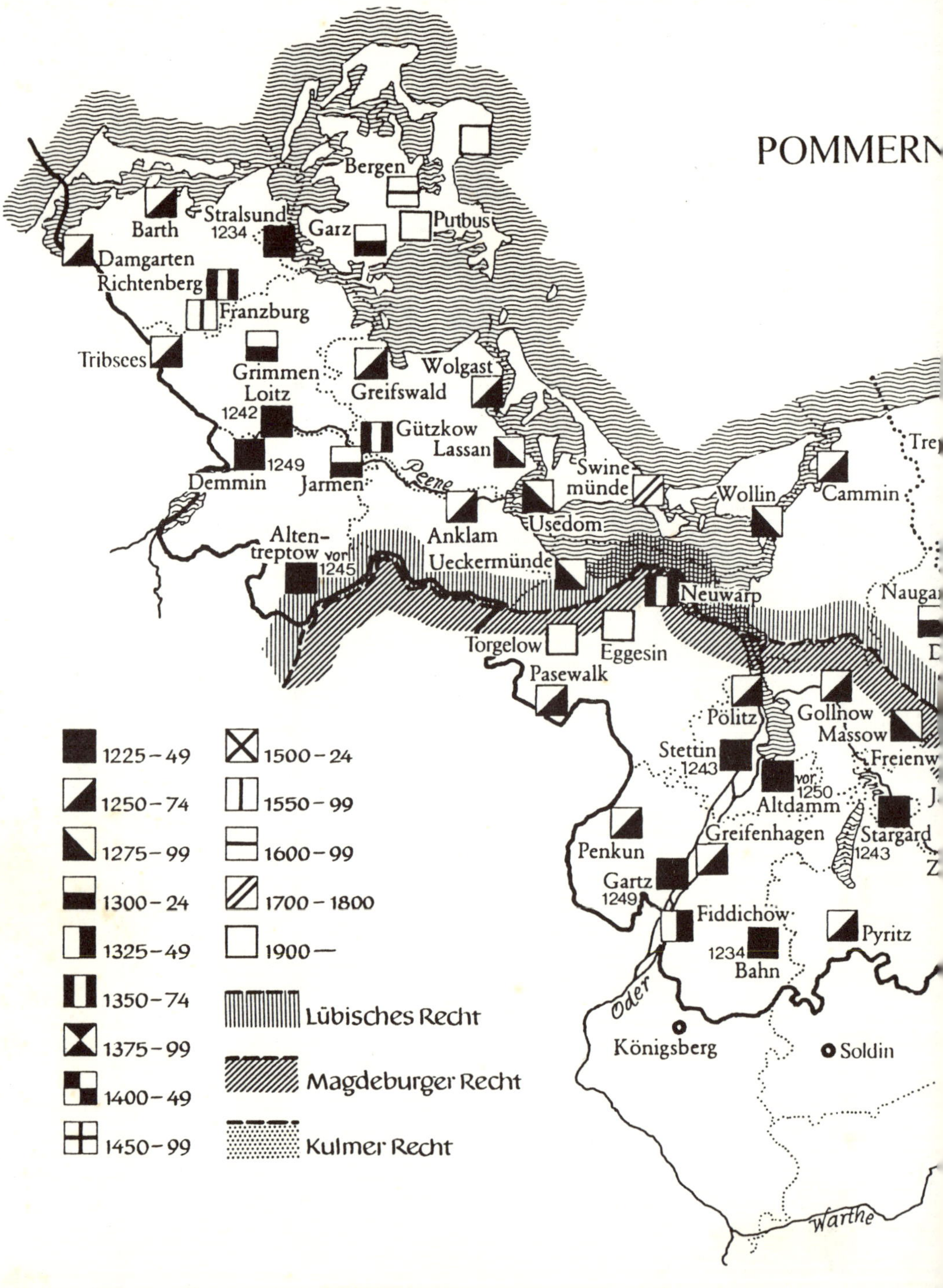
POMMERN
Bergen
Barth
Stralsund
1234
Garz
Putbus
Damgarten
Richtenberg
Franzburg
Tribsees
Grimmen
Greifswald
Wolgast
Loitz
1242
Gützkow
Lassan
1249
Demmin
Jarmen
Peene
Swinemünde
Wollin
Cammin
Usedom
Anklam
Altentreptow vor 1245
Ueckermünde
Neuwarp
Torgelow
Eggesin
Pasewalk
Pölitz
Gollnow
Massow
Freienw
Stettin
1243
Altdamm
vor 1250
Stargard
1243
Greifenhagen
Penkun
Gartz
1249
Fiddichow
1234
Bahn
Pyritz
Oder
Königsberg
Soldin
Warthe
Naugar
1225–49
1250–74
1275–99
1300–24
1325–49
1350–74
1375–99
1400–49
1450–99
1500–24
1550–99
1600–99
1700–1800
1900—
Lübisches Recht
Magdeburger Recht
Kulmer Recht